21世纪经济与管理精品丛书

# 市场营销学
## （第3版）

主　编　殷博益
主　审　许彩国
副主编　温春玲
　　　　葛吉霞

东南大学出版社
SOUTHEAST UNIVERSITY PRESS

## 内 容 提 要

本书结构严谨，体系完整，内容简洁，特别注重吸收近年来国内外营销领域的最新研究成果，如全面营销、体验营销、文化营销、动态定价、交叉销售、搜索引擎营销、水平营销、微营销以及市场客户管理等方面的内容，全书共分18章，全面系统地介绍了市场营销学的基本原理、战略思维与运作策略，具有较强的前瞻性和一定的实际操作性。

全书资料翔实、系统性强、信息量大、适用面宽，可作为应用型人才培养的高等院校市场营销及经济管理类专业的基础性教材、工商企业营销管理人员的培训教材和营销师职业资格鉴定的辅助读物。

**图书在版编目(CIP)数据**

市场营销学/殷博益主编. —3版. —南京：东南大学出版社，2018.1（2021.2重印）
 ISBN 978-7-5641-7506-1

Ⅰ.①市… Ⅱ.①殷… Ⅲ.①市场营销学
Ⅳ.①F713.50

中国版本图书馆CIP数据核字(2017)第293325号

市场营销学(第3版)

| | |
|---|---|
| 出版发行 | 东南大学出版社 |
| 社　　址 | 南京市四牌楼2号(邮编:210096) |
| 出 版 人 | 江建中 |
| 责任编辑 | 马　伟 |
| 经　　销 | 全国各地新华书店 |
| 印　　刷 | 江苏凤凰数码印务有限公司 |
| 开　　本 | 787mm×1 092mm　1/16 |
| 印　　张 | 31 |
| 字　　数 | 774千字 |
| 版　　次 | 2018年1月第3版 |
| 印　　次 | 2021年2月第2次印刷 |
| 书　　号 | ISBN 978-7-5641-7506-1 |
| 定　　价 | 58.00元 |

本社图书若有印装质量问题，请直接与营销部联系，电话：025-83791830。

# 《21世纪经济与管理精品丛书》编委会

**顾问:**
  柳思维(湖南商学院教授,博士生导师)
  陈启杰(上海财经大学教授,博士生导师)
  郭国庆(中国人民大学教授,博士生导师)

**编委会主任、总编**  许彩国

**编委会委员**(以姓氏笔画为序)
      林健栋 陈芝慧 殷博益
      姬爱国 郭湘如 蒋漱清
      薛伟业

**秘 书 处** 薛伟业 陈芝慧

# 第 3 版前言

世界万千,营销为先。当下世界处于变革之中,特别是随着互联网时代的到来,营销在不断创新和发展。互联网思维正在冲击人们的营销理念。信息技术的发展,云计算、物联网、大数据、微营销、新媒体,带给人们对营销的新思考。移动互联时代,不仅改变了消费者的行为习惯,更对企业营销、创业营销和个人营销提出了更新的营销要求。营销组合从聚焦企业产品的 4P[产品(Product)、价格(Price)、渠道(Place)、促销(Promotion)],聚焦顾客的 4C[顾客(Customer)、成本(Cost)、便利性(Convenience)和沟通(Communication)],聚焦竞争(关系)的 4R[关联(Relate)、反应(Reaction)、关系(Relation)、回报(Return)],再到聚焦网络整合营销的 4I[趣味(Interesting)、利益(Interests)、互动(Interaction)、个性(Individuality)],提倡个性化精准营销,企业一刻也没有停止发现创造价值的新理论和新方法,为市场营销的学习提供源源不断的素材。

本书自 2012 年 7 月第 2 版出版发行以来,承蒙各院校同行和广大读者的厚爱,被高等学校经济、管理类各专业的本科生甚至研究生的教学和研究所采用,也是工商企业市场营销管理人员的培训教材和营销师职业资格考试的辅助读物,受到社会各界的好评。但市场营销学的发展过程是一个不断创新的过程,一方面,市场营销理论在不断发展,另一方面,营销实践也在不断深入。因此,有必要结合新情况、新要求对原书进行必要的修订。在相关高等院校和东南大学出版社的大力支持与配合下,《市场营销学》(第 3 版)终于出版了。第 3 版主要有以下进展:

第一,本书坚持第 2 版的"新经济、新营销、新思维"的编写原则。如在知识经济的市场环境下应运而生的知识营销;在体验经济环境下,面对新的消费心理和需求,企业积极开展的体验营销。本次对品牌策略部分,如品牌的特征与功能、品牌资产(又称品牌权益)、品牌定位与设计、品牌实施的策略等内容做了进一步的补充与完善。

第二,本书体系更趋完善。21 世纪是创新的世纪,市场营销创新有着广阔的发展前景。市场创新、产品创新、观念创新、方法创新、理论创新,这是一项长期的战略任务。所以,本次修订在第 18 章"市场营销的新领域"中,新增加了被菲利浦·科特勒称之为"跳出盒子的思考"的水平营销,以及基于移动互联网这一主要沟通平台的"微时代"的新营销等有关创新营销理论。

第三,本书体现了"新、细、实"的特点。在第 2 版的基础上,围绕结构体系、内容的表达、资料的翔实做了进一步工作,如将第 17 章表述为市场营销管理行动。新,意指新颖,本书最明显的特点表现为新高度、新视角、新内容,如对各章的专论和营销案例进行了必要的更新和完善;细,意指本书内容的完整和逻辑表达的清晰、精细,进行了必要的文字精简;实,意指本书强化了营销学的应用属性,内容的实用性、适用性和可操作性,如删除了第 11 章中的批发代理制。

本书由殷博益任主编,并进行框架设计和总纂定稿,温春玲、葛吉霞任副主编,许彩国教授任主审。参加修订的编写人员还有李佩恒、芮萍、李萌、刘幸赟等。

本书在编写过程中参阅了国内外市场营销学专著和相关最新的理论研究成果,在此一并谨致谢意。由于编者水平所限,书中不当或者疏漏之处,敬请专家、读者给予批评指正,以激励我们做得更好。

殷博益
2017年10月

# 目 录

导论 ..................................................................... 1

## 第1章 市场营销学原理 ..................................................... 6
第一节 市场和市场营销 ...................................................... 6
第二节 市场营销学的核心概念 ............................................... 10
第三节 市场营销管理的实质和任务 ........................................... 18
第四节 市场营销哲学及其演变 ............................................... 21
专论1-1 营销的重要性 ..................................................... 27
专论1-2 新的市场营销时代 ................................................. 27
复习思考题 ................................................................ 28

## 第2章 企业战略与市场营销管理过程 ....................................... 30
第一节 企业战略概述 ....................................................... 30
第二节 企业业务的评估与扩张 ............................................... 32
第三节 市场营销管理过程 ................................................... 39
案例2-1 弗纳斯在巨人的阴影下茁壮成长 ..................................... 43
复习思考题 ................................................................ 44

## 第3章 市场营销环境分析 .................................................. 45
第一节 市场营销环境分析概述 ............................................... 45
第二节 市场营销微观环境分析 ............................................... 46
第三节 市场营销宏观环境分析 ............................................... 49
第四节 SWOT分析 ........................................................... 53
案例3-1 戴尔电脑公司的SWOT分析 ........................................... 58
复习思考题 ................................................................ 60

## 第4章 消费者市场和组织市场购买行为分析 ................................. 61
第一节 消费者市场与购买行为模式 ........................................... 61
第二节 影响消费者购买行为的因素 ........................................... 65
第三节 消费者购买决策过程 ................................................. 73
第四节 组织市场的类型及特点 ............................................... 76
第五节 生产者市场购买行为分析 ............................................. 78

第六节　转卖者与政府购买行为分析 …………………………………… 81
　　专论4-1　消费者行为研究对什么最有用 ………………………………… 86
　　复习思考题 ……………………………………………………………… 88

## 第5章　市场营销调研与预测

　　第一节　市场营销调研概述 …………………………………………… 89
　　第二节　案头调研与实地调研 ………………………………………… 91
　　第三节　调查表设计 …………………………………………………… 96
　　第四节　抽样调查 ……………………………………………………… 99
　　第五节　市场需求的测量 ……………………………………………… 101
　　第六节　市场预测的方法 ……………………………………………… 105
　　专论5-1　市场调研趋势——网上调研 …………………………………… 111
　　复习思考题 ……………………………………………………………… 114

## 第6章　目标市场营销战略

　　第一节　目标市场营销及其决策过程 ………………………………… 115
　　第二节　市场细分 ……………………………………………………… 117
　　第三节　目标市场的选择 ……………………………………………… 123
　　第四节　市场定位 ……………………………………………………… 127
　　案例6-1　Morton食盐的差异化营销 …………………………………… 131
　　复习思考题 ……………………………………………………………… 134

## 第7章　市场竞争战略

　　第一节　竞争者分析 …………………………………………………… 135
　　第二节　市场竞争的基本战略 ………………………………………… 141
　　第三节　不同市场地位企业的竞争战略 ……………………………… 144
　　专论7-1　不必总是紧盯着竞争对手 ……………………………………… 150
　　案例7-1　"钟表王国"的卫冕之战 ………………………………………… 151
　　复习思考题 ……………………………………………………………… 154

## 第8章　产品策略

　　第一节　产品整体概念及其分类 ……………………………………… 155
　　第二节　产品组合策略 ………………………………………………… 159
　　第三节　产品寿命周期 ………………………………………………… 164
　　第四节　新产品开发策略 ……………………………………………… 169
　　第五节　品牌、包装与产品服务策略 ………………………………… 175
　　专论8-1　品牌延伸应该契合原品牌精神 ………………………………… 197
　　案例8-1　天目湖啤酒：品牌修炼20载，终成正果 ……………………… 197
　　复习思考题 ……………………………………………………………… 200

## 第9章　定价策略 ………………………………………………………… 201

第一节　营销价格及其重要性 ……………………………………………… 201
第二节　价格制定程序 ……………………………………………………… 202
第三节　产品价格制定的方法 ……………………………………………… 208
第四节　定价的基本策略 …………………………………………………… 212
第五节　产品价格的变更及反应 …………………………………………… 218
专论 9-1　动态定价策略 …………………………………………………… 220
复习思考题 …………………………………………………………………… 223

## 第10章　分销渠道策略与物流管理 …………………………………… 224

第一节　分销渠道的基本模式 ……………………………………………… 224
第二节　分销渠道的设计 …………………………………………………… 231
第三节　分销渠道的管理 …………………………………………………… 237
第四节　分销渠道的改进与整合 …………………………………………… 242
第五节　物流管理 …………………………………………………………… 244
专论 10-1　渠道关系：从交易型向伙伴型转变 …………………………… 249
案例 10-1　"顶瓜瓜"彩棉服饰的渠道创新 ……………………………… 251
复习思考题 …………………………………………………………………… 253

## 第11章　批发和零售 …………………………………………………… 254

第一节　批发商及其营销策略 ……………………………………………… 254
第二节　零售业态及其营销策略 …………………………………………… 258
第三节　店铺零售营销策略 ………………………………………………… 264
第四节　无店铺零售营销策略 ……………………………………………… 270
专论 11-1　体验营销在零售业的发展 ……………………………………… 274
复习思考题 …………………………………………………………………… 277

## 第12章　促销策略 ……………………………………………………… 278

第一节　促销策略概述 ……………………………………………………… 278
第二节　人员推销 …………………………………………………………… 283
第三节　营业推广 …………………………………………………………… 289
第四节　广告策略 …………………………………………………………… 292
第五节　公共关系与公共宣传 ……………………………………………… 300
专论 12-1　优秀推销员的主要素质 ………………………………………… 305
专论 12-2　如何制定营业推广活动方案 …………………………………… 307
复习思考题 …………………………………………………………………… 308

## 第13章　市场营销客户管理 …………………………………………… 310

第一节　客户管理概述 ……………………………………………………… 310

第二节　客户关系管理 ……………………………………………………… 317
　　第三节　客户信用管理 ……………………………………………………… 324
　　第四节　客户的筛选与开发 ………………………………………………… 332
　　第五节　客户保持与忠诚 …………………………………………………… 335
　　专论 13-1　管理大客户即管理未来 ……………………………………… 348
　　案例 13-1　通用汽车信用卡的推出 ……………………………………… 350
　　复习思考题 …………………………………………………………………… 351

### 第 14 章　服务营销策略 ……………………………………………………… 352
　　第一节　服务业的形成与分类 ……………………………………………… 352
　　第二节　服务的基本特征 …………………………………………………… 354
　　第三节　服务营销策略 ……………………………………………………… 356
　　第四节　服务质量管理 ……………………………………………………… 361
　　第五节　关系营销在服务业中的应用 ……………………………………… 364
　　案例 14-1　从麦当劳看服务营销 ………………………………………… 367
　　复习思考题 …………………………………………………………………… 370

### 第 15 章　网络营销 …………………………………………………………… 371
　　第一节　网络营销概述 ……………………………………………………… 371
　　第二节　网络营销的运作 …………………………………………………… 375
　　第三节　搜索引擎营销 ……………………………………………………… 383
　　第四节　网络营销服务 ……………………………………………………… 387
　　专论 15-1　搜索引擎营销——21 世纪企业的财富之门 ………………… 393
　　复习思考题 …………………………………………………………………… 397

### 第 16 章　全球市场营销 ……………………………………………………… 398
　　第一节　全球市场营销概述 ………………………………………………… 398
　　第二节　全球市场营销环境分析 …………………………………………… 404
　　第三节　全球市场营销战略 ………………………………………………… 408
　　第四节　全球市场营销策略 ………………………………………………… 416
　　案例 16-1　联想的国际营销策略 ………………………………………… 424
　　复习思考题 …………………………………………………………………… 427

### 第 17 章　市场营销管理行动 ………………………………………………… 429
　　第一节　市场营销计划 ……………………………………………………… 429
　　第二节　市场营销组织 ……………………………………………………… 435
　　第三节　市场营销执行 ……………………………………………………… 441
　　第四节　市场营销控制 ……………………………………………………… 444
　　第五节　市场营销审计 ……………………………………………………… 450

  案例 17-1  "惠普科技,成就梦想"营销战略计划 ································ 453
  复习思考题 ························································································ 455

## 第 18 章  市场营销的新领域 ································································ 456

 第一节  知识营销 ············································································ 456
 第二节  关系营销 ············································································ 459
 第三节  绿色营销 ············································································ 463
 第四节  文化营销 ············································································ 467
 第五节  体验营销 ············································································ 470
 第六节  水平营销 ············································································ 473
 第七节  "微时代"的新营销 ································································ 478
  案例 18-1  红蜻蜓:走过四季都是情 ······················································ 481
  复习思考题 ························································································ 483

**主要参考文献** ································································································ 484

# 导 论

市场营销学是一门以经济学和管理学为基础,研究以满足消费者需求为中心的企业营销活动及其规律性的综合性应用学科。市场营销学是在20世纪初从经济学的母体中分离出来的,从属于管理学的范畴。20世纪最具影响力的管理学大师彼得·德鲁克说过:"企业有两项基本职能:营销和创新。"世界著名营销学学者、美国西北大学教授菲利普·科特勒(Philip Kotler)指出:"新技术的发明只解决了一半的问题,另一半则有赖于成功的营销。"自市场营销学在美国产生以来,它犹如一个适销对路的商品,迅速传播到世界各地。如今,市场营销学不仅已成为企业在快速变化、激烈竞争的市场环境中谋求发展的管理利器,而且也是"我们这一代人的核心思维方式"。在人类走向知识经济和经济全球化的时代,知识将成为最重要的经济力量,21世纪将使营销学成为最热门和最有价值的学科之一。

## 一、市场营销学的研究对象及性质

市场营销学是一门"舶来科学",它是由英文单词marketing翻译过来的。在西方国家,marketing有时是指社会的(宏观的)或企业的(微观的)某些经济活动,有时是指以市场营销活动为研究对象的一门科学。我国学者多把前一场合下的marketing译为"市场营销",而把后一场合下的marketing译为"市场营销学"。

现代市场营销学作为一门学科,越来越受到许多学科的学者和企业领导人的重视,它已经不只是企业经营实践的一般经验概括和总结,而是一门企业市场营销管理学。用著名的市场营销专家菲利普·科特勒的话来说,它已发展成为"一门建立在经济科学、行为科学、现代管理理论基础之上的应用科学"。

每门学科都有其独特的研究对象,市场营销学作为一门独立学科,是研究企业如何在激烈的市场竞争中求生存、谋发展的学问,是研究企业如何更好地满足消费者或用户的需要与欲望的学问。市场营销学是站在卖主角度研究如何通过更好地满足买主需要以实现企业盈利目标的科学,或者说,市场营销学的研究对象是以满足顾客需求为中心的企业营销活动过程及其规律性。在现代社会,由于顾客需要具有复杂、多样和变化性的特点,因此,企业要更好地满足顾客需要,就必须有针对性地开展综合性的营销活动,即要在适当时间和地点,以适当价格和信息的沟通方式,向目标顾客提供适当的产品和服务。

市场营销学有两大分支:宏观市场营销学和微观市场营销学。宏观市场营销学主要研究营销系统的社会功能与效率,从道德与法律的立场来分析营销组合策略以及社会(政府、消费者组织等)对市场营销过程的控制等。微观市场营销学主要是研究企业(卖主)在动态市场上如何有效地管理其交换过程和交换关系,提高企业经济效益,实现企业的经营目标。本教材重点阐述微观市场营销学,这也是当代市场营销学研究的主流。

从学科大类来划分,市场营销学属于管理学科类,即它是一门应用性经营管理科学。在众多的管理学科知识领域,营销学的普及和应用程度最高,其理论应用的障碍最小,即它是一门最能发挥人的主观能动性和创造性的管理学科。市场营销学有三个显著特点,即经验性、实践性和综合性。所谓经验性,是指市场营销学的全部内容几乎都是来源于对成功企业的经验总结,而不是营销专家的发明或创造;所谓实践性,是指市场营销学除了内容来源于工商企业的实践经验总结外,其研究目的也是为了指导工商企业的经营管理实践活动并且要在回答实践命题中不断充实、丰富和发展自己;所谓综合性,是指市场营销学是一门综合性的学科,它是在综合了经济学、行为科学、管理学、心理学、社会学、经济计量学、数学等学科理论的基础上发展起来的。

### 二、市场营销学的产生和发展

市场营销学于20世纪初创立于美国,它是在经济学、行为科学等学科基础上发展起来的。正如营销大师菲利普·科特勒所言:营销学之父为经济学,其母为行为学,哲学和数学为其祖父、祖母(美国市场营销学协会成立50周年纪念大会上的讲话,1987)。

市场营销学是适应商品经济高度发展而产生和发展起来的一门关于企业经营管理决策的科学。它从美国产生后迅速传播到西欧和日本等国,成为西方企业从事市场经营的理论基础。市场营销学在国外的发展大致经历了以下几个阶段:

1. 形成时期(20世纪初至20世纪20年代)

19世纪末,随着资本主义工业革命的完成和生产效率的提高,一些有远见的企业就开始探索市场营销问题。例如,美国国际收割机公司在19世纪就开始实行市场分析、对商品明码标价和为顾客提供服务以及分期付款等,并把"当面看货,出门不退"的老规矩改为"货物出门,包退包换",以扩大销售。20世纪20年代,美国工程师泰罗出版了《科学管理原理》一书,提出了生产管理的科学理论和方法。一些大企业开始实施科学管理方法,使生产效率大为提高,从而出现生产能力增长速度超过市场需求增长速度的趋势。这时,很多企业主开始重视商品推销和刺激需求,注意研究推销术和广告术。一些学者也开始从理论上研究商品销售问题。1910年,拉尔夫·巴特勒(Ralph. S. Butler)在威斯康星大学讲授"市场营销方法"(Marketing Method)课程;1912年,哈佛大学的赫杰特齐(J. E. Hegertg)通过走访和了解企业主的市场经营活动,编写了第一本以《市场营销学》(Marketing)命名的教科书,这被视为市场营销学作为一门独立学科出现的里程碑。而后,弗莱德·克拉克(Fred E. Clark)于1918年编写了《市场营销原理》讲义;邓肯(L. S. Duncan)也于1920年出版了《市场营销问题与方法》一书。

此时的市场营销学有两个显著特点:一是研究内容仅局限于流通领域,即着重研究商品推销术和广告术,真正现代市场营销的原理和概念尚未形成。例如,拉尔夫·巴特勒就认为"市场营销开始于制造过程结束之时"。二是研究活动基本上局限于学术界,尚没有引起企业界和全社会广泛和足够的重视。

2. 应用时期(20世纪30年代至第二次世界大战结束)

1929年至1933年,资本主义世界爆发了严重的经济危机,商品大量滞销积压,企业纷纷破产倒闭,此时企业面临的首要问题不再是扩大生产和降低成本问题,而是如何把产品卖出去。在产品销售日益影响企业生存和发展的形势下,市场营销理论受到了企业界和全社会的广泛重视,即进入了应用时期,一些企业为争夺市场和解决产品实现问题,提出了"创造需求"的口号,致力于扩大销售并在实践中积累了丰富经验。与此同时,市场营销学研究大规模展开,市场营销各种流派和研究方法相继出现,并逐步形成了市场营销学体系;另外,各种形式的市场营销研究机构的相继建立,特别是1937年成立的"美国市场营销协会"(American Marketing Association),广泛吸引企业界和学术界人士参加,也促进了市场营销理论走向社会以及推动了市场营销学的应用和发展。

需要说明的是,这一时期的市场营销学仍是研究如何在更大规模上推销已经生产出来的产品,而没有研究如何按照顾客需要开发和生产产品,因此,其研究对象仍旧局限于流通领域而没有进入生产领域。

3. "革命"时期(20世纪50年代至70年代)

第二次世界大战结束后,美国把庞大的军事工业转为民用工业,致使民用产品的生产能力大大提高;并且随着第三次科技革命的深入,企业劳动生产率迅速提高,产品产量急剧增加,出现了严重的供过于求。另一方面,随着科技进步和经济发展,人们的收入水平不断提高,对商品的挑选性越来越强。在这种形势下,企业的一切经济活动都必须以顾客为中心,以顾客需要和爱好为转移。于是,一些市场营销学家如奥尔德逊(W. Alderson)、科克斯(R. Cox)等提出了"广义市场营销"概念,即企业在生产前必须先搞市场调研,然后按照市场需要进行生产,市场是企业活动的起点而不仅仅是终点。在这一观念指导下,市场营销理论有了质的飞跃,其研究范围自然就突破了流通领域而参与到企业生产经营的全过程。市场营销理论这一基本观念的变革,西方学者称之为市场营销学的一次"革命",并把它与资本主义工业革命相提并论。

在"革命"时期,市场营销学发生了根本性的变化,演变为现代市场营销学。其主要特征是:① 以市场需求为导向的营销观念基本确立,"以需求为中心"成为市场营销的核心理念;② 对市场营销的研究已逐渐从产品的研究、功能的研究和机构的研究转向管理的研究,使市场营销理论成为企业经营管理决策的主要依据;③ 市场营销的观念和策略已不局限于在企业界应用,而且已经延伸到学校、医院、教会、警察部门、公共机构等非盈利性组织。

4. 繁荣时期(20世纪70年代以后)

20世纪70年代以后,主要资本主义国家先后走完了工业化和社会化的最后历程,从而使商品生产飞跃发展,市场日益繁荣,企业竞争更加激烈。在这一形势下,原有的市场营销学内容已经不能够满足企业开拓市场的需要,于是,市场营销学便引进了管理学、运筹学、心理学、社会学等学科的内容,使自己的内容不断充实和完善,从而发展成为多学科交叉、应用性较强和综合性的现代市场营销学。

在此期间,出现了一批对于市场营销学说的发展具有重要贡献的营销学者,其中,最值得推崇的是杰罗姆·麦卡锡(Jerome McCarthy)和菲利普·科特勒(Philip Kotler)。1960年,麦卡锡和普利沃特合著的《基础市场营销学》第一次将企业的营销要素归结为4个基本策略的组合,即著名的"4P"理论(Product, Price, Place, Promotion),这一理论取代了以前的各种营销组合理论,成为现代营销学的基础理论;菲利普·科特勒于1967年出版了《营销理论——分析、计划与控制》一书,从企业管理和决策的角度,系统地提出了营销环境、市场机会、营销战略计划、购买行为分析、市场分析和目标市场以及营销策略组合等市场营销的完整理论体系,成为当代市场营销学的经典著作,使市场营销学理论趋于成熟。1986年,菲利普·科特勒在《哈佛商业评论》发表了《论大市场营销》一文,提出了"大市场营销"概念,即在原来的4P组合的基础上,增加两个P:"政治力量"(Political Power)和"公共关系"(Public

Relations)。"大市场营销"的提出,是 20 世纪 80 年代市场营销战略思想的新发展,标志着市场营销已从技术性营销转向战略性营销,因而被一些市场营销学者称为"第二次市场营销革命"。

自二战后的五十多年来,市场营销论著如云,理论不断创新,几乎每隔 10 年就出现一些新的、重要的概念,特别是随着"新经济"的兴起,市场营销学的原理、概念和方法都发生了革命性的变化,逐步建立以"满足需求""顾客满意"为核心内容的框架和体系,并很快在全世界范围内扩散和传播。我国引进市场营销学是在 20 世纪 70 年代末和 80 年代初。经过短短的几十年时间,我国理论界和企业界对市场营销学的研究、应用和发展已取得了重要成就,并逐步形成具有中国特色的现代市场营销学体系。

### 三、市场营销学的研究方法和学习方法

（一）市场营销学的研究方法

市场营销理论以克服市场交换活动的障碍,促使市场交易顺利实现为研究目标,系统研究同交易成功有关的各种问题。但就其理论和实践的成熟过程而言,研究的角度不断地发生变化。市场营销学的研究方法,在 20 世纪 50 年代之前是一种静态研究方法,亦称之为传统研究方法,在这之后,又出现了动态研究方法,具体包括以下几种：

1. 产品研究法

产品研究法是指对各类产品或各个产品的市场营销问题分别进行分析研究,它是在对产品进行分类的基础上,分别探讨各类产品的设计、生产、定价、品牌、款式、包装、广告、销售等问题。如农产品的市场营销、产业用品的市场营销等。这种研究方法的优点是比较具体和针对性强,缺点是往往出现重复劳动,因为不同类别的产品也有相同或类似的营销方法。这种研究方法在科学研究中很少采用。

2. 机构研究法

机构研究法是指对市场营销中的各种组织机构分别进行分析研究。市场营销中的组织机构很多,如制造商、代理商、批发商、零售商等,从而按照机构研究方法就形成了批发学、零售学等学科。早期的机构研究方法主要集中于中间商和分销渠道的组织与效率。这一专业研究也受到不同行业、不同类型企业的青睐。

3. 职能研究法

职能研究法是指对市场营销的各种职能分别进行分析研究。这种研究集中于 20 世纪 30 年代之前。市场营销的基本职能有三种,即交换职能(包括购买和推销)、供给职能(包括储存和运输)和便利职能(包括资金融通、风险承担、提供市场信息、商品标准化等),从而按照职能研究法就形成了推销学、储运学等学科。目前在西方国家,很多大学仍重视采用这种研究方法。

职能研究法直接导致了对营销策略组合的研究。尼尔·博登(Neil Borden)在 1950 年提出的"营销策略组合"包括产品、品牌、包装、定价、调研分析等 12 个营销活动相关因素。之后,弗利又将这些因素归纳为同提供物有关的"基本因素"和同销售活动有关的"工具因素",直到 1960 年杰罗姆·麦卡锡提出著名的"4P"组合,实际上都继承了职能研究的分类研究方法。所以说,职能研究法为以后占主导地位的营销管理学派的产生奠定了基础。

4. 管理研究法

管理研究法是指从管理决策的角度研究市场营销问题。从管理决策角度来看,企业市场营销受两大因素控制:一是不可控制因素,也叫外部因素,包括人口因素、经济因素、自然因素、技术因素、政治法律因素、社会文化因素等,这些因素是企业不能控制的,但企业在进行决策时必须全面考虑;二是可控制因素,包括产品因素、定价因素、分销因素和推广因素,这些因素虽然企业可以控制,但要受企业外部不可控制因素以及企业自身资源条件的制约。管理研究法就是研究企业如何根据目标市场需要,全面分析企业的外部环境,同时考虑企业自身资源条件和经营目标,权衡利弊,选择最佳的市场营销组合,以扩大销售和增加盈利,提高企业经营效益。

管理研究法亦称为动态研究法,是市场营销学研究方法的重大突破,并成为现代市场营销学研究方法的主流,也是目前世界各国普遍采用的一种研究方法。

5. 系统研究法

系统研究法是一种将现代系统研究理论与方法运用于市场营销学研究的方法。在以管理为导向的营销研究中,这一方法常常结合起来采用。企业市场营销系统是一个复杂系统,在这个系统中包含了许多相互影响、相互作用的因素,如企业(供应商)、渠道伙伴(中间商)、目标客户(买主)、竞争者、社会公众、宏观环境力量等。一个真正面向市场的企业,必须对整个系统进行协调和"整合",使企业"外部系统"和"内部系统"步调一致,密切配合,达到系统优化,产生"增效作用",提高经济效益。

(二)市场营销学的学习方法

如何有效地将市场营销学的内容应用于企业营销管理实际,以有效地指导工商企业的营销实践活动,是学习市场营销学最主要的任务。市场营销学是一门综合性应用学科,因此,学习市场营销学绝不能仅仅学习教条和理论,而必须坚持理论联系实际。学习的具体要求是:

(1)全面、系统地掌握营销学的基本理论和基本原理。这既是学习本学科内容的基本要求,也是理论联系实际和运用所学理论分析与解决现实营销问题的需要。

(2)尽可能熟悉和掌握企业市场营销中成功和失败的案例。掌握案例不仅能加深对理论的理解和巩固所学知识,而且有助于培养实际运用市场营销学原理和开创企业营销新局面的能力,这犹如学习医案对于一个优秀医生的培养一样重要。

(3)运用对比法将自己置身于案例之中。对于每一个营销案例,是成功经验还是失败教训,是过去已经完成的还是现在正在进行的,学习者都必须将自己置身于案例之中,面对案例所提供的背景材料,你是如何分析情况和考虑问题的,你的营销对策是什么,并把案例中的营销对策和你的对策建议加以比较,甚至对他人的成功营销决策做进一步的丰富和提高。

此外,每一个学习者都应该能够运用市场营销学知识分析和解决所在企业或所熟悉的企业所面临的实际营销问题,提出新的营销对策和解决方案。这是一种全面和综合运用市场营销学知识解决实际问题的好方法,也是难度较大的一种学习方法。只有这样,才能在更高程度上达到理论联系实际,最终实现学习市场营销学的目的。

# 第1章 市场营销学原理

**本章要点**

- 市场的含义及其类型
- 市场营销概念的演进
- 顾客满意度的衡量
- 市场营销的实质
- 市场营销观念
- 市场营销的定义
- 顾客让渡价值的构成
- 有效需求及其形成
- 不同需求的营销任务
- 全面营销观念

## 第一节 市场和市场营销

市场是企业生产和销售的出发点和归宿，企业一切活动都是围绕市场而展开的。因此，一个企业能不能对市场做出正确分析和判断，对于企业生产经营决策成败至关重要。

市场营销涉及两大内容：一是市场；二是营销。因此，要正确认识市场营销，必须先认识市场，然后才能进一步认识市场营销。

### 一、市场的含义及其类型

**（一）市场的含义**

市场是与商品经济相联系的经济范畴，哪里有商品生产和商品交换，哪里就有市场。同时，市场的含义不是静止不变和唯一的，它随着商品经济的发展而不断丰富和发展，在不同场合下具有不同的含义。一般来说，市场有以下4层含义：

（1）市场是买者和卖者进行商品交换的场所和地点。这是一个时空市场概念，我国古代有关"日中为市，致天下之民，聚天下之货，交易而退，各得其所"的记载（《易·系辞下》），就是对这种在一定时间和地点进行商品交易的市场的描述。作为商品交换的场所的市场，对每家企业来说都很重要。企业要了解自己的商品销往何处，哪里是本企业商品的市场。

（2）市场是买者和卖者进行商品交换关系的总和。这是广义的、抽象的和经济学意义上的市场。经济学家从揭示经济实质角度提出市场概念，他们认为市场是一个商品经济范畴，是商品内在矛盾的表现，是供求关系，是商品交换关系的总和，是通过交换反映出来的人与人之间的关系。这种含义的市场对于企业的意义在于：在现代市场经济条件下，任何企业都离不开市场，任何企业都必须与顾客发生关系，市场是企业赖以生存的环境和条件。

（3）市场是指对某种商品和服务有需求的人或组织。一个现实的市场由三个基本要素构成，即有某种需要的人、为满足这种需要的购买能力和购买欲望。用公式来表示就是：

市场＝人口＋购买力＋购买欲望

市场的这 3 个因素相互制约，缺一不可，只有三者结合起来才能构成现实市场，才能决定市场的规模和容量。这是现代的和管理学意义的市场，这种含义的市场反映了企业服务顾客、以满足顾客需要为己任的思想。这种含义的市场对于企业具有十分重要的意义，一个企业究竟开发和生产什么样的产品以及生产多少，首先要考虑有没有需要该产品的人；其次要考虑需要该产品的人有没有支付能力；最后还要考虑本企业开发的产品能否满足目标顾客的需要以及是否比竞争对手做得更好。

（4）市场是某种商品或服务的所有现实和潜在买主的总和。这是动态的和扩大的市场，这里的市场不仅包括现实购买者，而且包括潜在购买者。这种含义的市场对于企业也具有十分重要的意义，它要求企业在开发新产品时，不仅要考虑现实需要，而且要考虑潜在需要；不仅要适应市场，而且要引导市场。

由于市场营销学主要是为工商企业进行有效的经营决策服务的，而且工业化社会的市场主要呈现"买方市场"的状态，因此，现代市场营销学是从需求（买方）的角度理解"市场"。营销学家菲利普·科特勒在《营销管理》一书中将"市场"定义为："一个市场是由那些具有特定的需要或欲望，而且愿意并能够通过交换来满足这种需要或欲望的全部潜在顾客所组成的。"我们可以看出，营销学中关于市场的一般概念是建立在"消费主体"亦即"人"的基础上的。简言之，市场就是在一定时间、一定地点的条件下，对某种产品或劳务具有潜在购买欲望和购买力的消费主体的集合。

可见，人们可以从不同角度界定市场，从而得到对市场较为完整的认识：

（1）市场是建立在社会分工和商品生产基础上的交换关系，这种交换关系由商品交换规律所决定。

（2）现实市场存在的基本条件包括：第一，消费者一方消费需求或欲望的存在，并拥有其可支配的交换资源；第二，存在另一方提供的能够满足消费者需求的产品或服务；第三，要有促成交换双方达成交易的各种条件，如双方接受的价格、时间、空间、信息和服务方式等。

（3）市场的发展是一个由消费者决定，而又由生产者推动的动态过程。在组成市场的双方中，买方需求是决定性因素。

从营销角度看，卖方构成行业，买方构成市场。卖主把商品、服务以及信息传递到市场，反过来，他们又收到货币和需求信息。他们之间的关系如图 1-1 所示。

市场主体是指市场上从事交换活动的各类组织与个人，包括买方、卖方以及中间人。

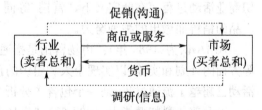

图 1-1 简单的市场营销系统

市场主体可以是自然人，也可以是以一定组织形式出现的法人。企业是最重要的市场主体。市场主体的行为是自主的。在市场经济条件下，对市场主体行为发生主导作用的力量是价值规律和供求规律。

（二）市场的类型

对于市场的分类可以采取不同的方法和按照不同标准进行。如按照商品流通区域可划分为国内市场和国际市场；按照商品属性的不同可划分为一般商品市场和特殊商品市场，一般商品市场包括消费品市场和生产资料市场，特殊商品市场包括劳动力市场、金融市场、技术市场、房地产市场等；按照商品流通环节的不同可划分为批发市场和零售市场。

然而，既然我们所讲的市场是指对商品或服务有需求的人或组织，那么，对市场的分类就应以谁在市场上购买为依据，而不应以我们习惯的按照产品特点来对市场进行分类。

按照商品购买者属性的不同可划分为消费者市场和组织市场。

消费者市场是指为满足生活需要而购买商品或服务的个人和家庭。由于消费者市场是通向最终消费的市场，是一切社会生产的终极目标，因此，无论生产企业、商业企业还是服务企业都必须研究个人消费者市场。它是一切市场的基础，也是起决定性作用的市场。

组织市场是由各种组织机构构成的对产品和劳务需求的总和。组织市场购买商品是为了维持经营活动，对产品进行再加工或转售，或者向其他组织或社会提供服务。根据其购买目的不同，组织市场又可以分为产业市场、中间商市场和非营利组织市场。

产业市场又称生产者市场或企业市场，是指一切购买产品和服务并将之用于生产其他产品和劳务，以供销售、出租或供应给他人以赚取利润的组织。

中间商市场是指那些通过购买商品或劳务以转售或出租给他人获取利润的组织。中间商市场又称为转卖者市场，它是由各种类型的批发商、零售商和代理商组成的。

非营利组织市场包括政府、社会团体等。非营利组织市场购买商品的目的是为了履行组织职能和维护正常运转以实现各自承担的任务，其中政府是最大的非营利组织市场。各国政府通过税收集中了相当大的一部分国民收入，用于社会再分配，所以形成了一个巨大的政府市场。

## 二、市场营销的含义

（一）市场营销的定义

市场营销学是一门发展中的新兴学科，在学科发展的不同阶段，营销学家们从不同角度对"市场营销"进行了界定。

麦卡锡认为，市场营销是引导物品及劳务从生产者至消费者或使用者的企业活动，以满足顾客并实现企业的目标。

AMA认为(1960年)："市场营销是引导商品与劳务从生产者流向消费者或使用者的一切商业活动过程。"在此定义下，"营销"等同于"销售"，它只是企业在产品生产出来以后，为产品的销售而做出的种种努力。

AMA认为(1985年)："市场营销是指通过对货物、劳务和计谋的构想、定价、分销、促销等方面的计划和实施，以实现个人和组织的预期目标的交换过程。"根据这一定义，市场营销活动已超越了流通过程，是一个包含了分析、计划、执行与控制等活动的管理过程。

菲利普·科特勒指出(1997年)，"市场营销是个人和群体通过创造并同他人交换产品和价值以满足需求和欲望的一种社会和管理过程。"根据这一新的定义，一方面将"价值"的交换纳入了市场营销的范畴；另一方面，将市场营销界定为一个社会和管理过程。打破了宏观营销和微观营销的界限，使市场营销成为一切面向市场的个人和组织的活动过程。

包尔·马苏和马尔康·麦克纳认为，市场营销是创造与传送生活标准给社会。

AMA于2004年8月又给出了市场营销的新定义："市场营销是组织的职能之一，是组织为了自身及利益相关者的利益而创造、传播、传递顾客价值，管理顾客关系的一系列过程。"这一定义肯定了近年来市场营销研究及企业市场营销实践越来越将顾客、顾客价值、顾客满意、顾客忠诚与顾客关系管理视为营销的核心。

综上所述,市场营销是指企业(卖方)以满足顾客需要,创造顾客价值和满意为中心所进行的一系列活动。具体来说,市场营销就是从顾客(消费者和用户)的需要出发,组织整体性的经营活动,以适应和影响需要,并把能够满足这种需要和提升顾客价值的产品(或服务)送到顾客手中,让顾客满意,以实现企业的经营目标。

### (二) 市场营销概念的演进

上述有关市场营销的定义体现了市场营销概念的演进和营销内涵的扩展:

(1) 营销主体的变化

营销主体由"企业"发展为"一切面向市场的个人和组织"。现代市场营销的主体包括一切面向市场的个人和组织,既包括工商企业等营利性组织,又包括学校、医院、公共事业单位等面向市场的非营利性组织,还包括一些拟通过交换换取所需所欲之物的个人。

(2) 营销客体的扩展

营销客体由"货物和劳务"发展到"货物、劳务和计谋",进而发展到"产品的价值"。现代市场营销中,产品包括货物、劳务、计谋3个部分;进而发展到不仅仅是产品的交换,而且强调价值的交换。

(3) 营销内容的拓展

营销内容由单纯的"销售"活动发展到"构想、定价、分销、促销"活动,由"有目的、有计划地实施和管理过程"发展到"社会和管理过程",进而发展到建立、维持、巩固"关系"。

(4) 强调了营销最核心的概念——交换/关系

营销学的核心是"交换/关系"。只有通过交换,即通过提供他人所需所欲之物来换取自己所需所欲之物的过程才是营销;只有通过交换,实现"多赢",从而发展企业与多方的关系才是营销的目的。

(5) 明确营销既是一种经营哲学又是一种经营职能

英国斯特拉斯克里德大学市场营销学系迈克尔·丁·贝克教授指出:"营销既可看作是一种经营哲学,又可看作是一种经营职能"。营销作为一种经营哲学,必须将企业的利益攸关者看做是自己的顾客,通过"满足需求——顾客满意"来实现"多赢";作为营销部门的一种职能,它又必须与其他职能管理部门一样,从事营销的分析、计划、实施与控制等活动。在实施营销职能的全过程中来贯彻营销哲学,建立、维持、巩固与消费者及其他参与者的关系,实现各方的目的。

### (三) 正确理解市场营销的定义

(1) 顾客的需要是市场营销的起点,顾客需要的满足并感到满意则是市场营销的最终目标。在实际营销中,一个成功的企业,不仅要善于发现并满足顾客需要,而且要不断创造新的需求,为顾客创造更高的价值。

(2) 市场营销是一项整体性经营活动。市场营销不等于"推销"或"销售促进"。现代企业市场营销活动是整个企业活动,包括市场研究、产品开发、定价、分销、广告、人员推销、销售促进、售后服务等。显然,推销仅是企业市场营销活动的一部分。菲利普·科特勒认为:"推销不是市场营销中最重要的部分,推销只是市场营销冰山的尖端。推销只是企业市场营销人员的职能之一,但不是其最重要的职能。"彼得·德鲁克提出:"市场营销的目的在于使推销成为不必要。"如果企业的市场营销人员搞好了市场营销环境的调查研究,掌握了消费者的需求动向,并设计和生产出满足这种需求的产品,同时合理定价,搞好分销、促销工作,那么,这种产品就能轻易地推销出去。

(3)"交换/关系"是市场营销的核心。交换过程是一个主动、积极寻找机会,满足双方需求和欲望的社会和管理过程;交换过程能否顺利实现,取决于营销者创造的产品和价值满足顾客需求的程度和交换过程管理的水平。

(4)市场营销活动不仅要讲究科学性,还要讲究艺术性。市场营销与企业生产、技术、财务等诸多领域的工作不一样,不具有纯粹的数量化特征。很多营销实际问题的解决,往往是诸多不确定因素互为影响的结果。这其中,心理力量起着重要作用。因此,市场营销活动,一方面要遵循科学性的原则,按照客观的市场规律来规划营销战略和策略,但同时又要从市场实际出发,不拘泥于既定的方针政策,适时调整,灵活应变,才能在激烈的市场竞争中立于不败之地。

(四) 市场营销与企业职能

市场营销的主要应用领域是企业。在市场经济体系中,企业存在的价值在于它能否有效地提供满足顾客需要的商品。正如管理学大师彼得·德鲁克所指出的:"顾客是企业得以生存的基础,企业的目的是创造顾客,任何组织若没有营销或营销只是其业务的一部分,则不能称之为企业。""市场营销和创新,这是企业的两个功能。""营销是企业与众不同的独一无二的职能。"这是因为:

(1)企业作为交换体系的一个成员,必须以顾客的存在为前提,没有顾客就没有企业。

(2)顾客决定企业的本质。只有顾客愿意花钱购买产品和服务,才能使企业资源变成财富。企业生产什么产品并不是最重要的,顾客对他们所购物品的感觉及价值判断才是最重要的。

(3)企业最显著、最独特的职能是市场营销。企业的其他职能只有在实现市场营销职能的情况下才有意义。

# 第二节 市场营销学的核心概念

## 一、有效需求

(一) 需要与欲望

需要与欲望属于行为科学范畴的概念,用于表示人们的一种心理状态。

需要是指人们因为某种欠缺没有得到满足的心理感觉状态,是人类与生俱来的本性。如肚子饿了需要食物,身上冷了需要衣服等。

欲望则是指为满足基本需要而希望得到某种具体物品的愿望,它往往受到个人、社会、文化背景的影响。如肚子饿了,想吃一个汉堡;身上冷了,想穿一件某品牌的皮衣等。

需要是抽象的概念,是存在于人类自身和所处的社会环境;欲望是具体的概念,是可以用满足需要的具体实物来描述的。一般来说,人类的需要相对稳定,数量也并不太多;而人类的欲望则是多变的,乃至无穷。市场营销工作并不能创造需要,却能引导人们的欲望,并开发及销售特定的产品和服务来满足这种欲望。对个人而言,需要和欲望是产生行为的原动力。行为学家认为,人们感受到的最匮乏的需要,一般就是产生其行为的原因。因此,研究人们的需要和欲望是企业市场营销的出发点。

(二) 产品与购买力

任何能用以满足人类某种需要或欲望的东西都可称为产品。

产品是一个广义的概念,它不仅包括有形的物质产品,还包括涵盖服务、知识、创新等各种无形的产品,无论是有形还是无形的产品,消费者不仅在于拥有它们,更在于它们所提供的某种效用,能使消费者的需要和欲望得以满足。

传送效用的工具可以是实体产品,如小汽车是一种传送交通工具,冰箱是一种冷冻食品的工具。效用的传送还可以通过其他途径,如场所、人、观念等,如人们需要放松一下,可到娱乐场所去休闲,或做一次旅行、听一场音乐会等。因此,从市场营销的角度来考虑企业生产制造某种产品或提供某种服务,其目的是为了让顾客的某种需要得到满足,无论是有形或无形的产品,其实质都在于满足某种需要,而不是为了购买产品而买产品。

购买力是指人们为了购买某种产品或者服务所具有的货币支付能力。

(三) 需求

需求是经济学概念。需求是指有能力购买并且愿意购买某个具体产品的欲望,当具有购买能力时,对某个业已存在的具体产品(或服务)的欲望便转化成需求,亦可称之为有效需求。

显然,有效需求是由3个要素构成的,即:

$$有效需求 = 购买欲望 + 购买力 + 产品(或服务)$$

习惯上,我们也把有效需求称为显现需求或现实需求。也就是说,在市场上只当这些要素都具备的情况下,需求便浮出水面,成为人们都能看到的需求,故称之为显现需求。

当构成有效需求的3个要素并不完全具备时,如虽然有购买力和现实的产品(或服务),但缺乏欲望;或者虽然有购买欲望,也有现实的产品(或服务),但缺乏购买能力等等情况,表明需求尚未露出水面,可称之为潜在需求。对于那些我们现在既没有想到,更没有做到的"需求",不妨称之为未知需求。事实上,人类现实存在的许多需求,在过去很多年前都可能是未知的,后来才逐渐变成潜在的需求和显现需求。

市场营销工作从本质上来讲,就是要满足显现需求,挖掘潜在需求,创造未知需求,以推动人类物质和精神文化生活的进步。

## 二、顾客价值

(一) 顾客价值的含义

在市场经济条件下,顾客面对如此众多的商品和选择,将会变得越来越理智和成熟,他们将按照顾客价值最高的原则来决定商品或服务的购买,因此,企业在进行市场营销决策和规划时,必须熟悉并掌握这种机制。从某种意义上来说,顾客是价值最大化的追求者;而企业,作为卖方既要兼顾自身利益,又要为顾客提供最大的价值,这两者之间,显然存在着一种十分微妙的平衡关系。

顾客价值,亦称为顾客让渡价值。是指顾客从拥有和使用某种产品(或服务)中所获得的利益与为取得该产品(或服务)所付出的成本的比较,或是指总顾客价值与总顾客成本之

差,可以表示为:

$$顾客价值=\frac{顾客利益}{顾客成本}$$

顾客让渡价值＝总顾客价值－总顾客成本

顾客让渡价值的构成如图1-2所示。

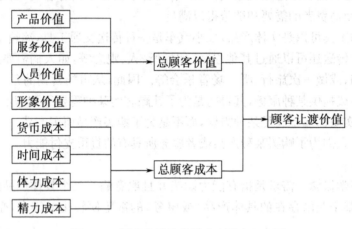

图1-2 顾客让渡价值的决定因素示意图

(二) 顾客总价值

(1) 产品价值。由产品的质量、品牌、功能、款式、规格、服务等要素所产生的价值。产品价值是顾客利益的核心内容,它是决定顾客购买总价值大小的关键和主要因素。

(2) 服务价值。是指伴随产品实体的出售,企业向顾客提供的各种附加服务所体现的价值。企业向顾客提供的服务越完善,产品的附加价值越大,顾客从中获得的总价值也越大。

(3) 人员价值。由企业员工的精神风貌、业务素质以及工作效率等所产生的价值。人员价值是顾客利益的重要组成部分,顾客总是愿意与高素质的企业员工打交道,因为高素质员工可以使顾客精神愉快。

(4) 形象价值。是指企业及其产品在社会公众中的总体形象所产生的价值。顾客总是希望与形象极佳的企业建立联系,因为这样也可提高顾客自身形象。形象价值对于企业来说是宝贵的无形资产,良好的形象会对企业的产品产生巨大的支持作用,给顾客带来精神上和心理上的满足感、信任感,使顾客的需要获得更高层次和更大限度的满足,从而增加顾客购买的总价值。

显然,顾客利益既包括物质方面的利益,也包括精神方面的利益。

(三) 顾客总成本

(1) 货币成本。指顾客为购买产品(或服务)所支付的货币数量。货币成本是构成顾客总成本的最主要的因素。一般情况下,顾客购买商品时首先考虑货币成本的高低。

(2) 时间成本。是顾客为得到所期望的产品(或服务)而必须处于等待的时间和代价。为了降低顾客购买的时间成本,企业营销工作者必须对提供的商品(或服务)要有强烈的责任感和事前的准备,在保证产品(或服务)质量的前提下,要尽可能减少顾客为购买产品(或服务)所花费的时间支出,从而降低顾客购买的成本,创造更大的顾客让渡价值,增强企业产品的市场竞争能力。

(3) 精力和精神成本。指顾客购买产品(或服务)时,在精力、精神方面的耗费支出。

显然,顾客成本,不仅包括货币成本,还包括非货币成本。

顾客价值概念的提出,对于企业市场营销工作具有重要的意义。首先,企业能真正从顾客的立场来理解顾客购买某种商品(或服务)的理由,并按照价值最大化的原则来满足顾客的追求,是实现顾客导向的基础。其次,企业按照顾客价值的构成,找到了提高顾客价值的有效途径,这就是提高顾客利益或者降低顾客成本,或者兼而有之。最后,企业还可以应用顾客价值理论来确立自身的比较竞争优势,避免市场竞争手段趋同性。

### 三、顾客满意

#### (一) 顾客满意的含义

从本质上来讲,顾客追求的是价值最大化,外在表现则是顾客满意。顾客满意取决于顾客所理解的产品(或服务)的利益与其期望价值进行的比较。菲利普·科特勒认为:满意是指一个人通过对一个产品的可感知的效果(或结果)与他的期望值相比较后形成的感觉状态。

顾客满意度(或顾客满意水平)是可感知效果与期望值之间的差异函数。

有3种最基本的顾客满意度:

不满意:可感知效果＜期望值

满　意:可感知效果＝期望值

很满意:可感知效果＞期望值

顾客对于某产品(或服务)的期望值主要来自过去的购买经验,朋友和伙伴的各种意见,企业广告宣传所表达的各种承诺等。实践表明,一些成功的企业通过比较客观的承诺,然后再以高于承诺的产品(或服务)提供给顾客,从而使顾客的满意程度大大提高。

事实上,顾客满意并不是企业拿着自己的产品(或服务)去询问顾客"我准备为你提供怎样的服务"或者是对于"我已经为你提供的这些服务你是否满意"等。真正意义上的"顾客满意"是企业所提供的产品(或服务)的最终表现与顾客的期望要求的吻合程度。因此,企业要花力气去研究顾客的心理,揣摩顾客的需求。即便是同一产品(或服务),对于不同的顾客还会产生不同的实际感受。比如说,在同一次航班上,对于业务差旅人员而言,最满意的首先是那些能准时起降的航班;而对于度假者而言,最满意的首先是能提供良好的服务,有可口的饭菜以及精彩电影的航班。

顾客满意的关键条件是顾客需求的满足。通过满足需求,达到顾客满意,最终实现包括利润在内的企业目标,是现代市场营销的本质。然而,"利润是对创造出满意顾客的回报"的现代营销哲学在许多企业中并未得到真正贯彻。许多学者和经理认识到要真正贯彻营销观念,必须解决好两个方面的问题:第一,通过质量、服务和价值实现顾客满意;第二,通过市场导向的战略奠定竞争的基础。

研究表明,顾客满意既是顾客再次购买的基础,也是影响其他顾客购买的重要因素。前者关系到能否保持老顾客,后者涉及能否吸引新顾客。一个以顾客为中心的公司不仅要在产品方面做得好,而且要在顾客满意方面做得更为出色。

### (二) 顾客满意度的衡量

顾客满意的另一个基本问题是顾客满意的衡量。因为只有你能衡量顾客的满意度,你才能管理好、控制好顾客的满意度。

顾客满意度的衡量主要是做好以下工作:

1. 制定能保证顾客满意的产品(或服务)质量标准,使顾客满意工程的实施及顾客满意度的衡量有依据、可操作。

与顾客满意度相关的产品(或服务)质量标准可以分为3种类型:

(1) 基本质量标准。是指企业必须达到的质量标准。做好了,顾客并不会提高满意度;但做不好,顾客会流失。

(2) 绩效质量标准。是指企业力争做到的质量标准。做好了,顾客满意度会提高;做不好,顾客满意度会下降。

(3) 激励质量标准。是指企业追求高水平的质量标准。做到了,会增加和提高顾客的忠诚度;即便做不到,顾客满意度也不会下降。

企业营销部门应根据轻重缓急分配资源,制定好有效提高顾客满意度的产品(或服务)质量标准,这是一项十分重要的工作。

2. 建立顾客投诉和建议制度,即通过接纳顾客投诉,分析顾客建议来衡量顾客满意度。

一般来说,只有当顾客的利益受到损害时顾客才会投诉,只有当顾客感到产品(或服务)的质量有缺陷时才会提出建议。而这也仅仅是同类感受的顾客中的很少的一部分。有资料表明:企业接到一次顾客投诉,就意味着还有20名有同感的顾客,只不过他们懒得说罢了。

企业要认真研究和分析顾客的投诉和建议,并为顾客的投诉和建议提供方便,如开设800免费投诉电话,设立建议箱、意见簿,设计不同的表式,使顾客的各种意见、建议都能迅速准确地表达出来。

3. 开展顾客满意度调查。

顾客满意度调查是衡量顾客满意度的最主要的方法。因为企业如果仅仅靠投诉和建议制度是无法全面了解顾客的满意或不满意的。

顾客满意度的调查方法主要有以下3种:

(1) 直接询问调查。即通过设计顾客满意度的调查问卷,在现有的顾客中随机抽取样本,请他们回答对某种产品(或服务)的满意程度(不满意、满意、很满意),经过汇总可直接报告顾客满意度。

(2) 间接询问调查。即不是直接向顾客询问满意度,而是通过询问其他问题,再引申出产品(或服务)的满意度,请被调查对象说出他们期望一种什么样的产品(或服务)属性,或者请他们指出产品(或服务)中的任何问题以及提出改进建议设想等。

(3) 顾客满意观察调查。也称暗访,即是在不告知对方的情况下所进行的调查。如让调查人员装扮成顾客,佯装购物者,来体验顾客的满意程度。必要时可以故意提出一些问题来检验经营人员的态度。

顾客满意既是目标,也是工具。顾客满意度是一个比较复杂的心理变数。对顾客满意度的衡量必须根据顾客对产品(或服务)的感受来进行。可以说顾客对产品(或服务)的感受是评判顾客满意的标准。由于不同的顾客,即便是对同一产品(或服务)的感受在不同的时间也可能不同。因此,在对顾客满意度衡量时需要采用统计学的方法对数据进行处理。现阶段,我国企业主要是通过顾客满意度的衡量,掌握顾客满意度变化方向,并以此来调整和改进企业的营销工作。

究竟顾客满意与顾客忠诚之间是怎样联系的,一些学者认为顾客满意会导致顾客忠诚,但也有研究表明顾客满意与顾客忠诚之间关系十分复杂。C. W. Hart 和 M. D. Johnson 通过对施乐公司的实证研究发现了所谓的"质量不敏感区"(Zone of Indifference)的现象。他们的研究发现,那些宣称基本满意和满意的顾客的忠诚度和重购率是很低的,只有那些非常满意的顾客才表现出极高的重购率,并乐于为企业传播好的口碑(参见图 1-3)。正如图 1-3 中所示,顾客忠诚曲线,也就是顾客保持曲线,在某个满意点上会突然上升。对服务业和制造业的研究结果也证明了这一点。

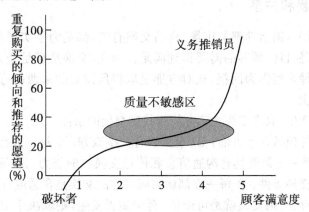

图 1-3 顾客满意度与重复购买行为之间的函数关系

### 四、顾客忠诚与顾客忠诚度

何谓顾客忠诚,不同学者给出了不同的定义。一些学者认为,只有当重复购买行为伴随着较高的态度取向时才产生真正的顾客忠诚。另有学者认为,顾客忠诚是不受能引致转换行为的外部环境变化和营销活动影响,在未来持续购买所偏爱的产品或服务的内在倾向和义务。我们把顾客忠诚定义为:顾客在持续消费过程中,由于不断积累的高度满意感而形成的对某一企业及其产品或服务的固定消费偏好。

企业存在的目的不仅仅是为了得到顾客,更为重要的是保持顾客,在不断提高顾客满意度的基础上建立顾客忠诚是企业营销的一项根本性的战略任务。

顾客忠诚与顾客满意是既有一定联系,又是完全不同的两个概念。一般来说,顾客满意是顾客忠诚的必需要素,是顾客忠诚的驱动力,但顾客满意未必就能达到顾客忠诚。有资料表明,65%～85%表示满意的顾客会毫不犹豫地选择竞争对手的产品。因此说顾客的忠诚是一个很高的境界。忠诚的顾客是企业极其宝贵的资源,忠诚的顾客值得企业花力气与心思来维系。要弄清楚是什么原因使顾客忠诚,以及如何确认忠诚的顾客。

顾客忠诚是许多特性的综合体,同时也代表了顾客的一种承诺,并反映在态度与行为上。忠诚顾客的态度是指:愿意再度购买;向同一企业购买其他产品或服务;愿意将此企业推荐给其他人;拒绝采用其他竞争者的同性质产品(或服务)。

若仅仅单独出现上述一项或部分态度或行为,都不能表明顾客的忠诚。

顾客忠诚度是顾客忠诚的量化指数,一般可运用 3 个主要指标来衡量顾客忠诚度,这 3

个指标分别是整体的(或称全面的)顾客满意度、重复购买的概率和将企业推荐给他人的可能性。

为便于准确地测量出这 3 个指标,要根据不同行业的实际情况设计相应的适当量表。如整体的顾客满意度可分为很满意、比较满意、满意、不满意、很不满意。重复购买概率可分为 0.7(含 0.7)以上、0.4～0.6、0.3(含 0.3)以下。推荐给他人的可能性可分为很大可能、有可能、不可能。通过调查,对于在这 3 个指标的适当量表上都给予最大正面回答的顾客便是忠诚顾客,对于在第一项指标中能给予很满意或比较满意,但在第二项、第三项指标中的回答不能尽如人意,则这类顾客可称为满意顾客或准忠诚顾客。

### 五、交换、交易和关系

企业的一切市场营销活动都与市场、商品交换有关,都是为了实现潜在交换,与其目标顾客达成交易,从而使目标顾客的需要得到满足。因此,交换是满足个人需要的基本方式。交换是通过提供某种东西作为回报,从对方那里取得所需要的东西的行为。交换是构成营销的基础的核心概念。

交换是否真正产生,取决于买卖双方能否找到交换的条件。

实现交换的条件包括 5 个方面:① 至少要有交换双方;② 每一方都要有对方所需要的有价值的东西;③ 每一方都要具有沟通信息和传送交换物的能力;④ 每一方都可以自由地接受或拒绝对方的交换条件;⑤ 每一方都认为同对方的交换是合适或称心的。

上述条件如果存在,则交换就是可能的,至于能否发生,则取决于双方是否能够达成一项交换协议。

从市场营销的角度来看,交换应看作是由寻找对方、交换信息、洽谈等活动组成的一个过程。如果双方正在进行谈判,各自都在寻找有利的交换条件,并逐步形成共识,达成协议,这就意味着一次交换活动的完成,即达成了一笔交易。交易是交换活动的基本单位,是指买卖双方价值的交换。如 A 把 X 给予 B 以换得 Y,就是一次典型的交易。

转让与交易不同。A 把 X 给予 B,但并不接受任何实物作为回报,这就是典型的转让。过去,转让不属于营销学的研究范畴,但近年来,营销工作者拓展了营销概念的内涵,即不仅研究交易行为,也研究转让行为,认为转让者尽管并不要求对方给予实物回报,但也是出于某种期待——如想得到对方的感激,或者想看到接受者转变观念,或希望对方产生良好行为等等。

关系是交换过程中形成的社会的和经济的联系,它包括营销者与顾客、分销商、零售商、供应商以及竞争者等之间的联系。现代市场竞争的加剧,使企业市场营销工作的重心正逐步从追求交易的成功转向关系的建立。

在各方关系中,企业与顾客的关系处于核心地位。为此,西方发达国家从 20 世纪 80 年代起,提出了客户关系管理(CRM)这一旨在改善企业与客户之间关系的新型管理机制。

客户关系管理(Customer Relationship Management)源于"以顾客为中心"的营销理念。通过向企业各方面的营销人员(包括销售、服务、后勤支持等)提供全面、个性化的客户资料,并强化跟踪服务和信息分析,使他们能够协同建立和维护一系列与客户之间卓有成效的关系,从而使企业得以提供更快捷和周到的优质服务,培养和维持多变而富于创造性的客户关系来提高客户满意度和忠诚度,更多地留住老客户和吸引新客户,使企业赢得长久的竞争优势和持续的利润增长。

许多全球著名的成功企业,如微软、宝洁等企业,都十分重视客户关系管理系统的应用。近年来,我国已有部分领先企业开始关注、研究并着手应用客户关系管理系统(有关 CRM 内容的介绍见第 13 章)。

### 六、营销主体与客体

营销就其本质而言,是一方诱发另一方时对某一商品或服务产生预期反应所采取的种种行动。营销是双方的事,缺少任何一方都无所谓营销。因此,营销的主体包括谁在营销和对谁营销两个方面的当事者。谁在营销,即在做营销的人,亦称为营销者。它的对方,即对谁营销,亦称为营销对象。

为了促使交易的成功,营销者总是主动积极地分析参与交换双方各自希望付出什么和得到什么,并通过权衡交易双方力量的对比,制定出合适的方案,来实现自己的营销目标。可见,在营销双方,表现最为积极的一方,一般被称为营销者,而另一方,则被称为营销对象或称为客户、顾客。

在商品十分短缺的年代,买方被称为营销者,而在商品积压、生产过剩的年代,卖方则称为营销者。在某种情况下,交易双方都十分积极,则称为双边营销,这是比较少见的现象。本书研究的营销者,泛指卖方营销。

营销客体就是营销什么,或指营销的范围。营销什么主要可以归纳为十大项目:

(1) 有形商品。它是企业生产和营销工作的最主要标的,占据了许多国家的生产和营销活动的大部分内容。

(2) 无形服务。随着经济的发展,经济活动将越来越多地集中于服务业,服务业主要包括交通、运输、旅游、美容、维修、航空以及各种专业性的服务,如会计、律师、医生、咨询等。有一些市场上的供应品是由商品和服务组合而成,如快餐店,顾客既享用美味的食物(有形的),又享受舒适的服务(无形的)。

(3) 事件。营销者常常推广基于时间的活动。如我国成功举办的 2008 年北京奥运会、2010 年将要举办的上海世博会,又如企业周年庆典、各种形式的艺术表演等。现在已经有专业人士负责精心策划一个事件并将其完美推出。

(4) 体验。通过协调多种商品和服务,人们可以创造、策划和营销体验。去迪士尼乐园的梦幻王国、走进鬼屋猎奇等都是一种体验。体验既可以复古,也可以表现为超前的时尚,这正是体验的魅力所在。

(5) 个人。创造名人效应的营销已成为重要的商业活动。艺术家、音乐家、首席执行官、医生、知名律师和金融家以及其他专业人士,从名人效应营销者那里获得了帮助。美国管理咨询家汤姆·彼得斯是一个很善于建立自我品牌的人,他曾建议每个人都让自己成为一种"品牌"。

(6) 地点。包括城市、地区或整个国家,都在积极地吸引游客、吸纳资源。地点营销者包括经济发展专家、房地产经销商、商业银行、当地商业协会、广告以及公共关系代理机构等。

(7) 财产权。指对所拥有财产的无形权利,既包括实物财产(如房屋、地产等),也包括金融资产(如股票、债券等)。房地产中介商既为所有权人又为潜在买主服务,沟通信息,促成交易。投资公司营销旗下的投资基金,吸引投资者购买。财产权可以买卖,这个过程体现了营销的力量。

(8) 组织。公司花钱做企业形象广告,旨在营销企业。一般认为,为了营销产品,先要营销企业。荷兰飞利浦公司的标志性广告语是"让我们做得更好"。大学、博物馆和从事艺术活动的组织要不断提高自身的公众形象,以求成功地争取观众和资金的支持。

(9) 信息。信息也可以像产品一样被生产和营销。报纸、刊物、专业图书等都是信息的载体。销售报刊、图书就是销售信息。大学、百科全书和专业杂志的出版者、互联网站等都是信息的营销者。信息的生产、包装和分销已成为社会的一个主要产业。

(10) 观念。每一个市场供应品都包含一个基本的观念。本质上,产品和服务都是传递用以满足某一核心需求的理念或利益平台。美芝雅公司的总裁查理·雷弗逊的解释是:"在工厂里,我们制造化妆品;在商店里,我们出售希望。"

## 第三节 市场营销管理的实质和任务

在现代市场经济条件下,企业为了实现战略计划规定的各项任务、目标,必须十分重视市场营销管理,根据市场需求的现状与趋势,制订计划,配置资源,通过有效地满足市场需求来赢得竞争优势,求得生存与发展。

### 一、市场营销管理的实质

市场营销管理是指为了实现企业目标,创造、建立和保持与目标市场之间互利交换的关系,而对设计方案进行的分析、计划、执行和控制的过程。其特点是:
(1) 营销管理过程包括分析、计划、执行、控制4个主要职能。
(2) 营销管理涵盖商品、服务和创意。
(3) 营销管理建立在交换基础上,其目标是满足各方需要。
(4) 营销管理存在于任何一个市场。
(5) 营销管理的实质是需求管理。

为了保证营销管理任务的实现,营销管理者必须对目标市场、市场定位、产品开发、定价、分销、信息沟通与促销等做出系统决策。

### 二、市场营销管理的任务

营销管理的主要任务不仅要刺激消费者对产品的需求,还要帮助公司在实现其营销目标的过程中,影响需求水平、需求时间和需求构成。因此,市场营销管理的任务是刺激、创造、适应及影响消费者的需求。

一般来说,消费者或用户的需求状况有8种,由此决定企业的市场营销管理任务也有以下8个方面。

1. 负需求

负需求是指人们对某种产品或服务感到厌恶,甚至宁愿付出一定代价回避它。如某个牌子的啤酒多次爆炸伤人,某种化妆品有害皮肤健康等。针对负需求,市场营销管理的任务是通过重新设计产品,提高质量,降低价格,加强售后服务等,以改变顾客的态度和信念,将负需求转变为正需求。这种营销方式称为转换营销。

### 2. 无需求

无需求是人们对于某种产品或服务没有欲望,根本不感兴趣。如刚上市的新产品,农场主可能会根本无意于某一新式农具耕作方法,不少老年人对美容化妆品没有欲望等。针对无需求,市场营销管理的任务是刺激需求,创造市场,如对刚上市的新产品要进行广泛宣传,要想方设法把产品的功效与人们的自然需求和兴趣结合起来。这种营销方式属于刺激营销。

### 3. 潜在需求

潜在需求是指现有产品或服务还不能够满足的需求。由于人类的需求是多样的和无止境的,因此,现有的产品还不可能完全满足人们的所有需求。如人们对无害香烟、癌症特效药品的需求,又如用海水或淡水做燃料的汽车、永葆皮肤青春的护肤品等。针对潜在需求,市场营销管理的任务是衡量需求量的大小,然后开发有效的产品或服务以满足这些需求。这种营销方式属于开发营销。

### 4. 下降需求

下降需求是指人们对于某种产品或服务的需求减少了。下降需求产生的原因很多,如由于技术进步出现了更新的产品,人们会减少原来的购买;时尚变化,消费观念、生活方式等发生变化,人们会减少以致放弃对某种产品的购买等。针对下降需求,市场营销管理的任务是分析需求衰退的原因,决定能否通过开辟新的目标市场,改变产品特色,改进推广方式,制定更加有竞争力的营销策略来重新刺激需求,以恢复下降的市场需求。这种营销方式属于恢复营销。

### 5. 无序需求

无序需求是指人们对于某种产品或服务的需求具有很大的波动性,在时间上与供给不同步。如对旅游宾馆、公园、公共汽车、博物馆等服务的需求,就是不规则需求。又如空调、电风扇等商品呈现季节性的变化。不规则需求导致了企业生产能力的闲置或过度使用,从而不利于资源配置最优化。针对不规则需求,市场营销管理的任务是采取适当的措施,如灵活定价、分期付款、赊销等方式调节产品和服务需求,以使其与企业供给保持协调或同步。这种营销方式属于同步营销。

### 6. 充分需求

充分需求是指人们对于某种产品或服务的需求水平和时间与预期相一致的需求状况。如当企业的业务量达到满意程度时,所面临的就是充分需求。然而,市场需求千变万化,企业好景能否持续;市场需求旺盛时,正是竞争者介入之日。针对充分需求,营销管理者的任务是采取适当措施,严把产品质量关,不断开发新产品,实施名牌战略和塑造良好的企业形象等,以最大限度地维持良好的需求状态。这种营销方式属于维持营销。

### 7. 过度需求

过度需求是指人们对于某种产品或服务的需求超过了企业的供给能力。如木材需求超过可采伐量、铁路运力严重不足、旅游胜地接待能力有限等。针对过度需求,市场营销管理的任务是采取适当措施,如提高产品或服务售价、减少服务、增加销售限制等,以降低过旺的需求水平。这种营销方式属于限制营销。

#### 8. 无益需求

无益需求是指人们对有害于自己、他人或社会的某种产品或服务的需求。如对于香烟、酒、毒品、色情制品等的需求。针对无益需求,市场营销管理者的任务是通过大幅提高售价,劝说人们放弃并改变需求、减少甚至拒绝供应等,以树立良好的企业形象和赢得公众的信赖。这种营销方式称为抵制营销。

市场营销管理的任务如图1-4所示。

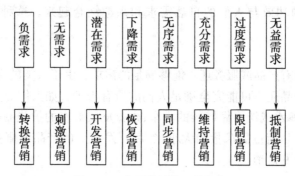

图1-4 市场营销管理的任务

### 三、企业创造需求的途径

在市场营销实践中,企业不仅可以适应需求,而且可以创造需求,即改变人们的价值观念和生活方式。价值观念和生活方式是人们在特定的环境中形成的,是由特定的文化造就和决定的,在市场上表现为特定的需求。企业的产品投顾客之所好,仅是适应需求;若改变顾客所好,则是创造需求。日本龟甲万公司采取免费赠送等方法,改变美国人的消费习惯,成功地开拓了原来不知酱油为何物的美国市场;瑞士雀巢公司经过漫长的努力,使几千年来都崇尚茶文化的日本等国青年一代以喝咖啡为时髦。这种东西方文化的互相渗透,是现代企业创造需求的过程。

在现代市场经济条件下,企业创造需求的途径是多方面的。

#### 1. 设计生活方式

现代企业不但可以通过改变原来的生活方式来创造需求,而且可以主动参与新生活方式的设计。长期以来,人们习惯于听音乐、欣赏音乐的生活方式。日本生意人突发奇想,绞尽脑汁设计出卡拉OK的娱乐形式,使消费者从被动参与娱乐变为主动参与,从听音乐变为"大家一起唱"。卡拉OK的魅力几乎征服了所有年龄段和所有国家的消费者,旋风般流行于世界娱乐市场。这是企业主动设计新生活方式的结果,它为企业带来了创新产品、开拓市场的新机遇。

#### 2. 把握全新机会

哪里有未被满足的需求,哪里就有企业的市场机会。市场具有表面机会,即实际存在但由于供不应求等原因而未被满足的现实需求。市场也有潜在机会,即实际存在但未被利用和尚未实现的潜在需求。现代企业在营销实践中发现,市场还有许多未知需求,亦称之为全新机会,它是指目前不存在的潜伏需求,即通过企业的营销努力,开发出新的产品后才形成的需求。例如,电视机、电话机等技术产品在尚未进入市场之前,因消费者并未意识到需求这种产品,不可能对其预先就有潜伏需求,更谈不上有现实需求,只是在这些产品开发出来以后消费者才产生了需求,这就是索尼公司所说的"生产需要"的定义。

在市场营销中,利用表面机会和潜在机会虽然可以占有一定的市场,但这毕竟是针对实际存在的需求,它比较容易被发现和迅速得到满足。在激烈的市场竞争中,企业越来越意识到难以借此取得更多的利益,而把握全新机会则可创造需求,使企业占有竞争的绝对优势。20世纪70年代,日本钟表业瞄准消费者的"潜在需求",成功地研究出以迷你电池驱动的石英表,这一走时准、寿命长、功能多、外观美、价格低的新产品在很大程度上取代了传统的机械手表,这场钟表革命使日本人从瑞士人的头上摘取了世界钟表业王国的皇冠达数年之久。

3. 营销市场空间

企业推广产品,有时可通过有预期目标的营销活动,人为地使市场形成供不应求或大量需求的局面。这种营销计划的制订与实施,不但是一种战术技巧,而且还可以起到创造需求的作用。吉列公司为了大量推广刮胡刀片,采用免费赠送刀架的办法,有效地营造了一个市场空间,促使顾客购买配套的刀片,实现扩大销售、占领市场的预期目标。

## 第四节　市场营销哲学及其演变

营销既是一种经营哲学,又是一种经营职能(迈克尔·J·贝克,1990)。作为一种职能,需要研究营销全过程干些什么;作为一种哲学,则需要研究营销全过程以什么观念为指导,在此观念指导下如何开展营销活动。

所谓市场营销哲学,就是企业在开展市场营销活动过程中,在处理企业、顾客和社会三者利益方面所持的态度、思想、观念和思维方式。

企业的营销活动必须是在经过深思熟虑后产生的在某种经营哲学的指导下进行的,这种经营哲学将十分清楚地阐明营销的责任和结果。

随着生产和交换的日益深入,社会、经济与市场环境的变迁以及企业经营经验的积累,市场营销哲学的演进经历了由企业利益导向,转变为顾客利益导向,再发展到社会利益导向。图1-5显示了企业在兼顾三者利益关系上,营销管理观念的变化趋势。

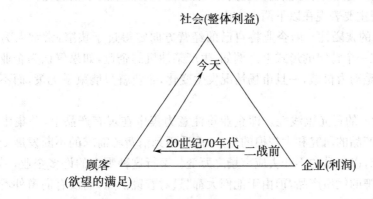

图1-5　营销管理观念的变化趋势

企业市场营销哲学观念包括生产观念、产品观念、推销观念、市场营销观念、社会市场销观念以及全面营销观念等不同甚至是对立的观念。这些观念时隐时现,互相碰撞,深刻地影响着组织或个人的营销实践。其中,前三者被称为传统营销观念。

## 一、生产观念(Production Concept)

生产观念是指导卖者行为的最古老的观念之一。生产观念认为消费者喜欢那些可以随时随地买得到、价格低廉的产品。为此,企业应通过组织所有的资源、集中一切力量来改善生产技术,改进劳动组织,以提高生产效率和增加产量、降低成本。

在这种经营思想指导下,企业只把注意力放在产品的生产上,认为只要把产品生产出来,就不愁卖不出去。"我生产什么,就卖什么",这是一种典型的在卖方市场条件下形成的观念,资本主义国家在工业化初期以及在二次世界大战末期和战后的一段时期内,由于物资短缺,市场商品大部分供不应求,导致生产观念颇为流行。美国福特汽车公司的创办人亨利·福特曾说过:"不管顾客需要什么颜色的汽车,我只有一种黑色的。"福特汽车公司从1914年开始生产T型车到1921年,T型车在美国市场上的占有率达到56%。

生产观念是一种重生产、轻市场的观念。以生产观念指导营销管理活动的企业,称为生产导向企业。目前,在一些经济不发达的国家和我国某些带有垄断性的行业,生产观念仍有一定的市场,甚至仍在发挥主导作用。

## 二、产品观念(Product Concept)

产品观念认为,消费者欢迎高质量、多功能和具有某些特色的产品。因此,企业管理的中心是致力于生产优质产品,并不断精益求精。在产品导向型企业中,管理者总是致力于提高技术精度,创造优质产品,但忽略顾客需求的变化。西方许多国家市场营销的实践表明,企业如果奉行"产品观念",在短期内,对于开发市场、争取用户、扩大销售有一定积极意义,但是长此以往,就必然会导致"市场营销近视"。

"市场营销近视"是美国著名市场营销学者——哈佛大学的西奥多·莱维特教授于1960年提出的一个新概念。

所谓市场营销近视,是指管理者在市场营销工作中缺乏远见,只注重其产品,认为只要生产出物美价廉的产品,顾客必然会找上门,以致忽视市场需求的不断变化。

市场营销近视主要表现在以下两个方面:

(1)经营方向的狭隘性。即企业将自己的经营方向定得过于狭窄,常常人为地把企业的经营方向限制在一个特定的形式上。例如,生产柴油机的企业,如果仅认为企业的经营方向是柴油机,而不是动力机械,一旦市场情况发生变化,企业就只能束手无策,而不能积极主动地去迎接挑战。

(2)经营观念上的目光短浅性。即企业将注意力集中在现有产品上,并集中主要的技术、资源进行现行产品的研究和大规模的生产,而看不到消费者需求的不断发展变化以及对产品提出的新要求,以产品的不变去应市场之万变。奉行这种观念的许多企业,尽管也能生产出许多高质、名牌的优质产品,但由于他们大都"只对着镜子照,而没有向窗外看",因此都必然要遭到严重的挫折。

产品导向与生产导向相同的是,二者都重生产、轻营销,并把市场看做是生产过程的终点,从生产角度出发,而不是把市场看作生产过程的起点,从消费者角度出发,忽视了市场需求的多样性和动态性。如果生产导向是"以量取胜",则产品导向强调的是"以质取胜""以廉取胜"。

### 三、推销观念(Selling Concept)

在西方国家,推销观念盛行于20世纪三四十年代,它是在卖方市场向买方市场过渡期间产生的。二次大战后,由于科技进步、科学管理和大规模生产的推广,商品产量迅速增加,市场出现供过于求,消费者都不愿主动购买非必需的商品。在这种情况下,生产企业必须重视和加强促销工作,采取必要的措施,千方百计使消费者对企业的产品发生兴趣,以扩大销售,提高市场占有率。如成立于1869年的美国皮尔斯堡面粉公司,1930年左右改变了坐等顾客上门的经营作风,派出大量推销员主动出击,提出了"本公司旨在推销面粉"的口号。

企业奉行推销观念,一般是基于下列两种情况:

一是生产出现过剩,或者库存过多,势必奉行推销观念。如有些企业对推销员规定销售指标,对中间商、消费者搞有奖销售等,目的都是为了把商品推销出去。

二是对于顾客尚不了解的产品,或者虽有所了解但没有兴趣购买的产品,如刚上市的新产品、一项新的服务项目等,企业必须加强推销工作,使消费者对企业的产品和服务有所了解,发生兴趣,并产生购买行为。

执行推销观念的企业,称为推销导向型企业。其口号是:"我们卖什么,就让人们买什么。"推销观念也是建立在以企业为中心,"以产定销",而不是满足消费者真正需要的基础上的。

### 四、市场营销观念(Marketing Concept)

20世纪50年代以来,资本主义国家的生产力迅速发展,产品数量剧增,产品花色品种多样化,消费者选择产品的余地更大,形成了名副其实的买方市场。再者,随着社会生产力的发展,国民收入和人们的生活水准有了很大的提高,消费者日益追求新奇、时髦、便捷的产品,消费需求瞬息万变。在这种形势下,美国通用电气公司约翰·迈克基里特于1957年首先提出市场营销观念,并认为:在新的形势下,公司奉行市场营销观念,是提高企业长期盈利能力和经营效益的关键。

市场营销观念是以企业的目标顾客及其需求为中心,并集中企业的一切资源、要素,通过调查研究和了解目标顾客的需求,并安排好适当的产品(Product)、适当的价格(Price)、适当的渠道(Place)和适当的促销(Promotion)(亦称之为4P组合),进而比竞争者更有效地使目标顾客的需要和欲望得到满足,从而取得利润,实现企业的价值。在20世纪80年代之前,许多企业的营销实践都表明,在买方市场条件下,凡是能真心实意地奉行4P理论的企业,其经营面貌及其成效就会焕然一新。

市场营销观念认为,企业的一切经营计划与策略都应以消费者为中心,正确确定目标市场的需要与欲望,比竞争者更有效地提供目标市场所需要的满足。

执行市场营销观念的企业,称为市场营销导向型企业,其座右铭是:"顾客需要什么,我们就生产供应什么。"它改变了以企业为中心的旧观念的思维逻辑,将管理重心放在善于发现和了解目标顾客需要,并千方百计给予满足,使顾客满意,从而实现企业目标。

在市场营销观念指导下,许多大企业提出"哪里有消费者的需要,哪里就有我们的机会"或"一切为了顾客的需要"。迪士尼乐园在创立时就确立了自己的目标:"我们的产品不是米老鼠和唐老鸭,而是快乐。"美国贝尔公司的高级情报部曾做过一个广告——"现在我们的中心目标必须针对顾客。我们将倾听他们的声音,了解他们关心的事。我们重视他们的需要并永远先于我们自己的需要……顾客是我们的命根子,是我们存在的全部理由。"市场营销观念的形成是西方国家营销思想的重大转变,它充分体现了"消费者主权"的思想,被誉为商业哲学的一次革命,它的产生为社会经济的发展和企业的振兴赋予了新的动力。

我们把上述营销观念和推销观念进行比较分析,如图1-6所示。推销观念注重卖方需要,营销观念则注重买方需要。推销观念是由内向外,以厂商为中心,从公司现有产品出发,通过大量的推销和促销活动来达成销售。营销观念是由外向内,从明确目标市场出发,以顾客的需要和欲望为中心,协调及整合所有影响顾客的活动,并通过创造性的顾客满足来获取利润,提高盈利率。

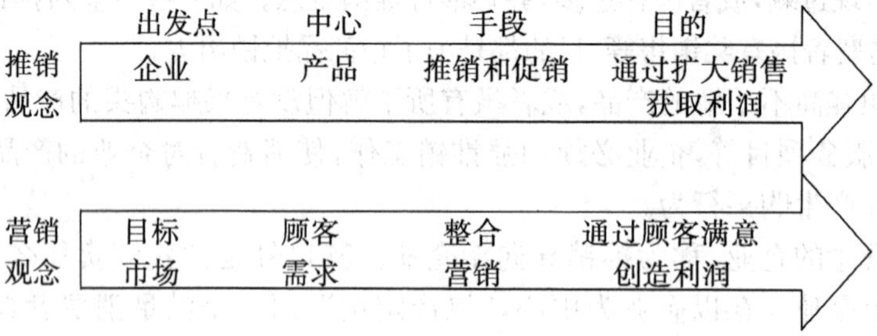

| | 出发点 | 中心 | 手段 | 目的 |
|---|---|---|---|---|
| 推销观念 | 企业 | 产品 | 推销和促销 | 通过扩大销售获取利润 |
| 营销观念 | 目标市场 | 顾客需求 | 整合营销 | 通过顾客满意创造利润 |

图1-6 营销观念和推销观念的对比

市场营销观念有4个主要支柱:一是目标市场(Target Market)。目标市场是企业营销活动所要满足的有相似需要的消费群。二是顾客需要(Customer Needs)。营销是"有利益地满足顾客需要"。三是整合营销(Integrated Marketing)。整合营销是指企业以顾客为中心,整合内部所有资源,以提高顾客的服务水平和满足程度,使所有部门都为顾客的利益提供一致的服务。四是赢利能力(Profitability)。赢利能力是指营销要取得一定的经营绩效。

### 五、社会营销观念(Societal Marketing Concept)

20世纪70年代以来,随着全球环境破坏、资源短缺、通货膨胀和忽视社会服务等问题日益严重,要求企业顾及消费者整体与长远利益即社会利益的呼声越来越高。在西方营销学界提出了一系列新的观念,如人类观念、理智消费观念、生态准则观念等。其共同点是:企业生产经营不仅要考虑消费者需要,而且要考虑消费者和整个社会的长远利益。1971年,杰拉尔德·蔡尔曼和菲利普·科特勒最早提出了"社会市场营销"的概念,促使人们将市场营销原理运用于环境保护、改善营养、使用安全等具有重大推广意义的社会目标方面。

社会营销观念认为,企业的任务在于确定目标市场的需要、欲望和利益,比竞争者更有效地使顾客满意,同时维护与增进消费者和社会的福利。

社会营销观念是一种以实现消费者满意以及消费者和社会公众的长期福利作为企业的根本目的和责任的企业经营管理哲学,它强调企业的市场营销决策应同时考虑到消费者眼前的需求和愿望,消费者和社会长远利益,企业的营销效益。

图1-7较为直观地表达了社会营销观念的内容。企业通过协调社会利益、企业利益和

消费者利益,从而使市场营销观念达到一个较为完善的阶段。

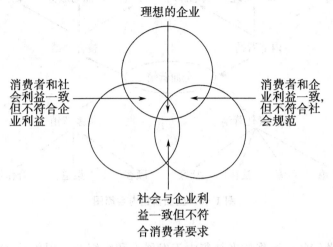

图 1-7 社会营销观念示意图

社会营销观念的核心思想是:

企业营销＝顾客需求＋社会利益＋盈利目标

20世纪80年代兴起的绿色市场营销运动就是社会营销观念的重要表现。

"绿色"是一个过程、一个产业,乃至于一种思维模式、一种理念。20世纪70年代初发表的《人类环境宣言》拉开了人类环境保护的序幕,1987年联合国环发大会通过的《21世纪议程》中强调"要不断改变现行政策,实行生态与经济协调发展",为绿色营销理论的形成奠定了基础。于是,"绿色"浪潮一浪高过一浪。

绿色营销是指企业在营销活动中要全面体现"绿色",即在营销过程中以满足消费者的绿色需求为出发点,注重地球生态环境的保护,促进经济与生态环境的协调发展,以此实现企业市场可持续发展战略。

绿色营销要求企业在开展营销活动的同时,努力消除和减少生产经营对生态环境的破坏和影响。绿色营销的实质,就是强调企业在进行营销管理活动时,要努力把经济效益和环境效益结合起来,求得企业、环境与社会的和谐均衡共生。

## 六、全面营销观念

全面营销观念认为,营销应贯穿于企业的各个方面,而且要有广阔的、统一的视野。全面营销观念的基础是发展、设计和执行营销计划,并且在不同领域应具有各自的宽广度和独立性。

全面营销涉及关系营销、整合营销、内部营销和社会责任营销4个方面,各个方面所包含的内容如图1-8所示。

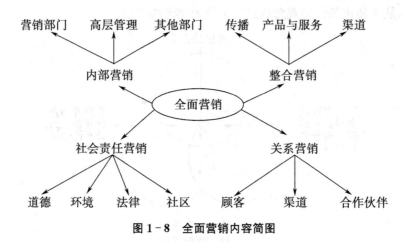

图1-8 全面营销内容简图

1. 关系营销

关系营销是营销的目标将越来越集中于发展人和组织的牢固关系，它将直接或间接地影响企业营销活动的成败。

关系营销旨在与企业的顾客、供应商、分销商和其他营销伙伴建立令人满意的长期合作关系，赢得和维持业务。关系营销需要在合作者中建立强有力的经济、技术和社会联系。

关系营销的最终结果是为企业培育独特的关系营销网络。一个有效的关系营销网络应包括企业及与之有互惠利益关系的合作者，这样，竞争将不再局限于在企业之间展开，而是在市场网络之间展开，从而促使企业不断地建立更好的关系网络。

2. 整合营销

整合营销即营销者的任务是设计营销活动和整合全部营销计划，为顾客创造传播和传递价值。

整合营销主要包括两大主题：一是传播和传递价值要通过不同的营销活动来实现，如企业用来为目标市场服务的一整套工具，包括产品、价格、分销和促销等；二是要以合作效益最大化来调整不同的营销活动，以达到整体效益最大化。也就是说，企业设计与执行营销计划时要全盘考虑，该过程需要整合需求管理、资源管理和网络管理。

3. 内部营销

内部营销要求企业中的每个员工都要遵循适当的营销准则，尤其是企业高层管理人员。内部营销的任务是培养能服务好顾客的员工。企业首先要照顾好自己的员工，员工才能更好地服务好顾客。在许多情况下，内部营销与外部营销处于同等重要的位置。

内部营销主要发生在两个层面：一是要协调好各种不同的营销职能；二是营销需要得到其他非营销部门的支持。

4. 社会责任营销

在现代市场经济条件下，营销的影响力已经远远超过了企业与顾客的范畴，甚至已波及整个社会。社会责任营销要求营销者必须认真看待自己在社会中所起的作用及其所造成的影响。营销者要提高自己的社会责任感，需要有三方面力量的支持：合理的法律、道德和社会责任行为。

### 专论 1-1　营销的重要性

随着公司状况的改变，它们的营销组织也发生了变化，营销不再是一个负责有限工作的公司部门，营销必须是整个公司的事业。营销主导着公司的愿景、使命和战略计划。营销活动包括在下述方面作出决策：公司需要怎样的顾客；要满足顾客什么方面的需要；提供多少产品和服务；怎样确定价格；怎样传播和接受信息；使用哪些分销渠道；怎样发展合作者。营销活动只有在公司所有部门共同合作下才能成功：工程部门设计最合适的产品，财务部门筹集所需要的资金，采购部门购买高质量的材料，生产部门及时生产优质产品，而会计部门则测算出不同的顾客、产品和地区的利润率。

企业的营销能力经常是其赢利的保证。如果没有充足的对于产品和服务的市场需求来为公司创造利润，那么企业的财务、运营、会计和其他方面的努力都只不过是水中月、镜中花。因为销售是企业赢利的基础，许多企业设立了首席营销官(CMO)，其地位相当于首席执行官(CEO)和首席财务官(CFO)等主管(C)级别的经理。从消费品厂商到医疗保险人、从非营利组织到工业品厂商都会做媒体广告，以此宣传他们最近的营销业绩，在他们的网站和商业媒体上有着数不清的关于营销战略和战术的文章。

然而，营销亦是复杂微妙的工作，它也成为许多曾经辉煌的大企业的阿喀琉斯之踵（比喻某人或某事的致命弱点）。许多大公司，如西尔斯、李维斯、通用汽车、柯达和施乐等知名企业都承认要面对更强大的消费者和新的竞争对手，因此不得不反复检讨各自的经营模式。甚至如微软、沃尔玛、英特尔和耐克等市场领导者也承认有这种压力。杰克·韦尔奇（通用电气公司的前任首席执行官）曾不断地告诫员工："停止变革则意味着失败。"

要作出正确的决策并非易事。营销经理面临着一系列重大的决策，例如，在新产品设计中产品特征是什么，雇用多少销售人员，在广告上投入多少资金；也面临着一些次要的决策，例如，新产品的包装上用什么确切的字眼或颜色等。公司承受的最大的风险是没有重点关注其客户与竞争对手，并不断提升产品的价值；而是只注重短期的利益，以短期的销售额为发展导向；最后，将不能维护股东、员工、供应商和渠道合作者的利益。营销的技巧性是永无止境的。

（摘自菲利普·科特勒：《营销管理》（第12版）上海人民出版社，2006）

### 专论 1-2　新的市场营销时代

20世纪80年代以来，市场营销经历了4次大的变革：

第一次变革，也许是最重要的，那就是消费者的变化。在欧洲，从20世纪80年代到90年代初，可谓是"忧郁"的时期。一方面，由于经济不景气和对失业的恐慌，消费者对购买保持一定的距离；另一方面，消费者日趋成熟，能够冷静地面对经销商各种各样的促销方式，有能力批评他认为不符合价值观的商品和服务（如环境保护、安全和对自然界的保护等问题）。

第二次大的变革是分销渠道的变化。在很长一段时间里，分销商很少考虑建立自己的品牌，往往是由厂商采取适当的营销策略，吸引最终消费者。然而，现在的商业环境变化了，国际性的跨国分销集团，通过收购，兼并企业，形成大的分销集团，在整个分销过程中，建立起中心地位。如今，顾客在购买产品时，首先考虑的是经销商的品牌，然后找到他们想要的产品。众所周知，一些国际性的分销集团的实力远远超过了生产企业，成为市场营销的领头羊。例如，美国的沃尔玛和法国的家乐福已经超过雀巢、欧莱雅和达能。

第三次大的变革是竞争意识的建立。在新产品市场，面对信息专家和管理行家，如果企业竞争仍然采用旧的营销模式，其结果只能是复制、模仿和时间上的滞后，时间成为竞争的关键因素。因此，面对风险性的竞争游戏，应当始终发挥丰富的创造力。

最后一次大的变革是新技术革命。由于计算机的应用，单位信息储存成本大幅度下降，计算机程序员有能力编写处理日常大量数据的软件。在20世纪90年代，一份客户档案文件可以包括200万个客户，高质量地记录历史销售的数据。如今，一份客户档案文件可以包括1 500万个客户的信息，包括购买记录、个人特点、爱好、消费偏好、产品使用状况等。

由于上述这些变化，大量营销时代的营销交易方式已经成为过去。企业进一步接近消费者，实行"一对一"营销模式，开始了关系营销的新阶段。

关系营销关注的不仅仅是简单的销售过程，而是加强维护与客户的长期关系和客户的忠诚度。开发一个新客户的成本（营销转移成本）远远高于维护一位老客户的成本（关系营销成本），正如生活中征服一个人的成本远远高于维护婚姻忠诚度的成本，当然还不包括离婚的代价。

同时，我们处在一个重新发现客户的阶段，强调客户关系管理（CRM）。数据库营销，使得企业能了解到客户各种各样的信息，从而更好地满足客户的需求。一份高质量的客户档案，无疑是企业的一笔财富。我们可以看到，市场营销在整个发展过程中，尽管有许多新的观点和理论，但其深层次的观念并没有改变，即"顾客第一"！"顾客第一"的观念在营销组织理论方面是很重要的，尤其是与销售的关系。市场营销越接近消费者，销售目标实现的可能性就越大，营销和销售几乎是融为一体的。那么，市场营销在企业中是否真正占有一席之地呢？让未来来回答这个问题吧。

市场营销未来发展方向是什么？我们可以在很多文章中看到这样一些观点，即企业想倾听消费者的意见。其实这是一个幻想，因为消费者没有能力说清楚他们的愿望到底是什么，消费者不可能了解到新的技术革命所能创造的新产品。如10年前曾经有一项关于中国消费者对蜂窝式电话是否感兴趣的市场调研，可以设想当时这样的市场调研会是什么结果。没有人能够想象到这种产品惊人的发展速度。更深入一步讲，或许消费者不仅不知道他的需求，而且根本就没有这种愿望。所以必须由企业来创造需求，引导消费。从这个角度讲，消费者失去了他的尊严，供应营销将占统治地位。也就是说营销将更少地面对顾客，而更多地成为独立的建设体系，未来企业之间的竞争领域也就在此。有一句口号："不要跟着顾客走，而要引导顾客。"这句话很好地表达了上述看法。那么，市场营销是否走到了尽头？企业不再需要营销了吗？我个人认为不会，企业将永远需要那种能够迅速适应环境和条件变化的市场营销。市场营销的魅力也就在此！

（[法]让·皮埃尔-艾尔菲）<br>（摘自《销售与市场》2001.8）

## 复习思考题

1. 什么是市场？市场的类型主要有哪些？
2. 如何理解市场营销的基本概念？
3. 如何理解市场营销概念的演进？
4. 简述有效需求的含义及其形成。

5. 何谓顾客价值？如何理解顾客价值最大化原则？
6. 何谓顾客满意？顾客满意如何衡量？
7. 营销客体的范围包括哪些？
8. 针对八大需求，企业营销管理的任务是什么？
9. 说明推销观念与营销观念有何区别。
10. 什么是市场营销近视症？市场营销近视症是如何形成的？
11. 如何正确理解全面营销观念的基本含义？
12. 如何正确理解市场营销的实质是需求管理？
13. 企业创造需求的途径有哪些？
14. 结合专论1-1，阐述市场营销的重要性。

# 第 2 章　企业战略与市场营销管理过程

**本章要点**

- 企业战略的四大类型
- 如何定义企业业务
- 波士顿咨询集团法
- 企业发展新业务的 3 种方法
- 企业战略的层次结构
- 企业业务的评估
- 通用电气公司法
- 市场营销管理过程

## 第一节　企业战略概述

### 一、企业战略的内涵

在现代市场经济条件下,企业经常面临以下一些新的问题:竞争环境出现了什么新的变化和趋势?我们应该向市场提供什么样的产品和服务?如何才能最有效率地开拓市场?我们的客户需求发生了什么变化?等等。要正确回答以上问题,需要以长远的观点和开阔的视野,审视企业自身条件和竞争环境,并使其相适应,这就是战略思维。

"战略"一词源自希腊语,意思是"将军的艺术",指军事方面有关战争全局的重大步骤,现已被广泛用于社会经济、政治的各个领域,用于描述一个组织打算如何实现其目标和使命。

企业战略是指为实现组织目标,并使其与所处环境之间高度协调,所采取的一系列决策和行动的总和。

菲利普·科特勒认为,"当一个组织清楚其目的和目标时,它就知道今后要往何处去。问题是如何通过最好的路线到达那里。公司需要有一个达到其目标的全盘的、总的计划,这叫做战略。"加拿大的明茨博格(H. Mintzbeng)借鉴市场营销组合"4P"的提法,提出了战略是由 5 种规范的定义阐明的,即计划(Plan)、策略(Ploy)、模式(Pattern)、定位(Position)和观念(Perspective),由此构成了企业战略的"5P"。

企业战略从功能上来讲主要可分为四大类型:

(1) 成长战略。企业可以通过内部投资扩张或外部兼并其他业务机构而实现成长。内部成长的实现方式包括产品升级换代和新产品开发,或者把原有产品扩大到新的市场。企业实现外部成长经常采用多样化战略,涉足新的业务领域。

(2) 稳定战略。亦称之为暂停战略,意思是企业想要维持现有的规模,或者放慢增长速度,以处于一种可控状态。许多企业在经历了快速成长期的不稳定阶段后,经营者经常把企业工作的重心放在稳定战略上,以确保企业安全高效运转。

(3) 收缩战略。收缩意味着企业在经历一段衰退以后，顾客对企业产品或服务需求的急剧下降，经营者或者采取缩减现有的业务单位，或者卖掉大部分业务。收缩战略大多为企业不得已而采取的一种战略。

(4) 组合战略。是指企业同时实行两种或两种以上战略，如公司在某一时期对某一种业务实行成长战略，而对另一种业务则实行收缩战略。

对于企业战略，无论是哪一种类型，都具有以下特性：

(1) 全局性。即从企业大局出发，规定的是企业整体行动，追求的是企业的整体效果。

(2) 长远性。即从企业长远利益出发，是企业对未来较长时期内生存和发展的通盘考虑。凡是为适应环境、条件的变化所确定的长期基本不变的目标和实现目标的方案，都属于战略的范畴。

(3) 纲领性。即企业战略描述的内容具有原则性、概括性，要通过战术的转换，将其分解和落实，才能变为具体的行动方案。

(4) 对抗性。即在多数情况下，企业战略常常表现出与竞争对手的挑战与抗衡。

## 二、企业战略的层次结构

### (一) 公司层面战略

公司层面战略是企业最高层次的战略，是关于企业为了实现其使命和目标，对应投资于哪一行业所作的行动计划。着重回答"我们经营何种业务"这个问题。公司层面战略通常涉及拓展新业务、增加或裁减业务单位、在新领域与其他公司建立合资企业等。公司层面战略由企业高层负责制定和落实。

### (二) 业务层面战略

业务层面战略是指在一特定市场或产业中如何使企业获得竞争优势的计划。主要是回答"我们如何竞争"这个问题。业务层面战略与每个业务部门和产品线有关，其核心是如何争夺本行业的顾客。业务层面战略决策的内容主要包括广告投放量、产品研发的方向和深度、新产品开发与产品更新换代等。

### (三) 职能层面战略

职能层面战略是在于改善企业各个部门创造价值能力的行动计划。着重回答"如何支持业务层面的竞争战略"这个问题。职能层面战略涉及企业财务、研发、营销、生产等主要部门。职能层面战略的核心内容是围绕为增加消费者所接受的企业产品或服务的价值而采取的行动。消费者愿意为产品或服务支付的价格，表明了公司产品价值的大小，消费者心目中某种产品价值越高，他们就越愿意为之付出更高的价格。职能部门增加公司产品价值的途径有两种：一是降低创造价值过程中的成本，获得低价格；二是将本企业产品差异化，增加产品价值。

企业战略的上述3个层面之间的关系如图2-1所示。

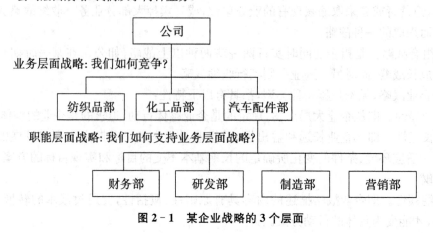

图 2-1  某企业战略的 3 个层面

## 第二节　企业业务的评估与扩张

### 一、企业业务的定义

管理大师彼得·德鲁克在确定企业使命时,曾提出 5 个经典问题:我们的企业是干什么的？顾客是谁？我们对顾客的价值是什么？我们的业务将是什么？我们的业务应该是什么？这 5 个问题的核心其实就是如何定义企业的业务。

正确的企业业务定义需要解决好两方面的问题:

1. 坚持企业业务的市场定义,而非企业业务的产品定义

企业的业务应该被看成是一个顾客需要的满足过程,而不是一个产品的生产过程。产品总是短暂的,而基本需要和顾客群则是永恒的。比如动力是一种需要,它可以通过多种产品来满足。一个生产柴油机的企业,如果将其业务定义为"柴油机制造者",这就是"企业业务的产品定义";如果将其业务定义为"提供动力",这就是"企业业务的市场定义"。市场定义能使企业视野开阔,对于生产柴油机的企业来说,一旦柴油机产品市场销售受阻,或者产品遭淘汰,企业就可以很快转入其他更为先进的动力设备制造。

表 2-1 列举了几个例子,说明企业在进行业务定义时应该从产品导向转向市场导向。

表 2-1　不同的企业业务定义方法

| 公司 | 产品导向定义 | 市场导向定义 |
| --- | --- | --- |
| 汽车运输公司 | 我们经营公路运输 | 我们是人与货物的运送者 |
| 化肥制造公司 | 我们出售化肥 | 我们帮助提高农业生产力 |
| 施乐公司 | 我们生产复印设备 | 我们帮助改进办公效率 |
| 空调制造公司 | 我们生产空调器 | 我们为家庭提供舒适的温度 |
| 柴油机制造公司 | 我们生产柴油机 | 我们是动力的提供者 |

一个企业的业务领域可以从 3 个方面加以确定:一是所要服务的顾客群;二是所要满

足的顾客需要；三是用以满足这些需要的技术。

企业如要扩大业务,可以首先在这3个方面加以考虑,将有利于企业现有潜力的挖掘。

2. 明确界定企业有哪些战略业务单位

如果企业仅有一项业务单位,比如某运输公司,除了运送人或货物以外,再也没有任何其他业务了,那么它的战略业务单位就仅有一项。但是大多数企业都经营几项业务,而有些业务之间不一定能分得十分清楚,这就需要明确界定公司有哪些战略业务单位,有多少战略业务单位,以便对不同的战略业务单位实施有效管理。

一个独立的战略业务单位应有3个特征：

(1) 它是一项独立业务或相关业务的集合体,并与公司其他业务可以明确区分,独立作业。

(2) 它有自己的明确的竞争对手。

(3) 它有专职经理负责执行计划,指挥作业,并对该项业务的绩效负责。

明确界定公司战略业务单位的目的,就是要赋予这些战略单位制定生产的计划方案和安排适当的资金投入,并对其经营结果作出正确的评估。

## 二、企业业务的评估

企业的资金总是有限的,各个业务单位的增长机会、经营效益大不相同。因此,企业在安排业务组合的过程中,要对各个战略业务单位进行评估,以便确定哪些业务单位应当发展、维持、减少或者淘汰。西方学者曾提出一些对企业的战略业务单位加以分类和评价的方法,其中最为适用和著名的是美国波士顿咨询集团的方法和通用电气公司的方法两种。

(一) 波士顿咨询集团法

波士顿咨询集团是美国第一流的管理咨询企业,它建议企业用"企业增长率—相对市场占有率矩阵"来对其战略业务单位加以分类和评价(图2-2)。

矩阵中的纵坐标代表市场增长率,假设以10%为分界线,10%以上为高增长率,10%以下为低增长率。

矩阵中横坐标代表相对市场占有率,表示企业各战略业务单位的市场占有率与同行业最大的竞争者(即市场上的领导者或"大头")的市场占有率之比。如果企业的战略业务单位的相对市场占有率为0.4,这就是说,其市场占有率为

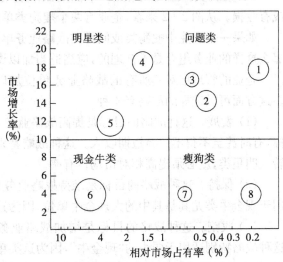

图2-2 波士顿咨询集团法

同行业最大竞争者的市场占有率的40%;假设以1为分界线,1以上为高相对占有率,1以下为低相对占有率。

矩阵中的8个圆圈代表企业的8个战略业务单位。这些圆圈的位置表示各战略业务单位的市场增长率和相对市场占有率的高低;各个圆圈的面积大小表示各战略业务单位销售额的多少。

矩阵图把企业所有的战略业务单位分为4种不同类型：

（1）问题类。这类战略业务单位是高市场增长率和低相对市场占有率的战略业务单位，大多数战略业务单位最初都属于问题类。这类单位需要大量现金，因为企业需提高其相对市场占有率，使之赶上市场上的"大头"，而且必须增添一些工厂、设备和人员，才能适应迅速增长的市场。因此，企业管理层要慎重考虑经营这类单位是否合算，如果不合算，就应精简或淘汰。从图2-2来看，企业有3个问题类单位，这类单位可能过多。企业与其把有限的资金分散用于3个问题类单位，不如集中力量用于其中一两个单位，这样经营效益也许会高一些。

（2）明星类。问题类的战略业务单位如果经营成功，就会转入明星类。这类战略业务单位是高市场增长率和高相对市场占有率的单位。这类单位因为增长迅速，同时要击退竞争对手的进攻，就需要投入大量现金，因而是使用现金较多的单位。由于任何产品都有其生命周期，因此这类单位的增长速度会逐渐降低，最后就会转入现金牛类。

（3）现金牛类。明星类的战略业务单位的市场增长率下降到10%以下，就转入现金牛类。这类单位是低市场增长和高相对市场占有率的单位。这类单位因为相对市场占有率高，盈利多，现金收入多，所以可以提供大量现金。企业可以用这些现金来支付账单，支援需要现金的问题类、明星类和瘦狗类单位。从图2-2来看，企业只有一个"现金牛"，这种财务状况是很脆弱的。这是因为如果这个"现金牛"的市场占有率突然下降，企业就不得不从其他单位抽回现金来加强这个"现金牛"以维持其市场领导地位；如果企业把这个"现金牛"所产生的现金都用来支援其他单位，那么这个强壮的"现金牛"就会成为弱"现金牛"。

（4）瘦狗类。这类战略业务单位是低市场增长率和低相对市场占有率的单位，盈利少或有亏损。从图2-2来看，企业有两个瘦狗类单位，这种情况显然不妙。

如果一个企业中瘦狗类或问题类战略业务单位多，明星类和现金牛类战略业务单位少，那么这样的业务组合是不合理的，应当适当加以调整。

企业的管理层对其所有的战略业务单位加以分类和评价之后，就应采取适当的战略。在这方面可供选择的战略有4种：

（1）发展。这种战略的目标是提高战略业务单位的相对市场占有率。为了达到这个目标，有时甚至不得不放弃短期收入。这种战略特别适用于问题类单位，因为这类单位如果要转入明星类，就必须提高相对市场占有率。

（2）保持。这种战略的目标是维持战略业务单位的相对市场占有率。这种战略特别适用于现金牛类尤其是其中的大现金牛单位，因为这类单位能提供大量现金。

（3）收割。这种战略的目标是增加战略业务单位的短期现金流量，而不顾长期效益。这种战略特别适用于弱小的"现金牛"，因为这类单位很快要从成熟期进入衰退期，其前途黯淡，企业又需要从这类单位榨取更多的现金。此外，这种战略也可以用于问题类和瘦狗类单位。

（4）放弃。这种战略的目标是清理、变卖某些战略业务单位，以便把有限的资源用于经营效益较高的业务，从而增加盈利。这种战略特别适用于那些没有前途或妨碍企业增加盈利的问题类和瘦狗类单位。

上述4类战略业务单位在矩阵图中的位置不是固定不变的。任何产品都有其生命周期，随着时间的推移，这4类战略业务单位在矩阵图中的位置会发生变化。例如，起初处于问题类的战略业务单位如果经营成功,就会转入明星类;最后,到产品的衰退期,产品销售量下降,又从现金牛类转入瘦狗类。

（二）通用电气公司法("多因素投资组合"矩阵法)

"多因素投资组合"矩阵,较"市场增长率/相对市场占有率"矩阵有所发展(图2-3)。依据这种方法,企业对每个战略业务单位,都从市场吸引力和竞争能力两个方面进行评估。只有进入既有吸引力的市场,又拥有竞争的相对优势,业务才能成功。市场吸引力取决于市场大小、年市场增长率、历史的利润率等一系列因素;竞争能力由该单位的市场占有率、产品质量、分销能力等一系列因素决定。对每个因素,分别依据等级打分(最低分为1分,最高分为5分),并依据权数计算其加权值。将加权值累计起来,得出该单位的市场吸引力及竞争能力总分。每个战略经营单位都可以两个分数提供的坐标为圆心,画出与其市场成正比的圆圈,并勾出其市场占有率。

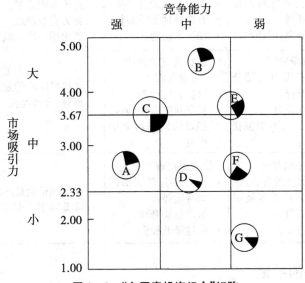

**图2-3 "多因素投资组合"矩阵**

多因素投资组合矩阵依据市场吸引力的大、中、小,竞争能力的强、中、弱,分为9个区域。它们组成了3种战略地带:

(1)"绿色地带",由左上角的大强、大中、中强3个区域组成。这个地带的市场吸引力和经营单位的竞争能力都最为有利。要"开绿灯",采取增加资源投入和发展扩大的战略。

(2)"黄色地带",由左下角至右上角对角线贯穿的3个区域,即由小强、中中、大弱组成。这个地带的市场吸引力和经营单位的竞争能力,总的说来都是中等水平。一般来说,对这个地带的经营单位应当"开黄灯",即采取维持原投入水平和市场占有率的战略。

(3)"红色地带",由右下角的小弱、小中、中弱3个区域组成。这里的市场吸引力偏小,经营单位的竞争能力偏弱。因此,企业多是"开红灯",采用收割或放弃战略。

值得注意的是,企业应对各个经营单位在今后几年的发展趋势进行预测。有的现在看好,以后可能急剧下降,有的可能急剧上升。掌握这些情况以后,可为各个区域的经营单位最后决定其政策。

根据上述的分类、评价和战略,企业管理层还要绘制出各个公司各个战略业务单位的计划位置图,并据此决定各战略业务单位的目标和资源分配预算。而各个战略业务单位的管理层和市场营销人员的任务是贯彻好管理层计划。例如,如果企业的管理层决定对某战略业务单位采取"收割"战略,市场营销人员就必须制定一个适当的"收割"市场营销计划,如适当减少研究与开发投资、减少广告和推销人员开支、提高价格等。

如果企业管理层决定对某战略业务采取"放弃"战略,市场营销人员就要提出应当经营哪些新业务、生产哪些新产品等意见,参考表2-2。

表2-2 不同组合条件下的市场战略

| 市场吸引力 | 竞 争 能 力 | | |
| --- | --- | --- | --- |
| | 强 | 中 | 弱 |
| 大 | 保持优势<br>· 以最快可行的速度投资发展<br>· 集中努力,保持力量 | 投资建立<br>· 向市场领先者挑战<br>· 有选择地加强力量<br>· 加强薄弱地区 | 有选择发展<br>· 集中有限力量<br>· 努力克服缺点<br>· 如无明显增长就放弃 |
| 中 | 选择发展<br>· 在最有吸引力部分重点投资<br>· 加强竞争力<br>· 提高生产力,加强获利能力 | 选择或设法保持现有收入<br>· 保护现有计划<br>· 在获利能力强、风险相对低的部门集中投资 | 有限发展或缩减<br>· 寻找风险小的发展办法,否则尽量减少投资,合理经营 |
| 小 | 固守和调整<br>· 设法保持现有收入<br>· 集中力量于有吸引力的部门<br>· 保存防御力量 | 设法保持现有收入<br>· 在大部分获利部门保持优势<br>· 给产品线升级<br>· 尽量降低投资 | 放弃<br>· 在赚钱机会最小时售出<br>· 降低固定成本,同时避免投资 |

## 三、企业业务的扩张

企业业务的扩张,即发展新业务的方法有以下3种:

### (一)密集性增长

如果企业尚未完全开发潜伏在其现有产品的市场的机会,则可采取密集性增长战略。通过产品与市场的对应关系,可将这一战略分为几种具体做法(图2-4)。

| | 现有市场 | 新市场 |
| --- | --- | --- |
| 现有产品 | 市场渗透 | 市场开发 |
| 新产品 | 产品开发 | 多元化增长 |

图2-4 产品/市场发展矩阵

(1)市场渗透。即企业通过改进广告、宣传和推销工作,在某些地区增设商业网点,借助多渠道将同一产品送达同一市场,短期削价等措施,在现有市场上扩大现有产品的销售。包括:千方百计地使现有顾客多购买本企业的现有产品;把竞争者的顾客吸引过来,使之购买本企业现有产品;想办法在现有市场把产品卖给从未买过本企业产品的顾客。

(2) 市场开发。即企业通过在新地区或国外增设新商业网点或利用新分销渠道,加强广告促销等措施,在新市场上扩大现有产品的销售。例如,某产品只在城市市场销售,现扩大到农村市场。

(3) 产品开发。即企业通过增加花色、品种、规格、型号等,向现有市场提供新产品或改进产品。

(二) 一体化增长

如果企业的基本行业很有发展前途,企业可在供、产、销等方面实行一体化增长战略。这种战略包括以下几种具体做法(图 2-5):

(1) 后向一体化。即企业通过收购或兼并若干原材料供应商,拥有和控制其供应系统,实行供产一体化。

(2) 前向一体化。即企业通过收购或兼并若干商业企业,或者拥有和控制其分销系统,实行产销一体化。

(3) 横向一体化。即企业收购、兼并竞争者的同种类型的企业,或者在国内外与其他同类企业合作生产经营等。

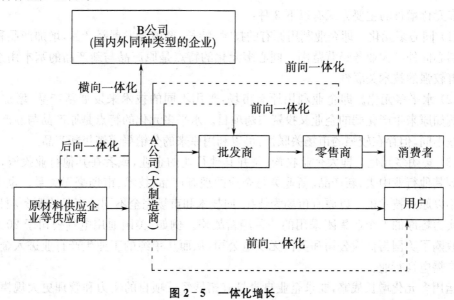

**图 2-5 一体化增长**

(三) 多元化增长

多元化增长就是企业尽量增加产品种类,跨行业生产经营多种产品和服务,扩大企业的生产范围和市场范围,使企业的特长得到充分发挥,人力、物力、财力等资源得到充分利用,从而提高经营效益。

企业实现多元化增长的必要性有以下几点:

(1) 原有产品或服务需求规模与经营规模的有限性。虽然企业可以在一定范围内引导消费需求,但某一产品或服务的市场需求容量总是有限的,这是企业无法抗拒和改变的。任何一种产品或服务的市场竞争发展到一定阶段,企业也难以通过扩大生产规模来扩大企业规模。因为经过前期弱肉强食的残酷竞争,实现了优胜劣汰,竞争的获胜者们势均力敌,在市场上各占一方,这种几方鼎立的格局在一定时间内是不易改变的,任何一方扩大产销规模的企图都会引起竞争对手强有力的反击。强强相争,往往两败俱伤。因此,寡头们往往能够达成妥协与默契,维持各自相对稳定的生产规模。此外,政府对垄断性扩展的管制也难以实现。

（2）外界环境与市场需求的变化性。随着时代的变迁、科学技术的发展、社会思潮的变化,新的市场需求不断出现,这就为企业向其他产品或服务方向发展提供了现实可能性。适应外界环境变化,是企业发展的新增长点。既然原有产品或服务的市场需求是有限的,原有产品或服务的生产经营是没有发展前途的,那么增加新的产品或服务项目以满足尚未满足的市场需求,才是企业长远发展的方向。

（3）单一经营的风险性与多种经营的安全性。任何产品或服务的生产经营既有高潮也有低潮。单一经营,当处于低潮时企业难以渡过难关。多种经营则可以利用不同产品或服务高低潮的时间差,以丰补歉,抗御经营风险。从产品生命周期看,固守某种产品的单一经营,当产品生命周期接近终点时,企业的生命周期也就到了终点。多种经营则可以利用不同产品生命周期的时间差与空间差,避免企业生命随产品生命的终结而终结,使企业生命得以延续。

多元化增长的主要方式有以下 3 种：

（1）同心多元化。即企业利用原有的技术、特长、经验等发展新产品,增加产品种类,从同一圆心向外扩大业务经营范围。同心多元化的特点是原产品与新产品的基本用途不同,但有着较强的技术关联性。

（2）水平多元化。即企业利用原有市场,采用不同的技术来发展新产品,增加产品种类。例如原来生产化肥的企业又投资农药项目。水平多元化的特点是原产品与新产品的基本用途不同,但存在较强的市场关联性,可以利用原来的分销渠道销售新产品。

（3）集团多元化。即大企业收购、兼并其他行业的企业,或者在其他行业投资,把业务扩展到其他行业中去,新产品、新业务与企业的现有产品、技术、市场毫无关系。也就是说,企业不以原有技术也不以原有市场为依托,向技术和市场完全不同的产品或服务项目发展,它是实力雄厚的大企业集团采用的一种经营战略。例如,美国通用电气公司于 20 世纪 80 年代收购了美国再保险公司和美国无线电公司,从而从单纯的工业生产行业进入金融服务业和广播电视行业。

运用多元化增长战略,要求企业自身具有拓展经营项目的实力和管理更大规模企业的能力,具有足够的资金支持,具备相关专业人才作为技术保证,具备关系密切的分销渠道作为后盾或拥有迅速组建分销渠道的能力,企业的知名度高,企业综合管理能力强,等等。显然,并不是所有具备一定规模的企业都拥有上述优势。若企业运用多元化发展战略条件还不成熟,不如稳扎稳打。具备足够实力和条件的企业在运用多元化增长战略时,也不可盲目追求经营范围的全面和经营规模的宏大。规模和收益的关系既对立又统一,没有规模固然没有好的收益,但也不是规模越大收益就一定越大。随着规模的扩大,收益的变化一般有 3 个阶段：（1）规模扩大,收益增加,收益增加的幅度大于规模扩大的幅度,这是规模收益递增的阶段；（2）收益增加的幅度与规模扩大的幅度相等,这是一个短暂的过渡阶段；（3）收益增加的幅度小于规模扩大的幅度,甚至收益绝对减少,这是规模收益递减阶段。因此,盲目追求规模是不可取的。

## 第三节　市场营销管理过程

在激烈的市场竞争条件下，企业为了实现战略计划规定的各项任务、目标，必须十分重视市场营销管理。企业市场营销管理的目的在于使企业的营销活动与复杂多变的营销环境相适应，这是企业经营成败的关键。

所谓市场营销管理过程，是企业为实现其任务和目标而发现、分析、选择和利用市场机会的管理过程。

具体来说，市场营销管理过程包括以下步骤：分析市场机会，选择目标市场，设计市场营销组合，管理市场营销活动。

### 一、分析市场机会

在现代经济条件下，由于市场需求的不断变化，产品的生命周期将会越来越短，任何企业都不能永远依靠现有产品过日子。每一个企业都必须经常不断地寻找、发现新的市场机会，并为开发新的产品，满足不断变化的需求创造条件。因此，可以说，发现并分析市场机会是企业市场营销管理人员的首要任务。

市场营销管理人员会以通过经常关注媒体各种报道、参加展销会、研究竞争者的产品、调查消费者需求的变化等方面来寻找、发现各种市场机会，并对这些市场机会加以分析和评价，以决定哪些市场机会能成为有利可图的企业机会。尽管有些机会具有很大的吸引力，但由于企业不具备某些综合权衡资源条件，因此也不能盲目地抓住这个机会不放。

企业还可以运用"产品—市场空白点"法来寻找和发现市场机会。所谓"产品—市场空白点"是指在某一特定的产品市场，按一定的定位因素去定位产品时，没有产品存在的空白点。如果企业寻找到盲点，也就发现了可利用的"产品—市场空白点"，如果企业能够消除造成空白点的技术和经济原因，也同样可以找到市场机会。如果技术和经济原因都无法消除，则成为"不可利用的空白点"。寻找市场机会的过程如图2-6所示。

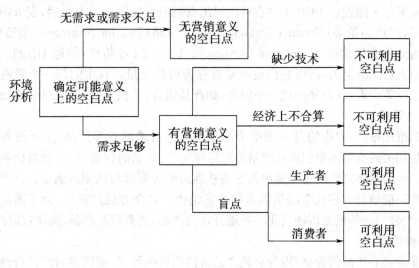

图2-6　发现可利用的"产品—市场空白点"

某种市场机会能否成为企业的机会,要综合权衡这种市场机会是否与该企业的任务和目标相一致,企业是否具备利用这种市场机会、经营这种业务的条件,是否比其重复者有更大的优势,因而能享有更大的"差别利益"。

事实表明,大多数市场机会对于企业是平等的,积极寻找市场机会,并对已发现的市场机会作出正确客观的评价和分析,才能把握市场机会,并把市场机会变成企业机会。

## 二、选择目标市场

企业在分析市场机会并进一步明确企业机会的基础上,即可进行目标市场的选择。目标市场是企业将要为之服务的市场部分。选择目标市场是一项十分细致和复杂的工作,具体包括以下步骤:

(1)市场细分。把市场机会所显示出来的市场,依据顾客需求的不同特性,区分为若干部分即细分市场,并对各个细分市场进行评价。

(2)市场选择。在市场细分的基础上,决定目标市场。

(3)市场定位。在拟定的目标市场上,为企业产品(品牌)树立一定的特色,塑造预期的形象,以突出和显示与竞争者之间的区别。

上述3项工作,将在本书第6章详细论述。

## 三、设计市场营销组合

市场营销组合(Marketing mix)是企业为了进入目标市场、满足顾客需求,加以整合、协调使用的可控制因素。市场营销组合是企业市场营销战略的一个重要组成部分。麦卡锡曾指出:企业的市场营销战略包括两个不同的而又互相关联的部分:一是目标市场,即一家公司拟投其所好的、颇为相似的顾客群;二是市场营销组合,即公司为了满足这个目标顾客群的需要而加以组合的可控制的变量。

所谓市场营销战略,就是企业根据可能机会,选择一个目标市场,并试图为目标市场提供一个有吸引力的市场营销组合。

(一)市场营销组合的内容

美国人尼尔·鲍敦在1950年左右首次提出营销组合的概念。不久后,麦卡锡把它们归结为"4P'S",即产品策略(Product Strategy)、定价策略(Pricing Strategy)、渠道策略(Placing Strategy)和促销策略(Promotion Strategy)。因为这4个策略(简称4P)的组合通常是由市场营销人员来决定的,所以它们也时常被称为可控变量。其中的每一个策略都包含了许多相关的决策因素,各自又形成一个组合,如产品组合、价格组合、渠道组合、促销组合。

1. 产品策略

产品的范围很广,它指的是一切用于满足顾客之需求的有形产品、无形服务或思想观念。与产品相关的决策因素包括:产品的开发与生产、产品的包装、产品的商标和产品的质量保证等。产品策略之所以重要是因为它直接涉及顾客需求和欲望的满足。生产商奉献给消费者的产品应该是上述几个决策因素的有机组合,即"全方位产品"。为了满足长期的战略目标,一个公司必须根据市场变化不断地开发新产品,更新现存产品,淘汰过时产品。

2. 定价策略

顾客非常关心产品的价格,因为它是产品价值的反映形式,而顾客对产品价值的认定又正好与他们需求的满足程度相关联。定价决策涉及两个方面：一方面是价格政策，如高价投放或低价渗透等；另一方面是具体定价，如基本价格、折扣、折让支付期限等。因为消费者往往用价格来衡量产品的价值，而产品的价值是否与消费者的期望价值相符又影响购买决定，定价策略在市场营销策略组合中的地位非常特殊。在现代商业活动中，企业常常用产品价格来建立一种产品以至公司的形象，使之成为竞争的有力工具。

3. 渠道策略

渠道策略涉及一个公司怎样以最低的成本，通过最合适的途径，将产品及时送达消费者的过程。渠道策略包括：选择产品销售的地点，保持适当的库存，选择合适的中间商与零售商和维持有效的流通中心等。简而言之，公司要想盈利，就必须在合适的时间将合适的产品送至合适的地点供顾客选购。

4. 促销策略

促销策略关心的是怎样将产品信息有效地传播给潜在顾客。促销策略涉及以下几个方面：

（1）向潜在顾客介绍本公司的新产品、新品名、新式样等。
（2）激起潜在顾客购买该公司产品的欲望。
（3）使客户不断保持对该公司产品的信赖和兴趣。
（4）在顾客中形成对该公司完美的形象等。

促销的手段主要有人员推销、广告、销售促进和公共关系。

在麦卡锡提出的"4P"之后，学术界不断提出新的"P"，如国际营销领域提出了"6P"，即除传统的"4P"外，增加了政治权力（Political Power）和公共关系（Public Relations）；服务营销领域提出了"7P"，即除了传统的"4P"外，增加了人（People）、有形展示（Physical Evidence）和流程（Process）（在第 14 章将做详细介绍）。但"4P"仍然是目前比较经典的分类方法。

（二）市场营销组合的特点

（1）市场营销组合因素对企业来说都是"可控因素"。就是说，企业根据目标市场的需要，可以决定自己的产品结构，制定产品价格，选择分销渠道（地点）和促销方法等，对这些市场营销手段的运用和搭配，企业有自主权。但这种自主权是相对的，是不能随心所欲的，因为企业市场营销过程不但要受本身资源和目标的制约，而且要受各种微观和宏观环境的限制。营销管理人员的任务就是适当安排市场营销组合，使之与不可控制的环境因素相适应，这是企业市场营销能否成功的关键。

（2）市场营销组合是一个复合结构。4 个"P"之中又各自包含若干小的因素，形成各个"P"的亚组合，因此，市场营销是至少包括两个层次的复合结构。企业在确定市场营销组合时，不但应求得 4 个"P"之间的最佳搭配，而且要注意安排好每个"P"内部的搭配，使所有这些因素达到灵活运用和有效组合。

（3）市场营销组合又是一个动态组合。每一个组合因素都是不断变化的，是一个变量；同时又是互相影响的，每个因素都是另一因素的潜在替代者。在 4 个大的变量中，又各自包含着若干小的变量，每一个变量的变动都会引起整个市场营销组合的变化，形成一个新的组合。

（4）市场营销组合要受企业市场定位战略的制约，即根据市场定位战略设计、安排相应的市场营销组合。

### (三) 市场营销组合理论的发展

随着经济的发展,消费个性化、多样化的特征日益突出,需要对 4P 理论加以完善和发展。于是在 20 世纪 90 年代,美国市场营销专家劳特朋提出了 4C 理论,其主要内容可概括为顾客(Customer)、成本(Cost)、便利性(Convenience)和沟通(Communication)4 个方面。

严格地说,4C 理论的实质是凸现顾客的需求导向。但在当前市场条件下,企业在制定营销战略和策略时,将自己的目光仅仅停留在如何满足顾客需求的层面上是远远不够的,还必须研究市场竞争,在市场需求导向的基础上强化竞争导向,以赢得竞争优势。为此,美国学者 Don E. Schultz 提出 4R 理论,对 4P 和 4C 理论加以补充和修正,其主要内容可概括为关联(Relate)、反应(Reaction)、关系(Relation)和回报(Return)4 个方面。

1. 4C 理论的要点

(1) 顾客是企业一切经营活动的核心,企业重视顾客要甚于重视产品。主要体现在两个方面:

① 创造顾客比开发产品更重要。
② 顾客需要和欲望的满足比产品质量和功能更重要。

(2) 企业的定价要以顾客可承受的购物成本为基础。顾客的购物成本不单指购物的货币支出,还包括购物的时间耗费、体力和精力的耗费等。

(3) 企业提供给顾客的便利比分销渠道更重要。所谓便利,就是方便顾客,维护顾客利益,为顾客提供全方位的服务。便利原则应贯穿于产品销售前、销售中和销售后的全过程。4C 理论特别重视服务环节的完善,认为企业不仅出售产品,而且出售服务,顾客得到的不仅仅是产品,更是得到了便利。

(4) 企业应重视顾客的双向沟通,以积极的方式适应顾客的情感,建立基于共同利益之上的新型的客户关系。

4C 理论强化了以顾客需求为中心的营销组合的思想,是市场营销观念在新形势下的重要发展。

2. 4R 理论的要点

(1) 在竞争性的市场中,顾客具有动态性;顾客忠诚度是变化的,要提高顾客的忠诚度,赢得长期稳定的市场,企业就应该通过某些有效的方式在业务、需求等方面与顾客建立关联,以实现企业与顾客的互动、互利、共生和双赢。

(2) 在今天相互影响的市场中,对经营者来说最现实的问题不在于如何控制、制订和实施计划,而在于如何站在顾客的角度及时地倾听顾客的希望、渴求和需求,并及时答复和迅速做出反应,满足顾客的需求。企业必须建立市场的快速反应机制,提高反应速度和回应力。

(3) 在今天,企业的关键问题是如何与顾客建立长期而稳定的关系。企业应建立好客户的数据库,强化客户的管理,尽可能与顾客建立良好的关系,并争取潜在的顾客,提高其忠诚度,从而巩固和不断开拓市场,赢得竞争优势。

(4) 对企业来说,市场营销的真正价值在于其为企业带来短期或长期赢利的能力。一方面,追求回报是营销发展的动力;另一方面,回报是维持市场关系的必要条件。只有这样,企业才能够在激烈的市场竞争中良性地可持续发展。

## 四、管理市场营销活动

管理市场营销活动,即执行和控制市场营销计划,这是整个市场营销管理过程的一个关键性的、极其重要的步骤。任何一项营销活动计划都必须转化为行动,否则就毫无意义,企业必须设计一个能够实施计划的营销组织。在营销组织实施营销计划的过程中可能会出现许多意外情况,企业需要有一套反馈和控制程序,以确保营销目标的实现。

### 案例2-1 弗纳斯在巨人的阴影下茁壮成长

你可能从来没有听说过弗纳斯(Vernor's)姜汁酒。而且即使你品尝过,你可能也不会认为它是姜汁酒。公司自夸弗纳斯姜汁酒"有悠久的历史",并且"与众不同的好喝"。该酱色软饮料比你喝过的其他姜汁酒都要醇,都要温和。但是,对许多与弗纳斯一起长大的底特律人来说,弗纳斯姜汁酒无与伦比。他们凉着喝,热着饮;早晨喝,中午喝,晚上还喝;夏天喝,冬天也喝;喝瓶装的,也在冷饮柜台喝。他们喜欢气泡冒到鼻尖上痒痒的感觉。他们还说,如果没尝过上面浮有冰淇淋的弗纳斯姜汁酒就算白活了。对许多人来说,弗纳斯姜汁酒甚至还有少许疗效,如:他们用暖过的弗纳斯姜汁酒来治小孩吃坏的肚子或者缓解喉咙的疼痛。对绝大多数底特律成年人来说,弗纳斯那种熟悉的绿黄相间包装带给他们许多童年时的美好回忆。

软饮料行业由两大巨人统率。可口可乐公司占42%的市场份额,位居第一;百事可乐公司以约32%的市场占有率向可口可乐发动强劲的挑战。可口可乐和百事可乐是"软饮料战"中的主要斗士。它们为争夺零售货架发生了持续猛烈的战斗,使用的武器包括:源源不断的新产品、大幅度的价格折扣、庞大的销售商促销队伍以及巨额广告和促销预算。

一些"第二层"品牌,如彭伯(Dr. Pepper)、七喜(7-Up)和皇冠(Royal Crown),共同占领了约20%的市场份额。它们在较小的可乐和非可乐细分市场中挑战可口可乐和百事可乐。当可口可乐和百事可乐争夺货架时,这些第二层品牌经常会被挤出来。可口可乐和百事可乐制定了基本规则,如果较小的品牌不遵守,就会有被挤出或被吞并的危险。

同时,还有一群专注于虽小却忠贞不渝的细分市场的特制品生产商,相互争夺剩余的市场份额。这些小企业尽管数量很多,但是每一家的市场占有率都很微小,通常不到1%。弗纳斯就属于这"所有的另一类"群体,其他还有:A&W 根啤、Shasta 苏打水、Squirt、Faygo、Soho 天然苏打水、Dr. Brown's 奶油苏打水、A. J. Canfield's 低卡巧克力牛奶苏打水以及十几种其他品牌。彭伯和七喜在软饮料战中只是被挤出货架,而这些小企业却有被碾碎的危险。

当你在比较弗纳斯和可口可乐时,禁不住要问:弗纳斯是如何生存的?可口可乐每年花掉近3.5亿美元做软饮料广告,而弗纳斯只花100万美元。可口可乐有长长的一系列品牌和派生品牌,如可口可乐经典、可口可乐Ⅱ、樱桃可口可乐、低卡可口可乐、无咖啡因可口可乐、低卡樱桃可口可乐、无咖啡因低卡可口可乐、雪碧、特伯(Tab)、甘美黄(Mellow Yellow)、小妇人苏打水(Minute Maid)等;而弗纳斯只有两种形式——原汁的和低卡的。可口可乐巨大的销售商推销力量以大幅折扣和促销折让摆布着零售商;而弗纳斯只有小额市场营销预算,并且对零售商没有多少影响。如果你能幸运地在当地超市里找到弗纳斯姜汁酒,它通常和其他特殊饮料一起被藏在货架的最底层。甚至在公司有很大把握的底特律市场,零售店通常也只给弗纳斯少许货架面,而许多可口可乐品牌会有50%~100%的货架面。

  但是,弗纳斯不仅生存了下来,而且繁荣兴旺!这是怎么办到的呢?弗纳斯没有在主要软饮料细分市场与较大的企业直接较量,而是在市场中见缝插针。它集中力量满足弗纳斯忠实饮用者的特殊需要。弗纳斯明白它永远不可能真正挑战可口可乐以获得软饮料市场较大的占有率。但它同样明白可口可乐也永远不可能创造另一种弗纳斯姜汁酒,至少在弗纳斯饮用者的心目中是这样的。只要弗纳斯继续满足这些特殊顾客,它就能获得一个虽小但能获利的市场份额。而且,对这个市场中的"小"是绝对不能嗤之以鼻的,因为1%的市场占有率就等于5亿美元的零售额!因此,通过选择合适的市场位置,弗纳斯在软饮料巨人的阴影下才能茁壮成长。

## 复习思考题

1. 何谓企业战略?从功能上讲企业战略主要有哪几种类型?
2. 简述企业不同层面战略的目标及应该解决哪些问题?
3. 如何正确定义企业的业务?举例说明。
4. 简述波士顿咨询集团法与通用电气公司法的实际应用。
5. 企业发展新业务的方法有哪些?
6. 联系实际说明密集性增长的几种具体做法。
7. 联系实际说明一体化增长的几种具体做法。
8. 实现多元化增长的必要性有哪些?
9. 联系实际说明多元化增长的主要方式。
10. 简述市场营销管理过程。
11. 市场营销组合的特点有哪些?
12. 简述4C理论的要点。
13. 简述4R理论的要点。
14. 阅读案例2-1,如何理解小企业、小品牌在激烈的市场竞争中找准定位,健康成长?

# 第3章 市场营销环境分析

**本章要点**

- 市场营销环境的含义
- 市场营销微观环境
- 市场机会与环境威胁
- 市场营销环境分析的程序
- 市场营销宏观环境
- SWOT 分析

## 第一节 市场营销环境分析概述

### 一、市场营销环境分析的意义

何谓市场营销环境？菲利普·科特勒认为，一个企业的营销环境由企业营销管理职能外部的行动者与力量所组成，这些行动者与力量冲击着企业管理当局发展和维持同目标顾客进行成功交易的能力。也就是说，市场营销环境是指与企业有潜在关系的所有外部力量与机构的总和，并可划分为微观环境和宏观环境。

微观环境包括环境中那些直接影响企业为市场服务能力的行动者，如供应者、中间商、竞争对手、顾客和公众等。宏观环境包括那些影响企业微观环境中所有行动者的较大的社会力量，包括人口的、经济的、政治的、法律的、社会文化的力量等。

市场营销环境，无论是微观的，还是宏观的，对于企业来说，都属于不可控制的外部力量。企业市场营销工作的实质就在于通过调节企业内部可控制的因素去积极地而不是被动地适应外部不可控制的因素。因此，一个企业成功的关键在于它是否有积极地适应复杂多变的外部环境的能力。从这个意义上讲，市场营销环境分析是使企业营销工作获得成功的基础。

市场营销环境是不断变化的，这种变化会给企业的营销活动提供机会或者带来威胁。可以说，市场营销环境等于机会加威胁。市场营销环境分析归根到底就是为了企业在市场营销活动中能否监测、把握环境因素的变化，善于从中抓住市场机会，避开或减小市场威胁。

市场营销环境对企业营销活动的影响是客观存在的，并具有两个明显的特征：

一是市场营销环境对企业营销活动的影响是不以企业的意志为转移的，具有强制性。当环境发生变化时，环境对企业产生的影响，将迫使企业迅速改变营销战略，主动调整营销策略，变不利因素为有利因素，从而在不断变化的营销环境中立于不败之地。

二是市场营销环境对企业营销活动的影响具有不确定性，企业难以准确地预测营销环境未来的变化。何时出现机会，何时又会遇到威胁，往往难以捉摸，这给企业的市场营销工作带来艰巨性。

正是由于市场营销环境对企业营销活动的影响具有强制性和不确定性，企业才需要采取相应的对策。比如企业可以组织一个智囊机构，或者借助社会头脑公司，监测分析营销环境的变化，随时提出应变策略，以调整企业营销战略，适应环境变化。企业还需要经常加强与政府各部门的联系，了解政府有关部门对宏观经济的调控措施以及各项出台和即将出台的改革方案，以使企业对宏观环境的变化不感到突然，而做到有所准备。

### 二、企业与营销环境的关系

企业面对的营销环境处于不断变化之中，其中一些变动是突然发生的，从而对企业营销产生巨大的冲击。企业对环境的认识经历了一个不断深化的过程：最初企业只关注市场因素；随后，企业开始关注政府、工会、竞争者因素；再后，企业进一步将观察视野扩展的自然生态、科学技术、社会文化等层面；随着政府对经济干预的增强，企业又开始重视对政治和法律环境的研究。环境因素越来越多，变化因素越来越不确定，企业受到的环境影响越来越大，越来越复杂。企业首先必须适应环境，并对变化的环境作出积极反应。它表现为：营销管理者在决策时，不得超越环境的限制；营销管理者虽然能够认识存在的机会，但通常并不能控制环境向于己有利的方向发展，更无法有效地控制竞争对手；对消费者的需要和偏好，营销者通常也只能适应。企业外部环境的变化，既可能给企业的市场营销活动提供机会，也可能带来威胁。企业适应环境的过程实际上就是把握机会、避免威胁的过程。

尽管企业不能从根本上控制环境的变化，但也并非只能被动地接受环境的影响，它可积极主动地去预测、发现和分析环境变化的趋势及变化特点，进而及时采取相应措施去适应环境的变化。甚至在一定的条件下，还可以运用自身的资源，积极影响甚至部分地改变环境因素，为企业的发展创造机会。如企业可以通过关系营销直接影响微观环境中的参与者，实现双赢。又如，菲利普·科特勒的"大市场营销"理论即认为，在国际营销活动中，企业可通过利用政治权力和公共关系等手段获取东道国各方的合作与支持，消除贸易保护壁垒，为企业的跨国营销创造更宽松的外部环境。

## 第二节　市场营销微观环境分析

市场营销微观环境包括企业内部微观环境和企业外部微观环境。企业内部微观环境由企业领导层、企业财务会计部门、生产制造部门以及采购部门等构成；企业外部微观环境由供应者、中介机构、购买者、竞争者和公众构成。市场营销微观环境对企业的营销活动影响最直接，作用也最大。认真进行市场营销微观环境分析，将最终决定企业的发展水平及营销目标的实现。企业的市场营销微观环境如图3-1所示。

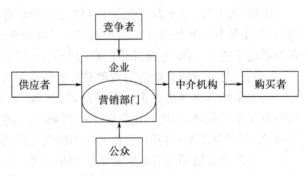

图3-1　企业微观营销环境

## 一、企业内部环境

任何一个企业的市场营销工作,不仅取决于企业市场营销机构自身的努力,同时还取决于与企业领导层以及各个职能部门相互协调的密切的联系程度。企业内部环境对市场营销工作至关重要。市场营销部门在进行营销决策时,必须考虑到其他部门的业务状况。比如在确定销售量时,要考虑企业的生产能力;在确定付款方式时,要考虑企业的财务状况;在进行广告宣传时,要考虑企业的费用支付能力等。

事实上,企业内部的所有部门都要密切合作、共同研究,才能搞好市场营销工作。特别是企业领导层对营销工作的一贯支持与重视,更是营销工作得以顺利开展的重要支柱。

## 二、供应者

供应者是指向企业及竞争者提供原材料、零部件、能源、资金、劳动力等生产资源的企业或者个人。供应者对企业的营销活动具有实质性的影响。因为供应者提供的生产资料的数量、质量、交货期、价格将会直接影响本企业产品的数量、质量、交货期和生产成本。这就要求企业首先要认真选择合作伙伴,根据自身的需要,对有可能成为供应者的厂商进行资信调查和评估,以确认最佳的供应者。并且要尽可能与其保持良好的关系,甚至形成战略同盟,整合供应链,实施一体化发展。

## 三、中介机构

中介机构是指直接或间接地参与企业产品分销活动的其他企业或者个人。它包括中间商(如批发商、零售商、代理商);实体分配企业(如运输企业、仓储企业、配送中心),其基本功能是调节生产与消费之间的矛盾,弥合产销时空上的背离,提供商品的时间效用和实际效用;营销服务机构(广告公司、咨询公司、调研公司);金融机构(银行、信托、保险)等。在市场经济条件下,中介机构是企业营销活动不可缺少的中间环节。企业要善于运用一切可以利用的中介机构,最大可能地把本企业的产品或服务以适当的方式、适宜的价格,并在适当的地点和时间销售出去。企业要善于运用中介机构进行市场调研、市场开拓、产品促销、资金融通、风险承担、仓储运输等工作,这样可以使企业节约费用,降低风险,提高市场占有率,克服自身力量不足的矛盾,更好地满足目标市场的需求。

## 四、购买者

购买者组成企业的目标市场,是企业服务的对象,也是营销活动的出发点和归宿。企业与供应者、中介机构保持密切关系的最终目的是为了有效地向目标市场提供商品与劳务。购买者组成的市场可分为四大类:消费者市场、生产者市场、转卖者市场和政府市场。企业的目标市场可以是上述四种市场中的一种或者几种。每一种类型的市场都有其各自特点。企业营销人员必须认真研究目标顾客的购买能力、购买方式以及购买欲望,并对目标顾客进行细分,在细分的基础上制定企业的营销方式和策略。

## 五、竞争者

企业的竞争者也向企业所服务的市场提供商品,并对企业构成威胁。企业为了能在目标市场上取得较高的市场份额,并不致被对手击败,就必须准确地分析和了解竞争者。

通过对竞争者的分析,企业应弄清楚谁是竞争者,竞争者的目标和战略,竞争者的实力状况、优劣势所在,竞争者的反应模式等问题,以便制定不同的竞争对策。

企业在营销活动中,将面临4种不同类型的竞争力量:

(1) 愿望竞争者。指购买者存在多种欲望,但由于购买能力所限,只能满足其中之一时,就出现了能提供某产品或劳务、能满足某一需求的各种愿望竞争者。

(2) 类别竞争者。指能够提供满足同一种需求的不同类别产品的竞争者。

(3) 形式竞争者。指生产同种产品,但规格、型号、款式不同的竞争者。

(4) 品牌竞争者。指产品相同,规格、型号也相同,但品牌不同的竞争者。

## 六、公众

企业市场营销工作所面对的公众,是指对实现本企业营销目标有实际或潜在利害关系和影响力的一切团体和个人。公众可能有助于增强企业目标实现的能力,也可能妨碍这种能力。因此,企业应积极主动地采取措施,成功地处理与主要公众的关系,而不是消极地应付或等待。企业与其周围的公众始终保持良好协调的关系,将在很大程度上有利于企业营销活动。

企业所面临的公众主要包括:

(1) 融资公众。指影响企业融资能力的金融机构,如银行、投资公司、证券经纪公司、保险公司等。企业可以通过发布乐观的年度财务报告,回答关于财务问题的询问,稳健地运用资金,在融资公众中树立信誉。

(2) 媒介公众。指那些刊载、播送新闻特写、广告信息的机构。主要指报社、杂志社、电台、电视台等大众传媒。

(3) 政府公众。指与企业的业务经营活动有关的政府部门,如工商、税务、法律、物价以及商检等部门。企业的发展战略与营销计划,必须和政府的发展计划、产业政策、法律法规保持一致。

(4) 公民团体。主要指消费者组织、环境保护组织以及其他有关的公民团体。

(5) 社区公众。指企业所在地附近的居民和社区组织。企业必须重视保持与当地公众的良好关系。

(6) 一般公众。除了有组织的公众和社区公众之外,其他的都属于一般公众。一般公众并不是有组织地对企业采取行动,然而一般公众对企业的印象却影响着消费者对该企业及其产品的看法。因此,企业需要关注一般公众对企业经营活动的态度,在一般公众面前树立良好的企业形象。

(7) 内部公众。指企业内部所有的工作人员。企业应采取措施,经常向内部公众通报信息,激励他们的积极性。当内部公众对自己的企业感到满意时,势必也会影响扩散到外部公众。

## 第三节 市场营销宏观环境分析

### 一、人口环境对企业市场营销活动的影响

市场营销学认为,市场是由那些想购买商品,同时又具有购买力的人构成的。这种人越多,市场的规模就越大。因此,人口的多少直接决定市场的潜在容量。而人口的年龄结构、地理分布、婚姻状况、出生率、死亡率、人口密度、流动性、文化、教育等特性,又会对市场需求产生深远的影响。不同性别、不同年龄层次、不同文化、不同职业、不同地区、不同种族的人在需求结构、消费习惯和消费方式上都会有明显的差异。

企业市场营销部门应当密切注视上述人口特性及其发展动向,不失时机地辨明哪些是本企业可利用的机会,哪些则可能给本企业带来威胁,从而及时果断地调整市场营销策略,以适应人口环境的变化。

目前,从世界范围来看,人口环境的动向是:

(1) 世界人口迅速增长,20世纪末世界人口已达到62亿,其中80%在发展中国家。
(2) 发达国家(北美、西欧)的人口出生率下降,儿童减少,90%的新增人口在发展中国家。
(3) 许多国家人口趋于老龄化。
(4) 许多国家的家庭趋于小型化。
(5) 西方国家非家庭住户迅速增加。
(6) 一些国家人口流动性大。
(7) 发展中国家人口城市化浪潮十分迅猛。
(8) 发达国家人口就业结构发生变化,妇女就业比重上升,"蓝领"工人减少,"白领"工人增加。
(9) 很多国家的人口是由多民族构成的。

世界人口发展的上述动向,必将对世界市场需求产生重要影响。如:西欧等西方国家人口出生率下降,儿童减少,势必影响儿童食品、服装及其他用品需求的下降,生产这类商品的企业纷纷搞多角化经营,寻找出路。

发达国家妇女参加工作的多了,由此引起市场对方便食品、冷冻食品、节省时间的家庭用品的需求增加。

人口的老龄化趋势,使得银色市场呈现十分诱人的发展前景,等等。

我国城市人口的老龄化趋势也日益明显,开发老年食品、老年食品、老年服装、老年人服务项目已刻不容缓。

### 二、经济环境对企业市场营销活动的影响

影响企业市场营销活动的经济环境是指企业与外部环境的经济联系,主要是指国家或地区的消费者收入、消费者支出、物价水平、消费信贷及居民储蓄等因素。其中,消费者的收入水平是影响企业市场营销的重要因素。

消费者收入的高低,直接影响着购买力的大小,从而决定了市场容量和消费者支出模式。

企业营销人员在分析消费者收入,进而预测某一商品的市场容量时,必须注意区分消费者的"货币收入"和"实际收入",以及"可支配的个人收入"和"可任意支配的个人收入"。

货币收入是指消费者在某一时期以货币形式表示的收入量,包括工资、奖金、补贴等。

实际收入是指同一时期的货币收入扣除实物收入和物价变动影响后的收入。

如某职工8月份货币收入800元,同月所发实物折算成现金为200元,8月份物价上涨10%,则该工人8月份的实际收入应为:$(800+200)\times(1-10\%)=900$元。如果该工人还有其他收入,如从事第二职业,也应将此收入计算在实际收入中。

消费者并不是将其全部收入都用来购买商品的,消费者的实际购买力只是其实际收入的一部分。因此,要区别"可支配的个人收入"和"可任意支配的个人收入"。

可支配的个人收入是指扣除消费者个人缴纳的各种税款和交给政府的非商业性开支(如各种费用)后可用于个人消费和储蓄的那部分个人收入。可支配的个人收入是影响消费者购买力和消费者支出的决定性因素。

可任意支配的个人收入是指可支配的个人收入减去消费者用于购买生活必需品的支出和固定支出(如房租、水、电、气、教育费用、保险费)所剩下的那部分个人收入。

西方国家家庭的可任意支配的个人收入一般都用来购买奢侈品、高档汽车、旅游度假等。因此,可任意支配的个人收入是影响奢侈品、高档汽车、别墅、旅游以及高档娱乐消费的主要因素。

进行经济环境分析,预测某一个时期某一种商品的销售总量,要首先弄清消费者的实际收入、可支配的个人收入或可任意支配的个人收入,然后,还要分析消费者的支出模式和储蓄及信贷情况的变化。

消费者支出模式,其实就是消费结构。主要受消费者收入的影响,随着消费者收入的变化,消费者支出模式也会发生相应变化,并符合"恩格尔定律"。

恩格尔是德国统计学家,他通过对资本主义国家工人家庭收入变化与各项支出变化之间比例关系的规律性的分析,得出以下结论,即恩格尔定律:

(1) 随着家庭收入的增加,用于购买食品的支出占家庭收入的比重(即恩格尔系数)就会下降。

(2) 随着家庭收入的增加,用于居住等方面的支出占家庭收入的比重大体不变。

(3) 随着家庭收入的增加,用于其他方面(如服装、交通、娱乐、卫生保健、教育等)的支出和储蓄占家庭收入的比重会上升。

恩格尔定律具有一般的普遍性,很多国家和地区对家庭收支预算的调查研究都证明恩格尔定律是正确的,但也有个别地区、个别家庭并不完全遵循该定律。

食物支出占家庭总支出的比例,称为恩格尔系数。一般认为,恩格尔系数越大,生活水平越低;反之,恩格尔系数越小,生活水平越高。

消费者的储蓄被认为是家庭的"流动资产"。现在,储蓄是一个广义的概念,包括银行存款、债券、股票等。储蓄来源于消费者的货币收入,其最终目的还是为了消费,不管是现在消费还是将来消费。但是在一定时期内如果货币收入不变,储蓄增加,则购买力和消费支出便减少;反之,如果储蓄减少,购买力和消费支出便增加。

在西方国家,消费者不仅以其货币收入购买他们需要的商品,而且还可以贷款来购买商品,所以消费者信贷也是影响购买力和支出的重要因素。所谓消费者信贷,就是消费者凭信用先取得商品使用权,然后按期归还贷款以购买商品。

我国现阶段在商品房、家用汽车等方面已开始有信贷做法,其他产品正在开发之中。

进行经济环境分析时,除了消费者收入这一因素外,物价水平、产品价格的变化也会直接影响企业的市场营销。在其他条件不变的情况下,价格上涨,会使消费者减少购买量,限制其需求或使消费者转向购买替代产品;价格下降,则会使消费者增加购买量。可见,价格的变动对企业市场营销十分敏感。

### 三、自然环境对企业市场营销活动的影响

企业市场营销活动不但需要一定的社会经济条件,更重要的还需要有一定的自然条件。这种自然条件就是企业所面临的自然环境,并且主要是指自然资源。

自然资源的范畴十分广泛,一般可划分为三大类:第一类资源是取之不尽、用之不竭(恒定性)的资源,如太阳能、空气等,可以大量开发利用。第二类资源是有限但可以更新的资源,如森林、草地、动物、粮食等。第三类资源是有限而且又不能更新的资源,如石油、煤、铀、锡、锌等矿产。

自然资源对于企业市场营销的影响是十分重要的,或造成威胁,如资源短缺,直接影响企业市场营销;或带来市场机会,如某一种无限资源的开发利用,会给企业市场营销带来生机。

### 四、技术环境对企业市场营销活动的影响

科学技术是第一生产力,科技的发展对经济发展有巨大的影响,不仅直接影响企业内部的生产和经营,还同时与其他环境因素互相依赖、互相作用,给企业营销活动带来有利与不利的影响。新技术又是一种"创造性的毁灭力量",一项新技术问世往往会产生许多新兴产业或行业,从而为企业发展创造新的机会;同时,新技术的出现也会对某些行业造成毁灭性的打击,从而给企业生存带来巨大威胁。例如,集成电路的出现打击了晶体管行业,电视机的出现打击了电影业,高性能塑料和陶瓷材料开发和利用严重削弱了钢铁业,数码技术的出现打击了胶卷业等等。新技术的应用,会引起企业市场营销策略的变化,也会引起企业经营管理的变化,还会改变零售商业业态结构和消费者购物习惯。

当前,世界新科技革命正在兴起,生产的增长越来越多地依赖科技进步,产品从进入市场到市场成熟的时间不断缩短,高新技术不断改造传统产业,加速了新兴产业的建立和发展。值得注意的是:高新技术的发展,促进了产业结构趋向尖端化、软性化、服务化,营销管理者必须更多地考虑应用尖端技术,重视软件开发,加强对用户的服务,适应知识经济时代的要求。

从当前整个世界范围来看,技术环境出现了以下几方面的趋势:一是新技术和新发明的范围不断加宽。科学发现和发明的速度大大加快,尤其是信息技术、生物技术、新材料技术和空间技术等都有了突飞猛进的发展。二是理论成果转化为产品的时间和产品生命周期都大大缩短。许多产品在市场上昙花一现便销声匿迹。为此,就要求企业必须注重创新和开发新产品,就像彼得·杜鲁克所说的那样:"非创新,即死亡。"三是研究和开发费用急剧增

加。美国每年用于研究和开发的费用超过1 000亿美元,约有10 000种新产品投放市场。所以,企业必须在研究和开发费用上增加投入,以逐步缩短我国企业和发达国家之间的差距。

### 五、政治法律环境对企业市场营销活动的影响

政治环境指企业市场营销的外部政治形势。法律环境指国家或地方政府颁布的各项法规、法令和条例等。一个国家的政治体制、政治气候以及各项法律法规影响着国家对内、对外的一系列方针政策,包括对企业施行的方针政策,它影响企业的市场营销活动。

政治法律环境对企业市场营销活动的影响具有强制性,并通过制定一系列法律法规来规范企业的市场营销行为。

我国自改革开放以来,政局稳定,各项法律、法规逐步健全,为企业市场营销活动提供了良好的政治法律环境。经济立法的目的有3个:一是为了保护竞争和防止不正当竞争行为的发生,如《反不正当竞争法》、《专利法》;二是为了保护消费者利益不受侵犯,如《消费者权益保护法》;三是为了保护社会公众长远利益不受侵害,如《大气污染防治法》等。每一项新法律法令的颁布,或对原有法律法令的修改等,都会对企业营销活动造成影响。因此,企业一定要熟悉和了解与企业营销活动有关的法律、法令和条例,或者严格执行以避免受到制裁,或者合理利用相关法律为企业服务。

### 六、社会文化环境对企业市场营销活动的影响

社会文化主要指一个国家、地区的民族特征、价值观念、生活方式、风俗习惯、宗教信仰、伦理道德、教育水平、语言文字等的总和。主体文化是占据支配地位的,起凝聚整个国家和民族的作用,由千百年的历史所形成的文化,包括价值观、人生观等;次级文化是在主体文化支配下所形成的文化分支,包括种族、地域、宗教等。

文化对企业营销的影响是多层次、全方位、渗透性的。它不仅影响企业营销组合,而且影响消费心理、消费习惯等,这些影响多半是通过间接的、潜移默化的方式来进行的。

(1) 教育水平。教育水平的高低影响着消费者心理、消费结构,影响着企业营销组合策略的选取,以及销售推广方式方法的差别。

(2) 语言文字。语言文字是人类交流的工具,它是文化的核心组成部分之一。语言文字的差异对企业的营销活动有重大的影响。企业开展市场营销时,应尽量了解市场国的文化背景,掌握其语言文字的差异,这样才能使营销活动顺利进行。

(3) 价值观念。是指人们对社会生活中各种事物的态度、评价和看法。不同的文化背景下,价值观念差异很大,从而影响着消费需求和购买行为。对于不同的价值观念,营销管理者应研究并采取不同的营销策略。如美国人崇尚借贷消费,中国人十分节俭;美国人喜欢猎奇和容易接受新产品,南亚人对违背其传统观念的新产品则采取十分敌视的态度。

(4) 消费习俗。指历代传递下来的一种消费方式,是风俗习惯的一项重要内容。消费习俗在饮食、服饰、居住、婚丧、节日、人情往来等方面都表现出独特的心理特征和行为方式。

(5) 宗教信仰。不同的宗教信仰有不同的文化倾向和戒律,从而影响着人们认识事物的方式、价值观念和行为准则,影响着人们的消费行为,带来特殊的市场需求,与企业的营销活动有着密切的关系。

市场营销工作者在产品和商标的设计、广告和服务的形式方面,要充分考虑人们的文化传统,要尊重人们的传统习惯,切不可犯忌。

市场营销的宏观环境主要有以上 6 个方面。它们对企业来说都是不可控制的因素,企业只能设法适应这些环境,而不能去改变它——这是传统的观点,当然也是消极的。近年来,美国学者提出,企业营销活动不仅受到宏观环境的制约,反过来,也可以积极地去影响宏观环境,使外部环境变得有利于企业目标的实现。

## 第四节 SWOT 分析

对企业的优势(Strengths)、劣势(Weaknesses)、机会(Opportunities)和威胁(Threats)的全面评估称为 SWOT 分析。

SWOT 分析对每个企业都至关重要,特别是对于多样化经营、运营环境多样性的公司更为关键。

SWOT 分析包括内部环境分析(优势/劣势分析)和外部环境分析(机会/威胁分析)两个方面。

### 一、内部环境优势和劣势分析评价

优势是指企业可借以实现其战略绩效目标的内部有利特征因素;劣势是指那些阻碍或限制组织绩效取得的内部特征因素。

表 3-1 是企业管理者评估和分析公司优势和劣势时要考虑的一些要素,这些要素主要与营销、财务、生产和研发等具体的职能有关。内部分析也需要全面检验企业组织结构、管理能力和人力资源特征。基于对这些情况的把握,管理者可以判断出自身相对于竞争对手的优势和劣势。

表 3-1  企业优势与劣势分析检查表

| 管理和组织 | 营 销 | 人力资源 | 财 务 | 生 产 | 研 发 |
|---|---|---|---|---|---|
| 管理素质<br>员工素质<br>集权程度<br>组织流程图<br>计划、信息、<br>控制系统 | 分销渠道<br>市场份额<br>广告效力<br>顾客满意度<br>产品质量<br>服务声誉<br>商品周转率 | 员工经验及教育<br>程度<br>工会状况<br>离职率<br>缺勤率<br>工作满意度<br>抱怨 | 边际利润<br>资产负债率<br>存货率<br>投资回报率<br>信用等级 | 工厂位置<br>机器成新率<br>采购系统<br>质量控制<br>生产能力/效率 | 基础应用研究<br>研究能力<br>研究项目<br>新产品创新<br>技术创新 |

在一般情况下,企业不必去纠正其所有劣势,也不是要对其全部优势都加以利用。主要的问题是企业应研究它究竟是应只限于在已拥有优势的机会中,还是去获取和发展某些优势,以找到更好的机会。事实上,能获胜的企业往往是取得企业内部优势的企业,而不仅仅只是抓住企业的核心能力而已。

## 二、外部市场机会的分析评价

（一）市场机会的概念及其分类

任何一个企业，无论其规模大小，无论生产何种产品或提供何种服务，要想经营成功，并在竞争中立于不败之地，就必须长期不懈地注意寻找、识别并不失时机地抓住市场机会，这在企业市场营销工作中占有非常重要的位置。

所谓市场机会，是指在市场上所存在的尚未满足或尚未完全满足的需求。

市场机会具有公开性和时间性的特征。所谓公开性，是指市场机会的客观存在都是公开的，每个企业，各个行业都有可能发现它，并随时去利用它，因为它不同于专利或技术发明。所谓时间性，是指在一定时间内，你不去利用市场机会，那么市场机会所具有的机会效益就会减弱，甚至消失。因此，一旦发现市场机会，就要迅速分析评估，并抓住不放。

社会的不断进步，人类需求的不断变化，客观上存在着许许多多的市场机会。一般可将市场机会划分为以下几种类型：

1. 表面的市场机会和潜在的市场机会

表面的市场机会是指明显的没有被满足的市场需求；潜在的市场机会则是指隐藏在现有某种需求后面的未被满足的需求。表面的市场机会显露在众多企业面前，容易寻找和识别；而潜在的市场机会则不易发现，寻找和识别的难度较大。正因为如此，企业一旦抓住潜在的市场机会，而竞争对手一时难以进入，就会获取较好的机会效益。

2. 行业市场机会与边缘市场机会

行业市场机会是指出现在本企业经营领域内的市场机会；边缘市场机会是指在不同行业交叉与结合部位出现的市场机会。一般企业都较重视行业市场机会，因为它能充分利用企业自身资源、技术优势和经验，也容易寻找和识别。边缘市场机会也可以部分地发挥本企业的资源和技术优势，但这种市场机会表现得较为隐蔽，需要企业有丰富的想象力和大胆的创造力，才能发现这种机会。

3. 大范围的市场机会和局部的市场机会

大范围的市场机会是指在国际市场或全国市场上出现的未满足的需求；局部市场机会则是在一个局部的市场，如一个省或一个市内出现的未满足的需求。正确划分大范围市场机会与局部市场机会，可使企业避免犯以下两种错误：

一是将大范围的市场机会误认为局部的市场机会，从而贻误战机，把本该大力开发、大批量生产的产品限制在很小的范围，使企业蒙受巨大的机会损失。

二是将局部的市场机会误认为大范围的市场机会，把不应该大量引进、大批量生产的产品盲目开发，结果造成大量积压，损失惨重。

（二）寻找和识别市场机会的途径

1. 从供需缺口中寻找市场机会

某类产品在市场上供不应求时，就表明了该类产品在数量、品种方面的短缺，反映了消费者显现的需求未能得到满足。这种供需缺口，对于企业来说就是一种市场机会。寻找供需缺口的方法主要有：

（1）供需差额法。即从市场需求总量与供给总量的差额来寻找市场机会，即当需求总量高于供给总量时，就必然存在市场机会。

(2) 结构差异法。即从市场供给的产品结构与市场需求结构的差异中寻找市场机会。产品的结构包括品种、规格、款式等。在某一个时期,某种产品的供需总量平衡,但供需结构不平衡,仍然会留下需求空缺,这就会给企业带来市场机会。

(3) 层次填补法。即从未被满足的需求层次来寻找市场机会。

2. 从市场细分中寻找市场机会

通过市场细分,能发现被竞争者忽略和轻视的市场部分,成为企业意想不到的市场机会。从细分市场中寻找市场机会的方法有:

(1) 深度细分。即把某项细分标准的细分程度加深拉长,来发现市场中未被满足的需求。

(2) 交叉或多维细分。即采用两个或两个以上的细分标准进行市场细分,可以组合出更多更细的细分市场,从中可以发现被竞争者疏漏的市场机会。

3. 从产品缺陷中寻找市场机会

产品的缺陷往往影响消费者的购买兴趣及再次购买的可能。不断改进产品性能,弥补产品的缺陷,能给企业带来新的市场机会。

4. 从竞争对手的弱点中发现市场机会

研究竞争对手,从中找出竞争对手产品的弱点或营销工作的薄弱环节,也是寻找和发现市场机会的重要途径。

5. 创造新的市场机会

创造市场机会,从某种意义上说,比企业寻找和发现市场机会更重要,更富于时代感。创造市场机会,要凭借营销人员的技术、智慧和灵感,在于对营销环境变化作出敏捷的反应,善于在许多司空见惯的事物中迸发出灵感,巧妙应用技术优势创造和开发一种新的产品去满足人们从未有过的需求。

(三) 市场机会的分析评价

企业发现了某种市场机会后,还必须对其进行认真仔细的分析和评价,然后才能决定是利用还是放弃该机会。

对市场机会进行分析评价是基于以下两点考虑:

(1) 市场机会本身的属性要求。某个市场机会的存在,仅仅表明在某一时期、某一区域内存在着某种未满足或未完全满足的需求,但这种未满足的需求是否具有足够的量,并能形成一定规模的市场,则仍需要营销人员进一步的分析和评价后才能确认。

(2) 企业能力对市场机会的实现程度。即分析市场机会是否属于企业机会。如果某种需求能够形成一定规模的市场,这种市场机会是客观存在的,但是对于各个不同的企业来说,由于经营领域的不同,实力和经验也不一样。因此,对于某个市场机会,不同企业在机会成功条件上也存在着很大的差异。因此可以说,对市场机会进行分析评价,就是对该机会的成功条件和企业所具备的竞争优势进行分析,以利于企业选择能取得最大竞争优势的市场机会。

企业对市场机会的分析评价可按以下步骤进行:

(1) 确定该市场机会所具备的成功条件有哪些,以及是否能够形成市场。

(2) 分析本企业在该市场上所拥有的优势和所具备的能力条件。

(3) 将本企业所拥有的竞争优势同潜在的竞争对手所拥有的竞争优势相比较,以最终确定该市场机会是否可以成为本企业的机会。

企业可采用市场机会矩阵图的方法对市场机会进行分析评价。机会分析主要考虑其潜在的吸引力(盈利性)和成功的可能性(企业优势)大小。如图3-2所示,横坐标表示市场机会成功的可能性有大、小两种情况;纵坐标表示市场机会潜在的吸引力,也有大、小两种情况。再将有可能成为本企业的市场机会描绘在坐标图上,然后按照不同的位置,采取不同的对策。在图3-2中,处于3、7位置的机会,潜在的吸引力和

图3-2 市场机会矩阵

成功的可能性都大,有极大可能为企业带来巨额利润,企业应把握战机,全力发展;而处于1、5、8位置的机会,不仅潜在利益小,成功的概率也小,企业应改善自身条件,注视机会的发展变化,审慎而适时地开展营销活动。

企业还可以采用加权评分法,对市场机会的质量进行评估,以最终确定优先选择的市场机会。

表3-2中的评价项目由评估人员事先根据企业经营的一般需要加以拟定,评价项目不宜过多,主要项目不超过10项。项目加权值是指各评价项目的重要程度系数,可通过对各评价项目的相互比较来确定。市场机会分值可采取10分制或5分制的打分办法,由评估人员统一打分。大型项目,可请若干名评估员各自打分,然后取其平均数。总得分为各评价项目的加权分值。最后将各评价项目加权分值加总后即得到该市场机会的总加权得分,对不同市场机会的总加权得分进行比较,优先选择得分最高的市场机会。

表3-2 市场机会综合评估表

| 序号 | 评价项目 | 项目加权值(1) | 该市场机会分值(2) | | | | | 总得分(1)×(2) |
|---|---|---|---|---|---|---|---|---|
| | | | 5 | 4 | 3 | 2 | 1 | |
| 1 | 潜在顾客群大小 | | | | | | | |
| 2 | 机会发展潜力 | | | | | | | |
| 3 | 市场需求潜量 | | | | | | | |
| 4 | 形成产品难度 | | | | | | | |
| 5 | 现有渠道利用程度 | | | | | | | |
| 6 | 潜在竞争程度 | | | | | | | |
| 7 | 企业销售潜量 | | | | | | | |
| 8 | 营销成本和费用大小 | | | | | | | |
| 9 | 预期获利能力 | | | | | | | |
| | 合计 | 1.00 | | | | | | |

(四)应对市场环境机会的策略

应对市场环境机会的策略有:

(1)抢先策略,又称为发展策略。通过对环境机会的分析后,认为该机会有较大的发展潜力,应及时抓住机会,开发新的产品和服务,抢先进入该市场。

(2)紧跟策略,又称为利用策略。通过对营销环境机会的分析,认为营销风险较大,但

对企业的吸引力也大。这时应采取紧跟方式,既可以较早进入市场取得竞争优势,又可以避免因抢先占领市场所承担的风险。

(3) 观望策略,又称为维持策略。企业对发现的环境机会采取观望态度,等待时机成熟后加以利用。这样有较大的回旋余地和空间,比较适合中小企业。

### 三、外部环境威胁的分析评价

环境威胁是指环境中一种不利的发展趋势所形成的挑战,如果不采取果断的营销行动,这种不利趋势将导致企业市场地位被侵蚀。企业随时都会面临着若干环境威胁,对于某一具体的企业来说,并不是所有的威胁都一样大。要通过环境威胁潜在的严重性和它出现的可能性的大小来进行分析评价,确定环境威胁的程度和性质,以便采取必要的对策。

企业可以通过环境威胁矩阵图来分析评价环境威胁。图 3-3 中,横坐标表示出现威胁的可能性有两种情况:一是很大;二是很小。纵坐标表示潜在威胁的严重性,即威胁一旦出现,将使企业的赢利减少。减少的程度也有两种情况:一是很大;二是很小。企业可以根据环境的变化,把将要对企业造成的威胁描绘在环境威胁矩阵图上,然后按照不同的位置采取不同的对策。

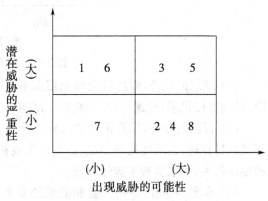

图 3-3 环境威胁矩阵

在图 3-3 中,处于 3、5 位置的威胁出现的概率和潜在的严重性都大,企业必须特别重视,制定相应对策,尽量避免损失或使损失降为最小;处于 7 位置的威胁出现的概率和潜在的严重性均小,企业不必过于担心,但应注意其发展变化;处于 1、6 位置的威胁出现概率虽小,但潜在的严重性大,企业必须密切注意监视其出现与发展,防止威胁出现的可能性会由小变大;处于 2、4、8 位置的威胁出现的可能性大,但潜在的严重性小,企业也必须充分重视,防止潜在的严重性会由小变大。

此外,企业对于不同性质的环境威胁,可以采取下列应对策略:

(1) 反对策略。积极地抵制,试图限制或者扭转不利因素的发展。如通过各种方式促使政府通过某种法令,或达成某种协议,或制定某项政策来改变环境的威胁。采取反对策略,一般是针对那些不合理的、不应该发生的环境威胁。

(2) 减轻策略。即指企业通过调整市场营销组合来改善环境适应能力,削弱和修正环境的威胁,以减轻环境威胁的严重性。

(3) 转移策略。即指企业将业务或产品转移到其他市场,或转移到其他赢利更多的产品行业,实行多角化经营。

企业对于环境威胁所采取的对策,从总体上来说,不应该停留在被动的防御,即等环境威胁来了再去采取对策。企业要能做到防患于未然,贵在增强自身的生存能力,以更为积极的姿态,运用军事学上的"进攻是最好的防御"这一原则,积极地寻找和识别市场机会,并采取相应的措施避开威胁,才不致为环境威胁所困扰。

一般来说,在市场营销环境中,机会与风险往往是并存的,而且机会有大有小,风险程度也有强有弱,这样,就形成了对企业有不同影响的环境,企业还可以运用矩阵分析法对环境威胁和市场机会进行综合分析评价。如图3-4,假设以横坐标表示威胁水平的高低,以纵坐标表示机会水平的高低,并各分为高、低两等,则有4种类型的业务可供企业选择:

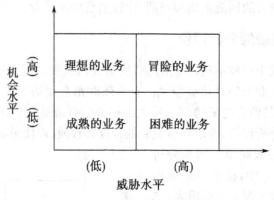

图3-4 机会—威胁矩阵图

(1)理想的业务,即高机会和低威胁业务。对理想业务,应看到机会难得,甚至转瞬即逝,必须抓住机遇,迅速行动,否则丧失战机,将后悔莫及。

(2)冒险的业务,即高机会和高威胁业务。对冒险业务,面对高利润与高风险,企业既不能盲目冒进,也不能迟疑不决,以免坐失良机,而应全面分析自身的优势与劣势,扬长避短和创造条件,争取实现突破性发展。

(3)成熟的业务,即低机会和低威胁业务。对于成熟业务,机会与威胁处于较低水平,企业要么不进入,要么作为常规业务,用以维持企业的正常运转,并为开展理想业务和冒险业务准备必要的条件。

(4)困难的业务,即低机会和高威胁业务。对于困难业务,企业不要进入。已经进入的企业,要么是努力改变环境,走出困境或减轻威胁,要么是立即转移,以摆脱无法扭转的困境。

企业要明确本企业在机会—威胁矩阵图中的位置并采取相应的对策措施。

### 案例3-1 戴尔电脑公司的SWOT分析

美国戴尔电脑公司于1995年所进行的SWOT分析记录如下:

1. 机会

(1)个人电脑产业的成长前景依然诱人。在今后几年中可以预期终端个人电脑有15%的增长率,产业有12%的综合增长率。

(2)应用于企业的成长最快的部分将是其顶尖系统。这个部分在今后几年中预计年增长率可达20%。

(3)尖端技术、网络作业、顾客服务与支持以及成本是企业计算机系统购置的基本决定因素。

(4)1995年后,顾客更换过时系统的数量将超过首次购买者。

(5)欧洲和亚洲市场是尚未饱和的市场之一。

(6)美国的个人电脑市场饱和度相对还很低。只有33%的白领在工作中使用个人电脑,只有17%的美国家庭拥有个人电脑。

(7) 最大的成长机会当属于那些中小企业(雇员不足500人的企业)。

2. 威胁

(1) 个人电脑行业的竞争非常激烈,其中包括传统的制造商如IBM与康柏,以及不断增多的增值再售者、组装厂商与顾客自行组装。

(2) 对零部件制造商的依赖使得组装再销售者对价格的变化与零部件可获得性非常脆弱。

(3) 零售计算机商店通常不会固定地忠诚于他们商店内所出售的某一特定品牌的系统。

(4) 一些行业分析家认为个人电脑产业的增长率随着经济增长率的放慢而变得不确定。

(5) 大型、资源充裕的竞争者的研究与开发可能使得一些专利技术很快过时。

(6) 由创新者和最早模仿者所启动的美国市场预计在今后几年中会停滞,75%以上的顾客不能担保有购买一套家用计算机系统的财力。

(7) 市场衰退减缓了产品更新改良的速度。

3. 优势

(1) 70%以上的戴尔的客户已成为重复购买者。

(2) 戴尔的企业文化以业绩为导向并强调顾客满意。

(3) 相对于大多数制造厂家提供一般的系统,戴尔却提供高绩效、低成本的产品和顶尖系统。

(4) 戴尔正在开发专利技术以提高系统的绩效,同时改善其作为顾客系统开发者的形象。

(5) 戴尔被认为是在顾客满意、售后服务方面的行业领袖之一。1991年后,戴尔在美国、英国、德国和法国开展的顾客满意民意测验中名列前茅。

(6) 在过去的两年中,国际市场对戴尔设计系统的需求有所增加,戴尔进军欧洲市场的举动使戴尔得以进入占据世界70%的个人电脑市场。

(7) 戴尔与施乐公司签订了为戴尔的个人电脑实施现场服务的合同。戴尔顾客中97%以上都在施乐标准化服务的范畴内。

(8) 国际销售已连续3年成倍增长,反映出所有的分支机构的运作以及在法国和瑞典的第一年度的运作都有利可图。

(9) 戴尔报告在对大公司、政府部门和教育部门的销售中有54%的销售增长。

4. 劣势

(1) 迈克尔·戴尔被批评缺乏耐心,并且不能倾听其他管理人员的意见。一些产业观察家们质疑:随着公司的发展和成熟,迈克尔·戴尔是否还有能力继续运用他的管理手段。

(2) 戴尔公司的员工构成反映出组织的潜在的弱势,即缺乏有经验的员工和对企业的所有权。尽管员工中男性与女性大约各占50%,但是,在管理层中,只有1名女性管理人员——顾客服务经理。

(3) 戴尔在营销规模小的市场上,缺乏对产品的优选。

(4) 公司在促销上着眼于电讯营销战略,戴尔没有抓住其他渠道进行促销活动。

(5) 应收账款及其平均回收期在不断增多和延长。

(摘自李先国主编:《营销师》,中国环境出版社,2003)

## 复习思考题

1. 何谓企业市场营销环境?营销环境对企业市场营销活动的影响具有哪些特征?
2. 简述企业市场营销宏观环境对企业营销活动的影响。
3. 简述企业市场营销微观环境的构成。
4. 简述 SWOT 分析的内容。
5. 什么是环境威胁?企业应如何分析评价环境威胁?
6. 企业面对环境威胁应采取哪些策略?
7. 什么是市场机会?市场机会如何分类?
8. 应对市场环境机会的策略有哪些?
9. 企业应如何寻找和发现市场机会?
10. 阅读营销案例 3-1,阐述戴尔电脑公司 SWOT 分析的要点。

# 第 4 章 消费者市场和组织市场购买行为分析

**本章要点**

- 消费者市场及其特点
- 消费者市场研究方法
- 消费者购买行为的类型
- 消费者购买决策过程
- 生产者购买行为分析
- 政府购买行为分析
- 消费者需求特征
- 消费者购买行为模式
- 影响消费者购买行为的因素
- 组织市场的类型及特点
- 转卖者购买行为分析

消费者市场与组织市场具有不同的特点。为了针对不同类型的市场,有针对性地开发和实施有效的市场营销战略和策略,必须深入研究消费者购买行为和组织购买行为的特点,搞清楚影响消费者购买行为的各类要素,透彻地把握消费者购买决策过程。区分生产者市场、中间商市场、政府及非营利机构市场等不同组织的购买规律和要求。

## 第一节 消费者市场与购买行为模式

### 一、消费者市场及其特点

(一)消费者市场的概念

消费者市场亦称为最终消费者市场,是指个人或家庭为了生活消费而购买商品或劳务的市场。消费者市场一般可分为商品市场和服务市场。商品市场买卖各种生活用品,是消费者市场的主要组成部分;服务市场是以向消费者提供劳务来满足消费者的需求,并不涉及实物商品转移或者实物商品转移居于次要地位的市场,如旅馆、电影院、旅游业、金融业等。

(二)消费者市场的特点

与其他类型的市场相比,消费者市场具有以下特征:

(1)从交易的商品看,由于它是供人们最终消费的产品,而购买者是个人或家庭,因而它更多地受消费者个人人为因素的影响。

(2)从交易的规模和方式看,消费品市场购买者众多,市场分散,成交次数频繁,但每次交易数量较小。因此,绝大多数商品都是通过中间商销售产品,以方便消费者购买。

(3)从购买行为看,消费者的购买行为具有很大程度的可诱导性。这主要有两方面的原因:一是消费者在决定购买时,具有自发性和感情冲动型;二是消费者市场的购买者大多缺乏相应的商品知识和市场知识,购买时易受促销方法的影响。

(4) 从市场动态看,由于消费者的需求复杂,供求矛盾突出,加上人口流动性越来越大和人们交往频繁,消费者市场的购买流动性也随之加强。

## 二、消费者需求的特征

研究消费者的购买行为,首先要了解消费者需求的特征。消费者需求的特征主要有以下8个方面:

(1) 需求的层次性。消费者需求是在一定的支付能力和其他客观条件的基础上形成的。人们有多种需求,但不可能同时实现,只能根据客观条件的许可,按照轻重缓急的次序,显示出层次性。如先满足基本生活需要,再追求安全舒适,最后寻求高层次的精神生活需求。

(2) 需求的多样性。由于消费者的生活环境、经济收入、文化程度、生活方式以及性别、年龄、职业等方面存在的差异,对商品或劳务的需求必然是千差万别、多样化的。

(3) 需求的易变性。消费者需求具有求新求异的特性,要求商品的品种、款式不断翻新,有新奇感。许多消费者对某个新品种、新款式的共同偏好就形成了消费风潮,随着市场商品供应的丰富和企业竞争的加剧,消费者对商品的挑选性增强,消费风潮的变化速度加快,商品的流行周期缩短,千变万化,往往令人难以把握。

(4) 需求的可诱导性。消费者需求可以通过广告宣传等促销活动来引导和调节,使消费者的需求发生变化和转移,或由此项需求变为彼项需求,由潜在需求变为显现需求,由微弱需求变为强烈需求。

(5) 需求的便捷性。在现代社会,人们的生活节奏越来越快,要求商品的使用和服务措施等方面都能使消费者省时、省力,才能受到消费者的欢迎。

(6) 需求的连带性和替代性。连带性是指对一种商品的需求会引起对另一种商品的需求,如购买西服时会连带购买领带;替代性是指对一种商品需求量的增加会引起另一种商品需求量的减少,如洗衣粉需求量上升,则肥皂的需求量下降。

(7) 需求的周期性。周期性是一个时间概念,包括购买周期,即每隔多长时间购买一次;更新周期,即以新产品、新品种取代老产品的时间;重复周期,即重复出现过去流行过的产品和服务,如服装款式、流行音乐都存在重复周期。

(8) 需求的创造性。由于社会生产的发展和消费者收入的提高,对商品和劳务的需求也在不断发展,并且永无止境。许多企业通过推出创新产品或者服务,创造了消费者需求。

## 三、消费者市场研究方法

消费者购买行为是指消费者为了获取、使用、处置消费品或服务所采取的各种行动。随着对消费者行为研究的深入,人们逐渐意识到,消费者行为是一个完整的过程,消费者的购买只是这个完整过程中的一个阶段,我们不能只关注这个阶段,必须同时关注在这之前消费者如何产生了需求,并通过选择、评价做出购买决定,在获取产品之后又如何使用并处置了产品,产生了怎样的购买评价。也就是说,企业要立足于与消费者建立长期的交换关系。

因此,研究消费者完整的购买行为应包括7个问题,如图4-1所示。

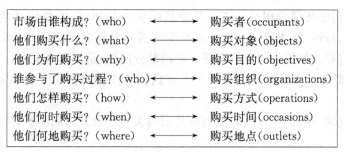

图 4-1　消费者市场研究方法

以上 7 个问题都以英文字母"O"开头,西方市场营销学者将这些决策归纳为"7O"研究法。上述诸问题中对于谁购买、在哪里购买、都买了什么等问题,营销人员很容易通过调研得到答案。而想要了解消费者为什么购买某一产品,究竟有哪些因素在其中起了作用,就要困难得多了,因为这往往可能是很多因素综合作用的结果。而这恰恰是一个非常关键的问题,因为只有了解消费者购买产品的真正原因,企业才能有针对性地制定营销策略。

### 四、消费者购买行为模式

西方对消费者购买行为的研究有 3 种理论范式:一是决策导向研究法,这种方法将消费者视为一个积极、主动、理性的试图解决问题的消费者;二是经验导向研究法,这种方法将消费者的购买视为获得情感体验的非理性购买;三是行为导向研究法,这种方法认为,消费者在购买中既没有经历一个理性的决策过程,又不是出于某种情感上的需要,可能只是受到了环境和压力的影响。

当然,消费者购买行为应该是上面 3 种思维的综合,每一种购买既有理性的决策,又有冲动的成分,更可能是受到促销的刺激,这几种思路不应该相互排斥,应该综合运用到我们对消费者行为的研究中去。

在对消费者购买行为的分析理论中,"刺激—反应"模式是一种比较经典的分析模式,如图 4-2 所示。

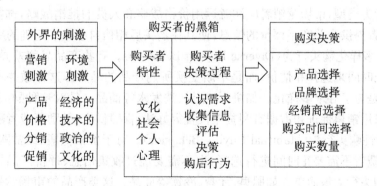

图 4-2　消费者购买行为模式

图 4-2 表明,购买者外界刺激来自两个方面:其一是企业所安排的市场营销刺激,包括产品、价格、分销和促销;其二是外部宏观环境的刺激,包括政治、经济、文化等。当这些外界刺激进入"购买者的黑箱子"(Consumer Black Box),并经过一定的心理过程,就产生一系列看得见的购买者反应,如产品选择、品牌选择、购买时间选择等。

购买者的黑箱由两部分组成：第一部分是购买者的特性，主要包括购买者的社会、文化、个人和心理的特性，这些特性会直接影响购买者对外界刺激的反应；第二部分是购买者的决策过程，并将导致购买者的最后选择。这两部分问题，是消费者购买行为研究的主要内容。营销人员必须千方百计地调查研究和了解购买者黑箱中所发生的事情，以便采取相应的对策。

所以，本章就这一问题将首先介绍消费者的购买特征及其影响因素，然后介绍消费者的购买决策过程。

刺激—反应模式是一种较为适用的分析方法，运用这种方法可以将调研结果和收集到的资料综合成一个有意义的整体，有利于抓住问题的本质，并揭示带有规律性的东西，使对购买者行为的分析更有成效。

### 五、消费者购买行为的类型

消费者购买行为的类型有多种划分方法，其中最具有典型意义的有两种：一种是根据消费者购买时的介入程度和品牌的差异程度来划分；另一种是根据消费者个人性格的不同来划分。

（一）根据消费者购买时的介入程度和品牌间的差异程度来划分

（1）复杂购买行为（Complex Buying Behavior）。当消费者购买一件贵重的、不常买的、有风险的而且又非常有意义的产品时，由于产品品牌差异大，消费者对产品缺乏了解，因而需要有一个学习过程，广泛了解产品性能、特点，从而对产品产生某种看法，最后决定购买。如消费者购买房子、汽车等商品。对于这种复杂购买行为，市场营销者应采取有效措施帮助消费者了解产品性能及其相对重要性，并介绍产品优势及其给购买者带来的利益，从而影响购买者的最终选择。

（2）化解不协调购买行为（Harmonious Buying Behavior）。有些产品品牌差异不大，消费者不经常购买，而购买时又有一定的风险，所以，消费者一般要比较、看货，只要价格公道、购买方便、机会合适，消费者就会决定购买。如消费者购买服装、家具和小家电等商品。针对这种购买行为类型，市场营销者应注意运用价格战略和人员的推销战略，选择最佳销售地点，并向消费者提供有关产品评价的信息，使其在购买后相信自己做了正确的决定。

（3）寻求多样化购买行为（Diverse Buying Behavior）。有些产品品牌差异明显，但消费者并不愿花长时间来选择和估价，而是不断变换所购产品的品牌。这样做并不是因为对产品不满意，而是为了寻求多样化。如饼干、糖果、洗发水等商品。针对这种购买行为类型，市场营销者可采用销售促进和占据有利货架位置等办法，保障供应，鼓励消费者购买。

（4）习惯性购买行为（Habitual Buying Behavior）。对于价格低廉、经常购买、品牌差异小的产品，消费者不需要花时间进行选择，也不需要经过收集信息、评价产品特点等复杂过程，因而，其购买行为最简单。如肥皂、牙膏、冷饮等商品。这类产品的市场营销者可以用价格优惠、电视广告、独特包装、销售促进等方式鼓励消费者试用、购买和续购其产品。

上述划分方法，如表4-1所示。

表 4-1 消费者购买行为类型

| 品牌差异程度 | 购买参与程度 | |
| --- | --- | --- |
| | 高 | 低 |
| 大 | 复杂购买行为 | 寻求多样化购买行为 |
| 小 | 化解不协调购买行为 | 习惯性购买行为 |

（二）根据消费者个人性格的不同来划分

(1) 习惯型。消费者忠于某一种或某几种品牌，有固定的消费习惯和偏好，购买时心中有数，目标明确。

(2) 理智型。消费者做出购买决策之前对不同品牌经过仔细比较和考虑，相信自己的判断，不容易被他人打动，不轻率做出决定，决定后也不轻易反悔。

(3) 冲动型。消费者缺乏主见，易受产品外观、广告宣传或相关人员的影响，决定轻率，易于动摇和反悔。这是促销过程可大力争取的对象。

(4) 经济型。消费者特别重视价格，一心寻求最经济合算的商品，并由此得到心理上的满足。促销中要使之相信，他所选中的商品是最物美价廉的、最合算的，要称赞他是很内行、很善于选购的顾客。

(5) 情感型。消费者对产品的象征意义特别重视，联想力较强，感情色彩较浓，容易对产品品牌、包装产生丰富联想，从而影响其购买行为。

(6) 不定型。此类消费者往往十分年轻，独立购物的经历不多，易于接受新的东西，消费习惯和消费心理正在形成之中，尚不稳定，缺乏主见，没有固定偏好。

消费品营销人员在制定营销策略时，要事先了解目标市场中的消费者购买行为属于哪种类型，然后再有针对性地开展促销活动。

# 第二节　影响消费者购买行为的因素

消费者为什么买？买什么？如何买？谁担任购买？什么时候买？在什么地点买？这些问题并不是杂乱无章的，而是有规律可循的。一般来说，在社会生产和消费水平比较低的情况下，经济因素是影响消费者购买行为的主要因素；随着社会生产的发展和人们收入水平的提高，人们的购买行为越来越多地受社会因素、心理因素和个人因素的影响。因此，研究消费者行为，必须从经济学、社会学、心理学和人类学等角度综合加以研究。影响消费者购买行为的因素如图 4-3 所示。

图 4-3　影响消费者购买行为的因素

## 一、经济因素

经济因素包括消费者可支配收入、储蓄、资产和借贷能力等。经济学家认为：第一，经济因素是影响消费者购买行为的首要因素，它决定着人们是否购买以及购买的规模和档次等。一般来说，如果人们的可支配收入较多或借贷能力较强，就会增加购买和购买高档商品、奢侈品等，并且在购买时受价格影响较小；反之则相反。第二，消费者都是理智的，其购买遵循"最大边际效用原则"，即消费者总是根据自己的有限收入和所能获得的信息去购买对自己最有价值的东西。

从经济角度分析消费者购买行为，以下两点必须引起企业重视：

(1) 企业应根据顾客收入水平决定投资方向、投资规模、生产商品的档次以及定价策略和技巧等。一般来说，如果人们的收入水平较高，企业就可以在奢侈品、娱乐品和高档商品等方面增加投资，并适当实行高价策略；反之，如果人们的收入水平较低，企业就应该在生活必需品和大众商品等方面增加投资，并适当实行低价策略。

(2) 企业应该通过不断提高产品质量和降低产品价格，以最大限度地满足顾客的边际效用，从而实现更大的销售额。

西方经济学十分强调边际效益递减论对消费者购买行为的影响，消费者在购买商品中是在边际效益递减的原则下追求最大效用的。另外，产品价格与产品功能有着内在的统一，这是决定销售成效的一个重要因素，也影响着消费者的购买行为。

现代营销学认为，尽管经济因素仍然是影响消费者购买行为的十分重要的因素，但随着人们收入的增加、市场商品的多样化以及人们需求范围越来越广泛和要求越来越高等，经济因素对消费者购买行为的影响力会不断下降，而社会文化因素、心理因素和个人因素对人们购买行为的影响力则会不断增加。

## 二、社会文化因素

社会学理论认为，人们的需求和欲望，受其所处的社会地位、社会文化环境和社会相关群体的影响而各不相同。

### (一) 文化因素对购买行为的影响

文化是决定并影响消费者需求和购买行为的最基本的因素。文化因素对消费者的行为有着最为广泛而深远的影响。对文化概念的理解，从广义上来说，是指人类社会历史实践过程中所创造的物质财富和精神财富的总和；从狭义上来说，是指人类精神财富的总和，包括知识财富、意识形态，以及与之相对应的制度和组织机构。它是由知识、信仰、艺术、法律、伦理道德、风俗习惯等方面组成的一个复杂的整体。

每一个人都在一定的社会文化环境中成长，通过家庭和其他主要机构的社会化过程学到和形成了基本的文化观念。文化几乎存在于人类思想和行为的每一个方面，文化不能支配人们的生理需要，但是可以支配人们满足生理需要的方式。

对文化的理解，还应从以下几个方面来认识：

(1) 文化是一个综合性的概念，它几乎包括了所有能够影响人类思维过程和行为的一切方面，当然也包括对购买行为的影响。

(2) 文化是学来的东西，是后天学到的，而不是先天就有的。所以，文化可以影响人类大量的行为。

(3) 文化并不是静止不变的,随着时间的推移,它也会逐渐发展和变化。重大的社会变革或者战争的发生,也会导致人们文化价值观念的转变。

(4) 每一种文化又可分为若干亚文化群体。在同一个亚文化群体中,其成员将显示出更具体的认同和更具体的社会化。亚文化群体主要有民族群、宗教群、种族群、地理区域群等。

每个国家都存在不同的民族,每个民族都在漫长的历史发展过程中形成了独特的风俗习惯和文化传统;每个国家都存在不同的宗教,每种宗教都有自己的教规或戒律;一个国家可能有不同的种族,不同的种族有不同的生活习惯和文化传统。

如美国黑人较白人在购买衣服、食品、香水、娱乐方面较少,他们更重视价格、重视商品的品牌,美国的许多大公司如西尔斯、麦当劳、宝洁、可口可乐等非常重视通过多种途径开发黑人市场。在美国成长的孩子会受到下列价值观的影响:成就与成功、活跃与参与、效率与实践、进取、物质享受、自由、自我主义、博爱主义、青春与活力、健康与健身等。

(二) 社会因素对购买行为的影响

1. 社会阶层

社会阶层是指在一个社会中存在着相对持久和类似的组合,其中相同阶层的人具有相同的价值观、生活方式、兴趣和行为。

社会阶层是影响消费者购买决策、购买行为的一个十分重要的因素。社会阶层主要是根据职业、收入、教育和价值倾向等因素划分的。不同阶层的人具有不同的价值观念、生活习惯和消费行为。生活在现实社会中的每一个人都不无例外地从属于某一个社会阶层。消费者的购买行为与其所属的社会阶层有着密切的联系。

如美国社会学家将美国社会划分为上上层(占1%不到)、上下层(2%左右)、中上层(占12%)、中下层(占30%)、下上层(占35%)、下下层(占20%)6个层次。不同的层次,其消费行为存在着明显的差异。根据中国社会科学院《当代中国社会阶层研究报告》(社会科学文献出版社,陆学艺,2002),目前中国形成了十大社会阶层:国家与社会管理者阶层、经理人员阶层、私营企业主阶层、专业技术人员阶层、办事人员阶层、个体工商户阶层、商业服务人员阶层、产业工人阶层、农业劳动者阶层和城乡无业失业半失业者阶层。在服装、家具、休闲活动和汽车等领域,同一阶层的消费者表现出明显的产品和品牌偏好趋同。

2. 相关群体

消费者的购买决策与购买行为经常要受到其他人的观点、主张、态度和行为的影响,这些影响消费者购买行为的人被称作消费者的相关群体。某种相关群体的有影响力的人物称为"意见领袖"或"意见领导者",他们的行为会引起群体内追随者、崇拜者的仿效。

相关群体可分为3类:

(1) 首要群体。指对个人影响最大、关系最密切的群体,如家庭、亲友、邻居、同事。首要群体之间的联系往往倾向于非正式的。

(2) 次要群体。指对一个人的影响较次一级的群体,相互影响较少,并且倾向于正式的联系,如宗教组织、各类专业协会等。

(3) 崇拜性群体。指通过非正式交往,具有共同志趣,如崇拜社会名流、体育明星等所形成的群体。

相关群体对消费者行为的影响表现为3个方面：

（1）示范性。即相关群体的消费行为和生活方式为每个人提供了可供选择的消费行为或生活方式的模式。

（2）仿效性。即相关群体的消费行为引起人们的仿效欲望，从而影响人们对某种事物或商品的态度。

（3）一致性。即相关群体能促使人们的行为趋于"某种一致化"，从而影响人们对某种品牌或商品花色的选择。

3. 家庭

家庭是以婚姻、血缘和继承关系的成员为基础组成的社会生活的基本单位。家庭是社会的细胞，对人的影响最大，人们的价值观、审美观、爱好和习惯多半是在家庭的影响下形成的，家庭也是影响消费行为的最直接、最密切的一个重要因素。据调查，家庭几乎控制了80%的消费行为。大凡吃、穿、住的基本生活用品、文化娱乐、社交、旅游等消费无不都是以家庭为基本单元的。在所有的购买决策参与者中，购买者的家庭成员对其决策的影响是最大的。

社会学家根据家庭权威中心点不同，把所有家庭分为4种类型：

（1）各自做主型。指每个家庭成员对自己所需的商品可独立作出购买决策。

（2）丈夫支配型。指家庭购买决策权掌握在丈夫手中。

（3）妻子支配型。指家庭购买决策权掌握在妻子手中。

（4）共同支配型。指大部分购买决策由家庭成员共同协商做出。

在我国众多的家庭中，丈夫和妻子的购买决策权往往不同。比如购买大件商品、高档耐用品，往往是丈夫做主；购买日用品、床上用品、服装等一般是妻子做主；而购买商品房或外出旅游则是由夫妻共同商量决定的。

企业营销人员应根据产品的特点和目标市场上家庭的实际状况，研究家庭对消费者购买行为的影响，并有的放矢地制订各种营销策略，促进销售。

4. 身份和地位

一个人在群体中的位置可用身份和地位来确定。身份是周围的人对一个人的要求或一个人在各种不同场合应起的作用。每种身份都伴随着一种地位，反映了社会对他的总评价。消费者做出购买选择时往往会考虑自己的身份和地位，企业把自己的产品或品牌变成某种身份或地位的标志或象征，将会吸引特定目标市场的顾客。

## 三、心理因素

消费者心理是指消费者在满足需求过程中的思想意识和内心活动，它支配和影响着消费者的购买行为。支配和影响消费者购买行为的心理因素主要包括动机、知觉、学习、信念和态度等几个方面。

（一）动机

按照心理学的一般规律，人的行为是受动机支配的，而动机则是由需要引起的。当人们的某种需要未得到满足，或受到外界某种事物的刺激时，就会产生一种紧张状态，引发出某种动机，由动机而导致行为。当然，当需要的强度不够时，也不会形成动机；而当需要得到满足时，则紧张状态就会消除，恢复平衡。

心理学家曾提出许多人类行动的动机理论,如需要层次论、精神分析论和双因素理论,其中最著名的是美国行为科学家、社会心理学家马斯洛(A. H. Maslow)提出的需要层次论,它将人类的需要分为由低到高的5个层次,即生理需要、安全需要、社交需要、尊重需要和自我实现需要。

一般来说,需要强度的大小和需要层次的高低成反比,层次越低,强度就越大。马斯洛需求层次理论基本符合客观实际,最初应用于美国企业管理中,分析如何满足企业员工的多层次需要,以调动其工作积极性,后来又被应用于市场营销中分析多层次的消费需要并提供相应的产品来予以满足。

"需要层次理论"对于市场营销的意义在于:企业应按照消费者的需要层次进行市场细分和选定目标市场,然后再根据目标市场需要制定相应的营销策略。

精神分析论的创立者为弗洛伊德,他把人的心理比作冰山,露在水面上的小部分为意识领域,水下的大部分为无意识领域,造成人类行为的真正心理力量大部分是无意识的,无意识由冲动、热情、被压抑的愿望和情感构成。无意识动机理论建立在3个体系基础之上,即本我、自我和超我。

双因素理论由弗雷德里克·赫茨伯格(F. Herzberg)于1959年创立,也称为动机保健理论,首先应用于行为科学,用于分析消费者购买行为。

消费者购买动机是以购买商品来满足个人欲望的一种冲动或者驱使。按照购买动机产生原因的不同,消费者购买动机可以分为以下几类:

(1)本能动机。本能动机是一种原始动机,它直接产生于本能需要,如"饥思食、渴思水、寒思衣"等等。本能动机是基本的,也是低层次的。

(2)情感动机。人们有高兴、愉快、骄傲、好奇、好胜等情感和情绪,表现在购买动机上常有以下特征:

求新——注重新颖,追求时尚。

求美——注重造型,讲究格调,追求商品的艺术欣赏价值。

求奇——追求出奇制胜。

求异——追求与众不同。

(3)理智动机。经过客观分析、冷静思考后形成的心理动机,称为理智动机。理智动机反映在购买行为上则表现为以下几个特点:

求实——注重质量,讲究实用。

求廉——注意商品的价格及其与质量的比较。

求安全——注意商品使用过程的安全可靠,以及便于维修等。

(4)惠顾动机。惠顾动机是指消费者基于经验和感情而对特定的商品品牌、商店产生特殊的信任和偏爱。

消费者的动机可以支配和影响消费者的购买行为,企业营销工作者要研究如何才能有效地激励消费者的动机,以引发消费者的购买行为。人们的动机不仅是一种客观存在的心理行为,同时也看不见、摸不着,无法测量。一种动机,有时还会引发多种行为,而一种行为也可能是由多种动机引起的。

(二)知觉

当消费者产生购买动机后,就有可能采取购买行动,但究竟能否采取行动,采取何种行动,要视其对客观情境的知觉如何。所谓知觉是个人搜集、选择、组织并解释信息的过程。不同个体对不同的刺激物的知觉不同;即使是对同一刺激物,在不同的情境之下消费者产生的知觉也会有所差异。心理学家认为,知觉是一个有选择性的心理过程,并有 3 种机制在起作用。

(1) 选择性注意(Selective Notice)。每个人时常会面临着许多刺激物,如逛商场,五花八门的商品呈现在你的面前;看电视,各式各样的广告印入你的眼前。但是,你不可能注意所有的刺激物,而只能有选择地注意某些刺激物。一般来说,人们只注意那些与自己的主观需要有关系的事物,或者是所期望的事物,或者是较为特殊的刺激物。比如某商店公告宣称,本店所有商品都临时降价 20%~30%,就会引起人们的注意。

(2) 选择性曲解(Selective Distortion)。消费者即使注意到某刺激物,但是未必能如实反映客观事物,往往按照自己的第一印象(或先入为主)来曲解客观事物。这就是说,人们有一种把外界输入的信息与头脑中早已存在的认识相结合,并按照个人的意图曲解信息的倾向,这种倾向叫做选择性曲解。比如,某人一贯认为,A 牌冰箱是国内独一无二的优质名牌,即使 B 牌冰箱优于 A 牌冰箱,这位消费者也不愿改变他原来的认识。

(3) 选择性记忆(Selective Memory)。人们对于了解到的东西不可能统统记住,而主要是记住那些符合自己信念的东西,忘记与己无关紧要或者印象不深、不感兴趣的东西。这种心理机制,就称为选择性记忆。

以上 3 种知觉过程告诉我们,企业营销人员要设法利用消费者的这些认识机制,积极引导消费者对企业产品形成良好的感觉,以利于产品的销售。

(三) 学习

学习是指由于后天经验而引起个人知识结构和行为的改变。

内在需要引起购买某种商品的动机,这种动机可能在多次购买之后仍然重复产生,也可能在一次购买之后即行消失。为何会重复或消失,心理学家认为来自"后天经验",可用"学习的模式"来表述,如图 4-4 所示。

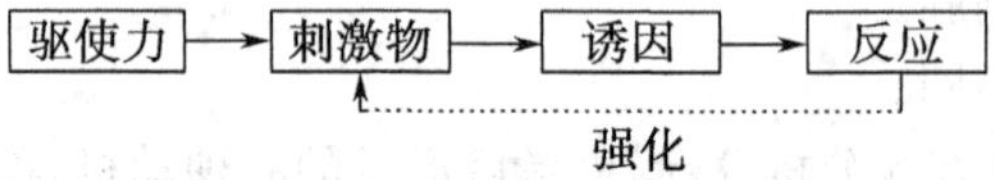

驱使力 → 刺激物 → 诱因 → 反应
          强化

图 4-4 学习的模式

(1) 驱使力(Drive)。指存在于人体内驱使人们产生行动的内在刺激力。它包括原始驱使力(即指先天形成的内在刺激力,如饥、渴、痛苦等)和学习驱使力(即指后天形成的内在刺激力,如恐惧、骄傲、贪婪等)。

(2) 刺激物(Spur)。指可以满足内在驱使力的物品。如人们饥饿时,饮料和食物就是刺激物。当驱使力发生作用并寻找相应刺激物时,就成为动机。

(3) 诱因(Cues)。指刺激物所具有的能驱使人们产生一定行为的外在刺激,可分为正诱因和负诱因。正诱因是指吸引消费者购买的因素;负诱因是指引起消费者反感或回避的因素。所有营销因素均可成为诱因,如品种、质量、商标、服务、价格、销售时间、推销、广告等。

(4) 反应(Response)。指驱使力对具有一定诱因的刺激物所发生的反射行为。比如是否购买某商品以及如何购买等。

(5) 强化(Aggrandizement)。指驱使力对具有一定诱因的刺激物发生反应后产生的某种效果。若效果良好,则反应被增强,以后对具有相同诱因的刺激物就会发生相同的反应;若效果不佳,则反应被减弱,以后对具有相同诱因的刺激物不会发生反应。

学习可分为行为学习、符号学习、解决问题的沟通、情感的学习等。

(1) 行为学习。人们在日常生活中,不断学到许多有用的行为,也包括学习各种消费行为。行为学习的方式就是模仿,而模仿的对象首先是父母,然后是老师及其周围的人。

(2) 符号学习。借助外界的宣传、解释,消费者了解了各种符号,如语言、文字、音乐的含义,从而通过广告、商标、招牌与经销商和制造商进行沟通。

(3) 解决问题的沟通。人们通过思考和见解的不断深化来完成对解决问题方式的学习。消费者经常思考如何满足自身的需要,思考的结果常被用于指导消费行为。

(4) 情感的学习。消费者的购买行为带有明显的感情色彩,这是由于消费者自身的实践体会和外界宣传、刺激的结果。消费者这种感受的积累和定型便是情感学习的过程。

一个人的学习过程是通过驱策力和刺激物引诱、反应及强化等要素的相互影响和相互作用而进行的。企业市场营销人员可以通过把学习与强烈的驱策力联系起来,运用刺激物暗示和提供积极强化等手段来刺激消费者对产品的需求,并增强产品的吸引力,适应市场购买水平,使消费者的需求得到充分满足。

(四) 信念和态度

通过学习,人们获得了自己的信念和态度,而信念和态度又反过来影响人们的购买行为。

信念是指人们对事物所持的认识,是一种确定性的看法。顾客的信念决定了企业和产品在顾客心目中的形象,决定了顾客的购买行为。营销者应高度重视顾客对本企业或本品牌的信念,如发现其错误,并阻碍他的购买行为,应适当用有效的促销活动予以纠正,以促进销售。

态度是一个消费者评价一种刺激物(产品)的见解和倾向(相对稳定的评价、感受和倾向)。态度导致人们喜欢或不喜欢某些事情,并对它们亲近或疏远。态度能使人们对相似的事物产生相当一致的行为。

## 四、个人因素

即便是在社会文化背景相同的前提下,消费者的购买行为仍然会有较大的差异,这是由消费者个人的年龄、职业、收入、个性以及生活方式的不同而造成的。

(一) 年龄和家庭生命周期阶段

不同的年龄有不同的需求和偏好,每一个人的衣、食、住、行各方面的需求都是随着年龄的变化而变化的。比如服装,年轻人喜欢新潮服装,而老年人则喜欢端庄、朴素、实惠的衣服。新产品、新款式若以年轻人为目标则市场普及得较快;而老年人比较稳重、保守,不易改变旧习惯,因此,对自己喜欢的牌子有较高的"忠诚度"。

与消费者年龄关系较为密切的是家庭生命周期。在家庭生命周期的不同阶段,消费者对商品的兴趣和需求会有明显的差异。

消费者家庭生命周期一般可划分为6个阶段:

(1) 未婚阶段。年龄较小、单身。

(2) 新婚阶段。年轻夫妇,没有孩子。
(3) "满巢"阶段Ⅰ。年轻夫妇,有6岁以下的幼儿。
(4) "满巢"阶段Ⅱ。夫妇年龄较大,有未独立的子女。
(5) "空巢"阶段。年长的夫妇,子女均已独立分居。
(6) 独居阶段。老年单身独居。

在上述不同阶段,家庭需要和购买行为有各自特点,并表现出明显的差异。如新婚阶段,对家具、家用电器具有旺盛的需求;"满巢"阶段Ⅰ对婴幼儿食品、玩具、智力开发用品有较大的购买力;在"空巢"和老年单身独居阶段,则对运动、保健、旅游等有更浓的兴趣。分析家庭生命周期不同阶段的消费特征,并在此基础上进行市场细分,选择目标市场,可以使企业市场营销更具有针对性,更能适应购买者的需求。

(二) 职业

不同的职业,其需求也存在一定的差异。比如农民将其收入的大部分用于建房,工人则喜欢购置家用电器,教师、科研人员在买书、订报上的花费较其他职业的人员要多得多。

企业市场营销人员应注意研究并善于发现哪些职业的人对自己的产品更有兴趣,企业甚至可以专门生产一种产品来适应某种职业的需求。

(三) 收入

消费者收入的高低,将直接影响购买行为。消费者的收入愈高,就比较容易作出购买决策,新产品也容易得到推广,非生活必需品也容易销售。反之,消费者收入较低,又没有积蓄,就只能购买生活必需品,在选择商品时也就更加注重经济、实惠的特点。

(四) 生活方式

生活方式是指一个人在生活中所表现出的兴趣、观念以及参加的活动。由于社会生活的复杂化,人们的生活方式可以说是千差万别。即使是来自同一个社会阶层,甚至是相同的职业,也可能具有不同的生活方式。不同的生活方式会有不同的物质追求。当然,一个人的生活方式会随着个人地位、收入、环境的变化而变化。市场营销人员要研究企业产品与消费者生活方式的关系,尽可能去迎合不同生活方式消费者的需求。

目前,较为完善的细分生活方式的方法有两种:AIO模式(Activity Interest Opinion)和VALS(Values and Lifestyles)分类方法。AIO模式通过描述消费者的活动、兴趣和态度来度量生活方式的实际形式;而VALS方法按照自我导向和资源丰缺两个标准,定义了8个类别的生活方式,将消费者细分为现实者、满足者、信念者、成就者、奋斗者、经历者、工作者和挣扎者,这种细分有助于企业选择目标顾客、进行营销沟通、明确产品定位策略。

比如,保龄球馆不会向节俭者群体推广保龄球运动,名贵手表制造商应研究高成就者群体的特点以及如何开展有效的营销活动,环保产品的目标市场是社会意识强的消费者。

(五) 个性

个性是指个人特有的、相对持久的实质性的心理特征,如外向、内向、保守、文静、急躁等等。个性体现了个体的独特风格、独特的心理活动以及独特的行为表现。正是由于消费者不同的个性心理特征,才使其购买行为复杂多样,变化多端。市场营销人员需要经常研究目标市场上消费者可能具有的个性,以便建立品牌形象,使其正好配合目标市场的个性特征。例如,某电脑经销公司发现,购买电脑的用户一般都具有自信心,支配和自主意识都极强,这就要求经销商应针对顾客的这些个性特征来设计广告,进行促销。外向的人爱穿浅色衣服和时髦的衣服,内向的人爱穿深色衣服和庄重的衣服。

## 第三节 消费者购买决策过程

消费者购买决策过程是消费者购买动机转化为购买活动的过程。

### 一、消费者购买角色分析

消费者购买决策过程中的参与者一般可以扮演下列 5 种类型的角色:

倡议者——最初提出或发现需要购买某种商品的人。

影响者——对最终购买决策能产生影响的人。

决策者——对部分或整个最后作出购买决策的人。

购买者——实际执行购买行为的人。

使用者——实际使用或消费商品与服务的人。

消费者以个人为单位购买时,5 种角色可能同时由一人担任;以家庭为购买单位时,5 种角色往往由家庭不同成员分别担任。美国学者曾对家庭购买新轿车的情况进行研究,发现在买与不买的问题上,主要由夫妻双方共同决定。但在不同的决策阶段,角色扮演有所变化。"何时买车"的决策,68%的家庭由男主人决定,只有 3%的家庭由女主人决定,29%的家庭是共同决定。"买什么颜色的车",夫妻一方单独决定的各占 25%,50%的家庭共同决定。

营销人员最关心决策者是谁,这有助于将营销活动有效地指向目标顾客,制定正确的促销战略。但也不能忽视其他角色,要了解购买决策中的主要参与者和他们所起的作用。产品的购买者不一定是使用者,产品的实际使用者应当成为企业营销活动的主要对象。

### 二、消费者购买决策过程

不同购买类型反映了消费者购买过程的差异性或特殊性,但是消费者的购买过程也有其共同性或一般性,西方学者对消费者购买决策过程一般采用较多的是五阶段模式,如图 4-5 所示。

**图 4-5 消费者购买决策过程**

(一)确认需要

消费者购买过程是从"确认需要"开始的。人的需要是由两种刺激引发的,即内在的刺激和外在的刺激。内在的刺激来自人类一般基本需要,如饥饿、寒冷等;外在的刺激来自人体以外的刺激,如衣服的花样款式、产品的包装设计、烤鸡的香味等。

有哪些因素能够刺激消费者引起他们的需求呢?如:

——通过消费,某些物品即将用尽时。

——对现有物品不再满意。

——收入增加会使消费者产生更多的需求。

——环境的改变会产生新的要求。

——看到琳琅满目、丰富多彩的新产品会产生新的需求。

企业营销人员要密切注意消费者对外在刺激的反应,并利用外在刺激去影响消费者的内在刺激。要通过走访消费者,弄清消费者需求的变化及其引发新需求的动因,不失时机地开展宣传攻势,并通过合适的营销手段去利用或者改变消费者的行为反应,使消费者对本企业产品的需求变得更强烈,以达到营销的目的。

(二)收集信息

需要一旦产生,消费者就可能会进行相关的信息收集工作。信息收集的及时性以及信息的广度、密度如何,取决于购买商品的性质。如果拟购商品是重复性或经常性购买的熟悉的产品,就不需要收集信息。如果某个商品的购买是第一次,而且花费巨大,那么消费者在购买前必定会四处打听各方面的信息,包括价格、质量、款式、服务等,以作为购买决策的依据。

消费者信息来源主要有以下 4 个方面:

(1)个人经验获得的信息。指消费者本人过去经验所积累的资料储存于记忆中,并通过回忆的方式取得有关信息。

(2)别人提供的信息。指家庭成员、亲友、邻居、同事或其他熟人提供的信息。

(3)商业机构提供的信息。指商业机构通过商品展示、广告宣传提供的信息。

(4)大众传媒提供的信息。指由广播、电视及报纸杂志发布的有关信息。

上述各种来源的信息,对消费者购买决策都有相当的影响,商业机构和大众传媒提供的信息起到告知的作用,而个人经验和别人提供的信息则起到评估的作用。在一般情况下,并非所有接触到的信息都会被消费者接收,消费者只接收其想接收的信息。从信息的接收一直到最后某种产品被选购,消费者自有一套信息的过滤系统,以电视机产品选购为例,见图 4-6。

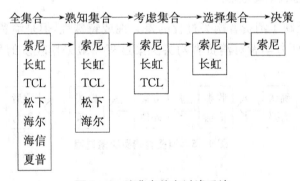

图 4-6 消费者信息过滤系统

图 4-6 中,"全集合"表示消费者可能得到的全部品牌;"熟知集合"表示消费者对于可能知道的品牌中比较熟悉的品牌;"考虑集合"是指在熟悉的品牌中符合消费者购买标准的品牌;"选择集合"是指通过对"考虑集合"的品牌,按照价格、质量、服务等重要因素进一步筛选后所得到的重点选择的品牌。消费者最后再从选择集合中决定其中某一特定的品牌作为最后准备购买的品牌。

针对这个信息过滤系统,营销人员应使自己的产品在众多的品牌中脱颖而出,进入消费者"考虑集合"和"选择集合"的行列,促销就有可能取得成功。

(三)方案评估

消费者如何在"选择集合"组内众多的可供选择的品牌中确定最后的购买对象,这需要完成一个方案评估过程。方案评估过程包括以下程序:

1. 确认产品的主要属性

产品属性通常是指通过人的感官所能感觉到的产品特征。如电视机的属性包括外观造型、图像清晰度、音响效果、价格等。产品属性是消费者在选购商品时主要考虑的因素。营销人员可利用消费者对产品属性偏好的不同来进行市场细分。

2. 评估产品属性的重要程度

一种产品总是拥有多种属性,但并非每一种属性都具有同等的重要性。因此消费者要根据个人的认识对产品的有关属性赋予不同的重要性权数,来评估产品属性的重要程度。

例如某消费者打算购买冰箱,确定冰箱的主要属性有容量、耗电、速冻、价格4项。该消费者按照自己的看法,赋予不同的重要性权数为0.4、0.3、0.2、0.1。说明该消费者比较重视冰箱的容量,而不太关注价格。

由于重要性权数是消费者根据自己的偏好及想法评定的,有很大的主观性。企业营销人员应着重了解消费者评估产品属性及确定重要性权数的方法,以强化和突出本企业产品在某些特别重要属性上的表现及改进方向,并通过适当的渠道介绍给目标顾客,以吸引顾客购买本企业的产品。

3. 品牌信念的评估

消费者根据过去的经验积累对某一品牌产品的各项性能所产生的看法称之为品牌信念。由品牌信念导致该品牌在消费者心目中产生特殊的印象,即品牌形象。在营销活动中,品牌信念及品牌形象非常重要。消费者如果对某一品牌印象不好,购买时是绝不会将这一品牌列入"选择集合"之中的。

品牌信念的评估,一般采用加权评分法。如前例,假定现有A、B、C、D 4个品牌的冰箱,该消费者对各品牌的各项属性进行打分,计算过程见表4-2。

表4-2 不同品牌冰箱属性评估表

| 冰箱品牌 | 主要属性 | | | | 期望值 |
| --- | --- | --- | --- | --- | --- |
| | 容量(0.4) | 耗电(0.3) | 速冻(0.2) | 价格(0.1) | |
| A | 10 | 6 | 8 | 5 | 7.9 |
| B | 8 | 7 | 7 | 6 | 7.3 |
| C | 7 | 8 | 9 | 7 | 7.7 |
| D | 5 | 9 | 7 | 8 | 6.9 |

显然,A、C两种品牌的冰箱期望值较高,是消费者选择的对象。这就是品牌信念评估的结果。

对于印象颇好的品牌,还会产生名牌效应。比如海尔冰箱已被广大消费者充分认可,若海尔公司再推出其他电器产品,也将会受到消费者的青睐。为此,营销人员应通过努力,不仅要使消费者能真正认识企业产品的实际属性,更应通过适当的营销手段建立更高层次的品牌信念和印象。

（四）购买决策

经过评估过程,消费者可根据方案评估结果作出最后的购买决策。购买决定一般包括3个方面的内容：一是决定购买何种品牌。如上例,可在A、C两种品牌的冰箱中选择其中的一种。二是决定购买的地点,即到哪家商店去购买。消费者也可能先选择购买的商店,然后再在选择的商店里进一步确定购买何种品牌。三是决定购买的时间。

消费者购买决定一经作出,多数情况下会付诸实施。但有时由于受到他人态度的影响或遇到意外事故,也可能会改变主意,以致修改、推迟或者取消某个购买决定。

他人态度的影响力取决于3个因素：① 他人否定态度的强度；② 他人与消费者的关系；③ 他人的权威性。

意外因素影响消费者购买意向,是以一些预期条件为基础的,如预期收入、预期价格、预期质量、预期服务等,如果这些预期条件受到一些意外因素的影响而发生变化,购买意向就可能改变。企业营销人员应设法尽量减少意外的发生,说服消费者采取购买行动。

（五）购后行为

购后行为是消费者购买决策过程的最后一个环节,也是最重要的环节。

企业要想取得长期利润,就要设法使消费者通过购买你的产品而使自身的需求得到满足,以后再反复购买,并以他的现身说法,向他所熟悉的亲友、同事介绍该商品的好处,一传十、十传百,形成连锁购买的效应。反之,消费者不仅不会再买,反而要进行反宣传。一般来说,消费者的需要没有得到满足,或者现实与期望之间有较大的差距,那么消费者就会失望,产生不满情绪,差距愈大,不满情绪就愈强烈。因此,企业营销人员在宣传推销产品时,要注意实事求是,客观介绍商品性能,不要夸大其词,造成消费者的期望过高,而实际的情况又并不理想,这是消费者最不能原谅的。

购后行为的反应对培养消费者的品牌忠诚度,以决定是否再购买同样的品牌,具有重大的影响,企业应予以高度重视。因为一个满意的忠实的客户不但是产品的现在购买者,更是产品未来销售的来源,还是企业产品的最好的广告。

# 第四节 组织市场的类型及特点

消费者市场常常是一个国家最重要的市场,但并不是全部市场,工商组织及其他社会团体也常常成为大量商品或服务的购买者,他们构成了与消费者市场并列的组织市场。组织市场的购买者是企业的重要营销对象,企业应当充分了解他们的特点和购买行为。

## 一、组织市场的概念和类型

组织市场指工商企业为从事生产、销售等业务活动以及政府部门和非营利组织为履行职责而购买产品和服务所构成的市场。简言之,组织市场是以某种组织为购买单位的购买者所构成的市场,是消费者市场的对称。就卖主而言,消费者市场是个人市场,组织市场则是法人市场。组织市场包括生产者市场、中间商市场、非营利组织市场和政府市场。

（一）生产者市场

生产者市场又称产业市场，是指购买产品或服务用于制造其他产品或服务，然后销售或租赁给他人以获取利润的单位和个人。组成生产者市场的主要产业有工业、农业、林业、渔业、采矿业、建筑业、运输业、通讯业、公共事业、银行业、金融业、保险业和服务业等。

（二）中间商市场

中间商市场也称为转卖者市场，指购买产品和服务用于转售或租赁以获取利润的单位和个人。中间商不提供形式效用，而是提供时间效用、地点效用和占有效用。中间商市场由各种批发商和零售商组成。批发商是指购买商品和服务并将之转卖给零售商和其他商人以及产业用户、公共机关用户和商业用户等，但不把商品大量卖给最终消费者的商业单位。而零售商则把产品和服务直接提供给最终消费者。

（三）非营利组织市场

非营利组织市场是组织市场的类型之一，指为维持正常运作和履行职能而购买产品和服务的各类非营利组织所构成的市场。非营利组织既不同于企业，也不同于政府机构，它是具有稳定的组织形式和固定成员，独立运作，发挥特定的社会功能，以推进社会公益而不以营利为宗旨的事业单位与民间团体。

（四）政府市场

政府市场由那些为执行政府主要职能而购买或租赁产品的各级政府机构组成。各国政府通过税收、财政预算掌握了相当部分的国民收入，形成了潜力极大的政府采购市场，政府机构是市场活动的最大买主，占有 20%～30% 的份额。

## 二、组织市场的特点

与消费者市场相比，组织市场特别是产业用户市场，具有以下不同于消费者市场的特点：

（一）市场需求

(1) 购买者数量少，购买规模大。一方面，组织的数量比个体消费者的数量要小得多，组织市场营销人员比消费品营销人员接触的顾客要少得多；另一方面，组织市场单个用户的购买量却比消费者市场单个购买者的需要量大得多。例如，汽车轮胎企业在面向消费者市场时，它可能要接触成千上万个使用轿车的车主，但它在产业市场的命运可能仅仅维系于为数不多的几个汽车厂家。

(2) 购买者的地理位置相对集中。组织市场的购买者往往集中在一定的地理区域，从而导致这些区域的业务购买量占据整个市场的很大比重。在我国，珠三角、长三角、环渤海经济圈则是产业用品需求比较集中的地区。

(3) 需求价格弹性小。组织市场对产品和服务的需求量受价格变动的影响较小。例如，在消费者对皮鞋需求量不变的条件下，皮革市场的产品价格下降，皮革制造商不会因此而购买更多的皮革。在需求链条上距离消费者越远的产品，价格弹性越小；而且，原材料的价值越低，或原材料成本在制成品成本中所占的比重越小，其需求弹性就越小。

(4) 派生需求和波动需求。派生需求也称衍生需求。组织市场的需求是从消费者对最终产品和服务的需求中派生出来的。如果最终用户对某企业产品的需求下降，该企业就会削减生产计划,它在市场上的需求也会下降。派生需求往往是多层次的,形成一环扣一环的链条,消费者需求是这个链条的起点,是原生需求,是组织市场需求的动力和源泉。组织市场的需求不仅是派生的,而且其波动比消费者市场要大。如果消费品需求增加某一百分比,为了生产出满足这一增加需求的产品,生产厂家的投资会以更大的百分比增长。这在经济学上称为加速原理。组织市场的这种特征增加了中间产品的营销难度。

(二)购买单位

(1)更多的购买参与者。组织市场的购买决策受更多人的影响。大多数企业有专门的采购组织,即采购中心,重要的购买决策一般由技术专家和高级管理人员共同作出。为了应对受过良好训练的采购人员,供应商必须对其销售人员进行严格的培训。

(2)专业采购。组织市场上的采购是理性的,采购人员大都经过专业训练,具有丰富的专业知识,对所要采购产品的性能、质量、规格和技术要求了如指掌,不像消费者市场有那么多的冲动购买。

(三)购买决策行为

(1)直接采购。组织市场的购买者往往向供应方直接采购,而不经过中间商环节,价格昂贵或技术复杂的项目更是如此。

(2)购买过程复杂但规范化。组织购买常常涉及大量的资金、复杂的技术、准确的效益评估,以及采购中心中不同层次人士之间的人际关系。因此,组织采购往往要经历较长时间。调查显示,工业销售从报价到产品发送通常以年为单位。另一方面,组织购买过程比较程式化,大宗产业购买通常要求提供详尽的产品说明书、书面采购订单,对供应商有筛选和正式批准的过程。

(3)互惠购买。组织市场中的产业用品购买者之间往往相互依存,在采购过程中经常互换角色,即在采购过程中经常互惠采购,即"你买我的产品,我就买你的服务"。有时这种互惠体现在三方甚至更多。比如,丙是甲的顾客,甲是乙的潜在顾客,乙是丙的潜在顾客,甲便可能提出互惠购买:乙买丙的产品,甲就买乙的产品。

## 第五节 生产者市场购买行为分析

在组织市场中,生产者市场的购买行为有典型意义,它与消费者市场的购买行为有相似性,又有较大差异性,特别是在市场结构与需求、购买单位性质、购买行为类型与购买决策过程等方面。

### 一、生产者购买行为的类型

(一)直接重购

是指企业按照常规(生产工艺)采购那些一直在重复采购的产品。这是一种最简单的购买方式,生产者只要按照过去规定的品种、质量、供应单位采购物资就行了,常常是由采购人员自行做主,决策过程十分简单。而对于供货方的市场营销人员则应采取相应的营销策略以保持原有的市场,巩固企业老用户。应使老用户需要的品种、数量、质量得到最大限度地满足。同时,还要进一步改进服务,如实行物资配送,减少订货手续和用户的库存量,提高供应水平。

### （二）修正重购

是指对过去采购的产品规格、价格、供应商等做适当修正的一种购买行为,其目的是为了寻找更低的价格、更好的服务或者更有利的交货条件等。修正重购给"未进门的供应企业"提供了机会,而对"已入门的供应企业"则造成了威胁。

### （三）新购

指企业第一次购买某种工业用品。新购的成本费用越高,风险越大,需要参与购买的人数和需要掌握的市场信息就越多,购买决策过程也越复杂。在一般情况下,供货企业要派出颇具实力的推销小组,向用户介绍本企业产品的特色、服务以及具体的优惠条件,以吸引生产企业迅速作出购买决定。

## 二、生产者购买过程的参与者

生产者购买过程的参与者,是指那些参与购买决策过程的个人和群体,包括使用者、影响者、采购者、决策者以及控制者5个方面的人员。

（1）使用者。即企业将要实际使用这种产品的人。比如某公司欲购置一台实验室用的电脑,其使用者就是该实验室的技术人员。使用者一般也是购置该产品的建议者,并在计划购买何种产品、规格的决策上有较大的影响。

（2）影响者。指协助决定所购产品标准的人员。如工程师审查产品标准,会计师审查成本费用。

（3）采购者。即实际执行采购任务的人员。对于简单的、重复的购买行为,采购者往往就是决策者,而对于数额较大、较复杂的购买活动,采购者可以起到参谋作用。

（4）决策者。即企业有权正式作出购买决定的人。如企业分管采购业务的副厂长(副总经理),行使购买决策权。小型企业的购买决策权也可直接由厂长(总经理)担当。

（5）控制者。指在企业外部和内部能控制市场信息流转到决策者、使用者的人员。如企业的购买代理商、技术人员常常为购买决策提供必要的信息资料。

上述5种人员凭借他们的权威、资历、影响力和说服力的不同,在购买决策过程中充当一定的角色,并发挥着不同的作用。企业营销人员只有充分认识上述5类人员的不同之处,才能与这些影响购买决策的人员建立联系,进一步分析他们影响购买决策的程度,通过反复采访和多次交谈沟通,弄清每一位购买决策参与者感兴趣的问题,并有的放矢地做好各方面的工作,促进营销工作的开展。

## 三、影响生产者购买决策的主要因素

同企业其他经济管理活动一样,生产者市场的采购者的购买行为既充分体现经济性,又表现出很强的人性化倾向。也就是说,商品服务本身的价格、质量以及供货商的实力等客观指标是生产者市场采购者在决策过程中首先要考虑的,同时,采购决策者的个人性格、偏好以及与供货商的交情等也会对最终的决策结果产生不同程度的影响。

事实上,影响生产者购买决策的因素是多种多样的。不过主要影响因素归为四大类,即环境因素、组织因素、人际关系因素和个人因素,如图4-7所示。

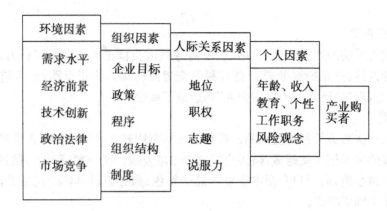

图 4-7 影响产业购买者购买决策的主要因素

（1）环境因素。即企业外部环境的因素。它包括政治、法律、社会文化、经济、技术和自然条件等因素，其中受国家经济形势的影响较大。

（2）组织因素。即企业内部的因素。它包括企业的经营目标、方针、政策、制度以及机构等，这些因素都会对购买行为产生影响。

（3）人际关系因素。指企业内的人事关系。主要是参与购买决策过程的5个方面的人员。他们在企业中的地位、职权、说服力以及他们之间的关系有所不同。这些人际关系也就不能不影响购买决策。

（4）个人因素。指每个参与购买决策的人。由于参与购买决策的人在决策中会掺入个人的情感因素，而这些个人情感又受年龄、收入、职位、教育程度、性格以及对风险所持态度等因素的影响，因此，每个决策参与者对某一项购买都会有各自独立的态度。企业营销人员对此应有充分的认识，并针对不同的对象进行工作，化不利因素为有利因素。

### 四、生产者购买决策过程

如属新购或者修正重购类型，生产者购买过程可划分为 8 个阶段：

（1）认识需要。生产者的购买过程是从企业的有关人员认识到要购买某种产品以满足企业的生产需要开始的。

认识需要的起因是由企业内外两方面的因素引起的：① 内部因素包括产品开发、设备维修、技术改造、采用新技术等；② 外部因素包括广告宣传效果，新产品、新材料的推广应用，参观产品展销会等。

（2）确定需要。在认识需要的基础上，还应进一步确定所需品种的特征和数量。通用的标准化产品很容易确定，而对于非标准的复杂件，采购人员要和使用者、工程师详细讨论，必要时还要辅之以图纸、文字说明，以弄清所需品种的特征和数量。

（3）说明需要。对于复杂的购买项目，需要请有关专家进一步对需购品种进行论证和价值分析，从技术和经济两个方面，说明该项需要的客观必要性以及经济性能。并通过价值分析正确回答下列问题：① 使用该项产品有什么价值；② 该项产品的成本是否与其使用价值相称；③ 该项产品的所有功能是否都是必需的；④ 某些易磨损的零部件是否可用更经济的方法来生产；⑤ 拟购产品的生产厂家是否有相应的生产能力，在生产规模及数量上能否保证本企业所需；⑥ 是否可以找到标准化产品来替代该项产品；⑦ 其他可靠的供应商是否会按较低的价格供应该项产品。

（4）寻找合适的供应商。凡是购买复杂的、价格较贵的工业物资，都需要广泛寻找合适的供应商。寻找的办法是：查找工商名录、电脑资料，通过大众传媒广泛招标等。企业对来自各方面的供应商进行综合评估，然后划分 A、B、C 3 个等级，优先选择 A 级，其次才把 B 级或 C 级作为合适的供应商。显然，对于供货企业来说，应设法提高本企业的知名度和美誉度，以便顺利地进入买方企业考虑的名单之中。

（5）接受和分析供应商报价。请被列入供应商名单的企业提出报价单。采购人员通过对报价单的分析，删除一些报价不当的供应商，保留报价合适的供应商。为此，营销人员要十分重视报价单的填写，力求全面而形象地把本企业产品的优点和特性都能表达出来，以促使买方乐意接受报价。

（6）进一步评估和最终选择供应商。购买决策者对于合适的供应商及其报价还应予以全面的评估和权衡，以确定最终的供应商。精明的采购主管一般都不愿意把全部订单交给一个供应商，而是有多条供应渠道，以免受制于人，减少由于供应问题给企业带来的风险。比如公司的采购主管同时向甲、乙、丙 3 家供应商订购某种原材料，其中甲占 60%、乙占 30%、丙占 10%。这样可促使 3 家供应商展开竞争，使购买者从中得到更多的优惠条件。

（7）正式订购。供应商一经决定，采购部门就要给选定的供应厂商发出采购订单，列出所需产品的技术规格、拟购数量、交货时间、退货办法、产品保证条款和措施等，并正式签订供货合同。

（8）使用效果反馈和评价。通过搜集本企业使用部门对供应商所供产品的意见，对使用效果进行全面评价，以决定是否继续购买。卖方企业，应及时了解用户反应，要积极主动，在产品质量、价格、服务等方面不断有所改进，以赢得用户的进一步信赖和光顾。

## 第六节　转卖者与政府购买行为分析

### 一、转卖者市场及其购买类型

转卖者市场，亦称中间商市场，由所有以盈利为目的从事转卖或销货业务的个体和组织构成，包括批发商、零售商和租赁经营者。转卖者购买商品的目的既不是为了消费，也不是为了生产，而是为了转卖（包括商品的所有权和使用权）。在发达的市场经济条件下，市场上大多数商品都是由转卖者经营的，只有少数商品是生产者直接销售的。

转卖者的购买类型一般有以下 4 种：

（1）新产品采购。指中间商对是否购进以及向谁购进以前未经营过的某一新产品作出决策。即首先考虑"买"与"不买"，然后再考虑"向谁购买"。中间商会通过对该产品的进价、售价、市场需求和市场风险等因素分析后作出决定。

（2）最佳供应商选择。指转卖者已经确定需要购进的产品，在寻找最合适的供应商。这种购买类型的发生往往与以下情况有关：① 各种品牌货源充裕，但是转卖者缺乏足够的经营场地，只能选择经营某些品牌；② 中间商打算用自创的品牌销售产品，选择愿意为自己制造定牌产品的生产企业。国内外许多大型零售商场都有自己的品牌。

(3) 改善交易条件的采购。指转卖者希望现有供应商在原交易条件上再做些让步,使自己得到更多的利益。如果同类产品的供应增多或其他供应商提出了更有诱惑力的价格和供货条件,转卖者就会要求现有供应商加大折扣、增加服务、给予信贷优惠等等。他们并不想更换供应商,但是会把这作为一种施加压力的手段。

(4) 直接重购。指转卖者的采购部门按照过去的订货目录和交易条件继续向原先的供应商购买产品。转卖者会对以往的供应商进行评估,选择感到满意的作为直接重购的供应商,在商品库存低于规定水平时就按照常规续购。

## 二、转卖者购买过程的参与者及其影响因素

转卖者购买过程参与者的多少与商店的规模和类型有关。在小型"方便商店"中,店主人亲自进行商品选择和采购工作。在大公司里,有专人或组织分别扮演着5种角色中的一种或几种,像生产者用户那样形成了一个事实上的"采购中心"。虽然不同类型中间商如百货公司、超级市场、杂货批发商等采购方式不同,同类中间商的采购方式也有差别,但是其中也有许多共性。以连锁超市为例,参与购买过程的人员和组织主要有:

(1) 商品经理。他们是连锁超级市场公司总部的专职采购人员,分别负责各类商品的采购任务,收集同类产品不同品牌的信息,选择适当的品种和品牌。有些商品经理被赋予较大的权力,可以自行决定接受或拒绝某种新产品或新品牌。

(2) 采购委员会。通常由公司总部的各部门经理和商品经理组成,负责审查商品经理提出的新产品采购建议,作出购买与否的决策。由于商品经理控制信息和提出建议,事实上具有决定性作用。采购委员会只是起着平衡各种意见的作用,在新产品评估和购买决策方面产生重要影响,并代替商品经理向供应商提出拒绝购买的理由,充当二者之间的调解人。

(3) 分店经理。是连锁超市下属各分店的负责人,掌握着分店一级的采购权。美国连锁超级市场各个分店的货源有2/3是由分店经理自行决定采购的。即使某种产品被连锁公司总部的采购委员会接受,也不一定被各个分店接受,加大了制造商的推销难度。

转卖者的购买行为也同生产者市场一样,受到环境因素、组织因素、人际关系因素和个人因素的影响。特别是具体采购者个人的风格更具有不可忽视的影响力。美国有一位学者将采购人员的个人风格分为7类:

(1) 忠实的采购者。指长期忠实地从某一供应商处进货的采购者。这种采购者对供应商是最有利的,供应商应当分析能够使采购者保持"忠实"的原因,采取有效的措施使现有的忠实采购者保持忠实,将其他采购者转变为忠实的采购者。采购者忠实于某一渠道的原因有多种:首先是利益因素,对供应商的产品质量、价格、服务和交易条件感到满意或未发现更理想的替代者;其次是情感因素,长期合作,感情深厚,有过在困难时期互相帮助的经历,即使对方偶有不周之处也不计较,即使其他供应商的产品质量和交易条件与之相同或略优,也不愿轻易更换;再次是个性因素,该采购者认识稳定,习惯于同自己熟悉的供应商打交道,习惯于购买自己熟悉的产品。

(2) 随机型采购者。这类采购者事先选择若干符合采购要求、满足自己长期利益的供应商,然后随机地确定交易对象并经常更换。他们喜欢变换和不断地尝试,对任一供应商都没有长期的合作关系和感情基础,也不认为某一供应商的产品和交易条件优于他人。对于这类采购者,供应商应在保证产品质量的前提下提供理想的交易条件,同时增进交流,帮助

解决业务的和个人的有关困难,加强感情投资,使之成为忠实的采购者。

(3) 最佳交易采购者。指力图在一定时间和场合中实现最佳交易条件的采购者。这类采购者在与某一供应商保持业务关系的同时,还会不断地收集其他供应商的信息,一旦发现产品或交易条件更佳的供应商,就立刻转换购买。他们一般不会成为某一供应商的长期顾客,除非该供应商始终保持着其他竞争者无法比拟的交易条件。这类采购者的购买行为理智性强,不太受情感因素支配,关注的焦点是交易所带来的实际利益,供应商若单纯依靠感情投资来强化联系则难以奏效,最重要的是密切关注竞争者的动向和市场需求的变化,随时调整营销策略和交易条件,提供比竞争者更多的利益。

(4) 创造性的采购者。指经常对交易条件提出一些创造性的想法并要求供应商接受的采购者。这类采购者有思想,爱动脑,喜创新,常常提出一些新的尝试性的交易办法,在执行决策部门制定的采购方案时,最大限度地运用自己的权限,按照自己的想法去做。对于交易中的矛盾分歧能提出多种解决方案以使双方接受,如果实在无法调和,则更换供应商。对于这类采购者,供应商要给予充分尊重,好的想法给予鼓励和配合,不成熟的想法也不能讥笑,在不损害自己根本利益的前提下,尽可能地接受他们的意见和想法。

(5) 追求广告支持的采购者。指把获得广告补贴作为每笔交易的一个组成部分,甚至是首要目标的采购者。这类采购者重视产品购进后的销售状况,希望供应商给予广告支持,以扩大影响,刺激需求。这种要求符合买卖双方的利益,在力所能及或合理的限度内,供应商可考虑给予满足。

(6) 斤斤计较的采购者。指每笔交易都反复地讨价还价,力图得到最大折扣的采购者。这类采购者自认为非常精明,每笔交易都要求对方作出特别的让步,一些蝇头小利也不放过,只选择价格最低或折扣最大的供应商。与这类采购者打交道是比较困难的,让步太多则无利可图,让步太少则丢了生意。供应商在谈判中要有耐心和忍让的态度,以大量的事实和数据说明自己已经作出了最大限度的让步,争取达成交易。

(7) 琐碎的采购者。这类采购者每次购买的总量不大,但品种繁多,重视不同品种的搭配,力图实现最佳产品组合。供应商与这类采购者打交道会增加许多工作量,如算账、开单、包装和送货等等,应当提供细致周到的服务,不能有丝毫厌烦之意。

### 三、转卖者购买决策过程

(1) 认识需要。指中间商认识自己的需要,明确所要解决的问题。认识需要可以由内在刺激和外在刺激引起。内在刺激,是中间商通过销售业绩分析,认为目前经营的品种陈旧落伍,不适应市场需求潮流,从而主动寻求购进新产品,改善产品结构。外在刺激,是指中间商的采购人员通过广告、展销会、供应商的推销人员或消费者等途径了解到有更加适销对路的新产品,产生购买欲望。

(2) 确定需要。指中间商根据产品组合策略确定购进产品的品牌、规格和数量。批发商和零售商的产品组合策略主要有4种:

① 独家产品。即所销售的不同花色品种的同类产品都是同一品牌或由同一厂家生产。如某电视机商店专门经营王牌电视机。

② 深度产品。即所销售的不同花色品种的同类产品是由不同品牌或不同厂家产品搭配而成。如某电视机商店经营多种品牌的电视机。

③ 广度产品。即经营某一行业的多系列、多品种产品。如电器商店经营电视机、电冰箱、洗衣机等。

④ 混合产品。即跨行业经营多种互不相关的产品。如某商店经营电视机、电冰箱、服装、食品、鞋帽等。

(3) 说明需要。说明所购产品的品种、规格、质量、价格、数量和购进时间,写出详细的采购说明书,作为采购人员的采购依据。中间商为了减少"买进卖出"带来的风险,对产品购进时间的要求极其严格,或者要求立即购进以赶上消费潮流,或者把购进时间一拖再拖以看清消费趋向。中间商决定购买数量的主要依据是现有的存货水平、预期的需求水平和成本/效益的比较。当大量进货能够获得较大折扣时,则大量进货;当小量进货能够减少库存成本时,则小量进货。供应商应了解中间商的购买意图,采取相应的营销策略。

(4) 物色供应商。采购人员根据采购说明书的要求通过多种途径收集信息,寻找最佳供应商。

(5) 征求供应建议书。邀请合格的供应商提交供应建议书,筛选后留下少数选择对象。

(6) 选择供应商。采购部门和决策部门分析评价供应建议书,确定所购产品的供应商。中间商的购买多属专家购买、理性购买,希望从供应商那里得到最大限度的优惠条件。选择供应商主要考虑的因素是:有强烈的合作欲望和良好的合作态度;产品质量可靠,适销对路,与本店的经营风格一致;价格低廉,折扣大,允许推迟付款;信用保证,减少中间商进货风险,补偿因商品滞销、跌价而产生的损失;交货及时;给予广告支持或广告津贴;提供完善的售后服务,有专门维修点,允许退换有缺陷破损的商品,遇有顾客投诉或产品质量事故等纠纷无条件地承担责任等。

(7) 签订合约。中间商根据采购说明书和有关交易条件与供应商签订订单。他们也倾向于签订长期有效的合同,以保证货源稳定,供货及时,减少库存成本。

(8) 绩效评价。中间商对各个供应商的绩效、信誉、合作诚意等因素进行评价,以决定下一步是否继续合作。

## 四、政府购买行为分析

(一) 政府购买目的及购买行为特点

政府购买的目的不像工商企业那样是为了盈利,也不像消费者那样是为了满足生活需要,而是为了维护国家安全和社会公众的利益。具体的购买目的有:加强国防与军事力量;维持政府的正常运转;稳定市场,政府有调控经济、调节供求、稳定物价的职能,常常支付大量的财政补贴以合理价格购买和储存商品;对外国的商业性、政治性或人道性的援助等。

政府购买行为具有以下特点:

(1) 需求受到较强的政策制约。一国的经济政策对政府集团的消费影响较大,财政开支紧缩时,需求减少;反之,则相应增加。

(2) 需求计划性较强。一国政府开支要列入财政预算,各级政府部门购买什么、购买多少都要受到财政预算的限制,且要制定购买计划,还要经过预算、审批等过程。

(3) 购买方式多样。政府市场购买方式明显区别于消费者市场或中间商市场,较为复杂。对日用办公品购买,往往先选定供应商,然后采取连续再购买的形式定期购买;对价格昂贵的大宗商品,如飞机、汽车等,则采用公开招标的方式竞购;对公共福利品,则容易受到推销商的影响等。

(4) 购买需求受到公众社会的监督。各级政府机构的开支来自于财政拨款,财政拨款来自于社会公众的税收,社会公众有权以各种形式对政府机构的购买活动加以监督,要求政府富有效率、公正、廉洁,能以最低标准的购物数量实现政府的各项职能。

(5) 购买目标的多重性。由其社会职能决定,政府在购买时除了考虑价格较低等经济性因素外,还要追求其他政治性、军事性和社会性目标。如国防用品、军火的采购,关系到两国或多国之间政治与外交关系的购买行为,对某些地区、某些产业的产品的扶持性购买等。

(二) 影响政府购买行为的主要因素

政府购买行为同样受到环境因素、组织因素、人际关系因素和个人因素的影响,主要表现在以下几个方面:

(1) 受到社会公众的监督。虽然各国的政治经济制度不同,但是政府采购工作都受到各方面的监督。主要的监督者有:

① 国家权力机关和政治协商会议。② 行政管理和预算办公室。③ 传播媒体。④ 公民和民间团体。

(2) 受到国际国内政治形势的影响。比如,在国家安全受到威胁或出于某种原因发动对外战争时,军备开支和军需品需求就大;和平时期用于建设和社会福利的支出就大。

(3) 受到国际国内经济形势的影响。经济疲软时期,政府会缩减支出,经济高涨时期则增加支出。国家经济形势不同,政府用于调控经济的支出也会随之增减。我国出现"卖粮难"现象时,政府按照最低保护价收购粮食,增加了政府采购支出。美国前总统罗斯福在经济衰退时期实行"新政",由国家投资大搞基础设施建设,刺激了经济增长。

(4) 受到自然因素的影响。各类自然灾害会使政府用于救灾的资金和物资大量增加。

(三) 政府购买的主要方式

(1) 公开招标竞购。公开招标竞购指政府部门以向社会公开招标的方式择优购买商品和服务。一般的程序是先由政府的采购机构在媒体上刊登广告或发出信函,说明要采购的商品的名称、品种、规格、数量等具体要求,邀请供应商在规定的期限内投标。然后由自愿投标的供应商在规定的期限内按投标人规定填写标书,写明可供商品的名称、品种、规格、数量、交货日期、价格、付款方式等,密封后送达政府采购机构。最后由政府的采购机构在规定的日期开标,选择报价最低又符合要求的供应商成交。

政府机构采取公开招标方式竞购,处于主动地位,充分利用投标人之间的竞争,无需与卖方反复磋商,就可以获得最大购买效益。这是各国政府普遍采用的一种购买方式。

(2) 议价合约选购。议价合约选购指政府采购机构和一个或几个供应商接触,经过谈判协商,最后只和其中一个符合条件的供应商签订合同,进行交易。一般而言,当政府的采购业务涉及复杂的计划、风险较大、竞争性较小时,比较适合于采用这种购买方式。政府的采购活动往往产生一系列连锁反应,在生产者市场引发了"衍生需求"。接受转包的小企业必须心甘情愿接受大供应商的控制,同时分担一些承包风险。

(3) 例行选购。政府部门对维持日常政务运转所需的办公用品、易耗物品和福利性用品等商品,多为经常性、常规性地连续购买,品种、规格、价格、付款方式等都相对稳定,大多采取例行选购的方式,向熟悉的和有固定业务联系的供应商购买。

(4) 系统采购。政府不是购买各种部件,而是将它们集中起来,向主要承包商征询价格,也就是通过采购一次性整合解决其问题的方法,由承包商提供交钥匙解决方案。这种系统采购在政府的大型基础设备和复杂系统工程中经常使用。

### 专论4-1 消费者行为研究对什么最有用

"同花异果"的中外企业消费行为研究消费者行为研究不是孤立地、单纯地研究一个学术结论来论证中国消费者的行为趋势,也不是长篇大论严格推理以通过博士论文答辩,消费者行为研究的终极目的就是为企业服务。然而,中国企业对消费者行为研究的要求和希望的结论,与西方成熟企业有巨大的区别。

中国企业明确地要求消费者行为研究揭示消费者采购行为、采购习惯,以及款式、样式、内心偏好、外部采购干扰等可以直接在市场销售过程中发挥作用,直接帮助企业的销售人员,从而立刻提升销售业绩或提高产品市场占有率。

西方企业明确要求消费者行为产品研究的最终结论,要可以指点企业的营销决策,比如是否应该进入一个市场?如果进入这个市场,那么消费者的哪些行为会影响企业的市场发展,哪些行为会对企业的市场发展产生消极的影响?甚至要通过消费者行为揭示的规律,来测算进入一个市场的投资回报周期,从而由董事会做出最终决策,是否应该进入以及以何种形式进入某个市场。

两者主要的不同在于短期和长期上,或者表现在战术和战略上,也同时表现在企业的管理层级上。中国企业偏向短期的战术行为,直接需要提高对消费者行为认识和理解的企业人员集中在一线的夹层中;西方企业偏向长期的战略决策,直接需要提高对消费者行为认识的基本上都是企业中高层管理者,而不是基层员工。

**消费者行为研究为企业的哪个环节服务凸显价值最大化**

下面是我们为西方零售企业客户提供的调研报告要点,这个要点为企业回答了一个关键问题:是否应该进入中国市场,以及应该何时进入中国市场?这个报告为企业提供了一个消费者行为、信仰以及习惯的数据,通过对数据的分析,揭示了一些中国市场消费者行为的发展趋势。通过对报告关键内容的分析,希望读者可以理解消费者行为研究首先应该对企业高层产生影响,应该直接作用在企业决策层面上,而不是为已经做出的决策提供执行辅导。虽然消费者行为研究完全可以为一线提供战术指导,但是,应用在决策环节的效应远远大于应用在战术层面的效应,这是不言而喻的。

2005年7、8、9三个月,我们在北京、上海、成都、沈阳四城市,选择中等收入群体中男、女各600人进行了一对一的访谈,以下是一些关键数据:购买服装品牌的关键要素中,92%强调质量,81%强调健康,76%强调对消费者的关注,而合理的价格仅仅排在第五位,为73%;在选择购物地点时,52%强调质量,39%强调服务,36%强调广泛的选择性,性价比排在第五,为27%;在调研的群体中,品牌识别正确的比率为83%,78%的受访者明确肯定当一家零售店没有他们偏好的品牌时一般不会购买其他的品牌。

调研还有一些新的发现:中国消费者对购物环境不满的比率非常高,其中48%的女性对购物环境不满,而在美国这个数字只是30%;63%的男性对购物环境不满,这个数字与美国男性不相上下。

虽然在2004年12月,中国已经在零售领域对外资开放了二、三级城市,但是,并没有发生当初许多媒体、官方机构预言的外资零售企业大举进入这个市场的情况。

中国消费者在家电、生活耐用品方面有很强的对外国品牌的偏好，但是，在食品、个人保健产品类别上，对本地品牌的偏好是对外国品牌偏好的2倍。服装、鞋帽品类，主流消费群在外国品牌和本土品牌方面没有明显的偏好差异，但是年轻人以及受过高等教育的人群，在服装和鞋帽品类上，有相当强的对外国品牌的偏好。

因此，如果是食品以及个人保健类产品企业，进入中国市场后的关键战略重点是建立强有力的品牌形象，从而足以打动主力消费人群；而电器和家用耐用品应该保持自己的独特品牌识别；服装、鞋帽类的企业应该将战略重点放在高收入人群上。

当然，中国消费者对零售店还有太多的不满，比如货品品种不全、摆放不合理、结账时间漫长等，这些都是外国零售企业决定进入中国前要进行详细战略权衡的。只有经过全面的对中国消费者的衡量，才可以对企业进入一个市场提供理性的、客观的、慎重的评估，以及投资回报周期。这不是依靠热情、冲动、坚信一定会取得胜利式的头脑发热就能做到的，这才是消费者行为研究发挥关键决策作用的地方。

"看透"消费者，诺基亚一举定乾坤。最后，我们来看一个跨国公司在中国研究消费者行为，进而调整战略决策最终大获成功的例子，或许这能给国内很多有过类似经历的企业以借鉴。

当年，诺基亚在山西市场调研时得出了以下大致的结论：当地市场容量很大，消费零散，受价格影响，消费者的品牌忠诚度不高，诺基亚在此地有品牌知名度但份额不高等。这个调研结果影响了诺基亚的战略策略，因此诺基亚调整企业研发成本、制造成本，控制物流成本，将所有产品的成本控制在原来成本的30%以下，用1年的时间提供了质量绝对可靠、价格有足够竞争力的产品，并且在推出新款上不遗余力，开足马力用多款式、高质量、有竞争力的价格占领二、三级市场。

今天我们看到中国本土手机品牌市场衰落，而外国手机品牌一路高歌，就是2003年年底对二、三级市场调研的战略反映。而那个时候，波导用全部力量在开发渠道，唯恐自己铺的市场面不够广、人手不够多、价格不够低，在没有确保质量过关的情况下奋勇成为2004年中国手机销量冠军。殊不知粗糙的质量、高返修率伴随着超大面积的销售引发了至少两个恶果：一个是口碑再也无法重新确立；另一个就是企业"断血"，生命线没有再生能力（低价导致企业缺乏现金流，质量差导致没有利润反而消耗利润的重复劳动）。同样面对的是1年、2年、3年期的市场战略，同样是对眼前市场消费者行为的理解，不同的企业却有不同的命运，这是因为他们对消费者行为同样的现象有着不同的理解。

研究消费者行为的目的不是将就消费者，而是知己知彼更好地利用消费者的弱点。但是，真正有实力的企业是依靠消费者的优点来做生意的。只有依靠智慧赢得消费者青睐的产品才是有持久生命力的产品。无论消费者的行为如何盲目和盲从，无论消费者的信仰是坚定的还是游离、飘忽的，无论他们的习惯是保守的还是激进的，只要在理解自己目的的基础上，参考他们的行为规律来制定企业策略，都可以做到运筹帷幄，稳操胜券。（路可商务顾问有限公司）

（摘自《销售与市场》2006.6）

## 复习思考题

1. 简述消费者市场的概念及特点。
2. 简述消费者需求的特征。
3. 简述消费者市场研究的"7O"分析法的内容。
4. 消费者购买行为是如何分类的?
5. 如何理解营销刺激与消费者反应关系模式?
6. 简述影响消费者购买行为的主要因素。
7. 何谓消费者购买动机?消费者的购买动机包括哪几种类型?
8. 简述消费者购买决策过程。
9. 简述组织市场的类型及特点。
10. 生产者市场有哪些主要特征?
11. 影响生产者购买决策的主要因素有哪些?
12. 简述生产者市场购买决策过程的8个阶段。
13. 何谓转卖者?转卖者的购买类型有哪些?
14. 影响政府购买行为的主要因素有哪些?
15. 阅读专论4-1,比较中外消费者行为研究的异同。

# 第 5 章 市场营销调研与预测

**本章要点**

- 市场营销调研的概念及内容
- 访问法与观察法
- 随机抽样与非随机抽样
- 一元线性回归分析法
- 案头调研与实地调研
- 调查表的设计
- 专家意见法

## 第一节 市场营销调研概述

### 一、市场营销调研的概念

市场营销调研是指通过科学的方法,系统地、客观地收集、整理和分析研究市场营销信息资料,为企业制定市场营销战略提供参考依据的信息管理活动。市场营销调研强调系统性,对调研工作要求从整体的角度进行周密的计划和有条理的组织。市场营销调研又必须是客观的,这就是说,调研人员必须要有坦诚的态度,对所有的信息资料应客观地进行记录、整理和分析处理,尽可能减少错误和偏见。此外,通过调研所得出的结论或者建议不能代替企业领导者的决策,调研的结果只能作为决策的参考依据,企业领导者应认真研究调研中所获得的各方面的信息,并在此基础上作出自己的计划与决策,以正确地指导企业的营销活动。

### 二、市场营销调研的类型

在许多情况下,调研人员对将要调查的问题性质已比较明确,这样就可以设计好切实可行的调研方案。但在另外一些情况下,营销人员对企业存在的问题毫无所知,这时就要先进行一些初步的调查,收集有关资料,确定问题的性质,便于制定调研方案。因此,不同的调研项目要求采用不同类型的调研。根据营销调研的不同课题和所要达到的目的的不同,市场营销调研可分为 3 种主要类型:

(1) 探测性调研。即在企业对出现的问题性质不明、无法确定要调查哪些内容的情况下,采取找知情者座谈、搜寻资料并进行初步分析以明确问题性质的一类调研形式。这种类型的调研并不提出解决问题的建议,而着重于发现问题,了解应从哪些范围着手进行调查。探测性调研主要用于预调研,为进一步调研做准备。探测性调研主要解决的问题是"可以做什么"。

(2) 描述性调研。它是市场营销调研的主要形式。当对企业问题已有初步了解的情况下,应采用询问或观察等方法了解问题的详细情况,以便统计和分析一些问题的特征,为解决问题提供依据。描述性调研一般并不细究问题的起因结果,而是着重于现象的描述,这将有助于对问题的研究。描述性调研主要解决的问题是"是什么"。

(3) 因果关系调研。它主要用于弄清问题的原因和结果之间的关系。比如,可以采用实验的方法,调查了解某问题的结果是否起因于有关因素的变动。这种调研可以使调研人员了解问题的起因或了解解决问题主要应从何处入手。因果关系调研强调调研方法的科学性,主要解决的问题是"为什么"。

### 三、市场营销调研的内容

企业的营销调研应包括一切与企业经营活动有关的经济、社会、政治和消费者日常活动范围内的行为、需要、态度、动机等诸方面的调查和研究。

营销调研活动的主要内容应包括以下7个方面:

(一) 用户研究

(1) 用户的具体特征、经济现状以及他们的变动情况和发展趋势。

(2) 不同地区、不同民族的用户生活习惯、生活方式以及需求有哪些不同。

(3) 用户的购买动机是什么。

(4) 用户对特定的品牌或特定的商店产生偏好的因素、条件和原因。

(5) 具体分析购买的决定者、使用者和购买者是谁,以及他们之间的关系。

(6) 用户喜欢在何时、何地购买,他们的购买习惯和购买方式以及对产品有哪些要求。

(7) 用户对产品的使用次数和购买次数,以及每次购买的数量。

(8) 新产品进入市场,哪些用户最先购买,其原因和反应。

(二) 市场需求研究

(1) 现有市场对产品的需求量和销售量是供不应求,还是供大于求。

(2) 市场潜在需求量有多少,即产品在市场上可能达到的最大需求量是多少。

(3) 不同的细分市场对某种产品的需求情况,以及每一个细分市场的饱和点和潜在能力。

(4) 本企业的产品在市场上的占有率,哪些细分市场对本企业最有利。

(三) 产品研究

(1) 分析研究企业现有产品的生命周期,从而针对不同的周期阶段采取不同的产品策略。

(2) 如何改进老产品、扩大老产品新用途和创造新用户。

(3) 如何根据市场的需要大力开发新产品,保证产品的升级换代,以利于提高产品的适应能力和竞争能力。

(4) 如何改进和提高产品的包装质量,以新的包装设计吸引用户。

(5) 如何设计产品的品牌,分析用户对产品的态度和信任程度,力创名牌产品。

(四) 竞争对手研究

(1) 在本企业产品市场上,有哪些竞争对手。

(2) 竞争对手的地位如何。

(3) 竞争对手有哪些优势和劣势。

(4) 竞争对手的发展趋势如何。

(5) 竞争对手对本企业的对策(或态度)如何(如防御策略、进攻策略、跟随策略、补缺策略等),以及对本企业的威胁程度。

(五) 价格研究

(1) 商品的比价研究,即调查分析同一市场和时间内相互关联的各种产品价格关系。如原材料与加工制品的比价(如原油与石油制品的比价),整机与零配件的比价,进口商品与国货的比价,同类产品中高、中、低的比价。

(2) 商品的差价研究,包括质量差价、地区差价、季节差价、批零差价、购销差价等。

(3) 价格与商品供求关系研究。

(4) 产品定价方法与策略研究。

(六) 广告研究

(1) 广告媒体研究,包括广告媒体的选择。

(2) 广告受众研究,接受广告的广大公众对广告的反应。

(3) 广告技术研究,包括对设计和制作广告所需要的各种专业知识和技能的调查分析。

(4) 广告效果研究,包括广告费用支出与产生的效应以及两者之间的关系。

(七) 推销研究

(1) 企业现有推销力量在结构和数量上是否适应需要。

(2) 如何控制和调节推销力量。

(3) 现有的销售渠道是否畅通,销售网点的布局是否合理。

(4) 如何运用正确的促销手段来刺激消费,扩大销售。

## 第二节 案头调研与实地调研

市场营销信息的来源大体上可分为两大类:

第一手资料,是指通过调研者本人直接实地调查所获得的原始资料,比如通过实地采访、与客户交谈、参加交易会等活动所获得的一系列情报资料。第一手资料具有很强的针对性、时效性,并且生动、可靠、直观。

第二手资料,是指由他人搜集并整理的现成资料,一般是通过文献检索和委托咨询获取的。

企业的市场营销调研可分为案头调研和实地调研两种。

案头调研是以收集、分析第二手资料为主,而第一手资料的直接获取称为实地调研。这两种营销调研活动又是紧密联系、不可分割的。一般情况下,首先是进行案头调研,收集大量的第二手资料,在此基础上,通过筛选,确定至关重要的调研项目,进行实地调研,以获取更加详尽和完整的第一手资料。

### 一、案头调研的基本程序

案头调研所需要的资料主要包括企业内部资料和企业外部资料。

企业内部资料主要有:① 市场调研部门汇编的资料,指在过去历次调研活动中所搜集的资料,这些资料要汇编成册,建立索引卡片,以便随时查阅;② 信息系统提供的统计资料,如客户订货单、销售额、库存情况、产品成本资料等。

企业外部资料主要有:国家统计部门公布的统计资料,行业协会发布的经济资料,图书馆里保存的大量商情资料,出版部门提供的书籍、文献、报纸杂志等,银行的经济调查,专业组织的调查报告,如消费者协会、质量监督机构等研究机构的调查报告等。

案头调研的基本程序如下:

(一)评价现成资料

调研人员应根据本项调研工作的特殊需要对已收集到的现成资料作出评价,一般的评价标准是:

内容——是否可靠、全面、精确地符合调研课题的要求。

水平——是否达到规定的要求水准。

重点——是否针对与课题最有关的各个方面。

时间——资料所涉及的时期是否适当,有无过时的。

准确——是否可信。

方便——能否少花钱又能迅速取到。

(二)资料筛选

通过对现成资料的评价,调研人员还应根据课题的需要,进一步剔除与课题无关的资料及不完整的情报,使资料更加符合调研课题的要求,也避免分散调研人员的精力。

(三)资料的分类、分析和整理

对经过筛选的资料,按照调研的要求进行分类、分析,并汇制成图表,以便从中发现带有规律性的东西。这里主要是按调研的具体项目分类,如按产品分类、价格分类、促销分类或竞争分类等。

(四)案头调研报告的撰写

调研报告是所有调查工作的过程和调查的结果用书面表达的形式。一些成功的调研活动,最终要能在调研报告中体现出来,因此,它是调研程序中的重要环节。

调研报告的撰写要求是:

(1)简单明了。将资料编成统计图表,方便阅读,有利于分析。

(2)吸引力强。可用新闻标题的方式书写引人注目的题目,以引起阅读者的注意和兴趣。

(3)结论明确。如果没有明确的结论和建议事项,该调研报告就失去其真正的价值。

对于某一具体的调研来说,案头调研是有时间限制的,但从整个营销调研系统来说,案头调研又必须持续地进行下去。

## 二、实地调研的工作步骤

实地调研一般可分为 5 个阶段、10 个步骤。

第一阶段——调研准备阶段。

(一)发现问题

企业市场营销中的各种问题主要来自企业对市场需求千变万化的不适应性,营销调研工作者首先要把这些问题找出来。这些问题有的是发生在正在进行的业务之中,如在一次业务洽谈中,由于价格障碍使洽谈十分艰苦,以致中断,这时就要通过调研分析原因,采取措施。还有的是隐而不见、尚未表现出来的问题,如质量隐患等。

营销中的问题可能是决策者们察觉到了,也可能是营销工作者自己发现的,或者是企业其他部门的人员提供的。总之,需要企业营销调研部门持续地关心和剖析来自各方面的信息,以便及时发现对企业有重要影响的各类营销问题。

（二）收集案头资料

当营销部门发现了一个值得调研的问题以后,应立即着手收集与此有关的案头资料,包括营销工作者手头已有的资料和企业有关部门保管的资料。

案头资料既方便又便宜,也能节省不少时间。调研人员不可忽视案头资料,切勿舍近求远,造成浪费。

（三）确定调研课题

调研课题要符合调研的目的,即所需要解决的问题。如果把调研课题定得过宽,会得到许多不需要的信息,造成浪费;如果把调研课题定得太窄,就事论事,则会束缚调研人员的手脚,限制人们的思路。

因此在确定调研课题时,要明确以下 5 个问题：为什么要进行调查？谁想知道这些问题？要查清哪些问题？向谁调查这些问题？查清以后有何用处？

第二阶段——调研计划阶段。

（四）编写调查项目建议书

根据所发现问题的性质和手中的资料,营销调研部门经过讨论,认为有必要进行一次实地调研时,就应拟一个"调查项目建议书"。

项目建议书的内容包括：问题和情况,方法和步骤,目的和要求,资金和时间等。项目建议书和调研计划是不同的,它要求简单明了,而调研计划是十分详细的。

（五）制订调研计划

为保证调研工作顺利进行,必须事先制订一个完善的调研计划,主要包括：

(1) 调研范围。明确调研地点、调研对象以及主要数据的来源。

(2) 调研方法。采取观察法、询问法还是实验法。

(3) 调研工具。调查表或者调查问卷的设计以及其他调研器具。

(4) 抽样计划。抽样的范围、方法、数量、程序。

(5) 时间安排。调研周期以及各项具体活动的时间安排。

(6) 接触方法。与被调查对象是用电话、信函联系还是面对面接触。

(7) 经费预算。包括资料费、交通费、调查费、印刷费等。

为了保证调研活动按期按质完成,还必须制订"实地调研时间进度表"作为调研计划的执行计划,时间进度表要具体规定每项调研活动的延续时间（周期）、开始日期和结束日期,以及各项调研活动之间的相互关系。

第三阶段——调查实施阶段。

（六）探测性调查

如果营销调研的规模较大,情况也比较复杂,对所要调查的问题则不宜一下子全面铺开,为此要先在一个较小的范围内进行非正式调查,即探测性调查。如有针对性地召开小型座谈会,了解情况,掌握必要的信息资料。在某些特殊情况下,经过探测性调查即能够确定该课题的结论,则无须再做进一步的调查。当然,更多的情况则还是要再进一步调查的。

（七）结论性调查

结论性调查属于正规的市场调研活动,其重点应放在按照调研计划规定的调研方法、抽样设计、调研地点和时间对调研对象进行直接调研。

在实地调查中,一份好的调查表或问卷将发挥十分重要的作用。因此,事先要搞好设计。此外,调查方法的选择也是十分重要的。

第四阶段——结果处理阶段。

（八）数据的整理和分析

市场上得到的大量第一手资料是分散、零星和杂乱无章的,为了反映事物的本质,揭示隐藏在这些数据之中带有规律性的东西,必须将这些原始数据进行整理分析,使之系统化、条理化、合理化。数据资料整理就是把各种调查所得的原始资料归纳为能反映总体特征的数据的过程。

数据的整理分析主要包括5个方面的工作:

（1）分类。分类是数据资料整理的基础,也是保证资料科学性的重要条件。分类可以是事先分类,即在设计调查表或问卷时已将调查的问题预先做了分类编号,事后只要按预先的分类进行整理即可;另一种是事后分类,即把事先无法分类的问题,如购买动机调查,在实地调研活动结束后进行编码分类。

（2）编校。包括检查、改错和修正三方面的工作,可以使资料体现准确性。

（3）统计。即运用统计分析方法,把资料列成图表,并进行分析和对比,必要时可使用计算机完成。

（4）推断。推断是考察调查总体的内部结构和分析各有关因素、关系的工作,是整理分析工作的核心环节。常用的推断分析方法有相关分析、回归分析、判别分析、时间序列分析等。

（5）鉴定。从总体中抽取样本来推断总体的调查必然带有误差。除了抽样误差以外,还有工作中差错带来的误差,这种误差称为系统误差,应尽量避免。

为了鉴别抽取的样本是否能代表总体,可以凭个人的经验来鉴别,也可以利用适当的公式计算标准偏差和置信水平,如计算结果在规定的误差范围之内,则可认为数据是可靠的。

（九）撰写调研报告

调研报告是通过文字的表达形式,对调研成果的总结,它反映了调研的内容、质量,决定调研结果的有效程度。

市场营销调研报告可分为专题报告和一般性报告,专题性调研报告是供专门人员做深入研究用的;一般性调研报告是供企业领导或公众参考用的。

专题性报告在撰写时应注意尽可能详细,各项数据要尽可能齐全,并以客观的立场列举事实,特别是当调查的结果对本企业不利时,也应实事求是,不得弄虚作假。

专题调研报告的格式如下:

封面——写明调研题目、承办部门、人员、日期。

序言（前言）——叙述调查背景和简要经过。

摘要——简洁概要地说明调研结论和建议事项,它是调研报告的核心部分,主要供领导阅读。

正文——包括调查目的、方法、步骤,样本分布情况,调查表内容,统计方法及数据误差估计。

附录——包括原始数据、统计图表、旁证材料、访谈记录等。

一般性调研报告,因阅读人数众多,并且水平参差不齐,故应力求条理清晰,并避免引用专业术语。一般性报告内容可采用新闻标题的方式以引人注目。关于调查方法、分析整理过程,只作简要说明便可,而对调研结论和建议事项可以适当地详细说明。

第五阶段——追踪调查阶段。

（十）追踪调查

市场是在不断变化的,消费者的看法和爱好在不断变化,竞争者的策略和影响也在不断变化,而通过市场调研所获得的市场面貌是静止的,这就要求调研人员在提交报告后要跟踪：调研的结论与企业营销活动的实践是否吻合,提出的经营建议是否被领导采纳,应用的效果如何等。对调查结果进行追踪,及时反馈,可以从中总结经验,纠正偏差,提高调研人员的分析能力,以利于改进和提高调研工作的质量。

### 三、实地调研的基本方法

（一）访问法

访问法又称询问法,是最常见和最广泛采用的一种方法,指的是直接向被调查人提出问题,并以得到的答复为调查结果。具体做法有：

(1) 面谈访问。无论是消费品用户还是工业用户,面对面的调查都是获得信息的最可靠的方法,特别是有深度要求和准确度要求的调研活动,更是不可缺少。它具有多方面的优点,如真实性、灵活性、直观性、激励性。同时,由于亲自走访,面对面交谈,也是一种感情投资,使消费者与企业建立感情联系。面谈访问可视调研问题的性质确定个人访谈还是小组访谈；是在家中访谈,还是在办公室访谈。

面谈访问需要得到受访人的合作,必要时可向对方赠送纪念品。

(2) 信函调研。即将事先设计好的调查表或调查问卷寄送给被调查者,由他们填写后寄回。这种方法的优点是：调查范围可以很广泛,不受时间限制,被调查者可以接受调查也可以不接受调查,所以没有偏见,费用也较低。缺点是回收率较低。为了提高回收率,对于一些较为重要的调研项目,要特别重视设计好调查表、问卷,在发出的信件中要事先附好贴足邮资的信封,还可以规定凡反馈信息者可赠送一件纪念品,以资鼓励。

(3) 电话访问。即调研员按照事先规定的样本范围,用电话询问对方的意见,比较方便、及时,费用也省。

(4) 日记调查。是调查人和被调查人事先约定并付给一定报酬后,由被调查人用日记方式记录某段时间所发生情况的调查。日记调查能够取得连续性的资料,对推断总体比较有效、可靠,但成本较高。

（二）观察法

观察法是指调研人员从侧面观察人们现在的行为,以收集市场营销情况的一种方法。它与访问法不同,访问法的被询问人感觉到"我正接受调查",而观察法则没有这种感觉。

观察法的实际做法有：

(1) 直接观察法。指调研人员到现场观察发生的情形以收集信息,并记录在事先准备好的调查表上。比如调研员在参观展览会或交易会时,观察以下情形:哪些公司展出产品;展出面积的大小、样品的特点;客户的光顾情况等。

(2) 仪表观察法。即通过先进的仪器设备,观察记录有关情形,如摄像机、录音机、光学扫描器等。在超级市场,当顾客通过出口结账处时,光学扫描器就阅读他的购货清单,记下品牌、规格和价格,这些数据马上进入计算机储存起来。

(3) 实际痕迹测量法。指调研人员不是直接观察被调查者的行为,而是通过一定的途径来了解他们行为的痕迹。比如某公司为调查各种广告媒体传播信息的能力大小,可选择几种媒体(如报纸、刊物)同时刊登广告,并在广告中附有回条,顾客凭回条购物,可享受优惠价,于是可根据回条的统计数据,确定最佳的广告媒体。

(三) 实验法

实验法是从影响调查问题的若干因素中选择一两个因素,将它们置于一定的条件下进行小规模的试验,然后对实验结果作出分析,研究是否值得大规模推广的一种调查方法。比如:

上海某汽水厂为了与冒牌产品形成明显区别,准备改变包装瓶,并在电视上作了广告宣传,然后用实验法测定其效果。具体做法是:

在上海南京路上选定5家食品店为实验组出售新瓶装汽水,在淮海路上另选5家食品店为控制组出售旧瓶装汽水,实验期为1个月。实验结果,新包装汽水卖了1万箱,旧包装汽水卖了6 000箱。

实验效果的绝对值=10 000-6 000=4 000(箱)

实验法调查的结论表明,新瓶装的汽水已被消费者所接受。

实验效果也可采用相对值表示,即实验组实验前后的变化幅度减去控制组实验前后的变化幅度。计算方法是:

$$\frac{x_2-x_1}{x_1}-\frac{y_2-y_1}{y_1}$$

式中:$x_1$、$x_2$——实验组实验前后的数据;

$y_1$、$y_2$——控制组实验前后的数据。

实验法可用于包装、价格、广告等各个方面的市场调研。

# 第三节 调查表设计

调查表是进行实地调查的重要工具,调研人员借助于调查表便可有的放矢地捕捉到所需要的各种信息。有人比拟调查表像一张网,把需要的信息收集起来。当然,这张网的大小要适宜,太大了会把不需要的信息也收来了,增加费用的支出;太小了也会把需要的信息漏掉。因此,调研人员要认真设计好调查表,既要体现科学性,又要体现艺术性,它直接关系到调研工作的成败。

## 一、设计调查表的基本要求

(1) 提出的问题必须简单明了,易于理解,切忌模棱两可,并确保问题没有倾向性,不要引导反应者只做一种反应。

（2）提问的方式能引起被调查者的兴趣，使之乐于回答问题，并深信他们的回答会受到重视。必要时适当增加一些记忆上的提示是可行的，如明确时间段是很好的设计。

（3）提出问题的难度不能超过被调查者的知识水平和经验，要尽量避免使用专业术语和行话或缩写。

（4）调查表问题的设计，要考虑到便于对所收集到的数据的整理和统计，要避免使用模糊的词，如"经常"这样的词就没有确切的含义。

（5）在调查表中要明确说明调查目的、要求和回答的方式等有关事项。

（6）避免假设性问题和带有否定含义的问题。

（7）尽量使复杂或不平常的问题表达清晰化，可使用一般常用的词语。

（8）对敏感问题使用范围答案。如对于有关人们年龄或收入问题，最好提供有范围段的答案。

## 二、调查表的提问形式

（一）封闭式提问法

封闭式提问是事先设计好对问题回答的答案，被调查人只能从中选择答案。这种提问方式便于统计，但答案的伸缩性较小，显得呆板一些。

封闭式问题的形式主要有下列几种：

1. 是非题

即一个问题提出两个答案，由被调查人选择其中一个答案。如是与非，有与无，大与小，1与2等。如：

您家是在1985年前就已使用彩色电视机了吗？□是，□否

您喜欢英雄牌金笔吗？□喜欢，□不喜欢

这种提问方式简单明了，便于统计，但不能反映被调查者意见的程度，所获信息量较小。

2. 单项选择题

是指一个问题中提供多个答案，请调查对象从中选择一个答案的提问形式，如：

如果你要买一台国产电视机，下列哪一个品牌是您的首选？

□海尔，□海信，□创维，□TCL，□康佳，□长虹，□熊猫，□其他

单项选择题对于了解调查对象较关注的问题、调查产品属性权重问题等都有很好的效果，但要注意的是，首选答案不宜过多，应把回答概率比较高的答案尽可能放在调查问题上，其余被选概率较低的则都放在"其他"中。

3. 多项选择题

即一个问题可以选择两个或两个以上的答案，特别适用于对消费者购买动机的调查。如：

您购买星球音响的原因是什么？

□音质好，□名牌产品，□价格合理，□维修方便

多项选择题要注意列出所有可能的答案，但又不至于过多过于分散，要抓住消费者感兴趣的主要问题。比如：

您购买白猫洗洁精的主要原因是：

□名牌产品，□洗东西干净，□不伤皮肤，□购买方便，□包装美观，□携带方便，□分量

足,□广告吸引,□朋友介绍

4. 顺序题(序列式)

即由被调查者根据自己的观点和看法,对所列的事项定出先后顺序。如：

请根据您的看法,对下列品牌的电视机质量作出评价,从高到低,在□中填上顺序号1、2……

□长虹,□孔雀,□熊猫,□虹美,□牡丹,□凯歌

5. 评判式

即要求被调查者表明对某个问题的态度,一般应用于对同质问题的程度研究。如：

您认为进一步提高化妆品的包装质量：

□非常重要,□很重要,□重要,□无所谓,□不重要

您认为星球音响的价格如何？

□偏高,□略高,□适中,□偏低,□太低

(二) 开放式提问法

开放式提问指在所提出的问题后并不列出可能的答案供受访者选择,而是让受访者用自己的话来回答问题。在一份调查表中,开放式命题不宜过多,因为开放式命题回答的难度大,也不易统计。

开放式提问的形式是完全自由地由被调查者用几乎完全不受任何限制的方法回答问题,因而易于获得可靠而有价值的信息。

如：请问您经常光顾百货大楼的原因是什么？您对改善本公司的经营有何意见？您认为东风拖拉机与同类产品相比有哪些优点与不足？

### 三、设计调查表的程序

设计调查表要求思路清晰,讲究逻辑性,并按照一定的程序进行。

(1) 透彻地了解调研计划的主题,根据所需要搜集的资料,决定调查表的具体内容。

(2) 根据调查表的具体内容广泛命题,并根据命题特点决定提问的方式,即哪些题采用封闭式提问,哪些题采用开放式提问,哪些题需要作解释和说明。

(3) 按照一般人的逻辑思维习惯,确定问题的排列次序。问题的排序可呈现漏斗型的思路,即由浅入深,由一般到专业。先提一般的、易于回答的问题和有利于调动被调查者兴趣的问题。

(4) 审查提出的各个问题,去掉含义不清、倾向性语言和涉及个人隐私的问题。

(5) 请少数被调查人对调查表进行小规模的预先试答。

(6) 根据预试中反映出来的问题,对调查表进一步修正补充,重新设计出正式的调查表并打印出来。

设计调查表按上述程序进行,同时还要注意其外观造型和印刷质量：

(1) 外观庄重而考究,有助于引起被调查者的重视。

(2) 纸张宜小不宜大,有助于减轻被调查者的心理压力。

(3) 调查表最好单面印刷,让被调查者自由回答的问题应留有足够的空白。

(4) 印刷字体要体现美感,不要大小一样、过于呆板,关键词要用仿宋体或黑体字,以引起重视。

## 第四节 抽样调查

市场调查通常有两种做法：一是全面调查；二是抽样调查。全面调查是对需要调查的总体进行逐个调查。这种方法获得的资料较为全面可靠，但调查花费的人力、财力、物力较多，因此只在十分特殊的情况下使用。抽样调查是从需要调查对象的总体中抽取若干个个体组成样本进行调查，并根据对样本的调查结果来推断总体特征的一种调查方法。抽样调查又可分为随机抽样和非随机抽样两大类。

### 一、随机抽样

随机抽样是按随机原则抽取样本，即在总体中，每一个体被抽取到的机会是相等的，它完全排除抽样者主观的有意识的选择，因而样本具有很好的代表性。随机抽样主要有以下几种具体做法：

1. 简单随机抽样法

即抽样者事先对总体不作任何处理，而用纯粹偶然的方法从总体中随机抽取若干个体作为样本。简单随机抽样法可通过抽签法、乱数表法等获取样本。

简单随机抽样还可采用一种简便的做法，即等距随机抽样，就是从总体中每隔一定的距离抽取一个。如要从 1 000 户抽取 10 户调查，可每隔 100 户抽取 1 户。

2. 分层随机抽样法

先将总体按一定特性划分为不同的层，然后在每一层中随机选取部分个体组成样本。

分层随机抽样法关键在于首先要正确地选择分层标志，然后再计算各层抽取的样本数。各层抽取的样本数按下列公式计算：

$$n_i = n \cdot \frac{N_i}{N}$$

式中：$n_i$——第 $i$ 层应抽的样本数；
　　　$N$——总体单位数；
　　　$N_i$——第 $i$ 层单位数；
　　　$n$——样本总数。

例如，某公司有职工 1 400 名，家庭平均月收入在 5 000 元以上的为高收入层，共 200 人；3 000～5 000 元的为中收入层，共 800 人；3 000 元以下的为低收入层，共 400 人。现拟抽样 10%的职工进行调查，样本的确定方法是：

样本的大小：$n = 1\,400 \times 10\% = 140$（人）

$$n_{高} = 140 \times \frac{200}{1\,400} = 20 \text{（人）}$$

$$n_{中} = 140 \times \frac{800}{1\,400} = 80 \text{（人）}$$

$$n_{低} = 140 \times \frac{400}{1\,400} = 40 \text{（人）}$$

然后,再按简单随机抽样的方法从各层中抽样,以确定具体的调查对象。

3. 分群随机抽样

即先将调查总体分为若干群,再从各群体中随机抽取样本。其抽取样本单位不是一个而是一群。分群随机抽样法所划分的各群体,其特性必须大致相近,分布均匀。如上例,若该公司的职工分布在 10 个车间,每个车间 140 名,各车间职工收入分布状况大体相近,则可采取分群随机抽样法,从 10 个车间中随机抽出其中的一个车间作为样本进行调查。

## 二、非随机抽样

非随机抽样是按照调查的目的和要求,根据一定的标准来选取样本,总体中每一个体被抽取的机会是不相等的。一般在对调查总体没有足够了解的情况下,用作非正式调查;或者当总体太大、太复杂,无法采用随机抽样时才应用。

非随机抽样主要有以下几种做法:

(1) 任意抽样法。即调查者根据调查的方便来决定如何抽取样本作为调查对象。此法方便、省时,但误差较大,常用于非正式调查。

(2) 判断抽样法。即根据专业调查人员的判断来决定如何抽取样本。采用判断抽样,要求调查人员必须对总体的特征有充分的了解。主要适用于总体的构成单位极不相同而样本数很小的情况。

(3) 配额抽样法。即先将总体按调查特征分层,并规定各层的样本配额,然后由调查人员按照每一层的配额,用判断抽样的原则决定具体样本,进行调查。所以它实质上是分层判断抽样。

配额抽样的设计因调查对象的性质、调查目的、调查环境的不同而异。如果调查对象按几种特征独立分层并规定相应的配额,则可运用交叉表来确定各层的样本数量,再根据判断抽样原则决定具体样本进行调查。

例如,调查人员按 3 个特征分别分层并确定配额如下:

| 性别 | |
|---|---|
| 男 | 9 |
| 女 | 11 |
| 合计 | 20 |

| 平均收入 | |
|---|---|
| 上 | 2 |
| 中 | 4 |
| 下 | 14 |
| 合计 | 20 |

| 年　龄 | |
|---|---|
| 20～29 岁 | 4 |
| 30～44 岁 | 6 |
| 45～64 岁 | 7 |
| 65 岁以上 | 3 |
| 合计 | 20 |

运用交叉表确定各分层样本数的分配。交叉表如下:

| | 平均收入 | | | | | | |
|---|---|---|---|---|---|---|---|
| | 上 | | 中 | | 下 | | |
| 性别 | 男 | 女 | 男 | 女 | 男 | 女 | 合计 |
| 年龄 20~29岁 | 1 | — | — | 1 | 1 | 1 | 4 |
| 30~44岁 | — | 1 | — | 1 | 3 | 1 | 6 |
| 45~64岁 | — | — | 1 | 1 | 2 | 3 | 7 |
| 65岁以上 | — | — | — | — | 1 | 2 | 3 |
| 小计 | 1 | 1 | 1 | 3 | 7 | 7 | |
| 合计 | 2 | | 4 | | 14 | | 20 |

有了各分层样本数，调查人员即可据此用判断抽样法确定具体样本，进行调查。

抽样调查除要选择抽样方法外，还需要确定样本的大小。一般来说，样本的数量越大，其调查结果的正确性越高，但调查所需要的人力、物力、财力以及时间也越多。因此，在确定样本数量时，一方面要考虑必要程度的正确性，另一方面又要考虑费用节省和时间适宜。

样本的大小与总体的被调查特性有关。当总体的被调查特性差异不太大时，样本的数量可小一些；反之，当总体的被调查特征差异很大时，样本的数量就要大些，否则误差会太大。比如，调查零售商店的销售量，如果所调查的零售店的销售量差异不大，选取少数样本即可，如销售量差别太大，就需要选取较多的样本。

## 第五节 市场需求的测量

### 一、市场需求测量的有关概念

市场需求测量主要是对当前市场需求的基本状况进行定性与定量化的分析，这不仅为企业的市场营销计划工作提供了有用的工具，也为未来市场需求的预测奠定了基础。

市场需求测量涉及一系列概念，主要包括：

（一）潜在市场需求与有效市场需求

潜在市场需求是指某一产品的实际购买者和潜在购买者的总和。因此，潜在市场规模的大小取决于现实购买与潜在购买顾客人数的多少。无论是现实还是潜在的顾客，顾客身份的确认都将涉及3个特性：兴趣、收入和通路。

兴趣来自顾客对某种产品的欲望，是采取购买行为的基础。收入决定支付能力，即购买力，是采取购买行为的先决条件。显然，市场规模是兴趣与收入两者的函数。购买通路决定顾客能否方便地买到所需的产品，如果通路出现障碍，即便顾客有兴趣和有支付能力，也会影响甚至缩减市场规模。

所谓有效市场需求是指对某个市场出售的商品感兴趣，有支付能力，并能方便地获得该商品的顾客群体。

现假定对汽车市场进行随机抽样调查，发现10人之中有1人对是否打算购买小汽车作出肯定的回答,我们便可认为顾客总数中有 10% 的人构成小汽车的潜在市场。在潜在市场中,由于汽车运输成本太高的原因,使部分地区无法正常购买,那么,这一地区的顾客就不是有效的市场需求。现假定汽车有效市场需求占潜在市场需求的 40%,如图 5-1 所示,在实际的市场运营中,即使是有效的市场,也并不能全部成为企业的目标顾客。

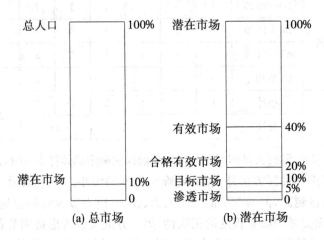

图 5-1 市场需求的层次

因为有一些产品,政府或行业组织可以出台一些法规,限制把产品销售给某些顾客。如政府规定,不得向未成年人和 70 岁以上的人销售汽车,这样 70 岁以下的成年人就组成了汽车市场中合格的有效市场。

所谓合格的有效市场需求是指在有效市场中,符合法定条件规定的部分。如图 5-1,合格有效市场占潜在市场的 20%(或为有效市场的 50%)。

(二)服务市场与渗透市场需求

服务市场,即企业的目标市场,是企业决定要在合格的有效市场上追求的那部分。如某汽车公司决定将其市场营销和配销的努力集中于合格有效市场中年龄在 30～40 岁的白领阶层。结果该年龄层次的白领阶层就成为公司的服务市场,图 5-1 中,服务市场需求占潜在市场需求的 10%(或为合格有效市场需求的 50%)。所谓渗透市场是指那些已经购买了这种产品的顾客群体,图 5-1 中,在潜在的汽车市场中,已有 5% 的顾客实现了购买(占服务市场的 50%)。

由市场需求的有关概念可以看出,如果一个企业对其目前的销售情况不满意,就可以考虑采取一些措施。企业可以从服务市场中吸引更多的顾客,或在渗透市场中使购买本企业产品的顾客占有更高的比重。企业还可以采用加大促销力度,使不感兴趣的变为感兴趣,从而扩大潜在市场。总之,作为卖方的企业是可以有所作为的。

## 二、市场需求函数

某一产品的市场总需求,是指在一定的营销努力水平下,一定时期内在特定地区、特定营销环境中,特定顾客群体可能购买的该种产品总量。

市场总需求并不是一个固定的数字,而是一个在一组条件下的函数,即市场需求函数。

市场总需求与环境条件的相依关系如图 5-2(a)所示。横轴表示在一个规定的期间内行业营销费用可能表现为不同水平,纵轴表示由此而导致的相对应的需求水平。坐标中的曲线描绘出市场需求的估计水平与行业营销费用变化水平的联系。

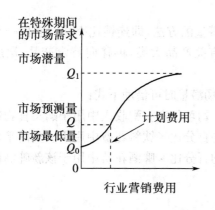
(a) 市场需求作为行业营销费用的函数
（假设在一个特定的营销环境下）

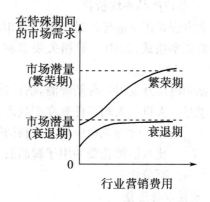
(b) 市场需求作为行业营销费用的函数
（假设在两个不同的营销环境下）

图 5-2　市场需求与行业营销费用

图 5-2(a)表明,当行业营销费用为零,即不需支出营销费用的情况下,存在一个基本的市场需求量,并称之为市场最低量 $Q_0$；当行业营销费用出现递增,市场需求同步递增,但当行业营销费用超过一定水平后就不能进一步促进需求递增,市场需求达到了一个极限值,称之为市场潜量 $Q_1$。

在图 5-2(a)中,市场最低量 $Q_0$ 和市场潜量 $Q_1$ 之间的距离,表示了全部的营销需求敏感性,并直接导致两个不同类型的市场:可扩展市场和不可扩展市场。

可扩展市场是指市场需求水平受行业营销费用水平的影响较大,即在一定的范围内,市场需求随着行业营销费用水平的增长而增加,如餐饮市场等。

不可扩展市场是指市场需求水平受行业营销费用水平的影响较小,甚至没有影响,即市场需求不随营销费用的变化而变化。企业如果在不可扩展的市场上组织销售,可以认为市场的规模(即需求水平)是恒定的或者是变化不大的。如一些专业性比较强的市场就属此种类型。

图 5-2(b)表明,某种产品的市场潜量对于环境的依赖关系。衰退期的市场潜量与繁荣期的市场潜量具有明显的差异,衰退期的市场潜量低,繁荣期的市场潜量高。

营销人员必须善于区分市场需求函数定位和沿着曲线移动时的变化差异。尽管营销人员对于市场需求函数的定位无能为力,因为这是由营销环境决定的,但是营销人员可通过决定花费多少营销费用来影响需求函数上的变化关系。

## 三、当前市场需求测量

（一）总市场潜量

总市场潜量是指在一定时期内,一定环境条件和一定行业营销努力水平下,一个行业中所有企业可能达到的最大销售总量。估算公式为:

$$Q = nqp$$

式中：$Q$——总市场潜量;

$n$——既定条件下特定产品的购买者人数;

$q$——每一购买者的平均购买数量;

$p$——单位产品平均价格。

由以上方程式还可推导出另一种估算市场潜量的方法,即连锁比率法。它由一个基数乘以几个修正率组成,即由一般相关要素移向有关产品大类,再移向特定产品,层层往下推算。

假定某啤酒厂开发出一种新啤酒,估计其市场潜量时可借助下式:

新啤酒需求量＝人口×人均可任意支配收入×人均可任意支配收入中用于购买食物的百分比×食物花费中用于饮料的平均百分比×饮料花费中用于酒类的平均百分比×酒类花费中用于啤酒的平均百分比×啤酒花费中用于该新啤酒的预计百分比

### (二) 地区市场潜量

企业在测量市场潜量后,为选择拟进入的最佳区域,合理分配营销资源,还应测量各地区的市场潜量。

地区市场潜量的测量通常采用多因素指数法。

多因素指数法,是指借助于同区域购买力有关的各种指数以估算其市场潜量。例如,药品制造商假定药品市场与人口直接相关,某地区人口占全国人口的2%,则该地区的药品市场潜量也占全市场的2%。这是因为消费品市场上顾客很多,不可能采用市场累加法。但上例仅包含一个人口因素,而现实中影响需求的因素甚多,且各因素影响程度不同。因此,采用多因素指数法较为适用。美国《销售与市场营销管理》杂志每年都公布全美各地和大城市的购买力指数,并提出以下计算公式:

$$B_i = 0.5 y_i + 0.3 r_i + 0.2 p_i$$

式中: $B_i$——$i$地区的购买力占全国总购买力的百分比;

$y_i$——$i$地区个人可支配收入占全国的百分比;

$r_i$——$i$地区零售额占全国的百分比;

$p_i$——$i$地区人口占全国的百分比;

0.5、0.3、0.2——3个因素的权数,表明该因素对购买力的影响程度。

以上公式用以反映许多既非高档奢侈品也非低档品的消费品的地区市场潜量,是相对的行业机会。产品不同,权数应有所调整。如需精确测量,还应考虑季节性波动、市场特点等因素。

### (三) 行业销售额和市场占有率

企业为识别竞争对手并估计他们的销售额,同时正确估量自己的市场地位,以便在竞争中知己知彼,正确制定营销战略,有必要了解全行业的销售额和本企业的市场占有率状况。

企业一般是通过国家统计部门公布的统计数字、新闻媒介公布的数字,也可通过行业主管部门或行业协会所收集和公布的数字,了解全行业的销售额。通过对比分析,可计算本公司的市场占有率,还可将本公司的市场占有率与主要竞争对手比较,计算出本公司的相对市场占有率。例如,全行业和主要竞争对手的增长率为8%,本企业增长率为6%,则表明企业在行业中的地位已被削弱。

为分析企业市场占有率增减变化的原因,通常要剖析以下几个重要因素:产品本身因素,如质量、装潢、造型等;价格差别因素;营销努力与费用因素;营销组合策略差别因素;资金使用效率因素等。

(四)企业需求

企业需求指在市场需求总量中企业所占的份额。以公式表示为:

$$Q_i = S_i Q$$

式中:$Q_i$——$i$ 公司的需求;
　　　$S_i$——$i$ 公司的市场占有率;
　　　$Q$——市场需求,即市场总需求。

在市场竞争中,企业的市场占有率与其营销努力成正比。假定营销努力与营销费用支出成正比例,即:

$$S_i = \frac{M_i}{\sum M_i}$$

式中:$M_i$——$i$ 公司的营销费用;
　　　$\sum M_i$——全行业的营销费用。

由于不同企业的营销费用支出所取得的效果不同,以 $a_i$ 代表公司营销费用的奏效率,则 $a_i$ 公司的市场占有率计算公式为:

$$S_i = \frac{a_i M_i}{\sum a_i M_i}$$

进而言之,如果营销费用分配于广告、促销、分销等方面,它们有不同的奏效率及弹性,以及考虑到营销费用的地区分配、以往营销努力的递延效果和营销组合的协同效果等因素,则上述表达式还可以进一步完善。

## 第六节　市场预测的方法

### 一、市场预测的概念

预测是对未来不确定事件进行推断,并在一定的范围内给予科学的预计。所谓市场预测是根据市场调研得到的信息资料,运用科学的方法和模型,对未来一定时期内某种产品的市场需求及变化趋势作出判断和估计,为企业营销决策提供依据。在企业的经营活动中,市场预测与营销调研、营销决策是紧密相连的,是一个统一过程中的不同阶段,即调研是预测的前提,预测是决策的依据。

企业市场预测的内容十分广泛,主要包括:

(1)市场潜在需求预测。即预测市场中潜在的需求方向,如需求商品的种类、数量、质量等。

(2) 市场销售量预测。即预测某一商品在未来一定时期的可能销售量。
(3) 市场占有率预测。即预测本企业产品在同类商品市场销售总量中所占的比率。
(4) 产品寿命周期预测。即预测本企业产品寿命周期长短。
(5) 新产品开发预测。即预测新产品的发展趋势。
在上述各项市场预测内容中,企业应以市场潜在需求和市场销售量作为预测的重点。

## 二、定性预测方法

定性预测方法是根据个人的经验和知识,判断未来事件发展的趋势和状态的方法。由于定性预测方法所得的结果往往取决于人们的经验,不易提供准确的定量数据。因此,定性预测方法主要适用于当预测对象受非定量因素影响很大,而又缺乏详细可靠的统计数据的情况下进行的市场预测。

常用的定性预测方法有以下几种:

### (一) 购买者意向调查法

即对企业目标市场潜在顾客未来消费意向及其影响因素进行预测性调查研究,对结果进行汇总获得预测值的预测方法。应用购买者意向调查法的前提条件是:

(1) 购买者的购买意向是明确清晰的。
(2) 这种购买意向能够转化为实际的购买行为。
(3) 购买者愿意将其意向告诉调查者。

购买者意向调查法,主要适用于用户有计划的消费部分,如购买商品房、高档家用电器、汽车等商品。

### (二) 销售人员综合意见法

即通过听取和综合销售人员的意见来估计市场需求。这种方法的优点是:

(1) 销售人员经常深入市场,对购买者的意向有一定的了解。因此,销售人员的意见往往能反映某一时期市场的发展趋势。
(2) 销售人员参与企业产品的市场预测,从而对企业下达的销售计划更有信心地去完成。

这种方法也有一定的局限性,主要是因为销售人员缺乏对市场发展变化的总体认识,从而使判断带有片面性。为了提高销售人员综合意见法的预测准确性,在实际应用中应注意听取多位销售人员特别是有不同见解的有代表性销售人员的意见,并加以综合。

### (三) 专家意见法(德尔菲法)

专家意见法是采用通讯的方式,就所需要预测的问题背靠背地征求专家意见,经过多次信息交换,逐步取得一致意见,从而得出预测结果。这种方法主要适用于难以用定量方法来预测的项目,如技术含量较高的新产品的市场需求。

专家意见法是以专家为索取信息的对象,所以,这种方法的准确性主要取决于专家的专业知识以及专家本人对市场的判断能力。专家意见法的应用步骤是:

(1) 拟定预测课题。由预测领导小组拟出需要预测的课题,列成调查表,并附有背景材料。预测课题要求明确,不得含糊不清。
(2) 选择专家。专家应具有与预测课题有关的专业知识、工作经验、预测分析能力和一定的声望。专家的人数可视需要预测课题的复杂性而定,以十几人为宜,并要求具有广泛的代表性。

(3) 通讯调查。将调查课题及调查表邮寄给已选定的各位专家,请他们在规定的时间内填写并寄回。等第一轮调查表收到后,再由预测领导小组将各种不同意见进行综合整理,汇总成新的调查表,再寄给各位专家。如此几轮反复,一般是 4 轮,即可使意见趋于一致。

(4) 预测结果的定量处理。对各位专家的最后意见,可采用平均法或中位值法进行处理,形成预测结论。有时为了考虑参加预测的专家之间具有的权威不同,也可对不同的专家给予不同的权数,然后进行加权平均,求得预测结果。

### 三、时间序列预测法

时间序列预测法是通过搜集与整理某一经济现象的过去历史资料和数据,并按时间顺序加以排列,形成序列,再根据该序列的发展趋势进行推算,以此对未来的市场作出预测。这种方法比较简便,适用性强。下面介绍两种常用的方法:

(一) 移动平均法

移动平均法可分为单纯移动平均法和趋势修正移动平均法。

单纯移动平均法的特点是分段平均,逐期推移,分析时间序列的趋势,最后取离预测期最近的一个移动平均数作为预测值。

单纯移动平均法虽然反映了时间序列中最新数据的影响,但当时间序列具有明显的线性发展趋势时,预测值就会出现滞后于这种趋势的现象。为了消除这种滞后性,可采用趋势修正移动平均法。其预测模型如下:

$$Y_{t+T} = a_t + b_t T$$

式中:$t$——目前的时期数;

$T$——由 $t$ 期至预测期的推后期数;

$Y_{t+T}$——$t+T$ 期的预测值;

$a_t$——截距,即目前时期的数据;

$b_t$——斜率,即时间序列的数据。

$a_t$、$b_t$ 可按下列公式确定:

$$a_t = 2M_t^{(1)} - M_t^{(2)}$$

$$b_t = \frac{2}{n-1}(M_t^{(1)} - M_t^{(2)})$$

式中:$n$——移动期数;

$M_t^{(1)}$——$t$ 期一次移动平均值;

$M_t^{(2)}$——$t$ 期二次移动平均值。

例如,某公司 1~11 月销售额如表 5-1 所示,试分别运用单纯移动平均法和趋势修正移动平均法来预测 12 月份和下年 1 月份的销售额。

表 5-1  某公司 1～11 月销售额

| 期数 | 销售额(万元) | $M_t^{(1)}$  $n=5$ | $M_t^{(2)}$  $n=5$ |
|---|---|---|---|
| 1 | 50 | | |
| 2 | 53 | | |
| 3 | 56 | | |
| 4 | 59 | | |
| 5 | 62 | 56 | |
| 6 | 65 | 59 | |
| 7 | 68 | 62 | |
| 8 | 71 | 65 | |
| 9 | 74 | 68 | 62 |
| 10 | 77 | 71 | 65 |
| 11 | 80 | 74 | 68 |

由表 5-1 可知：$M_{11}^{(1)}=74$ 万元、$M_{11}^{(2)}=68$ 万元，如按单纯移动平均法预测 12 月销售额为 74 万元，与 11 月销售额 80 万元相比较，显然具有滞后性。为此采用趋势修正移动平均法。先求 $a_{11}$、$b_{11}$：

$$a_{11}=2M_{11}^{(1)}-M_{11}^{(2)}=2\times74-68=80(万元)$$

$$b_{11}=\frac{2}{5-1}\times(M_{11}^{(1)}-M_{11}^{(2)})=\frac{1}{2}\times(74-68)=3(万元)$$

建立预测模型 $Y_{11+T}=80+3T$，得

$$Y_{11+1}=80+3\times1=83(万元)$$

$$Y_{11+2}=80+3\times2=86(万元)$$

（二）指数平滑法

指数平滑法是移动平均法的一种改进，它可以运用较少的统计数据，即在小样本条件下，较方便地进行预测。

指数平滑法一般是以本期预测值（即上期平滑值）为基础，计算出本期实际发生值与预测值之间的差异，再用这个差异的一定份额去调整本期预测值，即得到本期的平滑值，以此作为下一期的预测值。指数平滑法的基本公式是：

$$S_t=S_{t-1}+\alpha(x_t-S_{t-1})$$

式中：$S_t$——$t$ 期的平滑值（即 $t+1$ 期的预测值）；

$S_{t-1}$——$t-1$ 期的平滑值（即 $t$ 期的预测值）；

$x_t$——$t$ 期实际发生值；

$\alpha$——平滑系数。

上式还可以整理成：

$$S_t = \alpha x_t + (1-\alpha) S_{t-1}$$

可见,由指数平滑法得到的 $t$ 期平滑值实质上是 $t$ 期实际发生值与预测值的加权平均,其权值由 $\alpha$ 决定。

应用指数平滑法,重要的是正确选取 $\alpha$ 值。$\alpha$ 的取值范围在 0~1 之间,当时间序列长期趋势处于稳定状态时,$\alpha$ 取值较小,如 0.05~0.20 之间;如时间序列具有迅速且明显的变动倾向,则 $\alpha$ 取值应较大,如 0.3~0.5 之间。

当时间序列具有明显性趋势时,预测值将出现较大的滞后偏差,同样可采用类似于趋势修正移动平均法的办法来加以修正。其预测模型如下:

$$Y_{t+T} = a_t + b_t T$$

式中符号含义与趋势修正移动平均法相同。

$$a_t = 2S_t^{(1)} - S_t^{(2)}$$

$$b_t = \frac{\alpha}{1-\alpha}(S_t^{(1)} - S_t^{(2)})$$

式中:$S_t^{(1)}$——$t$ 期一次指数平滑值;

$S_t^{(2)}$——$t$ 期二次指数平滑值 $[S_t^{(2)} = \alpha S_t^{(1)} + (1-\alpha) S_{t-1}^{(2)}]$;

$\alpha$——平滑系数。

### 四、一元线性回归分析法

回归分析法是一种处理变量之间相关关系的数理统计方法。变量之间的相关关系是指当其中的某一变量或几个变量发生变化时,另一变量也会有相应的变化,但并不成比例地变化。回归分析法是在对预测对象(因变量)进行分析的基础上确定影响其变化的一个或多个因素(自变量),然后通过多组因变量和自变量的观察值,建立回归预测模型来进行预测。一元线性回归分析法是最基本的预测方法。其基本公式为:

$$Y = a + bx$$

式中:$Y$——因变量;

$x$——自变量;

$a$——截距,表示不考虑自变量影响的销售值;

$b$——斜率,表示自变量与因变量的比例关系。

一元线性回归分析法预测步骤是:

(1) 计算 $Y$ 与 $x$ 的相关系数 $r$,确认 $Y$ 与 $x$ 是否相关及相关的程度。$r$ 值愈是接近于 1,两变量关系越密切;反之,$r$ 值越接近于零,两变量关系越不密切。相关系数 $r$ 的计算公式为:

$$r = \frac{n\sum xy - (\sum x)(\sum y)}{\sqrt{n\sum x^2 - (\sum x)^2} \cdot \sqrt{n\sum y^2 - (\sum y)^2}}$$

(2) 根据 $Y$ 与 $x$ 的一组观察值,用最小二乘法求出回归系数 $a$、$b$ 值,计算公式为:

$$b = \frac{\sum xy - n\bar{x}\bar{y}}{\sum x^2 - n(\bar{x})^2}$$

$$a = \bar{y} - b\bar{x}$$

$$\bar{x} = \sum x/n$$

$$\bar{y} = \sum y/n$$

（n 为资料期数）

(3) 根据求出的回归系数 a、b 的值，建立预测模型 Y=a+bx，并将已知的 x 值代入，即可求得相应的预测值。

例如，某企业经过连续观察，发现产品的销售量与广告支出相关，表 5-2 列出了连续 10 个月的广告支出费用和销售量。该厂拟将广告费提高到 10 万元，问该产品销售量将达到多大？

表 5-2　某企业 10 个月的广告支出费用与销售量

| 月 | 广告支出 x（万元） | 销售量 y（吨） | $x^2$ | $y^2$ | xy |
|---|---|---|---|---|---|
| 1 | 3 | 128 | 9 | 16.384 | 384 |
| 2 | 3.4 | 131 | 11.5 | 17.161 | 445.4 |
| 3 | 4 | 150 | 16 | 22.500 | 600 |
| 4 | 4.2 | 140 | 17.64 | 19.600 | 588 |
| 5 | 4.8 | 160 | 20.03 | 25.600 | 768 |
| 6 | 5.5 | 170 | 30.25 | 28.900 | 935 |
| 7 | 6.5 | 150 | 42.25 | 22.500 | 975 |
| 8 | 7.9 | 162 | 62.41 | 26.244 | 1 279.8 |
| 9 | 8.5 | 170 | 72.25 | 28.900 | 1 445 |
| 10 | 9.2 | 185 | 84.64 | 34.225 | 1 702 |
| | $\sum x = 57$ | $\sum y = 1\,546$ | $\sum x^2 = 369.04$ | $\sum y^2 = 242\,014$ | $\sum xy = 9\,122.2$ |

根据表 5-2 算得的数据代入有关公式算得：

$$r = \frac{10 \times 9\,122.2 - 57 \times 1\,546}{\sqrt{10 \times 369.04 - 57^2} \times \sqrt{10 \times 242\,014 - 1\,546^2}} = 0.85$$

$$\bar{x} = \frac{57}{10} = 5.7$$

$$\bar{y} = \frac{1\,546}{10} = 154.6$$

$$b = \frac{9\,122.2 - 10 \times 5.7 \times 154.6}{369.04 - 10 \times 5.7^2} = 7.02$$

$$a = 154.6 - 7.02 \times 5.7 = 114.59$$

于是得到回归预测模型：

$$Y = 114.59 + 7.02x$$

即：当广告费支出达到 10 万元时，产品销售预计可达到：

$$Y = 114.59 + 7.02 \times 10 = 184.79 (万元)$$

### 专论 5-1 市场调研趋势——网上调研

#### 一、因特网调研的主要类型

（一）E-mail 问卷

调研问卷就是一份简单的 E-mail，并按照已知的 E-mail 地址发出，被访者回答完毕将问卷回复给调研机构，有专门的程序进行问卷准备，列制 E-mail 地址和收集数据。

E-mail 问卷制作方便，分发迅速。由于出现在被访者的私人信箱中，因此能够引起注意。但是，它只限于传输文本，图形虽然也能在 E-mail 中进行链接，但与问卷文本是分开的。

（二）交互式电脑辅助电话访谈（CATI）系统

电脑辅助电话访谈（CATI）是中心控制电话访谈的"电脑化"形式，目前在美国十分流行。当利用这种方式进行调研时，每一位访问员都坐在一台计算机终端或个人电脑前。当被访者电话被接通后，访问员通过一个或几个键启动机器开始提问，问题和多选题的答案便立刻出现在屏幕上。访问员说出问题并键入回答者相应的答案，计算机会自动显示恰当的下一道问题。例如：当访问员问到被访者是否有家庭影院，如果回答为"是"，接下去会显示一系列有关选择"家庭影院设备"的问题；如果回答为"没有"，那么，这些问题就不恰当了，计算机会自动显示与被访者个人有关的问题或是直接跳过去选择其他合适的问题。

另外，电脑还能帮助整理问卷。例如，在一个长时间访谈的开始，访问员可能会问到被访者所拥有的所有汽车的制造时间、型号和款式。接下来的问题可能与每种汽车有关。屏幕上会显示如下问题："您说过您有一辆 1997 年的福特（Ford Taurus）车，在您家里谁最常开这辆车？"有关其他车辆的问题会以类似的方式继续显示。以前，这类问题是通过一支铅笔和一张问卷来完成的，而现在，通过电脑就可以极其方便地解决了。

这一方法省略了数据的编辑及录入的步骤。由于是没有实物的问卷，因此不需要编辑。进一步说明，在大多数计算机系统中不可能出现"不可能"的答案。例如，如果一道问题有 3 个备选答案 A、B、C，而访问员键入 D，则计算机不接受，它将要求重新键入答案。如果回答的形式或组合不可能时，计算机将不接受这一答案。当访谈完成时，有关问卷问题键入的答案也随之消失，因为数据已输入计算机内。

电脑访谈的另外一个优点便是统计工作可以在任何时候进行，无论是在访谈了 200 名、400 名还是任何多名受访者的时候，这是用纸和笔进行统计所无法做到的。以往传统的访谈,都要在全部访谈样本调查完成后的一周甚至更长时间后才能开始统计工作,而电脑辅助电话访谈在这方面便很有优势。根据电脑列表统计的结果,某些问题可能被删掉,以节约以后的调研时间及经费。例如,如果有98%的被访者对某一问题的回答是相同的,基本上就不需要再问这个问题了。统计结果同样也会提出增加某些问题的要求。如果产品的某项用途在先前的调研中未被涉及,则可以在访谈中加上这个问题。总之,管理者会发现,调研结果的提前统计对调研计划及战略的实施是有帮助的。

交互式电脑辅助电话访谈(CATI)系统则是利用一种软件语言程序在CATI上设计问卷结构并在网上进行传输。因特网服务站可以设在调研机构中,也可以租用有CATI装置的单位。因特网服务器直接与数据库连接,收集到的被访者答案直接进行储存。

交互式CATI系统能够对于CATI进行良好的抽样及对CATI程序进行管理,它们还能建立良好的跳问模式和修改被访者答案。它们能够当场对数据进行认证,对不合理数据要求重新输入。交互式CATI系统为网上CATI调研的使用者提供了一个方便的工具,而且支持问卷程序的再使用。

作为不利的一面,网上CATI系统产品是为电话—屏幕访谈设计的。被访者的屏幕格式受到限制,而且,CATI语言技术不能显示因特网调研在图片播放等方面的优势。

(三) 网络调研系统

有专门为网络调研设计的问卷链接及传输软件。这种软件设计成无须使用程序的方式,包括整体问卷设计、网络服务器、数据库和数据传输程序。一种典型的用法是:问卷由简易的可视问卷编辑器产生,自动传送到因特网服务器上,通过网站,使用者可以随时在屏幕上对回答数据进行整体统计或图表统计。

网络调研系统平均每次访谈均比交互式CATI费用低,但对于小规模的样本调研(低于500名),其费用都比E-mail调研高。低费用是由于使用了网络专业工具软件,而且网络费用和硬件费用由中心服务系统提供。

## 二、因特网调研的样本类型

(一) 随机样本

随机样本是指按照随机原则组织抽样,任意从因特网网址中抽取样本。

(二) 过滤性样本

过滤性样本是指通过对期望样本特征的配额,来限制一些自我挑选的不具代表性的样本。通常是以分支或跳问形式安排问卷,以确定被选者是否适宜回答全部问题。有些因特网调研能够根据过滤性问题立即进行市场分类,确定被访者所属类别,然后根据被访者的不同类型提供适当的问卷。另外一种方式是一些调研者创建了样本收藏室,将填写过分类问卷的被访者进行分类放置。最初问卷的信息用来将被访者进行归类分析,被访者按照专门的要求进行分类,只有那些符合统计要求的被访者才能填写适合该类特殊群体的问卷。

(三) 选择样本

选择样本用于因特网中需要对样本进行更多限制的目标群体。被访者均通过电话、邮寄、E-mail或个人方式进行补充完善,当认定符合标准后,才向他们发送E-mail问卷或直接到与问卷连接的站点。在站点中,通常使用密码账号来确认已经被认定的样本,因为样本组是已知的,因此可以对问卷的完成情况进行监视,或督促未完成问卷以提高回答率。另外,选择样本对于已建立抽样数据库的情形最为适用。例如,以顾客数据库作为抽样框选择参与顾客满意度调查的样本。

但网上调查一定要注意以下问题:

(1) 因特网的安全性问题。现在使用者很为私人信息担忧。加上媒体的报道及针对使用者的各种欺骗性文章,使这一问题更加沸沸扬扬。然而,考虑到对因特网的私人信息,诸如信用卡账号之类进行担保的商业目的,提高安全性仍是因特网有待解决的重要问题。

(2) 因特网无限制样本问题。因为网上的任何人都能填写问卷,很可能受到网虫的骚扰。如果同一个人重复填写问卷的话,问题就变得复杂了。例如,Info World(一家电脑使用者杂志)决定第一次在网上进行 1997 年读者意向调查。由于重复投票,调研结果极其离谱,以至于整个调研无法进行,编辑部不得不向读者请求不要再这样做。一个简单的防止重复回答的方法便是在它们回答后锁住其所处 IP 地址。

### 三、因特网调研实例

"Yahoo!"的用户分析调研

"Yahoo!"作为第一家网上搜索引擎(www.Yahoo.com),是最大的一家涉及信息流量、广告、日常起居的大型公司,公司承担着向广告客户提供准确的信息流量的责任。但作为一家销售驱动的商业典范,公司的目标要向广告商提供更为精确的网上用户统计信息,以及为"Yahoo!"的用户提供更为详细的个人信息。

"Yahoo!"的欧洲网站在 1997 年的第一季度便接待了 70 名广告商。"Yahoo!"最近又宣布 IBM 公司——三大因特网广告商之一,已经选择"Yahoo!"首创多语种因特网广告节目。"Yahoo!"在欧洲的主要广告商还包括英国航空公司、Opal 公司、Nescafe 公司、Peugeot 公司和 Karstadt 公司。

"Yahoo!"授权英国营销调研公司——"大陆研究",对其德国及法国使用者进行分析调研。同时,"大陆研究"公司将与纽约一家名为"Quantime"的公司合作完成此项目。该公司提供抽样调研软件及服务设备。"大陆研究"和 Quantime 公司设计了一个两阶段调研计划。第一阶段,收集德国、法国及美国的"Yahoo!"商业用户及一般用户访问"Yahoo!"网站的数据,了解其上网动机及主要网上行为。这就要求"Yahoo!"做到所有的调研及回答过程都必须使用被访者的本国语言。

同时,还要求被访者提供其 E-mail 地址以备第二阶段调研的再次联系,在这一阶段中将进行深度调研。该阶段的主要问题就是吸引、督促被访者参与、完成调研,以确保收集到最佳信息。在第一阶段中,仅两周的时间便接到 1 万份来自这三个国家的回答完整的结果,这意味着调研已经接触到目标群体。

第一阶段:收集数据

"Yahoo!"第一阶段的调研包括 10 个问题,涉及被访者的媒体偏好、教育程度、年龄、消费模式等等。设计"Yahoo!"因特网使用软件的主要目的就是使其保持与 Quantime 公司已有 CATI 设备的一致性。因为使用的是同种语言,因此因特网调研在逻辑上与 CATI 调研相似。复杂的循环及随机程序能保证所收集数据的稳定性,而且,前面问题的答案可供后面的问题使用,以使调研适合每一位被访者,并有效鼓励其合作。

约有 10%的被访者没有完成全部问卷,造成这种情况的原因可能有很多(厌烦、断线、失去耐心等等)。但由于这些费用几乎为零,所以没有造成什么损失。在第二阶段中,对已留下 E-mail 地址的人进行深度调研时,可以在其上次中断的地方进行重新访问。这样做虽然使第二阶段的问卷相对长了些,但中途断线率降到 5%～6%。这在某种程度上得到了个人 E-mail 收发信箱的激励,并赢得了 1/5 的电子组织者的支持。

在有关因特网使用情况的其他研究中,80% 的被访者为男性,60% 为受雇者,35% 的受访者年龄在 25～35 岁之间。这项调查还揭示了一个奇怪的现象:虽然占一半的因特网使用者目的为公事、私事兼而有之,但使用者主要还是用于商业,而在其余的使用者中,利用其进行休闲娱乐及其他私人活动的人数约为其他类型使用者的 2 倍。

第二阶段:深度调研

第一阶段所调查的是激活调研窗口并完成基本调研的网上使用者,而第二阶段则对那些在第一阶段中留下 E-mail 地址并同意继续接受访谈的人进行,这些被访者将收到一份 E-mail 通知,告之他们调研的网址。第二阶段的询问调研要较第一阶段长,它会涉及一系列有关生活方式的深度研究问题。由于大陆研究公司已认识了这些被访者,因此公司要求受访者进行登记,这样做能够准确计算回答率。如果需要的话,公司还将寄出提醒卡,以确保每位参访者只进行一次回答。实际上,在发出 E-mail 通知后的 1 周内,调研者便收到了预期的样本数据,根本无需提醒。(许晖)

(摘自《销售与市场》2000.3)

## 复习思考题

1. 简述市场营销调研的概念及其类型。
2. 市场营销调研的内容有哪些?
3. 简述实地调研的工作步骤。
4. 如何设计调查表?
5. 联系实际,比较随机抽样与非随机抽样的应用范围。
6. 简述常用的定性观测方法。
7. 阅读专论 5-1,试为一家企业设计网上调研方案。

# 第6章 目标市场营销战略

**本章要点**

- 目标市场营销及其决策过程
- 市场细分的含义、理论基础及意义
- 市场细分通常采用的方法与偏好模式
- 消费品市场细分与工业品市场细分标准
- 目标市场选择的5种模式
- 产品市场定位的方法
- 产品市场定位的差别化战略

有效的营销战略要能回答3个问题：一是企业的顾客在哪里；二是企业如何参与市场竞争；三是企业的资源能力是否允许以这种方式为自己的目标顾客提供价值。探寻这3个问题答案的过程，就是企业制定营销战略的过程，所制定出来的营销战略称为目标市场营销战略。

## 第一节 目标市场营销及其决策过程

目标市场营销战略旨在帮助企业以有效的方式参与市场竞争，努力提高营销效率和效果。受消费者需求的差异性、有效的市场竞争以及企业自身资源能力所限，企业唯有集中力量，为具有相似需求的消费者创造并传递价值，才有可能提高市场营销的精确性。

### 一、企业营销战略的发展阶段

企业营销战略的发展经历了3个主要阶段，即大量营销阶段、产品差异化营销阶段和目标市场营销阶段。

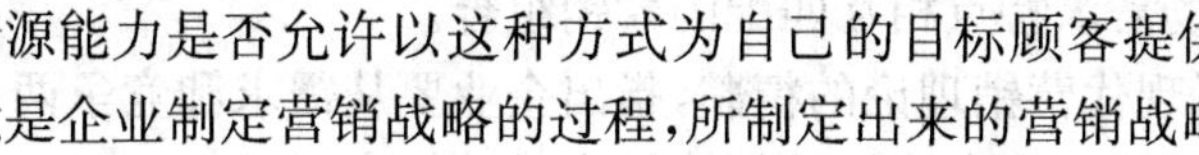

```
大量营销 → 产品差异化营销 → 目标市场营销
```

图 6-1 企业营销战略的发展经历

**（一）大量营销阶段（Mass Marketing）**

19世纪末20世纪初，即资本主义工业革命阶段，整个社会经济发展的重心和特点是强调速度和规模。在以卖方为主导的市场条件下，企业市场营销的基本方式是大量营销。企业通过大量生产、大量分销、大量促销品种和规格单一的产品，可以把产品生产成本、分销成本、促销成本最小化，从而降低产品售价，并创造出最大的潜在市场，企业也因此获利丰厚。

保证大量营销方式成功的前提条件是：① 市场供应不能满足市场需求，处在卖方市场状态;② 通过降低生产、分销和促销成本,以低价刺激市场,能扩大市场规模;③ 市场竞争不激烈,价格是主要竞争手段;④ 消费者需求具有相似性。奉行这一做法的福特和可口可乐都取得了成功。这时期,企业自然没有必要研究市场需求,市场细分战略也不可能产生。

(二) 产品差异化营销阶段(Product Different Marketing)

20 世纪 30 年代,发生了震撼世界的资本主义经济危机,西方企业面临产品严重过剩,市场迫使企业转变经营观念,营销方式从大量营销向产品差异化营销转变,即向市场推出许多与竞争者产品不同的,具有不同质量、外观、性能的产品。由于企业仅仅考虑自己现有的设计、技术能力,而忽视对顾客需求的研究,缺乏明确的目标市场,产品试销的成功率依然很低。由此可见,在产品差异化营销阶段,企业仍然没有重视对市场需求的研究,市场细分也就仍无产生的基础和条件。这种做法由通用汽车公司在 20 世纪 30 年代首开先河。

(三) 目标市场营销阶段(Target Marketing)

20 世纪 50 年代以后,在科学技术革命的推动下,生产力水平大幅度提高,产品日新月异,生产与消费的矛盾日益尖锐,以产品差异化为中心的推销体制远远不能解决西方企业所面临的市场问题。于是,市场迫使企业再次转变经营观念和经营方式,由产品差异化营销转向以市场需求为导向的目标市场营销,即企业在研究市场和细分市场的基础上,结合自身的资源与优势,选择其中最有吸引力和最能有效地为之提供产品和服务的细分市场作为目标市场,设计与目标市场需求特点相互匹配的营销组合。

目标营销体现了现代营销理论的精髓,指出企业要从需求和竞争两个角度来认识市场、适应市场和驾驭市场,才能提高营销的精确性和成功概率。

市场细分理论的产生,使传统营销观念发生了根本的变革,在理论和实践中都产生极大影响,被西方理论家称之为"市场营销革命"。

随着市场细分程度的提高,企业对市场的认识也越来越清晰。但不能认为把市场划分得愈细愈好,营销管理者深感过分地细分市场必然导致企业总成本上升过快从而减少总收益。因此有学者认为,应该在兼顾成本和收益分析的基础上,对市场进行适度细分,反对过度细分市场,这就是"反细分化"理论,不过这种理论同样体现了目标市场营销的思想。

## 二、目标营销战略的决策过程

目标营销战略的决策过程包含 3 个重要步骤:一是市场细分;二是目标市场选择;三是市场定位。人们也因此将其称为 STP 营销,STP 营销被描述为现代营销战略的核心。

(一) 市场细分(Market Segmentation)

市场细分是指采用恰当的细分变量将整体市场划分为若干能够相互区分的细分市场,从而帮助企业更好的认识市场,提高营销的精确性。市场细分的理论依据是需求的异质性,随着消费需求的日趋差异化,市场细分的作用也越来越为企业所重视。市场细分的步骤有二:一是找出能反映消费者需求特征的变量,并根据选定的一个或者若干个变量,将整体市场划分为若干细分市场,使每个细分市场由具有相似需求特征的消费者构成;二是根据评估标准,对细分市场的有效性进行评估,如果符合评估标准,则市场细分有效,否则需要重新选择变量,再次进行市场细分。

(二) 目标市场选择(Target Market)

目标市场选择是指在市场细分的基础上,按照一定的标准,选择一个或几个细分市场作为企业的目标市场,从而促使企业集中自身资源能力,在具有发展潜力并适合企业的细分市场上开展经营活动。

### (三)市场定位(Market Positioning)

市场定位就是企业为其提供的产品在已定的目标市场上确定的竞争定位,或者是根据企业产品的特色和优势,为产品在消费者头脑中确立一个独特的位置。

目标市场选对了,但由于竞争者众多的原因,企业的产品仍然可能淹没在众多的竞争产品中,不为目标顾客所注意。因此,企业需要对竞争者提供的相似产品和服务有清晰的认识,也需要对自身资源能力的优劣势有清晰的认识,据此作出正确的市场定位决策,以便于企业围绕定位设计营销组合方案,并向目标顾客传递这种定位,进而在顾客心中形成自己独特的个性特征,以获得竞争优势。

## 第二节 市 场 细 分

### 一、市场细分的含义

市场细分是指企业按照购买者在需求上的各种差异,把整体购买者划分为若干个在需求上大体相近的购买者群,从而形成各种不同的细分市场的市场分类过程。通过对整体市场的细分,有利于企业选择目标市场和制定各种营销策略。

市场细分是市场营销学的一个重要概念。它是由美国著名市场学家温德尔·斯密在总结一些企业市场营销实践经验基础上,于20世纪50年代中期提出来的。市场细分是基于市场上消费者对商品需求与欲望的不同以及购买行为与购买习惯上的差异,运用求大同存小异的方法,对整体市场需求差异进行识别,将需求基本相同的消费者归为一类,形成相同或不同的子市场群,即"同质市场"和"异质市场"的过程。

所谓同质市场是指消费者对商品需求大致相同的市场。如消费者对食盐、大米、火柴等商品的需求差异极小,这类商品市场叫同质市场。消费者对商品需求有千差万别的市场叫异质市场,大多数商品市场属于异质市场。如鞋、帽、时装等商品销售市场,消费者在商品的面料、款式、质量、价格上的要求有很大的差异。在异质市场中,同一个子市场群内部差异较小,而子市场群之间差异较大。企业的营销活动应该更加重视异质市场的销售。

市场细分概念的提出及其应用是有其客观基础的。首先,如上所述,由于人与人之间各自的条件不同,各种外界因素的影响不同,消费者在购买商品时,在动机、欲望和需求上总是存在着或大或小的差异,这种差异的存在是市场细分的客观基础。其次,随着社会生产力水平的提高,人类财富得以增加,人们的生活水平有了很大提高,人们在购买消费品时已不满足于吃饱穿暖的低层次需求了。比如食品,人们不再满足于吃饱,而要求吃好,要讲究营养、滋补,加之生活节奏的加快,又要吃得方便等等。又如饮料,人们已不满足于饮料能解渴,还要讲营养、滋补、健身、美容。因此,社会富裕化是市场细分的客观要求。再次,在激烈竞争的市场面前,要求企业运用市场细分的方法去评价,选择并集中力量用于最有效的子市场群,使自己在激烈的市场竞争中立于不败之地。如百事可乐公司在可口可乐这个强大竞争对手面前,根据饮料市场需求的差异性,推出了不含糖分的减肥可乐,后来又推出了柑橘可乐、樱桃可乐和带苹果味的柠檬汽水等,在饮料市场上抢走了可口可乐的半壁江山。

## 二、市场细分的通常方法与偏好模式

### (一)市场细分的通常方法

按照不同顾客需求存在的差异来细分市场是市场细分的通常方法。

假定有6位购买者构成一个市场,其中男性3名,女性3名,低收入者3名,中收入者1名,高收入者2名。现在对这6名购买者构成的市场进行细分,可有如图6-2所示的5种做法。

图6-2(a)表示,假定这6名购买者对某种产品的需求和欲望基本一致,即需求无差异时,市场无需细分。

图6-2(b)表示,假定6名购买者的需求各有特点,则每一个购买者的需求都可视为一个细分市场,即形成6个细分市场。

图6-2(c)表示,若按收入低(1)、中(2)、高(3)进行细分,则可将6名购买者划分为3个细分市场。

图6-2(d)表示,若按男(A)、女(B)性别的不同进行细分,则可将6名购买者划分为2个细分市场。

图6-2(e)表示,若按收入低(1)、中(2)、高(3)和性别男(A)、女(B)的不同细分,则可将6个购买者划分为5个细分市场。

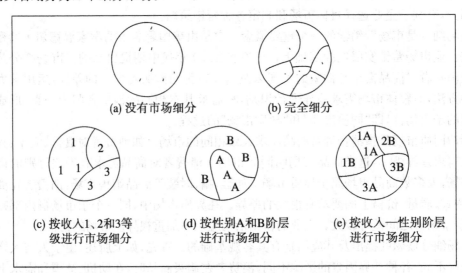

**图6-2 市场细分的通常方法**

### (二)市场细分的偏好模式

按照顾客对产品不同属性所产生的偏好来细分市场,是市场细分的客观依据。

假定冰淇淋有两大基本属性:一是甜度;二是奶油含量。经对不同消费者调查询问,就能在市场中识别具有不同偏好的细分市场,由此产生3种不同的偏好模式。如图6-3所示。

**1. 同质偏好**

如图6-3(a)所示,市场上所有的顾客有大致相同的偏好(以某食品厂生产的奶油蛋糕为例),且相对集中于某一位置,显示出这个市场并不存在惯常的细分市场。

2. 分散偏好

如图6-3(b)所示,市场上顾客的偏好散布在整个空间,偏好相差很大,表示消费者对于产品的要求存在较大差异,并且很分散。进入该市场的第一品牌可能定位于中央位置,以最大限度地迎合数量最多的顾客,同时,将顾客的不满足感降到最低水平。进入该市场的第二个品牌可以定位于第一品牌附近,与其争夺份额;也可远离第一品牌,形成有鲜明特征的定位,吸引对第一品牌不满的顾客群。如果该市场潜力很大,会同时出现几个竞争品牌,定位于不同的空间,以体现与其他竞争品牌的差异性。

3. 集群偏好

如图6-3(c)所示,市场上出现几个群组的偏好,客观上形成了不同的细分市场。这时,首先进入市场的企业有3种选择:定位于中央,尽可能赢得所有顾客群体(无差异营销);定位于最大的或某一"子市场"(集中营销);可以发展数种品牌,各自定位于不同的市场部位(差异营销)。

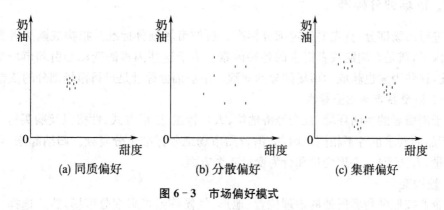

图6-3 市场偏好模式

## 三、市场细分的作用

1. 有利于发现市场营销机会

市场机会是一种在市场上尚未得到满足的需求,这种需求往往是潜在的,一般不易发现。通过市场细分,就便于发现这种潜在需求,企业可以抓住机会,取得市场竞争的主动权。例如,日本钟表公司对美国手表市场进行了细分,发现美国手表市场可以分为3个层次:① 高档手表,占31%市场份额;② 中档手表,占46%市场份额;③ 低档手表,占23%市场份额。美国厂商只重视高档手表的生产和销售,忽视了中、低档手表市场。于是,日本精工牌手表厂便乘虚而入,以款式新颖、售价便宜、免费保修等良好服务轻松地进入了美国市场,并在不到10年时间内,在美国市场占有率达到60%。

2. 有利于掌握目标市场的特点

某公司出口日本的冻鸡原先主要面向消费者市场,以超市、专业食品商店为主要销售渠道。但市场竞争加剧,销售量下降。该公司通过对市场调研分析,研究细分市场的需求特点,将购买者区分为3种类型:一是饮食业用户;二是团体用户;三是家庭主妇。他们各自对品质、价格、包装都有各不相同的需求特点。该公司重新选择目标市场,以饮食业和团体用户为主要顾客,调整产品、渠道等营销组合策略,使得出口量大幅度增长。

### 3. 有利于制定和调整营销战略

在市场细分的基础上,企业选定了目标市场,接下去企业应根据目标市场的具体情况和竞争对手的情况,有的放矢地制定出相应的营销策略。当目标市场需求发生变化时,企业也能及时调整自己的营销策略。例如,日本有两家最大的糖果公司,森永公司为增强其竞争力,研制出一种"高王冠"的大块巧克力,定价70日元,推向成人市场。明治公司也不甘示弱,通过市场细分,选择3个子市场:初中学生市场,高中学生市场,成年人市场。生产3种大块巧克力,一种定价40日元,适用于初中学生;一种定价60日元,适用于高中学生;另一种将两块合包在一起,定价100日元,适用于成年人。可见,明治公司比森永公司更胜一筹。

### 4. 有利于企业更有效地使用企业资源,提高企业经济效益

企业通过市场细分,可以有的放矢地采取适当的市场营销组合策略,最大限度地压缩经营费用。如,正确调整产品结构,使产品适销对路,有针对性地选择广告媒体,减少广告费用等,使企业资源得到更有效的使用,提高企业的经济效益。

## 四、市场细分标准

要进行市场细分,首先要确定细分标准。所谓市场细分标准是指构成购买者需求差异的各种因素,或是影响购买者需求的各种因素。由于这些因素的变动会引起市场细分的变动,因此,这些因素也就成为市场细分的变数。市场细分标准是进行市场细分的依据。

(一)消费品市场细分标准

由于消费者的生活环境、社会经济地位、人口特点、生活方式、性格以及购买行为各不相同,对产品的要求也各不相同。因此,消费品市场细分标准十分复杂。归纳起来,可以分为地理变量、人文变量、心理变量和行为变量4个方面。

### 1. 地理变量

即企业按照消费者所处的地理位置、地形、气候等因素来细分市场,然后选择一个或几个子市场作为目标市场。按消费者所处的地理位置来细分市场的方法,现已长期为市场营销者所采用,并成为市场细分的依据。处于不同地理位置的消费者对同类产品的爱好和需求是会有所不同的。如对服装来说,羽绒服、毛皮服装在东北有巨大市场,而在我国南方就没有市场。城市里的居民大多喜欢式样新颖的轻便车,而农村的村民则喜爱坚固、实用的加重车。美国东部的人喝清淡的咖啡,西部的人喝较浓的咖啡。

### 2. 人文变量

即企业按照人口统计调查的内容,如年龄、性别、收入、职业、教育水平、家庭寿命周期、宗教信仰等人口变量来细分市场。由于消费者的欲望和使用程度与人口变量有因果关系,而且人口变量比其他因素更容易衡量,因此,人口变量一直是细分市场的重要依据。比如,女性使用保养化妆品要多于男性,女性消费的重点是时装、首饰、多款色的提包等。不同职业对选购服装的标准差异很大;收入多少直接影响购买者的购买特点,如高档服装、小汽车等高档商品均为高收入者购买。

### 3. 心理变量

消费者需求往往还受心理变量的影响。例如,人们追求的生活方式不同,对商品的喜爱和需求就有差别,特别是经营服装、化妆品、家具、酒类等产品的企业更应高度重视。如美国有的服装公司把妇女分成"朴素型""时髦型""有男子气型"3种类型,分别为她们设计制造

出不同式样和不同颜色的服装。由于消费者对商品追求的心理不同,其需求也是有差异的。如购买手表,有的追求手表走时准确和式样美观;有的追求物美价廉;有的追求名牌;有的追求华贵,以显示其地位和身份。消费者性格特点对其购买行为有直接影响:性格外向、爱好交际的人对新产品态度积极,容易接受新产品;反之,性格内向、保守的人,就不易接受新产品。

4. 行为变量

即按照消费者的购买行为进行细分。包括消费者进入市场的程度、使用频率、偏好程度等变量。按消费者进入市场程度,通常可以划分为常规消费者,初次消费者和潜在消费者。按购买时机的不同进行细分,有节假日和非节假日购买;按消费者对产品使用状况的不同,可分为"从未用过""曾经用过""准备使用(潜在用户)""初次使用""经常使用"5种类型;按消费者对品牌或商店的忠诚程度,可划分为单一品牌忠诚者、多品牌忠诚者和无品牌等类型。

上述消费者市场细分标准及其变数,归纳起来见表6-1所示。

表6-1 消费者市场细分标准及其细分变量

| 细分标准 | 细 分 变 数 |
|---|---|
| 地理变量 | 洲、国家、省、城市、农村、面积、气候、山区、平原、草原、高原、湖区、沙漠等 |
| 人文变量 | 性别、年龄、民族、种族、宗教、国籍、职业、收入、受教育程度等 |
| 心理变量 | 生活方式、个性、价值、购买动机等 |
| 行为变量 | 购买时机、追求利益、使用状况、忠诚程度、使用频率等 |

(二)产业市场细分标准

我们可以借鉴细分消费者市场的很多变量细分产业市场,如地理变量、人文统计变量等都可以作为细分产业市场的参考变量,但是在购买行为、购买目的等方面,产业市场用户与消费者市场用户存在明显的差异,因此两个市场在细分变量选择上也存在很多不同之处。美国的波罗玛(Bouoma)和夏皮罗(Shapiro)两位学者,提出了一个产业市场的主要细分变量表,如表6-2所示,它对产业市场细分具有很高的参考价值。

表6-2 产业市场的主要细分变量

人口变量
- 行业:我们应把重点放在购买该种产品的哪些行业?
- 公司规模:我们应把重点放在多大规模的公司上?
- 地理位置:我们应把重点放在哪些地区?

经营变量
- 技术:我们应把重点放在顾客所重视的哪些技术上?
- 使用者或非使用者地位:我们应把重点放在经常使用者、较少使用者、首次使用者还是从未使用者身上?
- 顾客能力:我们应把重点放在需要很多服务的顾客上,还是只需少量服务的顾客上?

续表 6-2

采购方法
- 采购职能组织：我们应将重点放在那些采购组织高度集中的公司上，还是那些采购组织相对分散的公司上？
- 权力结构：我们应侧重那些工程技术人员占主导地位的公司，还是财务人员占主导地位的公司？
- 与用户的关系：我们应选择那些现在与我们有牢固关系的公司，还是追求最理想的公司？
- 总的采购政策：我们应把重点放在乐于采用租赁、服务合同、系统采购的公司，还是采用密封投标等贸易方式的公司上？
- 购买标准：我们是选择追求质量的公司、重视服务的公司，还是注重价格的公司？

形势因素
- 紧急：我们是否应把重点放在那些要求迅速和突击交货或提供服务的公司上？
- 特别用途：我们应将力量集中于本公司产品的某些用途上，还是将力量平均花在各种用途上？
- 订货量：我们应侧重于大宗订货的用户，还是少量订货者？

个性特征
- 购销双方的相似点：我们是否应把重点放在那些其人员及其价值观与本公司相似的公司上？
- 对待风险的态度：我们应把重点放在敢于冒风险的用户还是不愿冒风险的用户上？
- 忠诚度：我们是否应该选择那些对本公司产品非常忠诚的用户？

上述产业市场细分变量表清楚地表明，细分产业市场需要考虑两大因素：一类是反映产业用户宏观特征的因素，即行业、规模和地理位置；另一类是反映产业用户微观特征的因素，即经营变量、采购方式、形势因素、个性特征等。在实际操作中，企业一般也遵循由宏观到微观的顺序来细分产业市场。

### 五、市场细分的原则

为了保证经过细分后的市场能成为企业制定有效的营销战略和策略的基础，企业在进行市场细分时，必须遵循以下原则：

1. 可衡量性

可衡量性指细分市场的规模大小及其他市场特征值要能够被衡量。如果不能衡量，就不能清晰地勾勒出细分市场的轮廓，细分对企业也就没有实际意义。比如在电冰箱市场上，在重视产品质量的情况下，有多少人更注重价格，有多少人更重视耗电量，有多少人更注重外观，或兼顾几种特性。

要满足可衡量性标准，必须选择有效的细分变量或者变量组合，使得细分出来的市场规模大小、购买力水平等指标能够大致测量出来。如以"爱好家庭生活"为细分变量就很难进行测算，因为无法估算出有多少消费者属于爱好家庭生活类型，因此，这种细分方式也就没有多少实际意义。

2. 可进入性

即企业有条件进入和满足细分市场。这里包括3层含义：一是企业具备满足细分市场需要的资源和能力；二是企业具有抵达细分市场的销售渠道；三是企业能够将产品或服务信息传递给细分市场。如果企业不具备进入和满足细分市场的条件,则市场细分毫无意义。

3. 可盈利性

即细分市场的规模或购买力要足够大,从而保证企业有利可图。市场细分的目的就是为了获取更多的利润,因此,细分市场应是值得专门制订营销计划去追求的最大同类顾客群体。如果市场规模过小,比如汽车制造商专门为身高不足1.4米的人生产汽车,必然得不偿失。为此,企业应避免过度市场细分,即市场细分导致总成本上升和总收益减少,而是要适度市场细分,即从成本和收益的比较出发进行市场细分,以确保市场细分带来的收益超过市场细分增加的成本。

4. 可行动性

可行动性是指要能为细分市场设计出行之有效的营销组合方案,以使同一细分市场内的顾客对该方案的反应大体一致。否则,只能说明要么是细分变量选择有误,需要重新选择;要么就是细分还不够精确,需要进一步细分。

## 第三节 目标市场的选择

### 一、目标市场的含义

目标市场就是企业的具体服务对象,也就是企业在市场细分之后所形成的若干个子市场中,根据各个子市场的需求状况和企业资源状况,企业决定要进入的那个子市场,或者说是企业拟投其所好和为其服务的那个顾客群。有的学者更形象地指出:"所谓目标市场,就是企业在市场细分之后的若干'子市场'中所运用的市场营销活动之'矢'而瞄准的市场方向之'的'优选过程。"

市场细分是企业选择和确定目标市场的前提和基础,但市场细分之后所形成的若干个子市场并非对企业都有同样的吸引力。为此,企业应根据对各个子市场的需求满足程度、自身资源状况和竞争者情况的综合分析,然后从众多细分市场中选择一个或多个有利于发挥自身优势和能够取得最佳经济效益的子市场作为目标市场。

### 二、确定目标市场的条件

企业在进行市场细分之后,应对各个细分市场的现实需求和潜在需求、竞争状况、企业自身实力以及市场是否有利可图等因素进行综合评价,从中选出最有利于企业的细分市场作为目标市场。确定目标市场的条件包括以下几方面:

(1) 该市场是否有足够的规模,是否存在潜在的需求。这是企业选择目标市场最基本的条件。如果一个细分市场规模不大,市场潜力又不大,则选为目标市场是不合适的。企业可以从某细分市场过去历年的销售额和目前的销售额,来分析该市场的规模以及今后需求的变化趋势。

(2) 企业在该细分市场里是否具有一定的竞争优势,而且最好是竞争对手尚未控制的市场。这是因为,细分市场如果已被竞争对手完全控制,则企业要挤进这一细分市场绝非易事。当然,如果企业确实有竞争优势、实力强大,也可打入已被竞争对手控制的市场去奋力拼搏。

（3）进入该细分市场是否有利可图。也就是在所确定的目标市场上一定要有尚未满足的现实需求和潜在需求，使企业有利可图。企业可根据市场的现实需求和潜在需求状况、竞争状况、销售额增长和市场占有率等资料，评估出细分市场的盈利潜力，以判断该市场是否有利可图。

（4）企业必须有能力满足其市场需求。这是关系到企业进入该市场的可行性。企业的人、财、物和销售因素组合必须足以应付被选中的细分市场。如果企业实力强大，资金雄厚，产品质量又好，相比之下，竞争对手实力相对要弱，那么，企业进入该市场的可能性就大。

### 三、目标市场选择模式

企业在对不同细分市场分析评估后，就必须对进入哪些市场和为多少个细分市场服务作出决策。可供企业选择目标市场的模式主要有以下5种，如图6-4所示（P代表产品，M代表市场）。

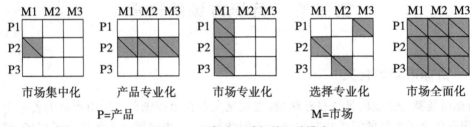

图 6-4　目标市场选择的 5 种模式

1. 市场集中化

这是一种最简单的目标市场模式。即企业只选取一个细分市场，只生产一类产品，供应某一单一的顾客群，进行集中营销。例如某服装厂商只生产儿童服装。选择市场集中化模式一般基于以下考虑：企业具备在该细分市场从事专业化经营或取胜的优势条件；限于资金能力，只能经营一个细分市场，该细分市场中没有竞争对手；准备以此为出发点，取得成功后向更多的细分市场扩展。

2. 产品专业化

是企业集中生产一种产品，并向各类顾客销售这种产品。如饮水器厂只生产一个品种，同时向家庭、机关、学校、银行、餐厅、招待所等各类用户销售。产品专业化模式的优点是企业专注于某一种或某一类产品的生产，有利于形成和发展生产和技术上的优势，在该领域树立形象。其局限性是当该领域被一种全新的技术与产品代替时，产品销售量有大幅度下降的危险。

3. 市场专业化

是企业专门经营满足某一顾客群体需要的各种产品。如某工程机械公司专门向建筑业用户供应推土机、打桩机、起重机、水泥搅拌机等建筑工程中所需要的机械设备。市场专业化经营的产品类型众多，能有效地分散经营风险。但由于集中于某一类顾客，当这类顾客的需求下降时企业也会遇到收益下降的风险。

4. 选择专业化

是企业选取若干个具有良好的盈利潜力和结构吸引力，且符合企业的目标和资源的细分市场作为目标市场,其中每个细分市场与其他细分市场之间较少联系。其优点是可以有效地分散经营风险,即使某个细分市场盈利不佳,仍可在其他细分市场取得盈利。采用选择专业化模式的企业应具有较强的资源和营销实力。

5. 市场全面化

是企业生产多种产品去满足各种顾客群体的需要。实力雄厚的大型企业选用这种模式,才能收到良好效果。例如美国 IBM 公司在全球计算机市场,丰田汽车公司在全球汽车市场,我国的一些大型自行车生产企业各自生产了各种不同类型、规格和型号的自行车等等。

### 四、目标市场营销战略的选择

（一）无差异性目标市场营销战略

无差异性目标市场营销战略是指企业基于在整个市场上消费者对某种产品的需求没有差异或差异不大的认识,只向市场推出一种产品,运用一套营销组合来试图以此满足所有消费者的需求,为整个市场服务的营销战略。如图 6-5(a)所示。

无差异性营销战略只使用单一的营销组合来开拓市场,即推出一种产品,采用一种价格,使用相同的分销渠道,应用相同的广告设计和广告宣传。这种战略的特点是企业把整个市场视为一个完全相同的大目标市场,而忽视了消费者需求的差异性。它是建立在企业以生产观念和推销观念为指导思想的基础上,即企业生产什么就销售什么。例如,在20

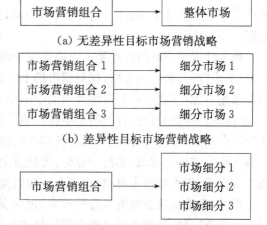

图 6-5　3 种可供选择的目标市场营销战略

世纪 60 年代前,美国可口可乐公司一直奉行典型的无差异战略,以单一的品种、标准的瓶装和统一的广告宣传内容,长期占领世界非酒类饮料市场。早期的福特公司老板福特曾说过,不管顾客需要什么颜色,我的汽车就是黑色的,向市场提供一种颜色、一种价格的汽车。

采用无差异性目标市场营销战略的最大优点是成本的经济性。即由于用大规模的生产线,减少生产成本,降低储存和运输费用,节约营销研究费用和管理费用,又可节约广告设计费用和分销费用。但是,这种战略最大的缺点是顾客的满意度低。它忽视了消费者需求上的差异性,事实上,消费者的需求偏好具有极其复杂的层次,某种产品或品牌受到市场的普遍欢迎是很少的。因此,它不能满足消费者的多种需求,同时,也容易引来竞争者,加剧市场的竞争。

（二）差异性目标市场营销战略

差异性目标市场营销战略是指企业以两个或两个以上的细分市场为目标市场,根据目标市场的需求差异,分别设计不同的产品和制定不同的营销组合策略,以满足不同目标市场的需求。如图 6-5(b)所示。

差异性营销战略把整个大市场细分为不同的市场群,选择目标市场,根据不同的目标市场采取不同的营销组合策略。其特点是企业对市场不再采取一视同仁的态度，而是针对不同目标市场设计不同产品，根据不同产品制定不同价格，采用不同的分销渠道去满足不同顾客的需求。差异性市场营销策略是科学技术发展的结果，也是企业之间激烈竞争的产物。目前，西方国家许多公司都乐意采用这种策略，如美国可口可乐公司已生产出多种瓶装和罐装的饮料，使用多种广告主题，实行多种定价策略。福特汽车公司也采用多种品种、多种颜色、多种款式、多种价格、多种分销渠道、多种广告形式来满足不同目标市场的需要。

采用差异性市场营销战略的最大优点是可以有针对性地满足具有不同特征的顾客群的需求，有利于扩大企业的市场占有率，增强企业市场竞争能力和应变能力。但是，由于产品品种、销售渠道、广告宣传的扩大化与多样化，市场营销费用也会大幅度增加。所以，无差异性目标市场营销战略的优势基本上成为差异性目标市场营销战略的劣势。

（三）集中（密集）性目标市场营销战略

集中（密集）性目标市场营销战略是指企业把整个市场细分为若干个子市场，然后选择其中一个或少数几个细分市场作为目标市场，集中企业所有力量，实行专业化生产和经营。如图6-5(c)所示。

集中性营销战略的特点是不以追求整个市场为目标，而是全力以赴，经营具有特色的产品或"拳头"产品去占领市场，在局部市场上取得明显优势。这种战略也称为"弥隙"战略，即弥补市场空隙，它更适合于资源薄弱的中小企业。中小企业如果与大企业硬性抗衡，弊多利少，必须学会寻找对自己有利的小生存环境。用"生态学"的理论来解释，必须找到一个其他生物不会占领、不会与之竞争，而自己却有适应能力的微观生存环境。中小企业可以针对某一两个细分市场的需求，实行专业化、大批量生产，可以节约生产成本和营销费用，提高企业投资利润率，扩大市场占有率，提高企业知名度。

但是，采取这种战略的风险性较大，因为其目标市场狭小，如果目标市场的需求情况突然发生变化，目标消费者的兴趣突然转移或是市场上出现了更强有力的竞争对手，企业就可能陷入困境。所以，有条件的企业应尽量采取差异性市场营销战略。

## 五、选择目标市场营销战略应考虑的因素

上述各种目标市场选择战略各有利弊，企业如何选取，主要取决于产品与市场状况及企业自身的条件。具体来说，应考虑以下几个因素：

1. 企业实力

企业实力主要包括财力、生产能力、销售能力及对营销活动的管理能力。如果企业实力强大，则可采取无差异性市场营销战略或者差异性市场营销战略；反之，如果企业实力不强，无力将整体市场作为目标市场，则最好采用集中性目标市场营销战略，选择一个子市场作为目标市场，这样，容易在局部市场上取得优势，获得成功。

2. 产品的同质性

指消费者对产品特征感觉相似程度。如钢铁、食盐、火柴等商品具有同质性，其竞争主要表现在价格上。因此，对于这类商品，企业应采取无差异市场营销战略或集中性市场营销战略。

3. 市场同质性

指各细分市场间的相似程度。当市场同质性较高时，即各细分市场的顾客需求、偏好大

致相同,对市场营销策略的刺激反应也大致相同,对销售方式的要求无多大差别,则企业可采取无差异性目标市场营销战略;反之,当市场同质性较低时,即消费者对商品的需求、偏好相差甚远时,企业宜采取差异性市场营销战略或集中性市场营销战略。

4. 产品寿命周期

企业应随着产品所处寿命周期阶段的变化而变换其市场营销策略。当新产品刚投放市场时,往往市场竞争者较少,企业的主要任务是探测市场需求和潜在顾客,扩大市场规模,因此,可采取无差异性市场营销战略。当产品进入成长期和成熟期时,由于产品品种日益增多,竞争也日趋激烈,企业为了战胜对方,应采取差异性市场营销战略。当产品进入衰退期时,为保存原有市场、延长产品寿命周期、集中力量对付竞争者,企业应采取集中性市场战略。

5. 竞争者的市场营销战略

当大多数企业处于激烈竞争的环境中,在选择市场营销战略时,如果不考虑竞争对手及其策略,则很难在竞争中获胜。当竞争对手力量较弱时,可采用无差异性市场营销战略;反之,当竞争对手力量较强时,则应采用差异性市场营销战略或集中性市场营销战略。

6. 竞争者数目

企业可根据市场竞争者数目多少来选择市场营销战略。当同类产品的竞争者很多时,满足各细分市场消费者群的需要就显得十分重要。因此,为了增强竞争能力,企业可以选择差异性市场营销战略或集中性市场营销战略。当同类产品竞争者很少时,企业可采取无差异性目标市场营销战略。

## 第四节 市 场 定 位

### 一、市场定位的概念及其意义

定位是市场营销学的新概念。美国两位广告公司经理艾尔·里斯和杰克·屈劳特于1972年在《广告时代》上发表了题为"定位时代"的系列文章,从而使"定位"一词广为流传。他们认为:定位起始于一件产品、一种商品、一次服务、一家公司、一个机构甚至是一个人……然而,定位并不是对一件产品本身做些什么,而是你在有可能成为顾客的人的心目中做些什么。也就是说,你得给产品在有可能成为顾客的人的心目中定一个适当的位置,这就是定位的含义。

市场定位(Marketing Positioning),也被称为产品定位或竞争性定位,是根据竞争者现有产品在细分市场上所处的地位和顾客对产品某些属性的重视程度,塑造出本企业产品与众不同的鲜明个性或形象并传递给目标顾客,使该产品在细分市场上占有强有力的竞争位置。

定位并不是从公司或产品出发,并不是要公司把既有的形象或产品特点发布出去,或者是通过行为表现出来,而是要求从顾客的心理出发,通过探求顾客心理,了解他们的想法,然后再塑造出与顾客心理或需要相符合的公司或产品形象。所以,定位是一种"抓心策略"。即企业通过探求顾客的心理和了解顾客的想法,然后把企业产品与顾客需要有效地结合起来,让顾客感觉到该产品正是其所需要的,从而在购买时愿意选择自己。从本质上说,产品定位是一种形象定位,而不是实体定位;是消费者对待产品的一种认同,而不是厂家的自我评价。

产品市场定位是企业营销活动中的一项战略性工作,目的是为了获取竞争的优势,使本企业的产品在目标市场中取得较竞争产品更为优越的位置。成功的定位往往决定了企业的成功。健力宝公司通过长年赞助体育事业,成功地实现了健力宝的运动保健地位,在消费者心目中形成了朝气、活力、奋斗、进取的清晰形象。但如果定位不明确,也会导致企业资源的浪费和竞争的失利。有一家曾经颇有名气的西装生产厂家,由于没有明确的产品定位,广告宣传主题不突出,第一年的广告形象是奶油小生,第二年是爱心大叔,第三年是能工巧匠。3年过去了,尽管投入了大量的广告费用,但在公众心目中留下的只是一片灰白的印象。

产品市场定位又是企业制定营销策略组合的基础,它的确定对产品本身的设计、价位、分销、促销都有决定性的影响。这就是说,营销策略组合的各个要素都要与定位相匹配,才能创造出完整的产品形象。因此可以说,定位是为了适应消费者心目中的某一特定地位而设计企业的产品和规划营销组合的行为。

## 二、市场定位的方法

（一）基本定位

基本定位是指企业确定把自己的产品定位为高档产品(精品)、中档产品(普通品)还是低档产品(地摊品),这是任何一种产品都必须有的定位,它主要是通过产品在市场中的价格来表达的。即高档产品高价格,中档产品适中价格,低档产品低价格。一般来说,产品质量档次与价格的高低应是一致的。在多数情况下,价格是可见的,而质量却是非外显的,加之消费者对产品质量的判断常常带有主观性,所以一般情况下的产品定位主要是反映在产品的价位上。

（二）特色定位

特色定位是要创造差异化,即在同档次的产品中具有某种独特优势,体现出与众不同的风格,以增强其竞争力。

特色定位主要包括以下几种具体做法:

(1) 成分定位。通过突出产品所具有的成分体现差异,明确产品的定位。如全羊毛、全棉的服装,突出说明不含任何化纤成分,双氟牙膏则突出其含氟的成分。

(2) 功能定位。通过强调产品的某一特定功能进行定位。如药物牙膏,不仅具有洁齿功能,还具有治疗牙病的功能。

(3) 使用者定位。通过表明产品服务对象来进行定位。如保健品定位于老年市场,化妆品定位于女性市场。

(4) 生产者定位。通过强调产品生产厂家某方面的优势来进行定位。

(5) 情感定位。通过强调产品某种情感色彩,迎合目标市场的品位需求来进行定位。如太太口服液就是强调情爱、温馨的情感色彩。

(6) 关联定位。通过某种形式的关联,将本企业的产品与著名企业产品或名牌产品联系在一起,以提升产品形象,争取竞争优势。

### (三) 竞争定位

竞争定位是完全针对竞争者并通过某种形式来强调本企业在行业中的竞争地位，以争取竞争优势的一种定位方法。竞争定位主要有以下几种做法：

（1）正位定位。企业将产品定在竞争者产品同一位置上，以逐步取代竞争者的产品。正位定位是基于这样的考虑，即企业自身实力具有优势，现有的产品优于或至少相当于竞争对手的产品。这一定位策略容易引起对抗，导致竞争加剧。

（2）侧位定位。指企业将产品定在竞争者产品位置的附近，与竞争者产品并存。这种产品定位策略可利用竞争者的产品的宣传优势来提升本企业产品形象，是一种跟随者竞争策略。

（3）空位定位。指企业将产品定在市场空位上，同时强调与现有产品的不同，一方面可避开正面竞争，另一方面又能与现有竞争者争得一定的市场份额。如美国七喜饮料公司，面对可口可乐、百事可乐两大可乐型公司，推出非可乐型饮料，满足拒饮咖啡因饮料的消费者的需要，使七喜公司在竞争中站稳了脚跟。

## 三、市场定位战略

上述市场定位方法，无论是哪一种，其最终目的都是要通过追求差别化来实现市场定位。因此，差别化是市场定位的根本战略，具体表现在以下4个方面：

### （一）产品差别化战略

产品差别化战略指从产品质量、产品款式等方面实现差别。在全球通讯产品市场上，摩托罗拉、诺基亚、西门子、飞利浦等颇具实力的跨国公司，通过实行强有力的技术领先战略，在手机、IP电话等领域不断地为自己的产品注入新的特性，走在市场的前列，吸引顾客，赢得竞争优势。实践证明，在某些产业特别是高新技术产业，如果某一企业掌握了最尖端的技术，率先推出了具有较高价值和创新特征的产品，它就能够拥有一种十分有利的竞争优势，占有强势市场地位。

产品款式是产品差别化的一个有效工具，对汽车、服装、房屋等产品尤为重要。日本汽车行业中流传着这样一种说法："丰田的安装，本田的外形，日产的价格，三菱的发动机。"这体现了日本4家主要汽车公司的核心专长。说明"本田"外形设计优美入时，颇受年轻消费者的喜爱。

### （二）服务差别化战略

服务差别化战略是指向目标市场提供与竞争者不同的优异服务。服务差异主要表现在订货方便、交货、安装、培训、维修等多种服务上。企业的竞争力越能体现在顾客服务水平上，市场差别化就越容易实现。如果企业把服务要素融入产品的支撑体系，就可以在许多领域建立"进入障碍"。因为，服务差别化战略能够提高顾客总价值，保持牢固的顾客关系，从而击败竞争对手。

服务战略在很多市场状况下都有用武之地，尤其在饱和的市场上。对于技术精密产品，如汽车、计算机、复印机等服务战略的运用更为有效。如IBM以高质量的安装服务闻名于世，"IBM就是服务"。

### （三）人员差别化战略

人员差别化战略是指通过聘用和培训比竞争者更为优秀的人员以获取差别优势。市场竞争归根到底是人才的竞争。日本航空公司多年来一直在"北京—东京—夏威夷"这条航线上与美国最大的航空公司"联航"和韩国的"韩航"展开激烈的竞争。"联航"的规模实力与硬件设备都是超一流的，而"韩航"的价格比"联航"低30%，二者都颇有竞争力。但是，"日航"依靠整合的优良服务，贯穿入关—空中—出关的全过程，赢得各国旅客的赞美，凡乘过此航线的旅客，很难再选择其他航空公司。"日航"优良服务的根基在于他们的高素质航空员工队伍：从机长到空中小姐都训练有素。

（四）形象差异化战略

形象差异化战略是指在产品的核心部分与竞争者类同的情况下塑造不同的产品形象以获取差别优势。企业或产品想要成功地塑造形象，需要具有创造性的思维和设计，需要持续不断地利用企业所能利用的所有传播工具。具有优秀创意的标志融入某一文化的气氛，也是实现形象差别化的重要途径。麦当劳的金色的拱形"M"标志，与其独特文化气氛相融合，使人无论在美国纽约、日本东京还是中国北京，只要一见到这个标志马上会联想到麦当劳舒适宽敞的店堂、优质的服务和新鲜可口的汉堡薯条，这就是麦当劳的 $SC=QSC+V$。这样的形象设计是非常成功的。

### 四、市场定位的步骤

市场定位的主要任务，就是要使顾客能把本企业与其他竞争者区别开来，从而建立企业的竞争优势。要达到这个目的，一般需要做好以下工作，如图6-6所示。

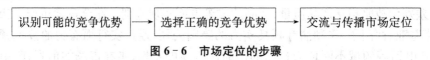

图6-6 市场定位的步骤

（一）识别可能的竞争优势

竞争优势一般有两种基本类型：一是价格竞争优势，同等质量条件下比竞争品价格更低，这就必须力求降低单位成本；二是偏好竞争优势，即提供确定的特色满足顾客特定的偏好，抵消高价格的不利影响。偏好竞争优势的基础是差异化，也是企业市场定位的基础。定位的过程实际上就是基于顾客导向的差异化竞争优势识别和形成的过程。企业必须进行市场调研，了解目标市场的需求特点及这些需求被满足的程度，明确竞争对手的优势和劣势及在顾客心中所留下的印象，再结合差异化特征有效性的准则，以此来识别企业可能具备的竞争优势。

（二）选择正确的竞争优势

显然，任何公司或产品都能差别化，但应该看到并非所有差异化都是有意义的或者是有价值。而每一种差异都可能增加公司成本，当然也可能增加顾客利益。所以，企业必须准确地选择其中一种或几种有价值的竞争优势作为市场定位的基础，企业要对多种差异化特征的优势和劣势进行比较，并对顾客对这些差异化特征的重视程度作出判断，最终选择出企业的定位方案。有效差异化的选择应满足下列原则：

(1) 重要程度——差异对目标购买者来说是非常有价值的。
(2) 明显程度——竞争者没有的产品和服务，或公司有明显优势。
(3) 优质程度——顾客可以获得最好的质量。
(4) 交流性——差异有可交流性，消费者可以看见差异。

(5) 专门性——竞争者不能轻易地模仿和制造。
(6) 购买力——购买者买得起有优势的产品。
(7) 盈利性——差异可给公司带来利润。

（三）交流与传播市场定位

当公司制定一个明确的定位战略后，还必须有效地交流并传播这一定位，公司全部营销组合策略也必须支持这个定位。如果公司定位是好的质量和服务，那么应首先体现这种定位；其次所有战术(4P'S)要围绕这种定位。

传播市场定位就是将选定的差异优势，通过广告宣传和各种促销活动与目标顾客进行沟通，将定位有效地传递给顾客，使顾客知道和了解企业的定位，认同企业为产品所塑造的形象，并培养消费者对产品的偏好和引发购买行为。例如，飞利浦通过"感性·便利"这一定位，向目标顾客传递了双层含义的信息：一是对于顾客的体贴和人文关怀；二是强调产品设计和功能的简约，给顾客以轻松、简便的使用体验。

## 五、产品市场定位的修订

企业的产品在市场上的定位即使很恰当，也不可能是一劳永逸的，当遇到以下情况时，就应考虑对产品定位进行修订或者重新定位：

(1) 竞争者推出的产品，定位于本企业产品的附近，侵占了本企业部分市场份额。
(2) 消费者的品牌偏好发生了变化，原来喜爱本企业产品的顾客转移到喜爱竞争对手的产品上。

在进行修订产品定位或者重新定位时，应考虑所支付的费用是否能够接受，以及修订或重新定位后能否保持其超过原有的销售收入，以避免得不偿失。

**案例 6-1　Morton 食盐的差异化营销**

请你回答一个问题：你家里每天炒菜放的食盐是什么牌子的？能够回答出来的人恐怕不多，因为对于食盐这类均质化产品，人们很少记得住品牌，也很少有人在乎品牌。

对于品牌策划人员来说，做好均质化产品的品牌化工作是难上加难，你很难向消费者展示为何这一牌子的食盐比其他牌子的食盐要好。

但是，很难并不等于不可能。在美国，Morton 食盐就做到了这一点。这一包装袋上印有一个在雨中撑着雨伞的小姑娘的食盐品牌，在美国的超市里，占据了一半以上的货架空间。应该说，Morton 食盐在众多均质化产品类别中走出了一条成功的差异化营销道路。

*分析和把握市场*

成功的第一步，也是非常关键的一步，是充分而又深入地分析和把握市场。听起来，这似乎是老生常谈，但是，这一点其实很多企业通常只是停留在纸面上和口头上，并没有真正切实地把握住市场的脉搏。均质化产品要想建立有差异性的品牌，其营销人员首先必须真切地了解人们为什么愿意为一些差异化付出更多的价钱，企业应该为这些差异化付出多大的代价，如何完成这一差异化的进程，以及这些差异化给消费者带来的究竟是哪些价值。

成功地为均质化产品建立了品牌的营销人员通常有一个共识，那就是没有一个市场达到所谓的完全同质化。了解、分析市场也不只是传统意义上的对市场进行区隔和细分，这是一个需要深思熟虑的过程。只有如此，才能真正地发掘消费者的需求，发掘他们真正发自内心欣赏乃至愿意为之付出更多的差异点。如果我们借用心理统计学或人口统计学方法检验消费者的购买类型，对他们的购买行为进行严谨的细分，通常可以把他们分成3类消费者：宝贵客户，潜在客户，无价值客户。

**宝贵客户**

他们所考虑的不只是产品的最终售价，他们更看重那些能够提升购买及使用过程并且给他们带来最终的利益和价值的产品，他们愿意为这些产品付出更多。当然，这样的消费者在整体市场上所占的比例不高，大致在5%～25%，但是他们所带来的影响不容忽视。他们非常关注并且会致力于在多个层面上，甚至会利用各种互动机会和企业建立起长期的战略性合作关系。当然，相对于其他消费者，他们的要求更多，也更具体。作为企业，获取这一类消费者的信任是至关重要的。特别是在B to B市场上，尤其如此。

例如，澳大利亚小麦协会通常会开展一项对他们来说很关键的活动，在全世界范围内搜寻那些对小麦有着特殊要求的买家。在普通人眼里，小麦是不太能有太大差异的产品。许多买家希望购得的小麦能够满足2～3个标准即可。但是有些要求极高的买主则不同，如一些日本买主要求所购得的小麦能满足他们提出的20多个需求。澳大利亚小麦协会寻找这些买主，为这些苛刻的买主找到能够满足他们需求的卖主，以此获取高额佣金和回报。这与竞争者不一样，竞争者只以价格作为唯一标准。

**潜在客户**

众多消费者其实是均质化产品的潜在客户。他们平常似乎只关心价格因素，但是偶尔会为了一些产品或服务付出更高的价格。和宝贵客户不同的是，他们的这种行为并不是固定的，更多的是由于一些偶然因素引发的。对于营销人员来说，关键在于如何精确地捕捉到诱发潜在客户改变固定行为的原因，从而引导他们向宝贵客户转变。

**无价值客户**

这可能是最令营销人员头疼的一群客户了。无论你如何努力，他们永远把价格看成是第一位的。很不幸，在均质化产品市场上，这些人占了一多半，而且影响力颇强。对于他们，最好的方法恐怕就是将他们推向竞争者，因为能吸引他们的就是价格。而我们大家都知道，很多时候价格是一把双刃剑，一切都取决于你能否使用好它。

消费者购买行为细分其实只是了解消费者真正需求的第一步，但却是非常重要的一步。营销人员还需要分析消费者的利润贡献能力，要避免有些人群表面上看为企业增加了收入，但是实际上却是在侵吞利润空间。细分的最佳结果当然是能够给营销人员提供一份精确的客户名单，可以让他们集中人力、物力向这群人推广产品和服务。

**建立差异化**

由于均质化产品的特殊性，为其建立差异化特征的任务极为艰巨。所建立的差异性必须是可触摸的、牢固的，而且最关键的是，要能经得起人们挑剔、审视的目光。这些推广的差异性必须能够显著提高客户的价值，而且又是竞争者所无法做到的。当然，这就需要发展一些独特的可触摸的价值来源，这可以是技术上或者是工程上的支持，也可以是专有的配送渠道。而且很重要的一点，这种差异化的价值来源必须是竞争者短时间内难以复制的。

Morton食盐差不多在100年前就发明了一种食盐容器，纸罐包装上方设计了一个三角形出口，非常便于倾倒，又不会一次倒出很多。另外，Morton还是最早推出加碘食盐的企业，改变了人们的饮食习惯。Morton不断进行技术革新，在生产工艺上独有一套技术，生产的食盐不会结成块,就算是在非常潮湿的环境中,倾倒起来也十分顺畅,而不是一块一块地倒出来。这是许多同行想破了脑袋都无法企及的工艺能力。

### 发掘与客户之间的共鸣点

单单发现或者建立自己的差异点是不够的。有时候,企业会发现,自己不断宣称的差异点在客户那里并没有得到足够的共鸣。其实,最关键的还在于发掘能够真正让客户共鸣的差异点。如同琴箫合奏,只有找到共同的旋律,方能合奏出天籁之音。

在均质化产品市场上,客户和品牌之间的关系,应该是一种很强烈的情感上的关联。但是这种情感上的关联,又不等同于一个年轻人和一个他所崇拜的明星或者是他一时极度喜欢的服装品牌之间的那种情感纽带,而应该是在一种共享的商业目标或者共同追寻的价值观基础之上建立起来的情感联结。在许多工业品行业,如果和竞争者处于胶着状态时,对于客户而言,不同企业所代表的道德判断、处事方式以及企业文化在很大程度上就成为决定买卖成败的关键。

### 有效的品牌传播

如何将与客户达成共鸣的差异点或者是品牌的特性有效地传播到客户那里,是成功塑造品牌的关键。可惜的是,多年来,由于营销手段上的偏差,巨额的宣传和推广费用换来的却是太多的令人心寒的体验。这也使得许多生产均质化产品的企业开始怀疑市场推广的必要性和有效性。他们或者是走回头路,仍然以产品价格为唯一差异点;或者是经常性地调整营销方向,半信半疑地进行尝试和有限的推广。Morton 食盐却从另一个方面有力地证明了坚持的力量和效果。

Morton 食盐从 20 世纪初期就开始使用同一个代言人,这就是被人称为"Morton 食盐女孩"的小姑娘。时至今日,这个撑着雨伞的可爱小姑娘除了衣饰略有变化外,整体形象没有任何改变,一直出现在产品的包装和各种宣传资料上。1911 年,Morton 在食盐中添加了一种化合物,Morton 可以让食盐的潮湿度保持最低,从而使食盐不结块。为了更好地向消费者宣传这一特点,Morton 设计了一个撑着雨伞的小女孩形象,她拿着一包 Morton 食盐,开着口,食盐撒了一地。Morton 最初的广告口号是:"就算是在雨天,Morton 食盐还是能够自由地流动。"后来,随着时代的发展,Morton 的广告口号借用了英语中的一句常用语:"when it rains, it pours。"而 Morton"食盐女孩"的服装和发型也与时俱进,但始终在那里跳跳蹦蹦惹人怜爱。

正如 Morton 原市场主管所说:"我们的成功其实很简单。我们发现若想成功地推广均质化产品,首先需要发现那些可以真正为消费者提供实在利益的价值点。如果你能第一个提供这些利益,同时又能充分地支持这些利益点,那么你就有可能比别人走在前头获得成功。当然,很重要的一点是,要有耐心和毅力,什么事都不是一蹴而就的,走走歇歇,换个方向,最大的可能是又绕回到原点。"

这位主管非常谦虚,Morton 的成功是 100 多年不懈努力的结果,并不像他所说的那么"简单"。有多少企业能有如此偏执的精神?有多少企业能够秉承一个理念百年不变?我们看到的是,有相当多的企业以所谓的审时度势来作为放弃的借口。

Morton 食盐的成功故事启示我们,对于均质化产品,我们仍然可以借助差异化手段来进行品牌建设,从而获取品牌化所带来的丰厚利润。当然,对于均质化产品来说,首先要摒弃"只能用价格争夺消费者"的狭隘观念,然后采取审慎、严谨的营销措施,从分析市场着手,从深入了解消费者的购买动机和行为着手,致力于创立和提供实际有效的价值,获取消费者的信任,与之建立起持久的关系,在消费者的心目中建立起自己的形象,从而获取长久的竞争优势。只要差异化工作做得好,一粒沙石可以有别于别的沙石,一把食盐也可以有别于别的食盐。(顾洁)

(摘自《新营销·精华本》2006.5)

## 复习思考题

1. 企业营销战略经历了哪3个阶段?何谓STP战略?
2. 何谓市场细分?市场细分的作用如何?
3. 简述市场细分的理论依据。
4. 简述市场细分的程序。
5. 消费品市场细分标准、工业品市场细分标准各有哪些?
6. 选择目标市场应考虑哪些因素?
7. 目标市场选择模式有几种?如何进入?
8. 目标市场营销战略有几种?各有什么特点?企业应如何选择?
9. 什么叫市场定位?产品市场定位有哪几种方法?
10. 产品市场定位的差别化战略主要表现在哪些方面?
11. 简述市场定位的工作步骤及内容。
12. 阅读案例6-1,并联系实际,说说如何在均质化产品中实施差别化营销战略。

# 第7章 市场竞争战略

**本章要点**

- 影响竞争的5种力量
- 估计竞争者的反应模式
- 成本领先战略
- 重点集中化战略
- 市场挑战者战略
- 评估竞争者的能力
- 确定竞争对象
- 差异化战略
- 市场领先者战略
- 市场补缺者战略

## 第一节 竞争者分析

孙子曰："知己知彼,百战不殆。"企业为了制定有效的竞争战略,必须要深入了解竞争对手,认识影响竞争的力量,确定竞争者的战略和目标,评估竞争者的能力,以及应对竞争的模式。

### 一、识别企业竞争者

竞争者一般是指那些与本企业提供的产品或服务相似,并且所服务的目标顾客也相似的其他企业。例如,美国可口可乐公司把百事可乐公司作为主要竞争者;通用汽车公司把福特汽车公司作为主要竞争者;联想公司把四通公司看成主要竞争者。

识别竞争者看来似乎是简单易行的事,其实企业的现实竞争者和潜在竞争者的范围很广。从现代市场经济的实践来看,一个企业很可能被潜在竞争者而不是被当前的主要竞争者吃掉。我们通常可从产业和市场两个方面来识别企业的竞争者。

(一) 产业竞争观念

从产业方面来看,提供同一类产品或可相互替代产品的企业,构成一种产业,如汽车产业、医药产业等。如果一种产品价格上涨,就会引起另一种替代产品的需求增加。例如,咖啡涨价会促使消费者转而购买茶叶或其他软饮料,因为它们是可相互替代的产品,尽管它们的自然形态不同。企业要想在整个产业中处于有利地位,就必须全面了解本产业的竞争模式,以确定自己的竞争者的范围。

(二) 市场竞争观念

从市场方面来看,竞争者是那些满足相同市场需要或服务于同一目标市场的企业。例如,从产业观点来看,打字机制造商把其他同行业的公司作为竞争者;但从市场观点来看,顾客需要的是"书写能力",铅笔、钢笔、电子计算机也可满足这种需要,因而,生产这些产品的公司均可称为打字机制造商的竞争者。以市场观点分析竞争者,可使企业拓宽眼界,更广泛地看清自己的现实竞争者和潜在竞争者,从而有利于企业制定长期的发展规划。

识别竞争者的关键是从产业和市场两个方面将产品细分和市场细分结合起来,综合考虑。

## 二、影响竞争的5种力量

企业在不同的时间、地点和条件下,所面临的竞争压力不同。企业制定有效竞争战略的基础是分析竞争环境和竞争形势,充分了解不同竞争力量的态势。迈克尔·波特认为有5种力量决定了一个市场或细分市场的长期内在吸引力。这5种力量分别是:潜在竞争力量、同行业现有竞争力量、买方竞争力量、供货者竞争力量和替代品竞争力量。如图7-1所示。

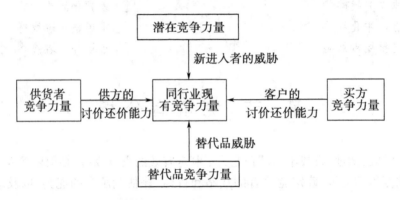

图 7-1 5种竞争力量示意图

### (一)潜在竞争力量

营销环境是由多种动态变化的因素所构成的,每个行业随时都可能有新的进入者参与竞争。它们会给整个行业的发展带来新的生产力,同时也会形成行业内企业之间更激烈的竞争。作为一种潜在竞争力量,新进入者面临的威胁主要表现在参与竞争时可能遇到的阻力程度。如果新进入者势如破竹,那么其就会长驱直入,甚至给企业造成某种剧变;反之,如果遇到竞争对手较为强烈的反应,那么其就会因为障碍重重,对现存企业带来的竞争威胁可能就相对小一些。对新进入者与竞争对手之间的抗衡,应该重点注意以下3个方面:

1. 卖方密度

卖方密度是指同行业或同一类商品经营中卖主的数目,在市场需求量相对稳定时,卖方密度直接影响到企业市场份额的大小和彼此竞争的激烈程度。如果在容量相对稳定的目标市场中,同类产品经营者比较多,那么新进入者的参与就会相对降低部分老企业的市场份额。显然,在卖方密度较高的目标市场中,新进入者往往会遭到竞争对手较为强烈的抵御。

2. 产品差异

产品差异是指同一行业中不同企业同类产品的差异程度,这种差异在许多产品上均有表现,它应该是消费者所能够察觉到的,代表着企业所努力追求的在品牌、顾客忠诚度等方面的优势。产品差异使各企业的产品有不同特色而互相区别,它与企业竞争实力的大小高度相关。如果新进入者能为消费者所认可,并用具有明显特色的产品进入目标市场,那么它就具有较强的竞争力量。

3. 进入难度

进入难度是指某个企业在加入某个行业时所遇到的困难程度,特别是技术的难度和资金的规模。不同的行业,新进入者遇到的进入难易程度是不同的。比如高科技产业是一般企业难以进入的,因为它需要巨额投资和较高的专业技术;而小家电、塑料制品等一般生活用品生产行业则相对容易进入,因为这类产品生产投资不高,技术也不复杂,投产周期短。不同的进入难度会导致不同的影响,进入难度强的行业,价格和利润往往比较高,竞争相对较弱;而进入难度不强的行业,其结果则相反。

因此,企业必须密切注意营销环境的动态发展趋势,随时掌握市场的任何细微变化,才能及时调整自身的营销行为,从而争取在竞争中处于领先地位。

### (二) 同行业现有竞争力量

同行业内现有企业之间的竞争是最直接、最显见的。这种竞争往往因为企业争取改善自身的市场竞争地位而引发,一般通过价格、新产品开发、广告战以及增加为客户提供的服务内容等手段来表现。行业内的竞争往往会表现为以下4种基本状态:

#### 1. 完全竞争

完全竞争是指有较多的企业参与某个目标市场竞争,买卖交易都只占市场份额的一小部分。在完全竞争的市场中,各企业生产或经营的产品(或服务)差异很小,买卖双方对市场的信息充分了解,市场的进入和退出基本没有障碍。

如果在需求尚不能满足的情况下,处于完全竞争态势下的企业间可能会有一段时间的和平共处;然而更多的事实是,为了争取有限的市场份额,一个企业的拓展必然会使另一个企业衰退。在这种竞争状况中,企业一般通过追求降低营销成本来保持竞争优势。

#### 2. 垄断性竞争

垄断性竞争是指参与目标市场竞争的企业尽管比较多,但彼此提供的产品(或服务)是有差异的,一些企业会由于其在产品或服务上的某些优势而获得部分市场的相对垄断地位。

这些企业间的竞争一般通过提高产品质量、优化销售渠道网络、加强各种促销手段等途径进行;或者企业也可以根据"差异"优势,通过变动价格的方法寻求更强的竞争优势。在垄断竞争态势下,许多企业也可以相互联合,以各自长处协作生产某种产品(或服务)进入目标市场,用合力产生竞争优势。

#### 3. 寡头竞争

寡头竞争是指一个行业被少数几家相互竞争的大企业所控制,其他企业只能处于一种从属的地位。寡头竞争中控制市场的企业依赖的主要是实力优势而不是产品(或服务)的差异。

寡头竞争态势下,由于部分企业基本控制了市场,在一段时间内,别的企业要进入是相当困难的,但并不等于永远没有市场机会。寡头之间仍然存在竞争,它们互相依存,任何一个企业的独立活动都会导致其他几家企业迅速而有力的反应,从而难以独自奏效,它们一般都具有很强的成本意识。

#### 4. 完全垄断

完全垄断是指由某一家大企业对整个市场全部占有,其他企业基本无法进入。完全垄断除了极少数是由于实力的优势之外,基本上是由于资源上或技术上的垄断地位所形成的,也有的是由于政府对于某些行业所实行的政策性垄断所致。由于世界上许多国家对于完全垄断是在法律上予以限制的,所以完全垄断的情况一般很少见。

### （三）买方竞争力量

买方是企业产品（或服务）的直接购买者和使用者，关系到企业营销目标的实现与否。买方的竞争威胁往往意味着企业让利的代价，它们可以通过压低价格、追求更好的产品质量、寻求更全面的服务项目等，从竞争企业彼此对立的状态中获得好处。买方竞争力量通常会有以下表现：

（1）如果某个特定买主的进货量很集中，占企业销售的比例也很大，那么就相应提高了该买主讨价还价的能力。当买方所购买的产品占到其成本或购买数额的相当大部分时，或者在买方感到营销实际利润不高时，一般都会为了压低购买成本而慎重地选择购买。

（2）如果买主面临的产品供应者是相对稳定的，而且又是多源的话，那么买主就会利用供应者之间的相互竞争来提高自己讨价还价的能力。而当买主的某个特定购买活动对其而言是至关重要的，或者当供应者的产品对买方产品的质量有很大影响时，买方对价格一般就不会那么敏感。

（3）对一般消费者而言，那些毫无差异、与其收入相比价格偏高或者产品质量对他们而言并不特别重要的产品，往往会使消费者表现出对价格的敏感。因此，为了减少买方讨价还价的威胁，企业应该向最可能赢得的客户推销自己的产品。一般而言，企业选择理想的目标客户符合如下特点：其特定的购买需求必须与企业的相对供应能力相匹配；其讨价还价的能力和所要求的服务成本相对比较低；其具有比较大的发展潜力。

### （四）供货者竞争力量

企业营销目标的实现，必然要依赖于某些特定的原材料、设备、能源等的供应。如果没有经营供货保障，企业也就无法正常地进行营销运转。因此，企业所面对的所有供货者，自然就构成了一种对企业营销活动产生威胁的竞争力量。供货者可以通过提价或降低其所提供的货物（或服务）的质量，或者从供货的稳定性和及时性等各方面显示其讨价还价的能力。供货者的这种威胁，会迫使购货企业产品成本上升而失去利润，供货者竞争力量一般有以下表现：

（1）如果企业面临的是实力强大的供货者，那么供货者通常在价格、质量和贸易条件等方面具有相当大的主动权。当供货者面临着同类产品供应或者某些替代品供应的激烈竞争时，那么即使是再强大的供货者，这时候其讨价还价的能力也会受到一定的牵制。

（2）如果某个特定企业是供货者的重要客户，那么由于关系密切，供货者会有相对积极的态度，通过合理的价格和各种促进手段来保证彼此关系的协调发展。

（3）如果当供应者的某种产品成为要货企业营销活动中一个至关重要的因素时，那么显然就会提高供货者讨价还价的能力。

因此，为了减少供货者的竞争威胁，企业应该在保证供货相对稳定的基础上，尽可能使自己的供货者多样化，这样可以使供货者之间形成竞争，使企业处于相对有利的竞争位置。

### （五）替代品竞争力量

广义地看，企业的竞争对手并不局限于同一行业中。许多企业尽管彼此生产的产品（或服务）在形式、内容等方面并不雷同，然而这些产品（或服务）却都从特定的角度满足市场的需求从而吸引了社会的购买力。事实上，对于争取社会购买力而言，替代产品竞争力量同样会影响到企业的市场地位，甚至是生死攸关的大问题。一般而言，替代品竞争力量会有以下表现：

(1) 愿望竞争力量。愿望竞争力量是指提供不同产品以满足不同需求的替代竞争力量。比如对于家电经营企业而言，房产、证券、文化娱乐、汽车等不同类型的行业都属愿望竞争者。在整个市场一定时期内相对稳定的购买力面前，大家都在竭力争取消费者最终的购买投向，这就形成了一种现实的替代品竞争的威胁。

(2) 平行竞争力量。平行竞争力量是指提供能满足同一种需求的不同产品的替代品竞争力量。比如自行车、助力车、摩托车、汽车等都可以用作家庭交通工具，这几种产品的经营者之间必然存在竞争关系，他们互相成为各自的平行替代竞争者。

(3) 产品形式与品牌竞争力量。产品形式竞争力量是指生产同种产品，但不同规格、型号、款式的替代品竞争力量；产品品牌竞争力量是指产品相同，规格、型号等也相同，但品牌不同的替代竞争力量。显然，这两种替代竞争力量来自同行业，竞争十分激烈。因此，为了减少替代品竞争力量的威胁，企业要广义地正确认识替代品。同时，企业必须注重在行业内采取产品质量改进、营销努力、提供更大的产品有效性等措施，以改善行业整体竞争环境，从而从根本上提高企业的竞争力。

### 三、分析竞争者和确定竞争对象

企业竞争战略的制定及其有效性依赖于判定竞争者的目标、识别竞争者的战略、评估竞争者的能力，并估计竞争者的反应模式。

(一) 判定竞争者的目标

竞争者的最终目标当然是追求利润最大化，但每个公司对短期利润目标和长期利润目标的偏重不同，对利润满意程度存在差异。具体的战略目标有多种多样，如获利能力、市场占有率、现金流量、成本降低、技术领先、服务领先等，每个企业有不同的侧重点和目标组合。竞争者的目标由多种因素确定，包括企业规模、历史、经营管理状况、经济状况等。

对竞争者经营目标的分析，有助于了解其对目前市场地位和财务状况的满意程度，从而推断竞争者是否会改变其营销战略以及对外部环境变化可能做出的反应。比如，一个注重销售稳定增长的企业和一个注重保持投资回报率的企业，两者对某个企业市场占有率增加的反应可能是完全不同的。同样，一个以低成本领先为目标的企业对竞争企业在制造过程中技术突破会做出强烈反应，而对竞争企业增加广告投入则不太在意。

竞争者目标的差异会影响到其经营模式。美国企业一般都以追求短期利润最大化模式来经营，因为其当期业绩是由股东评价的。如果短期利润下降，股东就有可能失去信心，抛售股票，以致企业资金成本上升。日本企业一般按市场占有率最大化模式经营。它们需要在一个资源贫乏的国家为1亿多人提供就业，因而对利润的要求较低，它们的大部分资金来源于寻求平稳的利息而不是高额风险收益的银行。日本企业的资金成本要远远低于美国企业，所以，能够把价格定得较低，并在市场渗透方面显示出很大的耐性。

(二) 识别竞争者的战略

每个竞争对手都有其显式或隐式的竞争战略。企业竞争战略是指导企业在经营活动中应实现什么样的目标、如何投入竞争以及应采取的措施等。战略的差别表现在目标市场、产品档次、性能、技术水平、价格、销售范围等方面。

福特汽车公司以大批量流水线标准化生产的低成本优势而成为早期的赢家。通用汽车超过了福特，因为它响应了消费者对汽车多样化的欲望。后来，日本的汽车公司（如丰田）取得了领先地位,因为它们供应的汽车省油。日本下一步战略是生产可靠性更高的汽车。当美国的汽车制造商注意质量时,日本的汽车商又转移到知觉质量,即汽车和部件更好看和感觉更好。

企业最直接的竞争者是那些处于同一行业同一战略群体的企业。战略群体是指在某特定行业内推行相同战略的一组企业。处于同一战略群体的企业,在目标市场、产品类型、质量、功能、价格、分销渠道和促销战略等方面几乎无差别。同一战略群体内的竞争最为激烈,任一企业的竞争战略都会受到其他公司的高度关注并在必要时做出强烈反应。不同战略群体之间由于顾客的交叉而存在现实或潜在的竞争。

除了在同一战略群体内存在激烈竞争外,在不同战略群体之间也存在竞争。这是因为:① 某些战略群体可能具有相同的目标顾客;② 某些顾客可能分不清不同战略群体的产品的区别,如分不清高档货和低档货的区别;③ 属于某个战略群体的企业可能改变战略,进入另一个战略群体,如提供中档货的企业可能转向生产高档货。

企业必须不断观测竞争者的战略,并根据竞争者战略的调整而修订自己的竞争战略。

### (三) 评估竞争者的能力

竞争者的营销目标和战略会影响其对市场竞争做出何种反应的可能性,但反应的现实性和强度则取决于竞争者的资源和能力。对竞争者能力实事求是的评估是竞争者分析中的关键。市场竞争者的能力一般包括以下主要内容:

(1) 核心能力。竞争者各职能部门的能力如何,最强之处在哪里,最薄弱环节在何处。

(2) 成长发展能力。包括竞争者中是否有潜在的能力,在人员、技能和营销等方面发展壮大的速度和幅度如何等。

(3) 快速反应能力。竞争者迅速对其他公司的行动做出反应的能力如何,或立即发动进攻的能力如何。这将由下述因素决定:自由现金储备、留存借贷能力、厂房设备的余力、定型及尚未推出的新产品。

(4) 适应变化的能力。包括竞争者对市场需求、重大技术创新、政府产业政策等外部条件变化的适应能力,对价格和成本竞争、服务竞争、产品更新换代等方面的适应能力。

(5) 持久力。竞争者支撑可能对收入或现金流造成压力的持久战的能力,这将由如下因素决定:现金储备、管理人员的协调统一、财务目标上的长远眼光、资金筹措和调动能力。

### (四) 估计竞争者的反应模式

单凭竞争者的目标和能力还不足以推断其可能采取的行动,以及对诸如削价、加强促销或推出新产品等企业举动的反应,企业还需要对竞争者的经营哲学、内在文化、主导信念、心理状态、过去的竞争行为进行深入了解,才能预测它对各种竞争行为的反应。竞争中常见的反应类型有以下4种:

(1) 从容不迫型竞争者。指对某些特定的攻击行为没有迅速反应或强烈反应。可能原因是:认为顾客忠诚度高,认为该行为不会产生大的效果;缺乏做出反应所必需的资金条件;也可能是重视不够,没有发现对手的新措施等。

(2) 选择型竞争者。指只对某些类型的攻击做出反应,而对其他类型的攻击无动于衷。比如,对降价行为做出针锋相对的回击,而对增加广告费用则不做反应。因为他们认为这对自己威胁不大。了解竞争者会在哪些方面做出反应,有利于企业选择最为可行的攻击类型。

(3) 凶猛型竞争者。指对所有的攻击行为都做出迅速而强烈的反应,这类竞争者意在警告其他企业最好停止任何攻击。如美国宝洁公司就是一个强劲的竞争者。

（4）随机型竞争者。指对竞争攻击的反应具有随机性，反应模式难以捉摸，有无反应和反应强弱无法根据其以往的情况加以预测。许多小公司属于此类竞争者。

（五）确定竞争对象

在明确谁是主要竞争者，对竞争者反应模式的评估之后，企业可以在下列分类的竞争者中挑选一个进行集中攻击。

（1）强竞争者与弱竞争者。多数企业认为应以较弱的竞争者为进攻目标，因为这样做可以节省时间和资源，事半功倍，但是获利较少。反之，有些企业认为应以较强的竞争者为进攻目标，因为这样做可以提高自己的竞争能力并且获利较大，而且即使强者也总会有劣势。

（2）近竞争者与远竞争者。多数企业主张与相似的竞争者展开竞争，但同时又认为应避免摧毁相似的竞争者，因为其结果很可能对自己反而不利。例如，美国博士伦眼镜公司在20世纪70年代末与其他同样生产隐形眼镜的公司竞争中大获全胜，导致竞争者完全失败而竞相将企业卖给了露华浓、强生等竞争力更强的大公司，结果使博士伦公司面对更强大的竞争者，处境更困难。

（3）"好"竞争者与"坏"竞争者。企业并不是把所有的竞争者都看成是有益的，因为每个行业中的竞争者通常都有表现良好和具有破坏性这两种类型。表现良好的竞争者按行业规则行动，按合理的成本定价，有利于行业的稳定和健康发展，它们激励其他企业降低成本或增加产品差异性，接受合理的市场占有率与利润水平。而具有破坏性的竞争者则不遵守行业规则，它们常常不顾一切地冒险或用不正当手段（如收买贿赂买方采购人员等）扩大市场占有率等，从而扰乱了行业的均衡。例如，IBM公司认为克雷研究公司是表现良好的竞争者，因为它遵守行业规则，固守其超级电脑细分市场，不攻击IBM公司的核心市场。然而，IBM公司却认为日本富士通公司是具有破坏性的竞争者，因为它以补贴价格和差异很小的产品攻击IBM公司的核心市场。

企业应支持好的竞争者，攻击坏的竞争者。更重要的是竞争者的存在会给企业带来一些战略利益。如增加市场总需求，分担市场开发与产品开发的成本；竞争者为吸引力较小的细分市场提供产品，可导致产品差异性的增加；竞争者还加强企业同政府管理者或同职工的谈判力量。

## 第二节 市场竞争的基本战略

基本竞争战略是指无论任何行业或企业都可以采用的竞争性战略。

每个企业在市场竞争中都会有自己相对的优势和劣势，要获得竞争胜利，当然必须以一定的竞争优势为基础。企业竞争优势是由企业应付潜在竞争者、现有竞争者、替代品竞争者、买方竞争者、供方竞争者的能力所决定的。为增强企业竞争力，争取竞争优势，美国

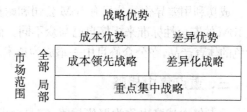

图7-2 基本竞争战略

哈佛商学院著名的战略管理学家迈克尔·波特在其1980年出版的《竞争战略》一书中提出了3种基本竞争战略,即成本领先战略、差异化战略和重点集中战略,如图7-2所示。

## 一、成本领先战略

成本领先战略是指企业力争使总成本降到行业最低水平,作为战胜竞争者的前提。采用这种战略,核心是争取最大的市场份额,使单位产品成本最低,从而以较低售价赢得竞争优势。

成本领先战略是国外20世纪70年代一种非常流行而被普遍使用的竞争方法。实现成本领先要求企业具有良好、通畅的融资渠道;能保证资本持续不断地投入;产品便于制造,工艺过程精简;拥有低成本的分销渠道;高效的劳动管理。更先进的技术、设备、更熟练的员工,更高的生产效率,更严格的成本控制,结构严密的组织体系和责任管理,以满足以数量目标为基础的激励制度,都是实施这一战略的重要保障。这样,企业可以依靠成本更加低廉形成战略特色,并在此基础上争取有利的价格地位,在与对手的抗争中也就能够占据优势。

成本领先战略可以获得如下优势:形成进入障碍;降低替代品威胁;减弱卖方和买方的压力;避免竞争者侵害等。

企业在选择成本领先战略时,也面临竞争对手进行模仿、竞争对手开发出更低成本的生产方法、顾客需求的改变等威胁。

## 二、差异化战略

差异化竞争战略,是指企业通过开发别具一格的产品线或营销项目,以争取在产品或服务等方面比竞争者有独到之处。差异化战略不仅包括产品差异,还包括人员差异、形象差异和服务差异等各方面的差异。企业可以在产品设计、生产技术、产品名称、顾客服务、分销渠道、促销方式等各个方面标新立异,创造出与众不同的特色,这样就可以取得竞争的主动权,这也是阻挡竞争者进入的一种障碍。这是因为,差异往往会给顾客以耳目一新的感觉,增加顾客的忠诚度,使顾客甘愿接受较高的价格。如德国的莫沙迪斯·本茨汽车公司就是靠特殊生产技术、产品设计和市场战略来得到差异优势,其汽车高质高价,而购买这种汽车的顾客对价格并不敏感,他们追求的是通过购买这种产品而获得社会对其地位的承认。

企业实施差异化战略,可以很好地防御行业中的5种竞争力量,获得超过平均水平的利润。差异化战略能够获得形成进入障碍、克服替代品威胁、减弱卖方和买方压力、避免竞争者侵害等优势,但企业在保持差异化上也存在诸如形成差异化成本过高、竞争对手模仿或推出类似产品、竞争对手超越或推出更有差异化的产品、购买者需求的改变等威胁。

当然,对于要在某些方面做到与众不同的企业而言,付出的代价往往会比较大。但是,要使差异化战略充分发挥竞争优势,企业必须注意在形成自身独特性的同时,与竞争对手的成本比较。争取既保持企业受到市场认可的独特性,又使自己的成本尽可能降低。

成功利用差异化的公司有IBM公司和耐克公司。IBM一直以强大的销售和服务系统,以及IBM的安全性标准来标榜自己与众不同。而耐克公司在运动产品这一行里生产了许多独具特色的体育产品,在公众心目中一举成为技术领先者。

## 三、重点集中战略

重点集中战略也称为聚焦战略,它是企业把经营重点放在一个特定的目标市场上,并为这个特定的目标市场提供特定的产品或服务。重点集中战略与前两个基本竞争战略不同，它不是面向全行业，而是围绕一个特定的目标进行密集性的生产经营活动。

重点集中战略实际上是成本领先战略或差异化战略在某一具体市场上的运用，它同前两个竞争战略不同，可以防御行业中的各种竞争力量，如可以用来防御替代品威胁，可以针对竞争对手最薄弱的环节采取行动等，从而使企业在本行业中获得高于一般水平的收益。但需要说明的是，企业实施重点集中战略，尽管能在目标市场上保持一定的竞争优势和获得较高的市场份额，但由于其目标市场狭小，从而该企业的市场份额总体水平是较低的。因此，企业选择重点集中战略时，应在产品获利能力和销售量之间进行权衡和取舍，有时还要在产品差异化和成本状况之间进行权衡。

企业在实施重点集中战略时，可能会面临以下风险：企业生产成本和经营成本过高；顾客需求的改变；竞争对手采取同样的重点集中战略；竞争对手从企业目标市场中找到了可以再细分的市场等。

企业实施重点集中战略的关键是选好战略目标。一般来说，企业应尽可能选择那些竞争对手最薄弱的目标或最不易受替代品冲击的目标。

成功实施以上3种基本竞争战略需要不同的资源与措施，在组织管理方面也应有不同的要求。这些战略和要求条件如表7-1所示。此外，还需要不同的领导风格，形成不同的企业文化宗旨和气氛。

表7-1  3种基本战略的必要条件

| 战略类型 | 资源与措施 | 组织安排 |
| --- | --- | --- |
| 成本领先战略 | 大量投资，资金充足，工人的技术熟练，产品易于制造，低成本的分销系统 | 严密的成本控制，健全的组织结构与规章制度，有效的激励机制，责任制 |
| 差异化战略 | 研发能力强，设计水平高，高质量，强大的营销规划能力，高效的营销渠道，声誉卓著，历史悠久 | 对研发部门、产品试制部门和营销部门协调力量强，适于雇用勇于创新的员工 |
| 重点集中战略 | 将上述两种战略要素结合用于特定的目标市场 | |

下面是世界橡胶行业几家大公司具有不同特色的市场竞争战略，由此我们可以清楚地认识到战略目标与方向的选择对于一个企业的发展具有的重要意义。

世界最大的轮胎制造商——固特异轮胎橡胶公司。该公司采取的是低成本战略。它通过大量投资，实现工厂规模经济，以降低成本、提高质量、加强竞争。近年来，世界橡胶轮胎行业增长缓慢，生产能力过剩，价格竞争激烈。如果公司不投入大量资金开发研制高质低价的产品，并通过全面的营销及广告在中间商和用户心目中建立信誉，公司将无法保持领先地位并实现增长。公司的低成本市场竞争战略使公司产品的市场占有率大大提高，从而为公司带来了丰厚的利润。

世界第二号轮胎制造商——法国米其林公司。该公司采取的是产品差异化战略，通过不断地创新产品，以高质量赢得了"卡迪拉克"(Cadillac)的声誉，使公司有条件通过较高的价格来获取理想的利润水平。

阿姆斯特公司采取的是专营化战略，通过开发和弥补市场空缺，在某一细分市场上获得领先地位。例如，在满足农用设备车辆、旅游车辆的轮胎市场上显示了高超的营销技能。

由于上述3个公司能够出色地适应环境,发挥自身技术、资源及营销优势,虽然行业内增长缓慢,生产能力过剩,但它们却都取得了令人瞩目的经营成就。

以上所说的是企业的总体市场竞争战略。在具体的竞争中,还要进一步结合企业产品的市场占有率情况,分别采取相应的具体战略。

## 第三节 不同市场地位企业的竞争战略

每一个企业在参与市场竞争的过程中,都会由于经营目标、资源条件、技术水平、市场开发能力的不同而具有不同的竞争地位。而竞争地位的不同,就要采取与之相适应的竞争战略。菲利普·科特勒把具有不同竞争地位的企业分为4种类型:市场领先者(市场份额约占40%)、市场挑战者(市场份额约占30%)、市场追随者(市场份额约占20%)和市场补缺者(市场份额约占10%)。如图7-3所示。

| 市场领先者 | 市场挑战者 | 市场追随者 | 市场补缺者 |
|---|---|---|---|
| 40% | 30% | 20% | 10% |

图7-3 假设的市场结构

### 一、市场领先者战略

市场领先者,是指在相关产品的市场上占有率最高的企业。一般来说,绝大多数行业都有一个被公认的市场领先者,它在价格变化、新产品引进、分销和促销等方面都处于主宰地位,为同行所公认。它是市场竞争的导向者,也是其他企业挑战、效法或躲避的对象。如我国彩色电视机市场的长虹公司、日本彩色胶卷市场的富士公司、美国汽车市场的通用公司、电子计算机市场的IBM公司、电脑软件市场的微软公司、推土机行业的卡特彼勒公司、剃须刀行业的吉列公司以及软饮料市场的可口可乐公司等,它们的地位是在竞争者中自然形成的,但又不是固定不变的,除了极少数享有独占经营权利的企业,其他所有的领先者都必须时时保持高度警惕,采取必要的竞争策略来巩固现有的市场地位,稍不注意就被后来者取代的情况也是经常发生的。

市场领先者如果没有获得法定的垄断地位,必然会面临竞争者的无情挑战,因此,它们必须采取适当的竞争战略,迎接挑战,否则就可能丧失领先地位而降到第二位或第三位。市场领先者为了维持自己的优势,保持自己的领先地位,通常可采用3种措施:一是扩大市场总需求量;二是保持现有市场占有率;三是提高市场占有率。

(一)扩大市场总需求量

处于领先地位的企业通常在总需求扩大时获益最多。例如,美国消费者如果增加拍照片的数量,受益最大的将是柯达公司,因为它占有美国胶卷市场的70%以上。为此,市场领先者就要千方百计地设法扩大总需求。一般来说,市场领先者可以从3个方面扩大市场需求量:

1. 发掘新的使用者

每类产品总有其吸引购买者的潜力,他们或者根本不知道有这类产品,或者因为其价格不合理或缺少某些性能而拒购。比如儿童食品制造公司,可向老年人推销儿童食品,使老少皆宜,以此来发展新的使用者。发掘新的使用者的具体做法,大体有市场渗透战略、市场开发战略和地理扩展战略3种。

如生产香水的企业可设法劝服不用香水的女士(市场渗透战略);说服男士使用香水(市场开发战略);向其他国家出口香水(地理扩展战略)。美国强生公司婴儿洗发香波的扩大销量是开发市场的一个成功范例。当美国出生率开始下降时,该公司制作了一部电视商业广告片,向成年人推销婴儿洗发香波,取得了很好的效果,使该品牌成为市场主导者。雀巢公司采取的是地理扩展战略,它总是力图成为进入市场的第一家食品公司。为了进入中国市场,雀巢公司先后进行了长达10年的谈判。

2. 开辟产品的新用途

开辟和寻找产品的新用途是指设法找出产品的新用法和新用途,以增加销售。市场可以通过发现和推广产品的新用途而扩大。例如,美国杜邦公司的尼龙就是一个成功的典型。尼龙最初用于降落伞的合成纤维,后用作妇女丝袜的纤维,而后又作为男女衬衣的主要原料,又用于制作汽车轮胎、沙发椅和地毯。凡士林最初问世时是用做机器润滑油的,之后,一些使用者才发现凡士林可用做润肤脂、药膏和发胶等。每种新用途都使产品进入新的寿命周期。

3. 增加使用者的使用量

设法说服消费者提高某产品使用频率或者增加某产品的每次使用量是扩大需求的一种重要手段。如每天应刷牙3次,并且要用足量牙膏。海飞丝洗发水洗头的效果,每次用2份比用1份更佳。告诉消费者增加使用量的好处,消费者就会更多地使用,从而扩大需求量。提高购买频率也是扩大消费量的一种常用的办法。如时装制造商每年每季都不断推出新的流行款式,消费者就不断购买新装,流行款式的变化越快,购买新装的频率也就越高。

(二)保持现有市场占有率

处于市场领先者地位的企业,必须时刻防备竞争者的挑战,保护自己的现行业务不受对手侵犯。例如通用汽车公司要时刻防备福特公司的进攻,可口可乐公司要防备百事可乐公司,柯达公司要防备富士公司,这些挑战者都是很有实力的,领先者稍不注意就可能被取而代之。

市场领先者如何防备竞争对手的进攻呢?正如菲利普·科特勒在其《市场营销管理——亚洲版》一书中,引用了《孙子兵法》的论述:"故善战者,求之于势,不求于人。"即善战者不是依靠对手不进攻,而是靠自己具有不被攻破的实力。因此,市场领先者任何时候也不能满足于现状,必须在产品的创新、服务水平的提高、分销渠道的畅通和降低成本等方面下工夫,始终处于该行业的领先地位。市场领先者应该在不断加强竞争实力的同时,抓住竞争对手的弱点主动出击,正如军事上有一条原则——进攻是最好的防御。

市场领先者如果条件不具备,不应发动进攻,必须严守阵地,不能有任何疏漏。应尽可能使中间商的货架尽可能多地摆自己的产品,防止其他品牌入侵。必须善于精确地辨认哪些是值得耗资防守的阵地,哪些是可以放弃的阵地,有所为,有所不为,应集中防御力量,严防死守阵地。可采用的防御战略有:

1. 阵地防御

就是在现有阵地周围建立防线,这是一种静态的防御,是防御的基本形式。但是,如果将所有力量都投入这种防御,很可能最后导致失败,重演"马其诺防线"的悲剧。企业单纯采用消极的静态防御,只保卫自己目前的市场和产品,是一种"营销近视症"。如当年亨利·福特对 T 型车的"近视症"就造成了严重后果,使得年盈利 10 亿美元的福特公司从顶峰跌到濒临破产的边缘。

2. 侧翼防御

市场领先者除保卫自己的阵地外,还可建立某些辅助性的基地作为防御基地,或作为在必要时可能进行反攻的出击基地。特别是注意保卫自己较弱的侧翼,防止竞争对手乘虚而入。例如,20 世纪 70 年代,美国几大汽车公司就因没有注意侧翼防御,遭到日本小型汽车的无情进攻,失去了大片阵地。

3. 先发防御

即先发制人式的防御。具体做法是:当竞争者的市场占有率达到某一危险的高度时,就对它发动攻击,或者对市场上的所有竞争者进行全面攻击,使其他竞争者有危机感。这种竞争战略认为,预防胜于治疗,事半功倍。如日本精工表公司将其 2 000 种款式的手表分销到世界各地,造成全方位的威胁。

4. 反攻防御

当市场领先者遭到对手发动降价促销攻势,或改进产品、占领市场阵地等进攻时,不能只是被动应战,而应主动反攻入侵者的主要市场阵地。可实行正面反攻、侧翼反攻,或发动钳形攻势,以切断进攻者的后路。当市场领先者在本土遭遇攻击时,一种有效的方法是进攻攻击者的主要领地,迫使其撤回部分力量守卫其本土,这叫做"围魏救赵"。当富士公司在美国向柯达公司发动攻势时,柯达公司报复的手段是"以牙还牙",攻入富士公司在日本的本土市场。

5. 运动防御

运动防御是指市场领先者不仅防御目前的阵地,而且还要扩展到新的市场阵地,以其作为未来防御和进攻的中心。市场扩展可通过两种方式实现:

(1) 市场扩大化。企业将其注意力从目前的产品上转移到有关该产品的基本需要上,并研究与开发有关该项需要的全部科学技术。例如,把"柴油机制造公司"变成为"动力公司",这就意味着市场范围扩大了,从柴油机市场扩展到包容各种动力机械的市场。又如,俄罗斯把"石油"公司变成"能源"公司就意味着市场范围扩大了,不限于一种能源——石油,而是要覆盖整个能源市场。

(2) 市场多角化。即向无关的其他市场扩展实行多角化经营。例如,烟草公司由于全社会对吸烟的限制日益增多,就要向其他产业发展,如酒类、软饮料和冷冻食品等。

(三) 扩大市场占有率

市场占有率的提高,是市场领先者保持领先地位的一个重要途径。一项研究表明,市场占有率与投资收益率关系密切,市场占有率越高,投资收益率就越大。市场占有率高于 40%的企业,平均投资收益率是市场占有率低于 10%企业的平均投资收益率的 3 倍。例如,IBM公司为了恢复其市场占有率,在 3 个月的时间里投入 1 亿美元来扩大自己的市场占有率。

但是,并不是在任何情况下市场份额的提高都意味着收益率的增长。高市场份额低盈利率和低市场份额高盈利率的现象也时有发生。特别应注意,企业如果盲目追求过高的市场份额,一方面有可能触犯"反垄断法",另一方面还可能触发更多的竞争者群起而攻之。因

此,企业提高市场占有率应考虑以下三方面因素:

1. 引起反垄断活动的可能性

许多国家制定了反垄断法,当企业的市场占有率超过一定限度时,就有可能受到指控和制裁。

2. 为提高市场占有率所付出的成本

当市场占有率已达到一定高度时,想进一步提高就要付出很大的代价,结果可能得不偿失。一项研究表明,企业的最佳市场占有率是50%左右。因此,有时为了保持市场领先地位,可以主动放弃疲软的市场。

3. 争夺市场占有率时,应采用高质量的产品

有些市场营销手段对提高市场占有率很有效,却不一定能增加收益。只有在以下两种情况下市场占有率同收益率成正比:一是单位成本随市场占有率的提高而下降;二是在提供优质产品时,销售价格的提高大大超过为提高产品质量所投入的成本。

总之,市场领先者必须善于扩大市场需求总量,保卫自己的市场阵地,防御挑战者的进攻,并在保证收益增加的前提下提高市场占有率。这样,才能持久地占据市场领先地位。

## 二、市场挑战者战略

在市场上处于次要地位的企业,如果要向市场领先者和其他竞争者挑战,争取市场主导地位,一般称之为市场挑战者。

市场挑战者要想争取市场主导地位,首先必须确定自己的战略目标和竞争对象,然后还要选择适当的进攻战略。

(一)确定战略目标和竞争对象

市场挑战者的战略目标通常多数是提高市场占有率,进而提高盈利水平。战略目标同竞争策略是密切相关的,对不同的对象有不同的目标和战略,一般来说,挑战者可在下列3种情况下进行选择:

1. 攻击市场领先者

这是一个具有潜在的高报偿但又有高度风险的战略,如果市场领先者不是一个实力很强的企业,并且也没有很好地满足市场需求,那么挑战者就应仔细调查和寻找消费者的需要和不满,发现领先者的弱点和失误,从而开发出超过领先企业的新产品,以更好的产品来夺取市场的领先地位。例如,施乐公司用干印代替湿印,从3M公司那里夺走了复印机市场;佳能公司开发台式复印机,又从施乐公司夺取大片市场。

2. 攻击与自己实力相当者

挑战者对一些与自己势均力敌的企业,可选择其中经营不善并发生亏损的作为进攻对象,设法夺取它们的市场阵地。

3. 攻击地方性小企业

对一些当地小企业中经营不善、财务困难者,可夺取它们的顾客,甚至这些小企业本身。如在国内,许多实力雄厚、管理能力强的独资和合资企业一旦进入市场,首先进攻当地资金不足、管理混乱的弱小企业。

总之,挑战目标的确定取决于进攻对象。如果选择以市场领先者为进攻对象,其目标是夺取领先者某些市场份额;如果以中小企业为对象,其目标是将它们逐出市场。无论选择何

种挑战对象,在发动攻势进行挑战之前,必须遵守一条原则:挑战行动都必须指向一个明确、肯定的和可能达到的目标。

(二)挑战者的进攻战略

1. 正面进攻

进攻者发起正面进攻是指集中兵力正面指向其对手,即攻击对手的强项而不是弱点。这种情况下,进攻者必须在产品、价格、广告等主要方面超过对手,否则不可以采取这种进攻战略。正面进攻的胜负取决于双方力量的对比。正面进攻的另一种措施是投入大量研究与开发经费,使产品成本降低,从而以降低价格的手段向对手发动进攻,这是持续实行正面进攻战略可靠的基础之一。

2. 侧翼进攻

侧翼进攻就是集中优势力量攻击对手弱点,有时可采取"声东击西"的战略,佯攻正面,而实行侧面或背面进攻。可从两个角度来组织进攻,包括地理的和细分的进攻。地理上的进攻包括进攻者在本国或世界上选择对手力量薄弱的地方组织进攻。细分性进攻,即寻求未被主导企业覆盖的市场需要,并迅速填补空白。

3. 包围进攻

包围进攻是一种全方位、大规模的进攻战略,挑战者拥有优于对手的资源,并确信借助围堵计划足以打垮对手时可采用这种战略。日本精工表在美国市场上提供了约400种流行款式,其营销目标是在全球制造并销售大约2 300种手表。美国一家竞争对手的副总裁不无羡慕地说:"精工表公司通过流行的款式、特性、使用者偏好以及一切可以鼓励消费者的手段实现它的目标。"

4. 迂回进攻

迂回进攻是一种最间接的进攻战略,完全避开了对手的现有阵地迂回进攻。具体办法有3种:一是发展无关的产品,实行产品多角化;二是以现有产品进入新的地区市场,实行市场多角化;三是发展新技术、新产品,取代现有产品。

5. 游击进攻

游击进攻主要适用于规模较小、力量较弱的企业的一种战略,即对竞争对手的不同领域进行小的、断断续续的进攻,其目的是骚扰对方,使其士气衰弱,并最终获得永久性的市场据点。因为小企业无力发动正面进攻或有效的侧翼进攻,只有向较大对手市场某些角落发动游击或促销攻势才能逐渐削弱对手的实力。

### 三、市场追随者战略

并非所有的屈居第二的企业都会向市场领先者挑战,市场追随者与市场挑战者的区别就在于,它不是向市场主导者发动进攻并图谋取而代之,而是跟随在主导者之后自觉地维持共处局面。这种"自觉共处"状态在资本密集且产品同质的行业中普遍存在。

市场追随者战略效仿领先者为市场提供类似的产品,因而市场占有率相当稳定。但是,这并不等于说市场追随者都无自己的战略,每个市场追随者必须懂得如何保持现有顾客,并争取一定数量的新顾客,必须设法给自己的目标市场带来某些特有的利益。追随者是挑战者攻击的主要对象。因此,追随者必须保持较低的生产成本和较高的产品质量和服务质量。市场追随者并不是被动、单纯地跟随主导者,它必须找到一条不致引起竞争性报复的成长途径。可供追随者选择的战略如下：

1. 紧紧追随

即追随者在尽可能多的细分市场和营销组合方面模仿领先者。这种追随者有时似乎像是挑战者，但只要它不从根本上威胁到主导者地位，就不会发生直接冲突。有些追随者甚至可能被看成是寄生者，它们在刺激市场方面很少动作，只是希望靠市场领先者的投资生活。

2. 有距离的追随

即指在主要方面，如目标市场、产品创新、价格水平和分销渠道等方面追随领先者，但仍与主导者保持若干差异。这种追随者可通过兼并比自己实力小的企业发展壮大自己。一般情况下，领先者比较喜欢这种追随者，这样可以免遭独占市场的指责。

3. 有选择的追随

即追随者在某些方面紧跟领先者，但有时又走自己的路。这就是说，它一方面学习领先者，同时又有自己的特色和创新。这种追随者在条件成熟时就可能成为挑战者。

有资料表明：市场追随者虽然占有的市场份额不高，但其利润却较高，这是由于这些企业在市场投入费用较少的缘故。这也是有更多的企业甘愿当追随者的原因。

### 四、市场补缺者战略

在现代市场经济条件下，每个行业几乎都有些小企业，它们关注市场上被大企业忽略的某些细小部分，在这些小市场上通过专业化经营来获取最大限度的收益，也就是在大企业的夹缝中求得生存和发展。这种有利的市场位置在西方称之为"Niche"，即补缺基点。例如，在亚洲的啤酒市场上，真正领先的是本地企业，如日本的麒麟公司、菲律宾的生力公司、新加坡的虎啤公司和韩国的东方公司。由于这一市场日趋繁荣和复杂，外国啤酒公司只得寻求适合自己的补缺市场。

所谓市场补缺者，就是指精心服务于市场的某些细小部分，而不与主要的企业竞争，只是通过专业化经营来占据有利的市场位置的企业。这种市场位置（补缺基点）不仅对于小企业有意义，而且对某些大企业中的较小部门也有意义，它们也常常设法寻找一个或几个这种既安全又有利的补缺基点。

（一）市场补缺基点的特征

一个理想的市场补缺基点应具有以下特征：

(1) 有足够的市场潜量和购买力。

(2) 利润有增长的潜力。

(3) 对主要竞争者不具有吸引力。

(4) 企业具备占有此补缺基点所必需的技能、资源等能力。

(5) 企业既有的信誉足以对抗竞争者。

（二）市场补缺者战略

一个企业如何取得补缺基点呢？取得补缺基点的主要战略是专业化市场营销。企业为取得补缺基点可在市场、顾客、产品或渠道等方面实行专业化。下面是几种可供选择的专业化方案：

(1) 最终用户专业化。专门致力于为某类最终用户服务，如计算机行业有些小企业专门针对某一类用户（如诊疗所、银行等）进行市场营销。

(2) 垂直层面专业化。专门致力于分销渠道中的某些层面,如制铝厂专门生产铝锭、铝制品或铝质零部件。

(3) 顾客规模专业化。专门为某一种规模的客户服务,如有些小企业专门为那些被大企业忽略的小客户服务。

(4) 特定顾客专业化。只对特定的客户服务,如美国有些企业专门为西尔斯公司或通用汽车公司供货。

(5) 地理区域专业化。专为国内外某一地区或地点服务。

(6) 产品或产品线专业化。只生产一大类产品,如美国的绿箭公司专门生产口香糖这一产品,现已发展成为一家世界著名的跨国公司。

(7) 客户订单专业化。专门按客户订单生产预订的产品。

(8) 质量和价格专业化。专门生产经营某一种质量和价格的产品,如专门生产高质高价产品或低质低价产品。

(9) 服务项目专业化。专门提供某一种或几种其他企业没有的服务项目,如美国有一家银行专门承办电话贷款业务,并为客户送款上门。

(10) 分销渠道专业化。专门服务于某一类分销渠道,如专门生产适用于超级市场销售的产品;专门为航空公司的旅客提供食品。

作为市场补缺者要完成3个任务:创造补缺市场、扩大补缺市场、保护补缺市场。例如,著名的运动鞋生产商耐克公司,不断开发适合不同运动项目的特殊运动鞋,如登山鞋、旅游鞋、自行车鞋、冲浪鞋等,这样就开辟了无数的补缺市场。每当开辟出这样的特殊市场后,耐克公司就继续为这种鞋开发出不同的款式和品牌,以扩大市场占有率,如耐克充气乔丹鞋、耐克哈罗克鞋。如果有新的竞争者闻声而动的话,耐克公司还要全力以赴保住其在该市场的领先地位。

企业选择市场补缺基点时,要注意到多重补缺基点比单一补缺基点更具有优势,能增强抗击市场风险的能力,增加保险系数。因此,企业通常选择两个或两个以上的补缺基点,以确保企业的生存和发展。总之,只要善于营销,小企业总能寻找到自己的商机。

### 专论 7-1  不必总是紧盯着竞争对手

"当对手关注我们的时候,我们在关注消费者",这是宝洁公司在市场上长盛不衰的秘诀。

宝洁的成功隐含着一条重要的竞争法则:不专注于竞争对手的言行而专注于用户的需求,可以做到"不争而善胜"。

"天之道,不争而善胜,不言而善应,不召而自来,坦然而善谋。"这是《道德经》第 73 章中的至理名言。在拥挤的市场中,竞争对手永远存在。一心盯住竞争对手是不会有大发展的。企业经营者常犯的错误之一就是眼光紧盯着对手的一举一动,以至于迷失了自己的方向。

美国网络软件公司 Novell 就是一个著名的例子。它自从 20 世纪 90 年代早期就每况愈下,这是因为它的前任首席执行官雷·努尔达沉迷于打败比尔·盖茨的念头而不能自拔,丧失了常识与理智。

在努尔达执掌 Novell 的大部分岁月里,公司都非常成功,产品的销售额和利润率都居高不下,其网络技术也远远优于微软。但在微软持续而有耐心地改善自己的网络操作系统的时候,努尔达却决定改变 Novell 的战略方向,他希望把 Novell 变得更像微软。

努尔达的计划是让 Novell 提供从客户端到网络的全部软件,先后同 Lotus、Wordperfect 和 Borland 的数据库业务洽谈合作、并购。当时的设想极其宏伟:Novell 将成为另外一家微软公司,提供全套的软件解决方案。

这是一场灾难。努尔达要么是没有盖茨那样的聪明才智,要么是缺乏微软的冷酷心肠,在并购后把软件业务和人员的融合搞成了一锅粥。Novell 从此由巅峰跌落低谷,至今命悬一线。

海尔 CEO 张瑞敏在企业内部会议上讲过一个故事,他说:"我总是在思考一个现象,1965 年,我上中学时到公园劳动,在喂狼的时候,给它一根骨头,所有的狼都上来抢。再扔一根骨头,这些狼又同时来抢这一根骨头。哪怕扔进去五六根骨头,它们也不会是每一只狼分一根,而是共同去抢一根,抢完了再抢另一根。"

怎样做一只聪明的"狼",对于当下的中国企业至关重要。面对国内市场上难以消除的无序竞争,提高企业竞争力的唯一途径就是满足用户需求,除此之外别无他法。

要想"不争而善胜",应该踏实、专注和善始善终,紧跟市场的变化而不必在意竞争对手的举动,一切行动以用户的需求为出发点和着力处,这样就可以创造同行业无法仿效或就算模仿也远不能及的核心竞争力。

"争",需要对手,而"不争",是想别人没想过的问题,做别人没做过的事情。而这,也就意味着创新。

从广义上说,创新可分为两种:技术推动式与用户拉动式。前一种是在领先研究的基础上推出新产品,这对发展中国家的大多数企业并不可行。后一种则是在不依赖于专门的科学突破的情况下发现解决用户问题的办法。在新兴市场上的用户相对而言并不富裕,这就意味着企业找到的办法还必须是低成本的,这样才能在服务用户的过程中获取收益。

没有核心技术的隐忧好像一直困扰着中国,实际上没有核心的产品技术并不等于产品不能创新,核心技术短缺同样可以获得很好的竞争优势,这种竞争力表现为企业员工整体的素质,表现为企业对市场的反应速度,表现为企业满足用户个性化需求的能力。

"善胜敌者,不争。"不争最终是为了更好地去争,不是和对手争,而是和自己争、和用户争。和自己争就是要战胜自我,和用户争就是争得他们的潜在需求。

这样做的高明,在于以"不争"泯绝那些形名之争,而得潜在的大势态,"故天下莫能与之争"。(胡泳)

(摘自《成功营销》2005.9)

案例 7-1 "钟表王国"的卫冕之战

在第二次世界大战之前,全世界 90% 的手表产自瑞士。直到 20 世纪 70 年代中期,瑞士手表仍然能占全世界手表产量的 40%。但是,在 1974~1979 年间,它的手表产量从 8 400 万只下降到 6 000 万只,从业人员从 8 万人减少到 5 万人。其中,仅 1978 年就有 172 家手表厂因此关闭。如果说瑞士手表工业如此快速地衰弱是世界工业史上罕见的话,那么日本电子手表业的迅猛崛起则不过是日本式市场争霸战中又一成功的实例。

一、找一个支点,撬动"钟表王国"

电子手表在瑞士的出现并不算晚。早在 1969 年,瑞士手表协会研究中心就曾经设计了第一块石英手表。遗憾的是,瑞士手表业的决策者们并没有正确地预测到石英技术的前景,同时从感情上也不愿意放弃经过百年积累而成长起来的精密机械表的优势。而精明的日本手表业厂商获得这份情报后,及时进行了认真分析,预见到机械表已经发展到了极限,很难再有科技上的重大突破,而石英技术则刚露头角。同时,日本手表业界反思了以往与瑞士这个"钟表王国"竞争的经验和教训,认清了自己的劣势正是精密机械工业的基础不如对方,应该调转方向,加速将自己电子工业的优势运用到手表工业中来。因此,日本手表业界开始秘密地购买和收集有关石英技术的资料和信息,加速开发和研究尚有待解决的技术及生产上的问题。终于在70年代初期,一种新型的以石英振荡为时源,以微型电池为动源的电子手表开始大规模地投放国际市场。

精工公司首先发难,西铁城和卡西欧等公司紧紧跟上。他们除了充分发挥电子手表固有的优势,如误差只有机械表的1/60,防震、防潮效果更佳等来争夺市场份额之外,还采取了一系列强劲的营销攻势。第一,在狠抓质量的前提下,采用薄利多销的方法,创造需求。1972年电子手表刚开始上市的时候,每块零售价格高达300美元左右,1975年每块的出口价格便降到64美元,至1979年又降到每块29美元,而且出口到美国市场的还可以再打折。第二,在电子表的加工技术和外形设计上,极力赶超瑞士高档手表,以使自己的手表不仅在花色造型,而且在工艺技术上也增加了与瑞士表的抗争能力。比如,将电子表芯装在项链上变成项链电子表,将电子表芯装到圆珠笔上变成圆珠笔电子表。第三,为了争夺瑞士手表原来的市场份额,还通过电视和杂志等多种媒体大做广告宣传。据《现代化》杂志1981年第2期载:1979年仅精工公司一家在美国的广告费平均每块手表达到15美元,占全部营业额的6%。在电视上以"石英技术满全球,领导钟表新潮流"这样的诉求来宣传产品形象和企业形象;同时又集中在《POPEYE》和《少年冠军》等杂志上,针对青少年群体作主体宣传。就这样,从1972~1979年近10年的时间里,日本电子手表已占领了瑞士在美国市场的5%,欧洲市场的4%。到80年代,日本成为名列第一的钟表生产国。

### 二、蓦然惊觉,为卫冕而战

早在石英手表还在瑞士实验室的时候,设计工程师马克思·赫泰尔就向瑞士有关当局写过一份报告,要求大力推进这项技术。可是,这只"丑小鸭"在瑞士手表业界却遭到了普遍的轻视,认为电子表并不能代表新产品发展方向,拒绝调整他们的产品结构。然而,就在他们睨视的眼皮底下,电子计时技术悄然而又神速地发展着。当瑞士手表业界的决策者们发现电子手表已对机械表市场地位构成威胁的时候,日本电子表已经成功地进入了市场并站稳了脚跟。

为保住"钟表王国"的宝座,瑞士手表业界在1978~1980年这3年里经历了痛苦的调整,改善产品结构,加强对电子表的发展,以缓和市场占有率日趋下降的趋势。到1981年为止,在世界闻名的欧米茄手表厂的产品中,电子手表已占50%;天梭表厂的产品中电子表占60%,并且这两家的电子表所占百分比还在不断地向上攀升。除此之外,还加强了营销配合。第一,在生产布置上做了调整。在瑞士本土主要生产高档手表,把中低档手表的生产及装配转移到工资低、地价便宜的国家和地区,以求降低生产及管理成本,加强竞争能力。第二,在加速电子表标准化的同时,从增加花色品种上下工夫。天梭表厂设计并生产了第三、四代合一的电子手表,上面既有数字显示系统,又有指针显示系统。瑞士生产的许多电子表已经超越了计时范围而转入多功能化。如有能够测量血压和记录里程的电子表,有装配了微型收音机的电子表等等。第三,加强广告宣传。例如,欧米茄手表厂就以宇航计时的准确度为题材,聘请退休宇航员为董事,借题发挥,大肆宣传。第四,积极寻求合作,引进先进技术。1981年3月,瑞士钟表业界的共同研究机关——瑞士电子钟表研究中心(CEH)与精工集团签订了一项无偿钟表专利合同,相互之间可以自由交换、交流技术、诀窍,以此来减少开发研究费用和时间,弥补后起者的不足之处,从而达到强化自身竞争能力的目的。

### 三、斗智斗勇论营销——日、瑞营销策略剖析

(1) 市场细分。像任何新产品一样,日本电子手表要打开局面,进入国际市场,必须找到一个切入点。日本厂商将市场细分之后,决定首先进攻青少年这一市场群体。一般来说,青少年市场有如下优势:思想活跃,勇于接受新事物的挑战;行为方式可塑性强,开拓较容易;一旦培养起消费者的忠诚度,那么这个群体的中年、壮年甚至老年的购买投向也可受到影响或者保持,因而市场潜力大。日本厂商的其他营销策略也基本上围绕着目标群体的这些特征而展开。

(2) 广告媒体选择。一方面,以"石英技术满全球,领导钟表新潮流"为口号,在电视上向大众作一般普及性宣传,重点在产品形象,以提高公众对产品的了解度及企业的知名度。另一方面,在主要以青少年读者为主的杂志上,有针对性、集中地向青少年作"多功能组合,奇妙又新潮"的广告诉求,以刺激青少年求新求异的冲动型购买欲。这种"一般"外加"特定"两种媒体的有机配合,为电子手表一举打入国际市场并占有相当市场份额功劳不小!

(3) 低价渗透。无论在生活水准高的发达国家,还是在人均收入较低的发展中国家,消费者对于价格总是很敏感的。因而,低价永远是加强竞争、击败对手的有力武器之一。基于此,日本厂商不惜以低于正常利润的低价强行创造需求。需求一旦扩大,生产上就能获得规模效应,进一步降低成本,然后以更低的价格向市场销售。

(4) 产品多样化。日本精工表在美国共推出400多个品种,在全球范围内共推出2 300多个品种。产品的新奇性一方面刺激了偏爱标新立异的青少年的消费欲;另一方面,不断推陈出新缩短产品的生命周期,减少或摆脱竞争者的跟随和模仿,保持产品的差异性,使自己永远站在竞争的有利位置上。

日本厂商在欧洲市场、美洲市场及亚洲市场上以其产品的新颖、价格的低廉、宣传的强劲和品种多样化全方位地同瑞士争夺市场。在这种包抄式进攻之下,瑞士厂商采取了"跟随""超越"及"保持"3种对策,将被动防御与主动出击有机结合起来。

(1) 跟随策略。积极调整手表生产结构,加大电子表的生产份额;聘请名人,加强宣传效果;将中低档手表的生产及装配转移到发展中国家,以降低成本。

(2) 超越策略。如天梭表厂生产了第三、第四代合一的更新颖、先进的电子手表。

(3) 保持策略。抓住自身机械表的优势,在瑞士生产高级名表。这一策略无疑是正确的:其一,生产高、精、尖机械表是瑞士自身的优势,当然不可舍本逐末地全力发展电子表,以己之短攻敌之长,胜算之机很少。其二,在国际上,只要提及高档名表,人们就会不由自主地想到瑞士,"瑞士"简直就是高档名表的代名词。因而,将高档表留在本土生产既有利于维持瑞士表在消费者心中既定的形象,又有利于做进一步研究开发以加强竞争能力。

瑞士的"跟随""超越"及"保持"三策略的组合,不能不说是破除日本全方位包抄式进

攻的绝招。到1994年,瑞士的钟表出口总值打破了历年纪录,创下80亿瑞士法郎,较1983年上升了近5%。在全球已完成手表出口总值的1 068 800万瑞士法郎中,瑞士位居第一,日本屈居第三,从而打破了80年代初日本位居第一的局面,重新夺回了自己的市场份额。(王喜平)

(摘自《销售与市场》1996.3)

## 复习思考题

1. 简述影响竞争的5种力量。
2. 行业内的竞争表现为哪4种基本状态?
3. 替代品竞争力量表现在哪几方面?
4. 市场竞争者的能力包括的主要内容有哪些?
5. 竞争者的反应模式包括哪4种?
6. 何谓市场竞争战略?
7. 市场竞争的基本战略有哪些?
8. 简述差异化战略和重点集中战略主要的适用范围。
9. 简述市场领先者的竞争战略。
10. 市场挑战者的竞争对手有哪几种类型?
11. 请阅读专论7-1,理解"善胜敌者,不争"的深刻含义,并联系实际加以论述。
12. 请阅读案例7-1,回答下列问题:
    (1) 日本钟表业是通过何种途径、采用何种策略向瑞士钟表业发起进攻和挑战的?
    (2) 瑞士钟表业在20世纪70年代后期的失利应吸取哪些教训?而后又重新夺回"钟表王国"的桂冠,是采用了何种策略?

# 第8章 产品策略

**本章要点**

- □ 产品的整体概念及其分类
- □ 产品线策略
- □ 新产品开发策略
- □ 品牌特征与功能
- □ 品牌定位的原则及策略
- □ 产品组合策略
- □ 产品寿命周期
- □ 品牌与商标的概念
- □ 品牌资产的构成
- □ 品牌策略

企业提供什么样的产品和服务去满足消费需求是企业开展市场营销活动的出发点。营销活动是以消费者需求为中心的,而企业是通过适销对路的产品来满足消费者的需求。另一方面,产品决策又是4P'S组合中其他三方面因素的决策基础。所以,产品策略是市场营销组合中主要的、决定性要素,是整个营销组合策略的基石。

## 第一节 产品整体概念及其分类

### 一、产品整体概念

通常人们所理解的产品,是指人们为了生存的需要,通过有目的的生产劳动所创造的物质资料,它只是局限于有形的物质实体,如汽车、服饰、食品等。然而,这种传统的产品概念是狭义的、不完整的,随着生产的发展,科学技术的进步,产品概念也越来越完善。

市场营销学对产品的理解是广义的,它包括向市场提供的所有能满足人们某种需要的一切物品和服务,包括实物、服务、场所、主意或者计谋等。

广义的产品概念具有两方面的特点:

(1) 不仅具有一定使用价值的物质实体是产品,能满足人们某种需要的劳务也是产品,如运输、通讯、保险、咨询、金融、旅游服务等。

(2) 对企业来说,向市场提供的产品,不仅是物质实体,还包括随同物品出售时所提供的服务。

从这个意义上说,产品的内涵,并不仅仅局限于产品的有形实体,还包括一切能够满足消费者需求的无形部分。即凡是能够满足消费者需要的因素均属于产品的范畴,它涵盖了一切能够用于出售的东西,这就是所谓现代的"产品整体概念"。

学术界曾用3个层次来表述产品整体概念,即核心产品、形式产品和延伸产品(附加产品)。但近年来,菲利普·科特勒等学者更倾向于使用5个层次来表述产品整体概念,认为5个层次的研究与表述能够更深刻而准确地表述产品整体概念的含义。产品整体概念的5个基本层次如图8-1所示。

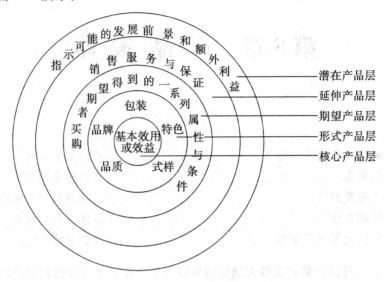

**图8-1 产品整体概念的层次**

（一）核心产品（实质产品）

核心产品指产品能够提供给购买者的最基本的效用和利益。这是购买者需求的中心内容，是产品中最本质的东西。核心产品居于整个产品总体的中心，它由消费者在购买产品或服务时所寻求的解决问题的核心利益构成。如妇女购买口红，并不是要购买一根"小红棒"，而是要购买"美貌"。美国企业家查尔斯·雷维逊指出："在工厂，我们生产化妆品；在商店，我们销售愿望（希望）。"某消费者购买照相机并不仅仅是为了获得一个带有光学玻璃的、带有机械的黑匣子，而是为了满足其留念、回忆、报道等的需要。对于核心产品，所有的购买者对它的要求是一致的，它体现了用户对同一需求的共性。产品如果没有核心产品这一层次，也就失去了存在的必要，也就不会有人花钱去购买它。所以，核心产品是顾客真正要买的东西，因而在产品整体概念中也是最基本、最主要的部分。

（二）形式产品

形式产品是核心利益借以实现的形式，是指向市场提供的实体和劳务的外观或具体形态。形式产品由质量、特征、形态、商标及包装等要素所构成。即使是纯粹的劳务产品，也具有相类似的形式上的特点。它满足的是购买同种商品的顾客的不同要求，消费需求的多样性和产品的差异化也都表现在这里。如冰箱除了制冷以外，人们还要考虑品质、造型、颜色、品牌等因素。形式产品呈现在市场上，可以为顾客所识别，是消费者选购商品的直观依据。产品的基本效用必须通过形式产品有效地实现。市场营销人员应努力寻求更加完善的外在形式，以满足顾客的需要。

（三）期望产品

期望产品是指购买者购买产品时期望得到的与产品密切相关的一整套属性和条件。期望产品实际上是指一系列属性和条件。如旅客对旅店服务产品的期望包括干净整洁的房间、清洁的床位、洗浴香波等一系列服务设施。由于大多数旅馆均能满足这些一般的期望，所以顾客在选择档次大致相同的旅馆时，并不是选择哪家旅馆能提供期望产品，而是根据哪家旅馆就近和方便。普遍公众的期望产品得不到满足时，会影响消费者对产品的满意程度、购后评价及重复购买率。

（四）延伸产品

延伸产品是指顾客购买形式产品和期望产品时所能得到的附加服务和利益，包括提供信贷、免费送货、产品安装调试、售后服务等。IBM 的延伸产品包括与电子计算机本身有关的一整套服务，如使用说明、事先设计好的软件程序、程序设计服务、维护修理、质量安全保证等。在 IT 行业，该公司之所以能独占鳌头，主要是因为它最早认识到用户购买电子计算机时需要这些服务。当然，延伸产品设计也不是越多越好，而是要坚持以顾客的需求为中心，做到：第一，延伸产品所增加的成本是顾客愿意承担也承担得起的；第二，延伸产品给予顾客的利益将很快转变为顾客的期望利益，企业应根据顾客期望利益的需要不断改进延伸产品；第三，在重视延伸产品的同时考虑顾客差异性需求，生产一些确保核心产品、减少延伸产品的廉价产品，以满足低收入消费者或实惠型消费者的需要。

（五）潜在产品

潜在产品是指包括现有产品的所有延伸和演进部分在内，最终可能发展成为未来产品的潜在状况的产品。潜在产品指出现了产品的可发展前景或可带来的额外利益，如彩色电视机可能发展成为录放像机、电脑终端机等。

产品整体概念是市场营销理论的重大发展。它强调企业在实现核心产品的同时，也要重视形式产品、期望产品、延伸产品和潜在产品的研究与开发，强化产品在竞争中的动态作用，全方位地满足消费者需要。

可见，市场营销学中的整体产品概念，是以满足消费者的需求为核心的，即衡量产品的价值是由消费者决定的，而不是由生产者来决定的。产品整体概念的提出是市场营销理论的重大发展。

整体产品观念是随着消费者对产品需求的不断提高、变化而逐渐扩大的。随着社会的发展、科学技术的进步、人们的消费需求的增长，企业生产和销售产品必须重视消费者对产品的要求，为消费者提供更多的附加利益，这样产品才有竞争力。未来竞争的关键，不在于企业能生产什么产品，而在于随同实物产品所提供的日益完善的附加价值和人们能以价值衡量的一切东西。在商品经济条件下，如果没有整体产品观念，那么企业在现代市场营销中就难以生存和发展。

## 二、产品分类

在产品观念导向下，企业只是根据产品的不同特征对产品进行分类。在现代营销观念指导下，产品分类的思维方式是：每一个产品类型都有与之相适应的市场营销组合策略。

（一）按产品的耐用性和是否有形分类

(1) 非耐用品。一般是指有一种或多种消费用途的低值易耗品，如啤酒、肥皂和盐等。其售价中的加成要低，还应加强广告以吸引顾客试用并形成偏好。

(2) 耐用品。一般是指使用年限较长、价值较高的有形产品，如数码照相机、冰箱、液晶电视机、机械设备等。耐用品需要较多的人员推销和服务等。

(3) 服务。是指为出售而提供的活动、利益或满意，如出租车、美容与理发、修理等。它的特点是无形、不可分、易变和不可储存。一般来说，它需要更多的质量控制、供应商信用和适用性。

### （二）按消费的习惯和特点分类

消费品可以根据消费的特点区分为便利品、选购品、特殊品和非渴求品4种类型。

（1）便利品。便利品是指顾客频繁购买或需要时随时购买的产品，如香烟、肥皂、报纸等。便利品可以进一步分为常用品、冲动品以及救急品。常用品是顾客经常购买的产品。例如，某顾客也许经常要购买"可口可乐""佳洁士"牙膏等。冲动品是顾客没有经过计划或搜寻而顺便购买的产品。救急品是当顾客的需求十分紧迫时购买的产品。救急品的地点效用很重要，一旦顾客需要能够迅速实现购买。

（2）选购品。指顾客在选购过程中，对适用性、质量、价格和式样等基本方面要作认真权衡比较的产品，如家具、服装等。它又分为同质品和异质品。购买者认为同质选购品的质量相似，但价格却明显不同，所以有选购的必要。买者必须与卖者"商谈价格"。但对顾客来说，在选购服装、家具和其他异质选购品时，产品特色通常比价格更重要。经营异质选购品的经营者必须备有大量的花色品种，以满足顾客不同的爱好。

（3）特殊品。是指具有独一无二的特点或品牌识别特征，以致会有一个重要的购买群体愿意为了购买而特别花费精力的消费品。如特定品牌和款式的汽车、高价格的摄影器材、设计师量身定做的服装以及医疗和法律专家服务。消费者只是把时间用于找到经营他们想要的商品的经销商。

（4）非渴求品。是消费者或者不了解，或者虽然了解但一般不考虑购买的消费品。大多数新发明的产品，在消费者通过广告了解它们之前都是非渴求的。人们了解但是不渴求的产品和服务的典型实例，就是人寿保险和红十字会的献血活动。还有墓地和百科全书。非渴求品的特定本性，决定了它需要大量的广告、人员推销和其他方面的营销工作。

### （三）按照产品之间存在的销售关系分

（1）独立品。是指一种产品的销售状况不受其他产品销售变化的影响。假定有A、B两种产品，A作为独立品有两种情形：

一是A、B完全独立。两者不存在任何销售方面的联系，如日光灯与冰箱之间的关系就属此类。

二是A、B从功能上讲是独立的，但是产品A的销售增长可能会引起产品B的销售增长，而产品B的销售变化却绝不会影响产品A，即A对B的影响关系是单向的，A可以影响B，而B并不会影响A。说明A相对于B而言是独立品。

（2）互补品。是指两种产品的销售互为补充，即一种产品销售的增加会引起另一种产品销售的增加，反之亦然。

在经济学中，互补品关系通常是根据交叉弹性系数的正负号来判断的。交叉弹性表示一种产品的需求对另一种产品价格变化的反应程度。当交叉弹性系数为负值，即一种产品价格的降低（销售量增加）会引起另一种产品需求量（即销售量）的增加（如汽车和汽油），这时，两种产品之间即表现为互补关系。

（3）条件品。是指一种产品的购买以另一种产品的前期购买为条件。在这种情况下，只有那些曾购买过某种产品的购买者才会成为另一种相关产品的潜在购买者。比如，某居民打算购买装潢材料，他必须先前已购买了商品房。这时，两种商品之间存在单向的因果关系。假设A为装潢，B为商品房。则A与B存在条件关系就说明B的销售与A无关，而A作为条件品其销售状况直接受到B销售状况的影响。也可以说，没有产品B的销售，也就没有产品 A 的销售。

（4）替代品。是指两种产品存在相互竞争的销售关系，即一种产品销售的增加会减少另一种产品的潜在销售量，反之亦然（如牛肉和羊肉）。替代品与互补品是相互对立的概念。显然，当交叉弹性系数为正值时，表明两种产品之间存在替代关系。即一种产品价格的提高（销售减少）会引起另一种产品需求量的增加，这时两种产品便是替代品。

（5）转换品。是指一种产品经过加工可转换成另一种产品，即原料性产品转换成制成品。如原油加工成石油制品，小麦加工成面粉等。要弄清产品间价格与数量的转换关系，并计算其转换差额，再根据转换差额的正负值来决定购买原料产品还是制成品。以小麦加工成面粉为例，假定 60 磅小麦可加工成标准面粉 51 磅，则：

$$转换差额=51\times每磅面粉价格-60\times每磅小麦价格$$

若转换差额为正数，则应先购进小麦，再加工成面粉。若转换差额为负数，则应直接购进面粉。

## 第二节 产品组合策略

产品组合是企业营销工作中的一个重要问题，它是实现经营目标和经营战略的具体规划。为了更好地满足消费者需要，不仅要求企业所提供的产品在品种选择上要做到适销对路，而且还要求有利于企业生产条件的充分利用和提高经济效益。为此，必须合理确定产品组合。

### 一、产品组合及其相关概念

（一）产品组合、产品线及产品项目

（1）产品组合（Product Mix）。指一个企业生产或经营的全部产品的结构，即企业所生产或经营的全部的产品线在深度、宽度与关联度方面所采取的组合方式。

企业为了实现营销目标，充分有效地满足目标市场的需求，必须设计一个优化的产品组合。雅芳的产品组合总共包括 1 300 多种产品；通常凯玛特超级市场经营 1.5 万种产品；3M 公司生产 6 万多种产品；通用电气公司生产多达 25 万种产品。

（2）产品线（Product Line）。亦称产品系列，是指在技术上或结构上密切相关并具有相同的使用功能、规格不同而满足同类需求的一组产品。如耐克就生产数条产品线的运动鞋；摩托罗拉生产多条产品线的远程通信产品。

（3）产品项目（Product Item）。产品项目是产品组合的基本单位，是指产品线中不同品种、规格、质量和价格的特定产品。

（二）产品组合的宽度、长度、深度和关联度

（1）产品组合的宽度。是指产品组合中所拥有的产品线的数目。产品线越多，说明该企业产品组合的宽度越广。它反映了一个企业市场服务面的宽窄程度和分散投资风险的能力。

如宝洁公司就经营着一个由众多产品线构成的相当"宽"的产品组合，其产品线包括纸

巾、食品、家用清洁剂、药用产品、化妆品和个人保健品。

（2）产品组合的长度。指一个企业生产经营的产品线中的产品项目总和。

（3）产品组合的深度。指企业每条产品线上的产品项目数，也就是每条产品线有多少个品种。

（4）产品组合的关联度。指企业产品组合中各产品线之间在最终用途、生产条件、营销渠道或其他方面的相关程度。关联程度的高低有时也同观察的角度有关，如有时在生产上关联程度很高的产品，从消费者使用上看关联程度却很低。

图8-2为产品组合概念示意图。

|  | 深度 | | | |
|---|---|---|---|---|
| | 产品项目 | | | |
| 产品线1 | 1a | 1b | 1c | 1d |
| 产品线2 | 2a | 2b | | |
| 产品线3 | 3a | | | |
| 产品线4 | 4a | 4b | 4c | 4d | 4e |
| 产品线5 | 5a | 5b | 5c | | |

产品组合的宽度：5；
产品组合的长度：15；
产品组合的平均深度：3

图8-2　产品组合概念示意图

## 二、产品组合的评价方法

市场是一个动态系统，需求情况经常变化，一方面，原有竞争者不断改变策略；另一方面，新的竞争者又不断进入。这一切必然会对企业产品的营销产生不同影响，对某些产品有利，对某些产品不利。因此，企业要经常对产品组合进行分析、评价和调整，务求保持一个最佳的产品组合。产品组合的评价方式很多，主要有四象限评价法、三维分析法、产品系列平衡法。

### （一）四象限评价法

这是一种运用波士顿矩阵对产品组合进行评价的方法。

由市场占有率($x$)和销售增长率($y$)组成的象限，分为高低两个部分，于是可划分为4个象限，如图8-3所示。

第一类产品，即名牌产品。是市场占有率高、销售增长率高的产品，一般处于成长期后期，是企业的名牌、明星产品，企业要全力开发，优先发展，并在资源等方面给予保证。

第二类产品，即厚利产品。能给企业带来较高的利润，是企业收入的主要来源，一般处于成熟阶段。企业对处于该象限的产品应努力改造，维持现状和提高盈利水平。

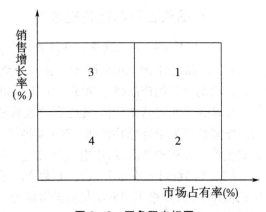

图8-3　四象限坐标图

第三类产品，即风险产品。这类产品刚进入成长期，有发展前途，竞争也十分激烈，而本企业尚未形成优势。因此，企业要研究对策，权衡利弊，或者放弃（竞争不力），或者集中力量解决薄弱环节上的问题，扩大优势，创立名牌，以求突破。

第四类产品，即衰退产品。这类产品已无利可图，或者是竞争失败产品，应果断地作出淘汰决策。

### （二）三维分析法

这种方法是根据每种产品的市场占有率、销售增长率、销售利润率三方面，对企业所经

营的各种产品项目进行分类排队和评价,以确定相应的市场策略。具体步骤如下:

(1) 作出三维空间坐标图。$x$ 轴表示市场占有率,$y$ 轴表示销售增长率,$z$ 轴表示销售利润率。每个坐标轴又分高低两档,这样就可以得到 8 个区域,如图 8-4 所示。

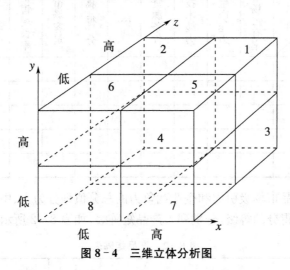

图 8-4 三维立体分析图

(2) 逐个分析企业经营的所有产品项目,按三方面因素的高低,确定其在坐标空间所占的相应位置。

(3) 确定对策。对不同类型商品采取不同的策略,形成新的产品组合方式。如处于图 8-4 第 1 区间的产品,属于"三高"产品,即市场占有率、销售增长率、销售利润率都处于最佳状态,企业应大力发展这些产品;处于第 8 区间的产品,属于"三低"产品,即市场占有率低、销售增长率低、利润率低的产品,企业对这类产品应及时剔除。对其他区域的产品,应根据不同情况采取相应办法。如对于销售利润率高、销售增长率高而市场占有率低的产品,即处于第 2 区间的产品,应加强营销推广,扩大市场销售量,提高市场占有率;对于销售利润低、销售增长率低而市场占有率高的产品,即处于第 7 区间的产品,应逐步减少产量,准备以新的产品来取代它。

(三) 产品系列平衡法

此方法是通过对每种产品的市场吸引力和企业竞争力进行综合评分,然后对产品评价的一种方法。步骤如下:

(1) 对各产品项目的市场吸引力与竞争实力进行分解并逐项打分。市场吸引力主要包括产品的市场容量、销售增长率、销售利润率、对社会贡献等项目。企业竞争实力主要包括市场占有率、生产能力、技术能力、经营管理能力、资源条件等项。评价时逐项按标准打分(详细的评价项目和评分标准,可根据本企业的个体情况自行拟订)。评分可列表进行,常见格式如表 8-1 所示。

表 8-1 产品市场吸引力与企业竞争实力评价表

| 评价项目<br>产品项目 | 企业竞争实力 | | | | | 市场吸引力 | | | | | |
|---|---|---|---|---|---|---|---|---|---|---|---|
| | 市场占有率 | 生产能力 | 技术能力 | 资源条件 | …… | 总得分 | 市场容量 | 销售增长率 | 利润率 | 对社会贡献 | …… | 总得分 |
| A | | | | | | | | | | | | |
| B | | | | | | | | | | | | |
| C | | | | | | | | | | | | |
| D | | | | | | | | | | | | |
| …… | | | | | | | | | | | | |

(2) 根据每种产品市场吸引力和企业竞争力的总分值划分为大、中、小 3 个等级。

(3) 根据各产品得分的等级,分别列入产品矩阵表,如表 8-2 所示。

表 8-2 产品矩阵表

| 市场吸引力 \ 竞争实力 | 大 | 中 | 小 |
|---|---|---|---|
| 大 | | | |
| 中 | | | |
| 小 | | | |

(4) 确定产品发展对策。根据产品所处位置,采取不同策略,如表 8-3 所示。

表 8-3 产品系列平衡管理对策表

| 市场吸引力 | 竞争实力 | | |
|---|---|---|---|
| | 大 | 中 | 小 |
| 大 | 积极投资,提高占有率 | 迅速发展,甘冒风险 | 增加资金,大力发展 |
| 中 | 维持现状,改进产品 | 稳定,重视平衡 | 选择性投资 |
| 小 | 及早撤退或淘汰 | 及早撤退或淘汰 | 减少损失,淘汰 |

必须注意,不论企业采用哪种产品组合,都不能强求所有产品项目同时达到最佳状态。一般来说,在产品组合中包括:销售利润率和销售增长率都高的产品;目前虽不能获利,但有良好发展前途,预期为主要产品的新产品;目前虽仍有较高利润率而销售增长率已趋降低的产品;已决定淘汰,逐步收缩其投资,以减少企业损失的产品。只有合理的产品组合,才能为企业生产的长期稳步发展提供良好条件。

### 三、产品线策略

产品组合的宽度、深度和关联度,对企业营销活动影响很大。扩展产品组合的宽度,可以扩大企业的规模,提高企业的影响力,分散投资风险;增加产品组合的深度,可以满足更多消费者的要求，从而吸引更多的购买者；加强产品组合的关联度，可以提高企业资源利用率，有利于在产销方面相互促进。而产品线是决定产品组合宽度、深度和关联度的基本因素，企业可根据自己的内部条件和外部环境、企业营销的广度及其面临市场的大小，选择以下产品线策略。

（一）产品线延伸策略

产品线延伸，是指将产品线加长，提高企业经营档次和增加经营范围。具体可以分为3种形态：向下延伸、向上延伸和双向延伸。

1. 向下延伸

是指企业原来生产经营高档次产品，后来增加一些较低的产品。向下延伸通常是由于以下原因：

（1）高档产品在市场上受到竞争者的威胁。

（2）高档产品的销售增长速度正趋于缓慢。

（3）原来发展高档产品是为了建立高品质形象，然后向下扩展以扩大产品范围、开拓市场。

（4）以较低档的产品填补产品线的空缺，以防止新的竞争对手乘虚而入。

采用这种策略也会给企业带来一定的风险。推出低档产品，可能使原来的高档产品的市场变小；还可能会刺激竞争对手转向高档产品的开发进行反击；经销商可能不愿意经营低档货。

2. 向上延伸

即原来生产低档次产品，后来决定进入高档次产品市场。向上延伸通常是由于：

（1）市场对高档产品需求量增加，销路广，利润丰。

（2）企业欲使自己生产经营的产品规格、档次齐全，以便占领更多的市场。

（3）企业想通过增加高档产品来提高整个产品线的市场形象。

采用这一策略的企业也要承担一定风险：企业一直生产低档产品，顾客对企业的生产能力、产品品质也许难以信任；高档产品市场的竞争会采用多种手段和策略来保住自己的市场，同时他们也可能反过来进入低档产品市场，增加企业的竞争压力；企业的销售人员和经销商可能没有推销高档产品的足够的技能和经验。

3. 双向延伸

是指企业原来生产经营中档产品，后来同时增加高档产品和低档产品。这种策略可以促使企业生产经营的产品规格、品种、档次齐全，适应市场的不同需要。

（二）产品线填补策略

所谓产品线填补是指企业在现有的产品线范围内增加新的产品项目，增加产品组合的深度。

企业采取产品线填补策略主要是为了：① 增加利润；② 充分利用过剩的生产能力；③ 填补市场空白，防止竞争者进入；④ 成为完全产品线的领导者。

企业在采用产品线填补策略时，必须注意：① 使其产品线内新增的产品项目与其他产品项目明显不同，使顾客能加以区别；② 必须以市场需求为目标；③ 新增某种价格水平的产品项目必须根据价格水平来设计产品，而不是根据设计的产品来定价。

### (三) 产品线删减策略

产品线删减是指从产品线中剔除获利小甚至不获利的产品项目。一般来说，在下列两种情况下企业应当删减产品线中的某些产品项目：

(1) 产品线中出现没有贡献的产品。企业通过销售额、成本和利润额的分析，发现某些产品已进入衰退期或由于其他原因，不会给企业带来任何利润，影响了整个产品线的利润额，这时，企业应当将这些产品删除。

(2) 缺乏足够的生产能力或原材料、能源供应紧张。当企业产品线中的某些产品面临高度需求，企业限于自身的条件而没有足够的生产能力或原材料、能源来生产这些产品时，企业就应当逐个审查各个产品项目，将利润较低或接近亏损的项目剔除，以集中力量生产高利润的产品。

应当注意，采用这种策略时，不能消极地删减，应积极地删中有增，以退为进，变被动为主动。

### (四) 产品线现代化策略

产品线现代化是指对现有的生产线进行现代化改造，这一策略强调把现代化科学技术应用到生产过程中去。有时，产品线的长度虽然适当，但产品线的生产形式却可能已经过时，这时就必须对产品线实施现代化改造。这种改造可以采取两种方式实现：一是逐步更新；二是全面更新。逐步更新可以节省资金耗费，但缺点是竞争者容易洞悉本企业的意图，从而也更新其产品线；一次全面更新则在短时期内耗费资金较多，但可以减少竞争者。具体采用逐步完成或一次完成的方式，企业应当综合考虑市场需求、市场竞争、企业的经济实力与技术水平，以及产品改良时机等问题，再作出正确的决策。

## 第三节 产品寿命周期

### 一、产品寿命周期的概念及阶段

#### (一) 产品寿命周期(Product Life Cycle)理论的实质

产品寿命周期又称产品生命周期，是指某种产品从投入市场开始，一直到最后被淘汰退出市场为止所经历的全部时间。它反映了消费者对某种产品从接受到舍弃的全过程。产品生命周期由需求与技术的生命周期决定。

产品寿命周期理论研究，其实质在于揭示产品在其寿命周期中的销售规律，也就是从产品进入市场开始，到最后退出市场为止这一过程中销售数量及其利润的变化规律。这种规律是通过产品寿命周期曲线显示出来的，它是企业进行营销管理、制定营销策略的重要依据。

为了准确地理解产品寿命周期理论，应该注意以下问题：

1. 产品寿命周期指的是市场经济寿命而不是自然寿命或使用寿命

产品使用寿命主要是指某一产品从开始使用到消耗磨损废弃为止所经历的时间。决定产品使用寿命的是产品本身的因素，如产品本身的设计制造质量，以及使用方式与维修保养水平等。

产品寿命周期指的是产品的市场经济寿命。它是由产品的需求、技术寿命等因素决定的,是从市场营销角度来描述的。一种产品是否有生命,主要看这种产品在市场上是否有销路。如果这种产品在市场上能销售出去,就说明这种产品正处于寿命周期之中;如果这种产品在市场上没有销路,顾客再也不需要,就意味着这种产品寿命周期已经结束。

2. 研究产品寿命周期,不是研究该产品对某企业销售量的变化规律,而是这种产品市场销售总量的变化规律

3. 产品寿命周期包括产品种类周期、品种周期和品牌周期

要分别从产品的种类(如汽车、冰箱、电视机、食盐等)、品种(如卡车、轿车、大客车等)和产品品牌(如格力牌、海尔牌等)3个方面来研究。因为不同种类的产品,同一种类不同品种的产品,同一品种不同品牌的产品,它们的寿命周期是不一样的。产品种类周期最长;产品品牌周期显示了较短的生命周期历程;而产品的品种周期比种类周期更准确地体现标准的产品寿命周期历程。只有分别对它们进行研究,才能正确地掌握各种产品的寿命周期规律。

(二) 产品寿命周期的阶段及特征

产品生命周期一般分为4个阶段:投入期、成长期、成熟期和衰退期。美国市场营销学家柯克斯(Cox)曾对七百多种医药产品的寿命进行了研究,发现一般产品寿命周期呈"S"形。美国学者乔尔迪安于20世纪50年代初最先提出产品生命周期的概念。

产品投入阶段(也称介绍期)是指企业在市场上推出新产品,产品销售呈缓慢增长状态的阶段。成长阶段是指该产品在市场上迅速为顾客所接受,销售额迅速上升的阶段。成熟阶段是指大多数购买者已经接受该项产品,市场销售额缓慢增长或下降的阶段。衰退阶段是指销售额急剧下降,利润渐趋于零的阶段(见图8-5)。

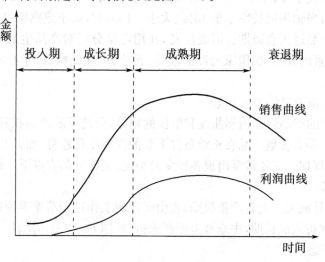

图8-5 产品寿命周期曲线

根据图8-5曲线的描述,产品寿命周期的4个阶段表现出如下特征:

1. 投入期

指产品试制成功后投入产品试销阶段。这一阶段市场营销的特点主要是:消费者对产品不了解,大部分顾客不愿放弃或改变自己以往的消费行为,销售量小,单位产品成本较高,生产批量不大,广告费用和其他营销费用开支较大;产品技术、性能不够完善,一般是微利、

无利,甚至亏损。

2. 成长期

成长期是产品试制成功后批量生产、销售扩大的阶段。这一阶段市场营销的特点是:经过前一阶段的销售,产品在市场上已逐步被顾客广泛认识和接受。这个阶段销售量迅速上升,同时由于产品基本定型,大批量生产能力形成,生产与推销费用相应降低,成本逐步下降,利润大幅度上升。

3. 成熟期

成熟期是市场已进入一个相对成熟的阶段。其主要特征是"二大一长",即生产量大,销售量大,此阶段持续时间最长。成熟期可分为3段:第一段为增长成熟期。此时销售增长速度缓慢,这是由于还有少数后续购买者继续进入市场,但绝大多数购买属于原有顾客的重复性购买。第二段为稳定成熟期。由于市场饱和,消费水平平稳,大多数潜在消费者已试用了这种产品,要想继续扩大销售额,只能依赖于人口增长和需求更新。第三段为衰退成熟期。这时销售水平开始下降,消费者开始转向其他产品。

4. 衰退期

衰退期是指产品已老化,逐渐被市场淘汰的阶段。其主要特点是:产品销售总量由缓慢下降变为急剧下降,产品出现积压,同时产品明显老化,市场已出现效能更高、质量更好的新型替代品,产品价格下跌,利润迅速下降。

上述4个阶段的本质区别在于各阶段的销售增长率的不同,因而直接决定着企业的利润回报。通常以产品逐年销售额的实际增长率作为判别其寿命周期各阶段的标准。一般来说,当销售增长率大于零、小于10%时,产品处于投入期;当销售增长率大于或等于10%时,产品处于成长期;当销售增长率小于10%、大于-10%时,属于成熟期;当销售增长率小于或等于-10%时,产品进入衰退期。但要注意,在用定量分析对产品生命周期进行判断时,应联系有关定性因素的分析,如国家的经济政策、物价、产业结构、科学技术进步、人们消费习惯等因素的变动。

(三) 产品生命周期的其他形态

图8-5所示的产品寿命周期曲线和阶段的划分,只是反映产品在其寿命周期内销售量变化的一般规律,是大多数产品在正常条件下总的发展变化趋势,而并非所有产品都呈现出这样典型的寿命周期。它还常常出现各种变异情况,最常见的有以下4种:

1. 夭折形态

由于产品设计或工艺上有严重缺陷,或由于试制工作过于草率等原因,使投入市场的产品先天不足,无法进入成长期,中途被迫停产夭折,如图8-6(a)所示。

2. 再循环形态

指产品销售进入衰退期后,由于种种因素的作用而进入第二个成长阶段。这种再循环型生命周期是市场需求变化或厂商投入更多的促销费用的结果。此形态常常可以说明一些新药品、饮料等的销售。图8-6(b)表示了这种再循环形态。

3. 多循环形态

亦称扇形运动曲线或波浪形循环形态,是在产品进入成熟期以后,厂商通过制定和实施正确的营销策略,使产品销售量不断达到新的高潮。如尼龙销售就显示了这种扇形特征,尼龙开始时用于制造降落伞,后来袜子、衣服和地毯等都用它作为原料,从而使其需求大幅增长。图8-6(c)表示了这种循环形态。

4. 非连续循环形态

大多数时髦商品呈非连续循环，这些产品一上市即热销，而后很快在市场上销声匿迹。厂商既无必要也不愿意作延长其成熟期的任何努力，而是等待下一周期的来临。如图8-6(d)所表示的形态。

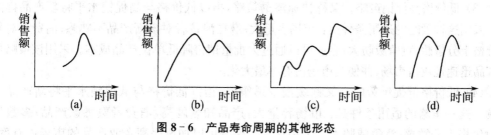

图8-6 产品寿命周期的其他形态

## 二、产品寿命周期各阶段的营销策略

### （一）投入期的营销策略

根据投入期的特点，这期间企业应充分注意收集消费者意见，不断改进产品性能，大力加强推销宣传工作，注意选择分销渠道，为产品打入市场、提高竞争力、缩短投入期创造条件，这时可配合采取如下策略：

（1）利用原有名牌提携新产品的销售。

（2）用优惠、免费等方式诱使顾客试用。

（3）争取中间商的支持，给其优惠或资助。

这一阶段的策略重点突出一个"快"字。

在投入期，顾客对产品不了解，因此有必要进行促销宣传，提高知名度。但是促销宣传费用增加又会使产品价格提高。如何处理好价格与促销的关系，有以下4种策略可供选择（如表8-4所示）：

表8-4 投入期可供选择的市场营销策略

| 价格水平 | 促 销 水 平 | |
| --- | --- | --- |
|  | 高 | 低 |
| 高 | 快速掠取策略 | 缓慢掠取策略 |
| 低 | 快速渗透策略 | 缓慢渗透策略 |

（1）高价格高促销策略。又称快速掠取策略，是指企业以高价格与高促销水平将新产品推向市场。采用这种策略的适用条件是：潜在市场中大多数消费者对该种新产品缺乏了解；了解了该产品后，消费者能够并且愿意出高价购买，企业面临潜在竞争者的威胁，亟须大造声势，赢得消费者。

采取该策略的目的是：通过高价位，尽可能快地收回投资；以大量的促销活动加速产品的市场渗透率，并以此建立市场品牌偏好，抵御来自竞争者的威胁。该类产品有较大的市场需求，有相当的优越性，能诱发消费者产生强烈的购买欲望。

(2) 高价格低促销策略。又称缓慢掠取策略,指以高价格与低促销水平将新产品推向市场。采用这种策略的适用条件是:市场容量相对有限,消费者相对稳定;产品知名度高,消费者愿出高价购买;竞争威胁小。采用该种策略的目的是为了获得尽可能高的利润回报,同时又降低了营销成本。适用于该策略的产品,通常其价格弹性不大,且市场供不应求,消费者选择余地小。

(3) 低价格高促销策略。又称快速渗透策略,指以低价格与高促销水平将新产品推向市场。采用这种策略的适用条件是:市场容量大;潜在消费者对该新产品不熟悉;消费者对新产品价格十分敏感;竞争威胁大;企业可以通过大批量销售降低单位产品成本。采用该策略可以使产品迅速地攻占市场,并使其市场占有率最大化。

(4) 低价格低促销策略。又称缓慢渗透策略,指以低价格与低促销水平将新产品推向市场。这一策略的适用条件是:市场容量大;产品知名度高,消费者熟悉该产品;多数消费者对价格十分敏感;竞争威胁大。采用这一策略既可以加速提高企业产品的市场占有率,又可以通过促销成本的降低,相应地提高企业的净利润回报。该策略适用的产品一般具有价格需求弹性大、替代产品较多的特点。

(二) 成长期的营销策略

成长期是产品发展的关键时期。根据成长期的特点,企业应采取扩张性策略和渗透性策略,使产品迅速得到普及,扩大市场占有率,并持续保持销售量增长的好势头。成长期营销策略的要点是:

(1) 提高产品质量,并改进产品的性能、色彩、式样及包装等,增强产品的竞争力。

(2) 广告宣传要从介绍产品转为宣传产品特色,树立产品形象,争取创立名牌,使消费者产生偏爱。

(3) 努力开拓新市场,深入了解消费者的需求,进一步进行市场细分,争取更多的消费者。

(4) 在扩大生产的基础上,对价格较高的产品应选择适当时机降低价格,以应付竞争对手的进入。如前期价格较低的产品,也可以适当提高产品价格,以提高产品的市场形象。

(三) 成熟期的营销策略

根据成熟期的特点——销售增长率减缓,以至渐趋下降,形成过剩生产能力,竞争也较激烈。一些缺乏竞争能力的企业将渐渐被淘汰,新加入的竞争者则较少,在该阶段一般选择进攻性策略,尽量延长这一阶段的时间,或促使产品寿命周期出现再度循环,以获得更多的利润收益。在这一阶段,企业应努力地延长成熟期,在竞争中确保市场占有率。这一期间可供企业选择的策略有以下 3 种:

(1) 改革产品。这种策略是通过产品本身的改变来满足人们不同需要,从而吸引有不同需要的顾客。对产品的改革包括 3 种途径:① 品质改善,其目的是增强产品功能及各项技术指标;② 特性改善,其目的在于增加产品的独特性;③ 式样改善,其目的在于增强产品外观上的美感。

(2) 改革市场。这种策略是要拓展新的消费者群。其途径有:① 开辟新的细分市场,寻找新的消费者;② 加强品牌地位,争取竞争者的市场;③ 发掘产品的新用途,延长产品成熟期,开拓新的市场;④ 通过促销努力来激励消费者增加其产品的使用率或使用量,从深度和广度上开拓新的市场,有可能使产品从成熟期转化为一个新的成长期。

(3) 改变原有的营销手段。如调整产品价格,改变产品包装,加强售后服务,扩展销售网点,增加广告费用和推销人员等。

### (四) 产品衰退期营销策略

当产品进入衰退期时,企业既不能简单地一弃了之,也不应恋恋不舍,一味维持原有的生产和销售规模。企业必须认真研究产品在市场的真实地位,然后决定是继续经营下去,还是放弃经营。企业应当有计划、稳步地撤退老产品,有目的地开发新产品。主要做法有:

(1) 持续营销策略。由于众多竞争者纷纷退出市场,经营者减少,处于有利地位的企业可以暂不退出市场,保持产品传统特色,用原有的价格、渠道和促销手段,继续在原有市场上销售。

(2) 集中营销策略。企业简化产品线,缩小经营范围,把企业的人力、物力、财力集中起来,生产最有利的产品,利用最有利的渠道,在最有利的细分市场销售,以取得较多的利润。

(3) 榨取营销策略。在一定时期内,不主动放弃疲软产品的生产,而是大幅度地降低促销费用,强制地降低成本。这样在短期内虽然销售有所下降,但由于成本下降,企业仍能保持一定的利润。

(4) 放弃营销策略。一般说来,企业继续保留衰退产品的代价是巨大的,若经过准确判断,产品无法再给企业带来预期的利润,则应采取放弃营销策略。如果企业决定放弃经营某种产品而退出市场时,也必须采取积极措施,慎重地做好善后工作:一是必须决定放弃经营的方法,比如可将老的生产设备和营销力量转让给其他部门或企业,使企业在转移经营的过程中得到一定的收入;二是决定放弃的时间,可以是快速退出市场,也可以是有计划地逐渐退出市场。

## 第四节 新产品开发策略

### 一、新产品的概念

市场营销学中的新产品与科技开发中的新产品的含义并不完全相同,即从营销的角度出发,与老产品相比较,凡是能给顾客带来新的满足的产品,都可视为新产品。这就是说,只要是"产品整体概念"中的任何一个层次发生了变化或更新,使产品有了新的结构、新的功能、新的性能或增加了新的服务项目,从而给消费者带来了新的利益,与原有的产品产生了差异,即可视为新产品。

新产品大体可分为以下4种类型:

(1) 全新产品。指运用新的原理、新的技术、新的结构和新材料研制成功的前所未有的新产品。

(2) 换代新产品。指在原有产品的基础上,采用或部分采用新技术、新材料、新结构,其性能有重大突破与改进的产品。

(3) 改进型新产品。是对原有产品的成分、结构、性能、规格、款式等方面作出适当的改进,使其性能有了一定的提高的产品。改进型新产品,可以是对原有产品进行适当的改进,也可以是原有产品派生出来的变形产品。

(4) 仿制新产品。是指企业通过引进外来样机、样品,对其性能、结构进行测试、研究,并作出必要的改进而生产出来的产品。

开发新产品,可以使企业避免产品线老化,适应市场日益增长的新需求,是企业竞争取胜的重要途径;有利于推动企业技术进步与发展社会生产力;也有利于企业充分利用资源和生产能力,开拓新的市场,提高企业声誉,扩大企业影响力。因此,在市场经济条件下,企业要十分重视新产品的开发。

## 二、新产品开发的方式与程序

(一) 新产品开发的方式

1. 独立开发方式

指由企业独立进行产品的全部开发工作。这种开发方式要求企业有较强的科研能力和雄厚的技术力量,且投资多、风险大。因此,一般大中型企业才采用。独立研制还可分为3种具体形式:一是从基础理论研制到应用技术研究,再到产品开发研究,全部过程都靠本企业的力量进行;二是利用社会上基础理论研究的成果,企业只进行应用技术研究和产品开发研究;三是利用社会上应用技术的研究成果,企业只进行产品开发研究。

2. 技术引进方式

指通过引进国内外(特别是国外)已有的成熟技术从事新产品的开发。它一般是通过购买专利、专有技术或合资经营,把产品生产出来。这种方式可以节省企业的科研经费,争取时间,加速企业技术水平的提高,较快地把新产品生产出来。这种方式对于研究开发能力虽较弱但制造能力却较强的企业尤为适用。

3. 独立开发和技术引进相结合方式

即在充分消化引进技术的基础上,结合本国、本企业的特点进行创新;或是在充分利用本企业技术的基础上,引进某些新技术来弥补自己的不足。这种产品开发方式花钱少、见效快,既能很好地发挥引进技术的作用,又能促进企业自己的技术开发。

4. 科技协作开发方式

指把企业内外的技术力量结合起来开发新产品。具体形式有:从社会上聘请专家、学者进行技术指导和审查设计方案;同研究院所和大专院校组成弹性联合设计小组共同攻关或签订技术合同。这种开发方式花钱少、见效快,既能很好地发挥科研技术作用,又能促进企业自己的技术开发,并保证产品的先进性,是企业开发新产品的重要途径。任何企业只要通过协作开发能比独立开发更有利的话,都应采用协作方式开发新产品。

(二) 新产品开发的程序

为了提高新产品开发的成功率,必须建立科学的新产品开发管理程序。一般企业研制新产品的管理程序如图8-7所示。

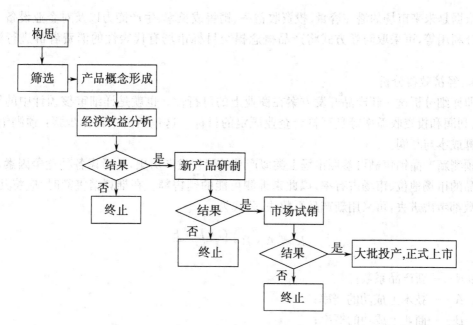

图 8-7 新产品开发管理程序

1. 构思

这是新产品开发的第一阶段,就是收集各种新产品设想方案。新产品的构思要集思广益,各种新产品的设想方案有许多来源:一是来自于消费者和用户;二是来自于科技人员;三是来自于竞争对手;四是来自于本企业的业务人员及中间商。此外,还要经常注意搜集市场信息和科研成果信息。

2. 筛选

筛选的主要目的是选出那些符合本企业发展目标和长远利益,并与企业资源相协调的产品构思,扬弃那些可行性小或获利较少的产品构思。筛选过程应遵循的标准为:

(1) 市场成功的条件,包括产品的潜在市场如何,产品的竞争程度及前景估计,企业能否获得较高的经济效益。

(2) 企业内部条件,企业人、财、物资源;企业的技术条件及管理水平是否适合生产这种产品。

(3) 销售条件,企业现有的销售结构是否适合销售这种产品。

(4) 利润收益条件,产品是否符合企业的营销目标,其获利水平如何,新产品对企业原有产品销售的影响。

在筛选过程中要防止两种偏向:一是对好的构思在没有认清之前轻率放弃;二是对不好的构思轻率采纳。这二者都会造成重大损失。因此,在筛选中要认真进行可行性分析。

3. 产品概念形成

新产品构思经过筛选后,需进一步发展成为更加具体、明确的产品概念。产品概念是指已经成型的产品构思。它与想象中的产品不同,应具有较完整的概念:叫什么名称?有什么功能?有何特色?什么式样?这些方面都应有明确的描述,而且能够了解新产品概念的潜在价值,使其趋于完善。

每一个产品概念都要进行定位,以了解同类产品的竞争状况,优选最佳的产品概念。选择的依据是未来市场的潜在容量、投资收益率、销售成长率、生产能力以及对企业设备、资源的充分利用等,可采取问卷方式将产品概念提交目标市场有代表性的消费者群进行测试、评估。

#### 4. 经济效益分析

即详细分析这一新产品开发方案在商业上的可行性。也就是详细审核预计中的销售、成本、利润和投资收益率等是否符合企业既定的目标。这包括两个具体步骤:预测销售额和推算成本与利润。

预测新产品销售额可参照市场上类似产品的销售发展历史,并考虑各种竞争因素,分析新产品的市场地位、市场占有率,以此来推测可能的销售额。在推算销售额时,应将几种风险系数都考虑进去,可采用新产品系数法,公式为:

$$R = A \cdot B \cdot \frac{C \cdot D \cdot E}{X}$$

式中:$R$——新产品系数;
$A$——技术上成功的概率;
$B$——商业上成功的概率;
$C$——预期的年销售量;
$D$——预期价格;
$E$——产品寿命周期;
$X$——固定成本总额。

上式中,$\frac{C \cdot D \cdot E}{X}$为产品系数,即该产品寿命周期内得到的收入为预付初始投资的倍数;$A$和$B$两个概率,一般由企业主管人员加以确定。它们的变动影响产品系数,反映着新产品开发风险,新产品系数越大,盈利的可能性就越大。

预测产品成本,即进行成本预算,主要通过市场营销部门和财务部门综合预测各个时期的营销费用及各项开支,如新产品研制开发费用、销售推广费用、市场调研费用等等。根据成本预测和销售额预测,企业可以预测出各年度的销售额和净利润。

#### 5. 新产品研制

经过经济效益分析,如果有开发价值,则可交有关部门进行研制。在市场营销观念占主要地位的今天,产品设计已不再仅仅是一个技术问题或生产问题,而是涉及技术、工艺生产和市场诸方面的综合问题。因此,产品的设计包括产品、品牌、包装、个性等多方面。

当产品的设计图纸出来之后,要进行试制,这是把产品概念转化为实体的关键一步。很多产品一旦变成实体后,可能会与事先的概念产生差距,使人感到"好像不是这种东西"。因此,产品的试制首先是样品的试制,样品试制主要目的是实际评价产品本身是否可行,成功后再进行小批试制,其目的主要是考验产品批量生产的工艺流程。新产品试制中应使模型或样品具备产品概念所规定的特征,并应进行严格的测试和检查,包括专业人员的"功能测试"和消费者面试。

#### 6. 市场试销

将试制成功的产品拿到市场上试销,这是对产品进行的最有效、最可信赖的检验。通过试销,可以了解消费者的潜在需求和消费习惯;可以制定和收集有利的营销策略和资料,如价格水平、质量标准、外观要求等；也可以发现产品的缺陷，有利于改进产品。但是试销也可能产生另外一些问题：

(1) 试销有时不能正确反映市场需求，因为有些客观因素有时是难以预测的。

(2) 容易泄露企业新产品信息，为竞争者利用。

因此，并非所有的产品都要经过这个阶段。

7. 大批投产，正式上市

经试销成功的新产品，即可批量投产上市。新产品的正式上市，一般由企业的销售部门负责，有时也需要企业其他部门，如储运、财务、技术等部门的密切配合。在新产品大量上市之前，企业还要作出 4 项决策：

(1) 投放时机。新产品上市要选择最佳时机，最好是应季上市，以便立即引起顾客注意，争取最大销量。同时，还要考虑新产品上市对企业原有产品的影响，如果影响老产品销售，则应待老产品库存较少时上市。再者，必须考虑竞争对手的产品策略，以便捷足先登，争取竞争中的主动权。

(2) 投放地点。新产品正式上市的地点，主要结合企业实力和市场条件等因素来确定。市场条件包括运输、市场容量和购买力等，这是确定上市地点的必要条件。就企业实力而言，中小企业或实力较弱的企业可先选好一个局部市场推出新产品，迅速占领市场，站住脚后再逐步扩展到其他地区。资金雄厚并拥有完备、顺畅的国内国际销售网络的大企业，可直接将新产品推向全国或国际市场。

(3) 预期的目标市场。企业推出新产品时应以最佳的潜在消费者群作为目标市场。产品的潜在消费者主要有：早期试用者；经常使用者；用户中有影响力者；待争取的购买者。

(4) 导入市场策略。企业要在新产品投放前制订尽可能完善的营销组合行动计划，给营销组合各因素合理分配营销预算，并根据主次轻重有计划地安排各种营销活动。

## 三、新产品采用与市场扩散

(一) 新产品特征与市场扩散

1. 新产品的相对优点

新产品的相对优点越多，如功能、可靠性、便利性、新颖性等方面比原有产品的优越性越大，市场接受得就越快。

2. 新产品的适应性

新产品必须与目标市场的消费习惯以及人们的产品价值观相吻合。在与目标市场消费习惯、社会心理、产品价值观相适应或较为接近时则有利于市场扩散。

3. 新产品的简易性

这是要求新产品设计、整体结构、使用维修、保养方法必须与目标市场的认知程度相适应。一般而言，新产品的结构和使用方法简单易懂，才有利于新产品的推广扩散，消费品尤其如此。

4. 新产品的明确性

这是指新产品的性质或优点是否容易被人们观察和描述，是否容易被说明和示范。凡信息传播便捷、易于认知的产品，其被消费者采用的速度一般比较快。

## (二)购买行为与市场扩散

### 1. 消费者采用新产品的程序与市场扩散

人们对新产品的采用过程,客观上存在着一定的规律性。美国市场营销学者罗杰斯调查了数百人接受新产品的实例,总结归纳出人们接受新产品的程序和一般规律,认为消费者接受新产品一般表现为以下5个重要阶段,如图8-8所示。

**图8-8 消费者接受新产品的过程**

(1)认知。这是个人获得新产品信息的初始阶段。新产品信息情报的主要来源是广告,或者通过其他间接的渠道获得,如商品说明书、技术资料等。

(2)兴趣。指消费者不仅认识了新产品,而且还发生了兴趣。在此阶段,消费者会积极地寻找有关资料,并进行对比分析,研究其功能、用途、使用等问题,如果满意,将会产生初步的购买动机。

(3)评价。这一阶段消费者主要权衡采用新产品的边际价值。譬如,采用新产品获得的利益和可能承担风险的比较,从而对新产品的吸引力作出判断。

(4)试用。指顾客开始小规模地试用新产品。通过试用,顾客评价自己对新产品的认识及购买决策的正确性如何。企业应尽量降低失误率,详细介绍产品性质、使用和保养方法。

(5)采用。顾客通过试用收到了理想的效果,放弃原有的产品,完全接受新产品,并开始正式购买、重复购买。从试用到采用,个人情报比广告重要得多。

### 2. 顾客对新产品的反映差异与市场扩散

在新产品的市场扩散过程中,由于受社会地位、消费心理、产品价值观、个人性格等多种因素的影响制约,不同顾客对新产品的反应具有很大的差异。新产品采用者的类型如图8-9所示。

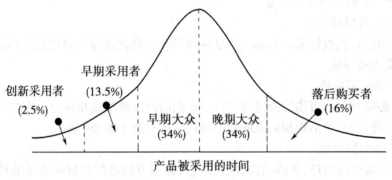

**图8-9 新产品采用者类型**

(1)创新采用者。也称为"消费先驱",通常富有个性,勇于革新冒险,性格活跃,消费行为很少听取他人意见,经济宽裕,社会地位较高,受过高等教育,易受广告等促销手段的影响,是企业投放新产品时的极好目标。

(2)早期采用者。一般是年轻人,富于探索,对新事物比较敏感并有较强的适应性,经济状况良好,对早期采用新产品具有自豪感。这类消费者对广告及其他渠道传播的新产品信息很少有成见,促销媒体对他们有较大的影响力,但与创新采用者比较,持较为谨慎的态度。

(3) 早期大众。这部分消费者一般较少有保守思想,接受过一定的教育,有较好的工作环境和固定的收入;对社会中有影响的人物,特别是自己所崇拜的"舆论领袖"的消费行为具有较强的模仿心理;不甘落后于潮流,但由于特定的经济地位所限,购买高档产品时持非常谨慎的态度。他们经常是在征询了早期采用者的意见之后才采纳新产品。

(4) 晚期大众。指较晚地跟上消费潮流的人。他们的工作岗位、受教育水平及收入状况往往比早期大众略差,对新事物、新环境多持怀疑态度或观望态度。往往在产品成熟阶段才加入购买。

(5) 落后购买者。这些人思想非常保守,怀疑任何变化,对新事物、新变化多持反对态度,固守传统的消费行为方式,在产品进入成熟期后期甚至衰退期才能接受。

新产品的整个市场扩散过程,从创新采用者至落后购买者,形成完整的"正态分布曲线",这与产品生命周期曲线极为相似,为企业规划产品生命周期各阶段的营销战略提供了有力的依据。另外,从营销角度看,动员和劝说"创新者"和"早期采用者"购买新产品是企业最关键的工作。

### 四、新产品的市场开发策略

新产品的市场开发包括两个方面:一是在原产品市场上销售;二是进入全新的市场。无论是在哪个市场领域,都可以包括以下 3 种市场开发策略:

1. 新产品的市场培养策略

从开发新产品决定的作出到新产品投入市场,企业就应采取措施大力宣传新产品,建立顾客(特别是早期使用者)对新产品以及生产经销企业的强烈印象,以唤起并刺激顾客对新产品的消费欲望。市场培养策略是新产品进入市场的第一步,其目的并不在于消费者立即采取购买行动,而在于培养感情、建立印象、刺激需求,着眼于未来。

2. 新产品的市场渗透策略

是指利用企业原有的销售渠道、原有产品品牌的知名度和美誉度,把新产品推向原有市场并向新的市场渗透。

3. 新产品的市场扩充策略

在新产品向市场渗透的基础上,要尽力扩大市场规模,并在适当时机由开拓产品市场转向产品的生产设备和生产技术市场,进而转向资本输出。这种市场扩充策略主要适用于新市场开发和国际市场开拓,具有深远的战略意义。

## 第五节  品牌、包装与产品服务策略

### 一、品牌概述

(一) 品牌与商标的基本概念

品牌(Brand)一词来源于古挪威文字"Brandr",中文的意思是"烙印"。当时的游牧部落在马背上打上烙印,上面写着"不许动,它是我的。"并附有各部落的标记,用以区分不同部落

之间的财产,这就是最初的品牌标志和口号。

品牌的最初含义,首先是区分产品,其次是通过特定的口号在人们心中留下烙印。带意义的品牌,是指消费者和产品之间的全部体验。其不仅包括物质的体验,更包括精神的体验。品牌概念随着实践中的品牌发展而不断丰富。品牌向消费者传递一种生活方式,人们在消费某种产品时,被赋予一种象征性的意义,最终改变人们的生活态度以及生活观点。

品牌由品牌名称、品牌认知、品牌联想、品牌标志、品牌色彩、品牌包装以及商标等要素组成。它是整体产品的一部分,是制造商为其产品规划的商业名称,基本功能是将制造商的产品品牌与竞争企业的同类产品区别开来。

美国营销学权威菲利普·科特勒(Philip Kotler)认为:"品牌就是一个名字、名词、符号或设计,或是上述的总和,其目的是要使自己的产品或服务有别于其他竞争者。"

美国市场营销协会(American Marketing Association,AMA):"品牌是一种名称、名词、标记、符号或设计,或是它们的组合,其目的是识别某个销售者或某群销售者的产品或劳务,并使其与竞争对手的产品和劳务区别开来。"

大卫·奥格威:"品牌是一种错综复杂的象征——它是产品属性、名称、包装、价格、历史荣耀、广告方式的无形总和,品牌同时也因消费者对其使用的印象以及自身的经验而有所界定。"

唐·舒尔茨给出最简短的定义:"品牌就是为买卖双方所识别并能够为双方所带来价值的东西。"

品牌、商标都是产品整体概念下"形式产品"的重要组成部分。品牌是现代市场营销的有利工具。消费者购买产品时,其出发点已不再局限于产品基本功能的消费,而趋向于追求品牌消费带来的心理满足。

品牌(Brand)与商标(Trade Mark)都是用以认别不同生产经营者的不同种类、不同品质产品的商业名称及其标志。在营销实践中,两者不完全等同。商标是指受法律保护的品牌,是获得专用权的品牌,是品牌的一部分。

1. 品牌

品牌是用以识别某个销售者或某群销售者的产品或服务,并使之与竞争对手的产品或服务区别开来的商业名称及标志,通常用文字、标记、符号、图案和颜色等要素或这些要素的组合构成。品牌包括品牌名称(Brand Name)和品牌标志(Brand Mark)。

(1) 品牌名称。指品牌中可以用语言表达的部分。如可口可乐(Coco-Cola)、联想(Lenovo)、奥迪(Audi)、海尔(Haier)等。它一般是品牌中的文字名称部分。它主要产生听觉效果。

(2) 品牌标志。指品牌中可以识别、辨认但不能用语言来表达的部分。这种标志可以由一个或多个具有特色的文字、字母、数码、线条图形或颜色组成。如可口可乐的8个英文字母的花写图案。它主要产生视觉效果。

2. 商标

商标是专门的法律术语。品牌或品牌的一部分经过政府有关部门依法注册后,即成为企业所拥有的注册商标。如注册了的图案、符号、字体等。注册企业享有使用该商标的专用权,具有独占性。只要商标所有人依法取得了在一定期限内对该商标的专用权,其他任何人不得任意使用相同或相似的商标,否则就构成了侵权行为。

在市场营销管理过程中,企业为其产品设计和规定品牌名称、品牌标志,并向政府有关部门注册登记的一切活动,则称之为品牌化(Branding)。

3. 品牌和商标的联系与区别

(1) 品牌与商标都是用以识别不同生产经营者的不同种类、不同品质产品的商业名称及其标志。然而,品牌和商标的外延并不相同。

(2) 品牌是市场概念,是产品和服务在市场上通行的牌子,它强调与产品及其相关的质量、服务等之间的关系,品牌实质上是品牌使用者对顾客在产品特征、服务和利益等方面的承诺。

商标是法律概念,它是已获得专用权并受法律保护的品牌,是品牌的一部分。

商标无论其是否标在商品上被使用,也不管商标所标定的商品是否有市场,只要采用成本法对其评估,它就必然有商标价值;而品牌则不同,不使用的品牌自然没有价值,品牌的价值是其使用中通过品牌标定的产品或服务在市场上的表现来进行评估的。

在我国,商标有"注册商标"与"非注册商标"之分。注册商标是指受法律保护、所有者享有专用权的商标。非注册商标是指未办理注册手续、不受法律保护的商标。国家规定必须使用注册商标,必须申请商标注册,未经核准注册的,不得在市场销售。可见,我国习惯上对一切品牌不论其注册与否,都称作商标。

商标专用权,也称商标独占使用权,是指品牌经政府有关主管部门核准后独立享有其商标使用权。这种经核准的品牌名称和品牌标志,受到法律保护,其他任何未经许可的企业不得使用。因此,企业欲使自己的产品品牌长久延续,必须通过国家许可的方式获得商标专用权,以求得法律的保护。

(二) 品牌的含义

品牌,就其实质来说,它代表着销售者(卖者)对交付给买者的产品特征、利益和服务的一贯性的承诺。从消费者方面讲,品牌是一种心理上、情绪上的认同。品牌的含义包括以下几个方面:

(1) 属性。品牌代表着特定的商品属性,这是品牌最基本的含义。例如,梅赛德斯·奔驰(Mercedes－Benz)表现出昂贵、制造优良、工艺精湛、耐用、高声誉。

(2) 利益。品牌不仅代表着一系列属性,而且还体现着某种特定的利益。顾客购买商品实质是购买某种利益。属性需要转换成功能和情感利益。例如,奔驰的属性"耐用"可转化为功能利益:"我可以几年不买车了"。奔驰的属性"昂贵"可以转换成情感利益:"这车使我令人羡慕,帮助我体现了重要性"。

(3) 价值。品牌体现了生产者的某些价值感。例如,梅赛德斯·奔驰代表着高绩效、安全、声望等。

(4) 文化。品牌蕴含着特定的文化。从奔驰汽车给人们带来的利益等方面来看,奔驰品牌蕴含着"有组织、高效率和高品质"的德国文化。

(5) 个性。品牌也反映一定的个性。不同的品牌会使人们产生不同的品牌个性联想。奔驰可以使人想起一头有权势的狮子(动物),或一座质朴的宫殿(标志物)。

(6) 使用者。品牌暗示了购买或使用产品的消费者类型。

从市场营销角度,品牌应具备以下几个要素:

第一,经申请、核准注册、受法律保护的商标。

第二，有自己的产品（生产或代理）。

第三，产品能与竞争对手的产品区别开来。

第四，产品与消费者产生联系。

因此，从市场营销的角度而言，品牌就是具备经申请、核准注册、受法律保护的商标，且具备能让消费者有效地识别、区分竞争对手的产品与消费者所发生的一切关系，而这种关系必须通过市场来检验。

根据品牌概念可将品牌分为功能性、形象性、体验性三种。

功能性品牌，顾名思义，即该产品强调解决外部产生的消费性需求。如飘柔洗发水强调双效合一，洗发润发一次完成。功能性的产品，因为注重产品所能提供的功能，形象概念的形成过程是由下而上的(Bottom-Up)。

形象性品牌，强调的是社会地位与自我形象的联结。如劳力士(Rolex)手表、蒂法尼(Tiffany)珠宝。不同类别的两种产品，其品牌概念的形成过程也不一样。形象性产品则相反，他们较难将产品的特质和产品做联结，其形象的形成过程是由上而下的(Up-Bottom)。

体验性品牌，其需求则来自产品所能提供消费者感官上的愉悦、多样性或是在认知上的刺激。这样的分类法通常指的是品牌，而非产品。不过理论上，任何一种产品都能被定位成三种之一，而且和感性消费及理性消费的概念相一致。功能性品牌属于理性消费产品，而象征性和体验性品牌属于感性消费产品。

（三）品牌的作用

在产品日益同质化的时代，产品的物理属性已经相差无几，唯有品牌给人以心理暗示，满足消费者的情感和精神寄托。

（1）对于消费者而言，品牌首先是一种经验。在物质生活日益丰富的今天，同类产品多达数百甚至上千种，消费者根本不可能逐一去了解，只有凭借过去或别人的经验加以选择。因为消费者相信，如果在一棵果树上摘下的一颗果子是甜的，那么这棵树上其余的果子都会是甜的。这就是品牌的"果子效应"。其次，品牌是一种保证。对于陌生的事物，消费者不会轻易去冒险，对于品牌和非品牌的产品，消费者更愿意选择的是品牌产品。这时，品牌给消费者以信心和保证。比如一场足球赛，如果有马拉多纳出场，球迷会更愿意观看，因为球迷相信，只要马拉多纳出场，这场球赛一定很精彩。在这里，马拉多纳就是品牌，就是保证和信心。次之，品牌更是个性的展现和身份的象征。穿皮尔卡丹和穿雅戈尔，喝 XO 和喝二锅头，坐法拉利和坐夏利，使用什么样的品牌，基本上就表示你是个什么样的人。同样是牛仔，穿万宝路的牛仔，表示你是个有男子汉气概的人，而穿李维斯(levis)的牛仔，则表示你是个自由、反叛、有性格的人。

（2）对竞争者而言，品牌是一种制约。在某些领域，市场强势品牌业已形成，留给后来者的市场机会非常小。而在没有形成强势品牌的领域，竞争者将面临大好的市场机会，受到的制约相对较小，有时不需"高难动作"便可取得成功。

（3）对于品牌自身而言，品牌是一种契约。不过这种契约不是写在纸上的，而是存在于人们的心中。品牌向天下人承诺：我是优秀的，我是值得信赖的，选择我就选择了放心。而一旦它违背了自己的承诺，那么，它在人们的心中等于已经毁约，人们将感到受欺骗而从此不再相信它。

### （四）品牌的特征与功能

**1. 品牌的特征**

（1）品牌本身没有物质实体。品牌自身是无形的，不具有独立的物质实体，不占有空间，它必须通过一定直接或间接的物质载体，如符号、色彩、文字等表现其自身。

（2）品牌属于专有，并且通过使用能为拥有者取得持续的经济效益。品牌是企业的无形资产，因此对企业的生产经营和服务能够较长期地持续地发挥其资产的作用。

（3）品牌具有明显的排他的专用性。这种排他的专用性，有时通过企业自身保密和《反不正当竞争法》来维护（如专有技术、经营秘密）；有时则通过适当公开其内容作为代价以取得广泛而普遍的法律保护（如专利权）；有时则又借助法律保护并以长期生产经营服务中的信誉取得社会的公认（如商标、品牌认知等）。

（4）品牌提供的未来经济效益具有较强的不确定性。品牌潜在价值可能很大，也可能很小，既有时间使产品取得很高的附加值，有时则由于在技术与经营服务更新上竞争不力，未能保持产品质量更好、性能更新、成本更低，从而使企业原有的品牌迅速贬值。这种不确定性与风险性是品牌资产评估复杂性的重要原因之一。

**2. 品牌的功能**

（1）识别功能。品牌可减少消费者在选购商品时所花费的时间和精力。消费者会对品牌产生一种整体感觉，这就是品牌认知。当消费者购买具有某种使用价值的商品时，面对琳琅满目的商品，他们的购买行为首先表现为选择、比较。而品牌在消费者的心目中是产品的标志，它代表着产品的品质、特色。同时，品牌是企业的代号。品牌在消费者心目中代表着企业的经营特色、质量管理要求等，从而在一定程度上迎合了消费者的兴趣偏好，节省了消费者购买商品时所花费的精力。

（2）保护消费者权益的功能。由于品牌具有排他的专用性特征，品牌中的商标通过注册以后受到法律保护，禁止他人使用。如果产品质量有问题，消费者就可以根据品牌溯本求源，追究品牌经营者的责任，依法向其索赔，以保护自己的正当权益不受侵犯。

（3）促销的功能。品牌的促销功能主要表现在两方面：一是由于品牌是产品品质标志，消费者常常按照品牌选择产品，因此品牌有利于引起消费者的注意，满足他们的欲求，实现扩大产品销售的目的。二是由于消费者往往依照品牌选择产品，这就促使生产经营者更加关心品牌的声誉，不断开发新产品，加强质量管理，树立良好的企业形象，使品牌经营走上良性循环的轨道。

（4）增值的功能。品牌是一种无形资产，它本身可以作为商品买卖。世界十大著名品牌的品牌价值都是近乎天文数字。品牌资产是一种超越商品有形实体以外的价值部分。它是与品牌名称、品牌标识物、品牌知晓度、品牌忠诚度相联系的，能够给企业带来收益的资产。品牌资产与品牌名称、品牌标识物密切相连。如果品牌名称、品牌标识物发生了变化，品牌资产也要发生变化，企业资产负债表中的有关内容也要随之进行调整。

品牌只有在其所创造的价值被目标消费群认知、认同时，才能成为有意义、有吸引力的品牌，若脱离了"价值创造"的核心工作，品牌将变成一场逐梦的游戏。事实上，失去"价值焦点"的品牌，其推销活动只是一场游戏：花钱、费力，但筑起的却是沙雕城堡。

### （五）品牌资产（又称品牌权益）

品牌是一种超越生产、商品、有形资产以外的价值。根据美国加州大学大卫·艾克教授出版的《经营品牌权益》专著,提出了组成品牌资产(Brand Equity)的五大元素:即品牌忠诚度、品牌知名度、品牌认知度、品牌联想及其他专有品牌资产。如图8-10所示:

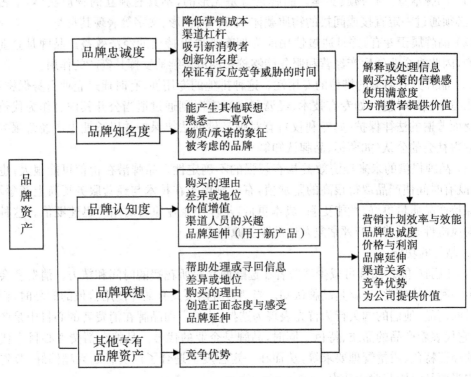

图8-10 品牌资产的决定因素

1. 品牌忠诚度

品牌忠诚度是说消费者持续购买同一品牌,即使是面对更好的产品特点,更多的方便,更低的价钱,也会如此。一般根据忠诚度的高低分为五层:承诺购买者、情感购买者、满意购买者、习惯购买者、无品牌购买者。品牌忠诚度是品牌资产的主要核心,其价值所在可以用下列几点来说明:

(1)降低营销成本:品牌忠诚度高表示消费者离开的概率较低,对销售人员而言,要维持原有业绩或是扩大增长,在营销费用的投入上,皆可以比品牌忠诚度低的品牌来得节省。

(2)易于铺货:好销的产品必然可以争取到较好的货架陈列位置,在通路经营上也会有较好的谈判能力。

(3)易于吸引新的消费者:品牌忠诚度代表着每一个使用者都可以成为一个活的广告,不仅有较高的知名度,也会为产品做见证,减少新的消费者风险的认知。

(4)面对竞争有较大的弹性:当同样面对竞争时,品牌忠诚度高的品牌,因为消费者改变的速度慢,所以可以有更多的时间、空间去做准备,反击竞争者。

2. 品牌知名度

品牌知名度是指消费者想到某一类别的产品时,脑海中能想到或辨别某一品牌的程度,例如,想到矿泉水就会想到乐百氏、娃哈哈、农夫山泉等。

(1) 品牌知名度分为四个层级

① 第一提及知名度。知名度最高的程度应该就是在没有任何提示状况下,想到某一类别就立刻想到并且说出品牌名,这叫做未提示第一提及知名度,像一提电脑就会想到 IBM 一样。

② 未提示知名度。第二种层次则是仍然没有提示,但也会想到的品牌名,只是没有第一个想到而已,这个层级虽然没有第一提及的知名度高,但也非常重要,是兵家必争之地,那是因为消费者在购买时固然有品牌忠诚的惯性,但是由于面对的选择实在太多,所以也会经常的变换品牌,但只会在几个深植脑海中的品牌中做选择,这些品牌名,我们叫做品牌目录群,而品牌目录群就是在未提示下会想到的那些品牌。

③ 提示知名度。第三层次是经过提示之后,表示记得,并且了解品牌,这个层次是沟通活动中的第一个目标站,如果没有达到此层次,沟通效果仍然是无效的。

④ 无知名度。如果没有提示知名度的品牌就是无知名度的品牌。

(2) 品牌知名度的价值

① 品牌联想的代名词。品牌的内涵是经由传播,一次一次的教育累积而成的,每次沟通的信息不尽相同。对空调而言,有时强调其品质,有时强调其省电,也有强调其无声,然而,消费者经过了解这些信息后,在脑海中会全部累积在品牌名上,当想到要买空调时则会想起不同品牌的不同特性,这正是品牌认知的意义。

② 熟悉度引发好感。人是惯性的动物,对于熟悉的事物,自然会产生好感及特殊的情绪,这是知名度的第二个好处,熟悉会带来好感。

③ 知名度是一种承诺。高的知名度自然能有大品牌的印象,有品质的保证感,当消费者面对其他同样的商品时,知名度代表着销售者的承诺,这种承诺包括:这家公司投资这么大的广告,一定错不了;这个品牌在市场上一定是个老牌子;这个品牌铺货一定很好;这个品牌是这么普遍,有那么多人用,应该可以放心使用。

④ 品牌目录群之一。知名度高,能够成为消费者在购买时主要考虑的品牌之一,是销售成功的关键所在。

3. 品质认知度

品质认知度是消费者对某一品牌在品质上的整体印象。何为品质的内涵?到底什么叫做高品质?为什么德国西门子的品质能深得人心?品质指的一定是生产上的问题吗?具体而言,产品品质是指:

① 功能。空调可以产生多么舒适的空气品质;洗衣机能把衣服洗得多么干净;电视机的画面有多么清晰。

② 特点。像附有遥控器的空调,具有直角画面的电视机,附有安全气囊的汽车,与不具备这些功能的产品相比较就有较高的品质,也就是指较低的不良率。这种比较,是指生产上的品质标准是否达到。

③ 可依赖度。每次买到的产品其品质是否具有一致性,尤其是电子产品,如果常常买到有问题的,或是品质不稳定的产品,消费者自然会失去信心及依赖感。

④ 耐用度。耐用度是指产品可以使用的年限,像桑塔纳汽车就以结实耐用而闻名。

⑤ 服务度。是指销售产品时,服务优劣的程度,像日本汽车提供 24 小时的售后服务。

⑥ 高品质的外观。单纯从外观上看,是否具有高品质的感觉也很重要,因为这是消费

者能以肉眼去判断的地方。

品质认知度的价值：

① 提供购买的理由：好品质的商品是所有消费者的选择，如果没有品质的认定，品牌是不可能被列入考虑范围的。

② 差异化定位的基础：在选择具有竞争力的定位时，必须确定诉求点是消费者所真正喜爱的特点，而这些特点也通常是那些品质上的特点，所以在寻找定位时，如果能在品质上找到差异化的竞争优势则是最强有力的市场定位。

③ 高价位的基础：对于高价位的商品，消费者通常会期望具有较好的品质，所以，较好品质的商品如果卖较高的价位，消费者也是会接受的。

④ 经销商的最爱：高品质的产品，代表着消费者购买意愿，也正是经销商的最爱，所以具有高品质印象的产品在铺货力上具有相当好的先机。

⑤ 品牌的延伸性：具有高品质印象的品牌在品牌延伸上有更大的能力，因为消费者会将原有的品质印象转嫁到新的产品线上，这对新的产品线而言，是很大的帮助。

### 4. 品牌联想

品牌联想是指透过品牌而会有的所有联想，像麦当劳，消费者可能联想到汉堡、麦当劳叔叔、干净、工读生等。

如果这些联想能组合出一些意义，这个意义的印象就叫做品牌形象，譬如说对麦当劳的品牌形象是最大、品质最好的国际性连锁公司，而品牌形象则是品牌定位沟通的结果，所以品牌定位具有操作性、参考性，经过传播之后，在消费者脑海中形成许多的品牌联想，最终构成一个销售意义的品牌印象。

品牌联想的价值：

① 差异化。广告的最主要的功能之一就是在于企图教育消费者，使其对品牌能立刻产生联想，而所想到的特质，正是该品牌的独特销售主张（USP），进而对品牌产生差异化的认知，甚至好感及购买欲，这也正是传播上定位的主要目的。

② 提供购买的理由。大部分的品牌联想，都是直接与消费利益有关，而这些利益点也正是消费者购买的理由。如奔驰品牌象征着一种社会地位，所以奔驰轿车就成为许多大企业老板的首选。

③ 创造正面的态度及情感。在传播上，常有理性诉求和感性诉求两种做法，理性诉求所要说明的是为什么，所以必须提供许多的理由，而感性诉求则相反，是利用消费者对事物的自然情感转嫁到品牌的情感，像化妆品常借美丽的画面或音乐来产生偏好，软性饮料像汽水也常利用欢乐的场合、气氛来教育喝的时机，这些联想固然不是理由，却都能产生正面的情绪联想。

④ 品牌延伸的依据。麦斯威尔咖啡成功地建立"好东西要与好朋友分享"的品牌印象，如今依据这一印象，品牌延伸推出麦斯威尔罐装咖啡，在营销成本及效果上皆有事半功倍的好处。

### 5. 其他资产

除了上述四种资产以外，尚有一些归类尚不明确的资产，例如著作权、专利、商标登记等。品牌除了在消费市场具有资产价值外，在法律上因为法律登记可以得到保护，所以也无形中成为另一种资产。

## 二、品牌定位与设计

### (一) 品牌定位的概念

定位(Positioning)一词最初是由美国营销学家艾·里斯(Ai Ries)和杰克·特劳特(Jack Trout)于20世纪70年代早期提出来的。定位是针对现有产品的创造性的思维活动,它不是针对产品采取什么行动,而是主要针对潜在顾客的心理采取行动,及定位不在产品本身,而在消费者心底。

品牌的定位是在产品定位基础上的升华和规范化。产品定位指的是产品的市场定位,是确定企业的产品在市场上的位置。它是通过企业为自己的产品创立鲜明特色和个性,从而塑造出独特的市场形象而实现的。一般来说,产品的定位要通过产品的性能、构造、形状、规格、档次、价格、质量、款式等表现出来。它与一定的消费者群体有直接的关系。产品定位既要考虑市场的需求和消费者的特点,又要考虑企业自身的资源条件和营销环境。

所谓品牌定位,就是指建立或塑造一个与目标市场有关的品牌形象的过程与结果。它与这一品牌所对应的目标消费群应建立一种内在的联系。例如,在中国市场,奥迪A6轿车定位于商务与公务用车的高端用户;茅台酒则定位在贵宾或高级礼品的层次上。品牌定位要有相对的稳定性,不应随意变动。例如,美国派克品牌金笔,一向定位在高档消费的品位上,是名贵金笔的象征,后来派克金笔想占领低档大众化市场,开发出廉价低档笔,结果在消费者中引起误解,以为派克笔质量下降了,许多人便不再购买派克笔。派克笔不仅没有成功开拓低档笔市场,而且连原来具有明显优势的高档笔市场份额也被竞争对手抢占了不少。

### (二) 品牌定位的理论基础

随着营销学理论的发展,各种品牌理论从不同的角度和层面对品牌的内涵进行了深度和广度上的挖掘,但由于品牌含义的多方面性,任何简单的定义都难以概括其内涵,品牌理论内涵的演进经历了三个阶段。

1. 第一阶段:品牌就是品牌标识。菲利普·科特勒认为"品牌是一个名称、术语、标记、符号、图案,就是这些因素的组合,用来识别产品的制造商和销售商"。品牌在这里不过是一种识别标志,是一种产品的功能和特色所能给予消费者的利益的承诺和保证。

2. 第二阶段:品牌就是品牌形象。20世纪50年代,大卫·奥格威认为"品牌是一种错综复杂的象征,是品牌属性、包装、名称、价格、历史、声誉、广告风格的无形组合"。品牌同时也是因为消费者对其使用的印象及自身的经验而有所界定,品牌是一种象征,是消费者的感受和感觉。在这一阶段品牌理论的内涵较之前一阶段发生了质变,已经超出了功能的利益,突出心理上的利益。

3. 第三阶段:品牌就是品牌关系。20世纪末,大卫·A·艾克认为"品牌就是产品、符号、人、企业与消费者之间的联结和沟通,品牌是一个全方位的构架,牵涉到消费者与品牌沟通的方方面面"。品牌被视为"关系的建筑师",被视为一种"体验",一种消费者能够亲身参与的更深层次的关系,一种与消费者进行理性与感性互动的总和。

以上三个阶段,品牌理论的内涵在深化的同时经历了一个从有形到无形不断虚化的轨迹。随着产品同质化程度的加剧和消费者心理需要的提高,品牌的内涵越来越脱离产品有形的物质特性,而转向于消费者对品牌的全方位的体验和感受。品牌作为一种消费所体验的"无形"资产的重要性远远超过其作为产品的"有形"资产。品牌从一种可视可以感觉的有形标识转向对品牌感受和体验的总和,越来越深入到消费者的心理层面、直至作用于终极价值。

从品牌理论发展的三个阶段我们还可以看出,品牌理念经历了从以生产者为中心转到以消费者为中心的轨迹。在品牌标识阶段,品牌是偏向生产者的,强调的是对生产者的识别;在品牌形象阶段,其中心开始转向消费者,着眼点转向品牌在消费者心中的形象和感受,但仍是结合了生产者和消费者二元中心;在品牌关系阶段,则完全是以消费者为中心,着眼点在于品牌与消费者各方面的接触点,只是强调品牌和消费者之间的紧密关系。

强调品牌与消费者之间的关系是无可厚非的,但是我们不能忽视或者脱离生产者、社会这两个中心。根据市场营销理论提出的产品整体概念,产品分为核心层、有形层和延伸层三个层次。产品核心层是指消费者使用产品所得到的利益。顾客买东西的根本目的在于它给自己带来的实际效用。产品的效用是产品满足功能需求和象征需求的能力。其中象征需求的满足必须是建立在功能需求满足的基础之上。没有生产者对品牌的生产,就不可能有消费者对品牌的认同,所以消费者中心,必须建立在生产者中心之上。从而体现出生产者这个中心在三元中心结构中的基础作用和地位(图8-11)。品牌的生产和销售过程必须考虑到其社会角色和社会责任,才能成为百年品牌。

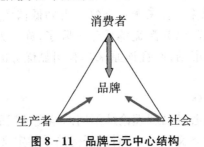

图8-11 品牌三元中心结构

(三)品牌定位的原则

品牌定位要突出品牌个性,但并非可以随心所欲地定位,品牌定位更适合从传播策略的角度去进行。品牌定位是从市场定位开始的,首先必须找到我们想要开发的市场(市场定位),然后针对这个市场、这部分消费群体,我们应该开发什么样的产品去满足他们的需求(产品定位),然后是针对这部分消费群体,针对我们的产品,应该塑造一种什么样的品牌形象——品牌形象定位。在知道我们的品牌应该塑造一种什么样的形象后,就要建立完善的品牌识别系统把这种形象传达出去——靠品牌的传播传达出去。因此品牌定位时应依据一定的原则,否则会适得其反。通常有以下四项定位原则。

1. 规划和执行品牌识别的原则

品牌识别是品牌策划和传播的基础,没有品牌识别,就无法对品牌产生任何传播和购买行为。当一个品牌定位存在时,必须有与之相匹配的品牌识别相组合,这样才能将品牌的价值主张传播发展。一个优秀的品牌有赖于品牌名称与商标的精心设计。有战略眼光的企业家都极其重视品牌的命名与设计。例如,美国埃克森石油公司(Exxon Mobil Corporation)为设计商标而耗资1.22亿美元,前后花了6年时间,聘请了经济学、心理学、语言学、商品学等方面的专家,研究了世界上55个国家的语言和风俗习惯,最后才从1万多个设计中,确定"Exxon"为品牌。

2. 切中目标消费者的原则

品牌定位是站在消费者的角度进行的,必须设定一个特定的对象,而这个特定的对象应该是目标消费者。定位时要让品牌在目标消费者心目中获得一个有利位置,除了产品的功能利益外,还应有心理、情感、象征意义上的利益,如果目标消费者根本无法理解该品牌所传达的信息,定位则宣告失败。此外在进行品牌定位时,要始终如一地将品牌的功能、利益和消费者心理上的需要联系起来。

3. 创造品牌的差异化竞争优势的原则

竞争者是影响定位的重要因素。没有竞争的存在,定位就失去了价值;没有差异,就没有竞争的存在,差异创造竞争的价值,差异创造品牌的第一位置。品牌定位本质上应展现自己相对于竞争者的优势,以自己的竞争优势占领市场是企业不变的法宝,通过定位向消费者传达自己的优势,从而达到引起消费者注意的目的。用于突出自己的品牌和竞争对手之间的差异性有产品、服务、人、形象、渠道等要素。当产品同质程度太高,较难差异化时,要想取得成功的关键常常有赖于服务的增加,如海尔推出的售后星级服务。无数的事实证明:品牌的个性和形象也是创造不同品牌差异的有效方法。例如,百事可乐、万宝路香烟;分销渠道也可以成为公司差异化的选择,如戴尔电脑的直销模式。差异化的实行还可以利用消费者心理认知机制,通过转换技巧获得。例如,七喜汽水定位为"非可乐"饮料;香港海洋公园定位为"教育机构"(而非游乐园)等。

4. 持续统一传播品牌形象的原则

品牌是在消费者心中被唤起的想法、情感、感觉的总和。因此,只有当消费者心智中关于该品牌定义的内容得以认可时,该公司的资源才能被有效地利用,产生积极的效益和联想。品牌持续统一的传播,可以在消费者心中形成一种心智模式,从而产生品牌的知名度和忠诚度。

(四)品牌定位的步骤

1. 市场分析

市场分析要求在为品牌定位之前,做详细的市场调查,了解竞争对手的特点,明确自己的竞争优势。调查包括:

(1)该产品的目标消费者群。

(2)消费者购买该品牌产品的理由。

(3)市场上同类竞争者产品情况,有什么优缺点。

(4)竞争者品牌是如何定位的,有什么不足?又有哪些方面值得借鉴。

2. 选择本品牌的竞争优势

(1)确定本品牌的优势有哪些。

(2)确定本品牌各种优势的大小。

(3)确定本品牌可以用来定位的优势。

3. 品牌定位设计

品牌定位设计就是对品牌定位进行初步的规划和筛选。主要包括:

(1)根据已确定的品牌优势进行品牌定位。

(2)如何表达品牌的定位,可设计多种不同方案,然后从中进行优选。

(3)如何把有限的资金用在定位上。

### 4. 品牌定位的实施

品牌定位设计完成后,要使产品在消费者心目中扎根,建立起该企业产品的形象,必须借助各种方式进行有效的传播。因此品牌定位的实施包括实施有效广告创意及选择合适的广告媒体,因为广告常常是在消费者中传播和建立品牌形象的重要手段。除此之外,也要有效地利用公关、营业推广等其他必要的市场营销活动。

如特斯拉的品牌定位。该汽车公司成立于2003年,总部设在硅谷,是世界上第一个采用锂电子电池的电动车公司,其生产的电动汽车成为最畅销的电动汽车,被称为"汽车业中的苹果"。特斯拉汽车作为新能源汽车,将其品牌定位为高端跑车,通过错位营销策略,实现了竞争优势的互补效应,通过其竞争优势的提高,进而获得了广阔的市场。它将其电动汽车应用了超级跑车的标准,给消费者带来了全新的感觉。它的设计者对市场进行了综合的研究,将其目标客户定位为富有阶层和社会名流,这类客户对新鲜事物有着狂热的追求,对环保产品有着更大的关注,同时,还具备良好的消费能力,特斯拉的这种面向小众高端的定位,使其产品不仅具备使用功能,更多地将彰显客户的生活态度与生活品位。

### (五)品牌定位的策略

#### 1. 属性定位

根据产品的某项特色进行定位,例如它的历史、规模、绝活等,在世界名车中,沃尔沃强调它的耐用和安全,而宝马则强调它的性能及操作的优越性。

当进口红酒蜂拥进入中国市场时,以张裕为代表的国产红酒并没有被击退,而是通过其属性来塑造"传奇品质,百年张裕"的品牌形象,丰富了酒文化内涵,抬高了国产干红的地位,使一个拥有传奇品质的民族老字号企业毅然挺立。

#### 2. 利益定位

根据产品能为消费者带来的一项特殊利益的定位,例如,"高露洁,没有蛀牙""康师傅方便面好吃看得见";"保护嗓子,请用金嗓子喉宝"。利益定位也可以利用一种以上的利益。例如利比公司 Um－Bongo 品牌定位为"为妈妈带来健康,为小孩制造乐趣"。

#### 3. 使用/应用定位

根据产品的某项使用或应用的定位。比如,"正式场合穿海螺""当你找不到合适的服装时,就穿香奈儿(Chanel)套装""喝了娃哈哈,吃饭就是香"。

#### 4. 使用者定位

是指把产品和一位或一类用户联系起来,试图让消费者对产品产生一种独特的知觉,而不考虑它的物理构造和特征,例如,"太太口服液,十足女人味""百事可乐,新一代的选择"。美国雪菲公司(Schaefer)在推销其雪菲啤酒时,根据营销中的二八定律,提出广告语"再饮一杯时请用我们的啤酒",吸引中度、重度啤酒饮用者。

#### 5. 竞争者定位

通过使用一位竞争者作为参考点来识别产品和服务。例如,美国艾维斯汽车出租公司"我们是第二,但我们要迎头赶上";美国克莱斯勒汽车公司宣称自己是美国"三大汽车公司之一",借助通用、福特汽车公司来提升自己的地位。

#### 6. 产品类别定位

把产品与某种特定的产品种类联结起来,可以通过对一种现存产品类别的细分,或用一种全新的产品类别来定位品牌,例如,七喜为"非可乐"定位;太平洋海洋世界定位为"教育机构"。

7. 质量—价格定位

价格是商品质量的货币表现。可使用高价格作为高质量的暗示,或以更多的卖点或服务来反应高质量。例如"喜悦"香水使用"世界上最贵的香水"的广告语。

8. 文化象征定位

利用竞争者未曾使用的而能使消费者产生正面联想的"象征"事物来定位。如万宝路使用的"美国牛仔"和"万宝路乡村"。

9. 心里认知定位

借助于品质、技术、领导地位、预期的价值、心里联想等认知因素进行定位,如"人头马一开,好事自然来""听自己的,喝贝克""浪莎,不只是吸引"。

10. 生活方式定位

生活方式定位就是把品牌当做一个人,赋予其与目标受众十分相似的定位,例如"飘柔,就是这样自信""海王,健康成就未来"。

11. 情感定位

它是指把品牌赋予情感,以引起消费者、受众的同情、信任或喜爱,达到共鸣和销售的手法,如"娃哈哈纯净水,我的眼里只有你",长虹"以产业报国、民族昌盛为己任"等。

12. 功能定位

功能定位的实质是突出产品的效用,一般表现在突出产品的特别功效与良好品质上。例如罗尔斯·罗伊斯的广告:"罗尔斯·罗伊斯的汽车以每小时60英里的速度行驶时,在车内听到的最大噪声是电子表走动的声音",强调了它的运行平稳和无噪音干扰的特殊功能。红牛饮料的广告"累了,困了,喝红牛"。

13. 重新定位

重新定位策略是通过与竞争品牌的客观比较,来确定自己的市场地位的一种定位策略。它向消费者灌输一种全新的观念、全新的感觉,以建立起其品牌新形象。强生公司"泰诺"就是利用此招击败了在止痛药市场占领导地位的阿司匹林,重新建立了定位新秩序、品牌新形象。并在击败阿司匹林后,一直位于止痛药的领导位置,领先于"拜耳""百特宁"等。中国南部的区域强势品牌燕京桂林漓泉啤酒,面对青岛啤酒的攻势,将早期的"鼓动欢乐的心"的品牌定位,调整为"好水酿好酒",充分用足了桂林山水这一地方特色。

(六)品牌设计

广义的品牌设计包括战略设计、产品设计、形象设计和CI设计。狭义的品牌设计是指对产品的文字名称、图案记号或两者结合的一种设计,用以象征产品的特性,是企业形象、特征、信誉、文化的综合与浓缩。这里主要研究后一种。

1. 品牌命名

一个好的名称,从形式上应具有如下特性:

(1) 独特性。容易辨识并能够与其他企业或商品的名称相区别。品牌名称越具有个性,就越具有竞争力。

(2) 简洁性。简洁明快的名称可降低商品标识的成本,并便于写成醒目的文字做广告宣传,有助于提高传播效果。

(3) 便利性。名称应易发音、易读、易记、易理解。

(4) 营销性。品牌名称应暗示产品的利益,具有促销、广告和说服的作用,适合包装,与企业形象、产品形象相匹配。

(5) 愉悦性。无论是读起来,还是看上去,品牌名称都应让人感到愉快,避免不悦和消极的感觉。

2. 品牌图案设计

品牌图案设计应体现以下几方面:

(1) 营销方面。体现产品的特征和品质,体现品牌价值和理念。

(2) 视觉方面。新颖独特、醒目直观,适合各种媒体传播,有强烈的视觉冲击力。

(3) 设计方面。色彩搭配协调,线条搭配合理,图案清晰、简化、对称、布局合理。

(4) 情感方面。有现代气息,感染力强,令人喜爱,使人产生丰富联想和美的享受。

(5) 认知方面。易于记忆,通俗易懂,留下深刻的印象,符合文化背景和时代要求。

品牌标志则是品牌价值组合中的中心,是品牌的主要区分性特征。如"M"是一个很普通的字母,对其施以不同的艺术加工,就形成表示不同商品的标记或标志:鲜艳的金黄色拱门"M"是麦当劳(McDonalds)的标记。由于它棱角圆润,色调柔和,给人自然亲切之感。而摩托罗拉(Motorola)的"M"虽然也只取一个字头"M",但是,摩托罗拉充分考虑到自己的产品特点,把一个"M"设计得棱角分明,双峰突起,突出了自己在无线电领域的特殊地位和高科技的形象。

## 三、品牌策略

### (一) 品牌化策略

该策略要解决的是企业要不要给产品建立一个品牌的问题。如何确定品牌所有者,如何选择品牌名称,确定品牌战略,以及如何对品牌重新定位如图8-12所示。

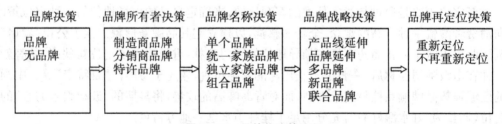

图8-12 品牌化决策流程

一般来讲,现代企业都建立有自己的品牌和商标。虽然这会使企业增加成本费用,但也可以使企业得到以下好处:① 便于管理订货;② 有助于企业细分市场;③ 有助于树立良好的企业形象;④ 有利于吸引更多的品牌忠诚者;⑤ 注册商标可使企业的产品特色得到法律保护,防止别人模仿、抄袭。

大多数购买者也需要品牌和商标,因为这是购买者获得商品信息的一个重要来源,即购买者通过品牌和商标可以了解各种产品质量的好坏,从而有助于购买者提高购物效率。

无论是在西方国家还是在我国,也有企业推出不使用品牌产品。所谓不使用品牌产品是指无品牌、包装简易且价格便宜的普通产品。企业推出不使用品牌产品的主要目的是节省包装、广告等费用,降低价格,扩大销售。一般来讲,不使用品牌产品使用质量较低的原料,而且其包装、广告、标签的费用都较低。可以考虑不使用品牌的情况是:① 未经过加工和同类产品无区别的原料产品;② 不会因生产商不同而形成不同特色的产品;③ 消费者已经习惯不用品牌的产品;④ 某些生产比较简单、选择性不大的小商品。

通常品牌化策略的应用是根据企业的资源情况、市场竞争空间和竞争的需要而采用(如表 8-5 所示)。

表 8-5 品牌化策略模式

| 品牌化策路模式 | 主要表现 | 形式典型案例 |
| --- | --- | --- |
| 统一家族品牌战略 | 一牌多品 | 海尔、索尼旗下的所有品牌都用统一的海尔、索尼品牌;康师傅、统一的所有食品饮料都用康师傅、统一品牌;雀巢的咖啡、奶粉、牛奶、冰淇淋都共用雀巢这一品牌 |
| 产品品牌战略 | 一品一牌<br>一品多牌 | 丝宝集团有风影、舒蕾等多个洗发水品牌;花王卫生巾用乐尔雅,护肤品用碧柔,洗发水有花王、诗芬等品牌 |
| 分类品牌战略 | 不同类产品用不同类品牌 | 上海家化的六仙、美家净、清妃是针对不同需求而设立的品牌 |
| 来源品牌战略 | 一牌多品企业＋产品 | 雀巢—宝路薄荷糖、雀巢—美极酱、花王—飞逸洗发水、花王—乐尔雅卫生巾 |
| 担保品牌战略<br>(背书品牌战略) | 产品品牌—企业品牌 | 别克—来自上海通用汽车、舒蕾—丝宝公司优质产品,海飞丝、飘柔—宝洁公司的品质 |
| 主副品牌战略 | 主品牌/副品牌 | 五粮液—金六福、浏阳河,乐百氏—健康快车、衡水—老白干…… |

(二) 品牌所有者策略

品牌所有者是指所有权归谁、由谁管理和负责的策略。企业有三种可供选择的策略:一是企业使用属于自己的品牌,这种品牌叫做企业品牌或生产者品牌;二是企业将其产品售给中间商,由中间商使用他自己的品牌将产品卖出去,这种品牌叫做中间商品牌;三是企业对一部分产品使用自己的品牌,对另一部分产品使用中间商品牌。

过去,品牌几乎都为生产者或制造商所有,可以说品牌是由制造商设计的制造标识。但是,随着市场经济的发展,市场竞争日趋激烈,品牌的作用日益为人们所认知,中间商对品牌的拥有欲望也越来越强烈。近年来,中间商品牌呈明显的增长之势。许多市场信誉较好的中间商(包括百货公司、超级市场、服装商店等)都争相设计并使用自己的品牌。

企业选择生产者品牌或中间商品牌,要全面考虑各相关因素,综合分析得益损失,最关键的问题要看生产者和中间商谁在这个产品分销链上居主导地位,拥有更好的市场信誉和拓展市场的潜能。

一般来讲,在生产者或制造商的市场信誉良好、企业实力较强、产品市场占有率较高的情况下,宜采用生产者品牌;在生产者或制造商资金紧张、市场营销薄弱的情况下,不宜选用生产者品牌,而应以中间商品牌为主,或全部采用中间商品牌。必须指出,若中间商在某目标市场拥有较好的品牌忠诚度及庞大而完善的销售网络,即使生产者和制造商有自营品牌的能力,也应考虑采用中间商品牌。如美国著名的西尔斯百货公司,已有 90%的产品使用自己的品牌。

## （三）品牌统分策略

对企业而言，全部产品都使用一个品牌，还是各种产品分别使用不同的品牌，关系着品牌运营的成败。

(1) 统一品牌。企业所有的产品（包括不同种类的产品）都统一使用一个品牌。如美国通用电气公司（GE）所有产品多达十几万种均使用 GE 品牌；飞利浦所有产品（音响、电视机、灯管、显示器等）都以"Philips"为品牌；佳能产品统一使用"Canon"品牌。瑞士雀巢公司将其生产的所有产品包括咖啡、奶粉、巧克力等统一使用了"Nestle"品牌。企业采用统一品牌策略，其好处是：① 能够降低新产品宣传费用；② 在企业的品牌已赢得良好的市场信誉的情况下，可实现顺利推出新产品的愿望；③ 有助于显示企业实力，塑造企业的形象。其缺点是：若某一产品因某种原因（如质量）出现问题，就可能牵连、影响全部产品和整个企业的信誉。当然，统一品牌策略也存在着容易相互混淆、难以区分产品质量档次等令消费者不便的缺憾。

(2) 个别品牌。个别品牌是指企业对各种不同的产品分别使用不同的品牌。如广州宝洁公司（P&G）生产的洗发水产品分别使用海飞丝、飘柔和潘婷品牌。该品牌策略有下列特点：

① 有利于企业全面占领一个大市场，满足不同偏好消费者的需要。多种不同的品牌代表了不同的产品特色，便于消费者识别不同质量、档次的商品。多种品牌可吸引多种不同需求的顾客，提高市场占有率。

② 有利于企业提高抗风险的能力。企业每一品牌之间是相互独立的，个别品牌的失败不会影响其他品牌及企业的整体形象。

③ 适合零售商按品牌安排货架的行为特性。在产品分销过程中，本企业品牌占有更大的货架空间，进而压缩或挤占竞争者产品的货架面积，为获得较高的市场占有率奠定了基础。

④ 有利于企业的新产品向多个目标市场渗透。

⑤ 促销费用较高也是不可忽视的，对企业实力、管理能力要求较高。

(3) 分类品牌。分类品牌是指企业对所有产品在分类的基础上各类产品使用不同的品牌。如企业可以自己生产经营的产品分为器具类产品、妇女服装类产品、主要家庭设备类产品，并分别赋予其不同的品牌名称及品牌标志。这实际上是对前两种做法的一种折中。

(4) 企业名称加个别品牌。这种做法是企业对其各种不同的产品分别使用不同的品牌，但需在各种产品的品牌前面冠以企业名称。在各种不同产品的品牌名称前冠以企业名称的做法，可以使新产品与老产品统一化，进而享受企业的整体信誉。与此同时，各种不同的新产品分别使用不同的品牌名称，又可以使不同的新产品各具特色。如美国通用汽车公司（GM）生产的小汽车分别使用不同的品牌，如高档车"凯迪拉克""别克"，中档车"奥斯莫比"和中低档车"雪佛兰"等等。

## （四）品牌延伸策略

品牌延伸是指将某一品牌扩展到新的产品领域，也包括通过增加变形产品或同一产品领域的新产品来延伸品牌。一种是纵向延伸，即推广原产品的改进型。另一种是横向延伸，即将已获市场成功的品牌延伸使用于新的产品线、新的产品品种上。

品牌作为无形资产是企业的战略性资源。如何充分发挥企业的品牌资源潜能并延续其生命周期便成为企业的一项重大战略决策。品牌延伸是实现品牌无形资产转移和发展的有效途径,它一方面在新产品上实现了品牌资产的转移,另一方面又以新产品形象延续了品牌寿命因而成为企业的现实选择。

如海尔品牌在冰箱上获得成功之后,又成功地推出海尔牌的洗衣机、电视机、热水器等新产品。如娃哈哈从酸奶延伸到营养液、八宝粥等,金利来从领带延伸到衬衣、皮鞋等。据统计,跨国公司中有 2/3 以上采用品牌扩展来拓展市场,如"三菱""惠普""Canon""Sony""Philips"等。

品牌延伸有如下好处:

(1) 有助于减少新产品的市场风险。品牌延伸可以大大缩短被消费者、认知、认同、接受、信任的过程,有效地防范新产品的市场风险。并且可以有效地降低新产品推广的成本费用。

(2) 品牌延伸有助于强化品牌效应,增加品牌这一无形资产的经济价值。

(3) 品牌延伸能够增强核心品牌的形象,能够提高整体品牌组合的投资效益。

然而,品牌延伸是一把双刃剑,其弊端:一是如果品牌延伸运用不当,原有强势品牌的形象信息就会被弱化,不仅损害延伸品牌产品,还会损害原强势品牌;二是可能造成品牌认知模糊;三是有悖消费者心理定位;四是淡化品牌特性。以上这些都可能导致产品销售和市场占有率的下降。因此,企业在品牌延伸决策时应审慎行事,要在调查研究的基础上,分析、评价品牌延伸的效果,尽可能避免负面影响的发生。

(五) 多品牌策略

多品牌策略是指企业同时为一种产品设计两种或两种以上互相竞争的品牌的做法。这种策略由宝洁公司(P&G)首创并获得了成功。在中国市场上,宝洁公司为自己生产的洗发液产品设计了飘柔、海飞丝、潘婷、沙宣、润妍等多个品牌,宝洁公司洗发液产品的多品牌策略在中国市场上获得了令人瞩目的市场业绩,仅飘柔、海飞丝和潘婷三个品牌的市场占有率就达到了 66.7%。

多品牌策略的优点是:不同品牌的同一产品在市场上开展竞争,有时会导致两者销售量之和大于原单一品牌的先期产品销售量之和,采用此策略的目的是扩大市场份额。

多品牌策略也存在不足,由于多种不同的品牌同时存在,必然使企业的促销费用升高且存在自身竞争的风险,所以在运用多品牌策略时,要注意各品牌市场份额的大小及变化趋势,适时撤销市场占有率过低的品牌,以免造成自身品牌过度竞争。

一般来说,企业采取多品牌策略的主要原因是:

(1) 多种不同的品牌只要被零售商店接受,就可占用更大的货架面积,而竞争者所占用的货架面积当然会相应减小。

(2) 多种不同的品牌可吸引更多顾客,提高市场占有率。这是因为:一贯忠诚于某一品牌而不考虑其他品牌的消费者是很少的,大多数消费者都是品牌转换者,发展多种不同的品牌,才能赢得这些品牌转换者。

(3) 发展多种不同的品牌,有助于在企业内部各个产品部门、产品经理之间开展竞争,提高效率。

(4) 发展多种不同的品牌,可使企业深入到各个不同的市场部分,占领更大的市场。

### （六）品牌再定位策略

某一个品牌在市场上的最初定位即使很好,随着时间推移也必须重新定位。这主要是因为以下情况发生了变化:

(1) 竞争者推出一个品牌,把它定位于本企业的品牌旁边,侵占了本企业的品牌的一部分市场,使本企业品牌的市场占有率下降,这种情况要求企业进行品牌重新定位。

(2) 有些消费者的偏好发生了变化,他们原本喜欢本企业的品牌,现在喜欢其他企业的品牌,因而市场对本企业的品牌的需求减少,这种市场情况变化也要求企业进行品牌重新定位。

(3) 经济不景气,高价位产品市场缩小。

(4) 健康意识普及,人们对某些食品的需求大减。

(5) 当初定位错误或营销环境发生了变化。

重新定位一个品牌需要改变目标市场,或改变品牌的价值取向。为了改变价值取向,我们可以通过改变核心价值(产品、技术、质量、消费者购买和使用时的感受)来实现。如研究人员根据对消费者的研究,发现"预防上火"是消费者购买红色王老吉的真实动机。于是王老吉突破传统的药用"祛火"定位,重新定位于具有预防上火的饮料定位,其独特的价值在于——喝红色王老吉能预防上火,让消费者无忧地尽情享受生活:煎炸、香辣美食、烧烤、通宵达旦看足球……

企业在制订品牌重新定位策略时,要全面考虑两方面因素:一方面,要全面考虑把自己的品牌从一个市场部分转移到另一个市场部分的成本费用。一般来讲,重新定位距离越远,其成本费用就越高。另一方面,还要考虑把自己的品牌定位在新的位置上能获得多少收入。

## 四、包装策略

### （一）包装概述

包装是指为了保护产品的价值和形态,采用适当的材料,制成与物品相适应的容器(包装物),并施加于物品之上的技术以及施加于物品后的状态。它是实体产品的一个重要组成部分。包装策略是指企业对包装的设计、制造和使用所作的决策,有的营销学者甚至把包装策略称为营销组合策略 4P 之外的第 5 个 P,可见其重要程度。

1. 包装的层次

产品包装一般可分为 3 个层次:

(1) 内包装,又称为直接包装。它是液体、粉状、流质产品的直接容器,如酒瓶、牙膏软管等。

(2) 中包装,往往又称为销售包装。它是保护内包装的包装物,如包装一定数量的牙膏纸盒。一般商店里陈列的就是这种包装的商品。

(3) 外包装,又称为储运包装。它是为了便于储运、识别某些产品的外包装。

2. 包装要素

一般来说,任何包装都是由下列要素组成的:

(1) 材料。传统的包装材料有纸、木、金属、塑料、玻璃等。随着科学技术的发展,各种新型包装材料及复合包装材料大量使用,包装功能不断增强,包装档次不断提高。

(2) 容量。不同的包装层次,要根据产品在使用、储运及销售的不同特点,选择不同的重量大小。如西方发达国家市场上洗衣粉的包装重量一般要大于我国市场上的洗衣粉,这是由国外洗衣习惯不同、洗衣机功率较大以及一般消费者开车购物等特点决定的。

(3) 形状造型。由于产品包装兼具保护商品、方便储运及使用、促进销售等功能,因此包装造型除了要根据工业设计美学的要求进行设计外,还要考虑到方便消费者使用、中间商搬运的要求。

(4) 颜色。颜色是包装最有力的工具之一。眼球活动的研究显示,各种包装要素之中,人们对色彩反应最快、最灵敏。理想的包装颜色要使产品在商店里活泼而显眼,买回家以后又要柔和而不扎眼。

(5) 标签。标签可以印于包装物上或商品上,也可以印制专门的附加说明。标签说明的内容包括:商品功效、使用方法、商品附加的质量保证、安装维修等服务。说明的形式可以使用文字,也可以使用图案、照片。储运包装上还印有专门的储运要求及注意事项。法律对商品标签中有关成分、有效期、生产厂家及使用文字等内容还有专门的规定。

(6) 条形码。条形码一般由一组粗细不等、间距不等的平行线组成,代表着不同的号码。世界上目前有两大类条形码编码系统,即 UPC 码和 EAN 码。我国采用的是后者。前3位 690 即代表该产品由中国制造。条形码的使用对商品流通过程中运用计算机进行信息管理具有至关重要的作用。

3. 包装的作用

传统的观念认为:包装的目的仅是盛放、保护商品,以利于搬运。随着经济的发展,特别是买方市场的逐步建立,包装作为一种重要的促销手段的作用逐渐被人们所认识。按照现代包装观念,包装的主要作用有:

(1) 保护产品。这是产品包装的最基本功能。所谓保护,是指保持产品的良好状态。要使产品,特别是一些食品、药品等,避免发生破损、漏失、挥发、变质或污染,就必须借助于良好的包装。另外,产品的物质形态不同,有气态、固态、液态等;它们的物理化学性质也不一样,例如毒性、腐蚀性、易挥发、易燃、易爆等;外形也可能有棱角、刃口或其他危及人身安全的形状。对这些商品,为了运输、携带和存放的方便,必须加以适当的包装,保证储运中的安全。除了一些大宗散装货物,如矿石、裸装货物(如钢材)之外,一般产品都需要使用不同的包装。

(2) 促进销售。首先被消费者视觉感知的不是商品本身,而是商品的包装,因此包装是形成产品差异从而提高其竞争能力的重要手段。越来越多的产品在超级市场或百货店的开架售货货架上以自助的形式出售,因此包装就成了无声的推销员,起着十分积极的推销作用。

(3) 增加盈利。随着消费水平的提高,消费者大都愿意为良好的包装所带来的便利和可靠性多支付些钱。因此,精美的包装可以大大增加产品的附加值,提高产品的档次,企业因此也可以从提高的售价中得到更多的利润。我国出口商品在国际市场上大多属中低档次,其重要原因之一,就是产品包装不佳。

(4) 产品创新。包装的创新给消费者带来巨大的好处,也给生产者带来了很大利润。包装创新产品也是重要的新产品来源之一。如,一家饼干制造商因发明了一种保鲜期更长的包装,从而声名鹊起。

(5) 树立形象。包装是企业形象识别系统 CIS 中视觉形象的重要组成部分。消费者接受企业视觉形象更多的是从其买回来的产品包装中获得的。反之,消费者在购物时,也常以包装来辨别、选择商品，如在货架上很容易识别的红黄包装的"柯达"胶卷，红白相间包装的"可口可乐"等。

### （二）包装设计

不同层次的包装有不同的设计要求。一般来说，外包装较注重储运的安全方便要求；中包装更重视美化商品，促进销售；内包装则对产品使用更为关注。

一般来说，包装设计要符合下列要求：

（1）包装必须与产品的价值、质量水平及产品市场定位相配匹。价值高且定位于中高档的商品应配以材料上乘、设计华贵、制作精细的包装；反之，则要在保护商品等基本功能满足的情况下尽可能选择简单朴素的设计、制作简单、成本低的包装。

（2）包装的图案、文字等必须清晰、准确地反映出商品的特性、功能、规格、尺寸和使用方法。一些商品可以通过透明或半透明的包装，加强商品的直观性。

（3）包装设计应符合目标市场消费者的审美要求，力求新颖、美观，具有视觉冲击力。在图案、造型、色彩上必须考虑目标市场消费者的年龄、性别、文化、宗教等特征。

（4）包装的形状、结构、材料的选择必须兼顾科学性、经济性及美观要求。同时，包装设计还要与企业整体形象相一致。

### （三）包装策略

包装要素的不同组合及使用形成了不同的包装策略。

（1）统一包装策略。企业生产的各种产品在包装上采用相同的图案、色彩或其他共有特征。这种方法，可以降低包装设计和制造成本，扩大企业影响，树立统一的企业形象。实际上这也是企业CIS战略的一部分。有时，企业在同一产品线内产品采用类似的包装，如图案相同，但颜色不同，且不同的颜色代表不同的产品品种特点。

（2）成套包装策略。即把使用时相关联的商品纳入一个大包装容器内一同出售，这样既方便了消费者使用，又扩大了销售。如化妆用品盒、常用工具箱等。

（3）双重用途包装策略。在原包装的商品用完后，包装可做他用。如杯形包装，空的包装瓶可作茶杯。

（4）附赠品包装。常用于儿童用品、食品的包装，如在商品包装内附赠连环画、小玩具等。有的赠品上还有号码或生肖动物图案，可以参加对奖。

（5）改变包装策略。随着产品定位或其他营销策略的调整，企业常会对产品包装作出改进。这种改进也是产品改进的重要手段之一。1996年初，百事可乐花费了近6亿美元，在全球发动了一场改变包装的宣传攻势。

（6）防伪包装策略。对于一些名牌产品来说，防止假冒伪劣产品是非常重要且又很棘手的工作。除了通过法律手段、打假运动来扼制假冒产品外，采用各种防伪包装是一种主动且非常有效的手段。五粮液和茅台同是名酒，但由于五粮液采用了防伪冒酒瓶，因此五粮液酒的假酒数量就要比茅台酒少得多。

## 五、产品服务策略

### （一）产品服务的含义

1. 服务和产品服务

产品包括一切能满足消费者某种需求的有形物质产品和无形非物质产品。按照服务在

产品整体概念中占的比重的不同,产品可以分为以下4类:

(1) 纯粹有形产品。这类产品不附带任何服务,如肥皂、牙膏、食盐等。

(2) 有形产品附带服务。产品主要是有形产品,但往往附带一两项服务以增强产品的吸引能力。如汽车制造厂在销售汽车时附带提供保证条件、售后服务等。

(3) 服务附带有形产品。即向顾客提供一种主要服务,附带提供一些支援性的有形产品。如美容服务之外,往往还提供一些美容护肤用品;咨询服务之外,也出售一些财务分析软件等。

(4) 纯粹服务。即不出售任何有形产品,例如精神治疗。

为了区分起见,我们把有形产品附带服务称为产品服务,提供这种服务的企业主要是生产企业;把服务附带有形产品和纯粹服务称为服务产品,提供服务产品的企业称为服务企业。

本章仅介绍产品服务方面的内容,关于服务产品,将在第14章详细介绍。

2. 产品服务的意义

产品服务是随着商品经济的发展逐渐完善起来的。20世纪80年代中期以来,质量和服务成为企业非价格竞争的主要内容,许多企业特别是生产各种设备和耐用消费品的企业,都建立了一支强大的产品服务队伍和服务网点。企业重视产品服务的主要原因有:

(1) 提高企业竞争能力。随着科学技术的进步,产品的技术含量越来越高,产品也越来越复杂,消费者对生产企业的依赖性增大。他们购买产品时,除了获得实体产品外,还希望得到可靠及时而又周到的服务。服务的好坏成为顾客判断产品质量的一项重要准则。因此,做好产品服务工作,可以提高企业的竞争能力。

(2) 增加消费者重复购买。美国《哈佛商业评价》1991年发表的一份研究报告指出:"重复购买可为企业带来25%~85%的利润,而吸引他们再来的因素中,首先是服务质量的好坏,其次是产品本身,最后才是价格。"因此,做好产品服务工作,可以培养消费者的品牌忠诚、企业忠诚,刺激重复购买。

(3) 产品出口的需要。在国际市场上,特别是在商品经济发达的西方国家市场上,消费者非常看重产品服务,因此没有可靠有效的技术服务保证,我国产品要想进入国际市场并站稳脚跟、打出名声是很困难的。美国的卡特皮勒公司就保证全球范围内备品零件48小时内送到。许多日本汽车、家用产品之所以能称雄世界,是与日本企业一贯重视产品服务分不开的。

(4) 法律规定。世界各国对产品服务大多制定了许多法律法规。我国也就产品服务中生产者和经营者的责任、消费者的权利制定了有关法规。

3. 产品服务的内容

产品服务可以分为售前、售中和售后服务,不同的阶段有不同的服务内容和特点。

(1) 售前服务。把产品信息迅速、准确、有效地传递给消费者,使消费者了解产品的功能、用途及使用方法,消除消费者的购买异议,帮助消费者进行决策,是售前服务的主要内容。如某机械设备销售,为用户提供了各种技术咨询,帮助用户做好设备选型,根据用户要求提供各种技术资料或图纸等。

(2) 售中服务。在销售过程中,详细解答顾客的各种询问,帮助顾客挑选产品,进行产品性能的演示,价格洽谈,协助顾客付款等。

(3) 售后服务。在 ISO 9004-2 服务质量体系中,生产后活动内容包括储存、交付、安装、服务、售后措施、市场反馈等环节。每一环节都是合同签订后的重要工作。如其中的服务环节要求及时满足顾客在使用过程中的服务要求,包括提供必要的专用工具或设备、使用说明书、备品、备件、技术咨询和维修服务等。

(二) 产品服务策略

产品服务策略是产品策略的重要组成部分,它一般包括产品服务要素决策、产品服务水平决策和产品服务渠道决策 3 个方面。

1. 产品服务要素决策

所谓产品服务要素就是企业对顾客提供的服务项目。各种服务要素对不同行业或产品的顾客而言,重要性不尽相同。例如保修服务对购买家具和计算机的顾客来说,重要性相距甚远。服务要素决策就是要在市场调查的基础上,排列出顾客对服务要素重视程度的次序,然后根据这一次序采取不同的措施。例如加拿大工业仪器制造商根据顾客要求的重要程度排出如下顺序:① 交货可靠;② 报价迅速;③ 技术指导;④ 售价优惠;⑤ 售后服务;⑥ 有销售代理;⑦ 联系方便;⑧ 保修,保换;⑨ 经营范围广泛;⑩ 可以按顾客要求设计样式;⑪ 提供贷款以及其他等。

需要指出的是,消费者对服务要素重视程度的排序,往往因时、因地、因行业而异,企业应密切注意这种变化,采取相应的措施。

2. 产品服务水平决策

一般情况下,企业提供的产品服务水平越高,消费者越感到满足,但是服务水平与销售量之间并不是无条件地成线性正比例关系的,可能存在着如图 8-13 所示的 4 种情况。

A 曲线表示服务水平与销售量几乎无关,一些完全垄断性行业可能会出现这种情况。

B 曲线表示销量随服务水平提高而成线性增长,这是比较理想的情况。

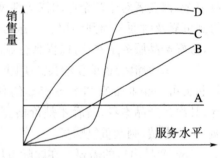

图 8-13 销售量和服务水平的关系示意图

C 曲线表示开始时,顾客对服务水平的反应非常灵敏,因而销量增长十分迅速,但增长率随着服务水平的提高而逐渐降低。

D 曲线表示服务水平较低或很高时,销售增长均不明显。服务水平适中时,销售反应更为积极。如产品保修期长短与销量的关系就是如此。

可见,服务水平的提高应根据客观情况的不同而采取不同的措施。

3. 产品服务渠道决策

产品服务渠道主要有以下一些做法:

(1) 经销商负责部分产品服务。经销商了解顾客特点和当地市场情况,提供服务方便、效率高、信誉好,企业成本低。但有些经销商往往不保证长期服务,经营产品品种多的经销商难以提供专业服务,他们一般重销售、轻服务。企业需要对经销商的产品服务在人员、培训、费用上加以支持。

(2) 企业直接派员或招聘当地专业人员。这种方式可以提供质量较高、专业性强的产品服务,但企业成本开支大,管理困难。

（3）委托专业公司。这些专业公司服务好，但要价高，企业对服务质量难以控制，如各种电梯安装维护企业。

企业可以根据社会环境、服务成本和服务需求选择适当的渠道。在产品服务渠道决策中，还应包括服务网点位置、数量的选择。

### 专论 8-1　品牌延伸应该契合原品牌精神

一个成功的特定品牌，会在顾客心中产生鲜明牢固的印象，并且给人带来丰富的联想，品牌延伸要取得成功，关键在于尽量与原品牌保持密切的契合度。

所谓的"契合度"，从企业角度看，指的是"战略契合度"；从消费者角度看，则是"感觉契合度"。香港科技大学商学院市场营销研究中心主任温伟德说："正确延伸命名策略的关键在于理解消费者对这个品牌特性的感觉，从根本上还是要立足客户、关注客户的反应。"

温伟德说，细究品牌所扮演的主要角色，不外有三：标识、质量保证和联想。而所有消费者都会在不同程度上对这些因素和价格进行权衡。

在原品牌的基础上进行延伸，最显著的优点在于成本低，能尽快促进顾客对新产品的接受过程，发展好了还能对母品牌提供反哺。大致看来，Ivory 洗发水、好时巧克力、高露洁牙刷、本田割草机都是成功的品牌延伸案例。

温伟德认为，在相当程度上，当沿着价值曲线垂直向上延伸时，最好采用间接的延伸命名策略，也就是品牌桥梁策略；如果以往的行为能给新产品带来很强的可预测性，直接延伸的效果可能更好。总之，要在专业知识方面说服顾客对子品牌产生信任。信任往往是一个很复杂的概念，专业知识、承诺和信任构成了一个三角形。

"强调消费者忠诚之前，必须要先问问自己的忠诚。"温伟德说。因而他不赞成机会驱使的行为——看到某个市场比较好，就打上原品牌的名字赶快上马，这种机会驱使的轻率延伸往往会损害母品牌。倘若延伸不当，子品牌获得不利评估的同时，人们也会将注意力转向母品牌，质疑其可信度。

（摘自《新营销》2006.11）

### 案例 8-1　天目湖啤酒：品牌修炼 20 载，终成正果

中国的啤酒行业，是改革开放 20 多年来最早脱离计划指导、市场竞争起步最早的消费类产业。10 年前，青啤、燕京、珠啤、哈啤和重啤这"五虎上将"，雄踞着国内华东、华北、珠三角、东北和西南等大片市场，并形成掎角之势。10 年后，不少大品牌已经成为 AB、SAB 米勒、英特布鲁、英博等国际品牌的参股、控股企业，市场竞争更趋白热化。绝大部分创立于 20 世纪 80 年代或更早期的地方啤酒品牌已经销声匿迹，彻底退出了市场，成为这一轮资本运作的牺牲品。

在啤酒市场竞争近乎惨烈的现实下，创建于 20 世纪 80 年代的天目湖啤酒公司却通过 20 载的不懈拼搏，创造了江苏乃至华东地区许多第一：市场占有率稳居江苏地区第一；每年 30% 的发展速度成为华东地区头甲；凭借独特的环境和技术优势，打造出国内最大的绿色食品（啤酒）生产基地。

天目湖啤酒的崛起成为江苏啤酒行业发展的一个成功典型，其务实的品牌推广策略更成为区域品牌提升竞争实力、打造市场优势的一个成功案例。

前身为江苏省溧阳县埭头镇啤酒厂的天目湖啤酒公司，1986年成立之初，仅有员工数十人、资产几十万元，生产技术实力根本无法与国有大中型啤酒企业相比。产品问世后，销售举步维艰，甚至连经销渠道都无法落实。面对困局，公司管理层清楚地认识到，市场不会怜悯弱者，只会善待强者，要生存就必须打造自身的核心竞争力！于是，一张图变图强的革新蓝图在天目湖啤酒公司展开。公司决定，集中精力，首先做好两件事：第一，进行技术革命，提升产品品质；第二，创建自有品牌，谋求市场生存发展空间。

思路是明确了，但"闭门造车"永远不会成功。年轻的天目湖公司非常善于学习，在市场拓展中，他们悟出了借力使力的道理。从1988年开始，天目湖啤酒公司与上海华光集团合作，引进上海高级技术人员做科研带头人，培养自身的技术团队，提升企业技术实力。之后，公司又进一步借助上海冠生园食品集团的网络优势和市场管理优势，对天目湖啤酒进行全方位的包装，推广自有品牌。应该说，在当时啤酒市场局面混乱的情况下，天目湖公司和两大食品集团紧密合作，不但提高了自身的技术、经营和管理实力，而且艺术地避免了卵石相碰的麻烦，有力地推进了自有品牌的建设和提升，这成为天目湖啤酒品牌发展史上有趣的"师傅带徒弟"现象。

师傅带进门，修行靠自身。1993年，啤酒市场竞争日趋加剧，有些企业为压制竞争对手，非理性地降低价格，以期通过这种捷径来提高市场地位。由于价格战风雷密布，市场压力急剧加大，天目湖啤酒面临严峻挑战。对于价格战，跟还是不跟，公司内部出现了分歧。但通过大量的市场调研，天目湖管理层深刻地认识到，仅仅依靠价格战来提高市场占有率的做法无异于饮鸩止渴，要想让企业可持续健康发展，最终还要靠品牌的竞争力和含金量。

怎样提升品牌竞争力？前期的市场调研告诉天目湖啤酒公司，随着社会经济的高度发展，老百姓对生活品质的要求会越来越高，绿色消费需求将呈现快速发展态势，绿色产品必将成为市场的主流。因此，公司管理层最终把品牌发展规划定位为"建设有含金量的绿色天目湖"。公司迅速组织市场、销售、技术、生产等部门人员，组成品牌建设推进委员会，在广告宣传、产品开发、品质管理、销售服务等方面做了大量系统的工作，强化天目湖品牌"绿色、活力、时尚"的形象，从此揭开了"绿色天目湖"的发展篇章。

比如在产品开发上，品牌推进委员会结合江苏溧阳的环境优势和水源优势，将产品定位为"全生态绿色啤酒"，突显产品个性。为此，天目湖公司加大与江南大学食品学院的技术合作，开辟江南大学教学研发基地，并成立了江苏啤酒行业首家省级技术孵化中心，由江南大学资深啤酒酿造专家担纲，率先将"绿色酿造工艺"引入天目湖啤酒的酿制过程，全生态绿色啤酒开发力度空前。

功夫不负有心人，1997年，天目湖螺旋藻绿啤、低醇啤酒两项新品研发成功。产品问世后，凭借独特的绿色工艺和优秀品质，一次性通过国家绿色食品发展中心认证，取得绿色食品标志证书；并被人民大会堂宾馆相中，成为首都最高等级宾馆的特供用酒。由于定位得当、个性突出，天目湖啤酒品牌逐步在激烈的市场竞争中脱颖而出，市场占有率不断提高，有力地扭转了被动局面。

但品牌建设不可能一劳永逸。进入21世纪，啤酒行业竞争进一步加剧，行业间"大鱼吃小鱼"现象频现，地方品牌被兼并后，几乎逃脱不了被扼杀的命运。仅仅成为国际或国内大品牌的生产加工基地，作为一个区域品牌，如何与狼共舞，在原有基础上取得更大发展，成为公司管理层面临的重大课题。进还是守，天目湖公司内部又开始一场激烈争辩。结果是，公司管理层再次以品牌建设为立足点,提出了"适应时势,建设强势区域品牌,谋求更大市场发展空间"的战略目标。公司开始资本运作实践,进行全新的品牌战略部署。

2001年,天目湖啤酒公司与国内著名上市公司——重庆啤酒集团周密磋商,在确定"天目湖"品牌沿用的前提下,由重啤出资6 000万元与天目湖公司联姻,组建重啤集团常州天目湖啤酒有限公司,"天目湖"品牌得以全面保留。根据集团公司战略部署,全新的天目湖啤酒主攻中高端市场,目标是塑造华东地区强势品牌,并打造华东最大的绿色食品(啤酒)生产基地。借助重庆啤酒集团的资本优势、技术优势和管理优势,天目湖啤酒品牌效益集中爆发,当年产销量即大幅提高。2002年,又以江苏产销量第一的实力成为省内啤酒行业领军品牌。自此,从1986年到2002年,天目湖啤酒埋首创业,用17年磨一剑,创立天目湖啤酒品牌,锋芒已露。

进入2003年,天目湖啤酒进入高速发展期。为保持市场优势,不断提高品牌美誉度和忠诚度,公司立足高远,把天目湖啤酒品牌保鲜工程提上了议事日程,加强天目湖品牌的维护、提升与发展。

什么是"品牌保鲜"呢?公司认为,拓展市场的法宝就是要不断满足消费者的需求,所谓"品牌保鲜"就是在保证品牌核心价值不歪曲的前提下,在产品、服务、形象等方面多层次、更深入地满足消费者的需求,提高消费者的忠诚度。所以,品牌保鲜的核心是品牌文化的建设,品牌保鲜的立足点是产品品质的升华和服务的优化。

具体操作中,"品牌保鲜"工程首先从产品开刀。突破口在哪里?天目湖公司把目光集中到纯生啤酒上。在西方发达国家流行的纯生啤酒,采用无菌酿造技术生产,整个生产过程必须在无菌状态下进行,对生产设备、环境、管理水平以及生产者的素质都有严格要求,投资风险较大,一般企业不敢涉足。但天目湖敢为人先,早在2001年,天目湖公司就未雨绸缪,与国内外技术专家接触,推进纯生啤酒生产立项。2002年,公司果断投资数亿元,从德国克郎斯公司、KHS公司引进一套10万吨级的纯生啤酒生产设备,建成江苏第一条真正的纯生啤酒生产线,在江苏啤酒行业投下了重磅炸弹。2003年,江苏地产的第一瓶真正意义上的纯生啤酒在天目湖公司诞生,品质完全达到相关标准,而且口感更为醇和,专家评价极高。产品批量上市后,市场反响热烈,一举打破江苏纯生啤酒为单一品牌垄断的局面。当时《扬子晚报》的一位记者曾评价说,有了天目湖纯生啤酒,江苏人才真正喝到了最新鲜的生啤酒,江苏消费者真是被天目湖"宠坏了"。

在做好产品升级的同时,天目湖啤酒品牌保鲜的第二张王牌亮出,这就是打好品牌的"文化牌"。天目湖公司认为,一个强势品牌的根就是文化,只有拥有富有内涵的文化,才能建设富有生命力的品牌。所以在品牌文化建设上,天目湖公司不遗余力。从2004年开始,围绕健康、活力、时尚的三大元素,公司投入巨资启动新一轮的品牌宣传计划。其中亮点之一就是打造全新的啤酒节、啤酒文化艺术广场等系列活动,将啤酒文化与街区时尚秀、现场体验派对等活动结合起来,把传统的告知式广告转化为与消费者联动的交互式活动,让消费者与啤酒进行更深层次的亲密接触,充分诠释天目湖啤酒文化。亮点之二是天目湖强力支持水上体育赛事,如赞助国际皮划艇比赛等全国体育赛事等,让天目湖水、天目湖啤酒和时尚的水上运动充分融合,彰显健康自然、富有活力的时代精神。亮点之三是天目湖啤酒与国内最佳演唱组合羽泉合作,把实力派歌手的魅力与天目湖啤酒的品牌个性有机结合,充分运用羽泉在歌迷中的影响力,对目标消费群体展开具有相当深度和广度的"攻心"宣传。

当然,品牌保鲜还包括服务的提升。这里所指的服务,具有更丰富的含义,涵盖服务于消费者和服务于经销商两方面的工作。天目湖公司认为,服务工作牵一发而动全身,服务工作做得好,市场才能稳定有序,消费者才会受益良多,品牌忠诚度才会越高。为适应市场发展,天目湖公司在地方服务中心建设上加大马力,并且不断完善管理机制,建立了完整的销售服务管理制度。截止到2007年上半年,共建立了32个地方服务中心,服务中心在市场调研、信息收集、人员培训、市场管理等方面发挥了积极的作用,促进了市场规范有序发展,促使"品牌保鲜"的市场效益倍增。

一分耕耘、一分收获。在2005年、2006年度,天目湖啤酒的实际销售分别达到25万千升和30万千升,其中,以纯生啤酒为代表的中高档啤酒销售大幅递增,经济效益得到进一步提高。公司连续两年纳税额突破1亿元大关,员工人均创利税位居全国同行业第六位,华东地区第一位。而反观同行,许多以价格战为主导思想的企业几乎举步维艰。天目湖啤酒注重品牌建设,20年由弱小变强大的发展历程告诉我们,品牌不仅是一个企业的无形资产,更是一个大舞台,品牌建设战略越完备、规划越周详、执行越严密,这个大舞台就越精彩,得到的掌声也就越响亮。(钱鹏,2007)

## 复习思考题

1. 产品整体概念由哪5个层次组成?这对现代企业的营销活动有何现实意义?
2. 何谓产品组合?产品组合的评价方法有哪些?
3. 简述产品线策略。
4. 简述产品寿命周期的实质及种类。
5. 简述产品寿命周期各阶段的特征及营销策略。
6. 联系实际说明新产品的市场开发策略。
7. 消费者接受新产品的过程及新产品采用者类型。
8. 简述品牌和商标的概念,它们之间的联系和区别。
9. 品牌有哪些特征和功能?
10. 品牌资产包括哪五大元素?
11. 简述品牌定位的原则及策略。
12. 企业选择的品牌策略有哪些?
13. 产品服务策略由哪几个部分组成?试以汽车制造企业为例加以说明。
14. 阅读专论8-1,说明在什么情况下可以运用品牌延伸策略。
15. 阅读案例8-1,说明品牌保鲜的意义与如何进行品牌保鲜。

# 第9章 定价策略

**本章要点**

- 营销价格及其重要性
- 产品价格制定的程序
- 需求价格弹性
- 需求导向定价法
- 产品价格策略
- 影响定价的主要因素
- 企业定价目标
- 成本导向定价法
- 竞争导向定价法
- 产品价格的变更

有专家这样描述:"定价是极其重要的,整个市场营销的聚焦点就在于定价决策。"定价直接关系到产品能否被消费者接受,企业市场占有率的高低,需求量的变化和利润的多少,以及企业的产品在市场中的竞争地位。价格是营销组合中唯一能创造收入的因素,也是营销组合中最活泼的因素,它能灵敏地反映与适应市场的变化。制定适当的价格,历来是企业经营管理者最重要、最困难,却又不能回避的决策之一。价格是目标顾客购买产品所付出的经济成本。企业营销管理者必须掌握市场营销中定价的理论依据,深刻认识制约定价的各种因素,合理制定企业的定价目标。

## 第一节 营销价格及其重要性

### 一、营销价格的含义

营销价格即市场价格,它是商品价值在市场营销中的货币表现。

经济学认为,价格是商品价值的货币表现,或者说以货币来表示的产品或服务的价值就是该产品或服务的价格。因此,在经济学中,价格是严肃的,是不能够随意变动的,它与现实紧密联系在一起,所以经济学中的定价是一门科学。市场营销学认为,价格是顾客购买商品所支付的经济成本,或者说顾客购买产品或服务所愿意支付的经济成本就是该产品或服务的价格。因此,在市场营销学中,价格是活泼的、可以变动的,它是企业应对整个市场情况变化所做出的灵活的反应,企业定价要以消费者是否愿意接受和能接受为基本原则。因此,营销学中的定价既是一门科学,又是一门艺术。

营销学与价格学对产品研究的角度和目的不同。价格学主要研究价格与价值的货币关系,价格形成的规律,考察价格围绕价值波动的一般趋势,并着重研究产品的理论价格,为国家制定价格政策提供依据;而营销学则主要是研究企业定价。企业定价和调价也遵循价值规律,但主要是考察消费者对产品价格的反应、市场供求与竞争以及在国家政策等因素前提下,灵活并适时地运用定价策略和技巧,制定或调整产品价格,配合其他营销活动,实现企业营销目标。

## 二、定价的重要性

美国著名营销学家托马斯·克尼尔(Thomas C. Kinnear)指出:"近年来迅速变化的市场营销环境的特性,不断增强了市场营销中价格决策的重要性。研究表明,20年前经理们把定价策略放在市场营销决策中的第三位因素,居产品策略和推广策略之后;然而现在呢?许多人都觉得定价策略应居于市场营销决策的最重要的位置。"具体说来,定价的重要性表现在以下3个方面:

1. 定价的高低和技巧影响着顾客的接受和购买

购买作为一种经济行为,其执行者必然首先要考虑价格高低和行为发生后对自己是否有利以及利大还是利小。价廉物美,消费者购买后能够获得较大利益,从而就愿意购买;质次价高,消费者购买之后难以获利,从而就会拒绝购买。

2. 定价水平高低影响和决定着企业的竞争实力

在现代市场经济条件下,任何企业都不可能长期保持对某一产品的市场独占,任何产品都有很多企业同时生产和经营,因此,竞争无处不在。但当前企业基本的竞争手段仍然只有两种,即价格竞争和非价格竞争。也就是说,价格水平高低在很大程度上影响和决定着企业的竞争实力。

3. 定价水平高低决定着企业的盈利水平

在市场经济条件下,企业作为独立的商品生产者和经营者,具有独立的经济利益。企业生产经营的直接目的是追求利润最大化,利润多少与企业销售收入密切相关,而销售收入多寡又受价格水平高低的影响。因此,价格在企业的经营活动中作为一个可控变量直接决定着企业的盈利和亏损。

# 第二节 价格制定程序

价格的制定要考虑影响价格形成和变化的诸多因素。为了使定价工作有条不紊地进行,企业应遵循一定的定价程序。企业制定价格的程序一般包括:选择定价目标、测定需求、估算成本、分析竞争者价格、选择定价方法、确定最终价格6个步骤。如图9-1所示。

图9-1 企业定价程序

企业定价程序是由影响定价的因素决定的。影响定价决策的因素很多,既有内部因素又有外部因素。内部因素包括定价目标、产品成本、市场营销组合等;外部因素包括市场需求、市场竞争、经济形势、政府干预、心理因素等。从图9-2所见,产品的成本,特别是直接变动成本决定了价格水平的下限,而市场需求为价格设立了上限。需求与产品成本之间的差值,构成了企业初始定价的空间。竞争因素和企业定价目标等因素或者对上限形成向下的压力,或者抬高价格的下限,两方面的压力挤压着初始定价空间,使定价者只能在收窄的最终定价判断空间内制定其产品的最终价格。影响定价的主要因素如图9-2所示。

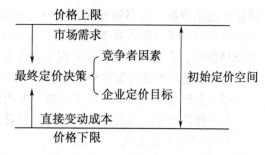

图9-2 影响定价的因素框架图

## 一、选择定价目标

任何企业制定价格,都必须按照企业的目标市场战略及市场定位战略的要求来进行。定价所考虑的因素较多,定价目标也多种多样,同一行业不同企业有不同的定价目标,同一企业在不同时期也可能有不同的定价目标。企业应根据自身的性质和特点,权衡各种定价目标的利弊而加以取舍。

定价目标是指企业根据经营目标、经营方针和竞争势态来制定特定水平的价格,并凭借价格产生的效用来达到预期的目的。企业的定价目标一般有以下几个方面:

### (一)维持企业生存定价目标

如果企业产量过剩,或面临激烈竞争,或试图改变消费者需求,则需要把维持生存作为主要目标。为了取得资金周转、处理积压商品、保持企业运转,企业不得不降低价格,并希望市场是价格敏感型的。这时的企业利润比起生存来说要次要得多。只要销售收入能弥补可变成本和一些固定成本,企业的生存便可得以维持。它不考虑是否赢利和赢利多少,是在不利的环境中采取的一种缓兵之计。它更是企业短期的和过渡性目标。

### (二)追求最大利润定价目标

获取最大利润是市场经济中企业从事经营活动的最高愿望。企业通过制定某种价格,使企业在一定时期内总体利润尽可能最大。追求最大利润并不等于制定最高价格,因为企业获得的是长期总体利润最大和企业全部产品线的总体利润最大。有时单位产品的低价,也可能通过扩大市场占有率,争取规模经济效益,使企业在一定时期内获得最大利润。

企业追求最大利润时,一般都必须遵循边际收益(Marginal Revenue)等于边际成本(Marginal Cost)的原则。营销中以获取最大利润为定价目标,它是企业综合分析市场竞争、产品专利、消费需求量、各种费用开支等之后,以总体收入减去总体成本的差额最大化为定价基点,确定单位产品价格,争取最大利润。

### (三)争取当期利润最大定价目标

当企业的产品在市场上处于绝对有利地位时,企业总希望制定一个能使当期利润最大化的价格。他们必须估计需求和成本,并据此选择一种价格,使之能产生最大的当期利润、现金流量或投资报酬率。争取当期利润最大化的条件是:目标顾客对价格不敏感,生产技术、产品质量市场领先,竞争对手较弱,商品供不应求。

### (四)市场占有率最大化定价目标

市场占有率的大小,是企业营销状况和竞争能力的直接反映,用市场占有率来表示企业的经营状况,往往比资金利润率更为合适。因为,企业某一时期资金利润率高,可能是由于拥有较高市场占有率的结果。市场占有率的升降,常伴随着资金利润的增减。

有些企业想通过定价来取得控制市场的地位,使市场占有率最大化。因为,企业确信赢得最高的市场占有率之后将享有最低的成本和最高的长期利润,所以,企业制定尽可能低的价格来追求市场占有率领先地位。企业也可能追求某一特定的市场占有率。例如,企业计划在一年内将其市场占有率从10%提高到15%。为此,企业就要制定相应的市场营销计划和价格策略。企业通过低价来实现市场占有率提高的条件是:

(1) 市场对价格高度敏感,因此低价能刺激需求的迅速增长。
(2) 生产与分销的单位成本会随着生产经验的积累而下降。
(3) 低价能吓退现有的和潜在的竞争者。

(五) 产品质量最优化定价目标

企业也可以考虑产品质量领先这样的定价目标,并在生产和市场营销过程中始终贯彻产品质量最优化的指导思想。这就要求制定高于竞争对手的产品价格来弥补高质量和研究开发的高成本,又能获得超额利润,同时还在市场上突出了企业的竞争优势。通常那些目标市场对价格不敏感,且自身具有雄厚的研究和开发能力的企业适合采用这种定价目标。

此外,还有一些企业把履行社会责任作为定价目标。这些企业由于认识到自己的行业或产品对消费者和社会承担着某种义务,因此放弃追求高额利润,遵循以消费者和社会的最大效益为企业的定价目标。现实生活中采用这一定价目标的企业通常有两类:一是公共事业型企业,如公交公司、自来水公司、电力公司、煤气公司等,它们通常都要以较低廉的价格向顾客提供产品和服务;二是执行社会市场营销观念的企业,如美国麦得托尼克公司发明了世界上第一台心脏起搏器,公司从人类的最大福利出发,将产品价格定得较低,以满足患者的需要。

## 二、需求测定

在买方市场条件下,企业定价首先要考虑市场需求,它直接关系到产品的销售量和市场寿命。每一种产品价格都将导致一个不同水平的需求,并且由此对它的营销目标产生不同的效果。价格变动和最终需求水平之间的关系可在常见的需求曲线中获得,普通的需求曲线如图9-3所示。纵坐标代表价格$P$,横坐标代表需求量$Q$,需求曲线$D$在这样的直角坐标系下,表现为一条向右下方倾斜的曲线。当价格在$P_0$时,需求量对应在$Q_0$;当价格降到

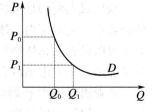

图9-3 需求曲线

$P_1$时,需求量增加到$Q_1$。需求曲线说明了价格变化与需求量变化具有反比例关系,价格越高,需求越低;价格越低,需求越高。

需求曲线反映了价格与市场需求的关系。科学定价必须研究市场需求曲线,分析市场需求因素。分析的内容包括市场需求的价格敏感度和需求的价格弹性。

(一) 需求价格敏感度

需求曲线显示的是市场对可能销售产品的各种价格的反应,这种反应是基于顾客对于价格的敏感性作出的。顾客如果对于价格很敏感的话,则价格对于需求量的影响就很大;如果对于价格不太敏感,那么价格变动对于需求量造成的影响就很小。因此,分析市场需求,首先需要了解哪些因素影响顾客的敏感性。

影响价格的敏感性的因素主要有以下几种:

(1) 独特价值。产品越是具有受顾客欢迎的独特的特点,则顾客对这种产品的价格敏感性就越低。

(2) 替代品的知名度。替代品的知名度高,顾客对产品价格的敏感度就高;反之则低。

(3) 替代品的比较难度。如果替代品的质量、价值越是难以与特定的产品进行比较,则顾客对此产品的价格敏感度就越低;反之,则越高。

(4) 最终利益。如果顾客购买产品的过程中,支出的费用占总顾客成本越少,则顾客对产品的敏感性就越低;反之,就越高。

(5) 积累购买。如果顾客购买的产品需要与以前购买的产品联合起来使用,顾客对此产品的价格敏感性就不强。如与喷墨打印机匹配使用的墨盒,属于价格敏感性较低的产品。

(6) 产品的质量。如果顾客认为某种产品的质量好、声望大、档次高,那么此种产品的价格敏感性就低,等等。

## (二) 需求价格弹性

市场是需求能力和需求意愿的乘积。

需求能力指顾客的支付能力,它受收入水平和物价水平的制约。企业通常的做法是先制造产品,后根据产品成本来定价,这就从根本上颠倒了两者的关系。正确做法应是:首先分析消费者支付能力,确定产品的价格范围,再制造相应的产品来满足顾客的需要。

需求意愿反映了消费者对产品的向往程度。同一产品,不同消费者的意愿强度不一,其愿意支付的价格有很大差别。如一场音乐会,有人愿意支付 300 元,有人则表示不能超过 10 元,否则就放弃。企业应根据需求强度选择价格水平。

市场需求也会受到价格变动的影响,只是这种影响力会随着消费者收入和商品特性的不同而有所变动。在经济学中,市场需求的这种特性通常用弹性来测定。

正确估算市场需求量的大小,关系到产品投放市场的成败。需求量确定的一般方法如下:

(1) 调查市场需求结构,了解不同价格水平上人们可能购买的数量,计算各种价格时的均衡点,以及何种价格最为有利。

(2) 分析需求的价格弹性。

价格的变动,对于市场需求量会产生影响。但是,同样的价格变动下,需求发生变动的大小(敏感度)是不同的。图 9-4(a) 中,价格从 $P_0=15$ 元降到 $P_1=10$ 元,引起需求量从 $Q_0=50$ 个单位到 $Q_1=150$ 个单位的扩大;在图 9-4(b) 中,价格从 $P_0=15$ 元降低到 $P_1=10$ 元,引起需求量从 $Q_0=50$ 个单位到 $Q_1=105$ 个单位的扩大。这种现象就是需求的价格弹性问题。

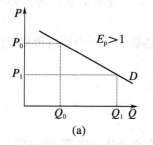
(a)

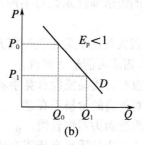
(b)

**图 9-4 需求价格弹性图**

需求价格弹性是指需求量对营销价格变动反应的敏感程度,即需求量的相对变值和营销价格的相对变值的比值。即以需求量变动的百分比与价格变动的百分比之比值来计算,亦即价格变动百分之一会使需求量变动百分之几。用公式表示：

$$E_p = \frac{\Delta Q/Q}{\Delta P/P} = \frac{\Delta Q}{\Delta P} \cdot \frac{P}{Q}$$

式中：$E_p$——需求的价格弹性系数，用绝对值表示；

$Q$——原来的需求量；

$\Delta Q$——需求量的变动量；

$P$——原来的价格；

$\Delta P$——价格的变动量。

$E_p$ 的大小反映了需求价格弹性的强弱。企业定价时，可根据 $E_p$ 的大小采取不同的价格策略，如图 9-5 所示。

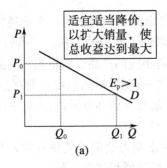 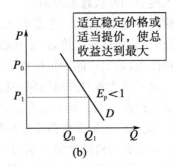

图 9-5　不同需求弹性的价格策略

$|E_p|=1$，表示均匀弹性，说明价格的变动率与需求变动率大小相等，价格变化时对销售影响不大，所以定价时，可选择实现预期盈利率的价格或随行就市的价格。

$|E_p|>1$，表明弹性大，说明价格的变化对需求变化的影响大，即价格较小幅度的变动会引起需求量较大幅度的变动。这种情况下降价往往有利，因为降低价格造成的利润损失小于需求量较大增加时所增加的盈利。高档商品、奢侈品的价格一般弹性很大。如图 9-5(a) 所示。

$|E_p|<1$，表明缺乏弹性，价格变化对需求量变化影响小，即价格较大幅度的变动引起需求量较小幅度的变动，这时提价对企业有利，因为提价所增加的盈利大于需求量减少所造成的损失。生活必需品的价格弹性一般比较小。如图 9-5(b) 所示。

不同的产品的需求弹性系数是不同的，因而企业在定价时必须考虑弹性因素采取适当的价格策略。

市场需求在很大程度上为企业制定其产品价格确定了一个最高价格限度。

下列条件下，需求可能缺乏弹性：

(1) 市场上没有替代品或没有竞争者。

(2) 购买者对较高的价格不在意。

(3) 购买者改变购买习惯较慢。

(4) 购买者认为产品质量有所提高或者认为存在通货膨胀等，价格较高是应该的。

### 三、估算成本

任何企业都不能随心所欲地制定价格。某种产品的最高价格取决于市场需求，最低价格取决于这种产品的成本费用。从长远看,任何产品的销售价格都必须高于成本费用,只有这样,才能以销售收入来抵偿生产成本和经营费用,否则就无法经营。因此,企业制定价格时必须估算成本。

产品成本有两类:一是固定成本;二是变动成本。固定成本是指折旧费、房租、办公费用、上层管理人员报酬等相对固定的开支,一般不随产量的多少而变动;变动成本是指原材料、职工工资等随产量的变动而变动的成本。二者之和即产品的总成本。企业扩大生产,增加产量,则固定成本相对降低。产量取决于需求量,而需求量又同价格有关。因此,企业需要分析价格、需求量、产量和成本之间的关系,作为定价时的依据。

### 四、分析竞争者价格

价格不但取决于市场需求和产品成本,而且还取决于市场供给的情况,即竞争者的情况。这就是说,产品的最高价格取决于市场上对该产品的需求,最低价格不低于总成本,而在这最高与最低之间,究竟能定多高的价格,则要受竞争者同类产品价格的制约。如果本企业产品质量较高,则产品价格可以定得较高。因此,对竞争者所提供的产品价格和产品特色,要调查研究,深入了解,做到知己知彼,才能使定价适当,在竞争中取胜。比如在某些领域,主导企业主动降价,其目的就是设置"进入门槛"阻止潜在竞争者的进入,以保持自己的地位。此外,如果仅仅看到某产品供不应求便大幅度提价,可能会使消费者转向替代品的消费。另外,企业还要注意非价格竞争。

### 五、选择定价方法

定价方法取决于企业的定价目标和影响价格的主要因素,同时还要根据不同产品本身的特点。影响价格的主要因素有成本、需求和竞争三方面因素。其中,市场对独特的产品特点的需求是制定价格的最高限度;产品成本规定了该产品价格的最低界限;竞争者的价格和代用品的价格为企业定价树立了标定点。

图 9-6 是选择定价方法应考虑的 3C 模式。3C 是指消费者需求表(The Customers Demand Schedule)、成本函数(The Cost Function)、竞争者价格(The Competitors' Prices)。

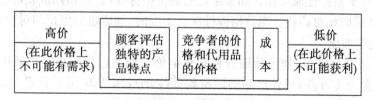

图 9-6 制定价格中的 3C 模式

在制定价格的过程中,只有选择合适的定价方法,企业就可以制定出一个基本价格。主要的定价方法有成本导向定价、需求导向定价和竞争导向定价三大类,具体内容将在本章第三节阐述。

### 六、确定最终价格

运用一定的方法定出基本价格后,还需要考虑其他各种情况。有关政府的政策法令,如反不正当竞争法、价格法等;国家的宏观环境,如通货膨胀、税收、利率等;还有消费者心理

(在某些领域几乎成了心理消费)、用户和中间商的要求、本企业有关业务人员的意见等。这就需要运用一定的定价策略,确定最终价格,以取得最佳效果。

## 第三节 产品价格制定的方法

定价方法是企业为实现其定价目标所采取的具体方法。如上所述,决定价格的主要是成本、需求和竞争三方面的因素,因而就有3类定价方法:成本导向定价法、需求导向定价法和竞争导向定价法。

### 一、成本导向定价法

成本导向定价法就是以产品的成本为中心来制定价格,这一类定价方法主要有:

(一) 成本加成定价法

成本加成定价法,即按产品单位成本加上一定比例的加成(毛利),定出售价。这是成本导向定价法的基本形式,曾是我国最普遍、最基本的定价方法,也是较为简便的定价方法。这种方法又有几种具体的做法:

1. 按单位成本加成

即按照单位成本(单位完全成本)加上一定比例的加成来制定产品销售价格。其加成率可为成本利润率或毛利率。公式为:

$$P = C(1+R)$$

即 价格=单位产品成本×(1+加成率)

成本加成定价法的不足:

(1) 缺乏灵活性。它忽视产品的寿命周期、顾客需求弹性、需求的季节性等。

(2) 缺乏适应性。它仅考虑企业利益,忽视需求和竞争状况,从而就难以适应不同目标顾客的需要和应付竞争。

最适加成与价格弹性成反比。如果某商品的价格弹性高,最适加成就应相对低些;价格弹性低,最适加成应相对高些。当价格弹性保持不变时,加成也应保持相对稳定。

2. 按总成本加成

即按照产品的总成本,加上预期的利润来定价。例如:某企业生产某产品,固定成本40万元,生产量为1万件,每件产品的原材料等变动成本为34元。产品出厂的定价以合理利润20%计算,即加两成。于是我们可算出产品单价为:

| | |
|---|---|
| 固定成本 | 400 000元 |
| 变动成本(1万×34元) | 340 000元 |
| 总成本 | 740 000元 |
| 利润(总成本×20%) | 148 000元 |
| 总成本加预期利润 | 888 000元 |

$$产品单价 = \frac{888\ 000}{10\ 000} = 88.80(元/件)$$

可见,总成本加成法简单、方便,并可预先了解利润的数量,便于安排企业的生产和扩大再生产,以及职工福利等预算。

3. 按边际成本定价

亦称边际贡献定价。即计算变动成本,不计固定成本,而以预期的边际贡献补偿固定成本并获得收益。边际贡献是指企业增加一个产品的销售,所获得的收入减去边际成本后的剩余部分,若边际贡献不足以补偿固定成本则出现亏损。其基本计算公式为:

$$价格=变动成本+边际贡献$$

$$边际贡献=价格-变动成本$$

$$利润=边际贡献-固定成本$$

按边际成本定价,一般是在卖主竞争激烈时,企业为迅速开拓市场而采用的方法。

我们仍以前面的例子为例:企业生产某产品 1 万件,固定成本不计,变动成本 34 万元,边际效益若为 30 万元,则按边际贡献定价为:

变动成本　　　　　　　　　340 000 元
边际效益　　　　　　　　　300 000 元

$$\frac{340\ 000+300\ 000}{10\ 000}=64(元/件)$$

每件售价 64 元,与总成本加成定价法 88.80 元比较,是要亏本的。但是在激烈的市场竞争下,这将有利于销售。假如按原价,销售不出去而造成停产,明显的损失是支付固定成本 40 万元;现按边际效益定价,1 万件可得边际贡献 30 万元,表示生产比不生产少损失 30 万元,仅损失 10 万元(40 万元-30 万元)。这 30 万元的边际贡献就是对固定成本 40 万元的补偿。

(二) 盈亏平衡点定价法

这种方法是运用盈亏平衡点的原理,在已知一定产量或销售量条件下,求得保本或取得一定利润的定价方法。其计算公式如下:

$$价格=单位变动成本+\frac{固定成本}{产量(或销售量)}$$

$$价格=单位变动成本+\frac{固定成本+目标利润}{产量(或销售量)}$$

前一个计算公式是确定保本价格的公式,表示在一定产量下不亏不盈的价格。一般来说,如果实际产量(销售量)超过原定产量或实际价格高于该价格就可获得利润。反之,低于该产量或低于该价格就会亏本。

后一个计算公式是在企业保证目标利润实现的条件下所确定的价格。

例如,假设某产品产量为 2 500 件,总的固定成本为 10 万元,单位产品变动成本为 10 元/件。则:

$$保本价格=10+\frac{100\ 000}{2\ 500}=50(元/件)$$

如果企业已知目标利润必须达到 10 万元,其价格为:

$$保利价格=10+\frac{100\ 000+100\ 000}{2\ 500}=90(元/件)$$

盈亏平衡点定价法侧重于总成本的补偿,这对于经营多种产品的企业而言比较重要,在某种产品预期销售量难以实现时,可相应提高其他产品的产量或价格,从而保证企业预期利润或经营目标的实现。但这种方法在成本无法控制或波动较大时运用较困难。

盈亏平衡点定价法,如图9-7所示。$E$为盈亏分界点,$Q$为保本销售量。

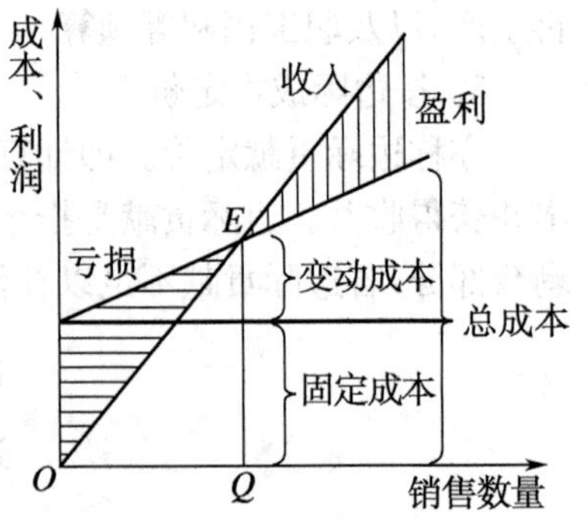

图9-7 盈亏平衡图

## 二、需求导向定价法

需求导向定价法是依据买方对商品价值的理解和需求强度为主要依据的定价方法,而不是依卖方的成本定价。这类定价方法主要有两种:

### (一)理解价值定价法

理解价值也叫"认知价值"或"感受价值",是指买方在观念上所理解的价值,而不是商品的实际价值。因此,卖方可运用各种营销策略和手段,影响买方对产品的认识,使之形成对卖方有利的价值观念,然后再根据产品在买方心目中的价值来定价。

企业在某个目标市场上推出一种新产品,事先从产品的质量、款式、功能、服务等方面在市场上树立一个良好形象,使消费者在思想上形成一个观念:某种产品质量非常好。企业据此再确定一个价格。一般可先确定零售价格,然后逆推出批发价格和出厂价格,也称为后向价格。其基本指导思想是:根据消费者为获得某种商品肯支付多少钱来确定价格,确定一个能销售该商品总量的零售价,再据此推算出批发价和出厂价。

理解价值定价的注意点:一方面,要认真分析消费者的需要;另一方面,更要提高消费者对本企业产品的高度认知和价值需要。尤其是在一些差异化程度较高的产品方面,更要突出产品特色。此外,要加强名牌建设和企业形象建设,提高消费者对该品牌和企业的深刻理解和忠诚偏好。

### (二)差别定价法

差别定价法主要是根据需求方面的差异来定价,又称为"差别取价法"。

(1)对不同顾客群定不同的价格。例如,同一种商品,某些顾客照价付款,而另一些顾客要求给予优惠,则可视具体情况灵活掌握,分别对待。

(2)不同的花色、式样定不同的价格。例如,同一质量和成本的花布,因花色不同,需求量不同,定不同价格。

(3)不同部位定不同价格。如一头猪的肉,不同部位售价不同;同一个剧场的座位,前排与后排售价不同。

(4)不同时间定不同价格。有些商品,特别是饮食服务业价格,可因季节、日期甚至同一天中时间的不同,定不同的价格。例如,长途电话在不同时间收费不同;旅游区在淡季和旺季收费不同;餐馆在同一天里的午餐和晚餐也可定价不同;等等。

实行差别定价法的前提:

(1)市场必须是可以细分的,且各个细分市场的需求强度不同。

(2)商品不可能从低价市场流向高价市场。

(3)高价市场上不可能有竞争者削价竞销。

（4）细分市场和控制市场的成本费用不得超过因实行价格歧视而得到的额外收入。

（5）不至于违法（有些国家法律禁止"价格歧视"），或因此引起顾客的不满。

（三）反向定价法

反向定价法，是指企业依据消费者能够接受的最终销售价格，计算自己从事经营的成本和利润后，逆向推算出产品的批发价和零售价。这种定价方法不以实际成本为主要依据，而是以市场需求为定价出发点，力求使价格为消费者所接受。分销渠道中的批发商和零售商多采取这种定价方法。

### 三、竞争导向定价法

竞争导向定价法，是指通过研究竞争对手的商品价格、生产条件、服务状况等，以竞争对手的价格为基础，确定同类商品的价格。

这种定价方法的特点是：价格与成本和需求不发生直接关系，产品成本或市场需求变动了，由于竞争者价格未变，就应维持原价。反之，虽成本与需求未变，但竞争者价格变动，也应相应调整价格。否则，就可能被竞争对手击败。竞争导向定价主要有以下几种具体方法：

（一）随行就市定价法

这是一种常见的定价方法，是以本行业的主要竞争对手的价格作为定价的基本依据，它可以具体参照市场领导者的价格水平或参照市场平均价格。

由于商品的行业平均成本不易测算和该商品的需求价格弹性及供给弹性很难准确预测，同时，也为了避免在同行业内挑起价格竞争，就采用这一定价方法。

在以下情况下往往采取这种定价方法：① 难以估算成本；② 企业打算与同行和平共处；③ 如果另行定价，很难了解购买者和竞争者对本企业的价格的反应。

事实上，不论市场结构是完全竞争的市场，还是完全寡头竞争的市场，随行就市定价都是同质产品市场的惯用定价方法。

优点：① 避免挑起竞争，易于为消费者所接受；② 能保证企业获得合理的利润。方法简便易行，中小企业采用此定价方法较为普遍。它既能充分利用行业的集体智慧和反映市场的供求情况，又能保证适当的收益，还有利于协调同行之间的关系。

但在异质产品市场上，企业有较大的自由度决定其价格。产品差异化使购买者对价格差异的存在不甚敏感。企业相对于竞争者总要确定自己的适当位置，或充当高价企业角色、中价企业角色与低价企业角色。总之，企业总要在定价方面有别于竞争者，其产品策略及市场营销方案也尽量与之相适应，以应付竞争者的价格竞争。

（二）竞争价格定价法

这是一种根据竞争对手的价格来定价的方法。就是研究竞争者的产品质量、性能、价格、生产条件及服务情况作为定价的依据，一般为实力雄厚或产品独具特色的企业采用。定价时，首先将市场上竞争产品价格与企业估计价格进行比较，分为高于、等于和低于3个价格层次；其次，将本企业的产品性能、质量、成本、式样、产量等与竞争企业进行比较，分析造成价格差异的原因；再次，根据企业产品的特色、优势、市场定位及定价目标，确定产品价格；最后，跟踪竞争者产品的价格变化，及时分析原因，相应地调整本企业产品价格。

### （三）密封投标定价法

通常用于建筑工程承包、大型设备制造、政府大宗采购等。一般由买方公开招标，卖方竞争投标，参加投标企业把握投标公告内容，密封报价，参加比价，这就是密封投标定价法。密封价格，也就是投标企业愿意承担的价格。企业参加投标是希望中标，而能否中标在很大程度上取决于企业与竞争者投标报价的比较。因此，投标报价应尽可能准确，预测竞争者的价格意向。然后，在正确估算完成投标所耗成本的基础上定出最后报价。

其实，这种价格是供货企业根据对竞争者的报价的估计制定的，而不是按照供货企业自己的成本费用或市场需求来制定的。供货企业的目的在于赢得合同，所以其报价应低于竞争对手的报价。然而，企业不能将其报价定得低于某种水平。确切地讲，它不会将报价定得低于边际成本，以免使其经营状况恶化。如果企业报价远远高出边际成本，虽然潜在利润增加了，但却减少了取得合同的机会。

所以，企业报价既要考虑中标概率，又要考虑实现企业目标利润。最佳报价应是使期望利润达到最高水平的价格，这里的期望利润是指企业目标利润与中标概率的乘积。最佳报价即为目标利润与中标概率之间的最佳组合，如表9-1所示。

表9-1  报价与目标利润计算表

| 报 价 | 成 本 | 目标利润 | 中标概率 | 预期利润 |
|---|---|---|---|---|
| (1) | (2) | (3)=(1)-(2) | (4)(%) | (5)=(3)×(4) |
| 9 700 | 9 500 | 200 | 80 | 160 |
| 11 000 | 9 500 | 1 500 | 35 | 525 |
| 12 000 | 9 500 | 2 500 | 10 | 250 |
| 13 000 | 9 500 | 3 500 | 1 | 35 |

从表9-1中可知，报价11 000元，期望利润最高，为最佳报价（预期利润＝中标概率×目标利润）。

### （四）拍卖定价法

即事先不定价格，而以各种方式宣传产品的特点、特殊价值和特殊功能等，采取拍卖方式，由顾客抬价竞购，最后以有利的价格成交。在处理土地、承包工程、出售艺术品和文物，以及工厂倒闭变卖资产时，可采用此法定价。

### （五）倾销定价法

这种方法是在企业已控制了国内市场的情况下，期望在最短的时间，击败竞争者占领国际市场而采取的用低于国内市场价格，甚至低于产品成本的价格倾销产品的一种定价方法。一旦占领了国际市场，再提高价格，这样，不仅可以挽回倾销时的损失，还可以获得超额利润。

## 第四节  定价的基本策略

企业定价方法是依据成本、需求和竞争等因素决定产品基础价格的方法。基础价格是单位产品在生产地点或者经销地点的价格，尚未计入折扣、运费等对价格的影响。企业制定价格既是一门科学,又是一门艺术。在市场营销实践中,企业还需要考虑或利用灵活多变的定价策略和定价技巧,修正或调整产品的基础价格。

## 一、新产品的定价策略

企业的生存和发展,归根结底在于新产品的开发。企业如果能及时利用新的科学技术成就,不断创新,善于抓住"科研成果产品化""产品批量化"这两个环节,就一定能适应社会不断增长的物质和文化生活的需要,同时给社会和企业带来较高的社会效益和经济效益。

新产品的定价是企业经营决策中极为重要的问题,它关系到新产品能否顺利进入市场,能否站住脚跟,能否获得较大的经济效益。新产品的定价一般有下述3种策略:

### (一)撇取定价策略

撇取定价策略又名取脂策略,即在新产品投放市场时采取高价策略,将商品的价格定得很高,以便在短期内获得尽可能多的利润,尽快地收回投资。有时,企业为了解新产品的市场反应,也采用此法定价。新产品只要质量过得硬,便能奇货可居,第一个推出,先入为主,捷足先登。同时,高的价格又满足了消费者求新、求异和求声望的心理。因此,采用撇取策略在国际、国内都是相当普遍的。

如20世纪60年代纺织行业推出的"的确良",80年代电子行业推出的立体声音响设备、录像设备等。国际上有名的例子就是美国雷诺公司1954年由阿根廷引进的圆珠笔,当时美国市场尚无供应,消费者又需要圣诞礼品,于是以高价投放市场,批发价10美元,零售价每支20多美元,获得了暴利,不到半年时间就获得近156万美元的税后利润。当圆珠笔进入成熟期后,每支价格降到了只有0.25美元和0.7美元。但是采用撇取策略,必须有两个前提,这就是新产品必须"新"和"具有特色",方可创新取胜。

从市场营销实践看,在以下条件下企业可以采取撇取定价:

(1)市场有足够的购买者,他们的需求缺乏弹性,即使把价格定得很高,市场需求也不会大量减少。

(2)高价使需求减少一些,因而产量减少一些,单位成本增加一些,但这不致抵消高价所带来的利益。

(3)在高价情况下,仍然独家经营,别无竞争者。有专利保护的产品即是如此。

(4)某种产品的价格定得很高,使人们产生这种产品是高档产品的印象。

撇取定价的缺点:① 高价不利于市场开拓,排斥大量顾客,甚至可能由于高价不能被消费者接受而迫使新产品退出市场;② 价格高,销量少,未必能达到低价利润的水平;③ 高价迅速吸引竞争者,加剧该市场的竞争,反而扰乱该市场。

### (二)渗透定价策略

渗透定价策略与撇取定价策略相反,把新产品价格定得很低,借此迅速地占领市场,扩充市场占有率。在市场竞争激烈的环境下,采用此策略有积极的作用。同时,因为定价低,在市场潜力大、竞争者容易进入的情况下给予竞争者一个价低利少、无利可图的印象和感觉,从而抑制了竞争者的进入。

渗透定价策略具有一定的理论依据。即在正常情况下,销售量的增加和成本成反比,销售量越大,成本相应减少。美国得克萨斯仪器公司对电子计算机的最初定价是很低的,甚至售价和成本相等。打开销路后,成本相应下降,利润也逐渐上升。这样,既稳固地占有了市场,而总利润也不减少,而且后来的竞争者也无法挤入。

采用渗透法的关键,在于企业产品投放市场之前是否已经建立了自己品牌的声誉。

企业采取渗透定价的前提条件:① 产品具有明显的价格可比性;② 消费者对价格敏感,产品需求价格弹性较大;③ 竞争激烈;④ 产品具有规模经济性,且具有明显的成本优势(正常情况下,销量和成本成反比)。

渗透定价的缺点:① 低价使得再降低价格的空间很小,而一旦成本上升就被迫提价,会引起消费者不满;② 较低的利润水平使得企业投资回收慢,资金积累不足;③ 过低的价格影响企业的形象或引起消费者对产品的误解。

(三)满意定价策略

满意定价策略是介于撇取法和渗透法之间的一种定价方法,故称满意法。由于撇取法定价过高,对消费者不利,既容易引起竞争,又可能遇到消费者观望(或拒绝),具有一定风险;渗透法定价过低,对消费者有利,对于企业最初收入不利(可能赔本),资金的回收期也较长,如果企业实力不强,将承受不起;满意法则能尽量做到生产者和消费者都有利,都满意。因此,大多数企业对新产品的定价都采用此法。

以上3种方法采用的适用范围如下:

(1) 如果企业的资金、技术和设备能力很大,能生产大量产品投放市场,则采用渗透法可以很快占领市场,阻止竞争者,并可随着产品销售量的增加而收回成本,获取利润;反之,企业生产能力如一时难以扩大,势必不能满足市场需要,如采用低价策略,既不能占领市场,又不能获取理想利润。

(2) 如生产新产品运用的新技术尚未公开化,竞争者不易挤入,可考虑采用撇取法,否则,以采用稳健的满意法为好。

(3) 如新产品价格弹性高,宜采用渗透法或满意法;如价格弹性低,则宜采用撇取法。

## 二、折扣定价策略

企业为了鼓励顾客及早付清货款、大量购买、连续购买、淡季购买,还可以酌情降低其基本价格,这种价格调整叫做价格折扣和折让。

(一)价格折扣的主要类型

1. 现金折扣

现金折扣又称付款期限折扣,是由买方在规定的信用期限内尽早付款而由销售方给予的优惠折扣。对于企业来说,为了使应收的款项能较快收回,以赢得货币时间价值,加速资金周转,减少坏账损失,为此而付出一点代价仍是有利的。

现金折扣最典型例子是"2/10,净30",意思是:买方如在10天内付清货款,购买者能从发票面值中得到2%的折扣,否则在30天内应支付发票的全部金额。

2. 数量折扣

数量折扣是企业给那些大量购买某种产品的顾客的一种减价,以鼓励顾客购买更多的物品。因为大量购买能使企业降低生产、销售、储运、记账等环节的成本费用,所以数量折扣实质上是将大量购买时所节约费用的一部分返还给购买者。

数量折扣又可分为以下两种:

(1) 累计数量折扣。即规定在一定时间内顾客购买产品的总量超过一定数额时按总量给予一定折扣。累计折扣定价法的目的在于使买者成为企业可信赖的长期顾客;而对企业来说,易于通过市场预测到销售量合理安排市场;对经销商来说,也可保证货源,掌握进货进度。

(2) 非累计数量折扣。这是一种只按每次购买产品的数量,而不按累计的数量折扣定价方法。例如:规定一次购进 100 台可按价折扣 10%,超过 100 台折扣为 12.5%,50 台以上为 2%,不足 10 台无折扣等。

3. 功能折扣

这种价格折扣又叫贸易折扣。功能折扣是制造商给某些批发商或零售商的一种额外折扣,促使他们执行某种市场营销功能(如推销、储存、服务)。

4. 季节性折扣

季节性折扣是用来鼓励购买者较现有需求更早的购买而享受的折扣。如一些季节性、时令性较强的商品,给予在淡季购买的顾客以一定的价格折扣。它通常面对非常规需求或受能力限制的服务公司。如电话公司为电话负荷少的晚上时间的电话提供一种折扣;旅游公司在淡季提供的优惠;啤酒企业在冬季制定比夏季低的价格;雪橇制造商在春夏季给零售商以季节折扣,以鼓励零售商提前订货;等等。

为了减少库存积压,加快资金周转,不少西方国家,例如德国,每年 7 月 1 日至 10 日,1 月 1 日至 10 日,举行夏季大拍卖和冬季大拍卖,将季节性商品处理掉。实际上处理的商品早已超出了"季节性"商品的范围。

5. 价格保证定价

价格保证定价策略是指企业向中间商保证,在市场淡季或不景气时,价格下降的部分损失由企业予以退还或给予补偿。目的是鼓励中间商大胆进货,积极经销,无后顾之忧。但要防止中间商囤积居奇,影响市场供求;或从事暴利投机,影响企业正常供应计划。

(二) 影响折扣策略的主要因素

(1) 竞争对手以及联合竞争的实力。市场中同行业竞争对手的实力强弱会威胁到折扣的成效,一旦竞相折价,要么两败俱伤,要么被迫退出竞争市场。

(2) 折扣的成本均衡性。销售中的折价并不是简单地遵循单位价格随订购数量的上升而下降这一规律,对生产厂家来说有两种情况是例外的:一种是订单量大,很难看出连续订购的必然性,企业扩大再生产后,一旦下季度或来年订单陡减,投资难以收回;另一种是订单达不到企业的开机指标,开工运转与分批送货的总成本有可能无法用增加的订单补偿。

(3) 市场总体价格水平下降。由于折扣策略有较稳定的长期性,当消费者利用折扣超需购买后,再转手将超需的那部分商品转卖给第三者,就会扰乱市场,导致市场总体价格水平下降,给采用折价策略的企业带来损失。

### 三、心理定价策略

心理定价策略是指企业定价时,利用顾客心理有意识地将产品价格定得高一些或定得低一些,以扩大销售。

(1) 声望定价。市场上有不少高级名牌商品,经销多年,在消费者心目中有极高的声望。这些商品的购买者,他们不在乎钱的多少,而在乎商品能否显示其身份和地位,商品的商标、品牌以及价格上能否炫耀其"豪华"。这类商品一般称为豪华商品。例如德国高级奔驰轿车,售价20万马克;大量使用黄金、钻石的瑞士劳力士手表,价格为5位数以上;巴黎里约时装中心的服装,一般在2 000法郎一件。提到领带,人们会立即想到金利来;提到旅游鞋,人们会想到阿迪达斯、耐克;而提到服装,人们会想到皮尔·卡丹。这些名牌产品不仅以优质高档闻名于世,更以其价格昂贵而引人注目。这样的价格,使盈利增加,还给予顾客心理满足,有利于销售。

(2) 尾数定价。尾数定价又称奇数定价,一般情况下,消费者对价格整数界限较为敏感,而乐于接受尾数,它使消费者产生价格低廉和卖主经过认真的成本核算才定出价格的感觉。大多数日常消费品都可用奇数定价策略。如5元价格定为4.9元,10元定为9.95元等。这种定价方法会给消费者一种准确、偏低的心理感觉,使消费者对经营者产生信任感。根据美国消费心理学家的调查,零售价0.49美元的商品销售量比0.50美元要大多得。美国市场学书籍介绍,美国商场5元以下的末位是9的商品定价最受顾客欢迎,5元以上的则末尾为95的销售良好。

所谓奇数定价,其尾数也不一定是9和95之类,也可以采用8结尾的,又称为合意定价。因为港澳地区,8字有"发"字的音,有寓意,日本的8也有吉祥之意。

(3) 整数定价。整数定价是指将产品的价格定为整数。对于高档商品、奢侈品、价值大的产品来说,这种策略有效。对于一些名店、高档商品,顾客往往以价格衡量其质量,注重其象征性价值,如一辆高级小轿车定价30万元,一件皮夹克定价800元,这样更值得炫耀,满足了消费者高消费的心理。

(4) 促销定价。零售商利用部分顾客的求廉心理,特意将某几种商品的价格定得较低以吸引顾客,刺激和招揽消费者购买。或利用节假日和换季时机举行大甩卖、限时特卖等活动,把部分产品打折出售,以吸引顾客,促进全部产品的销售。

### 四、地区定价

地区定价是指企业要决定对于卖给不同地区(包括当地和外地不同地区)顾客的某种产品,是分别制定不同的价格,还是制定相同价格,也就是说企业决定是否制定地区差价。特别是当运费在变动成本中占有较大比例时,更不可忽视。

(1) FOB定价。又称原产地定价,意为在某一运输工具上交货的贸易条件。FOB定价又称为离岸价,即企业(卖主)负责将产品送到某一运输工具上交货,并承担此前的风险和费用。交货后的一切风险和运费由买方承担。

顾客(买方)按照厂价购买某种产品,(卖方)只负责将这种产品运到产地某运输工具(卡车、火车、飞机等)上交货。交货后,从产地到目的地的一切风险和费用概由顾客承担。如按上述产地在运输工具上交货,那么每一个顾客都各自负担从产地到目的地的运费,这很合理。但远地的顾客有可能不愿购买这个企业的产品而就近购买,所以,它有失去远途顾客的危险。

(2) CIF定价。又称到岸定价,即由卖方承担商品的出厂价、运费和保险费的定价策略。卖方承担交货前的运输风险和费用,易损商品多采用此法,它对远途顾客有一定的吸引力。

(3) 统一交货定价。对于卖给不同地区顾客的某种产品,都按相同的厂价加相同的运费(平均运费)定价。即全国不同地区的顾客,不论远近都实行一个价。因此,这种定价又叫邮资定价。

统一交货定价不仅有利于企业开展市场营销活动以及对营销活动过程的控制和管理，而且，可以使企业获得较大的边际收益。如美国通用汽车进入中国市场后就率先采用全国统一定价策略攻击市场，在乌鲁木齐买的别克车与在上海买的实行统一价格。上海通用的这一定价策略，不仅使别克汽车迅速进入中国市场，还迫使大众和天汽等汽车商选择实行全国汽车统一定价，大大提升了国产车的市场营销水平。

(4) 分区定价。卖方将市场划分为几个大的区域，然后按一定的出厂价加上从基点城市到顾客所在地的运费来定价(不管货物实际上是从哪个城市起运的)。此法对比较笨重、成本比例大、市场比较广、制造商分布广和需求弹性较小的商品比较适合。如：美国的制糖、水泥、钢铁、汽车等行业多年来一直采用基点定价。有些公司为了提高灵活性，选定许多个基点城市，按照离顾客最近的基点来计算运费。

(5) 运费免收定价。对于远距离的商品运输，由于运费太贵，在变动成本中占有较大比例，这样在当地售价太高，不利于销售和竞争，中间商不愿意大量进货，妨碍了产品的销售和市场的开拓。为此，企业对运费采取少收甚至不收的办法来争取用户。这种方法，可使企业加深市场渗透，并且使企业在日益激烈的竞争中能在市场上站得住脚。

## 五、产品组合定价

在实际的经营活动中，很少有一个企业只生产一种单一的产品，往往同时生产和销售多种类、多品种的商品。在定价时，有时不能一个一个地单独考察每种产品的定价。实际上不同产品间是有联系的，因而其价格制定时也要对这种相互联系予以通盘考虑，也就是实行产品组合定价。

产品组合定价主要有以下具体形式：

(1) 产品大类定价。即企业对其生产或经营的产品大类中各个相关联的产品之间制定一适当的"价格差额"(同一品种不同规格、花型、颜色的各项目间的价格差额)。大类中各项目的价差，主要是考虑各产品间的成本差额、顾客对这些产品的评价及竞争者的价格等。

(2) 任选品的定价。任选品即与企业生产或经销的主要产品密切关联的产品。例如：饭店的主要产品是饭菜，酒则是"任选品"。"任选品"的定价，也是一个具有策略性的问题。企业既可以把任选品的价格定得较高，靠它来赚钱；也可以把任选品的价格定得较低，利用它来招徕顾客。例如：有些饭店把饭菜的价格定得较低，以饭菜销售收入来抵偿经营费用开支，以吸引爱喝酒的人。

(3) 连带产品(或受制产品)定价。必须和主要产品一起使用的产品叫"连带产品"，如照相机的胶卷、刮胡刀的刀片等。在西方国家，大公司往往把主要产品的价格定得较低，把连带产品的价格定得较高。例如柯达公司就是如此，它把照相机的价格定得较低，把胶卷的价格定得较高，靠卖胶卷赚钱。而那些不生产胶卷的中小制造商，为了取得适当利润，就必须把照相机的价格定得较高，这样，其竞争能力就受到影响。

(4) 分部定价。服务性企业经常收取一笔固定费用，再加上可变的使用费。例如，电话用户每月都要支付一笔最少的使用费，如果使用次数超过规定，还要再交费。游乐园一般先收门票费，如果游玩的地方超过规定就再交费。服务性公司面临着和补充产品定价同样的问题，即应收多少基本服务费和可变使用费。固定成本应较低，以推动人们购买服务，利润可以从使用费中获取。

(5) 副产品定价。企业在生产加工肉类、石油产品和其他化学制品的过程中往往有副产品。如果副产品没有用,就要花钱处理它们,这样就会影响主要产品的定价。因此,企业必须为这些副产品寻找市场,并且制定适当价格以抵偿副产品的储运等费用开支。这样,企业就可降低主要产品的价格,提高其竞争能力。

(6) 产品系列定价。企业经常以某一价格出售一组产品,例如化妆品、计算机、假期旅游公司为顾客提供的一系列活动方案。这一组产品的价格低于单独购买其中每一产品的费用总和。因为顾客可能并不打算购买其中所有的产品,所以这一组合的价格必须有较大的降幅,以此来推动顾客购买。

## 第五节 产品价格的变更及反应

企业在定价之后,由于宏观环境和市场形势的变化,往往要随时调整价格。本节所要讨论的是:在什么情况下价格发生变动?提价还是降价?通货膨胀情况下,企业应有哪些应变措施?各方面对价格的变动会有什么反应?应如何对付竞争者的降价竞销?

### 一、企业变价的原因和措施

(一) 降低价格

虽然降价会影响同行之间的关系,引起价格竞争,但在某些情况下却不能不降价。如:企业的生产能力过剩,库存积压,虽然使用了各种营销手段仍然销路不畅;面临激烈的价格竞争,市场份额逐渐丧失。例如,美国通用汽车公司在日本货竞争激烈的西海岸,曾将其小型汽车降价10%。在国内市场上,1996年彩电行业的降价风潮,长虹的降价幅度高达30%;TCL为了保持其市场占有率,也被迫采取了降价策略。此外,有时企业降价是为了扩大销售,争取市场占有份额的绝对优势,同时使成本因产量增加而降低。

(二) 提高价格

提价会引起顾客及中间商的不满,但在通货膨胀的情况下不得不提价。通货膨胀会引起物价普遍上涨,企业成本上升,售价必然相应提高,有时售价的上涨超过成本的上升。通货膨胀条件下,企业在交易中为了减少风险,可采取下列相应措施:① 报价限时;② 在合同中注明随时调价的条款;③ 把供货和服务分开,并分别定价;④ 减少现金折扣和数量折扣;⑤ 提高订货的起批点;⑥ 对高利的产品和市场加强营销力量;⑦ 降低产品质量,减少产品功能和附加服务(这种"偷工减料"的办法,不到万不得已时不宜采用)。

提价的另一个原因是市场上某种产品供不应求。在这种情况下,可提价或限量,或二者并行。也可变相提价:取消或减少折扣,在系列产品中加上高利的品种,搭配销售等。

企业在提价时,应通过各种传播媒介传递信息,向买方说明情况,争取买方的理解,并帮助他们解决因提价而产生的一些问题。

### 二、购买者对价格变更的反应

企业无论提价或降价,这种行动必然影响到购买者、竞争者、经销商和供应商,而且政府对企业变价也不能不关心。企业在调价之后,要注意分析各方面的反应,特别是购买者对变价的反应。

首先,可用弹性理论来分析需求的价格弹性,由弹性的大小,可测定价格的升降幅度是否适当。比如,某种富有弹性的产品降价2%,销量增长却不到2%,这就说明降价的幅度还不够大。

其次,由于购买者对变价的理解不同,有时出现始料不及的反应,也是需要认真研究的。降价本应吸引更多买者,增加销售量,但对某些买者却适得其反,因为他们对降价的理解是:

(1) 将有新产品上市,老产品降价是为了处理积压的存货。
(2) 好货不降价,降价无好货。
(3) 企业财务困难,该产品今后可能停产,零配件将无处购买。
(4) 可能还要降价,等再降价时再买(特别是短期内连续降价,最容易造成这种持币观望的局面)。因此,有时不适当的降价反而使销量减少。

企业提价本应抑制购买,但有些购买者却有不同的理解:

(1) 涨价一定是畅销货,不及时购买将来可能买不到。
(2) 该产品一定有特殊价值。
(3) 可能还要再涨价,赶快买了存起来(在通货膨胀情况下,消费者纷纷抢购保值商品和生活必需品,涨风越大,抢购风也越大)。

一般来说,购买者对于价值高低不同的产品价格的反应有所不同。对于那些价值高、经常购买的产品的价格变动较敏感,而对于那些价值低、不经常购买的小商品,即使单位价格较高,购买者也不大注意。

### 三、企业对竞争者降价的反应

在现代市场经济条件下,企业经常会面临竞争者变价的挑战。如何对竞争者的变价作出及时、正确的反应,是企业定价策略的一项重要内容。

(一)不同市场环境下的企业反应

在同质产品市场上,如果竞争者降价,企业必须随之降价,否则顾客就会购买竞争者的产品,而不购买企业的产品;如果某一个企业提价,且使整个行业有利,其他企业也会随之提价,但是如果某一个企业不随之提价,那么最先发动提价的企业和其他企业也不得不取消提价。

在异质产品市场上,企业对竞争者变价的反应有更多的选择余地。因为在这种市场上,顾客选择卖主时不仅考虑产品价格因素,而且考虑产品的质量、服务、性能、外观、可靠性等多方面的因素。因而在这种产品市场上,顾客对于较小的价格差异并不敏感。

面对竞争者的变价,企业必须认真调查研究以下问题:

(1) 为什么竞争者变价。
(2) 竞争者打算暂时变价还是永久变价。
(3) 如果对竞争者变价置之不理,将对企业的市场占有率和利润有何影响。
(4) 其他企业是否会作出反应。
(5) 竞争者和其他企业对于本企业的每一个可能的反应又会有什么反应。

(二)市场主导者的反应

市场主导者面对进攻性的降价,有以下几种策略可供选择:

(1) 维持价格不变。因为市场主导者认为,如果降价就会减少利润收入。而维持价格不变,尽管对市场占有率有一定的影响,但以后还能恢复市场阵地。当然,维持价格不变的同时,还要改进产品质量、提高服务水平、加强促销沟通等,运用非价格手段来反击竞争者。市场营销实践证明,这种策略比降价和低利经营更合算。

(2) 降价。① 降价可以使销售量和产量增加,从而使成本费用下降;② 市场对价格很敏感,不降价就会使市场占有率下降;③ 市场占有率下降之后,很难得以恢复。但是,企业降价以后,仍应尽力保持产品质量和服务水平。

(3) 提价。提价的同时,还要致力于提高产品质量,或推出某些新品牌,以便与竞争对手争夺市场。

(三) 企业应对变价需考虑的因素

(1) 产品在其生命周期中所处的阶段及其在企业产品投资组合中的重要程度。
(2) 竞争者的意图和资源。
(3) 市场对价格和价值的敏感性。
(4) 成本费用随着销量和产量的变化而变化的情况。

企业在面临竞争者减价的挑战时,需要分析竞争者减价的目的是什么,能否持久,对本企业的影响有多大,并且要及时作出反应。但竞争者减价是准备已久、经过深思熟虑的,企业要想在很短的时间内作出反应,采取应变措施确实很困难。因此,最好在事前制定出反应程序(如图 9-8),以便临时按程序进行反击。这个程序在某些变价频繁或必须立即作出反应的行业中被广泛运用,如肉类加工业、木材业、石油业等。

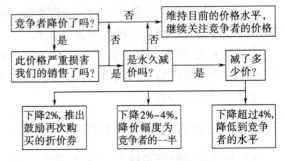

图 9-8 应对竞争者降价的程序

专论 9-1 动态定价策略

(一) 动态定价由来已久

这种被称为动态定价的定价方式是否是不为人所知或者不符合道德规范呢? 沃顿商学院营销学教授的答案是否定的。他们指出,这种定价方式又被称为目标定价、弹性定价、个性化定价,或是安纳博格研究报告中所称的差别定价,其特征是可以根据需要进行调整。动态定价是否也会给消费者带来烦恼? 研究表明,当人们知道买同样的商品自己付的钱比别人多时,确实会感到恼火。但这通常是因为他们对公司定价的考虑因素不甚了解,或者不太愿意讲价,或是觉得讨价还价有失身份。而还价的顾客则根本不会产生沮丧或者被人敲诈的感觉。

沃顿商学院营销学教授彼德·菲德(Peter Fader)说:"动态定价其实一直存在。中东集市上很早就有讨价还价的现象,同样一匹布的卖价可以千差万别。动态定价的应用比固定价格更加广泛,固定价格是人为制定的,且出现时间较晚,公司必须采用弹性定价来履行对股东的义务。固定不变的低价当然可以皆大欢喜,但商家赚得的利润就会大大减少。"

沃顿商学院营销学教授张忠(Z. John Zhang)也认为:"动态定价其实并非新鲜事物。唯一不同的是，网络的出现使公司有了多种定价和调价方式选择。"沃顿商学院营销学系主任斯蒂芬·霍克(Stephen J. Hoch)指出："动态定价一直存在于日常生活中。公众是否了解关于动态定价的各种知识？不，但他们都知道老人和学生可以享受价格折扣。"

当然，并非所有的定价策略都在法律许可的范围内。某个行业的竞争对手相互勾结固定价格，或者根据顾客的种族和性别而制定差异价格等种族歧视行为都属于违法行为。此外，如果零售商的动态定价惹恼客户，则可能破坏客户忠诚度、引发对抗情绪，甚至失去商机。但动态定价在日常生活中得到了广泛应用。同一时刻在同一汽车展厅里，不同的客户购买同一种汽车的价格就可能千差万别，这要取决于他们对汽车的了解程度和讨价还价的能力。在使用同一家信用卡公司发行的信用卡时，信用较差的客户支付的利率要高于信用较好的客户。即使是同一天购买机票，飞机上邻座买的机票也可能比你便宜许多。

炎炎夏日下海滩上的度假者如果想买瓶冰镇啤酒，他可以沿着海滨小道向北走一个街区，在豪华酒店里花5美元买1瓶；也可以向北走一个街区，在街角的酒吧里花2美元买1瓶。菲德说："啤酒没什么不同，但人们不会因为一个地方卖5美元而另一个地方卖2美元而生气。大家觉得这很正常。这只是做生意，并不涉及道德和法律问题。"

### (二) 灵活处理动态定价

在线零售商通过网络可以方便地搜集关于客户行为的数据，然后就同一商品制定有针对性的差异价格。网络运营商对顾客挑选的商品，以及在结账前又放弃的商品一清二楚。零售商对客户行为进行长期监控，可以找出客户浏览的网页、关注的商品，以及某类特别感兴趣的产品。此外，他们还能分辨出哪些人是真心购物，哪些人只是随意浏览。有些顾客并非有意识地光临站点购物，但当他们在购物车里装满商品时，商家同样可以从中了解顾客信息。

然而，对于商家如何根据顾客行为准确定价，这个问题的答案并不明显，或者说是难以捉摸。譬如，与不经常光顾的顾客相比，是否应给予常客更优惠的价格或者更频繁的折扣？菲德的解释是："这个问题很难回答。我们可以做两种推论：如果你是常客，商家的定价或许应该更高，因为你已经成为固定的顾客，他们无需担心会失去你。而同时为鼓励你继续消费，他们也可能给予你更低的优惠价格。商家做的决策不正确，可能就会失去一位忠心的顾客，白白损失利润。他们需要考虑的因素包括顾客的购物频率、时间、购买的商品，以及交易的利润是否丰厚。简单标准的定价规则并不存在，现在的商家选择给予某部分顾客'特别价'的做法可能会更好；而这些公司在寻求问题的答案时常常缺乏创造力，他们不愿意灵活处理定价问题，而总是期望得到非黑即白的明确答案。"

零售商应在尽量减少顾客敌对情绪的情况下运用弹性定价策略，具体做法就是增加定价过程的透明度。"商家日渐意识到公平定价的重要性，顾客对定价了解得也越来越多。"菲德指出，商家其实常常"做出错误的决策，制定的价格过高，以至于将顾客吓跑"。但他认为这正是自由市场的魅力所在，"如果商家无法很好地运用动态定价策略，就会失去顾客并遭受惨重的损失。"

### (三) 不用介意大牌商家

霍克指出，消费者不要想当然地认为大名鼎鼎的商家就会竭尽所能利用定价来榨取利润。他解释说："关于在线购物行为的数据很多。但多数商家并不去采集，也不进行分析。消费者会假设商家可以娴熟地运用各种定价策略，但事实并非如此。"

当然,弹性定价有时也不符合公司的最佳利益。霍克说:"如果你在市场上独一无二,近乎于处于垄断地位,或者你的对手行动迟缓,定价主动权就掌握在你手中。你知道有些顾客愿意出高价,有些顾客愿意出的价格则较低,所以你可以针对顾客的出价意愿制定相应的价格。"

相反,如果市场上竞争对手如林,动态定价可能就不适合,因为这种策略会导致价格战,从而降低利润率。张忠教授指出:"假如大家的价格都有调整余地并利用这种余地进行定价,大家就会争夺市场上的每一位消费者。"在这种情况下,拥有大量忠诚的客户群、优质的产品和良好品牌形象的公司最有可能胜出而成为赢家。

张忠教授补充说,有时弹性定价也对社会有所裨益:制药公司能以更低的价格把药品出售给有需要的穷人,因为他们可以向那些有支付能力的富人收取更高的价格。假如制药公司只制定一刀切的价格,对于不在乎价格高低并有能力支付高价的人而言,这一价格可能太低;而对于根本没有能力买昂贵药品的穷人而言,这一价格又过高。这样公司不仅可以拓展市场,还可以给社会带来许多福利。更多的人可以买药治病,制药公司的利润也会增加,因而有能力开展更多的研发,发明更多的新药。"这就是经济学家从不建议禁止价格差异的原因。"

(四)透明的价格差异

营销学教授丽莎·博尔顿(Lisa Bolton)调查了人们对价格公平性的看法,结果发现人们使用3个"参考值"来判断某种商品的价格是否公平合理:商品过去的价格,竞争对手的标价,商品的成本。

博尔顿发现,绝大多数人对商家定价时的考虑因素都存在误解。譬如,消费者轻视通货膨胀对商品价格的影响。他们在比较各个商家的价格时,经常认为同种商品的价格也应该相同,而不去考虑大街上的百货商店可能卖得更贵,因为他们做生意的成本更高。此外,消费者常常过于关注制造产品所需的实物原材料价格,而对其他的生产成本视而不见。

博尔顿指出:"人们可能会说不过是件棉T恤,怎么卖这么贵?或者是,这么小的药丸,价格居然这么高?"

营销学教授杰戈莫汉·雷朱(Jagmohan S. Raju)认为,零售商应在尽量减少顾客敌对情绪的情况下运用弹性定价策略,具体做法就是增加定价过程的透明度。"商家日渐意识到公平定价的重要性,顾客对定价了解得也越来越多。他们希望提高定价的透明度,透明并不意味着放弃弹性定价,而是指公司对自己运用的策略更加公开。公司想确保现有的顾客满意,他们的定价策略必须与此目标相一致。现在顾客对定价的了解程度日益提高,还可能会相互讨论价格问题……但这并不表示公司不能制定弹性价格。我认为他们可以继续这样做。"

多数观察人士认为,消费者会逐渐习惯弹性定价,因为弹性定价将继续存在下去。菲德指出,不论是传统公司还是网络公司,只有经常尝试各种定价策略(坚持针对不同的顾客制定有差异的价格,并提供优惠券、折扣等激励措施),才会成为动态定价的最大受益者,最终达到改善顾客购物体验和增加公司收益的目的。他还强调:"许多知识要经过尝试才能获得。进行正确的尝试并对试验结果进行解读和分析的公司会得到丰厚的回报。我期待着有一天商店货架上的商品都换成电子标签,这样商家在营业过程中就可以改变价格,甚至是当顾客在货架中穿梭选购的时候价格就已经发生了变化。有些公司试验的结果可能不理想,有些公司则可能获得成功,并找到办法将顾客牢牢拴住,坐等源源不断的收入进账。"(沃顿知识在线)

(摘自《新营销·精华本》2006.5)

## 复习思考题

1. 营销价格的含义是什么？企业定价的重要性体现在哪些方面？
2. 企业定价经历哪些步骤？
3. 为什么企业在定价时必须首先确定定价目标？
4. 为什么说争取最高利润不等于定最高价格？
5. 企业在确定产品最初价格时，为什么说成本、需求和竞争三因素的影响相当重要？
6. 如何测定需求价格弹性？怎样根据弹性大小制定商品价格？
7. 差别定价方法有哪些？结合实际举例说明。
8. 新产品定价策略有哪些？各适用于什么条件？
9. 购买者对价格变动可能有什么样的理解？
10. 举例说明奇数定价策略和声望定价策略。
11. 阅读专论 9-1，联系实际阐述动态定价的实用性。

# 第 10 章  分销渠道策略与物流管理

**本章要点**

- □ 分销渠道的内涵
- □ 分销渠道的模式
- □ 中间商的选择
- □ 如何激励渠道成员
- □ 渠道窜货及其整治
- □ 分销渠道的职能及流程
- □ 分销渠道的结构
- □ 分销渠道的设计
- □ 渠道成员冲突的处理
- □ 物流管理

未来学家阿尔温·托夫勒曾指出:"现在所有的市场都无非是一个弹性的渠道。"渠道不仅将生产者和购买者连接起来,而且还提供实现组织营销战略的手段。一个分销系统是企业的一项关键性的外部资源,它的建立通常需要若干年,并且不是轻易可以改变的,它的重要性不亚于其他关键性的内部资源,如制造、研发、技术等。而且创新的渠道策略还能够改变市场竞争的格局,如戴尔、亚马逊的网络营销。

## 第一节  分销渠道的基本模式

### 一、分销渠道的概念

在现代市场经济条件下,生产者与消费者之间在时间、地点、数量、品种、信息和所有权等多方面存在着差异和矛盾。企业生产出来的产品,只有通过一定的分销渠道,才能在适当的时间、地点以适当的价格供应给广大消费者或用户,从而克服生产者与消费者之间的差异和矛盾,满足市场需要,实现企业的市场营销目标。为此,企业必须进行有关分销渠道的设计与决策。

(一)分销渠道的内涵

分销渠道是指某种产品和服务在从生产者向消费者转移过程中,取得这种产品和服务的所有权或帮助其所有权转移的所有企业和个人。在多数情况下,绝大多数生产者并不是将其产品直接出售给最终用户的,而是通过大量的执行着不同职能的中介机构,将其产品提供给市场,以便于最终用户的购买,由此构成分销渠道。

因此,分销渠道包括商人中间商(因为他们取得所有权)和代理中间商(因为他们帮助转移所有权),此外,还包括处于渠道起点和终点的生产者和最终消费者或用户。但是,不包括供应商、辅助商。

市场营销中的分销渠道,不仅是指商品实物形态的运动路线,还包括完成商品运动的交换结构和形式。因此也可以说,分销渠道是由执行着把一个产品及其所有权从生产者转移到最终用户的所有活动(功能)的一套机构所组成的。

对分销渠道的认识可从以下5个方面来理解：

(1) 分销渠道的起点是生产者,终点是消费者或者工业用户。分销渠道作为商品流通的通道,必然是一端连接生产,另一端连接消费。它所研究的范围是某种特定的商品从生产者到消费者(或用户)之间的"一通到底"的完整的商品流通过程。

(2) 分销渠道的积极参加者,是商品流通过程中各种类型的中间商,如批发商、零售商、代理商等。这一完整的流通过程,在大多数情况下要发生多次交易,而每次交易都是企业(包括个人)的买卖行为。并且在这期间,批发商、零售商等组织采购、销售、运输和储存等活动,如同接力赛中的接力棒,一个环节接着一个环节,把产品源源不断地由生产者送往消费者或用户手中。

在现代市场经济条件下,社会商品的供给与需求的平衡过程中,经常存在着空间、时间、信息、价格以及供求数量和花色品种等方面的矛盾,需要由中间商来帮助解决,以促成交易。可以说,市场的繁荣离不开中间商。

(3) 在分销渠道中,产品运动是以其所有权转移为前提的。产品在从生产领域流向消费领域时,至少要转移一次商品所有权,即生产者把产品直接卖给消费者或最终用户。但在大多数情况下,生产者需要经过一系列中介机构转卖或代理其产品,即产品在从生产领域向消费领域转移时要多次转移其所有权。

(4) 分销渠道反映的是某种特定产品实体运动的空间路线。这就是说,产品在由分销渠道的起点至终点的运动过程中,产品实体的形态是不能改变的。如小麦从农户手中到卖给面粉厂,这中间可能经历了几个环节,但小麦的实体形态始终没有变化。如果面粉厂将小麦磨成面粉,供应给面包厂制成面包,其实体形态就发生了变化,分销渠道也就改变了。

(5) 分销渠道存在多种不同的类型可供企业选择。在分销渠道中,由于成员之间关系的不同,分销渠道存在多种不同的类型或模式。

(二) 使用中间商的必要性

制造商之所以使用中间商,是因为能够获得更多的好处：

(1) 许多生产商缺乏进行直接销售的财力资源,即便像海尔这样国内著名的大公司,也不可能直接面对所有的最终消费者销售所有的商品。

(2) 在某些情况下,直接营销因成本太高而不可行。娃哈哈纯净水的直接营销成本会远远大于通过中间商营销所产生的成本。

(3) 即使有能力自建渠道的某些制造商,通常更愿意强化主营业务的核心竞争力,而不愿意采用"纵向一体化"战略。但特许加盟策略能够为制造商建立渠道终端提供有利条件,如海尔的专营店、双汇的连锁店等。

营销渠道中的成员,如代理商、批发商、零售商,彼此之间进行协商、采购或销售商品,将产品从制造商那里转移到最终消费者或用户手中。所有的渠道成员一起努力而形成一个持续不断、无缝运营的供应链。当产品流经供应链时,各类渠道成员通过专业化的分工协作,克服供给和需求之间在数量、规格、时间和空间上的差异,提供接触的有效性,简化分销过程。总之,中间商能够更加有效地推动商品广泛地进入和覆盖目标市场。

中间商的存在,还能通过有效地降低交易次数,从而达到提高交易效率的目的,如图10-1所示。

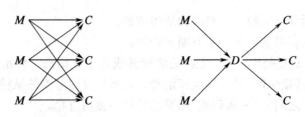

$M$：生产者　　$C$：顾客　　$D$：经销商

交易次数＝$M×C$＝3×3＝9　　交易次数＝$M+C$＝3+3＝6

**图 10-1　生产者自销与利用中间商分销效果比较**

## 二、分销渠道的职能和流程

### (一) 分销渠道的职能

分销渠道对产品从生产者转移到消费者的过程中所必须完成的工作加以组织,其目的在于消除产品(或服务)与使用者之间分离的矛盾。分销渠道承担着许多职能,但可以将其归纳为三大职能,即交易职能、物流职能和促销职能,如表10-1所示。

**表10-1　分销渠道的职能**

| 交易职能 | | 物流职能 | | | 促销职能 | | |
|---|---|---|---|---|---|---|---|
| 接洽 | 谈判 | 风险承担 | 配合 | 实体分销 | 调研 | 促销 | 融资 |

(1) 调研。收集、研究和传递营销环境中关于潜在的和现实的顾客、竞争者及其他参与者的商品、价格等信息。

(2) 促销。传播有关商品和品牌的相关信息,吸引并与顾客沟通,促进产品销售。

(3) 接洽。即寻找可能的购买者并与之进行沟通。

(4) 配合。使所供应的物品符合购买者需要,包括分类、分等、装配、包装等活动。

(5) 谈判。为了转移所供物品的所有权,而就其价格及有关条件达成最后协议。

(6) 实体分销。即从事产品的运输、储存,使之有效地、适时到达顾客手中。

(7) 融资。通过银行或其他金融机构为买方付款,将信用延伸至消费者。

(8) 风险承担。承担执行渠道任务的过程中有关的全部风险。

### (二) 分销渠道的流程

在分销渠道中,伴随着产品(或劳务)由生产者向消费者或用户的转移,发生着一系列的分销活动。这些分销活动大体上可分为五大类,菲利普·科特勒将其归纳为"五流",即商流、物流、货币流、信息流和促销流,如图10-2所示。

商流是指产品从生产领域向最终消费领域转移过程中的一系列买卖交易活动,是商品价值形态的变换和所有权转移的经济过程。在这一过程中,实现的是产品所有权由一方向另一方的转移。只有通过商品货币关系而导致商品所有权随之更迭的买卖过程,才能构成分销渠道。因此,商流是分销活动的核心。

物流是指产品从生产领域向最终消费领域转移过程中的一系列产品实体运动。

货币流是指产品从生产领域向最终消费领域转移的交易活动中所发生的货币运动,它同商流的方向正好相反。

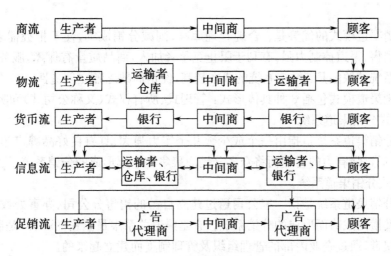

图 10-2 分销渠道流程示意图

信息流是指产品从生产领域向最终消费领域转移过程中所发生的一切信息收集、传递和处理活动。

促销流是指产品从生产领域向消费领域转移过程中通过大众传媒向中间商及其顾客所进行的一切促销活动。

### 三、分销渠道的模式

分销渠道模式主要有：传统分销渠道模式、垂直分销渠道模式、水平分销渠道模式和多渠道分销渠道模式。

（一）传统分销渠道模式

传统分销渠道模式，是指一般的分销组织形态，渠道各成员之间是一种松散的合作关系，各自追求自己的利润最大化，最终使整个分销渠道效率低下。传统分销渠道模式，又称为松散型的分销模式，其渠道各成员之间的关系是临时的、偶然的、不稳定的。

传统分销渠道模式具有较大的灵活性，可以随时、任意地淘汰或选择分销渠道。但渠道成员各自追求自己利益最大化，不顾整体利益，结果会使整体分销效率下降，同时渠道成员之间缺乏信任感和忠诚度，自然也就缺乏合作的基础，难以形成长期和稳定的渠道成员关系。选择传统分销渠道模式的企业越来越少。

比较适合选择传统分销渠道模式的企业：一是小型企业，小型企业资金实力有限，产品类型与标准处于不稳定状态，不适合采取固定的分销系统形式。例如，今年它生产服装，明年就有可能生产床垫；今年卖米面，明年有可能卖蔬菜，必然要求渠道变革。二是小规模生产，产品数量太少，不可能形成一个稳定的分销系统。因为大分销商不会与一个经营规模相差悬殊的企业形成紧密型关系，小分销商也常常寻找大生产商合作。在市场经济不发达的时期，传统分销模式非常流行。

（二）垂直分销渠道模式

垂直分销渠道模式，是由生产者、批发商和零售商组成的一种统一的联合体，每个成员把自己视为分销系统中的一分子，关注整个垂直系统的成功。垂直分销渠道模式具有广泛的适应性，无论是大企业还是小企业，无论是日用品还是生产用品，都可以采用垂直分销渠道系统。

垂直分销渠道模式的优势是：合理管理库存，削减分销成本，便于把握需求动向，易于安排生产与销售，渠道控制力强，有利于阻止竞争者加入，商品质量有保障，服务水平高。垂直分销渠道系统的缺陷是：维持系统的成本较高，经销商缺乏独立创造性。

垂直分销渠道模式包括3种具体形式：管理式、所有权式（又称公司式）和契约式。

1. 管理式分销渠道系统

管理式分销渠道系统是指由一个或少数几个实力强大、具有良好品牌声望的大公司依靠自身影响，通过强有力的管理而将众多分销商聚集在一起形成的分销系统。

2. 公司式分销渠道系统

公司式分销渠道系统是指一家公司通过建立自己的销售分公司、办事处或通过实施产供销一体化及横向战略而形成的分销系统。它是渠道关系中最紧密的一种，是制造商、经销商以产权为纽带，通过企业内部的管理组织及管理制度而建立起来的。

通过以下两种方式来建立公司式分销系统：

（1）制造商设立销售分公司，建立分支机构或兼并商业机构，采用工商一体化的战略而形成的销售网络。

（2）大型商业企业拥有或统一控制众多制造性企业和中小型商业企业，形成工贸商一体化的销售网络，如日本的"综合商社"、美国的"西尔斯"都属于这种类型，相对于管理式分销渠道系统，具有更为强大的信息及融资优势。

3. 契约式分销渠道系统

契约式分销渠道系统是指厂商或分销商与各渠道之间通过法律契约来约定它们之间的分销权利与义务关系，形成一个独立的分销系统。它与公司式分销渠道系统的最大区别是成员之间不形成产权关系，与管理式分销渠道系统的最大区别是用契约来规范各方的行为，而不是用权利和实力。当前越来越多的制造商或服务性企业通过契约将自己的产品、服务或商号形象快捷地扩散到世界各地。

在长期的营销实践中，涌现了多种形式的契约式分销系统，主要有：

（1）以批发商为核心的自愿连锁销售网络。许多批发商将独立的零售商组织起来，批发商不仅为其零售商提供各种货物，还在许多方面提供服务，如销售活动的标准化、共同店标、订货、共同采购、库存管理、配送货、融资、培训等。这些服务是后者所无法获得的。这种分销网络往往集中在日杂用品、五金配件等领域。

（2）零售商自愿合作销售网络。在这一网络中，网络成员通过零售商合作社这一商业实体进行集中采购，共同开拓市场，共同广告策划。成员间最重要的合作是集中采购，可获得较大的价格折扣，所得利润按采购比例分配。相对以批发商为核心组织起来的销售网络，这种关系网络中成员间的联系程度要松散一些，合作事项也少。

（3）特许经营销售网络。在西方，特许经营是发展最快、地位最重要的一种模式。它是指特许权授予人与被授予人之间通过协议授予使用特许权授予人已经开发出的品牌、商品、经营技术、经营规模的权利。为此，受许人必须先付一笔首期特许权使用费，换得在一定区域内出售商品或服务的权利，并须遵守合同中关于经营活动的其他规定。

（三）水平分销渠道模式

水平分销渠道模式，又称为共生型营销渠道关系，它是指由两个或两个以上成员相互联合在一起,共同开发新的营销机会。其特点是两家或两家以上的公司横向联合共同形成新的机构,发挥各自优势,实现分销系统有效、快速的运行,实际上是一种横向的联合经营。目的是通过联合发挥资源的协同作用或规避风险。例如可口可乐公司和雀巢咖啡公司合作,组建新的公司。雀巢公司以其专门的技术开发新的咖啡及茶饮料,然后交由熟悉饮料市场分销的可口可乐公司去销售。

水平分销渠道模式具有的优势是:通过合作实现优势互补和规模效益;节省成本;快速拓展市场。但水平分销渠道系统也有一定的缺陷,在合作过程中,容易发生冲突和摩擦。因此,水平分销渠道系统比较适合实力相当而营销优势能实现互补的企业。

（四）多渠道分销渠道模式

多渠道分销渠道模式,是指一家公司建立两条以上的渠道进行分销活动。公司的每一种渠道都可以实现一定的销售额。渠道之间的竞争既可能促进销售额的共同增加,也有可能发生冲突。

## 四、分销渠道的结构

分销渠道可根据其渠道层次的数目来分类。在产品从生产者转移到消费者的过程中,任何一个对产品拥有所有权或负有推销责任的机构,就叫做一个渠道层次。

（一）直接渠道和间接渠道

分销渠道如按照商品在流通过程中是否经过中间商转卖来分类,可以分为直接渠道和间接渠道。生产者将其产品直接销售给最终消费者或用户,属于直接渠道,其他情况属于间接渠道。直接渠道在产业市场分销中占主导地位。另外,在鲜活商品和服务业等消费市场上直接渠道也占有重要地位。间接渠道是消费者市场分销的主要类型。

需要指出的是:其一,一种产品流通过程中要完成的职能并不会随着渠道长短的变化而增加或减少,而只是在参与流通过程的机构之间转移替代或分担。其二,同一行业中的不同企业也可能采用不同的分销模式。如同样是销售商用计算机,戴尔公司采用了直接渠道模式,而联想公司则采用了制造商→一级代理商→二级代理商→用户的间接渠道模式。

（二）分销渠道的长度

市场营销学是以中间机构层次的数目来确定渠道长度的。不算处于渠道起点的生产者和处于渠道终点的消费者,产品每经过一个直接或间接转移商品所有权的营销机构,就称之为一个中间环节或中间层次(如批发商、零售商、代理商等)。在商品分销过程中,经过的环节或层次越多,渠道越长;反之,渠道越短。由于消费者市场和产业市场在购买者、购买目的等方面的差异,两者的分销渠道也表现出不同的结构和特征。如图10-3、图10-4所示。

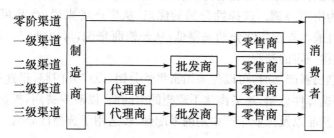

**图10-3 消费者市场分销渠道**

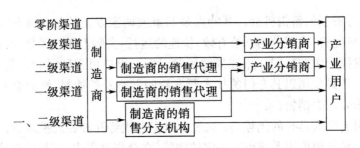

图 10-4 产业市场分销渠道

从图 10-3、图 10-4 中可以看出,零阶渠道,也称直接渠道,即由制造商直接将产品销售给最终消费者或用户。一级渠道,即只包含一层销售中间机构,如消费者市场中的零售商或产业市场中的产业分销商。二级渠道,包含两层中间环节,如消费者市场一般是批发商和零售商,产业市场是制造商的销售代表或销售分支机构和产业分销商。三级渠道,包含3个中间环节,如消费者市场中通过代理商、批发商、零售商将商品送达顾客手中。

如海尔公司在各主要城市均设有海尔专营店;海尔公司也通过国美、苏宁的连锁分销网络销售海尔的各种家用电器产品。格力公司长期以来一直使用省一级的总代理商去发展市县级的批发商以及更多的零售商。恒源祥在各省均设有独家总代理,再由该代理商去发展恒源祥的品牌专营店。还有诸如电话营销、电视直销、网上销售等直接营销渠道。

(三) 分销渠道"宽度"

分销渠道的宽度是指渠道的每个层次使用同种类型中间商数目的多少,它与企业的分销策略密切相关。而企业的分销策略通常可分为 3 种,即密集性分销、选择性分销和独家分销。

1. 密集性分销

密集性分销是指生产者不加限制地选择尽可能多的中间商推销产品。密集性分销的目的是使产品能有最大的展露度,提高产品购买的方便性及产品品牌知名度。但如果无节制地过分地使用中间商,也可能造成成本上的负担,如退货问题、收款问题等。采用密集性分销时,批发商或零售商一般均不愿分担任何广告宣传费用,而是由生产厂家单独负担全部的广告与宣传费用。一般来说,便利品多使用密集性分销方式。密集性分销又可分为零售密集分销和批发密集分销两种。

2. 选择性分销

选择性分销是指生产者在某一地区仅通过少数几个经过精心挑选的、最适合的中间商推销其产品。由于选择性分销的经销商数目比密集性分销要少得多,因此生产者与经销商之间的配合就较为密切协调。选择性分销的优点,从生产者来说,产品可以占有一定的市场,提高控制量,且成本较密集性分销来得低;从经销商来说,可以维持一定的产销关系,增加销售额,并能获得一定的利润。

生产企业在推出新产品时,可以先采用密集性分销,以广开门路,迅速打入市场,经过一段时间后,再改用选择性分销,逐步淘汰不理想的中间商,以减少费用,提高分销效率。消费品中的选购品、特殊品以及工业生产中用的零配件,较适用于选择性分销。

3. 独家分销

独家分销是指生产者在某一地区仅选择一家中间商推销其产品。独家经销对生产者与经销商均各有利弊。

对生产者来说,好处是:易于控制经销商,并决定产品的销售价格;在广告与其他促销活动方面,易于与经销商取得合作;由于发货、运输、结算等手续简便,有利于降低成本;可以防止竞争对手利用此分销渠道;可以提高经销商的经营积极性与推销效率,加强对消费者的服务。其缺点是:独家经销可能会失去更多的市场,忽视更理想的经销商,受经销商的牵制较大。

对经销商来说,好处是:可以独家享受与生产者推销产品的一切权力与利益;独家经销不必作降价竞争,并能确保利润;经销独家产品,特别是名、特、优产品,可以提升经销商的企业形象;容易与生产者建立良好的合作关系。其缺点是:经销商的命运与生产厂商联系在一起,如厂商遭遇风险,经销商也往往会受到牵连;经销商如不能很好地完成销售配额,也有被生产企业淘汰的可能。

## 第二节　分销渠道的设计

### 一、中间商及其选择

分销渠道从某种意义上来讲,是由中间商构成的。因此,在任何一种分销渠道设计方案中,都必须把选择中间商放在首要和核心的位置。中间商的选择涉及使用哪一种类型的中间商、使用多少中间商以及对中间商的评价3个方面的问题。

(一)中间商的类型

所谓中间商是指在生产者和最终消费者之间,参与商品交换,促使买卖行为发生和实现的、具有法人资格的经济组织或者个人。它是生产者向消费者(或者工业用户)出售商品时的中介环节。

按照中间商是否拥有商品所有权可划分为经销商和代理商两大类型。

经销商是指从事商品交易业务,在商品买卖过程中拥有商品所有权的中间商。按照经销商在流通过程中所起作用的不同,还可进一步划分为批发商和零售商。

代理商是指接受生产者的委托,从事商品交易业务,但不拥有商品所有权的中间商。代理商按照与生产企业业务联系的特点,还可分为制造商代理商、销售代理商以及寄售商、经纪商等。

企业在选择中间商时,对下列问题应详细分析:首先要明确市场中各中间商的特性及其功能,并认清产品市场中存在多少种类型的中间商;哪一种或哪几种中间商最能配合企业销售的需要;使用各中间商的成本效益如何。

(二)使用中间商的数目

各种不同的分销渠道所使用的中间商数目的多少,应根据商品在市场上的地位和展露程度来决定。

在分销渠道中使用多少中间商将直接影响分销渠道的宽度,按照使用中间商数目的多少,可有3种不同的选择,即大量使用中间商(密集分销)、适当选择中间商(选择分销)和选择一家中间商(独家分销)。这3种做法各有其利弊和适用范围,这部分内容在上一节分销渠道的结构中已有介绍。

（三）对中间商的评价

生产制造企业对中间商的全面评价是选择中间商的中心环节,也是一项非常细致复杂的工作,一般可采用加权评分法对中间商进行评价。评分法就是对拟选择为渠道成员的各个中间商,按其从事商品分销的能力和条件进行加权打分评价,并按得分的多少进行取舍。下面结合苏源电器制造公司实际,说明运用加权评分法选择中间商的具体步骤。

苏源电器制造有限公司决定在某地区选择一家电器批发企业为其渠道成员,经过考察,初步选出 A、B、C 3 家比较合适的候选人,公司希望在这 3 家候选人中选出一家相对理想的渠道成员。按照加权评分法,具体步骤如下：

1. 确定选择中间商应考虑的评价因素

（1）市场覆盖范围。市场是选择中间商最关键的因素。首先,要考虑所选中间商的经营范围所包括的地区与企业产品的预期销售地区是否一致。其次,中间商的销售对象是否是企业所希望的潜在顾客。

（2）信誉。在目前市场游戏规则不甚完善的情况下,中间商的信誉显得尤其重要。它不仅直接影响回款情况,还直接关系到市场的网络支持。一旦经销商中途有变,企业就会欲进无力,欲退不能,不得不放弃已经开发起来的市场。

（3）中间商的历史经验。许多企业在决定某中间商是否可以承担分销商的重任时,往往会考察分销商的一贯表现和盈利记录。若中间商以往经营状况不佳,则将其纳入营销渠道的风险较大。一般来说,长期从事某种商品的经营,通常会积累比较丰富的专业知识和经验,因而在行情变动中,能够掌握经营主动权,保持销售稳定或乘机扩大销售量。此外,经营历史较长的中间商早已为周围的顾客或消费者熟悉,拥有一定的市场影响和一批忠实的顾客,大多成为周围顾客或消费者光顾购物的首选之地。

（4）合作意愿。分销商与企业合作得好会积极主动地推销企业的产品,这对双方都有利。有些中间商希望生产企业也参与促销,以扩大市场需求,他们认为这样会获得更高的利润。因此,生产企业应根据产品销售的需要,确定与中间商合作的具体方式,考察被选中间商对企业产品销售的重视程度和合作态度,然后再选择最理想的中间商进行合作。

（5）产品组合情况。在经销产品的组合关系中,一般认为如果中间商经销的产品与自己的产品是竞争产品,应避免选用；如果其产品组合有空当(如缺中档),或者自己产品的竞争优势非常明显,也应选取。这需要进行细致、翔实的市场考察。

（6）中间商的财务状况。生产企业倾向于选择资金雄厚、财务状况良好的分销商,因为这样的中间商能保证及时付款,还可能在财务上向生产企业提供一些帮助,如分担一些销售费用,提供部分预付款或者直接向顾客提供某些资金融通,如允许顾客分期付款等,从而有助于扩大产品销路和生产发展。反之,若中间商财务状况不佳,则往往会拖欠货款。

（7）中间商的区位优势。区位优势即位置优势。理想的中间商的位置应该是顾客流量较大的地点。批发商的选择则要考虑其所处的位置是否有利于产品的批量储存与运输,通常以交通枢纽为宜。

（8）中间商的促销能力。中间商推销商品的方式及运用促销手段的能力直接影响其销售规模。有些产品广告促销比较合适,有些产品则适合通过销售人员推销；有些产品需要有效的储存,而有些产品则应快速地运输。要考虑到中间商是否愿意承担一定的促销费用,有没有必要的物质、技术基础及相应的人才。

2. 根据不同评价因素对分销渠道的功能建设的重要程度差异,分别赋予各评价因素一定的权重

如表10－2,"市场覆盖范围"的权重为0.2,"促销能力"的权重为0.05等。

3. 按照不同的评价因素,对A、B、C 3家"候选中间商"分别进行打分,并计算各评价因素的加权分(表10－2)

表10－2 加权评分法评价中间商

| 评价因素 | 权重 | A 打分 | A 加权分 | B 打分 | B 加权分 | C 打分 | C 加权分 |
| --- | --- | --- | --- | --- | --- | --- | --- |
| 1. 市场覆盖范围 | 0.20 | 85 | 17 | 70 | 14 | 80 | 16 |
| 2. 声誉 | 0.15 | 70 | 10.5 | 80 | 12 | 85 | 12.75 |
| 3. 历史经验 | 0.10 | 90 | 9 | 85 | 8.5 | 90 | 9 |
| 4. 合作意愿 | 0.10 | 75 | 7.5 | 80 | 8 | 75 | 7.5 |
| 5. 产品组合情况 | 0.15 | 80 | 12 | 90 | 13.5 | 75 | 11.25 |
| 6. 财务状况 | 0.15 | 80 | 12 | 60 | 9 | 75 | 11.25 |
| 7. 区位优势 | 0.10 | 65 | 6.5 | 75 | 7.5 | 60 | 6 |
| 8. 促销能力 | 0.05 | 70 | 3.5 | 80 | 4 | 70 | 3.5 |
| 总 分 | 1.00 | 615 | 78 | 620 | 76.5 | 620 | 77.25 |

4. 计算总得分

即按不同的候选对象,将各评价因素的加权得分汇总后即得各候选对象的总分。

5. 比较A、B、C 3家总分

A得分最高,故苏源电器公司应首选A作为渠道成员。

## 二、分销渠道长度设计

分销渠道长度,是由企业分销渠道中间环节(即中间商)数目的多少决定的。商品在分销中经过的环节越多,分销渠道就越长;反之则越短。关于分销渠道的层级(长短、直接和间接)上一节已做介绍。

在一定的条件下,由生产者直接把产品出售给消费者或者工业用户具有一定的好处:

(1) 销售及时。特别是对于一些时令产品、鲜活产品,直接销售可及时将产品投入市场,以减少产品损耗、变质的损失。

(2) 节约费用。如果市场相对集中,顾客购买量大,直接销售能节约流通中转费用。

(3) 促进销售。对于技术复杂的产品,由生产企业直接派人推销,并注意售前、售中和售后的服务,将有助于扩大销售。

(4) 获取信息。生产者直接同消费者见面,可随时听取消费者对于产品的改进意见,有利于改善企业的经营管理。

间接式分销渠道是生产者利用中间商把产品转卖给消费者或用户。其特点是:

(1) 由于中间商的介入,可以大大简化交易联系,便利交换过程的进行。商品交换如没

有中间商参与,则每一个生产者都可能直接与每一个消费者发生联系,从而使交换过程变得错综复杂。尤其是消费品的分销渠道,对于中间商的介入更是不可缺少。

(2) 由于中间商的介入,同时承担着商品的采购、运输、储存、销售等实际业务活动,这就起到了集中、保管、平衡与扩散商品的作用,调节生产与消费之间在商品数量、花色品种等方面的差异,创造了时间效用和地点效用。

(3) 由于中间商的介入,为生产者节约了大量的人力、物力资源,从而有利于企业生产的发展。

(4) 中间商具有丰富的市场营销知识和经验,与顾客保持密切而广泛的联系,了解市场情况及顾客的需求特点,因而在商品交换过程中能起到良好的促销作用,客观上增强了企业的销售能力。

在分析与选择分销渠道长度时,企业需要考虑许多影响因素,主要有市场、购买行为、产品、中间商及企业自身等方面。

(一) 市场因素对渠道长度的影响

分销渠道长短的选择受市场规模大小、居民居住集中与分散等市场因素的影响。

市场规模大,适合选用较长的分销渠道;市场容量十分有限,厂商可选择较短的分销渠道,把产品直接出售给零售商或最终消费者。

顾客居住的集中程度形成了高的聚集度,此时产品就有可能直接出售给他们,渠道具有短的特征。市场聚集度弱,意味着目标顾客居住分散,涉及的空间范围广,适合采取长渠道的方法,利用批发商、代理商、零售商来分销产品。

(二) 购买行为因素对渠道长度的影响

(1) 顾客购买量。顾客购买量越大,单位分销成本越低,因此有条件将批量性产品直接出售给顾客。诸如一些办公用设备与用品,常有厂商直接向各团体单位直接销售。

(2) 顾客购买频度。顾客购买频度越高的产品,一次购买量越少,产品价值越低,因此越需要利用中间商进行分销。对于那些购买频度低的产品,可选择短渠道。例如,消费者几年才买一次家具,厂家就可以向他们直销。

(3) 顾客购买季节性。顾客购买季节性越强的产品,表明对产品的需求不是常年均衡的,厂商自己很难在短时间内达到铺货率,因此适合选用较长的分销渠道,大多利用批发商和零售商出售,诸如夏冬季节商品、节日商品等。

(4) 顾客购买探索度。顾客购买探索度可以有两方面的内容,一是购买之前比较研究的程度;二是购买过程中付出精力的多少。对于日常生活用品,人们在购买之前较少进行分析比较,在购买时也不愿意花费很多时间跑很远的路,希望在住家或工作地点附近完成购买,因此适合较长的渠道。而对于时装、电器、家具等产品,人们在购买之前要跑许多地方、看许多广告,进行比较选择。购买时,不惜花费时间和跑较远的路,因此可选择较短的渠道。

(三) 产品因素对渠道长度的影响

(1) 技术性。产品技术性越强,渠道越短;而技术性差的产品则需要长的渠道。

(2) 耐用性。产品越耐用,渠道越短;不耐用的产品则需要较长的渠道。

(3) 规格化。产品越是非规格化,渠道越短;规格化的产品则需要长渠道。

(4) 重量。产品越重,渠道越短;产品越轻则渠道会越长。

(5) 价值。产品价值越大,渠道越短;价值越小的产品则需要较长的渠道。

(6) 易腐性。产品越易腐,渠道越短;不易腐烂的产品所需要的渠道会越长。

(7) 生命周期。产品生命周期越短,渠道越短;而那些生命周期较长的产品则需要比较长的渠道。

（四）中间商因素对渠道长度的影响

在确定渠道长度的时候,企业还应该考虑中间商的因素,中间商的可利用性以及选择该中间商企业应付出的成本都是企业应该考虑的。

中间商愿意经销厂商的产品,同时不对厂商提出过多、过分的要求,会使企业更容易利用中间商,因此企业可选择长渠道的做法。越是市场紧俏畅销的产品,中间商参与的积极性就越高,反之就越低。有时,某类产品非常适合某些批发商或零售经营,但这些中间商正经营着同类型的竞争产品,不愿意再多经营新的对抗性产品,那么厂商只好把产品直接出售给最终消费者。如雅芳公司的化妆品,当初就是因为打不过百货商店而被迫走上直销之路的。

中间商的成本太高,或是中间商压低采购价格,或是中间商要求上架费太多,就应考虑采取较短的渠道。

中间商的功能,是帮助厂商把产品及时、准确、高效地送达到消费者手中。厂商在选择分销渠道时,要对中间商的服务水平进行评价,具体内容包括是否有良好的信誉足以吸引客流,是否有较强的营销能力把产品销售出去,是否能为该产品提供广告、展览等方面的促销活动,是否可以及时结算货款等。如果能得到肯定的答案,就可以选择较长的渠道,否则将选择较短的渠道。

（五）企业因素对渠道长度的影响

(1) 财务能力。企业财务能力会影响企业所选择渠道的长度。如果厂商采用直接销售渠道的方法,则需要有足够的资金支付市场调查、广告、推销人员工资和产品运输等方面的费用,因此必须有较强的财务能力。

(2) 渠道管理水平。一般来说,假如厂商在销售管理、储存安排、零售运作等方面缺乏经验,人员素质不适合自己从事广告、推销、运输和储存等方面的工作,那么最好选择较长渠道。如果厂商熟悉分销运作,具有一定时期的产品销售经验,并具有较强的销售力量和储存能力,也可选择短渠道。

(3) 渠道控制力。企业渠道控制力度的强弱也影响渠道的长度。如果厂商设想对分销渠道进行高强度控制,同时自身又有控制能力,一般采取较短渠道的做法。如果采用中间商,一方面会使厂商的渠道控制权力消除,市场调查、储存、运输、广告、零售的功能大多由中间商完成,极可能导致厂商受制于中间商;另一方面会使厂商分销受限制。

## 三、分销渠道宽度设计

在分析与选择分销渠道宽度时,企业需要考虑许多影响因素,主要有市场、购买行为、产品及企业自身等方面。

（一）市场因素对渠道宽度设计的影响

分销渠道宽窄的选择受市场规模大小、居民居住集中与分散等市场因素的影响。首先,市场规模越大,渠道越宽;市场规模越小,渠道越窄。其次,市场聚集度越弱,渠道越宽;市场聚集度越强,渠道越窄。

### （二）购买行为因素对渠道宽度设计的影响

（1）顾客购买量。顾客购买量越大，单位分销成本越低，因此有条件将批量性产品直接出售给顾客。顾客少量而频繁的订货，一般会利用更多的中间商。

（2）购买季节性。顾客购买季节性强的产品，厂商在应季时要求短时间内达到一定的铺货率，因此适合选用较宽的分销渠道，利用尽量多的批发商和零售商，诸如夏冬季节商品、节日商品等。而对于那些季节性不强的商品，从时间上不要求快速上市、快速销售，因此厂商有机会通过窄渠道向消费者出售产品。

（3）购买频度。顾客购买频度越高的产品，一次购买量越少，产品价值越低，因此越需要利用更多的中间商进行分销。否则，可选择窄渠道。

（4）购买探索度。人们在购买日常生活用品之前，较少进行分析比较，在购买时也不愿意花费很多时间跑很远的路途，希望在住家或工作地点附近完成购买，因此适合较宽的渠道。而对于时装、电器、家具等产品，人们在购买之前要跑许多地方、看许多广告，进行比较选择。购买时，不惜花费时间和跑较远的路途，因此可选择较窄的渠道。

### （三）产品因素对渠道宽度设计的影响

（1）重量。产品越重，渠道越窄；产品价值越小，渠道越宽。

（2）价值。产品价值越大，渠道越窄；产品价值越小，渠道越宽。

（3）规模化。产品越是非规格化，渠道越窄；产品越是规格化，渠道越宽。

（4）技术性。产品技术性越强，渠道越窄；技术性差的产品则需要采用宽的渠道。

（5）生命周期。产品生命越短，渠道越窄；产品生命越长，渠道越宽。

（6）耐用性。耐用性也会影响渠道的宽度。耐用品，一般适合较窄的分销渠道，如住房、汽车、家具及一些家用电器等。非耐用产品一般适合较宽的分销渠道，如日常生活用品和小商品。

### （四）企业因素对渠道宽度设计的影响

一般选择长渠道的产品，市场需求广泛，产品辐射面大，与宽渠道的特征相吻合，而短渠道产品技术性强，需求专业化，因此适合较窄的渠道。

如果厂商设想对分销渠道进行高强度控制，一般采取较窄渠道的做法；如果厂商不想对分销渠道进行高强度控制，或是没有能力高强度控制，那么可以选择相对宽的分销渠道。

## 四、分销渠道设计方案的评估和选择

企业要对同一种产品的分销渠道制定几种不同的方案，并按照分销渠道方案选择的标准和规定的程序对分销渠道方案进行筛选，最后选出一个或多个最能满足企业长期目标的分销渠道方案。

对可行的分销渠道方案评估和选择的标准主要有以下几个方面：

（1）连续性。即做到产品在由分销渠道的起点向终点移动的过程中，不发生脱节、阻塞和不必要的停滞现象。这就要求企业在选择分销渠道时，应充分考察渠道的各个环节是否紧紧相扣，一通到底。连续性差的分销渠道，受损失的不仅是中间商，最终也必然导致生产企业产品市场销路不畅的严重后果。

（2）辐射性。分销渠道的辐射功能直接影响企业产品的市场覆盖面和渗透力。分销渠道一般具有多层次辐射功能，如消费品，即由生产企业向批发商辐射，再由批发商向零售商辐射,最后再由零售商向广大消费者辐射。辐射的扇面铺得越开,企业产品的市场覆盖面就越广,市场渗透力也就越强。消费品和工业品分销渠道的辐射功能应有较大的差异。一般来说,消费品分销渠道辐射功能应愈强愈好,而工业品分销渠道的辐射功能应体现较强的针对性。

(3) 配套性。产品的分销包括商流、物流、信息流、资金流和促销流5个方面的活动。一个好的分销渠道方案应具有各项活动所需要的各种配套功能,才能有效地保证企业产品顺利地由生产领域向最终消费领域转移。

(4) 经济性。选择分销渠道应尽可能以较少的耗费获得较高的收益,以体现经济性要求。具体来说,就是要降低单位产品的流通费用。产品的流通费用一般包括交易成本、物流成本和资金成本等。交易成本的降低主要取决于交易环节的减少和交易成功率的提高;物流成本的降低则依赖于合理组织商品实体的运转;资金成本的降低主要在于加快资金的周转速度,提高资金的利用率等。总之,对分销渠道经济性的考察,一方面是选择分销渠道方案的主要依据,另一方面又必须追求分销渠道综合经济效益的最优化,而不应只强调某一个方面。

(5) 控制性。从长远考虑,企业选择分销渠道不仅应考虑其经济效益,还应考虑能否对其分销渠道实施有效控制。由于分销渠道成员具有独立性,使其控制的难度加大。因此,在选择分销渠道方案时,应充分考虑中间商的可控制程度。一般情况下,企业要首先强调与中间商的配合度,因为只有双方的密切配合,控制的实施才是有效的。其次可通过建立适当的营销关系,如建立特约经销或全权代理的关系,这时对中间商就比较容易控制。

## 第三节 分销渠道的管理

### 一、评估分销渠道成员

生产企业要定期评估分销渠道成员的经销业绩,包括销售配额完成情况,平均存货水平,与生产企业促销活动的配合情况,向顾客提供的服务如何,以及货款的支付是否及时等。如果某一中间商的经销状况不能令人满意或者明显低于事先规定的标准线,则有必要帮助其分析原因,并采取改进措施。

评估分销渠道成员,主要有以下两种做法:

(1) 将每一个中间商的销售额与上期销售额进行比较,并以整个群体的升降百分比作为评价标准。对于低于群体平均水平以下的中间商,则应加强评估和采取激励措施。如果是由于客观环境变化而引起销售量的下降,也是可以谅解的。

(2) 把每一个中间商的实际销售额和事先规定的某一地区的销售配额进行比较,看其是否达到或者超过该配额。

通过对分销渠道成员的评估,可以及时发现渠道中存在的问题,并适时加以修正和给调整提供依据。

### 二、激励分销渠道成员

激励分销渠道成员是指制造商激发渠道成员的动机,使其产生内在动力,朝着所期望的目标前进的活动过程,目的是调动分销渠道成员的积极性。

激励分销渠道成员的形式主要有直接激励和间接激励两种。

(一) 直接激励

直接激励是指通过给予中间商物质、金钱的奖励来激发中间商的积极性,从而实现生产企业的销售目标。直接激励主要有以下3种形式:

1. 返利

运用返利进行激励,要考虑下列因素:

(1) 返利的标准。制定返利的标准时要参考竞争对手的做法,并要考虑现实可能性,以及对抛售、倒货的防范。在此基础上,按照不同品种、数量和等级确定返利额度。

(2) 返利的形式。可以是现价返,或以货物返,也可以是两者结合,一定要事先注明。如以货物返利,能否作为下一个计划期的任务数,也要事先注明。

(3) 返利的时间。可以月返、季返或年返,应根据产品特性、货物流转周期来确定。

(4) 返利的附带条件。为保证返利能促进销售且不产生负面影响,一定要注明返利的附带条件,如严禁跨区域销售、严禁擅自降价、严禁拖欠货款等。一经发现,取消返利。

2. 价格折扣

根据不同情况,给予中间商一定的价格折扣,以鼓励中间商销售更多的产品。价格折扣包括数量折扣、现金折扣、季节折扣等。

3. 提供促销费用

由生产企业提供促销费用,开展促销活动,往往很受中间商的欢迎。

生产企业开展促销活动,要考虑是否能调动和刺激中间商的积极性,同时也要测算促销成本能否承受。

(二) 间接激励

间接激励是指通过帮助中间商获得更好的管理、销售的方法,从而提高销售绩效。间接激励通常有以下几种做法:

(1) 帮助经销商建立进销存报表,做好安全库存数和先进先出库存管理。进销存报表的建立,可以帮助经销商了解某一周期的实际销售数量和利润;安全库存数的建立,可以帮助经销商合理安排进货;先进先出的库存管理,可以减少即期品(即将过期的商品)的出现。

(2) 帮助零售商进行零售终端管理。终端管理的内容包括铺货和商品陈列等。通过定期拜访,帮助零售商整理货架,设计商品陈列形式。

(3) 帮助经销商管理其客户网以加强经销商的销售管理工作。帮助经销商建立客户档案,包括客户的店名、地址、电话,并根据客户的销售量将它们分成等级,并据此告诉经销商对待不同等级的客户应采用不同的支持方式,从而更好地服务于不同性质的客户,提高客户的忠诚度。

(4) 伙伴关系管理。从长远看,应该实施伙伴关系管理,也就是制造商和中间商结成合作伙伴,风险共担,利益共享。

分销渠道的作用正在逐渐增强,渠道联盟、分销商合作、厂商合伙等战略变得日益普遍。合作关系或战略联盟表述了一种在制造商及其渠道成员间的持续的相互支持的关系,包括努力提供一个高效团队、网络或渠道伙伴联盟。

### 三、分销渠道冲突的处理

(一) 分销渠道冲突的类型

分销渠道冲突是指当分销渠道中的一方成员将另外一方成员视为对手,且对其进行伤害、设法阻挠或在损害该成员的基础上获得稀缺资源的活动。必须对渠道冲突加以重视,防止渠道关系恶化,甚至是整个渠道体系的崩溃。

渠道冲突的类型可以分为3种:水平渠道冲突、垂直渠道冲突和多渠道冲突。

(1) 水平渠道冲突。它是指某渠道内同一层次中的成员之间的冲突。如同级批发商或同级零售商之间的冲突,表现形式为跨区域销售、压价销售、不按规定提供售后服务或提供促销等。

(2) 垂直渠道冲突。它是指同一条渠道中不同层次之间的冲突。如制造商与分销商之间、总代理与批发商之间、批发商与零售商之间的冲突,表现形式为信贷条件的不同、进货价格的差异、提供服务(如广告支持)的差异等。

一直以来,消费包装商品的制造商相对于零售商,拥有较强的市场力量。但是,现在零售商对制造商的力量已经发生了某些转移。零售商力量的日益增长使他们向制造商收取新产品进店时的货位费,弥补货架成本的陈列费,用于晚交货或交货不齐的罚金、制造商要求停止销售商品时的退场费等。

(3) 多渠道冲突(也称为交叉冲突)。它是指两条或两条以上渠道之间的成员发生的冲突。当制造商在同一市场或区域建立两条或两条以上渠道时,就会产生此类冲突。如直接渠道与间接渠道形式中成员之间的冲突,代理分销与经销分销形式中渠道成员之间的冲突。表现形式为销售网络紊乱,区域划分不清,价格不同等。

(二) 分析分销渠道冲突的起因

(1) 角色失称。当一个渠道成员的行为超出另一个渠道成员对其行为角色的期望范围时,角色失称就会发生。有些情况下,角色失称也发生在当一个渠道成员不能确定哪些行为是可以接受的时候。为了避免角色失称,渠道成员需要了解其他成员的具体期望是什么,他需承担什么责任,以及他的行为绩效如何被对方所评价。

(2) 感知偏差。指的是渠道成员如何对它所处的形势进行解释,或如何对不同的刺激作出反应。例如,一个零售商如果认为50%的毛利率是合理的水平,那么他就可能认为制造商规定的40%的加成率太低。渠道成员应通过加强相互间的理解来减轻甚至消除这种感知差异。

(3) 决策主导权分歧。即一个渠道成员认为其他渠道成员的行为侵害了自己的决策权力。例如,零售商或制造商是否有权制定最终零售价格,制造商是否有权对分销商的存货水平作出要求。

(4) 目标不相容。即成员间的目标是不可相容的。例如,光明牛奶公司希望为其新品酸奶获得额外的展示货架空间以提高市场份额,而分销商则关心这种新产品是否会创造更多利润,而通常情况下这两者是相互矛盾的。目标不相容还可以在分销商和制造商"如何使利润最大化"的分歧上体现出来。分销商为使利润最大化,通常希望提高毛利率,加速存货周转速度,降低成本并获得较高的制造商津贴;而制造商为了提高销量通常倾向于降低零售毛利率,增加分销商库存,提高促销费用并减少津贴。

(5) 沟通困难。即缓慢的信息或不准确的信息在渠道成员间的传送。为了克服沟通困难,许多大的零售商都要求他们的供应商就订单、发票以及装运通知单等方面与其进行充分的交流。实际上,沟通困难也是造成感知偏差的原因之一。

(6) 资源缺乏。争夺稀缺的资源是渠道冲突产生的一个重要原因。例如,对客户资源的争夺使许多实施多重分销策略的公司与分销商产生摩擦。

### (三) 化解分销渠道冲突的对策

并非所有的冲突都会降低渠道效率。低水平的渠道冲突可能对分销效率无任何影响,中等水平的渠道冲突有可能会提高渠道的分销效率,而高水平的渠道冲突才会降低渠道的分销效率。适当冲突的存在会增强渠道成员的忧患意识,刺激渠道成员的创新。例如,尽管多渠道销售产品会增加产生冲突的可能性,然而这一策略也可能使各渠道之间互相竞争,从而带来销售额的最大化,使顾客购买更加便利以及迫使通路成员不断创新。所以,我们应该把渠道冲突控制在一个适当的可控范围之内,善加利用。同时,坚决制止会导致渠道成员关系破裂的高水平渠道冲突。主要对策有:

(1) 销售促进激励。要减少渠道成员的冲突,有时成员组织的领导者不得不对其政策、计划进行折中,对以前的游戏规则进行修改。这些折中和修改是为了对成员的激励,以物质利益刺激他们求大同,存小异。如价格折扣、数量折扣、付款信贷、按业绩的奖励制度、分销商成员的培训、成员的会议旅游等。

(2) 进行协商谈判。协商谈判是实现解决冲突目标进行的讨论沟通。有效的谈判技巧是非常有用的,首先它是渠道成员自我保护和提高自己地位的手段。如果掌握了这一艺术,在面临冲突解决问题时保持良好关系的可能性就会大大增加,甚至许多对手也会因一次成功的谈判而成为长久的合作伙伴。

(3) 清理渠道成员。对于不遵守游戏规则,屡犯不改的渠道成员,有可能是当初对其考察不慎,该成员的人格、资信、规模和经营手法都未达到成员的资格和标准。此时就应该重新审查,将不合格的成员清除出联盟。如对那些肆意跨地区销售、打压价格进行恶性竞争的分销商,或长时间未实现规定销售目标的分销商,都可以采取清理的方法。

(4) 使用法律手段。法律手段是指渠道系统中冲突存在时,一方成员按照合同或协议的规定要求另一方成员行使既定行为的法律仲裁手段。比如在特许经营体系中,特许特权商认为特许总部不断新添的加盟商侵蚀了他们的利益,违反了加盟合同中的地理区域限定,所以这时就很可能要采用法律手段来解决这一问题。

## 四、分销渠道窜货及其整治

### (一) 分销渠道窜货的主要形式

分销渠道窜货是指中间商置经销协议和制造商长期利益于不顾,进行产品跨地区降价销售,它是分销渠道冲突的一种典型的表现形式。

根据窜货的影响程度的不同,可以把窜货分为以下几类:

(1) 自然性窜货。自然性窜货是指经销商在获取正常利润的同时,无意中向自己辖区以外的市场倾销产品的行为。这种窜货在市场上是不可避免的,只要有市场的分割就会有此类窜货。它主要表现为相邻辖区的边界附近互相窜货,或是在流通型市场上,产品随物流走向而倾销到其他地区。这种形式的窜货,如果货量大,该区域的通路价格体系就会受到影响,从而使通路的利润下降,影响二级批发商的积极性,严重时可发展为二级批发商之间的恶性窜货。

(2) 良性窜货。良性窜货是指企业在市场开发初期,有意或无意地选中了流通性较强的市场中的经销商,使其产品流向非重要经营区域或空白市场的现象。在市场开发初期,良性窜货对企业是有好处的。一方面,在空白市场上企业无须投入,就提高了其知名度;另一方面,企业不但可以增加销售量,还可以节省运输成本。只是在具体操作中,企业应注意,由于由此而形成的空白市场的通路价格体系处于自然形态,因此企业在重点经营该市场区域时应对其再进行整合。

(3) 恶性窜货。恶性窜货是指为获取非正常利润,经销商蓄意向自己辖区以外的市场倾销产品的行为。经销商向辖区以外倾销产品最常用的方法是降价销售,主要是以低于厂家规定的价格向非辖区销货。恶性窜货给企业造成的危害是巨大的,它扰乱企业整个经销网络的价格体系,易引发价格战,降低通路利润;使得经销商对产品失去信心,丧失积极性并最终放弃经销该企业的产品;混乱的价格将导致企业的产品、品牌失去消费者的信任与支持。

由此可见,不是所有的窜货都具有危害,也不是所有的窜货现象都应及时加以制止。市场上有一句流行的话:"没有窜货的销售是不红火的销售,大量窜货的销售是很危险的销售。"适度的窜货会形成一种热烈销售局面,这样有利于提高产品的市场占有率和品牌知名度。因此,需要我们严加防范和坚决打击的是恶性窜货。

(二) 窜货现象的原因分析

商品流通的本性是从低价区向高价区流动,从滞销区向畅销区流动。因此,同种商品,只要价格存在地区差异,或者只要同种商品在不同地区的畅销程度不同,就必然产生地区间的流动,并导致窜货现象的发生。

形成窜货的具体原因有很多,但主要是由于生产企业对管理过程中的各个环节缺乏有效控制所造成的。

(1) 管理制度有漏洞。企业缺乏窜货方面的管理制度,对代理商、经销商以及业务员没有严格的规定,没有奖惩措施。

(2) 管理监控不力。企业有了规章制度,但反应迟钝,为了追求销售量,甚至睁一眼闭一眼,有法不依,任由窜货现象发生。

(3) 激励措施有失偏颇。企业在激励经销商时往往忽略采取其他措施将经销商的行为控制在合理的范围之内。如年终返利、高额回扣、特殊奖励、经销权等等。为了追逐高额奖励,经销商之间也会窜货。

(4) 代理制度不严。一是企业不能严守"独家代理"的规定,造成"一女嫁二夫"现象;二是代理商不能遵循"代理"的约定,直接导致跨区越货的发生。

(三) 分销渠道窜货问题的整治

(1) 签订不窜货乱价协议。生产企业与经销商、代理商之间要签订不窜货乱价协议,在合同中注明"禁止跨区销售"的条款及违反此条款的惩处措施,为整治窜货问题提供法律依据。

(2) 加强销售通路管理。销售管理人员具有销售通路管理的职责。规范通路管理应做到:① 积极主动,加强监控。特别要关注销售终端,关注零售市场。② 应有一个畅通的渠道能让被窜货地区的经销商和代理商及时反馈信息、沟通信息,以便及时掌控市场窜货状况。③ 出了问题,严肃处理。一旦确认窜货问题,应根据规章罚款或取消代理资格等,绝不姑息。

(3) 外包装区域差异化。生产企业对销往不同地区的产品可以在外包装上进行区别。主要措施是:① 给予不同编码。大件商品如汽车、摩托车、家电等都是一件商品一个编号,日用品采取批次编号。② 利用条形码。对销往不同地区的产品外包装上印刷不同的条形码。③ 通过文字标识。当某种产品在某地区的销量达到一定程度,并且外包装又无法回收利用时,可在每种产品的外包装上印刷"专供××地区销售"。如日本富士胶卷销往中国市场的产品就是这么做的,其外包装也进行了单独设计。④ 采用不同颜色的商标。在不同地区,将同种产品的商标,在保持其他标识不变的情况下采用不同的色彩加以区分。

(4) 建立合理的差价体系。企业的价格政策要有利于防止窜货。① 每一级代理的利润设置不可过高,也不可过低。过高容易引发降价竞争,造成倒货;过低调动不了经销商的积极性。② 管好促销价。每个厂家都会搞一些促销活动,促销期间价格一般较低,经销商一般要货较多。经销商可能将其产品以低价销往非促销地区,或促销活动结束后低价销往别的地区形成窜货。所以应对促销时间和促销货品的数量严加控制。③ 价格政策要有一定的灵活性,要有调整的空间,否则对今后的市场运作不利。

(5) 加强营销团队建设与管理。营销人员自身的素质对窜货的管理至关重要。要建立严格的人员招聘、甄选和培训制度。把好业务员的招聘关,挑选真正符合要求的高素质的能人,从源头上规范渠道管理,防范窜货现象的发生。

## 第四节 分销渠道的改进与整合

### 一、分销渠道的改进

企业分销渠道一经建立,也并不是一劳永逸、一成不变的,而是要根据实际情况的变化适时加以改进。

(1) 分销渠道成员功能调整。即重新分配渠道成员所应执行的功能,部分渠道成员功能增加了,部分渠道成员功能有所减少,总之要能最大限度地发挥自身潜力,达到整个分销渠道效率的提高。

(2) 分销渠道成员素质调整。即通过提高分销渠道成员的素质和能力来提高分销渠道的效率。素质调整可以用培训的方法来永久地提高分销渠道成员的素质水平,这是许多企业应用得最多的一种办法;企业也可以采用应急帮扶的办法来帮助分销渠道成员克服暂时的困难,渡过难关。

(3) 分销渠道成员数量调整。即通过增减分销渠道成员的数量来提高分销渠道的效率。分销渠道成员不应是铁板一块,有进有出才能永葆渠道的活力,使分销效率得到提高。

(4) 个别分销渠道调整。即通过增加或减少某些分销渠道来提高整个分销系统的效率,这是分销渠道调整的较高层次。当某个现有分销渠道不能将企业产品有效送至目标市场时,可首先考虑将之用于其他目标市场,如仍不行,则可将这个分销渠道剔除,或建立一个新的分销渠道取而代之。

## 二、分销渠道的整合

在市场经济条件下,分销渠道作为企业最重要的资源之一,对于企业的经营效率、竞争力和经营安全性已显示出愈来愈重要的影响力。与此同时,现实分销渠道所存在的隐患,管理上的滞后性,又在很大程度上制约了企业的发展。因此,对企业分销渠道的整合势在必行。

所谓分销渠道整合,即通过建立一个互动联盟,实现优势互补,营造集成增势的效果,从而在纵深两个方面强化分销渠道的竞争能力。

互动联盟是一项能够极大提升分销渠道优势的动态工程,通过多方协调,发挥彼此的资源优势,以实现延伸市场触角、分散市场风险、扩大优势范围的目的,达到共生共荣、协同推进、多方长远受益的效果。

分销渠道整合的方法中,比较可行的做法有以下几种:

(1) 分销渠道扁平化。传统的分销渠道一般具有层次多、环节复杂的特点,这不仅瓜分了渠道利润,而且对中间商的不规范操作难以控制,疏于管理,实行渠道扁平化并不仅仅在于减少某一个层次,其实质是优化供应链的过程。真正减少的应是供应链中不增值或增值很少的环节,通过扁平化,达到提升分销渠道整体效益的目的。

(2) 分销渠道品牌化。产品需要品牌,服务需要品牌,分销渠道同样也需要品牌。专卖店作为分销渠道品牌化的一种重要方式已为市场所接受,并正在迅速扩张到各个行业。

一个标准的专卖店,一般应具有四大功能,即展示功能、推广功能、培训功能和销售功能。

专卖店追求的最高目标就是分销渠道建设的品牌化、一体化和专业化。企业不再把销售仅仅视为一种商品的买卖,而上升为一种分销渠道品牌的经营。

企业通过设立专卖店,建设统一的、具有个性、符合时尚的品牌文化,实现渠道增值、品牌增值和管理增值。

(3) 分销渠道关系伙伴化。即通过建立伙伴型的渠道关系来实现渠道整合。伙伴型渠道关系,各个成员之间不再仅仅是利益共同体,而且是命运共同体,渠道本身就是一个战略的联盟。

(4) 加强终端市场建设。分销渠道是一个完整的体系,其中的任何一个环节都不可忽视。尤其是直接与用户(消费者)接触的一端,即终端,则更不容忽视,许多成功企业往往以终端市场建设为中心来运作市场。生产企业一方面通过对经销商、代理商等各环节的服务与监控,使得自身的产品能够及时准确地通过各渠道环节到达终端,使消费者(用户)及时买得到;另一方面,在终端市场进行各种各样的促销活动,提高产品的出货率,激发购买者的购买热情。决胜终端常能收到意想不到的效果。

## 三、分销渠道的发展趋势

分销渠道是由促使产品或服务顺利地被使用或被消费的一整套相互依存的机构所组成的,渠道费用在产品的最终售价中占有 30% 甚至更高的比例。现在,几乎所有的企业都将分销渠道建设与管理摆在十分重要的位置,并且呈现以下发展趋势:

(1) 分销渠道一体化。即生产性企业通过长期考察,将那些能够配合企业的经营战略,积极协助企业产品销售的中间商吸纳到企业中来,通过组织化措施,限定其经营地域和品种,实现分销渠道的一体化。

分销渠道一体化的目的是降低生产成本,稳定价格,扩大销售,加强售后服务,实现与资产企业的差别化,确保竞争优势。

(2) 分销渠道集成化。即将传统渠道和新兴渠道完整地结合起来,充分利用两者各自的优势,共同创造一种全新的经营模式。传统渠道有大商场、中小商场以及专营店,新兴渠道有连锁店、品牌专卖店、网上订购等。传统与新兴渠道的结合,尽管操作难度较大,但是一旦结合成功,实现优势互补,将会取得意想不到的效果。

(3) 在线销售。随着互联网的发展和网民队伍的不断扩大,分销渠道的另一个重要发展趋势是在线销售,在许多领域,产品的在线销售已显示出巨大的优势,并将对传统渠道乃至其他的新兴渠道形成挑战,带来威胁。

## 第五节 物流管理

营销渠道必须依赖物流才能使消费者在适当的时间(Right Time)、适当的地点(Right Place)以合适的价格(Right Price)买到适当数量(Right Quantity)、优良质量(Right Quality)、适宜的商品(Right Commodity)。物流的地点和时间效用对创造顾客满意度至关重要。由于消费大众在地域上极为分散,这将涉及十分复杂的物流任务而且费用巨大。要实现这一目标并非易事,因此,物流就成为影响营销渠道有效运转的重要因素之一。

### 一、物流的概念和物流管理的意义

物流(Physical Distribution),又称实体分配,最早由美国人提出,20世纪60年代中期被日本引用,称之"物流"。在我国则叫做"商品储运"。但近年来,"物流"的提法正逐步取代"商品储运"。

物流是从流通过程中分离出来的与商品交易活动相对应的一个新概念。商品的交易活动,包括批发、零售中的购与销,反映了商品所有权的转移运动,亦称之为商流。而物流,是指商品物质实体由生产者(供应者)向消费者(需要者)的流动过程。商流和物流都是从供应者向需求者的流动,它们都有相同的流向,相同的起点和终点。不同点是,物流是商品社会实体的流动,它克服供需之间的空间和时间的距离,创造商品的空间效用和时间效用。这正是物流管理的基本功能,主要包括对商品的包装、搬运、装卸、运输、储存、流通加工以及信息处理等要素管理,其中储存和运输是实现物流管理的中心环节。

切实安排好商品的物流活动,对于企业市场营销工作具有十分重要的意义。

(1) 物流管理是企业满足最终消费者需要的保证。企业产品销售过程的完成,主要是所有权的让渡。在这一前提下,只有实现产品实体的转移,才能最终满足消费者的需要,两者是密切联系的。销售过程是物流的前提,物流是销售过程的延续和结果。企业只有合理地组织物流活动,使消费者的需要得到及时满足,才能进一步刺激需求,扩大市场。

(2) 物流管理是企业参与市场竞争的重要筹码。随着现代科学技术的发展和应用,企业间产品品种和产品质量方面的竞争潜力出现逐渐缩小的趋势,甚至已没有多少竞争的余地。于是,人们开始把注意力转向物流过程,通过物流过程的良好服务来取得竞争的成功。另一方面,由于商品交换范围日益广泛,商品流通中时间和空间分离的矛盾更加突出,消费者和用户迫切要求供货企业能够安全、及时、高效、经济地安排好产品实体运动过程,这已成为消费者和用户选择供应厂商的重要标准。

（3）物流管理对于降低成本、增加企业盈利具有极大的潜力。许多企业的实践表明,在产品物流过程中所花的费用仅次于原材料费用和工资的开支。因此,要降低企业成本,提高效益,不仅要在产品设计和生产阶段挖掘潜力,而且要十分重视实体分配环节,这方面的潜力是十分巨大的。

## 二、商品储存

商品储存,是指商品离开生产领域尚未进入消费领域而处于流通领域的一种形态。

商品储存量的多少,是实体分配过程中一个需要决策的重要问题,它直接关系到能否更好地满足用户的需求和如何降低企业的经营成本。一般情况下,市场营销人员总是希望能够备有足够的存货,从而能随时满足顾客的需要,减少脱销,提高对用户的服务水平。但是这将导致企业的存货成本大为增加,导致企业的利润减少,经济效益下降。有关资料表明,要将立即发送80%订货的服务水平提高到立即满足95%的订货水平,企业的库存至少要增加1倍。显然,随着企业服务水平的提高,存货水平也将大幅度增长。为此,要使产品储存的作用得以发挥,必须确定合理的存货水平,既要防止存货不足,造成脱货,影响企业声誉；又要注意存货不可过多,使仓储成本增加,影响企业利润。

商品储存决策,需要综合权衡服务水平和存货成本两个方面的因素,并以最低的总成本和向用户提供比较满意的服务作为决策目标。

储存决策的基本内容包括何时订购和订购多少两个方面。

（一）何时订购

商品的储存量不是永恒不变的,而是在一定时期内随着提取发送而逐渐减少。当存货下降到一定水平时,为避免产生缺货,就必须发出补充订单,并将这时的存货量称为订购点。订购点是事先制定的某种商品的存货水平,仓储人员一旦发现存货量达到订购点时就立即提出订购,以补充库存。比如,某商品订购点为30吨,即表明该商品库存降到30吨时就必须发出订单,以保持应有的存货量。

订购点取决于订购前置时间、使用率、服务水平以及其他因素。

所谓订购前置时间,是指自订购单发出到接到货物所需要的平均时间。前置时间一般包括：办理订购手续所需要的时间；供货单位发运所需要的时间；商品在途运输时间；商品验收入库所需时间。前置时间越长,订购点就越高。

所谓使用率,是指在某一段时间内,顾客的平均购买数量。使用率越高,则订购点也高。

所谓服务水平,是指企业希望从存货中直接用来实现顾客订单的百分比。服务水平越高,订购点也越高。

由此可见,何时订购,即何时补充库存的问题,其实是寻求一个最低的存货水平,即订购点。

## (二)订购多少

订购量的多少是指一次订购的商品数量。一般来说,一次订购量越大,全计划期购买商品的次数就越少,存货水平相应增高。反之,一次订购量越少,全计划期购买次数就增多,存货水平则相应降低。

无论一次订购量是多少,企业首先必须面对两种成本,即订货成本和储存成本。订货成本是由采购部门的管理费、采购人员的工资、差旅费和进行订货的业务费等所构成。储存成本主要包括货物仓储、搬运、损耗、保险费、货物占用的资金应支付的利息以及库房建筑物和仓库机械设备的折旧等费用。订货成本和储存成本是随着每次订购量的增加而向相反方向变化,即订货成本随着订购量的增加而下降,储存成本随着订购量的增加而呈线性上升。

当市场商品货源充裕、外部因素对采购工作的影响较小时,企业便可以运用经济订购批量法从自身费用支出最省的角度来确定订购批量。

经济订购批量法是通过寻找适当的订购批量,使订货成本和储存成本之和(即购储总成本)达到最低。将这种订购批量称为经济批量,如图 10-5 所示。

经济订购批量的计算公式如下:

$$Q(\text{Eoq}) = \sqrt{\frac{2DC}{PI}}$$

式中:$Q$——经济订购批量;
$D$——商品全年需要量;
$P$——商品单价;
$C$——每次订货成本;
$I$——单位商品年储存费用率。

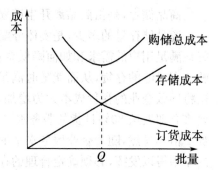

**图 10-5 经济订购批量的确定**

全年购储总成本计算公式为:

$$TC = \frac{1}{2}QPI + \frac{D}{Q}C \quad \text{或} \quad TC = \sqrt{2DCPI}$$

式中:$TC$——全年购储总成本。

例如,某种商品的全年需要量 $D$ 为 1 000 吨,单价 $P$ 为 100 元/吨,每次订货成本 $C$ 为 200 元,单位商品年储存费用率 $I$ 为 10%,其经济订购批量为:

$$Q(\text{Eoq}) = \sqrt{\frac{2DC}{PI}} = \sqrt{\frac{2 \times 1\,000 \times 200}{100 \times 0.1}} = 200(\text{吨})$$

全年购储总成本为:

$$TC = \frac{1}{2}QPI + \frac{D}{Q}C = \frac{1}{2} \times 200 \times 100 \times 0.1 + \frac{1\,000}{200} \times 200 = 2\,000(\text{元})$$

即该种商品每次进货批量为 200 吨,如按 200 吨订货,则全年购储总成本为 2 000 元。

在应用经济订购批量公式时应注意以下几点:

(1) 一年中的需求量和使用频率必须基本恒定。
(2) 假定库存商品的价格保持不变。

(3) 储存成本是基于平均存货水平呈线性上升的。

(4) 经济订购批量公式表明：年需要量 $D$ 的增减或订货成本 $C$ 的增减，将使批量 $Q$ 增加或减少，但 $Q$ 并不随 $D$（或 $C$）同比例增减；而商品单价 $P$ 和单位商品年储存费用率 $I$ 的增加，将使经济订购批量 $Q$ 减少，但不是按比例减少。

## 三、仓库设置

物流的中心是仓库。原材料要从各供应地源源不断地运至仓库储存，而成品又要从仓库源源不断地送至各销售点。因此，仓库设置是否合适，对物流管理起着至关重要的作用。

仓库是储存商品的场所或建筑物，其职能主要是保管商品。企业的仓库设置首先面临的问题是决定自建仓库还是租赁仓库。如果决定自建仓库，还要进一步决定仓库的规模以及建仓的地点。

（一）自建仓库还是租赁仓库的决策

1. 自建仓库

即企业自备仓库。它是企业为保管本单位的商品而建造的仓库，如工厂自备仓库，各商业专业公司和零售部门的自建仓库等。

自建仓库的建筑物的规模、库存物资的管理以及出入库作业等，都由企业自行负责。自建仓库便于统筹安排，整体考虑，使用方便，调度灵活。但仓库的利用率要比营业性仓库低，保管费用较高，还要花费一定的投资。

2. 公用仓库

即专业化经营型仓库。它面向社会为众多的货主提供一切储存设施和设备，其特点是为他人保管商品并收取仓租。经营型仓库实行独立核算、自主经营和管理，并具有法人地位。在我国，这类公用仓库主要是各类储运公司、地方储运站所经营的仓库以及商业租赁仓库等。

公用仓库货主多，储存量大，商品种类齐全，在仓容上可以互相调剂使用，仓容利用率高，保管费用比自备仓库低。但由于使用公用仓库要受到仓库所有者的制约，遇有矛盾难以统一，缺乏灵活性，再加上传统的"自有自方便"观念的影响，使得一部分企业宁愿自筹资金自建仓库，也不愿意租用公用仓库。

（二）仓库规模的确定

直接影响仓库规模的主要因素有仓库储存的商品数量、商品的储存时间以及商品的容重和包装。

仓库的规模与储存商品的总量是成正比的，储存量越大，仓库所需储存空间也就越大。在测定商品储存总量时，还应考虑储存商品的品种结构，即使是在总量相等的情况下，单一品种和品种繁多所占据的储存空间会有很大差异。

仓库的规模还受商品储存时间和商品周转速度的影响，在商品储存量不变的情况下，仓库储存商品的周转速度愈快，相对在库平均储存时间越短，所需储存空间就愈小。因此，企业要依据历史资料，正确预测商品周转速度和平均库存水平，这也是准确确定仓库储存空间大小的重要依据。

仓库的规模还与商品的容重和包装有关，不同商品的容重和包装在储存过程中所占仓库的空间也有所不同。

### （三）仓库设置地点的选择

仓库的位置直接影响商品流转速度和流通费用，并且关系到对用户的服务水平和服务质量。

确定仓库设置的地点可从以下几个方面考虑：

（1）从商品运输量出发，确定仓库设置的位置。商品运输量是影响商品运输费用的主要因素。由于各个地点生产或销售商品的数量不同，所需运输的数量也就不同。一般的做法是使仓库尽可能接近运量较大的网点，从而使较大的商品运量只通过相对较短的路程，以节约运力。

（2）从运输距离出发，考虑仓库设置的位置。商品运输距离与运输费用有直接关系，从运输距离出发，考虑仓库的设置地点也就是通过合理选择仓库的位置，使仓库处于这一地区的中心位置，到各个消费地的总距离最短。

（3）从运输费用出发，考虑仓库设置的位置。运输费用是由全部运输量乘以运输里程和单位运价所确定的。运输量越大、运输里程越长、单位运价越高，运输费用就越高。应从运输费用出发，即综合考虑运输量、运输距离和运输单价3个方面的因素来确定仓库位置。运输单价的高低，取决于采用何种运输方式。

在实际工作中，还有很多因素影响仓库位置的设置。比如，服务对象的增加或减少，市场规模的扩大或减少，交通运输条件的改善等。因此，确定仓库位置，既要全面分析当前各方面因素的影响，又要充分估计各个因素未来发展趋势的影响，并通过周密的调查，再作出决策。

### 四、商品运输

运输是将商品进行空间移动，运输过程不改变产品的实物形态，也不增加其数量，但能创造商品的空间效用，实现其使用价值。运输是物流的中心活动，是物流管理十分重要的环节。

#### （一）合理组织商品运输的基本要求

商品运输是借助各种运输工具，使商品实体发生实际转移，创造商品空间效用的活动。商品运输是商品流通过程中的一个重要环节，合理组织商品运输是现代市场营销工作的重要内容。

商品运输的合理化，是指商品在运输过程中，按照合理的流向，使商品行经的里程最近，环节最少，时间最短，费用最省，安全完好地从产地运到销地。

在组织商品运输工作中，要贯彻及时、准确、安全、经济的原则。具体做到以下几点：

（1）按照合同规定的交货时间，如期把商品运到销地，保证用户的需要。

（2）保证在运输过程中不发生差错，按质按量到达指定地点。

（3）要求在运输过程中，商品不发生变质、残损、丢失，不发生人身事故等。

（4）要选择最合理的运输路线和运输工具，节约人力、物力和财力，降低运输费用。

#### （二）合理组织商品运输的主要途径

**1. 正确选择运输方式**

现阶段，我国商品运输方式主要有5种：

（1）铁路运输。其特点是运量大，运送速度快，费用较低，安全可靠，比较准时，适合于长距离运输;缺点是不够灵活机动,车辆调度比较缓慢。

(2) 公路运输。它是短途运输的一种很重要的运输形式,具有灵活机动、服务面广、装卸方便等特点,适用于中小批量的近距离运输。

(3) 水路运输。它是一种十分经济的运输形式,具有运量大、运价低的优点;但是运输速度较慢,适合运输散装的、笨重的、价值较低的大宗商品。

(4) 航空运输。这是一种速度最快、运费最高的运输方式,适用于运送急需、贵重、运量较小的商品。

(5) 管道运输。它是一种新型的现代化运输方式,具有运送速度快、运量大、损耗小等优点,适用于液体、气体商品的运输,如原油、煤气等。

以上5种运输方式各有其优缺点,并且在运输成本、运送速度、交货时间的准确性和商品损失程度等方面都存在着很大差异,企业应根据商品的特征、数量、价值以及市场需要的缓急程度,并结合各种运输方式的特点进行正确的选择。

**2. 组织直达运输和"四就直拨"运输**

直达运输是指商品自生产企业直接运往销售地和主要用户手中,中间不经过任何转运环节或中转仓库。组织直达运输可以省去不必要的中间环节,减少商品的在途时间和运输损耗,降低商品流通费用。

"四就直拨"是商品直线直达运输的一种重要形式。即就生产工厂直拨,就车站码头直拨,就仓库直拨,就船运载直拨。

直达运输和"四就直拨"运输使商品越过不必要的中转运输环节,从而缩短运输距离,加速商品流转,减少损耗,降低流通费用,体现了商品运输的合理化。

**3. 加强商品运输的计划性**

商品运输由于涉及企业内外部诸多因素,是一项十分复杂的工作。因此,企业要综合考虑商品的特点、流向、流量、可行的运输方式以及企业内部条件,适时编制商品运输计划,以便达到合理组织商品运输,节约运力,降低费用,确保商品运输任务的完成。

**专论 10-1 渠道关系:从交易型向伙伴型转变**

**一、关系型营销渠道理论的兴起及特征**

关系型营销渠道是指为了提高整条营销渠道的质量和效率,在保证制造商、中间商双赢局面的情况下,制造商从团队的角度来理解和运作厂家与商家(批发商、零售商)的关系,以协作、双赢、沟通为基点来加强对销售渠道的控制力,为零售商、消费者创造更具价值的服务,并最终达到本公司的战略意图。其价值在于:

1. 协同效应

制造商和分销商能够从彼此信任的关系中获取更高的利益而无损双方的利益。瑞士国际学院的 Nirmalga Kwmar 教授的一个实证研究表明:能够与经销商保持良好依赖关系的制造商可以获取更多的竞争优势。该研究将零售商分成两类——对制造商信任度高的销售商和对制造商信任度低的销售商,结果发现,在零售商寻找新的供应货源、销售商对制造商的信用兑现、销售商销售制造商的产品线宽度以及由制造商评估的零售商业绩方面,不同的信任关系有较大的差异。见表10-3。

表 10-3

| 项　　目 | 低信任 | 高信任 |
| --- | --- | --- |
| 零售商寻找新的供应货源 | 100 | 128 |
| 零售商的信用兑现 | 100 | 112 |
| 制造商产品线销售 | 100 | 178 |
| 零售商业绩 | 100 | 111 |

**2. 分享详细的顾客信息**

毋庸置疑,信息在企业市场竞争中正发挥着越来越重要的作用。美国当代创意权威塔克尔在《未来赢家》一书中指出,企业成功的方程式的解在于:尽量接近顾客,真正的接近,每一分钟都要接近。要做到每分钟都接近,掌握信息是关键。20世纪80年代以来,由于条形码、POS、EOS、VAW等系统的广泛应用,使得零售商能以非常低的成本获取全面的顾客信息,信息中心的地位已经悄然由制造商转移到零售商,通过零售商的数据库,制造商可以以非常低廉的成本建立起相当完备的客户资料库,可以精确到对每一个消费者的购买行为、消费行为进行量化分析,这与制造商通过样本调查得来的统计数据在信度、效度及功能上有天壤之别。因此,如果制造商与零售商能建立起良好的关系型的、协同的渠道关系,通过相应机制共享信息,则能够更接近和了解消费者,从而降低经营决策的非理性程度。制造商通过相关信息改进产品设计、调整促销策略,并把有关产品、促销的信息及时反馈给零售商,也将对零售商的业绩产生积极的促进作用。

从另一个角度讲,制造商及时获取零售商各种不同规格产品的即时销售、存货数量的信息,既使得制造商可以预测产品的销售,合理调节生产计划,又使得零售商能够把库存降到最低限度并杜绝缺货现象。

**3. 分享对方企业能力,实现企业能力的递增收益**

关系型营销渠道的另一个贡献之源来自于成员间彼此可以借用对方的企业能力。由于企业能力的内部培育是一个漫长且要耗费大量人力、物力、财力的过程,另外由于企业能力的不可知性,如因果模糊性等,企业能力的内部培育往往是不可能的。这就意味着每个企业应该集中在其涉足的领域内培育和拓展自己的企业能力。与其他有用资源不同的是,它遵循知识产品的收益递增规律,而非收益递减。关系型营销渠道提供了这么一种可能性,成员之间可以互相分享对方的企业能力,在一定程度上实现企业的递增收益。

## 二、关系型营销渠道策略的实证分析

实际上,如P&G、通用汽车等知名公司在某些方面已经实施了关系营销渠道策略,下面就以它们为例,从中或许可以领略到关系型营销渠道策略的魅力所在。

**1. P&G的分销规划策略**

P&G公司在每一地区通常发展少数几个分销商,通过分销商对下级批发商、零售商进行管理。分销商与批发商的区别在于,分销商与P&G签订合同双方明确权利、义务和责任,并进行合理分工,分销商的选择标准主要包括规模、财务状况、商誉、销售额和增长速度、仓储能力、运输能力、客户结构等指标。其中需要解释的是客户指标,该经销商必须具备一个较完善的、有一定广度和深度的客户网络,网络中必须包括一定数量和一定层次的二级批发商和零售商,并且能够较为完善地覆盖一个区域城市。发展为分销商后,P&G公司将协助其制订销售计划和促销设计,乃至于派驻销售经理直接在分销商公司内办公。

2. P&G公司的信息联动策略

为加强与沃玛特的信息沟通,P&G通过一个复杂的电子数据交换系统与沃玛特连接,这一联网使P&G有责任监控沃玛特商场的存货管理。通过数据传送,P&G将连续收到来自众多独立的沃玛特商场各种不同规格产品的即时销量、需求数量,并自动传送订单及整个交易循环使用的发票和电子货币。由于订单处理周期缩短,沃玛特在产品卖给最终消费者之后的结算非常迅速。这种信息联动同时为经销商、顾客创造了巨大的价值。

3. 克莱罗公司的零售商教育策略

美国克莱罗公司是生产系列化妆品的大企业,该公司成立了一个永久性培训中心,免费培训经销商及全国各地的美容师,让他们充分了解新产品的特点、使用方法、美容技巧、产品最新搭配效果等知识,凡受训结业人员均可获得一本证书、一本教材和一本操作规程手册。虽然公司每年培训费用支出高达100多万美元,但产品销量在10年内提高了25倍。

4. 土星公司的一体化经销商管理与支持策略

土星公司是美国通用公司一个业绩优秀的子公司,该公司生产的土星牌轿车曾在美国市场上取得巨大成功。在大多数汽车经销商举步维艰的时候,"土星"的经销商90%以上都能盈利,甚至可以说是大把大把捞钞票。人们挤破了经销店大门想要买一辆"土星"车,以至于"土星"车供不应求,将近90%的"上帝"居然对要为新车支付全额固定价这样苛刻的条件毫无怨言。每个"土星"经销商一年的销售量远远超过1 000辆,而同样销售季节情况下每个丰田经销商只能卖出650辆。据波士顿咨询公司研究分析,这得益于该公司的一体化经销商管理与支持策略。土星公司在经销商管理、支持方面,从甄选、培训、评价、激励一直到订货、发货、市场营销支持、品牌内部竞争管理都有一套系统化的、较为独特的管理模式。

5. 土星公司的"无议价"价格策略

经销商之间恶性价格竞争,最终将严重影响厂家利益,目前已成为众厂家的一块心病。土星公司以其独特的经销商网络设计及价格取向为基础,成功地避免了这一痼疾的困扰。(苏勇,陈小平)

(摘自《销售市场》2000.7)

案例10-1 "顶呱呱"彩棉服饰的渠道创新

如果要撰写一部中国纺织服装业乃至世界纺织服装业的发展史,一个行业必然被列入其中,那就是中国的彩棉行业。

如果要描述中国彩棉行业的发展历程,一个企业必然被置于首位,它就是顶呱呱彩棉服饰有限公司。短短两年时间,在终端建立近2 000个营销网点,产品遍布除台湾省外的每一个省份。网点建设速度之快,放眼全国彩棉企业,无出其右者。

2000年底,东华纺织集团董事长项同保跟公司业务员交谈时,偶然了解到彩棉。彩棉,色彩天成,纤维柔韧,透气吸汗,穿着舒适,无须经过印染过程,不含对人体有害的重金属粒子等物质。显然,这一特征迎合了现代消费者对环保健康产品的需求。在纺织领域摸爬滚打了多年的项同保敏锐地觉察到彩棉巨大的市场前景。

经过缜密的市场调研和规模化生产论证,2002年6月8日,东华纺织集团成立了顶呱呱彩棉服饰有限公司,打造含自主知识产权的彩棉品牌"顶呱呱"。

根据彩棉面料的独特特点,项同保将内衣作为市场切入点。

产品找好了切入点,面对的是终端市场。

服饰品牌一般的市场操作程序是,先打广告招商,再建设终端。顶呱呱创造性地提出3点:一是先建渠道,后打广告,让广告有的放矢;二是前期自建终端不招商,由公司经营样板城市,经营成熟后再转给当地代理商;三是鼓励业务经理在有代表性的城市自建终端,为公司积累市场经验。

2002年夏,当许多服饰品牌在淡季偃旗息鼓时,顶呱呱开始寻找代表中国大、中、小3种规模的试点城市。经过调研,最终确定武汉、镇江、马鞍山3个城市,并确定首攻镇江,后攻马鞍山,最后攻武汉的作战方针。

镇江:距离顶呱呱公司仅73千米,市场建设综合成本低;其次,调研表明,镇江市民对新品牌包容度高,对健康服饰的需求高。2002年9月28日,"顶瓜瓜"进驻镇江吴家商场。

马鞍山:无论是地理位置还是消费能力,在小城市中都处于强势。马鞍山总人口中马鞍山钢铁集团的职工及家属约占城市人口的三分之一,无疑只要突破马钢,整个马鞍山便手到擒来。2002年11月7日,"顶瓜瓜"进驻马鞍山,打响了攻破小城市的第一战。

武汉:所谓"驻中原,图四方"。武汉,九省通衢,有优越的地理位置和区位优势,在华中地区,武汉区域经济地位比较突出,有很强的辐射能力;到达周边其他经济圈如北京、广州、成都、西安等城市距离比较近,可形成地理上的"一日经济圈";调研表明,绿色健康环保服饰的生存空间广阔。进驻武汉,在资源、市场上都将拥有相当的优势。2002年11月28日,"顶瓜瓜"正式进驻武汉中南商业大楼,并将其作为攻占华中和西南市场的一个"据点"。

但在2002年,彩棉是什么,很少有人知道,大部分人对彩棉的认知仅停留在"概念炒作"阶段。如何进商场是横亘在"顶瓜瓜"前的第一道难题。

"那时候'顶瓜瓜'名不见经传,进商场要位置困难重重。但如果进不了好商场,要不到好位置,再好的产品也无法引起目标消费者的关注和认可,况且,对新品牌而言,必须做好样板,这样其他商场才可能让你进场。为了打开局面赢得支持,我们跟商场立下了军令状:2个月之内'顶瓜瓜'销售量做不到第一自己撤柜买单。"项同保如是说。

最好的商场,最好的位置,仅仅是打响市场的第一步。

在三大试点城市,"顶瓜瓜"紧扣消费者的心弦,开始一场场媒体攻势。在当地强势媒体的黄金时间及黄金版面,充分利用专题片、软文宣传产品。配合强势媒体的是地面活动:路演、有奖问答……虽然这是服装行业惯用的营销推广方式,但彩棉独特的绿色概念极大地激发了消费者的渴望与热情。

在"海""陆""空"三方凌厉攻势夹击下,"顶瓜瓜"攻城略地所向披靡,3个试点城市大获全胜。仅武汉中南商业大楼第一个月营业额就达10万元。东北、西北、华北、西南各地捷报频传,一时间,到处是"顶瓜瓜"的名字在传播,到处是"顶瓜瓜"的彩旗在招展,市场风生水起,柜台哗哗下货,经销商眼热心动。

2003年4月,在短短几天时间内,聚集在顶呱呱的代理商就将全国市场的经销权分配完毕,"顶瓜瓜"几乎在一夜之间便铺遍了全国各地市场近2 000个网点。

"顶瓜瓜"一锤定江山,迅即成为中国彩棉行业的代表性品牌之一。(徐夷寒)

## 复习思考题

1. 简述分销渠道的含义。
2. 简述分销渠道的职能及分销渠道的主要流程。
3. 什么样的企业适合选择传统分销渠道?
4. 简述垂直分销渠道模式的优势。
5. 简述分销渠道宽度的 3 种类型。
6. 何谓中间商?主要有哪几种类型?
7. 如何评价中间商?
8. 在分析与选择分销渠道长度时,企业需要考虑哪些因素?
9. 如何评估和选择分销渠道设计方案?
10. 激励分销渠道成员的方式有哪两种?
11. 渠道窜货有哪几种类型?是如何形成的?
12. 企业对分销渠道改进的做法有哪些?
13. 简述分销渠道整合的含义及其方法。
14. 何谓物流?请说明加强物流管理的重要性。
15. 如何确定经济订购批量?
16. 什么是商品运输的合理化?如何搞好商品运输的合理化?
17. 阅读专论 10-1,说明渠道关系如何从交易型向关系型转变。
18. 阅读案例 10-1,"顶瓜瓜"彩棉服饰的渠道创新对我们有何启发?

# 第 11 章 批发和零售

**本章要点**

- 批发商的类型及职能
- 批发商营销策略及批发业的发展趋势
- 零售活动的特点及零售商活动的内容
- 零售业态及零售业发展趋势
- 零售商营销策略
- 中小零售店的营销策略
- 超级市场的概念及其特征
- 超级市场及连锁商店的营销策略
- 直复营销的含义及其形式

## 第一节 批发商及其营销策略

### 一、批发商的类型及职能

批发商作为分销渠道中的一个成员,在开发市场方面具有重要作用。但是,随着市场的发展和分销渠道的扩张以及扁平化的趋势,批发商的经营也面临严峻的挑战。

（一）批发及批发商的概念

批发是与零售相对而言的,它是指零售以外的商品交换活动与商品流通环节。与零售相比,批发出现的历史要短得多,它是在商品经济发展到一定程度之后才出现的交易形式。批发与零售的主要区别在于:

(1) 批发交易发生在生产者之间、经营者之间以及生产者与经营者之间,不涉及最终消费者(无论是个人还是团体);而零售必须是针对最终消费者的销售活动。

(2) 批发是用来满足生产消费需要或商品再流转需要而存在的,不是用来满足人们直接生活消费的需要;而零售则是直接用于满足消费者生活需要的。

由此可见,批发和零售的根本区别不在于交易额的大小。因此,社会上存在的"批发是大宗交易,零售是小额交易"的观点是不对的。

批发商是指从事批发活动的商品中间商。人们常用购买的目的来区分一个商品经营单位是不是批发企业。如果购买的目的是为了向其他商品经营者转售,或向制造商提供设备、生产资料,而不是为了销售给最终消费者或用户,这种商品经营者就是批发商。

批发商的种类很多,可以从不同的角度进行分类。最基本的分类方法是按照批发商是否拥有商品的所有权而分为两大类：拥有商品所有权的称为批发经销商，通常大多数批发商属于这种类型；不拥有商品所有权的称为批发代理商，主要是接受制造商的委托而从事批发购销活动。推行批发代理制是批发商业体制改革的重点内容，将在本章第二节重点介绍。

（二）批发商的类型

1. 按照经营商品的范围分

（1）普通商品批发商。其经营的商品范围非常广泛，比较大众化，种类繁多，几乎无所不包，如纺织品、小五金、化妆品、电器等。其销售对象主要是普通商店、五金商店、小百货商店等。

（2）单一种类商品批发商。也称为整线批发商，其经营的商品限于某一大类商品范围内，而且这类商品的花色、品种、规格、品牌等齐全，乃至经营与这类商品密切关联的商品，如经营汽车批发，不仅拥有各种规格、品牌的汽车品种，同时也经营汽车配件等商品。

（3）专业批发商。其经营的商品仅限于某一大类商品中的某一类别商品，如在汽车批发中只经营微型车的批发业务。

2. 按照经营活动的区域范围分

（1）全国性批发商。其经营范围遍布全国，担任全国性批发业务。

（2）区域性批发商。其经营范围限于某一区域，一个省、市、自治区或某一经济区域。

（3）地方性批发商。其经营范围仅限于当地，负责对本地零售商的供应。

3. 按照在商品流转中的地位分

（1）产地批发商。处于商品生产所在地。其职能是将生产者的产品经过收购集中后再供应给销地批发商或者零售商。

（2）口岸批发商。处于沿海口岸。其任务是接收进口商品，再向各地批发销售。

（3）中转地批发商。处于批发商品流转的中间环节，大多在交通枢纽城市，主要任务是转卖产地批发商的产品。

（4）消费地批发商。处于批发商品流转的终点。其任务是从产地、中转地或口岸批发商那里采购商品，供应给零售商或生产者。

4. 按照服务功能分

（1）完全功能批发商。即完全具备批发商的各项服务功能。

（2）有限功能批发商。即仅能提供部分服务功能的批发商。如承运批发商，可根据零售商或生产企业的订单，从制造商那里取得货物后直接运送给购买者，没有储存功能，也就无须设置仓库。

（3）现货自运批发商。一般是采取低价现金售货，由顾客自行运输，无运输功能。

（三）批发商的职能

1. 购买销售职能

购买与销售职能是批发商最基本的职能。批发商的购买活动是生产企业的信息来源和再生产过程顺利进行的必要条件，也是向零售商或其他生产者提供货源的基础。购买职能使批发商扮演了双重角色，即对制造商来说，批发商是其销售代理人，而对零售商和工业用户来说，批发商是其采购代理人。

与购买职能相对应的是销售职能。批发商的销售活动同零售商、生产厂家、其他批发商的购买活动相平行。通过销售，不仅为各方提供了货源，在制造商与零售商或其他工业用户之间搭起了一座桥梁，而且对于零售商的经营方向和工业用户的采购决策具有指导作用。

2. 储存运输职能

批发商一般具有充足的储存设施，可创造时间效用，从而调节生产与销售在时间上的矛盾，以保证对零售商或工业用户随时提供现货供应。同时，批发商还可通过吞吐商品调节市场供求，具有"蓄水池"的作用。

批发商利用自身所具有的运输实力，及时、准确、安全、经济地组织商品运输，调节了生产消费在空间上的分离，使生产者避免产品积压，使零售商减少库存量，加速了商品的流通。

批发商的储存与运输职能通过调节不同时间、不同地区的供求，创造了时间效用和空间效用。

3. 流通加工职能

在许多情况下，批发商在购进商品后并不马上销售，而是通过分类、分等、分割、包装、搭配等一系列加工过程再销售给零售商或工业用户，从而解决了制造商不愿小批量销售，零售商又无力大批量进货以及不能向众多的制造商购买等问题，满足了购买者多方面的需求。流通加工职能对于中小型零售商、制造商来说尤其重要，可以满足这些企业勤进快销、品种杂、规格多、数量少及加快资金周转的需要；同时也提高了商品的附加价值，增加了批发商的利润。

4. 资金融通职能

批发商在可能的情况下可向零售商提供资金方便，还可进行信用供货，以弥补其资金的不足。此外，批发商亦可利用预购方式为生产者提供资金帮助，以支持生产。

5. 风险承担职能

批发商收购了生产者的产品，即拥有产品的所有权。如果商品在储存过程中发生有形磨损或无形磨损，或由于市场行情变化而造成价格下跌，由此造成的风险损失都由批发商来承担。从某种意义上说，批发商通过对商品的吸纳储存，为生产者和零售商转移了风险。

## 二、批发商的营销策略及发展趋势

（一）批发商的营销策略

随着制造商逐渐壮大，零售业中涌现出超级市场、连锁店等大规模经营形式。批发商近年来正遭遇着日益增长的竞争压力，他们面临着竞争的新力量、顾客的新需求、新技术以及来自大的工业、机构和零售买主的更多的直接购买计划。因此，他们不得不制定合适的战略对策，在目标市场、产品品种、服务、定价、促销以及地点等方面改进战略和策略，并规划有效的营销组合。

1. 市场细分和目标市场的选择

任何一个批发商都不可能满足市场所有顾客的需要，而只能满足其中的一部分，这就需要通过市场细分来选择目标市场。

批发商进行市场细分和目标市场选择的一般做法是：首先确定顾客对象。批发商服务的顾客对象主要有零售商、工业用户、其他批发中间商、社会团体4种类型。批发商要根据商品的特点及所处的地理环境确定主要的顾客对象类型。如从事消费品的批发商一般以零售商为主要的服务对象，从事生产资料的批发商则以工业用户为主要的服务对象。然后，再根据主要的服务对象的规模、对服务的要求以及其他标准进一步细分。批发商可在进一步细分的基础上,结合自身的能力明确目标顾客。目标顾客一经确定,批发商就应调整其营销组合去有效地为目标顾客服务。

2. 产品品种组合和服务策略

在一般情况下,目标顾客总希望批发商能拥有齐全的品种和大量的库存,以减少进货的麻烦和少库存乃至零库存,但这样做又往往使得批发商的仓储成本、订货成本大大增加。因此,批发商要认真研究能兼顾企业利润和目标顾客需要的合理的产品品种组合。比如,对大宗品种要确保,允许销量不大的个别品种缺货,并可采取临时调拨的办法解决顾客的急需。批发商还可按照盈利水平的高低把商品分为 A、B、C 三种类型,并分别确定不同的库存水平,使得商品的库存水平与赢利水平保持一致。

批发商还应在品种组合和服务项目、服务水准上寻求最佳的策略组合,要研究在与顾客建立良好关系的过程中,何种服务最重要,哪些服务可以取消,哪些服务项目上应该酌收费用等等。这里,关键在于逐步形成一种为顾客最关注的有价值的独具一格的服务组合,这将有利于巩固目标市场和参与市场竞争。

3. 价格制定策略

价格是批发商开拓市场、发展客户的重要因素,价格必须要有竞争力。价格高低受进货成本及利润加成的影响。多数批发商习惯上采用成本加成法来定价,加成率的高低取决于批发商的各项开支和利润水平。

批发商应注意采取高超的定价技巧来获得顾客的好感,不断扩大销售。在竞争异常激烈的市场条件下,批发商可通过减少毛利,以赢得新的重要客户,赢得更多的市场份额。当扩大销售的目的达到时,还可以此要求制造商给予特别的价格折让,以保持自身的赢利水平。

4. 销售促进策略

多数批发商都不太重视应用促销组合策略,即使偶然做一些广告,搞一些促销活动,也缺乏整体性的规划与协调,而且在促销观念和做法上依然陈旧。因此,批发商可借鉴制造商、零售商的经验,聘请专门机构,进行全方位的促销策划。

5. 批发地点策略

批发商将批发地点一般设在租金低廉、征税较少的地段,以尽可能降低成本。为了对付日益上升的成本,富有进取心的批发商正在研究货物管理过程中的时间和动作。其中最大的一项发展就是自动化仓库,在那里,订单被输入计算机,商品由机器自动取出,通过传送带输送到平台,在平台处集中送货。这类机械化发展很快,许多办公室活动也实现了机械化。

(二) 批发业的发展趋势

制造商总是拥有越过批发商的选择权,或者使用一个更主动、更积极的批发商来取代某个低效率的批发商的权利。另一方面,富有进取心的批发商通过改进服务以迎接供应商和目标顾客的挑战。他们认识到,他们生存的唯一基础就是提高整个营销渠道的效率。为了达到这个目标,他们必须经常改进服务和降低成本。正是存在这样两种力量,批发商业不断发生着变化。这种变化趋势主要表现在:

1. 竞争呼唤低成本业态

由于批发商的最大优势在于成本低廉,所以低成本运营的企业优势较大。这也就使得自动化仓库等低成本运营的形式在近几年内大放光彩。

## 2. 批发商之间的激烈竞争导致企业不断扩大

当前在批发商之间的竞争日益激烈,其中规模较大的企业优势也比较大。因此,批发商的规模越来越大,经营的品种也越来越多。

## 3. 提供服务多寡的螺旋式变化

由于竞争激烈,所有的批发企业都想确定自己独特的优势,因此这些企业不断推出新的服务以吸引顾客。而当全面的服务导致过高的成本、批发商的利润受到严重侵犯时,批发商提供的服务又会逐渐减少。但无论是全面服务还是有限的服务,只要经营的产品合适,批发商都能获得利润。

## 4. 商品综合化、多样化的趋势

由于零售商往往希望在一个批发商那里买到尽可能多的商品,因此批发商经营的产品跨行业的趋势越来越明显。批发商开始经营一些不属于自己的经营范围但利润丰厚的商品。但是,另一些批发企业坚持专业化的道路,同样也获得了成功。

## 5. 技术的飞速发展对批发业产生了巨大的冲击

技术作为竞争手段正变得日益重要。由于批发商成本的重要组成部分来自于商品的运输和储存成本,因此如今的批发商广泛使用先进的电子技术为其控制仓储成本、进行营利分析。甚至还有的企业用计算机配合使用高效率的搬运工具来降低搬运成本。

## 6. 大的批发商开始进入全球扩张

跨国经营也正在日益深入批发领域。许多大的国际集团正在进入许多国家,虽然这种进入受到当地政府的限制,但流通业国际化经营的大势已经形成。

## 7. 批发企业的管理水平日益提高

现在的批发商非常清楚管理的专业化对他们而言意味着成本的下降和利润的增加。而且好的管理能够针对市场环境和销售环境做出相应的调整,这对于企业在行业内长期生存有极大的帮助。

# 第二节 零售业态及其营销策略

## 一、零售及零售商的含义

零售是指直接将产品或服务销售给最终消费者,以供个人、家庭使用及非商业性用途的所有活动。任何从事这种销售活动的机构,不论是制造商、批发商还是零售商都可以认为是在从事零售业务,也不论这些产品和服务是怎样销售(经由推销员、邮寄、电话或自动售货)或是在何处(在商店、街上或在消费者家中)销售的都属此范畴。零售的概念包括以下要点:

(1) 零售是对最终消费者的活动。零售活动较之于生产制造商和批发商的活动有不同的对象。前者是向最终消费者出售商品,最终消费者购买商品的目的是自己消费;后者销售的对象是生产者和转售者,他们购买商品的目的是生产加工和再出售。

(2) 零售不仅包括有形商品的销售,同时也包括无形服务的出售。一项服务可能是顾客主要购买的东西,如理发或航空旅行,或是顾客购买的一部分,如送货或培训。

(3) 零售不一定只有零售商。制造商、进口商、非营利性公司和批发商在把商品或服务销售给最终消费者时也充当了零售商的角色。如有部分制造商自建分销渠道,设立零售店,或者通过邮购、因特网等方式将生产出来的产品直接出售给消费者。批发商从制造商那里批购商品,其中亦有以自营零售的方式将商品直接出售给最终消费者的。

(4) 零售是商品流通的最后一个环节。商品一旦出售就表明商品离开了流通领域进入了消费领域。零售学从一定意义上说是研究商品如何以最短的时间、最低的成本去满足消费者不断变化的需求,使商品以最快的速度自流通领域进入消费领域的一门科学。

零售商是专门从事零售业务,直接为广大最终消费者服务的商业单位,其主要活动是把生产者或批发商购买来的商品按照某种方式转卖给最终消费者用作生活消费,或卖给社会团体用作非商业性消费。

零售商的主要特征:一是商品的销售对象是最终消费者,不是转售或加工者;二是商品一经出售就是脱离流通领域,进入消费领域,零售商品的价值随着使用价值的消失而消失;三是零售商品销售数量往往小于批发商的销售数量。而其中销售对象对于所购商品的用途则是零售与批发最为本质的区别。

## 二、零售活动的特点及零售商活动

(一) 零售活动的特点

(1) 交易规模小,交易频率高。由于零售主要面对的是众多的个人消费者,他们一次的需求量少,因而每次交易的数量和金额较少,在一定时间内交易的次数比较多。这一特征要求零售商严格控制与每笔交易相关的费用,努力增加商店的顾客的数量,降低当前存货水平。

(2) 零售交易中,消费者多表现为较强的随机性。顾客在商店购物过程中发生的购买行为有可能是事先计划好的,也可能是一时冲动而做出的决策,在许多情况下是即兴购买。这就要求零售商要重视店面布局、商品陈列、橱窗设计、良好氛围的营造及提高服务顾客水平。

(3) 零售不一定涉及有形的商店。零售活动可以在店铺内进行,也可以通过邮购、电话订购、直接上门推销、因特网交易及自动售货机等无店铺形式进行。

(二) 零售商活动

零售商活动是指零售商的商业性活动,即将商品和服务出售给消费者进而使商品和服务的价值得到实现的商业活动。具体表现在以下几个方面:

(1) 提供商品组合。为满足消费者需求商品的多样性、交易规模小与交易频率高的特点,百货商店、超级市场和仓储商场等零售商都会提供成千上万种商品,并对货位布局、品牌、规格、花色和价格等进行组合,以方便消费者购买,使消费者在同一商场中有充分的选购余地。零售商在提供商品组合的同时,实行专业化经营,如超级市场提供食品、保健、美容品和服装以及家居用品的商品组合,一些专卖商店一般只给消费者提供一种商品组合。

(2) 分装、整理商品。制造商在向零售商发运所采购的商品时,为降低运输成本,总是将整箱、整盒、整包的商品运交给零售商,再由零售商对整箱、整盒、整包的商品拆开、分装、整理或安装后出售给消费者。

(3) 仓储保管商品。零售商从制造商或批发商那里购进商品,再零星出售。为了保证消费者的消费需要,零售商一般要存储一定数量的商品,储存商品的要求是:既不能脱销,又不至于造成积压或损耗。

(4) 提供服务。提供服务是零售商组织商品销售过程中不可或缺的活动。在商品同质化的今天，商品的品种和质量优势日益弱化，而提供优质服务已成为零售商在竞争中的利器，谁能提供更优质的服务并转化为品牌优势，谁就更具有竞争优势。

(5) 销售商品。零售商从事的一切活动都是围绕着商品销售这个中心进行的。零售商买进商品是为了再卖出，只有顺畅地销售出商品，才能实现经营的良好循环。所以，商品销售是零售商所有活动中最为关键的活动，其他零售商的活动都是其商品销售的基础性活动。

### 三、零售业态及零售业发展趋势

#### （一）零售业态

根据我国《零售业态分类规范意见》，零售业态是指零售企业为满足不同的消费需求而形成的不同的经营形态。

随着我国零售业的发展和零售环境的变化，原有的划分已不能涵盖现有的零售业态。因此，国家质量监督检验检疫总局、国家标准化管理委员会又联合颁布了新的国家标准《零售业态的分类》，于 2004 年 10 月 1 日起开始实施。新标准按照零售店铺的结构特点，根据其经营方式、商品结构、服务功能以及选址、商圈、规模、店堂设施、目标顾客和有无固定营业场所等因素将零售业分为食杂店、便利店、折扣店、超市、百货店、专业店、网上商店、电话购物等 17 种业态。新标准在原有业态基础上又增加了几种店铺零售形式，更大的变化是增加无店铺零售形式。

结合菲利普·科特勒提出的标准，我们把零售业务大致分为以下 4 类：

1. 产品线不同的零售商

(1) 专业店。它是专业化程度较高的商店，专门经营一类产品或某一类产品中的某种产品，也有经营几类产品的，但往往以其中的主要产品类别为店名。在经营的同一类产品中，它拥有系列化产品，规格齐全，便于消费者充分挑选，可满足消费者各种特殊需求。如体育用品商店、家具店、书店等。

(2) 专卖店。在市、区级商业中心，以及百货店、购物中心内，目标顾客以中高档消费者和追求时尚的年轻人为主。销售某一品牌系列商品，注重品牌声誉，提高专业性服务。如某品牌服装专卖店。

(3) 百货店。一般在市、区级商业中心，历史形成的商业集聚地，目标顾客以追求时尚和品位的流动顾客为主。其特点是经营商品类别广泛、种类繁多、规格齐全。它一般销售多条产品线，每一条产品线作为一个独立部门，并专门管理。它采用柜台销售和开架面售相结合的方式，注重服务，设餐饮、娱乐等服务项目和设施，以服装、化妆品、鞋类、家庭用品等为主。今天的百货商店，由于商业中心的拥挤，城市空心化现象出现，再加上折扣商店、专用品连锁商店、仓储零售商店的挑战，也面临着前所未有的激烈竞争。

(4) 超级市场。超级市场于 1930 年首先出现于美国纽约。它的出现，被誉为商业上的第二次革命。超级市场是一种开架销售、自助服务、低成本、低毛利的零售商店，它是为更便利地满足消费者对食品和家庭日用品的种种需求而创建的一种新的零售形式。目前不少超级市场通过开设大型商场，扩大经营品种，建造大型停车场，周密设计商场建筑和装潢，延长营业时间，广泛提供各种顾客服务，来进一步扩大其销售量和提高它们的便利性。关于超级市场的营销策略在本章第三节全面介绍。

（5）便利店。便利店是一种以经营最基本的日常消费品为主，规模相对较小，位于住宅区附近的综合商店。便利店营业时间较长（有时24小时营业），一般经营周转较快的方便商品，如日用百货、应急商品、即食食品等。由于便利店能随时满足消费者的"填充"式即时采购需要，所以商品的价格相对较高。

（6）超级商店、联合商店和特级商店。这是比超级市场更大的3种零售业，近年来在欧美国家发展较快。超级商店营业面积很大，经营范围很广，可以应有尽有。超级商店的经营目的是满足消费者日常生活的全部需要。联合商店比超级市场和超级商店更大，呈现一种经营多元化趋势。特级商店比联合商店还要大，综合了超级市场、折扣商店和仓库商店的经营方式，经营范围更广，营业面积和规模比超级商店更大。

（7）仓储商店。仓储式商店是一种以大批量、低成本、低售价和微利多销的方式经营的连锁式零售企业。仓储商店一般具有以工薪阶层和机关团体为主要服务对象、价格低廉、精选正牌畅销产品、会员制、低经营成本、先进的计算机管理系统等特点，它也设有相当于营业面积的停车场。

（8）摩尔（Mall）。摩尔全称 Shopping Mall，意为大型购物中心，最早起源于20世纪50年代中期的美国，是继连锁店、专卖店、折扣店、超市、购物中心之后在商业领域兴起的最新业态。它集购物、餐饮、娱乐、休闲、旅游、社交、商务等功能于一体，为消费者提供一站式服务，因此也可以概括为大型综合性购物休闲中心。它坐落在城市边缘，地价便宜，绿地、停车场、建筑规模都很大；行业、店铺多，功能全；购物环境好，档次高，顾客购买力聚合性好。摩尔靠"玩"聚集人气带动购物和餐饮，所以也有人说摩尔是建立在"汽车轮子上的购物中心"。

2. 以低价为特征的零售商

（1）折扣商店。它是二战之后兴起的有影响的零售企业，也是一种百货商店，主要以低价竞销、自主选购的方式出售家庭生活用品。其价格低于一般商店，薄利多销。其主要服务对象是那些收入不很高的工薪阶层，他们往往对价格高度敏感，而对服务则没有很高要求。近年来，折扣商店之间以及折扣商店和百货商店之间的竞争更为激烈。

（2）仓库商店。这是一种不注重形式、价格低廉且服务有限的零售形式，它出售的商品大多是顾客需要选择的大型笨重的家用设备，如家具、冰箱等。一旦顾客选中商品，付清价款，即可在仓库取货，自行运走。

（3）样品目录陈列室。样品目录陈列室是一种将商品目录和折扣原则应用于大量可供选择的、毛利高、周转快的有品牌商品销售的零售方式。店铺中往往只有大量的商品目录和少量的样品，顾客只需对其所喜爱的商品进行登记，就能由店家按要求送货上门。珠宝、动力工具、照相机和摄影器材等商品的销售常用这种方式。

3. 无店铺零售商

当零售商使用不依赖于店铺的零售战略组合来达到接触消费者，完成交易的目的时，我们称他们正在从事无店铺零售。近年来，无店铺零售发展迅速。

无店铺零售形式多种多样，包括直复营销、直接销售、自动售货、购物服务公司等。直复营销又包括直接邮购、电话营销、媒体营销、网络营销。而购物服务公司，也是不设店堂的零售商，专为某些特殊顾客，通常是为学校、医院和政府单位等大型组织提供服务。这些组织的雇员可成为购物服务公司的会员，他们被授权从一批经过挑选的、愿意向这些成员以折扣价售货的零售商那里购货。

有关无店铺零售商的营销策略在本章第四节全面介绍。

4. 组织方式不同的零售商

（1）连锁商店。这是在同一个资本系统和统一管理之下，分设两个或两个以上统一店名的商店组织形式。其管理体制是实行统一化和标准化，组织中的各家商店在定价、宣传推广以及销售方法等方面都有统一规定。有些连锁商店甚至在建筑装饰的色调上都是统一的，以便树立统一形象。连锁商店统一进货，价格上可以享受特别折扣，且在存货、市场预测、定价政策和宣传推广技术等方面都有较先进的管理水平，因而具有成本较低的优势；但也存在由于统一管理而缺乏灵活性的弊端。

（2）自愿加盟连锁店和零售合作组织。独立零售商在自愿原则下组织起来，目的在于与连锁商店进行竞争。它有两种形式：一是自愿加盟连锁店，一般由一家声誉较高的批发商发起，把若干家零售商组织在自己的周围，与这些零售商订立合同；二是零售商合作组织，它由若干家零售商自愿组织起来，成立一个做批发业务的仓储公司，为成员商店的大批量进货和仓储服务，组织成员仍保持自己的经营管理制度。

（3）特许经营组织。它是一种与连锁店类似的零售组织，是近三十年兴起的与连锁店竞争最激烈的一种零售商店。特许经营组织由1个特许人（1家制造商、批发商或服务组织）为一方，若干家特许经营人（若干家批发商或零售商）为另一方，以契约形式固定下来，独立经营，自负盈亏。它基本上有3种形式：一是制造商筹组的零售商特许经营；二是制造商筹组的批发商特许经营；三是服务性行业筹组的零售商特许经营。特许经营组织的主要好处是大型生产或服务性企业不用自己开设许多零售店就可以大量销售自己的产品，而特许经营的特许经营人可用小本钱做大生意，因而这种组织形式广泛流行于美国、西欧、日本和东南亚各地。

（4）商业联合组织。有些国家的生产企业自己不经营零售业务，而在适当地点建造高层建筑或宽敞市场，专供小零售商租用，各个零售商协同营业，起了百货公司的作用，但各小零售商在组织上并没有关系。

（5）消费者合作社。它是由广大消费者投股创办的自助组织，其目的是不受商人剥削，保护消费者利益。虽然也经营零售业务，但从性质上看，它不以营利为目的。

（二）零售业的发展趋势

零售商是变化最多的商业组织，看其发展应认识社会发展的特点。目前工业发达国家的人口和经济增长率趋向缓慢，资金、能源和劳动力等成本不断提高，消费者的生活方式、购物习惯和送货态度也已经发生变化，电子售货、电脑记账、网络购物日益普及，各国的消费者利益运动日益兴起。所有这些因素对零售商的结构都产生了深刻的影响。

1. 各零售业态之间的竞争日益加剧

当前在不同类型商店之间的竞争日益激烈。如我们可以看到百货商店和电视直销之间的竞争，超市和便利店也在为争夺同一批顾客不惜血本地进行大降价。这些都是为了适应新的形势，并更好地满足消费者需求。

2. 零售生命周期缩短，新的零售形式不断涌现

由于竞争激烈，所有的零售企业都想确立自己独特的优势，因此零售企业不断推出新的零售形式，最终导致零售业的变革不断加速，零售生命周期不断缩短。新的零售业态如雨后

春笋般涌现出来,严重威胁着原有的零售形式。美国面包公司开创了河马食品公司,向顾客出售优惠的大规格包装食品,从而可使顾客节约10%~30%的开支。

3. 商品综合化、多样化的趋势

由于消费者选择的自由度增加了,许多商店不得不进一步开拓自己的经营范围。许多原来专业化经营的商店也开始经营原先并不属于自己经营范围但利润丰厚的商品。但是,另一方面也有一些零售企业坚持专业化道路,同样也获得了成功。如Kmart等大型综合商场和无线电器材公司等专用品商店都能实现高额利润和高增长率。这样在零售业内就出现了一种两极分化的态势。

4. 技术的飞速发展对零售业产生巨大冲击

零售技术作为竞争手段正变得日益重要。现在的零售商广泛使用先进的电子技术,为其提高需求预测水平、控制仓储成本、进行营利分析等。

5. 大零售商着手全球扩张

跨国经营也正在日益深入零售领域,许多大的国际集团正以连锁的形式进入许多国家。1983年3月,法国的家乐福集团在天津举行大型采购说明会,而现在该集团已在中国的深圳、上海、天津等地设立了多家超市。同样,还有许多世界知名的大型零售企业正在或已经进入了中国市场。如日本的大荣、德国的麦德龙、瑞典的宜家家具等等。大型零售商正以强大的品牌促销和独特的形式日益快速地走向其他国家。

6. 零售企业的管理水平日益提高

现在的零售商除了以市场观点指导业务以外,还开始重视管理的专业化。过去零售商店的管理人员多数是从经验丰富的营业人员提拔而来,但今天的销售环境和竞争环境已对管理人员提出了新的要求。零售企业的管理人员不仅要有销售技巧,还必须具有更全面的经营管理能力,特别是制定有效的经营措施和财务控制的能力。不少零售企业甚至已形成了一整套经营管理模式,并能够向外输出,这为零售企业的向外拓展创造了良好的条件。

**四、零售商营销策略**

由于竞争激烈,零售商所提供的产品、价格以及服务项目的差异逐渐缩小,因此许多零售商不得不重新考虑自己的营销策略。

1. 目标市场策略

确定目标市场是零售商最重要的决策。商店是面向高端、中端还是低端的顾客?目标顾客需要什么,是侧重多样化、侧重产品组合的深度还是侧重购买和使用方便?因此,零售商应该定期进行市场信息的收集工作,以检验是否满足目标顾客的需求,是否已成功地使自己的经营日益接近目标市场。同时,注意市场定位应有弹性。

2. 产品品种和服务策略

零售商所经营的产品品种必须与目标市场可能购买的商品一致,这已成为同类零售商竞争的一个关键原则。零售商必须决定产品品种组合的宽度、深度和产品质量。因为顾客希望商店能尽可能多地提供产品,并拥有足够多的挑选余地。零售商要想在产品品种上确定自己的优势,就必须在保持与目标市场一致前提下制定产品差异化战略,如独特的品牌特色、新奇多变的商品特色等。

零售业作为直接面对终端消费者的销售商,除了为顾客提供适销对路的商品外,提供优质服务已成为赢得消费者的重要手段。通过提供好的顾客服务,零售商可以提高顾客再次购买的机会,建立起持续的竞争优势,并且能做到持之以恒。

**3. 商店气氛策略**

零售商必须考虑自己的商店有一个实体的布局和整体形象。每个商店都必须精心构思,使其具有一种适合目标市场的气氛,使顾客乐于购买。如晚礼服专卖店的气氛应该是典雅、高贵的;而运动服专卖店则应该是青春、活泼和充满活力的。顾客在商店里不仅购买产品,还购买服务,购买愉悦。

**4. 价格策略**

零售商的价格是一个关键的定位因素,价格必须根据目标市场和产品组合策略以及市场竞争状况来确定。所有零售商都希望能以高价格销售商品,并能扩大销量,但他们又只能在这两者之间谋求一种平衡。零售商价格策略表现为高价格低销量(如高级专用品商店)和低价格高销量(如大型综合市场和折扣商店,像沃尔玛、家乐福)两大类。零售商还必须重视定价的技巧。有时零售商必须通过对某些产品的低价来招揽顾客,有时还要举行全部商品的大减价来周转资金以寻求更好的企业发展。

**5. 促销策略**

促销策略是指零售商利用促销工具支持并加强自己的形象定位。零售商设计并实施促销活动组合(广告、促销、宣传)以达到以下目的:在顾客心目中对零售商进行定位,增加销售额和商店客流量,提供有关零售商的位置和所提供商品的信息,以及通告特定的活动。

**6. 选址策略**

店址的选择是零售商能否吸引顾客的一个关键性因素,其重要性不可低估。著名的零售业格言"零售有3个主要决策——位置,位置,还是位置"充分表明了这一点。零售商位置特点对企业整体战略影响较大,选址不当,会给整个战略带来无法克服的缺陷;而如果位置好,即使战略组合一般,也容易获得成功。如医院附近的礼品商店等。

零售商店位置的选择是一个综合决策问题,需要考虑许多因素,其中包括周边人群的规模和特点、竞争水平、运输的便利性、能否停车、附近商店的特点、房产成本、合同期限、人口变动趋势、城市规划等。由于高客流量和高租金之间的关系,零售商都会运用一些评价工具(如流量计数统计、购物者偏好调查和竞争性位置比较)进行分析,然后在分析结果的基础上选择最有优势的位置。

大零售商必须仔细考虑一个问题:是在许多地区开设许多小店,还是在较少的地方开设几个大店。一般而言,零售商应在每个城市里开设足够的商店,以便扩大商店影响,获得分销经济。零售商可在中心商业区、地区商业街、小区商业密集地点选择开设商店的地点。

# 第三节 店铺零售营销策略

## 一、中小型零售店营销

**(一)中小型零售店的特点**

店铺式的零售商店按其经营规模、营业面积和年销售额的多少可划分为大型零售店、中型零售店和小型零售店。现阶段,我国的零售店年销售额在亿元以下的都可列入中小型零售店之列。近一个世纪以来零售业态的几经变迁,超级市场和连锁经营等大规模零售方式的出现,给中小型零售店以前所未有的冲击。为了顺应潮流,求得生存和发展,中小型零售店必须审时度势,认清自身的特点,这是制定正确营销策略的前提。中小型零售店的特点主要包括以下几个方面:

(1) 中小型零售店销售活动的范围具有区域性,并有相对稳定的顾客群。大多数中小型零售商店的商圈仅限于它所在的行政区划或居民住宅区,来自区外的流动购买力所占比重较小,商店的客流量和销售额一般比较稳定,尤其是一些历史较长、与周围顾客联系密切、信誉卓著的中小型零售店,犹如在商店的周围垒起了一道无形的屏障,乃至在自己的销售区域内形成了独占市场。

(2) 中小型零售店的经营与管理具有较大的弹性。中小型零售店的经营与管理不像大型零售店那样规范,有很大的灵活性。比如库存水平、经营品种、价格政策、服务项目等都可按实际的需要来进行调整。

(3) 中小型零售店的规模有限,资金不足,进货渠道主要依赖当地的批发商,即使偶尔从制造商那里进货,也不能争得更有利的条件,商品销售回旋的余地比较小。加之财力不足,无力进行广告促销或者兼营其他业务。

(二) 中小型零售店的营销策略

中小型零售店应结合自身特点,扬长避短,制定切实可行的营销策略。主要包括:

1. 以顾客为中心的营销策略

通过市场细分,选择一定的顾客阶层作为自己的经营对象;按照特定的目标顾客的需要,提供特殊化的服务内容;努力认识顾客、亲近顾客,使顾客满意而归。

2. 以商品为中心的营销策略

(1) 商品组合要符合零售店的经营范围,并围绕主营商品在花色品种、价格、单位等方面有一个广泛的选择系列,使顾客能够"顺手购买"。

(2) 以"勤进"促"快销",尽量减少商品的库存,加速资金周转,又能保证顾客购买到新鲜商品。

(3) 保持传统特色商品,适度淘汰陈旧商品,引进顾客欢迎的新商品,使商品构成比较合理,又能给顾客以新鲜的感觉。

3. 以服务为中心的营销策略

倡导微笑服务,规范服务行为,创造愉快的购物氛围;以"便利"为宗旨,向顾客提供包括时间、空间等方面的多种便利,使顾客购物能够得心应手,随心所欲。

4. 以发展为中心的营销策略

中小型零售店要不断利用自身优势求生存图发展,革新销售形式和营销策略,办超市,搞连锁,向大型零售企业挑战,向新市场进军。中小型零售店只有顺应大环境,突破旧模式,大胆改革,勇于创新,才能保持旺盛的生命力。

## 二、超级市场营销

(一) 超级市场的概念及其特征

超级市场是一种重要的零售形式,1930 年世界上第一个超级市场诞生于美国,它的出现,使零售商业由封闭式经营走向开放式经营,并使零售结构发生了重大变化,是零售商业史上的一次革命。

各国对超级市场的定义各有不同,美国的菲利普·科特勒认为:超级市场是一种相对规模大,低成本,低毛利,高销售量,自助服务式,为满足消费者对食品、洗衣和家庭常用产品的种种需求服务的零售组织。

超级市场一般具有以下重要特征:

(1) 超级市场最重要的特征是自助服务取货。自助服务使消费者充分享受自由自在的乐趣,可以任意在店内逗留,从容参观选择,不受他人干扰,使消费者从紧迫性推销的压力中解放出来,自由选购商品,获得一种购物的乐趣。正是由于这一特征,才使得超级市场发展如此迅猛。

(2) 由于不用售货员,非名牌商品或非著名厂家的商品甚难出售。任何假冒伪劣商品都被拒之门外。

(3) 低价竞争是超级市场重要的促进销售手段,是超级市场给顾客最直接的利益。低价的基础是由于大批量进货以及自助服务而导致的成本降低。

(4) 由于超级市场在结算方式上实行一次性结算,使顾客节省了由于传统售货方式分别结算的时间,使购物更为快捷。同时,又由于超级市场能满足消费者对日常生活用品一次性购足的需要,从而节约了消费者的购物时间。资料表明,到超级市场购物比到其他商店购物平均可节省30%时间。

(5) 超级市场十分注重商品的包装。良好的包装,可便于顾客在挑选过程中不致使商品破损,同时,使食物易于保藏且又能感受到内在食品的品质,从而刺激购买,达到大量销售的目的。

(6) 超级市场借助于连锁经营的模式,进一步扩展了销售空间和市场规模,大大提高了商品的销售率和库存周转率,并增强了超级市场的批发功能。

(二) 超级市场的定价策略

超级市场主要的经营原则是薄利多销,这就要求超级市场与其他商店相比其售价要低,这里是指它的整体商品价格水平较之其他商店要低,而不是每一种商品价格都低。

超级市场一般通过降低毛利率的水平来体现薄利多销的原则。习惯的做法是事先确定一个较低的毛利率,然后平均在每一种商品上实施,这种做法对顾客不会产生很强的吸引力。美国超级市场的创始人迈克尔·卡伦认为:超级市场的低价格策略的实施在控制毛利率的做法上,可采取分品种分别加成而不是采取平均加成的做法。比如,在超级市场出售的商品种类中,有27%的品种按进价出售,18%的品种在进价上加成5%毛利出售,27%的品种在进价上加成15%毛利出售,还有28%的品种按进价加成20%出售。按这一设想所有商品的平均毛利在9%左右,纯利率可确保在2%~5%左右。这种做法可使其中一部分定价特别低的商品能够对顾客产生很强的吸引力,有号召性,能够起到很好的效果。

分别加成的定价方法,要根据消费者对商品的不同需求特点、购买频率、使用量等因素来分别确定加成比例。一般的做法是先将超级市场中的商品分成性质完全不同的两大类型:一类是适应顾客"一次完成购买"条件的企业形象商品;另一类是为企业带来主要利润的商品。所谓企业形象商品是反映超级市场专门提供给顾客价廉、省时、便利的商品。分别加成的定价方法就是将企业形象产品,如蔬菜水果、主副食品等按较低的毛利率加成出售,对其中一些消费者使用量大、购买频率高、最受欢迎的商品按进价,甚至低于进价出售。而对于为企业带来主要利润的商品,如调味品、休闲食品等则应以比企业形象商品高得多的加成出售。实施分别加成的定价方法,关键是要事先计划好,哪些是企业形象商品,哪些是企业利润商品。在企业形象商品中,哪些是无利商品,哪些是低利商品。在企业利润商品中,哪些是高利商品,哪些是中利商品。所有这些,都要事先进行周密的调查和精确的测算,才能取得较好的销售效果。

超级市场还可以通过折扣定价方法来体现薄利多销的原则。在超级市场实行折扣定价的做法有多种,主要做法有:

(1) 一次性折扣定价法。即在一定的时间里对所有商品价格都规定一定的下浮比例。使用这种方法比较多的时间是在节庆日、店庆日、销售旺季或销售淡季等。

(2) 累计折扣定价法。这是超级市场为稳定顾客队伍,达成连续跟踪性购买而采取的一种折扣定价方法。具体做法是:可向顾客发放优惠卡,按顾客累计购买金额给予一定的折扣率;还可以按顾客购买商品时开具的发票进行累计,给予一定的折扣。采用累计折扣定价法的关键在于按照累计金额的多少分别给出不同的折扣率,能够起到刺激顾客增加购买的作用。

(3) 限时折扣定价法。即为促使保质期临近的食品,在保质期到来之前能尽快售完而采取的一种折扣定价方法。限时折扣定价法的运用,必须保证给顾客留下一段使用的期限,绝不能在顾客购进后就已过了保质期。

(三) 超级市场的促销策略

超级市场的促销策略主要体现在超级市场的卖场促销。卖场促销的范围很广,包括店铺装饰效果、商品的配置和陈列、商品指示牌促销以及 POP 广告促销等。这里着重介绍 POP 广告促销。

POP 广告是指超市卖场中能促进销售的广告,也称为销售时点的广告,包括在店内提供商品与服务信息的广告、指示牌、引导标志等。POP 广告的功能主要是:简洁地介绍商品,如商品的特色、价格、用途等;指明商品的陈列位置,使顾客能在最短的时间内找到需购买的商品;传达最新上市的商品信息,以便顾客选购;刺激顾客的购买欲,使超市卖场活性化。

POP 广告有很多种类型,其中使用较多的有招牌 POP、货架 POP、招贴 POP、悬挂 POP、标志 POP、灯箱 POP 等。无论是哪一种类型的 POP,都必须十分重视其信息传达的准确性,要十分准确地把握超级市场这种零售业态的企业特征,即自助性和便利性。还要准确地体现超级市场所售商品的特征,即实用性和价格低廉。

在没有营业员中介的超级市场,POP 广告为市场与顾客之间的沟通发挥了桥梁作用。

## 三、连锁商店营销

(一) 连锁商店的意义

世界上第一家连锁店"大西洋与太平洋茶叶公司"于 1859 年在美国悄然问世。经过一个多世纪,连锁店在全球范围内迅猛发展,成为现代国际上普遍采用的一种零售商业重要的经营方式,并呈现出极为广阔的发展前景。

连锁商店是指在核心企业或总公司的领导下,由众多分散的、经营同类商品或服务的小规模的零售企业,通过规范化经营,实现规模效益的商业联合体。

连锁商店的实质在于把现代化工业大生产的原理应用于传统零售商业,达到获取规模效益的目的。其意义可概括为以下几个方面:

(1) 连锁商店使零售商业摆脱了传统形式对其获得规模效益的束缚,创造了更多的获得规模效益的机会和途径。

(2) 连锁商店把资本经营的大规模要求同零售活动的分散化、个性化的特点有机地结合起来,创造了既不违背零售经营分散化的要求,又能实现大规模经营的零售形式,对推动零售商业向现代产业的转变具有重要意义。

(3) 连锁商店是实现零售商业规模经济与专业化经营相结合的有效形式。连锁商店的经济效益既来自规模经营,也来自专业化经营,更多的是出自两者相结合产生的综合效益。

(4) 连锁商店是提高零售商业组织化水平的重要手段,它有利于克服由于市场主体过多、零售商业小型化所带来的缺乏功效、竞争无序和政府难以调控等弊端。

(二) 连锁商店的类型

1. 直营连锁店

即同属于某一个资本的店铺的统一经营。这是大型垄断商业资本通过吞并、兼并或独资、控股等途径,发展壮大自身实力和规模的一种形式。直营连锁店的主要特点是所有权与经营权集中统一,即所有成员商店必须是单一所有者:归一个公司、一个联合体组织或归个人所有;由总部或总店集中领导、统一管理,包括人事、采购、计划、广告、财会和经营方针等;实行统一核算制度;各成员店铺不具有企业资格,各成员店铺的经理是总部(或总店)委派的雇员而不具有法人代表的资格;各成员店铺实行标准化经营管理,商店规模、店容店貌相仿,经营品种、商品档次、陈列位置也基本一致。

直营连锁店的上层组织形式有两种:一种是由母公司(即总公司)直接管理,不另设总部;另一种设立总部,由总部直接管理连锁店。大型直营连锁店的组织体系一般分为3个层次:上层是公司总部负责整体事业的组织系统;中层是负责若干个分店的地区性管理组织和负责专项事业的事业部组织;下层是各个成员店。

直营连锁店由于统一资本运作,充分利用了连锁店集中管理、分散销售的特点,统一经营战略,统一调度资金,使企业的整体优势得到了充分发挥,有利于取得规模效益。

2. 特许连锁店

即主导企业通过向参加连锁集团的中小企业有偿提供经营技术和经营权,同时以合同形式规定双方应承担的义务和责任而实现统一经营。特许连锁店又称为加盟连锁店或契约连锁店。美国商务部规定特许连锁的含义是:主导企业把自己开发的商品、服务和营业系统(包括商标、商号等企业象征的使用、经营技术、经营场合和区域),以营业合同的形式授予加盟店在规定区域的统销权和营业权。加盟店则需交纳一定的营业权使用费,承担规定的义务。

特许连锁在经营技术比较复杂、需求相对稳定和家庭用具、主副食品加工等行业具有优势,尤其是在生产和销售同时进行的饮食业的发展尤为突出。特许连锁店的最大特点是:有一个盟主,成员店在财产和法律上是独立的,在经营管理上无自主权或自主权较小,一切按盟主规定的条件办,双方以特许合同为连锁关系的纽带基础。

特许连锁的盟主,称特许权所有方,加盟店称特许权接受方,特许连锁的双方要承担不同的义务和责任。

对特许权所有方来说：
(1) 提出整套的经营思想、战略、计划及实施办法。
(2) 接受店铺加入连锁前，负责审查加盟店资格。
(3) 业务培训和经营指导。
(4) 对采购、价格、财务结算、广告、促销等进行统一管理。

对特许权接受方来说：
(1) 拥有自己的店铺或拥有不动产投资能力。
(2) 承担店铺装修、设施购置等初期投资。
(3) 向特许权所有方支付开业金。
(4) 在整个合同期内连续支付特许费。
(5) 店容店貌、商品陈列、服务质量等按盟主要求达到规范化、标准化。

3. 自由连锁店

即各店铺保留单个资本所有权的联合经营。主要是中小零售企业为了同大型零售企业竞争，以获得经营上的规模效益为目的而自由组织起来的统一经营的企业横向联合体。自由连锁的最大特点是：自由连锁的成员店铺都是独立的，成员企业在保持自己独立性的前提下，通过协商自愿联合起来，共同合作，统一进货，统一管理，联合行动。

自由连锁店的主导企业可以是批发企业，也可以是大型零售企业。无论是哪一种主导型，其总部都应设在核心企业。

自由连锁店总部的职能一般应包括：
① 制订大规模销售计划。② 组织统一进货。③ 开展广告等促销活动。④ 业务指导，教育培训。⑤ 规范店堂、商品陈列等。⑥ 组织配送。⑦ 资金融通。⑧ 开发店铺等。

成员企业要向总部交纳管理费，接受总部指导，并从总部进货，但进货的比率各国各企业不等，一般在50%左右。自由连锁店合同期一般为1年，可以自由加入或退出。但从总的趋势来看，自由连锁店趋向紧密型，并与其他形式的连锁店趋同。

(三) 连锁商店的营销策略

连锁商店作为店铺零售的一种形式，其营销策略与百货商店、超级市场等形式有许多共同之处。这就是说，百货商店、超级市场的营销策略一般也适用于连锁商店。此外，连锁商店在经营方面还有一定的特殊性，其营销策略需作以下补充：

(1) 明确市场定位，找准服务对象，推出连锁商店统一的营销策略组合，并使其更具有市场的适应性和灵活性。

(2) 集中统一进货，保证商品质量，降低采购成本和流通费用，保持最经济的库存量，最大限度地提高企业的经济效益。

(3) 制定营业规范，并编制成详尽的分店营业手册，指导并控制分店执行，这是连锁经营成功的关键环节。

(4) 统一促销策略，实施有计划的促销活动，达到节约促销费用、增强促销效果的目的。

(5) 开发自有品牌，提升连锁商店的市场地位，增强连锁店体系外的经营性功能，使连锁店规模化发展呈现出纵向的发展趋势，突破规模化发展单一网点数增加的模式。

## 第四节 无店铺零售营销策略

### 一、无店铺零售的形成

无店铺零售的风潮源自于美国,最早可以追溯到 1871 年,美国的蒙哥马利伍德百货公司开始实行通信销售。随后,施乐伯公司于 1886 年跟进,并在零售业界大放异彩,还带动了当时的邮购风潮,使得美国人享受到在家购物的方便与乐趣。其后,无店铺零售急速发展,还充实了多种不同的形式,并很快波及世界各地。据有关资料显示,美国在 1977 年无店铺零售额总计为 750 亿美元,约占全美零售总额的 20%,到了 1989 年这个比例已上升到 25%。20 世纪末,全美有三分之一的商品是通过无店铺销售的。国外许多学者预言,无店铺零售,这种充满生机的崭新的销售方式,在不久的将来,将会成为零售业界的主要竞争对手,并将引发一场改变零售业经营模式的新浪潮。

无店铺零售,顾名思义,是指没有固定店铺的零售交易。是什么原因促使无店铺零售发展得如此之快呢?首先,传统的店铺零售方式一般是劳动密集型的,职工薪酬过高,店铺租金猛涨,加之各项广告开支,使零售成本居高不下,导致零售商竞争乏力。其次,随着经济的发展,消费者的生活方式、消费行为发生了前所未有的变化。人们在紧张的工作之余,对文体活动的要求随之增加,这就使得人们感到时间越来越不够用了,越来越多的消费者都不愿再受商店的约束(包括时间的约束、空间的约束、商品的约束等),也就不愿去商店购买,而宁愿在家中购买。第三,由于科学技术的不断进步,通讯技术、电子计算机技术的迅猛发展,使消费者在家购物的愿望成为可能,不出家门就可购买到称心如意的商品。

上述三点奠定了无店铺零售快速发展的基础。

### 二、无店铺零售的种类

无店铺零售主要可以分为直复营销、直接销售和自动售货 3 种类型。

#### (一)直复营销

1. 直复营销的含义

直复营销是无店铺零售的一种最主要形式,并且是一个比较新的概念。人们对直复营销的理解以及把直复营销与直接销售正确地区别开来,也仅仅是近几年的事情。许多人从不同角度给直复营销下过不同的定义,其中最有代表性并被广泛接受的是美国直复营销协会(ADMA)的定义。该协会认为:直复营销是指一种为了在任何地方产生可度量的反应和(或)达成交易而使用一种或多种广告媒体的互相作用的市场营销体系。

这个定义可从以下几个方面来理解:

(1)直复营销是一种在营销人员和目标顾客之间进行的"双向信息交流"的活动。而传统的市场营销活动,如广告,则是"单向信息交流",营销人员将信息通过一定的媒体传播给目标顾客,但却无法知道这些信息对目标顾客产生了何种影响。

(2)直复营销活动为每一个目标顾客提供了直接反馈信息的机会,并不受时间、地点的限制。如目标顾客可在任何时间、任何地点通过免费电话或信函将自己的反应回复给直复营销人员。如果目标顾客未作出反应,营销人员则应分析原因,并调整计划。

（3）直复营销活动的效果可以很容易地测量出来。营销人员不仅可以知道某种信息交流方式使多少目标顾客产生了反应,而且能知道反应的具体内容是什么,是立即购买还是进一步索取资料等等。

（4）直复营销活动具有可持续性的特征。目标顾客在一次直复营销活动中所反映的信息,可作为营销人员下次直复营销活动的依据。直复营销人员通过分析目标顾客的有关数据,可以有针对性地制订下一次营销活动的计划。可持续性特征极大地提高了直复营销活动的效率。

（5）直复营销不仅是一种销售形式,也是一种促销工具,并且可以和其他销售形式、促销工具结合使用,其效果更佳。比如,在店铺零售营销中,营销人员可将商品目录或广告传单邮寄给有可能成为顾客的消费者手中,引导他们前来商店购买;再如,在进行人员推销时,可通过直复营销活动先将有购买意向的目标顾客范围确定下来,再有针对性地对这些顾客进行重点推销,可极大地提高人员推销的效率。

2. 直复营销的形式

（1）直接邮购

直接邮购是历史最悠久的直复营销形式,即营销人员将邮件——这些邮件包括产品目录、直接邮件广告(DM)、传单等媒体,寄给事先挑选出来的潜在顾客,并经由视觉上与沟通讯息上的刺激,激发起消费者的购买欲望,进而产生购买行动,完成交易行为。

直接邮购可分为完全邮购与特种邮购两种做法。完全邮购类似百货商店,拥有众多的商品种类;而特种邮购仅有一种或数种商品。

直接邮购在国外日益流行的原因主要是成本低,能有效地选择目标顾客,效果较易衡量。同时,它的直接反应率较高,可达到35%以上,这是任何一种直复营销形式所无法比拟的。

直接邮购业务成功的关键在于:

① 正确选择邮购商品的品种,除非实力雄厚、人才济济的大公司,一开始就可以经营完全邮购;多数企业均应先慎重选择一种或数种商品,待业务熟悉后再逐步扩增。现阶段,我国企业应以发展特种邮购为主,尤其是对于那些受地区限制,消费者一时难以购买到的商品,应开展邮购业务。

② 建立完整的顾客名单与相关资料,了解掌握其需求及其变化趋势,并定期或不定期寄发邮件广告、传单、生日贺卡,加强与顾客之间的接触与沟通,维持和强化彼此间的良好关系,以争取老顾客的重复购买。

③ 寄送给目标顾客的产品目录、DM、传单等媒体是达成交易的最主要的工具,因此必须印制精美、说明清楚,并具有吸引力、感召力和说服力,必要时,还可提供适当的诱因,如优惠价格、赠礼品券等以激发顾客的购买欲望。

④ 营销人员在收到顾客的订单后应立即处理,并通过内部作业管理,以最迅速的方法将货物寄送给顾客。让顾客长久等待会使顾客感到受骗,而由此失去顾客。美国的邮购业务一般规定在接到订单后的24小时至48小时内必须将货物送到。

⑤ 采取货到付款的办法,提倡信用销售,给顾客一种信任感。早期的直接邮购多规定顾客寄订单时应随附支票或现金汇票,即所谓款到发货,部分消费者由于担心受骗,使很多

交易未能达成。我国目前大部分邮购业务仍然沿用这种款到发货的办法。20世纪末,不少国家通过委托邮局代收货款的业务,实行所谓货到付款的办法,受到消费者的欢迎,此法值得我国借鉴。

(2) 电话营销

电话营销是利用电话来达到销售商品或服务的一种销售方式,目前已成为一种主要的直复营销工具。电话营销并不是一种随意的行为,而是企业按照自身的经营目标,对企业资料库内已登录的潜在的目标顾客群进行周密的研究分析,以确定电话营销的对象,并配合以电话网络这种高效率的双向沟通渠道,对特定对象进行促销活动,使顾客产生购买行为或改变对企业商品的看法,为今后购买打下基础。

电话营销可分为两种类型:一是接听服务,即企业设置专门人员负责接听顾客通过专线打来的电话,包括订货、咨询或抱怨。接听人员应适时给予答复并使顾客满意。这种专线电话费用由公司承担。经由这种专线服务,不但可与顾客建立十分密切的关系,还可以产生一定的销售效果。即使顾客打来的是抱怨电话,经过接听人员耐心的解释消除了顾客的抱怨,往往就会产生一种购买的机会。二是外拨促销,即企业营销人员以外拨电话的方式与目标顾客接触,并通过纯熟的电话技巧及沟通手法,借关心与诚恳的口气,循序渐进地向目标顾客介绍商品并促成交易。

电话营销的结果可能会有两种情况:一是在电话中就可以直接成交,这是最佳的;二是先在电话中确定进一步面谈的时间,以便前往拜访洽谈。经验表明,凡是约定好进一步洽谈的时间,表明成交机会大增。鉴于此,为了进一步扩展电话营销功能,可将电话营销与人员推销、直接邮购等形式配合使用,这样效果会更好。

有效的电话营销应具备两个基本条件:首先必须做好顾客资料的搜集、整理工作,建立完整的顾客资料库,包括顾客的住址、电话、姓名和购买记录等,使营销人员在拨打电话前就已对对方有了一定的了解,由此确定谈话方式和技巧,这是电话营销成功的基础。其次,训练有素、卓越出色的电话营销人员是电话营销成功的关键。一般来说,当顾客在毫无思想准备的情况下接到陌生人打来的电话时自然会产生防卫心理,这时,全靠电话营销人员运用高超、熟练的谈话技巧,在较短的时间内消除对方的戒备心理,并对营销人员的谈话表现出一定的兴趣。同时,营销人员的谈话内容要适度,要让顾客有发表意见的机会,要鼓励对方说出自己的看法,使顾客产生一种被尊重感,这对交易的成功是至关重要的。

一些发达国家的电话营销系统已实现完全自动化,如自动拨号录音信息处理机可以自动拨号,播放有声广告信息,通过答复机装置或将电话转给接线员回答顾客的提问或接受订货。

(3) 媒体营销

媒体营销是利用电视、广播、报纸、杂志等大众媒体将商品信息传递出去,以刺激信息接受者打电话或上门订购,完成买卖交易。媒体营销与直接邮购有一定的共同点,不同的仅在于一次媒体营销的对象是广大公众,走的是大众媒体路线;而一次直接邮购的对象则是某一个特定的个人,即采用的是个人沟通模式。

媒体营销中应用较多的媒体是电视,这主要是考虑媒体的视觉效果以及受众面广量大的特点。

电视媒体的应用一般有两种做法:一种是直接式反应广告,即企业通过买断30~60秒电视广告时段来展示和介绍自己的商品,并将订购电话号码、购物地址告诉电视观众,需要购买时可打订购电话(免费)完成交易,也可按购物地址上门购买;另一种方式是家庭购物专门频道,电视观众只要将电视频道转至家庭购物频道即可 24 小时接收各种商品销售信息,对感兴趣的或准备购买的商品,可随时拨打免费电话询问或订购,营销人员将顾客订货输入电脑,并在 48 小时内将商品送至顾客手中。近年来,国内的电视营销的应用开始增多,但主要是第一种方式,而且电话费由顾客承担。

(4) 网络营销

网络营销是以计算机网络为媒介和手段而进行的各种营销活动,是现代市场营销理论与方法的重要创新,这部分内容在第 14 章全面介绍。

(二) 直接销售

直接销售,亦称为直销,是指企业通过招募推销人员,由推销人员在固定营业场所之外直接向最终消费者推销产品的经销方式。直接销售和直复营销是两个完全不同的概念,其本质的区别在于:直接销售是通过"人员"去寻找顾客,并与顾客直接洽谈达成交易;而直复营销是通过"媒体"与顾客发生双向沟通。我国已于 2005 年 8 月 10 日出台《直销管理条例》,并于当年 12 月 1 日起实行,使直接销售活动得以规范,也大大促进了直销活动的进一步发展。

直接销售是从几个世纪前的行商发展演变而来的,其典型的做法主要有以下两种:

(1) 访问销售

访问销售是通过营销人员直接到顾客所在地(如住宅或办公室)展示产品目录、样品或产品本身,有时还做现场操作表演,以达到刺激需求,实现面对面推销的目的。在访问销售中,多数情况下,推销人员并不随身携带货物,至多带一件样品,待取得订单后,再回公司办理送货上门服务。如果商品体积小,重量轻,便于随身携带,则可在现场成交后当即交货,减少工作量。

访问销售的实践表明,新产品刚刚投放市场,即处于产品寿命周期的投入期,采用访问销售的办法,挨家挨户推销,易于打开产品销路;而当产品进入衰退期,销量下降,采用访问销售的办法,有时也可以重新刺激需求,产生购买行为。此外,访问销售还适用于一些顾客不愿意到商店购买或者不便于到商店购买的商品。

要搞好访问销售,提高访问销售效率,首先,要培训推销人员,使推销人员言行得体,以便取得顾客的信任,避免造成顾客的反感与排斥。其次,要有效地利用推销人员的时间,提高推销人员的工作效率。西方有些企业的做法值得借鉴,如给每位推销员划分区域,固定服务对象。熟门熟路,效率自然提高。还有的推销员在访问推销时,先将产品目录、说明书之类的资料留在顾客那里,过几天再上门收取订单,可减少推销员与顾客洽谈的时间。第三,做好售后访问工作,妥善处理顾客抱怨,立足于与顾客建立长期关系,只有这样访问销售才能持续健康地发展。

(2) 聚会销售

访问销售一般是一对一地进行洽谈,而聚会销售则采取一对几地进行洽谈,显然可以提高推销效率。聚会销售是由销售人员事先物色一位社区或团体中的意见领袖,如企业工会干部、街道社区主任或邻里关系融洽又热情好客的家庭主妇,由他(或她)出面邀请熟悉的同事、邻居或亲友举行家庭式聚会,推销员在会上把商品陈列出来,当场做宣传介绍和示范表演,然后请到会客人随意选购。事后,可酌情向召集人赠送礼品或付给佣金。

聚会销售可以避免访问销售的一些弊端,如拒绝受访、无人在家而使销售人员吃闭门羹等。聚会销售的成员大多彼此认识熟悉,相互之间有一定的影响力。因此,这其中一旦有人带头购买就会产生从众效应,使推销工作收到事半功倍的效果。因此,现在越来越多的企业都乐于采用这种方式。

(三)自动售货

所谓自动售货,是指购买者向自动售货机投入特定的交易媒体(如硬币或者磁卡等)而完成商品或劳务的销售。在发达国家,自动售货机销售的商品或劳务已相当广泛,包括日常用品如烟、饮料、糖果、报纸以及各种服务,如洗衣、打电话、行李存放等。

自动售货的最大优点在于能够24小时连续服务,而且无须人员看管,消费者可自行服务,有极大的自主性,体现了现代消费的一种时尚。

推行自动售货方式,首先要注意选择好自动售货机设置的地点。由于自动售货的对象大多出于临时性需要或求一时的方便,因此,自动售货的地点应以人流往来频繁的地段,如车站、码头、机场、运动场、影院等地方为主。其次是要加强对自动售货机的管理,及时排除故障,补充货源并留置顾客意见电话,随时处理顾客投诉。

**专论 11-1  体验营销在零售业的发展**

美国未来学学者阿尔文·托夫勒在1970年所写的《未来的冲击》一书中最早提出了"体验经济"概念,他认为在经历了农业经济、工业经济、服务经济等浪潮后,体验经济将是最新的发展浪潮。在随后的三十多年中,体验经济迅速发展。体验经济的出现和发展促使了体验营销的产生,并使之得到了迅速的传播和发展。

**体验营销的特征**

体验营销的概念是在1998年由美国战略地平线LLP公司的两位创始人提出的。他们给体验营销的定义是:体验营销(Experiential Marketing)要求企业必须从消费者的感官(Sense)、情感(Feel)、思考(Think)、行动(Act)、关联(Relate)5个方面重新定义,设计营销策略。这种思考方式突破了"理性消费者"的传统假设,认为消费者的消费行为除了包含知识、智力、思考等理性因素以外,还包含感官、情感、情绪等感性因素。

传统营销(F & B Marketing)专注于产品的特色和利益(Features and Benefits),把顾客的决策看成一个解决问题的过程,消费者经过理性的分析、评论,最后决定购买。这个过程中关注的是分类和在竞争中的营销定位。而体验营销的焦点在顾客的体验上,认为顾客是理性和感性兼具的,顾客会因为追求情趣、文化享受而购买物品。体验营销是对传统营销模式的深刻改变,所以那些准备以体验营销来获取更稳定客户关系、更丰厚利润的企业,首先必须从战略高度来认识体验营销的本质和意义。体验营销具有以下特征:

(1)重人性,关注个性。体验营销注重购买环境、氛围、商业品牌等方面使不同的消费者从中得到满足的程度,而不是单单停留在产品的表面特征和基础功能。调查表明,一些消费者的购买行为是较感性和冲动的,女性消费者尤为突出。按照马斯洛的需要层次理论,随着物质生活水平的提高,消费会从生理需要不断上升到受尊重需要和自我实现的需要,消费也会从注重物质功能上升到追求精神享受。体验营销反映了消费者新时代的感性需要,体现了需要的多样性和娱乐性。

（2）注重营销策划中的互动思想。在体验营销中，营销的过程就是厂商与消费者沟通的互动。这就使得营销人员不仅要考虑产品的包装、性能等产品特征，还要通过各种手段和途径创造条件来增加体验，更多地考虑产品能附加给消费者的价值观念、文化享受和生活意义。

（3）在营销过程中为顾客创造快乐。体验营销注重在产品的营销过程中不断地为顾客带来新的体验与满足，从而为顾客带来快乐，如购物场所中轻松柔和的背景音乐、整齐而有创意的商品摆设等都能为消费者带来刺激和快乐。

（4）有助于提高企业的品牌知名度，提高消费者的品牌偏好度。国外著名的企业如麦当劳、宜家、星巴克等都曾通过成功实现体验式营销而获得更多消费者的青睐。

**体验营销在零售业的实施**

零售业是典型的服务产业，菲利普·科特勒的《市场营销管理》中，将零售业定义为"将商品或服务直接销售给最终消费者，供其个人非商业性使用的过程中所涉及的一切活动"。零售行业与其他行业相比较有这样一些特点：零售是商品流通的最后一个环节，直接面对消费者；零售是向最终消费者个人出售商品或服务的行为，它贴近消费者的生活；零售业面对众多零星分散的消费者，平均每次交易数量较少，但频率很高；零售活动一般是现货交易，当面挑选，感性决策，即兴购买，随意性较大。

我国零售业的业态大概分为8类：百货店、超级市场、大型综合市场、便利店、仓储式商场、专业店、专卖店、购物中心。近几年外资企业对中国零售市场大举进攻，迫使中国零售业必须尽快寻找走出困境的途径。我国零售业实施体验营销的时间还不长，但也有一些成效显著的企业，红星美凯龙是中国家具连锁最具影响力的品牌，通过不断探索，以创建学习型组织为管理方法，形成独特的"市场化营销，商场化管理"经营模式和"售出商品由红星美凯龙负全责"的售后服务模式，使其始终走在中国家具行业的最前沿。目前，红星美凯龙又在创新推出体验式营销，让广大消费者在购物的同时留下难忘的印象。首先在于营造温馨、雅致、亲和的购物环境。红星美凯龙第六代商场共有6个共享大厅，前后共享大厅配置了咖啡吧、简餐厅、儿童乐园等设施；左右两侧4个共享大厅犹如大花园，常绿植物郁郁葱葱，还有小桥流水、亭台楼阁，水中鱼儿自由游弋；红星的商场的过道比其他家具商场要宽得多，过道中摆放了一些漂亮的花木以及供消费者休息的椅子，灯光柔和、宜人。这些与整体装修浑然一体，让消费者在购物的时候有一种愉快的心情。其次在于推出实景楼盘样板展示厅。就是在商场的一个区域，对一些房地产楼盘样板房进行各种风格的装修，并配以各种家具、洁具、饰品等进行实景展示，让消费有整体的感觉和购买的欲望。实景样板房装修和家居的配饰相对来讲比较时尚、新潮，能引导消费者紧跟时代潮流。另外，还有许多超值服务，如给消费者提供品种齐全、廉价物美的商品，统一送货，统一安装，所有售出商品由红星美凯龙负全责，定期回访等，让消费者最大化地满意，充分体验红星美凯龙的服务。

**在零售业中应用体验式营销对策**

我国零售业实施体验营销的历史并不长，体系还不完善，一些相关措施还需要不断健全和发展，同时也需要不断向国外发达国家学习先进的管理经验。针对我国的国情和零售业的特征，在实施体验营销的过程中需要注意以下事项：

1. 精心营造体验环境，提高客户满意度

体验营销要求购物环境具有一定的气氛或情调，使消费者在购物过程中产生一种特殊的心理感受。消费者的心理感受虽然与交易本身没有直接的联系，但是它会影响消费者在购物时的心境和兴趣，精心策划购物环境是为了创造知觉体验，充分利用感性信息，通过影响消费者的感官、感受来介入其行为过程，从而影响消费者的购物决策过程和行为。

2. 发掘消费者心理需求，给予顾客文化上的享受

在零售业的经营活动中，要从单一的通过产品或服务满足消费者需求向满足消费者欲望和增加顾客体验转变，重视对顾客精神及心理需求的满足。消费者的年龄、性别、收入等细分市场的依据能使企业更好地在较低的层次上满足人们物质上的需求，并且满足消费者追求更高层次上的心理及情感，因此企业要注重对消费需求心理的研究及分析，尤其在产品进入市场的终端零售环节增强体验。零售终端的个人市场，消费需求具有可诱导性。体验营销能够营造一种消费者精神世界所需要的生活和文化氛围，从而帮助消费者感受到潜在的心理需求，激发其购买欲望。

3. 构建体验营销的战略模型组合

体验营销的目的是依靠客户参与事件来生产和让渡体验，所以体验营销组合应紧紧围绕着体验的生产和消费来建立。基于顾客角度建立体验营销组合的六大要素是体验(Experience)、情境(Environment)、事件(Event)、浸入(Engage)、印象(Effect)和延展(Expand)，称为6Es组合策略。6Es组合策略中，各个E并不是相互独立的，它们之间存在着非常密切的联系。体验策略是体验的设计过程，是情境策略、事件策略和浸入策略的前提和基础，其他策略必须服从和服务于体验策略的基本内涵和思想，情境策略、浸入策略和事件策略是体验的实现过程，企业通过这3个策略的实施，完成体验的生产和让渡，同时顾客也完成了对体验的消费。

4. 建立零售业体验式营销队伍，提升服务品质

零售业通常要直接面对消费者，因此营销人员队伍素质的高低直接影响顾客的体验效果。在体验式营销中，营业员和销售人员的角色较传统营销发生了一定的变化，他们要采用让目标顾客观摩、聆听、尝试、试用等方法，加强与消费者的沟通与互动，使顾客亲身体验企业提供的产品和服务，将视觉、听觉、触觉、味觉、嗅觉等应用在体验营销上，使消费者体验产品，确认价值，促成信赖后达成交易。因此，营销人员积极的心态、高尚的品质、较强的沟通协调能力及专业技能和素养等综合素质的提高是体验营销成功的关键，所以零售企业要注重营销人员的选拔、培训、培养，提升服务品质。

5. 发掘新顾客，稳定忠诚客户群

真正的销售营销都始于售后，零售业也是如此。售后服务的竞争状况与好坏对企业的影响更为深远，它是企业提高顾客满意度，培养忠诚顾客的重要手段，零售企业也不例外。按照80∶20法则，企业80%的销售来自于20%的顾客，创造80%销量的这部分是企业的忠诚顾客。企业往往依靠良好的售后服务来维持顾客的忠诚度。因此，购后体验会促成顾客重复购买，零售商除了提供优质的售后服务外，还应当利用现代化的网络、通讯技术建立顾客档案，加强客户关系管理，从而影响客户情感，培养忠诚顾客。

6. 有步骤、有条理地在零售业中实施体验营销

体验式营销的实施需要遵循一定的步骤，在通过信息收集与心理调查确定自己的客户群之后，体验营销的第一步是发现客户的体验过程。同时，企业需要建立客户体验数据库，数据库中不仅包括客户的基础资料，还包括客户的体验性的资料及一定的反馈。之后，企业需要拟订体验营销发展的战略规划，将客户体验营销观念整合传播。体验营销实施的整个

过程是立足于客户体验改造企业服务的过程，在体验关键点上实行服务的差别化。最后需要对整个体验营销进行阶段评估与反馈，有助于体验营销模式不断完善。

总之，让体验存在于企业与顾客接触的所有时刻，包括在零售环境中，在产品和服务的消费过程中，在售后服务的跟进中。在零售业中实施体验营销，就必须更清楚地掌握消费者的所有消费行为，更加关注消费者在购物前、中、后的全部体验，让消费者感觉到品牌的特色与文化，这样的体验才是真正的体验。关注体验营销，实施体验营销，使之成为零售业持续竞争优势，从而真正全面提升我国零售业水平。（王丽霞）

（摘自《营销与流通》2007.2）

## 复习思考题

1. 批发商有哪些重要职能？
2. 批发商应如何细分市场和选择目标市场？
3. 简述批发商的营销策略。
4. 简述零售商活动的内容和零售业的发展趋势。
5. 零售商的营销策略有哪些？
6. 何谓超级市场？超级市场最重要的特征是什么？
7. 什么是分别加成定价方法？它有何作用？
8. 说明 POP 广告的主要功能。
9. 何谓直营连锁店？直营连锁店的主要特点是什么？
10. 何谓特许连锁店？特许连锁店的最大特点是什么？
11. 连锁店的主要营销策略有哪些？
12. 何谓直复营销？直复营销的具体形式有哪些？
13. 直接销售和直复营销的区别何在？
14. 阅读专论 11-1，说明什么是体验营销，在零售业应用体验营销有哪些对策？

# 第12章 促销策略

**本章要点**

- 促销与促销组合
- 人员推销的程序
- 公共关系的活动方式及工作对象
- 公共宣传新闻稿的体裁及其写作
- 如何选择广告媒体
- 广告效果评价
- 人员推销的基本策略
- 营业推广的形式及方案
- 公共宣传的特点
- 广告的基本功能
- 广告实施决策

## 第一节 促销策略概述

### 一、促销的概念及其含义

促销(Promotion),即促进销售。从市场营销的角度看,促销是企业通过人员和非人员的方式,沟通企业与消费者之间的信息,引发、刺激消费者的消费欲望和兴趣,使其产生购买行为的活动。这一定义包含以下几层含义:

(1) 促销的实质是沟通信息。尽管促销的方式多种多样,但促销活动从本质上看,是消费者与供给者之间的信息沟通活动。通过信息沟通,供给者向消费者传递了商品及服务的存在、性能和特征等信息,消费者则向供给者传递了商品及服务购前、购中和购后使用等一系列信息。双方认识趋于一致并保持良好关系,有助于消费者产生购买行为,有助于供给者调整产品结构等营销策略,更好地满足消费者的需求。

(2) 促销的目的是推动产品和服务的销售。促销活动是一种信息沟通过程,但信息沟通的根本目的是吸引消费者对企业或其产品和服务的兴趣与偏好,激发消费者的购买欲望,推动产品和服务从供给者向消费者的转移,实现产品销售。

(3) 促销的方式主要有人员促销和非人员促销。人员促销又称人员推销,是企业运用推销人员向消费者推销商品或劳务的一种促销活动,它主要适合于消费者数量少、比较集中的情况。非人员促销又称间接促销,是企业通过一定的媒体传递产品或劳务等有关信息,以促使消费者产生购买欲望、发生购买行为的一系列促销活动,它包括广告、营业推广和公共关系等形式,适合于消费者数量多、比较分散的情况。

### 二、促销的作用

促销是市场营销组合策略的重要组成部分,具有不可忽视的作用。不同的促销手段,产

品销售的不同阶段,促销起着不同的作用。它包括:

(1) 传递信息,沟通情报。销售产品是市场营销活动的中心任务,信息传递是产品顺利销售的保证。现代营销过程是商流、物流、资金流和信息流的有机结合过程。信息流是商流、物流和资金流的先导,促销活动的本质就是消费者、生产者和中间商之间的信息流动。

(2) 激发欲望,诱导需求。在许多情况下,消费者不会过多关注一些新上市的产品,也就谈不上对这些新产品的消费欲望和需求。促销人员通过演示、说服等方式激发消费者的欲望,并使消费者产生对该种产品的需求。

(3) 突出特点,强化认知。市场上的同类产品太多,而且许多同类产品之间的差异十分微小,消费者几乎无法辨别,促销人员在与消费者面对面沟通的过程中,通过有针对性地介绍产品特点,在消费者心目中形成良好的印象,达到强化认知的效果。认知某一特定产品,是购买的必要前提。

(4) 指导消费,扩大销售。促销人员不仅推销商品,也在推销知识,特别是一些高技术含量的产品,需要促销人员耐心细致地介绍产品的相关知识,指导消费者如何使用,从而激发消费者的需求欲望,变潜在需求为现实需求,以此达到增加购买、扩大销售的目的。

(5) 树立形象,形成偏爱。推销产品,更重要的是要首先推销自己。促销人员通过对企业的宣传,在消费者心中树立起良好的形象,又促进了产品的销售,从而使消费者对企业的产品形成偏爱,成为企业忠诚的顾客。

### 三、促销组合策略

促销组合策略就是有目的、有计划地将多种促销手段合理有效地配合起来综合使用,形成一个整体策略。促销组合策略的内容包括选择促销方式、分配促销预算和人力等。促销组合策略可以分为人员促销和非人员促销,有时也可分为推动式促销和拉动式促销。

(一) 促销手段的分类及其特点

促销手段的主要分类如表 12-1 所示。

表 12-1 促销手段的分类

| 促销组合 | 人员促销 | 推销员 |
| --- | --- | --- |
| | | 销售代理机构 |
| | 非人员促销 | 营业推广 |
| | | 广告 |
| | | 公共关系 |

人员促销是企业通过推销员或委托其他销售代理机构直接向消费者推销产品和服务的活动。

非人员促销可以采用营业推广、广告和公共关系等方式。营业推广是指利用折扣、展示、有奖销售等多种方式,促使消费者采取立即购买行为的促销活动。广告是以广告主的名义,利用大众传播媒体向消费者传递有关商品和服务信息的活动。公共关系则指企业在经营活动中,妥善处理企业与内外公众的关系,以树立企业良好形象的促销活动。

将以上 4 种促销方式的优、缺点列于表 12-2 以作比较。

表 12 - 2　4 种促销方式的优缺点

| 促销方式 | 优　点 | 缺　点 |
| --- | --- | --- |
| 人员推销 | 方式灵活,针对性强,利用面谈,容易激发兴趣,促成立即购买 | 费用较大,推销人才难觅 |
| 营业推广 | 吸引力大,效果迅速、明显,能改变消费者购买习惯 | 可能引起消费者的种种顾虑,对产品和企业产生不信任感 |
| 广　告 | 影响面广,形式多样,吸引力强 | 难以促成即时购买 |
| 公共关系 | 影响面广而深远,容易得到消费者信任,费用相对较低 | 见效慢,难度大 |

(二) 影响促销组合策略制定的因素

促销组合策略的制定,即选择什么促销手段并分配相应的促销力量,要受到许多因素的影响:

(1) 产品和服务的性质。就产品而言,不同的产品由于购买者和购买需求不一样,所采取的促销方式也不一样,见图 12-1。

(2) 产品寿命周期。产品处于其寿命周期不同阶段,也应采用不同的促销组合,如表 12-3 所示。

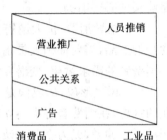

图 12-1　不同产品类型的促销方式

表 12 - 3　产品寿命周期不同阶段的促销形式

| 产品寿命周期 | 促销目标 | 促销形式 | |
| --- | --- | --- | --- |
| | | 消费品 | 工业品 |
| 投入期 | 使消费者了解、认识产品 | 广告为主<br>人员推销为辅 | 人员推销为主<br>广告为辅 |
| 成长期 | 使消费者对产品产生偏爱 | 广告 | 人员推销 |
| 成熟期 | 保护市场争取最大利润 | 广告为主<br>营业推广为辅 | 人员推销 |
| 衰退期 | 巩固市场 | 营业推广为主<br>广告为辅 | 人员推销及营业推广 |

(3) 产品价格。产品价格不同,促销组合也应有所不同,如表 12-4 所示。

表 12 - 4　不同价格的产品促销组合

| 产品类别 | 使用广告 | 使用人员推销 |
| --- | --- | --- |
| 低价消费品 | 多 | 少 |
| 高价消费品 | 多 | 多 |
| 低价工业品 | 一般 | 多 |
| 高价工业品 | 少 | 多 |

(4) 促销费用。促销费用多少影响着促销的效果。企业在选择促销组合时,要综合考虑促销目标、产品特性、企业财力及市场竞争状况等因素,在可能的预算情况下估计必要的

促销费用;然后综合分析比较各种促销手段的成本和效果,以尽可能低的促销费用取得尽可能高的促销效益。

(三) 推动和拉动策略

促销组合策略也可分成拉动策略和推动策略。

拉动策略,就是企业首先通过广告等促销手段对最终消费者进行促销攻势,使他们对产品或服务产生强烈的兴趣和购买欲望,然后反过来"拉动"中间商纷纷要求经销该产品的促销策略。企业在推出某些新的产品或服务时,中间商出于种种顾虑,往往不愿意经销,在这种情况下,企业多采用拉动促销策略。

推动策略则是企业以人员推销为主,辅之以折扣等营业推广手段,对中间商进行促销,使之产生兴趣和购买欲望,并利用他们的力量将产品或服务推销至最终消费者。在企业和中间商对市场前后看法较一致时多采用此策略。显然,如果同时使用推动和拉动促销策略,促销效果更为明显。这两种促销策略如图 12-2 所示。

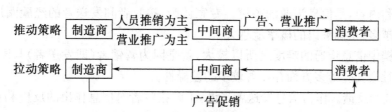

图 12-2  推动和拉动策略

### 四、促销活动中的信息沟通

(一) 信息沟通模式

促销活动实质上是生产企业和中间商、消费者及其他公众的沟通过程。一切促销手段都是直接或间接地在沟通信息的基础上进行的。信息沟通可以有多种模式,图 12-3 即是被广泛接受的一种,该模式涉及 9 个要素。

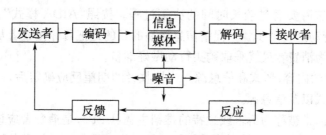

图 12-3  信息沟通模式

发送者——信息发出方、信息源。

编　码——把信息编成可以经媒体传播,且关键是接收者能够解码的形式。

信　息——即传播的内容,它是信息源对某一观念或思想编码的具体结果。

媒　体——发送者向接收者传播信息所通过的沟通途径。

解　码——接收者将传播符号还原成信息的过程。

接收者——接收信息的人,信息传播的终点。

反　应——接收者接收信息后作出的一系列反应。

反　馈——接收者向发送者送回去的部分反应。

噪　音——沟通过程中非正常的干扰使接收者接收了与发送者所传递出的信息有所不同的信息。

信息传播过程中有几个关键环节：

（1）编码。发送者为了把信息有效地传达给接收者，必须改变信息，使之成为媒体可以传播的形式。改变信息形式的目的是使该信息更能吸引接收者的注意，且使接收者能通过恰当的信息还原，得到对信息正确的理解。比如使用人员推销，传达信息主要是推销员的语言表达和适当的样品示范。如果通过广告形式，这一过程难度就大为增加。比如接收者为文盲，促销广告就要多用照片、图片、声音甚至卡通画等易被接受的方式。

（2）选择媒体。非人员促销方式，大多要选择报刊、电视、广播等大众媒体传播信息。合适的媒体可以有效地将编码后的信息传达到接收者。

（3）解码。接收者能否有效地接收信息，并正确地还原成发送者（即信息源）原来发出的信息形式和内容，是信息沟通的关键。专家认为，接收者和发送者的经验阅历、知识范围等共同部分越多，正确解码的概率就越大。

国际营销中信息沟通的难度之所以较大，就是因为营销者（即发送者）与国外的信息接收者之间在社会文化等多方面存在着较多的差异性。

（4）反应和反馈。作为信息发送者来说，了解接收者对信息作出的反应和反馈，对于采取进一步的营销措施，改进今后的促销方式等起着十分重要的作用。

（二）建立沟通和促销方案的主要步骤

有效的沟通和促销方案通常由下列 8 个步骤组成：

（1）确定目标信息接收者。明确促销信息的目标接收者，才能决定传播什么信息及如何传播。目标信息接收者通常是产品的使用者或潜在购买者，因此要研究这些人的需求和偏好等营销特征。

（2）确定信息传播目标。当明确了谁是目标信息接收者及其特点后，营销信息传播者就必须确定信息传播的目标。尽管信息传播的最终目的是希望信息的接收者即消费者购买该商品或服务，但这需要通过较长时间的决策过程。按照"AIDA 模式"，消费者要经过知晓、兴趣、欲望和行动这 4 个步骤。促销信息传播的目的是把目标接收者从当前所处的阶段推向更高的层次，为消费者最终采取购买行动做好准备。

（3）决定信息的内容、形式和信息源。当接收者的期望反应确定后，还须进一步确定传播信息的内容、形式以及信息源。

所谓信息内容，常被称为诉求或独特的推销主题（USP），是消费者应该考虑或应该做某些事情的理由。它通常包括理性诉求、感性诉求和道义诉求。信息形式的选择则是为了使信息内容更具吸引力，如决定平面广告的标题、文稿、插图和色彩等。信息源即信息发送者对消费者接受信息程度的影响也很明显。

（4）选择信息渠道。有效的信息沟通渠道包括人员和非人员两大类。前者是两个或两个以上的人相互之间直接进行信息沟通，消费者可能会与推销人员或亲戚、朋友等其他相关群体成员进行信息沟通。另外一大类是由印刷媒体、电子媒体和展示媒体组成的非人员信息沟通渠道。

（5）确立促销预算。促销信息沟通必须以足够的促销预算作保证。但是确定总的促销费用并不是件容易的事。在广告预算中常用的 4 种方法有尽力而为法、销售比例法、竞争对等法和广告目标法,它们也同样适用于其他促销形式。总的来说,促销预算大小因产品寿命周期的不同阶段、产品的性质等因素不同而不同。

(6) 决定促销组合。选择使用广告、营业推广、公共关系和人员推销 4 种主要促销手段的关键是给它们分配总的促销预算。

(7) 衡量促销效果。促销计划执行后,信息传播者必须衡量它对目标接收者的影响程度,以便改进和完善今后的促销计划。通常有必要了解他们是否识别该信息、看到几次、记住了什么、对信息的感觉和对公司的反应。当然,最重要的是有多少人最后购买了该产品。

(8) 管理营销信息沟通。对多种多样的信息沟通手段、信息内容和形式等必须加以管理和协调,保证公司形象的一致性,提高信息沟通的效率。

# 第二节 人员推销

## 一、人员推销的特点和职能

(一) 人员推销的特点

人员推销是企业通过推销员或委托其他销售代理机构直接向消费者推销产品和服务的活动,它是自商品交换出现后的一种最古老的推销方法。这是一个推销的世界,画家推销美感,教师推销知识,服装模特儿推销线条和流行色。

在现代市场经济条件下,人员推销在多种推销方法中仍具有十分重要的地位。与其他推销手段相比,人员推销具有以下特点:

(1) 推销人员和顾客保持着直接的联系和接触,易于察觉顾客的各种反应,可以根据他们的购买动机和心理采取灵活的协调措施,以达到交易的目的。

(2) 推销人员可以事先对潜在顾客的购买心理、行为习惯和购买标准进行研究,从而可以在正式推销时掌握主动,先入为主,容易获得成功,同时可以避免因对消费者不熟悉而导致时间和财力的浪费。

(3) 推销人员在推销产品的同时,可以以自己的良好形象赢得顾客对产品和企业的信任,从而加速购买行为的发生。此外,推销人员可以兼做市场信息收集工作,为开发新产品提供构思。

(4) 推销人员和顾客很可能通过交易活动建立起深厚的个人友谊,从而有利于发展良好的公共关系及与顾客保持长期稳定的合作。

人员推销的最大特点是具有直接性。

人员推销的最大弱点是开支较大和接触的顾客有限。因此,对于广泛而分散的市场,人员推销往往难以奏效或导致成本过高。

(二) 人员推销的职能

推销人员在推销产品和服务的同时,还兼有沟通信息、提供服务、协调分配等其他职能。

(1) 提供服务。为顾客提供最满意的服务是推销人员的首要职能。它包括了解消费者的需求;向消费者提供产品信息;协助办理提货、运输、保险手续,帮助他们选择最合适的商品和服务等。此外,作为公司的一员,推销人员还须在销售商品的同时,协助企业收回货款;向企业提供必要的业务报告,积极参加各种展览、销售会议,扩大企业的影响和树立企业良好的声誉等。

(2) 沟通信息。推销人员是买卖双方信息的主要渠道之一。一方面,推销人员将所推销产品的性能特点、价格、使用保养等信息以及企业信息传递给消费者;另一方面,又将消费者的意见和要求及时传达给企业,以便于企业及时掌握市场发展动态,制订或修订营销计划,调整营销策略。

同时,推销人员在供求不平衡时,还要承担协调供求,巩固和促进买卖双方关系的任务;有时还需接受部分送货、安装维修、培训客户等工作。

## 二、人员推销的形式、对象与策略

(一) 人员推销的形式

(1) 访问推销。即由推销人员携带产品的样品、说明书和订单等有目的地走访顾客,推销产品。这是最常见的人员推销形式,这种推销形式可以针对顾客的需要提供有效的服务,方便顾客,便于顾客广泛认可和接受。

(2) 柜台推销。是指企业在适当的地点设置固定的门市或派出人员进驻经销商的网点,接待进入门市的顾客,介绍和推销产品。柜台推销与上门推销正好相反,它是等客上门式的推销方式。由于门市里的产品种类齐全,能满足顾客多方面的购买要求,为顾客提供较多的购买便利,并且可以保证商品安全无损,顾客比较乐于接受这种方式。柜台推销适合于零星小商品、贵重商品和容易损坏的商品推销。

(3) 会议推销。它指的是利用各种会议向与会人员宣传和介绍产品,开展推销活动。例如,在订货会、交易会、展览会、物资交流会等会议上推销产品均属会议推销。这种推销形式接触面广,推销集中,可以同时向多个推销对象推销产品,成交额较大,推销效果较好。

(二) 人员推销的对象

推销对象是人员推销活动中接受推销的主体,是推销人员说服的对象。推销对象有消费者、生产用户、中间商和政府。

(1) 向消费者推销。推销人员向消费者推销产品,必须对消费者有所了解。为此,要掌握消费者的年龄、性别、民族、职业、宗教信仰等基本情况,进而了解消费者的购买欲望、购买能力、购买特点和习惯等。并且要注意消费者的心理反应。对不同的消费者,施以不同的推销技巧。

(2) 向生产用户推销。将产品推向生产用户的必备条件是熟悉生产用户的有关情况,包括生产用户的生产规模、人员构成、经营管理水平、产品设计与制作过程以及资金情况等。在此前提下,推销人员还要善于准确而恰当地说明自己产品的优点,并能对生产用户使用该产品后所得到的效益作简要分析,以满足其需要;同时,推销人员还应帮助生产用户解决疑难问题,以取得用户信任。

(3) 向中间商推销。中间商对所购商品具有丰富的专门知识,其购买行为也属于理智型。这就需要推销人员具备相当的业务知识和较高的推销技巧。在向中间商推销产品时,首先要了解中间商的类型、业务特点、经营规模、经济实力以及他们在整个分销渠道中的地位;其次,应向中间商提供有关信息,给中间商提供帮助,建立友谊,扩大销售。

(4)向政府推销。与其他推销对象有所不同的是政府消费,具有较强的计划性和政策性。推销人员只有在掌握充分的政府需求信息的前提下,才能有准备地向政府机构传递商品信息,并实施推销策略。

(三)人员推销的基本策略

(1)试探性策略。也称为"刺激—反应"策略。这种策略是在不了解顾客的情况下,推销人员运用刺激性手段引发顾客产生购买行为的策略。推销人员事先设计好能引起顾客兴趣、刺激顾客购买欲望的推销语言,通过渗透性交谈进行刺激,在交谈中观察顾客的反应,然后根据其反应采取相应的对策,并选用得体的语言,再对顾客进行刺激,进一步观察顾客的反应,以了解顾客的真实需要,诱发购买动机,引导产生购买行为。

(2)针对性策略。也称为"配方—成交"策略。是推销人员在基本了解顾客某些情况的前提下,有针对性地对顾客进行宣传、介绍,以引起顾客的兴趣和好感,从而达到成交的目的。因推销人员常常在事前已根据顾客的有关情况设计好推销语言,既能主动出击又能投其所好,为顾客所接受。

(3)诱导性策略。也称为"诱发—满足"策略。是指推销人员运用能激起顾客某种需求的说服方法,诱发引导顾客产生购买行为。这种策略是一种创造性推销策略,它对推销人员要求较高,要求推销人员能因势利导,诱发、唤起顾客的需求;并能不失时机地宣传介绍和推荐所推销的产品,以满足顾客对产品的需求。

### 三、人员推销的程序

人员推销是买卖双方互相沟通信息,实现买卖交易的过程。这一过程包括7个步骤,在人员推销的不同阶段中,推销人员应根据具体情况运用不同的推销策略。

(一)推销准备

为了顺利地完成销售任务,推销人员首先必须做好知识和思想两方面的准备工作。

1. 知识准备工作

(1)企业知识。推销人员必须熟悉本企业的历史、规模、组织、人力、财务及销售政策等,以便能顺利地回答消费者可能提出的有关问题,熟悉企业并对企业充满信心的推销人员很自然地给消费者一种值得信赖的感觉。

(2)商品知识。推销人员必须熟悉所推销商品的构造原理、制造过程、使用方法、保养维护等,便于向消费者充分地展示产品的特点,取得消费者的认同。

(3)竞争知识。知己知彼,方能百战百胜。推销人员要尽可能多地掌握一些竞争对手的情况,以便在推销过程中掌握主动权。一般来说,要了解竞争对手在产品、价格、分销渠道和促销等方面有哪些特点。

(4)市场知识。市场知识通常包括消费者需求、购买模式、购买能力、潜在顾客以及消费者对本企业的态度。此外,还包括政治、法律、经济、社会文化等市场环境方面的知识。推销人员掌握的知识越多,就越能在推销过程中随机应变,进行创造性地推销。

2. 思想准备工作

推销是一项极具魅力、极富创造性、极有吸引力的工作,但推销也是一项十分艰苦的工作,因此,必须做好充分的思想准备。

(1)全力以赴。要撇开家庭等因素的干扰,确保全身心地投入。

(2) 明确目标。要拟订适当的推销目标，激励推销努力的奋发。
(3) 坚忍不拔。要发扬不屈不挠的精神，承受推销工作中碰到的巨大压力。
(4) 高度自信。要对自己的能力和对推销的产品充满自信。

### (二) 寻找顾客

寻找有一定购买欲望和购买能力及掌握购买决策权、有接近可能性的潜在消费者是有效推销活动的基础。寻找的方法有多种，主要包括：

(1) 逐户访问。首先要选择适宜的销售地区；其次要决定逐门逐户访问还是预先作出估计有所选择。这种方法可以在较短时间内访问较多的顾客，同时也是锻炼自己推销技术的有效途径。不过，这种访问遭拒绝的可能性大，成交概率小。

(2) 电话访问。从电话号码簿上挑选最适宜的销售范围，然后逐一进行电话询问。运用这种方法效率高，但成功的概率较小。

(3) 根据名录寻找。根据电话簿、社团名录等各种名录来寻找潜在的顾客，这是一种效率较高、成功概率很大的方法。

(4) 他人介绍。经他人，特别是一些与自己关系密切、身份地位较高、有一定权威的人士介绍，访问成功的概率较大。

通过广告、展销会或出差等其他公开场合寻找潜在顾客在实践中也常常运用。

### (三) 访问顾客

(1) 拟订访问计划。为了顺利地完成推销任务，必须在对顾客充分了解的基础上，针对顾客的不同特点，拟订周密详细的访问计划，包括确定拟向顾客推销何种商品及其能充分满足顾客什么需求，拟好洽谈内容或发言提纲，准备好洽谈中需要的企业产品等方面的资料、样品、照片等。

(2) 约会面谈。约会的方式有电话约会法、信函约会法和访问约会法，3种方法各有所长。

(3) 开场的方法。推销人员常常碰到潜在顾客的冷淡态度，打破这种冷淡气氛是进一步切入推销主题的前提。开场的方法有提出问题法、趣事导入法、名片自荐法、熟人引入法、礼品赠送法、展示商品法等多种。

### (四) 介绍产品

开场以后，推销人员应尽快进入推销问题，介绍、推荐自己的产品和服务。在介绍过程中，要着重讲清5个问题：

(1) 为什么，包括你为什么来访问，顾客为什么要买你的产品。
(2) 是什么，介绍产品的特点，能给顾客带来的利益和好处。
(3) 谁说的，充分地让顾客了解你们公司的经验、信用和声誉。
(4) 谁做了，推销员过去的顾客有哪些，他们因使用该产品得到了什么利益。
(5) 将得到什么，顾客使用了该商品后将得到哪些好处，反之将失去些什么。

在具体向顾客介绍上述问题时，还须注意要多从顾客的角度考虑问题，多用顾客熟悉的语言介绍产品，多聆听顾客的意见，多利用样品或其他手段来展示商品。最后，要注意多用一些态度坚定的措辞。

### (五) 处理异议

顾客异议指顾客对推销人员推销的商品和服务提出的反面的观点和意见。处理异议是推销面谈的重要内容,也是最能显示推销人员推销技巧和水平的方面。异议内容常见的有价格偏高、质量不佳、对现有供应商已很满意、产品购自友人、预算用完、资金紧张等方面。

妥善处理各种异议,要事先对各种可能的异议作出估计,设计好相应的对策。在推销过程中,面对反对意见,推销人员要镇定、冷静,表示出真诚、温和的态度。对意见涉及的问题,运用有关事实、数据、资料或证明,作出诚恳的、实事求是的解释,从而消除顾客的疑虑。

（六）达成交易

推销员在排除顾客的主要异议后,要抓住适当的时机,最后促成顾客达成购买交易。其中,时机掌握最为重要。如果推销员过早提出成交,很可能激起潜在顾客的抗拒心理,两者的关系便会出现某种程度的倒退。如果推销员错过这一机会,消费者的兴趣也许很快就会淡化了。促成交易的常用方法有：

（1）假定成交法。假定顾客已经决定购买,突然询问一些包装、运输或是商品如何保养、使用的问题,以此促成成交。

（2）优惠成交法。在顾客犹豫彷徨之际,宜给予进一步的优惠条件,促使顾客立即购买。

（3）惜失成交法。利用顾客担心不立即购买会失去些什么的惜失心理,促成顾客购买。

促成成交的方法有多种,要点在于准确把握消费者的购买心理,采取相应的措施。

（七）购后活动

为了更方便地满足消费者的要求,成交以后,推销人员还需进行售后服务与一系列的购后活动。

（1）加强售后服务。售后服务工作是整个推销工作的重要组成部分,其内容包括：安排生产、组织包装、发货、运输和安装调试、重要设备操作人员的培训。在产品正常使用后,要定期与顾客联系,了解产品使用情况,提供零配件供应等。消费者在使用过程中的问题和建议要及时妥善处理。

（2）保存记录,总结分析推销工作。特别是一些大型设备在签订合同后,推销人员要认真做好推销工作审计、客户卡片和销售总结报告,保存好推销过程的原始资料,为售后服务提供信息和资料,为今后顾客重复购买做好准备。

## 四、推销队伍的管理

推销队伍的管理包括推销人员的选择和培训、推销人员的组织和推销人员的激励评价3个方面。

（一）推销人员的选择和培训

关于推销员,西方有句说法："有些人生来就是做推销员的。但最好的推销员是培训出来的。"这句名言非常形象地说明了推销员挑选和培训工作的重要性。

1. 推销人员的选择

企业通常通过公开招聘的方式来挑选聘用推销人员。其程序为：

（1）填写经历。除个人基本资料外,要求申请人填写受教育程度、工作经历、对工作岗位的基本要求和看法等。其中学历、工作经历是审核申请人是否符合聘用要求的重要内容。

（2）面试。面谈、询问等面试方式可以更进一步衡量申请人的仪表、语言表达能力、逻辑思维能力、交往能力、专业知识和专业技能等。

（3）能力测试。包括归纳、观察、分析、综合、应变等一般能力和专业方面的特殊能力。一些专业性产品特别要求申请人掌握该专业知识和能力。

（4）个性测试。由于推销工作的特殊性要求，国外常对推销员申请人做一些兴趣、性格等测验。特别是性格，它往往与推销成败密切相关。待人热情诚恳、性格外向、口才出众、举止适度、文明礼貌是一个优秀推销员必备的良好个性。

2. 推销人员的培训

经选择确定的推销人员在担任实际推销工作之前，必须经过进一步培训。培训的内容包括企业、产品、顾客、竞争和市场方面的知识，基本推销技巧，有关经济、法律、财务知识，推销人员的任务和责任。培训的方法有短期集训、送专门学校培训、边培训边实践等多种。在培训过程中，采用角色模拟、案例讨论等方法，可以使培训者更快地进入角色。

在国外，特别是一些大公司，除了对新进的推销员进行基本训练外，每年或定期还要对在岗销售人员进行中级或高级推销培训。

（二）推销人员的组织

推销人员能否完全充分发挥作用，很大程度上取决于如何结合当地不同情况组织好推销人员。组织得好，既可以充分发挥推销人员的工作热情，又可以使销售工作顺利进行，提高推销效率。推销人员的组织分派方式有：

（1）按地区分派。当推销区域较广，产品较单一或市场较相似时，可以按地区委派推销员或推销小组。采用这种方法的好处是推销人员职责明确，推销人员较熟悉本地情况，可以建立较稳定的人际关系，同时还可降低出差等推销费用。

（2）按产品线分派。有些企业产品线较多，产品线之间关联度较低，产品使用技术复杂，而且市场差异性也较大，一个推销员不可能熟悉所有产品，因而可以按产品线或相似的产品线分派推销人员或推销小组，这样便于推销员熟悉产品，提供高质量的服务。

（3）按顾客分派。可以根据顾客的规模不同、行业不同和顾客的身份不同（如批发、零售等）来分别分派推销员。这种做法便于推销员熟悉某类顾客，满足不同顾客的不同要求，与顾客建立较长期的关系。但若同一类别的顾客分布较散时，推销线路必然增长，造成推销力量重叠，费用开支增加。

（4）复合式分派。一些大企业产品品种繁多，差别大，顾客类别多且分散，则企业应采用地区、产品线和顾客复合式分派方式。常见方式有地区产品复合、地区顾客复合、产品顾客复合等。

（三）推销人员的激励和评价

1. 推销人员的激励

推销人员的管理工作中，选择合适的激励内容和方式是其中重要的环节之一。除了推销员自我激励因素外，企业还需考虑外部激励。激励的方式有：

（1）奖励。包括奖金、住房、带薪旅游等物质奖励和表扬、晋升、授予荣誉称号等精神鼓励两种做法。

（2）监督。除了常见的推销定额办法外，严格的规章制度、推销计划、推销总结报告等也是有效的监督手段。

2. 推销人员的评价

对推销人员的激励必须以客观的评价为基础。评价内容包括：

(1) 绩效评定。推销计划的执行情况、新增加的客户数量、访问成功率、销售费用及费用率和他们的销售额。

(2) 绩效比较。推销员与推销员之间、推销实绩与计划之间、推销员目前实绩与往年实绩比较等。

(3) 其他。包括推销员对知识和技能的掌握程度，消费者对推销员的评价等。

## 第三节 营业推广

### 一、营业推广的概念及特点

营业推广，又称销售促进或称狭义促销，它是与人员推销、广告和公共关系相并列的四大基本促销手段之一，构成促销组合的一个重要因素。

所谓营销推广，是指企业运用折扣、有奖销售、优惠券等各种短期诱因，鼓励消费者购买或经销企业产品、服务的促销活动。

营业推广是企业销售的开路先锋与推进器，历来被企业视为促销利器。

营业推广与其他促销方式相比，具有以下显著特点：

(1) 营业推广是一种以激励最终消费者购买和中间商经营积极性为主要目标的短暂性促销活动，它不像广告和公共关系那样需要一个较长的时期才能见效。

(2) 营业推广是一种为了某种促销目标专门开展的非连续性促销活动。

(3) 营业推广方式是协助人员推销和广告促销，使二者发挥更好效果的辅助性促销活动，它的运用能使与其配合的促销方式更好地发挥作用。

(4) 营业推广具有较强的吸引力，效果迅速、明显，许多营业推广形式如有奖销售等颇具诱惑力，因此可以改变消费者原有的购买习惯。

(5) 营业推广若使用不当或使用过滥会有损企业和产品的形象，使顾客对商品质量产生怀疑，影响产品持久的生命力。

### 二、营业推广的形式

应根据市场的类型、销售目标、竞争状况和促销预算等因素选择不同的营业推广形式。

(一) 针对最终消费者的推广形式

(1) 赠送样品。指免费提供给消费者试用的产品。常用来介绍新产品的性能、特点，以刺激消费者购买。赠送方式多种多样，如上门、邮寄、商店销售其他产品时附送等。这种方式效果好，但成本大。

(2) 有奖销售。消费者购买一定数量后可领到数张奖励券，积聚一定数量后，可换回一些低价小商品，或凭券参加抽奖。按照我国现行法律，抽奖最高级奖品价值或奖金最高金额不得超过人民币5 000元。

(3) 现场陈列和表演。在销售商场的橱窗或货柜前专门布置某种商品，大量陈列或当场表演，甚至当场生产制作，以介绍产品的功能特点，展示产品使用效果，刺激消费者直接购买。

(4) 优惠券。持有人持券在指定商店购买指定商品,可获某种价格优惠。这种方法对于成熟期商品在淡季销售和新产品的早期使用均有促销效果。

(5) 特殊包装。如减价包装、组合型减价包装,或在包装内附优惠券、抽奖奖券等。

(二) 针对中间商的推广形式

(1) 销售折扣。对销售中间商的长期合作或促销努力给予一定的折扣。

(2) 合作广告。即出资资助中间商在当地媒体进行广告宣传,共同开发市场。其形式有按销售额比例提取或报销,赠送广告底片、录像带或招贴、小册子等。

(3) 节日公关。在节日或周年纪念等企业重要日子里举办各种招待会,邀请中间商参加,增强彼此间的了解和合作。

(4) 展销会议。定期或不定期专门召开一些产品展销会,或者共同参加一些大型展销会议,促成大量交易。

(三) 针对推销员的推广形式

(1) 销售额提成。根据推销员完成的销售额或利润额等指标,按事先约定从销售额中提成,奖励推销员。

(2) 销售竞赛。在推销员中发起销售竞赛,奖优罚懒,调动推销人员的积极性。

## 三、营业推广的决策过程

(一) 确定营业推广目标

促销组合目标决定了营业推广的目标,而促销组合目标又源自于企业营销的总体目标。营业推广目标就是要明确营业推广的对象、推广的内容以及达到的目的。

针对最终消费者的营业推广,或是鼓励大量购买,或是争取新产品试用,或是吸引品牌转换者放弃使用其他竞争品牌的产品。

对零售商而言,目标往往是诱导他们拥有更多的库存,鼓励他们在淡季购买,抵消竞争者的促销活动,增强品牌忠诚度和争取新的零售商加入。

对推销人员而言,营业推广的目标可以确定为鼓励对新的产品或型号的支持、刺激非季节性销售、鼓励更高的销售水平等。

企业促销部门要确定一定时期内营销推广的特定目标,一定要做到目标对象要明确,推广目的要具体,尽可能多地使用数字说明。

(二) 选择营业推广方式

营业推广方式是多种多样的,各有其特点和适用范围。对于一个特定的营销推广目标可以通过某种营业推广工具来实现,所以应对多种营业推广方式进行比较选择和优化组合,以实现最佳促销效果。在选择营业推广方式时主要应考虑以下因素:

(1) 市场类型。不同的市场类型对营业推广工具有不同的要求。如消费者市场与中间商市场的需求特点和购买行为就有很大差异,所选择的营业推广工具就必须适应企业所处的市场类型的特点和相应的要求。

(2) 营业推广目标。特定的营业推广目标往往对营业推广工具有着较为明确的条件要求和制约因素,从而规定着营业推广工具选择的范围。

(3) 竞争情况。应根据企业本身在竞争中所具有的实力、条件、优势与劣势以及企业外部环境中竞争者的数量、实力、竞争策略等的影响,选择最适合自己的、最有效的营业推广工具。

(4) 促销预算及每种营业推广工具的成本效益。企业市场营销费用中有多少用于促销,促销预算中又有多大份额用于营业推广,往往对营业推广工具的选择形成一种硬约束。另外,每种营业推广的成本效益以及不同种营业推广工具组合的综合效益也是有差别的。

(三) 制定营业推广方案

营业推广方案包括以下方面内容:

(1) 激励规模。对营业推广对象的激励规模,要根据费用与效果的最优比例找出最佳的激励规模。最佳激励规模要依据费用最低、效率最高的原则来确定。只要销售促进工具选择适当,有一定的激励规模就可以了。如果激励规模过大,虽然仍会促使销售额上升而产生较多的销售利润,但效率将相对递减。一般来说,一定的最小激励规模才足以使销售促进活动开始引起足够的注意;当超过一定水准时,较大的激励规模以递减率的形式增加销售反应。

(2) 激励对象。激励是面向目标市场的每一个人还是有选择的某部分人,范围控制有多大,哪类人是主攻目标,以上选择的正确与否会直接影响到销售促进的最终效果。企业在选择激励对象时,要尽量限制那些不可能成为长期顾客的人参加。如发放以购物凭证为依据的奖券就是鼓励已经购买这种商品的顾客,限制没有购买过此商品的人。当然,限制面不能太宽,否则又会导致只有大部分品牌忠诚者或喜好优待的消费者才有可能参与,不利于目标顾客范围的扩大。

(3) 送达方式。企业要根据激励对象,以及每一种渠道方法的成本和效率来选择送达方式。如赠券这种促销工具就有 4 种送达方式:附在包装内、邮寄、零售点分发和附在广告媒体上。每一种途径的送达率和费用都不相同,各有其优点,企业应从费用与效果的关系角度仔细斟酌,反复权衡,选择最佳的送达方式。

(4) 活动期限。任何营业推广方式在实行时都必须规定一定的期限,不宜过长或过短。如果营业推广活动的期间过短,可能使一些潜在顾客错过机会而无法获得这项利益,这时他们可能无暇顾及或来不及重新购买该产品,达不到预期的效果。如果持续时间过长,又会引起开支过大和损失刺激购买的力量,并容易使企业产品在顾客心目中降低身价。具体的活动期限应综合考虑产品的特点、消费者购买习惯、促销目标、竞争者策略以及其他因素,按照实际需求而定。

(5) 时机选择。营业推广时机的选择应根据消费需求时间的特点结合总的市场营销战略来定,日程的安排应注意与生产、分销、促销的时机和日程协调一致。

(6) 费用预算。营业推广活动是一项较大的支出,必须事先进行认真的筹划预算。营业推广费用预算既可以采取自下而上的方式,按照全年营业推广的各种方式及相应的成本来预算全年的支出;也可以按照历年习惯比例来确定各项营业推广预算占总预算的比率来确定全年费用支出。

营业推广活动方案的制订可参阅专论 12-2。

(四) 试验、实施和控制营业推广方案

营业推广方案制订后一般要经过试验才予以实施。通过试验明确所选用的营业推广工具是否适当、刺激规模是否最佳、实施的方法效率如何等。面向消费者市场的营业推广能够较轻易地进行试验,可邀请消费者对几种不同的优惠办法作出评价,给出评分,也可以在有限的地区范围内进行试用性试验。

营业推广方案在经过试验后还应该确定实施和控制计划。实施计划必须包括前置时间和销售延续时间。前置时间是指从开始实施这种方案前所必需的准备时间。销售延续时间是指从开始实施优惠措施起到大约95%的采取此优待办法的商品已经到达消费者手中为止的时间。在实施计划的制订及执行过程中,应有相应的监控机制作为保障,应有专人负责控制事态的进展,一旦出现偏差或意外情况应及时予以纠正和解决。

(五)评估营业推广效果

营业推广活动结束后,应立即对其进行效果评估,以总结经验与教训。

营业推广效果评估的方法依市场类型的不同而有所差异。企业评估对零售商营业推广的效果时,可根据零售商销售量、零售商对合作广告的投入及商店货架铺货率等进行测定。企业在评估对消费者营业推广活动的效果时,可用4种方法进行测定:销售绩效分析、消费者固定样本数据分析、消费者调查和实验研究。

企业通过对营业推广方案实施后的效果的评估,可为今后的营业推广方案的制订积累素材,少走弯路。因此,评估效果是营业推广决策过程的重要环节,它对整个市场营销战略的实施都具有重要意义。

## 第四节 广 告 策 略

### 一、广告概述

(一)广告的含义

广告是商品经济与商品交换发展的产物,广告的含义也是随市场经济的发展而不断有所变化的。从广义上讲,凡是以说服的方式,有助于商品服务销售的公开宣传,都可以称为广告。在市场营销活动中,广告是指广告主付出一定的费用,通过特定的媒体传播商品或劳务的信息,以促进销售为主要目的的大众传播手段。该定义包括下列几层含义:

(1)广告对象是广大消费者,有广而告之的意思。因此,它既区别于人员推销方式只向有限的消费者传播信息的形式,也区别于公共关系以所有社会公众为对象的促销形式。

(2)广告的内容是有关商品和服务方面的信息。所以,这里所讲的广告排除了刊登寻人启事、征婚等社会广告和刊登捐赠资助、倡导公益事业的公益广告。

(3)广告的手段是利用大众传播媒体来进行的,对租用的媒体要支付一定的费用。因此,这里所讲的广告区别于一般的新闻报道。

(4)广告的目的是为了促进商品和服务的销售。

(二)广告的类型

商业性广告通常可以分为3种类型。

1. 以宣传商品为目的的广告

主要有:

(1)报道式广告。即以教育性和知识性的文字或图像向消费者介绍商品性质、用途、价格等情况,促使消费者对商品产生初步需求,而不是劝导购买,属于开拓性广告。

(2) 劝导式广告。即以说服为目标的广告,通过产品间的比较,突出本企业产品的特点和给消费者带来的好处,使消费者对产品的品牌加深印象,刺激选择性需求。此类广告属竞争性广告。

(3) 提示式广告。即刺激消费者重复购买,强化习惯性消费的广告。主要适用于一些消费者比较熟悉,已有使用习惯和购买习惯的日常用品。

### 2. 以建立企业商誉为目的的广告

此类广告不直接介绍商品和宣传商品的优点,而是宣传企业的一贯宗旨与信誉、企业的历史与成就,其目的是为了加强企业自身的形象,增强消费者对企业的信心,沟通企业与消费者的公共关系,为长期的销售目标服务,着眼于未来,故又称为战略性广告。

### 3. 以建立观念为目的的广告

此类广告不直接介绍商品,也不直接宣传企业的信誉,而是通过宣传,建立或改变一种消费观念,以强化消费者对一个企业、一种产品在心目中的形象。这种观念的建立客观上是有利于广告主的。如"忠告市民,过量饮酒有害健康"。

(三) 广告活动的基本要素

广告是一种动态活动过程,它不是孤立地指某一种信息。广告活动的构成必须具备 6 个方面的基本要素:

(1) 广告主。广告主是发布广告的主体,任何广告都有发布者。

(2) 信息。指广告的内容,包括企业信息、商品信息、劳务信息和观念信息。

(3) 广告中介。指代理广告主进行广告策划、设计和媒体选择的中间机构,如广告公司。

(4) 广告媒体。指把广告表现出来的媒介物,如报纸、电视、杂志、广播等,它是广告传播的物质技术条件。

(5) 广告费。即广告主向广告中介或广告媒体所有者支付的费用。支付广告费是广告的重要特征,也是广告和新闻报道等不用支付费用的信息传播手段相区别的重要方面。

(6) 广告对象。即广告阅听者,是广告信息的接收者,只有当预期中的广告对象能够接触到媒体传送出的信息,才能形成完整的信息沟通。

(四) 广告的基本功能

广告的基本功能,是利用媒体将有关商品劳务的信息向潜在的购买者大众传播,其目的是改变消费者的态度、印象或行为,使他们对广告产品(或服务)或企业能产生良好的印象和态度,进而采取购买行动。

具体来说,广告的基本功能主要有:

(1) 宣传产品或企业。宣传的内容可以是商品或服务,也可以是企业本身。前者的目的是让消费者知晓商品或服务的存在;后者的目的是宣传提供产品和服务的企业。特别是对服务企业,由于服务本身的特点决定了直观地显示服务的困难性,广告对企业本身的宣传,对于提高企业形象、促进服务产品的销售具有关键作用。

(2) 影响消费者的意识。事实上,消费者内心深处往往存在着某种未被满足的欲望,但尚未转换成现实的需求。广告可以影响这种潜在的意识,促使其成为对某种商品或服务的现实需求。

(3) 改变消费者的态度。广告的功能之一就是要改变消费者不利于企业的对某种商品或服务的态度,其中,可能是消费者根本不喜欢这类商品,也可能是不喜欢这种品牌的商品。广告就是要针对消费者的不同特点和不同心理,用商品和服务的利益来说服他们从否定或中立态度转变为喜欢甚至偏爱的态度。

(4) 提醒消费者注意。有些商品或服务曾经为消费者所喜爱,但随着时间的推移,竞争产品的出现,消费者对该商品或服务失去了往日的热情,适时出现的广告可以重新唤起消费者的注意和兴趣,促使其购买。

(5) 肯定消费者的购买行为。消费者心理分析结果表明,消费者对于某商品或服务的不满意感,不仅来源于消费者使用以后发现了产品或服务的缺陷,更多地来源于消费者看到了同类产品的介绍广告以后产生的一种失落感。企业广告的功能之一就是要使已购买产品的消费者排除怀疑心理,肯定自己的购买行为,从而获得真正的心理满足。

## 二、广告媒体选择

(一) 广告媒体的主要类型

广告媒体,又称广告媒介,是广告主与广告对象之间信息沟通的载体和媒介物。广告使用的媒介物不同,也是广告分类的主要依据之一。根据其不同的物质属性可进行以下分类:

(1) 印刷媒介,如报纸、杂志、电话号码簿、画册、商品目录、挂历等。

(2) 电子媒介,如广播、电视、电影、互联网等。

(3) 邮寄媒介,如函件、订购单等。

(4) 交通工具媒介,如火车、汽车、轮船等交通工具的内外。

(5) 店堂媒介,常称为POP媒介,即以商店营业现场为布置广告的媒介,如橱窗、柜台、模特儿、悬挂旗帜、招贴等。

(6) 户外媒介,如路牌、招贴、灯箱、气球、汽艇、充气物等,其他如包装袋、样本等也都是广告媒体。

在以上各项媒体中,报纸、杂志、电视和广播由于使用较广,故被称为四大媒体。

(1) 报纸。报纸的优点是发行量大,覆盖面广,读者层较稳定;迅速及时,灵活;制作简单,成本较低;可信度较强。但报纸也有很大的局限性,如持续时间短、形象表达不如杂志和电视等。

(2) 杂志。杂志的优点是广告对象明确,针对性强;持续时间长,便于保存查阅;印刷效果好,视觉集中。其主要缺点是灵活性差,传播速度慢,不及时,接触对象不够广泛。

(3) 电视。电视集声、形、色于一体,形象生动,吸引力强;信息传播迅速,范围较广;表现手法多样,诉求力强。其主要缺点是成本高,时间短不易记忆,针对性较差。

(4) 广播。广播的优点是传播迅速及时;传播空间大,范围广,不受条件限制;制作成本较低。但是广播受条件限制,形象性差,听众印象不深,选择性也较差。

在我国,报纸和电视两大媒体要占整个媒介使用量的2/3左右。

(二) 影响媒体选择的主要因素

(1) 产品特性。不同的产品特性对媒体有不同的要求。技术性能高的,可采用报纸、杂志作详细的文字说明,也可以用电视短片作详细介绍。对于特别需要表现外观和质感的商品,如服装、化妆品,就需要借助具有强烈色彩性的宣传媒介,而广播、报纸等媒介就不宜采用,而电视、杂志则能更好地表现其视觉效果。

(2) 沟通对象的媒体习惯。有针对性地选择为广告沟通对象所易于接受并随手可得、到处可见的媒体,是增强广告促销的有效措施。例如,生产玩具的企业若将学龄前儿童作为目标沟通对象,绝不能在杂志上做广告,最好在电视上做广告。若广告信息的传播对象是青年,那么《中国青年报》、《读者》当然是理想的媒体。

(3) 信息类型。比如,宣布明日的销售活动,必须在电视、报纸等时效性强的媒体上做广告。若信息的传播对象仅仅局限于某一地区,则在地方性媒体上做广告即可,不需动用全国性媒体。以文字为主的信息,选择报纸、杂志等印刷媒体就较为适宜;而以画面及动作为主的信息则以电视广告为宜。

(4) 媒体成本。不同媒体所需成本不同。电视广告是最昂贵的,而报纸则较便宜。不过,最重要的不是绝对的成本数字的差异,而是目标对象的人数与成本之间的相对关系。如果用每千人成本来计算,就会出现电视广告比报纸广告更便宜的情形。

(5) 媒体自身的性质。不同的广告媒体,有不同的质与量的价值。比如各类不同的媒体的影响力、传播覆盖范围、服务对象等都有较大的区别。

(6) 市场竞争状况。广告不仅是一种促销工具,也是一种竞争工具。广告竞争是市场竞争的重要方面。为了配合市场竞争,选择广告媒介则应考虑竞争的因素。

(三) 评价广告媒体的指标

企业选择广告媒体,依据是各种广告媒体的评价指标,主要包括以下内容:

1. 每千个媒体接触者费用

每千个媒体接触者费用是指将信息送到 1 000 个广告媒体的沟通对象所需花费的广告预算。

若甲杂志拥有 10 万名读者,其大 16 开整页广告为 3 万元;乙杂志拥有 20 万名读者,其相同规格的广告费为 5 万元。则甲杂志每千人媒体接触者费用为 300 元,乙杂志每千人媒体接触费用为 250 元。这样一比较,可以测知在乙杂志上登广告合算。

在实际工作中,情况并非如此简单,运用每千人媒体接触者费用还需对以下问题作进一步分析:

(1) 媒体接触者是否均是广告的目标对象。
(2) 是否所有媒体接触者都已看到商品广告。
(3) 是否不同媒体之间的影响力存在差别。

2. 观(听)众率

观(听)众率是指在一个时期内(如 1 个月),信息通过媒体传送到家庭或个人的数目占计划传送的家庭或个人的比例。若某广告公司计划通过选定的媒体,将产品信息传递给目标市场的 500 万名顾客,而实际上只有 450 万人看了这则广告,则观众率就是 90%。

3. 信息传播平均频率

这是指每一个家庭或个人在一定时期内(如 1 个月)平均收到同一广告信息的次数。假定某广告在 1 个月内共发播 4 次信息,共有 15 万人收到,其中 5 万人看到 1 次,4 万人看到 2 次,2 万人看到 3 次,4 万人看到 4 次,则信息传播平均频率的计算式为:

$$(5\times1+4\times2+2\times3+4\times4)\div15=2.33$$

掌握信息传播平均频率有助于在拟订媒体计划时,确定在什么时期利用媒体传播信息的次数,也就是在一定时期内,使广告在消费者眼前重复出现的次数。这样做的目的在于增强媒体传播信息时的诉求认知能力,扩大信息传播的覆盖面。

通过对上述影响因素及媒体评价指标的分析,可使我们正确地决定媒体的选择。但在实际的广告活动中,广告主还常常对不同媒体进行交替使用,或者进行适当组合,使其相互配合,其效果会更佳。

### 三、广告实施决策

（一）确定广告主题

广告主题,亦称广告诉求,是广告的中心思想,是表现广告为达到某一目的而要说明的基本观念,它贯穿于广告创作的全过程。广告必须鲜明、突出地表现广告主题,使人们在接触广告之后,很容易理解广告告诉他们些什么,要求他们做些什么。

一般来说,广告主题形式有 3 类:理性主题、情感主题、道德主题。

理性主题是直接向目标顾客或公众诉诸某种行为的理性利益,或显示产品能产生的人们所需要的功能利益与要求,以促使人们作出既定的行为反应。通常产业购买者对理性主题反应最明显,因为产业购买者的购买行为往往是理智的。

情感主题是试图向目标顾客诉诸某种否定(诸如恐惧感、罪恶感、羞耻感等)的情感因素,以激起人们对某种产品的兴趣和购买欲望。这类广告主题一般适用于化妆品、饮料、仪器等消费品,在促使最终消费者作出既定的行为反应时,激发情感性购买动机,容易获得成功。

道德主题是以道义诉诸广告主题,为了使广告接收者从道义上分辨什么是正确的或适宜的,进而规范其行为。这种广告主题通常用于劝诫人们支持某种高度一致的社会运动,对消费品较少采用。

在进行广告主题确定时,一定要符合广告接收者的心理需要,如果不适应顾客的心理需求,这个主题就不是好的主题。

（二）广告表达决策

广告主题被赋予在一定的表达形式之中。如何将既定的广告主题用感情化、性格化、合乎逻辑的表达方式表现出来,是一门不易掌握的、高度灵活并产生直接影响的艺术。

广告表达涉及表达结构、表达格式与广告发送者。

1. 广告表达结构

广告表达结构主要包括:

(1) 结论。广告可以向接收者提供一个明确的结论,用以诱导接收者作出预期的选择,也可以留待接收者自己去归纳结论。在某些情况下,提出一个过分明确的结论会限制人们对这一产品的接受,模糊性的结论反而能导致一个较宽的选择空间。提出结论似乎更适用于复杂的或特殊的产品。

(2) 论证方式。在产品的广告传播上,是一味地赞誉某一产品,还是在赞誉的同时提及它的某些缺点,这对广告的说服效果有一定影响。这是两种不同的论证方式,即单向论证与双向论证。采用哪种论证方式使广告更具说服力,取决于广告接收者对产品的既有态度、知识水准和教育程度。单向论证在接收者对产品已先有喜爱倾向时能发挥很好的效果;双向论证对持有否定态度或具有一定知识水准的接收者更为有效。

(3) 表达次序。广告信息传递是首先从最强有力的论点开始,还是留待最后才提出。

在单向论证时，首先提出最强有力的论点可以立即吸引目标顾客注意并引发他们的兴趣，尤其是报纸广告和杂志广告，由于顾客只是有选择地阅读，所以必须先用强烈的论点来引起他们的注意。在采用双向论证时，表达次序还会涉及下述问题，即先提出正面论点还是先提出反面论点。如果广告接收者对产品已持有反对态度，则从反面论点作为开始是比较明智的，因为这样可以使广告接收者消除疑虑，从而开始接受广告的正面影响。

2. 广告表达格式

有说服力的广告要求为广告信息设计具有吸引力的表达格式，即选择最有效的信息符号来表达信息内容和信息结构。广告表达通常受到媒体的制约：

（1）媒体自身特点的制约，即媒体所能提供的信息内容。如有的只能用文字传播，有的则只能用声音传播，而所能传播的又只能是有限的信息内容。广告媒体自身特点对广告表达格式的限制，要求在选择与媒体相对应的信息符号的同时，注重表达格式因素的个性化、艺术化，从而增加广告的审美价值和性格特征，以增强广告的效果。

（2）广告表达格式还要受到广告所利用的媒体的时间与空间的制约。例如报纸、杂志的版面限制，广播、电视的时间限制。广告媒体对广告表达的时间与空间的制约，要求处在特定的时空条件下的广告表达格式应当是巨大、醒目、集中、概括、简练、单纯的，从而形成强烈又迅速的广告心理冲击和召唤力。

3. 广告发送者

广告的说服力还受广告发送者的影响，广告发送者的可信度越强，信息就越有说服力。在研究广告发送者的可信度与广告说服力的关系时，广告接收者对广告发送者与广告信息的态度是否一致是一个值得关注的问题。接收者对发送者与信息可以持有一致或不一致的态度。如果个体对发送者与信息持不一致的态度，即对一方持一种态度，而对另一方持相反态度，那么，态度的变化趋向是个人的态度会朝着促使两种评价趋于一致的方面转变。这就是所谓态度转变的协调论。这一理论说明，广告发送者可以利用他们良好的公众形象来影响或改变人们对商品所持有的态度。

（三）广告时间决策

这是指广告发布的具体时间和频率的合理安排。广告时间决策要视广告产品的生命周期阶段、广告的竞争状况、企业的营销策略、市场供求变化等多种因素的变化而灵活运用。

1. 广告时限决策

广告时限决策的运用上，主要有集中时间策略、均衡时间策略、季节时间策略、节假日时间策略。

（1）集中时间策略，是指在短时期内对目标市场进行突击性的广告攻势。其目的在于集中优势，在短时间内迅速造成广告声势，扩大广告的影响，迅速提高商品或企业的声誉。这种策略，运用于新产品投入市场前后、新企业开张前后、流行性商品上市前后、广告竞争激烈时以及商品销量急剧下降时。运用这种策略时，一般都采取媒体组合方式，掀起广告高潮。

（2）均衡时间策略，是一种有计划的反复的对目标市场进行广告的策略，目的是为了持续加深消费者对商品或企业的印象，保持其在消费者头脑中的记忆，发掘潜在市场，扩大商品知名度。该策略应注意广告表现要有变化，要不断给人以新鲜的感觉，广告的频率疏密也要有适当的变化，不要长期重复同一广告内容。

(3) 季节时间策略，主要用于季节性较强的商品广告，一般在销售季节到来之前就要展开广告活动，为销售旺季的到来做好信息准备和心理准备。销售旺季时，广告活动达到高峰；旺季过后，广告要收缩；销售季节未结束，广告便可以停止。这类广告策略，要掌握好季节性商品的变化规律，过早地开展广告活动会增加广告费，过迟会延误时机，直接影响商品销售。

(4) 节假日时间策略，是零售行业和服务行业常用的广告时间策略，在节假日之前便开展广告活动。这类广告策略，要求有特色，把品种、价格、服务时期以及特殊之处等信息突出、快捷地告知消费者。

2. 广告频率决策

广告的频率，是指一定广告周期内广告发布的次数。广告可以依据需要，交替运用固定频率和变化频率。

固定频率，是均衡广告策略常用的频率，以求有计划地持续地取得广告效果。固定频率有均匀序列型和延长序列型两种类型。

变化广告频率，是广告周期内用每天广告次数不等的办法来发布广告。变化广告频率使广告声势能适应销售情况的变化，常用于集中时间广告策略、季节与节假日广告时间策略，以便借助广告次数的增加推动销售高潮的到来。变化频率有波浪序列型、递升序列型和递降序列型3种类型。上述各种决策方法可视需要组合运用，如集中时间策略与均衡时间策略交替运用，固定频率与变化频率组合运用。

### 四、广告产品寿命周期策略

广告活动要依据产品的寿命周期所处的不同阶段，采取相应的广告策略。根据产品寿命周期4个阶段划分的特点，广告也可相应地分为3个基本阶段，即导入期、选择期和记忆期。每一阶段的广告目标、广告战略、广告策略和广告对象都有所区别，如表12-5所示。

表12-5 产品寿命周期广告策略

| 产品寿命周期 | 投入期 | 成长期 | | 成熟期 | 衰退期 |
| --- | --- | --- | --- | --- | --- |
| | | 前　期 | 后　期 | | |
| 广告阶段 | 导入期 | 选择期 | | | 记忆期 |
| 广告目标 | 创造需要 | 指导选择性需要 | | | 维持需要 |
| 广告战略 | 开拓市场 | 竞争 | | | 保持、转移 |
| 广告策略 | 告知 | 说服购买 | | | 提醒 |
| 广告对象 | 最早使用、最先使用者 | 早期使用和晚期使用者 | | | 晚期使用和保守者 |

(1) 导入期广告策略。由于产品进入市场不久，消费者对产品的品质、功效、特点、价格等都认识不足，或者根本不清楚。因此，这一时期的广告应以创造需求为主，向消费者灌输某种消费观念，介绍商品知识，提高对商品的认知度和信任度，在认知的基础上诱发人们的购买欲望。只有当该产品的基本性能、特点为消费者所认知和接受以后，广告的重点才能转移到以品牌推销为主。

(2) 选择期广告策略。在这一时期，消费者已从"是否要买这种产品"转到考虑"要买哪个品牌的产品"。因此，广告宣传的重点要放在创立品牌地位上，即通过宣传品牌、提升品牌形象,使本企业产品的品牌在众多的品牌中脱颖而出。

(3) 记忆期广告策略。由于这一期间产品在市场上需求已呈饱和状态,新一代产品也已开始进入市场,广告宣传的重点应主要放在维持产品市场、延缓产品衰老速度上。一般采取"记忆式"或"提醒式"广告策略,以长期、间隔、定期发布广告的方式唤起注意,巩固习惯性购买。这种策略不仅适用于衰退期产品,也适用于一般日用消费品。

### 五、广告费用预算

广告费用预算,就是企业根据营销目标和广告目标,经过详细周密的策划规划出未来一定时间内(通常是一年)开展广告促销活动的总费用和分类费用。

广告费用,指广告活动中所用的总费用。一般情况下,广告费用由两部分组成:一是直接为开展广告活动而付出的费用,如广告调查费用、广告设计制作费用和广告媒介使用费用等,其中,购买媒介费用是主体,占80%左右;二是间接广告费用,包括企业广告人员的工资、办公费、管理费等。

进行广告费用预算,可以避免企业广告费用的随意使用,使广告决策更加科学,增加企业的经济效益。由于广告费用预算与企业营销策略、广告目标及市场环境等密切相关,因此确定广告费用预算时,要综合考虑到产品寿命周期、竞争对手、销售及利润目标、市场范围、广告媒介和企业财力等因素。

确定广告费用预算中总费用的常用方法有:

(1) 广告目标法,又称任务法。它是企业管理中目标管理理论盛行时提出来的。这种方法就是先确定销售目标和广告目标,然后决定为了达到目标所必需的广告活动的规模和范围,据此估算出广告费用预算。采用这种方法的前提是必须清楚地知道各种媒介广告所能产生的效果,显然,这是很困难的。

(2) 销售比例法。根据往年销售额的实绩或销售额的预测值,从中提取一定比例作为广告总费用。使用这种方法有助于确定价格、利润和广告费用之间的比例关系,保证企业利润的实现。而且这种方法计算简单、实用,故采用此法的企业甚多。广告费用百分比的大小依行业不同而不同,相对而言,药品、化妆品、营养品等产品的制造业采用较高的广告费用百分比。有些品种少、单价高的产品制造企业,也有采用按销售数量提取若干广告费用的做法。

(3) 竞争对抗法。就是根据竞争对手的广告费用预算来决定本企业的广告预算,以保持企业有利的竞争地位。使用这种方法要考虑到企业的竞争性目标、竞争对手的广告费用和本企业的财力及销售能力等因素。这种方法对抗性强、风险性大,极易引发广告大战,往往造成两败俱伤的后果。

(4) 尽力而为法。即根据企业的财务能力而决定广告预算的方法。这种有多少钱就做多少广告的方法最简单,但由于缺乏计划性,因而广告活动很难作长期安排,广告效果也不会很好。

以上提到的几种方法各有利弊,企业应根据不同情况选择采用。

广告费用总额确定以后,进一步的工作便是要在广告费用总额的范围之内,将其按一定的目的、要求进行合理的分配。一般可以按广告活动的内容、广告媒介、广告的商品和服务、广告的地区、广告的时间和广告的对象等进行分配。

## 六、广告效果评估

广告效果是指广告活动的结果,表明广告接受者的反应情况。由于广告接受者的反应是多方面的,有经济的,也有社会的;有直接的,也有间接的;有近期的,也有长远的,因此广告效果可分为多种类型。

(一)销售效果和广告本身效果

销售效果是指以广告对商品促销情况的好坏来直接判定广告效果,是广告效果评估的最主要的内容。广告销售效果测定指标主要有:

$$广告费占销率 = \frac{广告费}{销售量} \times 100\%$$

$$广告费增率 = \frac{销售增加率}{广告费增加率} \times 100\%$$

$$每元广告费效果 = \frac{广告后平均销售额 - 广告前平均销售额}{广告费用} \times 100\%$$

广告本身效果不以销售情况好坏作为直接评定的依据,而是以广告的收视、收听率,产品的知名度、记忆度等间接促销因素为根据。广告本身效果主要包括广告接受者人数的多少,影响的程度,记忆的程度。广告本身效果的评定一般是在广告行为的进行过程中通过调查的方法来测定的。

(二)即效性广告效果和迟效性广告效果

即效性广告效果是指广告发布后在短期内所产生的影响。如提示性广告、节假日销售广告、物价优惠广告等,其特点是时间性强、消费者反应迅速、购买频率高。

迟效性广告效果是指广告在短期内对商品促销没有明显的作用,但其影响深远、潜移默化、深入人心,其效果是在较长时间内逐步显露出来的。一般来说,广告在发布后能立即引起消费者的购买行为是较少的,多数属于迟效性效果的广告。

# 第五节 公共关系与公共宣传

## 一、公共关系的概念及其工作对象

(一)公共关系的概念和特点

公共关系是指企业在从事市场营销中正确处理企业与社会公众的关系,以便树立企业的良好形象,从而促进产品销售的一种活动。"公共关系"一词来自英文 Public Relations,简称"公关"或 PR。

与广告、营业推广等其他促销手段相比,公共关系具有以下几方面特点:

(1)从公关目标看,带有战略性。公共关系的目标是树立企业良好的形象,实现这一目标需要较长的时间。因此公关的费用开支是一种长期的、战略性投资。

(2)从公关对象看,着重双向沟通。公共关系的对象是企业内部和外部的公众两大方面。企业通过各种渠道和各种传播方式,建立与公众之间的信息交流和沟通,为企业营造一个良好的发展环境。

(3) 从公关手段看,注重间接促销。公共关系可以起到促销作用。但它不像广告和营业推广等手段那样直接介绍推荐产品,而是通过积极参与各种社会活动,宣传企业经营宗旨,联络各方感情,扩大企业知名度和美誉度,加深社会各界对企业的了解和信任,从而实现促进销售的目的。

### (二)公共关系的主要对象

公共关系的目的和特点决定了其工作职能是正确处理企业内外公众的关系,其主要的工作对象有以下几个方面:

1. 与消费者的关系

企业公关工作要树立一切以消费者为中心的思想,积极主动地争取消费者的支持。为此,企业要开展以下几方面的工作:

(1) 重视市场调研,加强与消费者的沟通。企业应主动地、有计划地收集消费者的各方面反映,切实把握消费需求动向。同时,要通过公关广告和宣传,帮助消费者充分了解企业的宗旨、政策以及产品的性能、规格等信息。

(2) 重视消费者投诉。无论遇到何种投诉,企业都应认真对待,妥善处理。重视投诉,不仅有助于企业改进产品,提高质量,而且能消除消费者对企业的误会和不满,增进相互了解,建立长期合作关系。企业应设专人专职记录统计消费者的投诉情况,及时报告主管领导妥善处理。

2. 与中间商的关系

企业产品大都经过中间商转售给最终消费者,中间商的合作和配合对于企业营销起着很重要的作用。企业应重视开展以下几方面工作:

(1) 树立相互依存的思想观念。企业与中间商的关系不是谁依靠谁的关系,而是相互合作、相互依存的伙伴关系。尤其在企业规模较大而中间商规模较小、产品畅销且供不应求的情况下,企业各方面要统一认识与中间商的相互依存关系。

(2) 提供优质商品和服务。企业应向中间商提供质量好、价格优的商品,供货要及时、守信。同时,企业还应为中间商提供尽可能多的销售便利和服务,如产品使用维护培训班等。

(3) 保持与中间商的信息交流。通过向中间商介绍企业的经营方针政策、生产经营、产品、价格等情况,使中间商对企业产生信任感和认同感,敢于大胆经销本企业产品。同时,还要了解中间商对企业及产品各方面的意见和建议,以便企业及时做出调整和改进。双方还应经常分享各自获得的有关市场、竞争等方面的信息资源。

3. 与供应商的关系

企业正常生产和流通,必须依靠供应商及时按质按量供应原材料、零部件、工具、能源等各种商品。广义地说,向企业提供人才的大中专院校、提供信息的咨询信息机构、提供资金等金融服务的银行、提供会计和审计等商业服务的中间机构等都是供应商。企业必须妥善处理与供应商的关系,以获得高质、高效、低成本的商品和服务。

4. 与政府的关系

政府不仅是国家权力的执行机关,而且是社会主义市场经济的宏观调控者,不仅是国有企业,所有其他所有制性质的企业都应重视并努力改善与各级政府的关系。

具体地说,企业要及时了解国家方针、政策、法令和法规,服从政府有关部门的行政管理。在必要且可能的情况下,运用合法的公关手段,说服有关部门改进不利于企业的某些政策规定等。同时,要按时缴纳各项税收,主动与有关部门沟通信息,取得政府的信赖和支持。

5. 与社区的关系

企业与社区的关系,是指企业与相邻的工厂、机关、医院、学校、公益事业单位和居民的关系。这些社会群体是企业营销环境的重要组成部分,它与其他公众一样,对企业的日常运行甚至生存发展起着重要的作用。企业应在生产经营中搞好安全生产和环境保护工作;向社区活动提供必要的公益赞助;积极主动地承担起社会责任,造福于社区。

6. 与新闻媒介的关系

报纸、杂志、电台、电视等新闻媒介可以创造社会舆论,影响引导民意,间接且有力地调控企业行为,因此,它是企业公共关系的重要渠道,是争取社会公众支持、实现公益目标的重要对象。

7. 与企业内部公众的关系

企业内部公众包括员工和股东等。企业内部员工之间、员工与企业高层管理人员之间、部门与部门之间的关系是否融洽直接关系到企业的经营方针能否得到彻底贯彻,正常的生产经营工作能否顺利开展。这方面的工作就是要通过举办文娱体育活动、出版企业报刊等方式,加强企业内部各方面的信息交流,增进相互了解,协调各方面利益,解决各种矛盾,倡导健康向上的企业文化,从而增强企业的凝聚力。

## 二、公共关系活动方式与工作程序

(一)公共关系的活动方式

公共关系的活动方式,是指以一定的公关目标和任务为核心,将若干种公关媒介与方法有机地结合起来,形成一套具有特定公关职能的工作方法系统。按照公共关系的功能不同,公共关系的活动方式可分为以下几种:

(1)宣传型公关。一是以广告形式,把形象作为中心,着重传播自己的管理经验、经济效益、社会贡献及荣誉、成就。二是通过别人宣传自己,如新闻报道、专题通讯、经验介绍、记者专访等。选择和巧妙运用传媒自我传播,也称之为公共宣传,主导性和时效性强,影响面广,推广企业形象效果较好,是企业最常用的公关方式,本章将重点介绍。

(2)征询型公关。这种公关方式主要是通过开办各种咨询业务、设计调查问卷、进行民意测验、设立热线电话、聘请兼职信息人员、举办信息交流会等各种形式,连续不断地形成效果良好的信息网络,再将获取的信息进行分析研究,为经营管理决策提供依据,为社会公众服务。

(3)交际型公关。这种方式一般不用传媒,直接通过语言、文字和对话传播,联络感情,广结良缘,营造亲密气氛。主要有两种方式,一是社团交际,指组织之间的联系和交往,例如座谈会、招待会、联欢会等;二是人际交往,如电话沟通等。交际型公关具有直接、灵活、亲密、富有人情味等特点,能深化交往层次。

(4)服务型公关。以各种服务为手段,通过行动去争取公众了解、信任和好评。服务型公关的目的不仅是促销,更是树立形象和维护声誉,必须实在,切忌浓厚的商业味。

(5) 社会型公关。通过举办社会活动,与公众建立一种特殊联系,使公众产生特殊兴趣。如赞助公益事业,举办庆典,为公众提供有益的大型活动等。活动必须能够引起社会重视。可以与新闻媒介合作,也可以依靠自身努力做出恰当安排。活动可大可小,可繁可简。只要抓住主题,引起公众的兴趣,就能收到特定效果。

(6) 建设型公关。多用于一个企业的开创时期,或某一发展时期的起步阶段,如某项事业起步、新产品问世等。必须时时维护自己的公众形象,努力引起关注、重视,使社会和公众对有关事物表现新兴趣,产生新感觉,为发展提供更好的环境。把握时机,创造条件,不断在特定公众中进行新颖别致的"曝光""亮相"。

(7) 维系型公关。在顺利、稳定发展时期,为保持声誉,稳定良好关系,要长期不断地施以不露痕迹的影响。如保持一定的见报率,逢年过节的专访、慰问、奖励等。一般不大张旗鼓,立足于不动声色而又执著,潜移默化地达到目的。可以硬维系,活动目的较明显,公众不难了解意图;也可以软维系,表现自然、超脱,"醉翁之意不在酒"。

(8) 进攻型公关。目标与客观环境冲突、摩擦之际,以攻为守,迅速调整,改变对原环境的过分依赖,摆脱被动。主要任务在于减少乃至消除冲突、摩擦因素,保证目标的实现。因此,必须以积极主动的姿态,争取建立和发展良好关系,或反击不正当、不正常的关系。面对的对象,一类是受欢迎的公众,另一类是不正当的对手,如诋毁声誉、假冒产品,给本企业造成不利的某些公众。

(9) 防御型公关。适用于面对潜在的危机,防患于未然,及时调整政策和行动,适应环境的变化。

(10) 矫正型公关。矫正因客观因素或主观因素带来的不良影响,恢复组织被损害的形象和信誉,做好善后沟通,平息风波。

(二) 公共关系的工作程序

开展公共关系活动,其基本程序包括调查、计划、实施、检测4个步骤。

(1) 公共关系调查。它是公共关系工作的一项重要内容,是开展公共关系工作的基础和起点。通过调查,了解和掌握社会公众对企业决策与行为的意见。可以基本确定企业的形象和地位,为企业监测环境提供判断条件,为企业制定合理决策提供科学依据。公关调查内容主要包括企业基本状况、公众意见及社会环境三方面内容。

(2) 公共关系计划。公共关系是一项长期性工作,合理的计划是公关工作持续高效的重要保证。制订公关计划,要以公关调查为前提,依据一定的原则来确定公关工作的目标,并制定科学、合理而可行的工作方案,如具体的公关项目、公关策略等。

(3) 公共关系的实施。公关计划的实施是整个公关活动的高潮。为确保公共关系实施的效果最佳,正确地选择公共关系媒介和确定公共关系的活动方式是十分必要的。公关媒介应依据公共关系工作的目标、要求、对象和传播内容以及经济条件来选择;确定公关的活动方式,宜根据企业的自身特点、不同发展阶段、不同的公众对象和不同的公关任务来选择最适合、最有效的活动方式。

(4) 公共关系的检测。公关计划实施效果的检测,主要依据社会公众的评价。通过检测,能衡量和评估公关活动的效果,在肯定成绩的同时发现新问题,为制定和不断调整企业的公关目标、公关策略提供重要依据,使企业的公共关系为有计划的持续性工作提供必要的保证。

### 三、公共宣传

（一）公共宣传的特点和作用

公共宣传是指企业以非付款的方式通过第三者在报刊、电台、电视等传播媒体上发表有关企业产品或服务的有利报道、展示或表演，以刺激消费需求的一种促销方式。

公共宣传活动的开展是企业通过与政府机构、中间商和有影响的专家、学者以及有关的社会团体建立联系，制造各种新闻素材，并在传播媒体上进行宣传报道，表达企业对国家、社会作出的贡献，使社会公众对企业产生良好的印象，以此提高企业及其产品的知名度和美誉度。

公共宣传与其他促销工具相比，具有如下特点：

（1）可信度很高。公共宣传一般是由第三者在新闻媒体上进行报道，体现了企业外部公众的利益和看法，比较客观真实，在消费者心目中的可信度很高。

（2）影响面较广。公共宣传会随着新闻媒体的传播而扩散，并且新闻媒体之间还会转播转载，其影响面比单一的广告要大得多。

（3）促销效果好。公共宣传作为新闻活动，消费者不必在心理上担心上当受骗，并避免了广告存在的"王婆卖瓜，自卖自夸"的负面影响，其促销效果自然要比一般的广告好得多。

（4）费用水平低。企业无须花钱购买媒体的版面或者时间，尽管策划公共宣传活动需要一定的支出，但与广告相比，其费用低得多，与所有的促销工具相比，公共宣传的费用水平是最低的。

公共宣传作为一种促销工具，其作用可以归纳为以下几点：

（1）企业可利用公共宣传来介绍新产品、新品牌，使新产品迅速打开销路。

（2）企业可利用公共宣传来恢复人们对需求下降产品的兴趣，促进产品销售。

（3）企业可利用公共宣传来引起人们的注意，提高企业和产品的知名度。

（4）企业可利用公共宣传来改善企业的社会形象。

（二）公共宣传新闻稿的内容与体裁

企业公共宣传活动是具有新闻价值的活动，必须在满足社会公众需要的前提下为社会多数人所关注，并且具有新奇性的特征。

公共宣传活动要有新的内容，带有新的信息和情报，给人们以耳目一新的感觉。

公共宣传活动要通过一定的文字载体，即新闻稿的方式将有关的信息和情报传播出去。

企业值得向社会传播的新闻内容具体有以下几个方面：

（1）企业采用新技术、新设备、新工艺开发以及研制出的新产品和取得的新成就，这一切给公众或消费者带来的益处。

（2）企业产品质量的改进，产品种类、产品项目和花色品种的增加，功能的增加等。

（3）企业重要的专项活动，如记者招待会、参观、展销、企业的奠基、开业、重大纪念日、各种庆典等。

（4）产品在市场上的反应、产值、销售额、利税等方面的重大突破。

（5）企业在竞争中采取的新决策、新战略或新措施。

（6）企业、产品所获得的各项荣誉，企业为社会福利事业发展作出的贡献和参与社会公益事业所做的努力等。

公共宣传新闻稿的主要体裁有消息和通讯两类。

1. 消息及其写作

消息是报纸、广播新闻、电视新闻中最常见的一种新闻体裁,在新闻报道中具有很重要的地位。消息直截了当地叙事,具有极强的说服力。消息在新闻报道中读者拥有率最高,数量最大,其影响胜过其他任何新闻体裁。新华社每天编发的新闻稿有6万字左右,其中各类消息占到2/3以上。

2. 通讯及其写作

通讯在公共宣传中,常用于介绍企业的新闻人物和新闻事件。通讯的容量比较大,题材范围也比较广泛,在写作方法、文章结构和表现手法方面与相应的文学体裁相似。狭义的通讯仅指通讯一种体裁;广义的通讯包括报告文学、特写、访问记等。

通讯是消息的扩展和延伸,它比消息提供的内容更详细、更具体、更形象。一篇好的通讯对于提高企业的知名度和美誉度,树立良好的企业形象能起到很大的作用。

公共宣传新闻稿还有其他种类,如有关报告或讲演的概述性新闻、有关技术的综合性新闻、扩充了的图片说明等。

(三) 公共宣传活动的策划

(1) 确定公共宣传目标。企业应根据自己产品的特点确定公共宣传的具体目标。如美国加州葡萄酒制造商曾委托一家公共关系公司为其进行公共宣传,以使美国人确信喝葡萄酒是快乐生活的一部分,并要提高加州葡萄酒的形象和增加市场份额。每个企业在不同时期都有其自身宣传的主题,关键是善于挖掘,并且恰到好处。

(2) 选择公共宣传媒介。企业应针对不同的公共宣传目标来选择合适的媒介。媒介的选择要切合实际,避免贪大求高。

(3) 拟定公共宣传方案。公共宣传活动涉及企业的内部与外部环境,关系企业的发展。因此,企业在组织公共宣传活动时,必须拟定周密的公共宣传计划方案,确保公共宣传活动的顺利进行。

(4) 实施公共宣传方案。由于新闻媒体工作的政策性很强,在实施公共宣传方案的过程中,一定要与新闻媒介的有关人员保持沟通,取得他们对企业公共宣传活动的理解和重视,才能确保公共宣传活动按计划进行。

(5) 评估公共宣传效果。测定公共宣传的效果是一件比较困难的事情,因为公共宣传通常都与其他促销工具一起使用,很难分清哪些是公共宣传的贡献。但如果在使用其他促销工具之前开展宣传活动,再评价其贡献就容易多了。公共宣传是根据某些沟通对象的反应目标而设计的,所以这些目标可以作为测量其活动效果的基础。一般说来企业可根据展露次数、知晓—理解—态度方面的变化以及销售额和利润额的变化等来测定宣传效果。

专论 12-1 优秀推销员的主要素质

在营销行业中,什么使优秀的推销员脱颖而出?什么使干练的推销员不同于那些平庸之辈?为此,作为著名的盖洛普民意调查组织下属的盖洛普管理咨询公司对近 50 万名推销员进行了调查。研究表明,优秀的推销员有四方面的主要素质:内在动力、严谨的工作作风、完成推销能力以及最重要的一点,即与客户建立良好业务关系的能力。

### 内在动力

"不同的人有不同的动力——自尊心、幸福、金钱,你什么都可以列举。"一位专家说,"但是所有优秀的推销员都有一个共同点:有成为杰出之士的无尽动力。"这种强烈的内在动力可以通过锤炼和磨炼形成,但却不是能教会的。动力的源泉各不相同——有的受金钱的驱使,有的渴望得到承认,有的喜欢广泛的交际。盖洛普研究揭示了4种性格类型,这4种人都是优秀的推销员,但有各自不同的源泉。竞争型的人不仅想要成功,而且渴望战胜对手——其他公司和其他推销员——的满足感。他们能站出来对一个同行说:"你是本年度最佳推销员,我不是对你不恭,但我会与你一争高低的。"追求自我实现的推销员就是为了想体验一下获胜的荣耀。他们不论竞争如何,就想把自己的目标定得比自己能做到的要高。他们一般能成为最好的营销经理,因为他们只要能使自己的机构完成任务,对他人的成败与否看得不重。最后一种是善于交际型的推销员,他们的长处在于他们能与客户建立和发展好业务关系。他们为人慷慨、周到,做事尽力。"这样的推销员是非常难得的,"美能达公司商务部国内培训经理说,"我们需要那种能够耐心回答顾客可能提出的第十个问题的推销员,那种愿意和客户在一起的推销员。"

没有谁是单纯的竞争型、成就型、自我实现型或关系型的推销员,大多数优秀的推销员或多或少属于其中某一种类型。"竞争型的推销员如果有一些关系意识,他可能除在照顾客户方面干得很好外,还能得到大笔业务。"盖洛普管理咨询公司主任认为:"对这样的人,谁还能苛求更多呢?"

### 严谨的工作作风

不管他们的动机如何,如果销售人员组织不好,凝聚力不强,工作不尽力,他们就不能满足现在的客户越来越多的要求。优秀的推销员能坚持制订详细周密的计划,然后坚决执行。在推销工作中没有什么神奇的方法,有的只是严密的组织和勤奋的工作。"我们最棒的推销员从不稀稀拉拉,"一家小型物资贸易公司的总裁说,"如果他们说他们将在6个月后对一位客户进行后续会面,那么你可以相信6个月之后他们肯定会到客户门前的。"优秀的推销员依靠的是勤奋地工作,而不是运气或是雕虫小技。"有人说他们能碰到好运气,但那是因为他们早出晚归,有时为一项计划要工作到凌晨2点,或是在一天的工作快结束、人们都要离开办公室时还要与人商谈。"

### 完成推销的能力

如果一个推销员不能让客户订货,其他技巧都是空谈。不能成交就称不上推销。因此,如何才能成为一名优秀的推销员呢?经理们和推销事务顾问们认为有一点很重要,即一种百折不挠、坚持到底的精神。他们当中有一位认为:"优秀的推销员和优秀的运动员一样,他们不畏惧失败,直到最后一刻也不会放弃努力。"优秀的推销员失败率较低的原因就是他们对自己和推销的产品深信不疑。优秀的推销员非常自信,认为他们的决策是正确的。他们十分渴望做成交易——在法律和道德允许的范围内无论采取何种方法也要使交易成功。

### 建立关系的能力

在当今的关系营销环境中,优秀的推销员最重要的一点就是成为解决客户问题的能手和与客户拉关系的行家。他们能本能地理解到客户的需求。如果你和营销主管谈谈,他们会向你这样描述优秀的推销员:全神贯注、有耐心、够周到、反应迅速、能听进话、十分真诚。优秀的推销员能够站在顾客的立场上,用客户的眼光看问题。如今的客户是在寻求业务伙伴,而不是打高尔夫的伙伴。"问题的根本在于,"达拉斯的一位推销顾问说,"要目的明确。优秀的推销员不是讨别人的喜欢,他们要的就是赢利。"他还补充道:"优秀的推销员总是想到大事情,客户的业务将向何处发展,他们怎样才能帮上客户的忙。"

(摘自菲利浦·科特勒:《营销学导论》,华夏出版社,1999)

### 专论12-2 如何制定营业推广活动方案

一份完善的营业推广活动方案分12个部分。

1. 活动目的

对市场现状及活动目的的阐述。市场现状如何?开展这次活动的目的是什么?是处理库存,是提升销量,是打击竞争对手,是新品上市,还是提升品牌认知度及美誉度?只有目的明确,才能使活动有的放矢。

2. 活动对象

活动针对的是目标市场的每一个人还是某一特定群体?活动控制在多大范围内?哪些人是促销的主要目标?哪些人是促销的次要目标?这些选择的正确与否会直接影响到促销的最终效果。

3. 活动主题

在这一部分,主要是解决两个问题:确定活动主题和包装活动主题。

降价?价格折扣?赠品?抽奖?礼券?服务促销?演示促销?消费信用?还是其他促销工具?选择什么样的促销工具和什么样的促销主题,要考虑到活动的目标、竞争条件和环境及促销的费用预算和分配。

这一部分是促销活动方案的核心部分,应该力求创新,使活动具有震撼力与排他性。

4. 活动方式

这一部分主要阐述活动开展的具体方式,有两个问题要重点考虑。

(1) 确定伙伴。拉上政府做后盾,还是挂上媒体的"羊头"来卖自己的"狗肉"?是厂家单独行动,还是和经销商联手?或是与厂家联合促销?和政府或媒体合作,有助于借势和造势;和经销商或其他厂家联合,可整合资源,降低费用及风险。

(2) 确定刺激程度。要使促销取得成功,必须使活动具有刺激力,能刺激目标对象参与。刺激程度越高,促进销售的反应越大。但刺激也存在边际效应,因此必须根据促销实践进行分析和总结,并结合客观市场环境确定适当的刺激程度和总的费用投入。

5. 活动时间和地点

促销活动的时间和地点选择得当会事半功倍,选择不当则会费力不讨好。

在时间上尽量让消费者有空闲参与,在地点上也要给消费者提供方便,而且要事先与城管、工商等部门沟通好。不仅发动促销战役的时机和地点很重要,而且持续多长时间效果会最好也要深入分析。持续时间过短会导致在这一时间内无法实现重复购买,很多应获得的利益不能实现;持续时间过长,又会引起费用过高而且市场形成不了热度,并降低在顾客心目中的身价。

6. 广告配合方式

一个成功的促销活动,需要全方位的广告配合。选择什么样的广告创意及表现手法?选择什么样的媒介炒作?这些都意味着不同的受众抵达率和费用投入。

7. 前期准备

前期准备分 3 块：人员安排、物资准备和试验方案。

在人员安排方面要"人人有事做，事事有人管"，无空白点，也无交叉点。谁负责与政府、媒体的沟通？谁负责文案写作？谁负责现场管理？谁负责礼品发放？谁负责顾客投诉？要各个环节都考虑清楚，否则就会临阵出麻烦，顾此失彼。

在物资准备方面，要事无巨细，大到车辆，小到螺丝钉，都要罗列出来，然后按单清点，确保万无一失，否则必然导致现场的忙乱。

尤为重要的是，由于活动方案是在经验的基础上确定的。因此有必要进行有效的试验来判断促销工具的选择是否正确，刺激程度是否合适，现有的途径是否理想。试验方式可以是访问消费者，填调查表，或在特定的区域试行方案等。

8. 中期操作

中期操作主要是活动纪律和现场控制。

纪律是战斗力的保证，是方案得到完美执行的先决条件，在方案中应对参与活动的人员各方面纪律作出细致的规定。

现场控制主要是把各个环节安排清楚，要做到忙而不乱，有条有理。

同时，在实施方案过程中，应及时对促销范围、强度、额度和重点进行调整，保证对促销方案的控制。

9. 后期延续

后期延续主要是媒体宣传的问题，对这次活动将采取何种方式？在哪些媒体进行后续宣传？"脑白金"在这方面是高手，即使一个不怎么成功的促销活动也会在媒体上炒得盛况空前。

10. 费用预算

没有利益就没有存在的意义。对促销活动的费用投入和产出应作出预算。当年爱多 VCD 的"阳光行动 B 计划"以失败告终的原因就在于没有在费用方面进行预算，直到活动开展后才发现这个计划公司根本没有财力支撑。一个好的促销活动，仅靠一个好的点子是不够的。

11. 意外防范

每次活动都有可能出现一些意外。比如政府部门的干预，消费者的投诉，甚至天气突变导致户外的促销活动无法继续进行等等。必须对各个可能出现的意外事件作出必要的人力、物力、财力方面的准备。

12. 效果预估

预测这次活动会达到什么样的效果，以利于活动结束后与实现情况进行比较，从刺激程度、促销时机、促销媒介等各方面总结成功点和失败点。

（摘自《管理与财富》2005 年第 3 期）

## 复习思考题

1. 什么是促销和促销组合？促销组合包含哪些内容？
2. 什么是传播理论中的编码和解码？理想的沟通和促销方案应有哪些主要步骤？
3. 人员推销有哪些特点和职能？为什么说能否处理异议是衡量一个推销员推销水平的

标志?
4. 营业推广的形式有哪些?结合专论12-2说明如何制定营业推广方案。
5. 什么是公共关系?公共关系与广告、营业推广等促销手段相比有哪些主要特点?
6. 简述公共关系的工作程序。
7. 公共宣传有何特点?
8. 何谓广告?商业性广告的类型有哪几种?
9. 企业应如何选择广告媒体?
10. 简述产品寿命周期各阶段的广告策略。

# 第 13 章　市场营销客户管理

**本章要点**

- 客户的界定与分析
- 客户信用管理的目标
- 5C 分析法
- 客户的筛选与开发
- 客户关怀
- 大客户忠诚度策略
- CRM 的构成
- 客户资信调查
- 收款策略
- 交叉销售
- 客户忠诚度的衡量

## 第一节　客户管理概述

### 一、客户的界定

（一）客户的定义

客户概念诞生于 20 世纪初，然而企业家花费了将近百年的时间才真正领会了其中的含义。在产品与客户的两大企业运营焦点中，企业家们经常要考虑一个问题：谁是本企业的市场营销对象？很显然，市场营销对象是客户，也就是营销传播者的受众，市场营销对象是市场营销活动的基本主体之一，从而确立了客户在营销管理中的主体地位。那么谁是企业的客户呢？关于客户的定义主要有以下几种。

韦伯斯特（Webster）和温德（Wind）对"客户"（Customer）这一概念的定义是，所有本着共同的决策目标参与决策制定并共同承担决策风险的个人和团体，包括使用者、影响者、决策者、批准者、购买者和把关者。这是从决策单元角度定义客户的。

传统的观点，客户就是那些购买企业的产品或服务的人或组织。广义上的客户不仅包括传统意义上的客户，而且包括那些将要购买或可能购买企业产品或服务以及对企业产品或服务有潜在兴趣的人或组织。从购买目的上讲，它不仅包括为个人消费而进行购买的消费者，还包括为营利目的而实施购买的组织。

比较普遍的观点认为，客户是对企业外部群体的总称，企业外部所有相关的群体都可以看作企业的客户，包括分销商、最终消费者及其合作伙伴。还有学者更广义地定义"客户"，客户就是"服务的对象"。按照此定义，存在于社会中的个人、企业、事业和政府等营利的、非营利的个人或单位都有自己的客户。学术界和企业界还有外部客户和内部客户（指企业内部员工）的提法，其实也是从"广义客户"演变而来的。

综合以上观点，客户是指那些购买企业产品或服务的群体，从时间跨度上包括现实客户和潜在客户,从空间跨度上包括直接客户和间接客户。至于分销商等其他客户由于习惯上因素将在渠道策略等章节讨论。

(二)相关概念的区分

1. 消费者和客户

传统观点认为,消费者(Consumer)和客户(Customer)是同一概念,两者的含义可以不加以区分。但对于企业而言,消费者和客户应该加以区分,消费者和客户之间的差别表现在以下方面:

(1)客户是针对某一特定细分市场而言的,他们的需求具有一定的共性,比如,某电脑公司把客户分成金融客户、工商企业客户、教育客户和政府客户等;而消费者则是针对个体而言的,他们处于比较分散的状态。

(2)客户的需求相对较为复杂,要求较高,购买数额也较大,而且交易过程延续的时间比较长,比如,客户购买了电脑后,涉及维修、耗材的供应、重复购买等;而消费者与企业的关系一般是短期的,也不需要长期、复杂的服务。

(3)客户注重与企业的感情沟通,需要企业安排专职人员负责和处理他们的事务,并且需要企业对客户的基本情况有深入的了解;而消费者与企业的关系相对比较简单,即使企业知道消费者是谁,也不一定与其发生进一步的联系。

(4)客户是分层次的,不同层次的客户需要企业采取不同的客户策略;而消费者可看成一个松散整体,并不需要进行严格区分。

2. 顾客和客户

在西方的论著中,顾客(Customer)和客户(Client)是两个不同的概念,但它们的含义是相同的,都是指购买和消费企业产品或服务的人或组织。更何况,"Customer"的中文翻译习惯上有两种,即"顾客"和"客户",因此两者往往可以互相替代。对企业而言,两者仍然是有区别的,它们的最大区别在于顾客更多地强调其曾经光顾企业的经营场所,而客户特指在企业的信息库中留有信息的顾客。在客户关系时代,一个主要的理念就是将顾客视为"客户",所以,本书中将CRM译为"客户关系管理",但在单独使用"顾客"和"客户"概念时,本书不准备特意加以区分,基本根据中文的表述习惯交替使用这两个词语。

3. 用户和客户

用户是指正在使用企业的产品或服务的群体或个人。用户使用的产品,可能是直接从企业购买的,也可能不是直接从企业购买的。一般情况下,我们把前者称为直接客户,而把后者称为间接客户。客户则是购买或者有意向购买企业产品和服务的群体或个人,核心是企业在与其联系过程中掌握了部分关键信息,尤其是购买意向。

## 二、客户的分类

按照不同的标准,可以把客户分成不同的类型。

(一)根据客户与企业的关系划分

(1)消费者。购买最终产品与服务的零星客户,通常是个人或家庭。

(2)集团购买者。将购买的产品或服务附加在自己的产品上一同出售给另外的客户,或附加到他们企业内部业务上以增加盈利或服务内容的客户。

(3)渠道。主要指分销商和特许经营者,他们不直接为企业工作,并且不需为其支付报酬,他们购买产品的目的是作为企业在当地的代表出售或利用企业的产品。

（4）内部客户。企业内部的个人或业务部门,他们需要企业的产品或服务以实现他们的商业目标。

产品与服务就是被出售给以上4种类型的全体客户。

（二）根据客户对企业的重要程度划分

根据客户对企业重要性程度可分为重要客户（VIP Customer）、主要客户（Major Customer）和普通客户（Common Customer）。

表 13-1  用 ABC 分类法对客户进行划分

| 客户类型 | 客户名称 | 客户数量比例 | 客户为企业创造的利润比例 |
|---|---|---|---|
| A | 重要客户 | 5% | 50% |
| B | 主要客户 | 15% | 30% |
| C | 普通客户 | 80% | 20% |

表 13-1 所列的数字为参考值,不同行业、不同企业的数值各不相同。比如在银行业中,重要客户数量可能占到客户总数量的 1%,但为企业创造的利润可能超过 50%;而有些企业,如宾馆的重要客户数量可能大于 5%,为企业创造的利润可能小于 50%。

以上划分,较好地体现了营销学中的"80：20"法则,即 20% 的客户为企业创造 80% 的价值。当然,在 80% 的普通客户中,还可以进一步划分。

（三）根据企业的客户忠诚度划分

根据客户忠诚度可分为潜在客户、新客户、常客户、老客户和忠诚客户等。潜在客户是指对企业的产品或服务有需求,但尚未开始与企业进行交易,需要企业花大力气争取的客户;新客户是指那些刚开始与企业开展交易,但对产品或服务还缺乏全面了解的客户;常客户是指经常与企业发生交易的客户,尽管这些客户还与其他企业发生交易,但与本企业的交易数量相对较大;老客户是指与企业交易有较长的历史,对企业的产品或服务有较深的了解,但同时还与其他企业有交易往来的客户;忠诚客户则是指对企业高度信任,并与企业建立起长期、稳定关系的客户,他们基本上就在本企业消费。

一般来说,客户的忠诚度与客户和企业交易的时间长短和次数的多少有关,只有忠诚的客户才能长时间、高频度地与企业发生交易。而客户的忠诚程度是不断发生变化的,只要企业对客户的服务得法,能赢得客户信任,潜在客户就可以变成新客户,新客户可以变成常客户,常客户可以变成老客户,老客户可以转化成忠诚客户;反之也是如此,如果企业不注意提高客户服务水平,随意损害客户的利益,都有可能使新客户、常客户、老客户和忠诚客户中止与企业的交易,弃企业而去。

客户对企业忠诚度不同,对企业利润的贡献大小也不同。因此,在客户管理中,按照客户价值进行客户分类,找到最有价值的客户,是企业最重要的工作。

（四）根据客户提供价值的能力划分

（1）灯塔型客户。这类客户对新事物和新技术非常敏感,喜欢新的尝试,对价格不敏感,是潮流的领先者。这些客户一般收入颇丰,受教育程度较高,具有较强的探索与学习能力,对产品相关技术有一定了解,在所属群体中处于舆论领导者地位或者希望成为舆论领导者。灯塔型客户群不仅自己率先购买,而且积极鼓动他人,并为企业提供可借鉴的建议。正是灯塔型客户拥有这些优秀品质,使其成为众商家愿意倾力投资的目标,这也提升了其交易价值。

(2) 跟随型客户。这类客户最大的特点就是紧跟潮流。他们不一定真正了解和完全接受新产品和新技术,但他们以灯塔型客户作为自己的参照群体,他们是真正的感性消费者,在意产品带来的心理满足和情感特征,他们对价格不一定敏感,但十分注意品牌形象。

(3) 理性客户。这类客户在购买决策时小心谨慎,他们最在意产品的效用价格比,对产品或服务质量、承诺以及价格都比较敏感。理性客户对他人的建议听取而不盲从,他们一般只相信自己的判断,而且每一次购买决策都需要精确计算,不依赖于某一品牌。因此他们基本不具备交易价值,只能为企业提供顾客购买价值、信息价值与口碑价值。

(4) 逐利客户。这类客户对价格敏感,他们只有在企业与竞争对手相比有价格上的明显优势时才可能选择购买本企业产品。逐利客户的形成原因可能与他们收入水平密切相关,这导致其可能处在社会的较底层,对他人的影响力较低,而且其传达的信息也集中在价格方面,因此逐利客户的口碑价值可以忽略不计。逐利客户为本企业提供最基本的两种价值:购买价值和信息价值。

以上不同类型客户创造的价值构成了企业的不同客户资产。同样数量的客户群体、不同的客户结构,可能导致企业的客户资产的巨大差异。

## 三、客户管理的内容

所谓客户管理是指对客户的业务往来关系进行管理,并对客户档案资料进行分析和处理,从而与客户保持长久的业务关系。企业只有通过对其客户进行有效的管理,才能找出对企业价值最大的客户群,并提供定制化或一对一的服务,从而满足客户需求,提高客户的满意度和忠诚度,这样才能在企业与客户之间建立长期的、稳定的关系,提高经营绩效,最终实现企业利润最大化和客户价值最大化的双赢目标。客户管理主要包括以下内容。

(一) 客户资料管理

客户资料管理是客户管理的起点和基础,客户管理就是从客户资料管理开始展开,并针对不同类型的客户搜集相关资料。一般企业的客户资料管理主要有以下内容:

(1) 基础资料。即客户最基本的原始资料,主要包括客户的名称、地址、电话;所有者、经营管理者、法人代表及他们个人的性格、兴趣、爱好、家庭、学历、年龄、能力;创业时间、与本企业交易时间;企业组织形式、业种、资产等。这些资料主要是通过营销人员进行的客户访问或其他合法途径收集来的。

(2) 客户特征。主要包括服务区域、销售能力、发展潜力、经营观念、经营方向、经营政策、企业规模、经营特点等。

(3) 业务状况。主要包括销售实绩、经营管理者和业务人员的素质、与其他竞争者的关系、与本企业的业务关系及合作态度等。

(4) 交易状况。主要包括客户的销售活动现状、存在的问题、保持的优势、未来的对策、企业形象、声誉、信用状况、交易条件以及出现的信用问题等。

在对客户资料进行管理的过程中,必须遵循以下原则:

(1) 动态管理。客户资料管理建立后,如果置之不理,就会失去意义。因为客户的情况会不断地发生变化,所以客户的资料也要不断地加以调整,剔除过时的或已经变化了的资料,及时补充新的资料,对客户的变化进行跟踪,使客户管理保持动态性。

(2) 突出重点。有关不同类型的客户资料很多,我们要通过这些资料找出重点客户。重点客户不仅包括现有客户,而且还应包括未来客户或潜在客户。这样做可以同时为企业选择新客户、开拓新市场提供资料,为企业进一步发展创造良机。

(3) 灵活运用。收集、管理客户资料,目的是在销售过程中加以运用。所以,在建立客户资料卡或客户管理卡后,不能束之高阁,应以灵活的方式及时全面地提供给营销人员及其他有关人员,使他们能更详细地加以分析,使死资料变成活资料,提高客户管理的效率。

(4) 专人负责。由于许多客户资料是不宜流出企业的,只能供内部使用,所以,应确定具体的规定和办法,由专人负责管理,严格控制客户情报资料的利用和借阅。

(二) 客户业务关系管理

客户业务关系管理的内容包括管理交易状况、管理客户关系。

管理交易状况主要包括对客户与本企业的交易额、不同商品的销售构成、不同商品的毛利润率、商品的周转率、交易开始或中止等内容进行分析研究。

管理客户关系主要包括客户分析、客户保持管理与客户忠诚度管理等。

客户分析的目的是为了具体了解企业的客户。要满足客户,首先是了解客户,客户分析是进行客户关系管理的基础。在客户分析中主要回答谁是企业的客户、客户的基本类型及客户不同的需求特征和购买行为,并在此基础上分析客户差异对企业利润的影响等问题。

客户保持管理是指企业维持已建立的客户关系,使客户不断重复购买产品或服务的过程。

客户管理的最终目标是通过客户关怀,为客户提供满意的产品和服务,满足顾客的个性化需求,在与客户的良好互动关系中培养客户忠诚度。所以,只有通过客户忠诚度的管理,才能建立和维持企业与其理想客户之间的良好关系。

(三) 客户风险管理

客户风险管理主要是客户信用管理。

企业信用管理的内容主要有制定信用政策、管理客户资信和应收账款管理等。

信用政策是指在特定的市场环境下,企业权衡了与应收账款有关的效益与成本,为指导企业信用管理部门处理应收账款及执行收账措施而制定的一系列政策。企业信用政策的构成要素主要包括信用期限、现金折扣、信用标准、信用额度、收账政策等。企业采用赊销的方式必然要制定一定的信用政策。

企业信用政策的目标主要有两个:一是科学地将企业的应收账款持有水平和产生坏账的风险降到最低;二是合理地扩大信用销售,降低制成品的库存,争取使企业的可变现销售收入最大化。

客户的资信情况是企业信用政策的出发点,企业应该针对不同的客户提供不同的信用政策,其原因就是客户的资信情况是不一样的,资信好的客户可以提供宽松的信用政策,这样就可以减少应收账款的发生,改善企业自身的资金状况。

但无论企业的信用政策如何完美,对客户的资信了解得如何详细,只要企业采用赊销的方式就会产生应收账款,因此怎样管理应收账款,让应收账款变成企业真正的现金收入就成为企业信用管理中一个必然的话题。

## 四、客户分析的方法

### (一)客户分析的流程与方法

进行客户管理,不仅要对客户资料进行收集,而且还要对客户进行多方面分析。这主要包括:

**1. 客户构成分析**

营销人员必须对企业的客户进行分类。常用的客户分类标准主要有客户个性化资料、客户消费量与频率、客户的消费方式、客户的地理位置、客户的职业、客户所处的行业、客户的性质、客户的交易数量和市场地位、客户与企业的交易过程等。

不管企业按照何种标准划分客户,由于不同类型的客户的需求特点、需求方式、需求量等都不同,所以对其管理也要采取不同的方法,营销人员可从中发现机会,提高营销效率。

营销人员必须关注客户类别变化的动态趋势,特别是要分析客户中新出现的客户类别,因为它可能会带出一个潜在的大客户类别。

**2. 客户交易业绩分析**

(1) 掌握各客户的月交易额或年交易额。具体方法是直接询问客户;通过查询得知;由本企业销售额推算;取得对方的决算书;询问其他机构。

(2) 统计出各客户与本企业的月交易额或年交易额。

(3) 计算出各客户占本企业总销售额的比重。

(4) 检查该比重是否达到本企业所期望的水平。

(5) 运用 ABC 分析法将客户分为 3 类:A 类占累计销售额的 80% 左右;B 类占 15% 左右;C 类占 5% 左右。A 类是重点客户,C 类可视为未来有潜力的客户。

**3. 不同商品的销售构成分析**

(1) 将自己对客户销售的各种商品,按销售额由高到低排列。

(2) 合计所有商品的累计销售额。

(3) 计算出各种商品销售额占累计销售额的比重。

(4) 检查是否完成了企业所期望的商品销售任务。

(5) 分析不同客户商品销售的倾向及存在的问题,检查销售重点是否正确,将畅销商品努力销售给有潜力的客户,并确定以后商品销售的重点。

**4. 不同商品毛利润率的分析**

(1) 将自己所负责的对客户销售的商品按毛利润额大小排序。

(2) 计算出各种商品的毛利润率。

**5. 商品周转率的分析**

(1) 先核定客户经销商品的库存量。通过对客户的调查,将月初客户拥有的本企业商品库存量和月末客户拥有的本企业商品库存量进行平均,求出平均库存量。

(2) 将销售额除以平均库存量,即得商品周转率。

**6. 交易开始与中止的分析处理**

(1) 交易开始。企业应制订详细的营销人员客户访问计划。营销人员如访问某一客户 5 次以上而无实效,则应从访问计划表中删除该客户。

在交易开始时,应先填制客户交易卡。客户交易卡由企业统一印制,一式两份,有关事项交由客户填写。客户交易卡的主要项目包括：客户名称、总部所在地、交易对象所在地、通讯地址及电话、开业时间、资本额、职工人数、管理者人数、设备、经营者年龄、信用限度申请额、基本约定、回收条件。

向业务经理提交交易卡，得到认可后向主管经理提交报批手续，然后才能与新客户进行交易。无论是新客户还是老客户，都可依据信用调查结果设定不同的附加条件，如交换合同书、提供个人担保、提供连带担保或提供抵押担保。

(2) 交易中止。在交易过程中，如发现客户存在问题和异常之处，应及时报告上级。作为应急处理，营销人员可以暂时停止供货。当客户的票据或支票被拒付或延期支付时，营销人员应向上级详细报告。要尽一切能力收回货款，将损失降至最低。如确需中止交易，营销人员应根据上级的批示通知客户。

(二) 客户组合的确定

通过客户分析，可以发现其中某些客户及其给企业带来的影响，以便找出不同类型的客户——给企业带来大部分利润的客户，只买某些产品或享受某种服务的客户，需要更多服务的客户及最少量服务的客户。得到这些信息后，就会发现：最费时间(而且又花费很高)的服务，是为很小一部分客户提供的服务；最大宗的买卖及最大的利润来自相对很小一部分客户。当知道某些客户比其他客户给企业带来的影响更大时，企业就可以作出正确的决定：如何使用有限的资源来进行更加有效的、更有针对性的服务。

为此，要按照不同的方式划分出不同类型的客户，因其需求特点、需求量等的不同，对其管理也要采取不同的方法。划分客户意味着将为不同的客户提供不同的服务，采用不同的销售模式。划分客户的方法很多，但没有绝对正确的方法。营销经理可以考虑按不同的因素划分客户类型，如客户所处的方位、客户所买产品的类型、客户在本企业的全部消费额，客户的收入、年龄与个性特征，客户来本企业消费的频率等。

在划分客户类型的基础上，企业所选择的不同客户类型构成了企业的客户组合，在确定自己的客户组合时，有3种策略可供企业选择：

1. 集中策略

这一策略要求企业对市场上所有的客户不区别对待，把构成市场的客户群当做一个整体来看待。这一策略的假设基础是：所有的客户都创造相等的价值。企业之所以按所有客户都创造相等的价值的假设来管理客户组合，是因为鉴别不同客户的创造力会花费很高的成本，或者按不同客户的创造力来行动会耗费很高的成本。

有效实施集中策略，企业必须具备一定的条件：低生产成本或有较好地获取、发展、维护客户关系的技术。在这种客户组合中，买者和卖者的关系经常可以替代，并且以宽泛的同质性和自我选择为基础。这种策略适合于大市场物品，但是也适合于狭窄的市场上的客户关系，如重型机车市场。

2. 区分策略

在区分策略中，企业把精力集中于能带来更大的总体收益的特殊的区域或者某种类型客户身上，这样做，将比集中策略需要更充分的客户信息，并且会因为分散化而带来一部分利益的损失。此外，由于将自己的命运维系在一小部分团体身上，而使企业的风险增大。

企业也可以选择对一个市场内的几个团体提供服务，但是，能成功做到这一点依赖于企业提供这样一种产品的能力，该产品能吸引其他团体，同时不减少或破坏对企业最重要的客户的吸引力。例如,美国一家保险公司 USSA,通过瞄准军官及其需要的方式建立了特殊的有价值的客户组合。

3. 个性化策略

当企业所面对的客户在关系价值、偏好或者需求上存在很大差异时,企业可以以单个客户为基准管理其关系组合,这比其他管理策略需要更深入的客户信息,而且由于依赖于客户的数量和价值改变的特性,因此需要更成熟的联系技术。

## 第二节 客户关系管理

### 一、客户关系管理的含义

1. 客户关系管理的定义

客户关系管理(CRM)最早产生于美国,由 Gartner Group 首先提出了 CRM 的概念。20世纪90年代以后伴随着互联网和电子商务大潮得到了迅猛发展。关于 CRM 的定义,不同的研究机构有不同的表述,比较有代表性的观点有如下4种:

第1种观点把 CRM 定义为一种管理理念。Gartner Group 认为,客户关系管理就是为企业提供全方位的管理视角,赋予企业更完善的客户交流能力,使客户的收益率最大化。国内学者中有人认为 CRM 主要就是管理客户信息资源。也有人将 CRM 定义为是一种商业管理策略。

第2种观点把 CRM 定义为一种营销策略。卡尔松营销集团认为,客户关系管理就是通过培养公司的每一个员工、经销商或客户对该公司更积极地偏爱或偏好,留住他们并以此提高公司业绩的一种营销策略。这个定义已经被全球企业广泛接受。

第3种观点是把 CRM 看作一套先进技术。Hurwitz Group 认为,客户关系管理的焦点是自动化,并改善与销售、市场营销、客户服务和支持等领域的客户关系有关的商业流程。

第4种观点则认为 CRM 是商业过程。IBM 所理解的客户关系管理包括企业识别、挑选、获取、发展和保持客户的整个过程。IBM 把客户关系管理分为3类:关系管理、流程管理和接入管理。

以上是一些研究机构和学者提出的各自对 CRM 的定义,这些定义没有谁对谁错之分,只是对问题分析的角度不同,可以帮助读者更好地理解问题的本质。简单地说,客户关系管理就是一个不断加强与客户交流,不断了解客户需求,并不断对产品及服务进行改进和提高以满足客户需求的连续过程。CRM 注重的是与客户的交流,企业的经营是以客户为中心,而不是传统的以产品或以市场为中心。为了方便与客户的沟通,CRM 可以为客户提供多种交流的渠道。企业希望通过 CRM 系统能够了解更多的客户化需求,从而为客户提供个性化的产品和服务,提高客户满意度,与此同时也能够获得更大的利润。

2. 对 CRM 的完整理解

究竟什么是 CRM 呢?现实中的 CRM 的概念可以从3个层面来表述。

第1个层面:CRM 是一种现代经营管理理念。其核心思想是将企业的客户(包括最终客户、分销商和合作伙伴)视为最重要的企业资源,通过完善的客户服务和深入的客户分析来满足客户的个性化需求，提高客户满意度和忠诚度，进而保证客户终生价值和企业利润增长的实现。

第 2 个层面：CRM 也是一种旨在改善企业和客户之间关系的新型管理机制，它实施于企业的市场营销、销售、服务与技术支持等与客户相关的领域。通过向企业的销售、市场和客户服务的专业人员提供全面、个性化的客户资料，并强化其跟踪服务、信息服务能力，使他们能够协同建立和维护一系列与客户和生意伙伴之间卓有成效的一对一关系，从而使企业得以提供更快捷和周到的优质服务，提高客户的满意度，吸引和保持更多的客户，从而增加营业额。另外，通过信息共享和优化商业流程来有效地降低企业经营成本。CRM 的实施，要求以客户为中心来构架企业，完善对客户需求的快速反应的组织形式，规范以客户为核心的工作流程，建立客户驱动的产品、服务设计机制，进而培养客户的品牌忠诚度，扩大盈利。

第 3 个层面：CRM 意味着一套应用软件系统。它将最佳的商业实践与数据挖掘、数据仓库、一对一营销、销售自动化以及其他信息技术紧密结合在一起，为企业的销售、客户服务和决策支持等领域提供一个业务自动化的解决方案，使企业有了一个基于电子商务面向客户的系统，从而顺利实现由传统企业模式到以电子商务为基础的现代企业模式的转化。

综上所述，CRM 就是一种以信息技术为手段，对客户资源进行集中管理的经营策略。值得注意的是，CRM 不仅要求企业树立观念，还要求企业做到：

（1）客户关系管理并不是一种简单的概念或方案，它也是企业战略的一种，贯穿于企业的每一个部分和经营环节。企业的各个环节都应该参与到 CRM 的具体实施过程中。

（2）利用信息技术有效实施 CRM。知识发现技术、数据仓库技术和数据挖掘技术等，有效地促进了数据获取、顾客细分和模式发掘，使 CRM 能够在企业中获得生命。

（3）客户关系管理始于客户行为和特性的深入分析，以取得对客户及其偏好、愿望和需求的完整认知，然后应用这些知识去制定营销战略、编制营销计划和发起营销活动。同样，管理客户关系也意味着与客户之间的互动接触。因此，客户关系管理需要设计一个由许多"接触点"构成的网络，来设计、培养和维持与客户之间长期互利的接触。

（4）实现客户与企业之间的双赢，在企业利润最大化和客户价值（即顾客价值）最大化之间找到平衡。

（5）不同的客户具有不同的关系价值，企业必须将最大的精力放在最有价值的客户身上。企业要善于分析客户能为企业带来的价值，要有区别地对待客户。虽然那些低价值的客户在数量上占绝大多数，但对企业的销售和利润贡献却很小。客户关系管理并不是主张放弃这些价值较低的客户，而是强调仔细甄别良性客户关系和恶性客户关系，并加以区别对待。通过对关系的有效识别，发展与特定客户之间良性的、长期的互动关系，剔除不具有培养前景的客户关系。

## 二、客户关系管理系统(CRM)的构成

不同的企业对客户关系管理系统有不同的要求，不同的开发商所提供的客户关系管理系统的功能也有所不同。一般而言，客户关系管理系统由客户市场管理子系统、客户销售管理子系统、客户支持和服务管理子系统、数据库及支撑平台子系统等构成。

(一) 客户市场管理子系统

客户市场管理子系统能够提供完整的客户活动、事件、潜在客户和数据库管理,从而使寻找潜在客户工作的效率更高,更加合理。使用者可以从任何一个地点快速获取所有关于市场销售活动、事件和潜在客户的信息,并对客户进行高度专业化的细分。

客户市场管理子系统一般包含客户(市场营销)信息管理、营销活动管理、市场资料管理、市场统计分析与决策支持等功能模块。

客户(市场营销)信息管理模块负责收集客户的一般资料,跟踪客户资料变更,挖掘潜在客户。营销活动管理模块使市场营销部门有能力执行和管理通过多种渠道进行的多个市场营销活动,同时还能对活动的有效性进行实时跟踪。市场资料管理模块记录通过多种渠道获得的市场信息,收集竞争对手的资料,如调研报告、经济分析报告、产品信息等,为各部门提供市场统计分析与决策支持。

客户市场管理子系统的功能结构如图13-1所示。

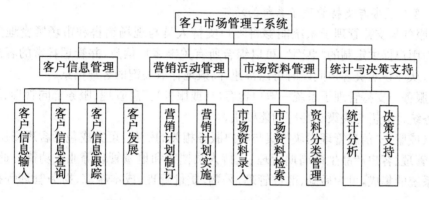

图13-1 客户市场管理子系统功能结构图

(二) 客户销售管理子系统的功能

客户销售管理子系统可以快速获取和管理日常销售信息。从机会受理、对联系人的跟踪,到预测和查看最新的渠道信息,能够为提高销售人员工作效率提供流畅、直观的工作流功能,同时也保证了每个客户和每个销售机会的销售小组成员之间能进行充分的沟通。另外,销售经理也能有效地协调和监督整个销售过程,从而保证销售取得最大的成功。客户销售管理子系统的功能结构如图13-2所示。

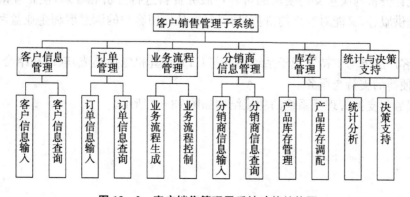

图13-2 客户销售管理子系统功能结构图

客户销售管理子系统一般包含客户（销售）信息管理、订单管理、业务流程管理、分销商信息管理、动态库存调配管理、销售统计分析与决策支持等功能模块。

客户（销售）信息管理模块负责收集客户销售的相关资料，帮助用户准确把握客户情况，提高销售效率与质量。

订单管理模块可处理客户订单，执行报价、订货单创建、联系与账户管理等业务，并提供对订单的全方位查询。

业务流程管理模块通过在各业务部门间按照业务规则传递相关数据和信息，帮助用户管理其销售运作，保证销售订单的顺利完成。

销售统计分析与决策支持模块通过对销售数据的多方面统计、查询，提供用户所需的信息，为决策提供帮助。

动态库存调配管理模块、分销商信息管理模块等，能为用户提供各种功能，支持销售活动。

（三）客户服务与支持管理子系统的功能

客户服务与支持管理子系统能够将客户支持人员与现场销售和市场紧密地集成在一起，可以为用户提供定制的"桌面"，可以综合所有关键客户信息，并管理日常的客户服务活动和任务，从而在解决客户问题时可以快速、高效地存取关键的客户信息。

客户服务与支持管理子系统一般包含客户（或服务）信息管理、服务合同管理、服务档案管理、服务统计分析与决策支持等功能模块。

客户（或服务）信息管理模块收集与客户服务相关的资料，可完成包括含现场服务派遣、客户数据管理、客户产品生命周期管理、支持人员档案和地域管理等业务功能。此外，通过与 ERP 系统的集成，可为后勤、部件管理、采购、质量管理、成本跟踪、财务管理等提供必需的数据。

服务合同管理模块通过帮助用户创建和管理客户服务合同，从而确保客户能获得应有的服务水平和质量；跟踪保修单和合同的续订日期，通过事件功能表（即根据合同制订的定期的客户拜访、产品维护日程）安排预防性的维护行动。

服务档案管理模块使用户能够对客户的问题及解决方案进行日志式的记录，包括联系人管理、动态客户档案、任务管理以及解决关键问题的方案等，从而提高检索问题答案或解决方案的响应速度和质量。

服务统计分析与决策支持模块能对客户服务资料进行分析和处理，使企业既能根据客户的特点提供服务，又能对客户的价值进行评估，从而使客户的满意度和企业盈利都能得到提高。

此外，客户服务与支持管理子系统还可与 CTI（计算机电话集成）软件相结合，为客户提供更快速、便捷的支持与服务。

客户服务与支持管理子系统的功能结构如图 13-3 所示。

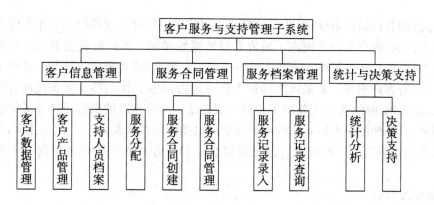

图 13-3　客户服务与支持管理子系统功能结构图

通过将其业务扩展到 Web 上，企业还可以充分地利用电子商务带来的便利进行电子市场营销、电子销售和电子服务。

（四）数据库及支撑平台子系统功能

CRM 的数据库及支撑平台子系统主要是为其余各子系统提供一个性能良好、使用可靠、开放的和易于扩充的支撑环境。

随着计算机硬件技术、软件技术、Internet 技术的迅猛发展以及新一代企业级计算机网络系统的建立，用户对数据库软件的新要求使得数据库分布式应用技术进入了一个全新的发展阶段。

CRM 的数据库及支撑平台子系统的功能结构如图 13-4 所示。

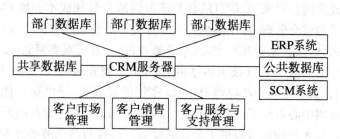

图 13-4　数据库及支撑平台子系统的功能结构图

## 三、客户关系管理系统实施的基本模式

企业实施 CRM 系统可以使用不同层次的模式，下面将对几个主要模式分别进行阐述。

（一）客户信息的合并、共享与业务流

通过客户信息的合并和共享、经营活动的自动化和系统对经营的流程重组，来节省人力、时间等成本，提高工作效率以及提高对客户的服务质量。它使销售和营销等手段程序化，减少不必要的失误和消耗。这个层次上的 CRM 可细分为客户信息的合并和共享以及业务流形成两个方面。这是 CRM 的基本层面，是面向企业内部的，这部分与 ERP 有一定的联系和交叉。

1. 客户信息合并和共享

客户信息合并是指建立包含诸如联系记录、购买记录、投诉记录、服务记录等企业所掌握的客户所有信息的资料库。这是实现企业范围内对客户信息共享的基础，也是增长客户知识,使零散的客户知识系统化,并可被有效应用的先决条件。这使得当一个久未联系的客户突然来电话时,再也不会出现忘了对方是谁的尴尬场面。客户资料会显示这家企业或个人所有联系信息,它还会提醒你别忘了给客户寄生日贺卡,或者提醒你这是一个极其重要的客户,不会再有客户抱怨。原来每次维护人员对过去发生了什么都要重头说起;而现在,发生了什么,怎么解决的,客户资料库里记得一清二楚。尽管这次的问题可能是该维护人员第一次遇到的,但其他维护人员在别的用户处解决这类问题的经验都一一记录在案,便可帮助维护人员尽快地解决客户的问题。这也使得企业的业务在人员变动的情况下能够保持连续性。

2. 业务流形成

通过业务流的实现,CRM 解决方案应该具有很强的功能,为跨部门工作提供支持,使这些工作能动态地、无缝地完成。企业的流程重组是 CRM 项目实施的重要部分,同样的系统在不同的环境或不同的实施方式下会有不同的结果。

而一个实施成功的 CRM 则会通过恰当的流程重组给企业带来很大收益。据统计,在传统的电话营销方式中,销售人员 40% 的时间用来拨号,23% 的时间用来整理资料,只有 37% 的时间用来和客户交流。采用 CRM 的销售自动化工具,则首先可以大大减少整理资料的时间,其次借助一些工具甚至可以将拨号时间减为零,从而将更多的时间专注于和客户的交流上。例如 CRM 系统 CT-Approach 的设计目标就是让销售人员的拨号时间减为零,即系统将自动拨通客户电话,然后转给空闲的销售人员,并自动弹出该客户的历史资料和预先设计好的营销对话(或调查问卷)。该系统无疑将极大地提高员工的工作效率。

对于跨地区或跨国公司来说,信息的合并还可以减少管理成本。如 Oracle 通过全球财务数据的自动合并和整合管理,每年减少约 500 万美元的管理成本。

(二)建立基于 CTI 技术的呼叫中心、电子商务网站、自助服务网站

企业通过建立诸如基于 CTI 技术的呼叫中心、电子商务网站、自助服务网站这样的客户门户来实施 CRM。其中呼叫中心已经有了 30 多年的发展史,是电话时代主要的客户服务工具。互联网为呼叫中心带来了新的发展机会,而完全以互联网为基础的电子商务和自助服务网站则为企业与客户的接触提供了全新的渠道。这些新的渠道的开发会为企业的经营活动带来新的机会。通过这些手段的结合和贯通,可以提高客户自助服务的能力,提高客户的满意度,建立客户信息。

1. 基于 CTI 技术的呼叫中心

现代企业的竞争优势已经逐渐从产品本身转向先进的服务手段,竞争方式也开始主要表现为对客户的全面争夺,越来越多的企业开始将呼叫中心视为在竞争中必不可少的成功要素。现代企业对呼叫中心有高度严格的期望和要求:呼叫中心能提供每周 7 天、每天 24 小时的全天候服务;能为客户提供包括传统的语音、IP 电话、电子邮件、传真、文字交谈、视频等在内的多种通讯方式选择;能提高其业务代表和管理人员的工作效率;能维护客户的忠诚度,让客户感受到其价值。企业能通过呼叫中心收集市场情报、客户资料,扩大销售基础,带来经济效益。

据报道,联想电脑公司 CRM 建设的重要项目——联想呼叫中心顺利建设完毕并投入试运行以来,以稳定的性能和高速的数据交换能力,有效集成了业务流程,统一了客户来源,增加了服务的有效性,维护了联想与客户的良性关系,保证了业务的不断发展。

## 2. 电子商务门户和自助网站

基于互联网的电子商务和自助服务网站比呼叫中心更进一步，通过提供客户网上的自助购物和自助服务，为企业节约了大量的销售和支持费用。

对于拥有大量客户的大型企业来说，服务费用的支出是相当惊人的。自助服务网站的建立，方便了客户随时查询，同时节省了大量的服务费用。思科公司通过将客户服务业务搬到互联网上，使通过互联网的在线支持服务占到全部支持服务的70%，大大节约了售后服务成本。思科公司提供的电子下载每年节约费用8 600万美元，在线配置和文档记录节约费用达1.07亿美元，公司每年总的节省客户服务费用达到3.6亿美元。还使思科公司能够及时和妥善地回应、处理、分析每一个通过Web、电话或其他方式来访的客户要求。而80%的订购在线完成，因而用户满意度也提高了25%。

至于电子商务带来的其他好处，如减少库存、减少交易费用等的例子很多，这里就不再介绍。总之，通过建立企业的网上门户，会使企业收益良多，尤其是对于客户数目很大的企业，意义更大。

### （三）实现客户智能

#### 1. 客户智能的第一层含义

即通过一定的技术手段对呼叫中心或在线门户提供实时支持，收集客户数据，识别、区分客户，针对不同客户采取不同的策略，实现一对一营销或个性化服务，从而提高客户的满意度、忠诚度、信任度和利润贡献度。

统计数字表明，68%的客户与卖主关系的终止是因为对客户服务的不满，一个企业的80%的收入来自回头客。统计还表明，吸引一个新客户消费的费用是吸引老客户消费费用的5倍，对现有客户投入会使客户忠诚度大大增加。而CRM的客户智能可以针对不同的客户采取不同的服务策略，维护对企业最有价值的客户，通过尽可能满足每个客户的特殊需求，特别是重要客户的需求，建立起长期稳定的客户关系，提高客户的满意度和利润贡献度，给企业带来忠诚和稳定的客户群，从而提高企业的竞争力，创造良好的收益。

#### 2. 客户智能的第二层含义

即对大量的客户数据进行收集和分析，从而把握客户的需求，了解市场规律，使企业有可能开发出具有市场竞争力的新产品和服务。

美国的Capital One财务公司是1994年从Signet金融公司分离出来的一个小公司，其创始人是两个没有任何金融行业从业经验的伙伴。但在短短几年内，它已位列美国十大信用卡发行商之一，拥有1 670万个客户和174亿美元的总金额。该公司之所以能获得如此成功，其秘诀就在于充分利用先进的信息技术和管理系统来进行所谓的"知识竞争"，即进行被称为"学习"(Learn)和"测试"(Test)的大规模收集、分析客户信息的工作，并根据测试的结果作出决策和采取有关行动。CRM系统不仅包括高度智能化的电话中心，它的一项更为重要的任务是帮助Capital One公司设计新的信用卡。它所带来的成果是惊人的，仅2000年，Capital One公司关于新产品、新广告策略、新兴市场和新兴商业模式等的测试就达2.8万次，这使公司得以在正确的时间、以正确的价格、向正确的客户销售正确的产品。Capital One公司实施CRM的成功给了我们这样的启示：在互联网时代，CRM概念的运用，不仅可以帮助企业实现销售的自动化，而且通过对大量客户数据的分析、挖掘，可以形成高层次的商业智慧，指导企业确定正确的发展方向，开发出消费者喜好的新产品，为企业带来难以估量的价值。

## 第三节 客户信用管理

### 一、客户信用管理的目标

在信用决策与管理应收账款的组合中,许多不同的因素需仔细考虑,信用决策必须依据客观的及无形的客户信用及财务状况,也应考察授信者的市场地位及销售量,生产能力是否全部开动和现金余额水平以及产品的性质。一个企业良好的财务状况有赖于良好而有效的信用管理。放任而没有限制的信用政策也许可以促进销售额增加及提供有力的营销工具,但也可能导致拖延应收账款,造成极高的坏账损失率。采用严格限制的信用政策的企业也可能让竞争对手提高他们的市场占有率。

在实际的企业市场营销管理工作中,信用管理功能基本上围绕赊销工作来展开,其核心目的是为了做好赊销工作,控制赊销风险。

(一)建立科学的信用管理机制,使信用管理规范化、长期化

企业必须建立信用管理机制,信用管理才能规范化、长期化。企业要建立科学的信用管理机制必须对企业销售业务流程进行再造,根据企业的销售业务流程的分析,可以发现以下几个关键控制点,并在此基础上建立信用管理机制。

(1)选择客户(事前控制)。选择客户是一个非常广泛的概念,包括从客户的识别一直到维护老客户的全部过程。然而对企业来说,选择信用良好的客户进行交易是至关重要的。因此在这一环节,进行资信调查是降低风险的重要手段。

(2)确定信用条件(事前控制)。在选择客户,并对其进行资信评估之后,就应当确定对客户的信用条件。审慎确定客户的信用条件,并在销售合同中予以明确,是企业开展赊销的必要手段。这方面的工作失误往往直接造成严重的拖欠。

(3)履约担保(事中控制)。在与客户签订合同的同时,应视给予客户信用期限的长短和信用额度的大小,要求客户办理担保、保险或保理事宜,为合同的顺利履行提供保证。

(4)发货审核及货款跟踪(事中控制)。在接到客户订单后,应立即对客户的资信和应收账款进行审核,审查客户是否有逾期未付款现象,若发现问题,要对发货进行控制,以免造成更大的损失,同时要给客户压力,促使客户及时付款。

货物发出后要定期和客户对账,明确债权债务关系,这样可以减少以后的经济纠纷,并获取重要的债权凭据。今后万一有了法律纠纷,也有充分的证据支持,可为赢得官司打下良好的基础。在这一环节上,我国企业普遍缺乏有效的手段,也常常疏于管理。

(5)欠款催收(事后控制)。货款到期前,应予催告并提示按期付款。到期后予以催收,是控制拖欠的必要手段。加强对客户的账龄分析,减少长期拖欠的隐患。

(6)危机处理(事后控制)。如果客户在一定的拖欠时间内没有付款,或者发现客户出现逃避付款的企图,应视为收款失败,即发生呆账或坏账。在这种情况下,企业面对追账问题,应该启用追款程序直至诉诸法律。

以上是信用管理的关键环节,如图13-5所示。

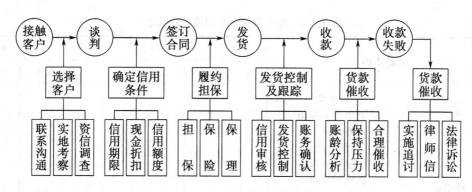

图 13-5　信用管理的关键环节

### （二）降低企业赊销的风险,减少坏账损失

如果说企业销售部门追求销售额的最大化,财务部门关注资金回笼的最大化,那么信用管理部门则需要在两者之间找到平衡点,实现企业利润最大化。

信用管理要预计赊销的风险,控制信用的额度与方式,跟踪信用的执行情况,评价客户的信用状况,将企业应收账款控制在合理的持有水平。

### （三）降低 DSO,加快流动资金周转

企业可以通过扩大应收账款来刺激销售,从而减少存货。但是如果应收账款不能收回,价值增值仍然无法实现。这个转换机制还必须迅速,只有迅速地转换,企业才能获得更多的利润,提升竞争地位。衡量这个运转速度的一个有效的指标是资金积压期间。

$$资金积压期间＝存货周转期＋应收账款周转期－应付账款周转期$$

这个公式表明,要加快资金周转速度,有效的途径在于减少存货,减少应收账款,增加应付账款。戴尔电脑和康柏电脑相比,它们的存货周转期和应付账款周转期相差无几,但是由于戴尔电脑采取了直销的方式,应收账款周转甚至为负,这就导致了戴尔电脑的资金积压期间大大小于康柏电脑,约为康柏电脑的二分之一,表现在市场上,同期戴尔电脑的股价是康柏电脑的 2 倍。

销售变现天数(Days Sales Outstanding,DSO)是西方企业衡量赊销工作最重要的指标。DSO 指标表现了企业的平均收账期,即把赊销收入转化为现金所需的时间,是企业衡量应收账款水平的重要指标。

DSO 的计算通常采用季度平均法,公式如下:

$$DSO = \frac{企业当月的应收账款余额}{前 3 个月的销售额} \times 90 \text{ 天}$$

信用管理的重要职责就是将 DSO 控制在一个合理的水平,减少应收账款对资金的占用,减少利息成本,以加快流动资金的周转。

## 二、客户资信调查与分析

### （一）客户信用评价的指标体系

对客户进行资信调查,要在财务分析的基础上建立客户信用评价指标体系,划分客户的信用等级,实施相应的信用政策。一般中小型企业的客户信用评价指标体系分定性指标和定量指标两个部分,如表 13-2 所示。

表 13-2　中小型企业信用评价指标体系

| 关键指标 | | 分　值 | | | 权重(%) |
| --- | --- | --- | --- | --- | --- |
| | | 0.0～2.0 | 2.0～4.0 | 4.0～5.0 | |
| 定性指标 | 表面印象 | | | | 3 |
| | 主要负责人简历 | | | | 2 |
| | 市场竞争力 | | | | 3 |
| | 组织管理 | | | | 5 |
| | 厂房所有权 | | | | 2 |
| | 供应商评价 | | | | 3 |
| | 过往付款记录 | | | | 8 |
| | 产品及市场 | | | | 5 |
| | 发展前景 | | | | 4 |
| | 地区信用状况 | | | | 2 |
| | 付款担保 | | | | 10 |
| | 可替代性 | | | | 3 |
| 小　计 | | | | | 50 |
| 定量指标 | 经营年份 | <2 | 2～10 | >10 | 3 |
| | 雇员人数 | <200 | 200～1 000 | >1 000 | 3 |
| | 流动比率 | <1.8 | 1.8～2.2 | >2.2 | 8 |
| | 速动比率 | <0.8 | 0.8～1.2 | >1.2 | 8 |
| | 流动资金(万元) | <100 | 100～1 000 | >1 000 | 5 |
| | 资产负债率 | <1.3 | 1.3～0.7 | >0.7 | 5 |
| | 净资产(万元) | <500 | 500～5 000 | >5 000 | 5 |
| | 销售收入(万元) | <1 000 | 1 000～10 000 | >10 000 | 2 |
| | 应收账款周转率 | <6 | 6～12 | >12 | 3 |
| | 存货周转率 | <3 | 3～8 | >8 | 2 |
| | 资本收益率(%) | <5 | 5～10 | >10 | 3 |
| | 赚取利息次数 | <2 | 2～8 | >8 | 3 |
| 小　计 | | | | | 50 |
| 合　计 | | | | | |

在不同行业中,这个信用评价指标体系的某些指标及其权重需要作出调整,也可在实践中不断完善。需要特别指出的是,在评价客户信用时,要关注客户某些重要信息的披露、突发事件、法律纠纷等,注意分析客户的潜在危机,及时调整客户的风险评级。

(二)客户财务状况分析

信用分析的目的是对客户的还款能力作出判断。通过对企业的财务状况,特别是偿付能力和流动性分析,可以对客户的资信有一个定量化的评价。

信用分析人员要在认真阅读、分析客户财务报表的基础上寻找相关信息,确认客户能否产生按时还款所需的足够现金。在分析客户财务状况时,要特别关注以下 4 个方面的指标:① 总收入、成本和利润;② 现金流量;③ 资产以及资产的潜在价值;④ 短期债务和其他负债,如应付账款。收入和利润率指标反映了企业的盈利能力,然而盈利的企业可能缺乏流动资金,不能产生足够的现金,现金流量则能够精确反映企业的流动性和信用风险,特别是短期信用风险。

### (三) 客户信用要素分析法

在目前国内外对企业的信用分析理论中,有许多关于企业的信用性质和特征的研究成果,这些理论对于认识和理解一个企业的信用状况有很大的帮助。其中最有代表性的是企业信用要素学说,它的核心原理是从能够衡量或代表一个企业的信用特质方面入手,逐步展开深入的分析。这些特质就是企业的信用要素,其中以"5C"学说为代表性理论。

"5C"学说是美国银行家爱德华于 1943 年在"3C"和"4C"学说的基础上提出的。它是用 5 个以字母 C 开头的英文单词代表进行企业信用分析的 5 个要素,即品质(Character)、能力(Capacity)、资本(Capital)、担保品(Collateral)、环境(Condition)。

#### 1. 品质

品质主要是指企业在经营管理活动中表现出的信用行为特征,具体可由以下几个因素进行判断:① 企业基本情况;② 企业历史;③ 经营管理者个人情况;④ 企业经营战略和方针;⑤ 企业的组织管理状况;⑥ 银行往来;⑦ 信用评价。

品质在对客户的信用评估中是非常重要的。因为客户是否愿意尽自己最大努力来按照承诺付清货款,直接影响到应收账款的回收速度、额度和收账成本。企业信用管理部门应该从众多的客户信用申请中找出品质好的客户,向这些客户提供信用销售。有经验的信用管理经理人员普遍认为,客户的品德因素应该放在信用申请审批过程中的首位进行考虑。客户品质的好坏,主要根据客户过去的信用记录来确定。在标准的企业资信调查报告中,被调查对象的过往付款记录和征信公司对其的信用评级都是能够说明客户的品质好坏的。

#### 2. 能力

能力主要是指企业在经营活动中表现出的信用能力特征,可用以下因素衡量:① 经营者能力;② 基础设施条件;③ 企业规模与设备条件;④ 员工能力;⑤ 生产能力;⑥ 销售能力。

能力主要根据客户的经营状况和资产状况来判断。具有较好的经营业绩、较强的资本实力和现金流量合理的客户,会表现出良好的偿付能力。在标准的企业资信调查报告中,被调查对象的经营状况变化及其固定资产情况可以说明其能力。对于经营状况走上坡路的企业,一般偿还货款的能力较强。管理素质较高的客户,一般愿意取得企业提供的现金折扣。

#### 3. 资本

资本主要是指企业在经营管理活动中的财务支付能力特征,可以由以下因素来衡量:① 资本构成;② 资本关系;③ 增资能力;④ 财务状况。

资本状况可以通过企业的财务报表和比率分析得出。资本既与能力相关联,又有自己的特殊意义。标准的企业资信调查报告提供企业的上一期财务报表和重要的比率。但是,对于企业的核心客户的监控,标准版本的客户资信调查报告的财务分析部分内容可能不够,可以通过征信公司的深层次客户资信调查取得包括资产历史遗留问题在内的资产情况分析。

#### 4. 担保品

担保品主要是指企业在接受信用融资时可以提供的足以偿还授予信用价值的担保品情况,包含如下因素:① 授信状态;② 担保品状况。

对于有资产抵押的客户的信用条件可以适当放宽。对于没有信用记录和有不良信用记录的客户来说,以一定的合法资产作为抵押是必要的。

5. 环境

环境主要是指影响企业经营管理状况的外部环境特征，包括以下因素：① 政府鼓励与限制政策；② 行业发展状况；③ 市场供需状况；④ 被评估企业在行业中的地位；⑤ 行业竞争状况。

对上述各个要素的分析，应当建立在对客户更为详细、具体的信息收集的基础上，其中每个因素都应当从客户的实际经营管理活动中获得，并加以说明或衡量。比如我们可以通过对客户以往的交易（付款）行为的考察，来对其信誉或偿付能力作出判断。一般来说，一个在以往交易历史中有过拖欠行为的客户，其风险要比从来没有发生过拖欠行为的客户大得多。另外，客户的交易信用也可从该客户与其他合作伙伴的交易中得到验证。这些方面的信息可以由行业间的交流和信息沟通、专业信用记录、银行记录、诉讼记录等各种渠道获得。

企业信用要素的分析方法，为企业（授信者）从客观的角度判断客户的资信状况和信用能力提供了基本的思路和方向。

### 三、客户应收账款管理

（一）应收账款质量评价

企业的应收账款主要指企业在经营过程中由于赊销原因而形成的尚未收回的款项以及企业根据合同规定预付给客户的贷款等。通常应收账款赊欠2个月左右，最长不超过1年。为了确保应收账款的安全，企业应该对应收账款进行评估，并对不同类型的账款采取不同的收款策略。应收账款评估一般从两方面进行：一是清查核实应收账款数额；二是判断估计可能的坏账损失。确定应收账款评估值的基本公式为：

应收账款评估值＝应收账款账面价值－已确定坏账损失－预计坏账损失

1. 确定应收账款账面价值

在确定应收账款的金额时，除了与账表核对外，一般尽可能地要求给客户发函核对，查明各项应收账款的虚实和金额，以及每一笔账款是否具有合法、有效的原始凭证。此外，还要注意查明各笔款项发生的时间并做记录，作为在评估时考虑其坏账损失的一种依据。

2. 确认已确定的坏账损失

已确定的坏账损失是指评估时客户已经死亡或破产倒闭等原因导致支付能力的丧失而确实无法收回的应收账款。对于已确定的坏账损失，应严格按照有关经济合同法的有关条款处理。

3. 确定预计坏账损失

即对应收账款回收的可能性进行判断。一般可以根据企业与客户的业务往来和客户的信用情况将应收账款分为几类，并按分类情况估计应收账款回收的可能性。

对预计坏账损失分析的方法有：

（1）坏账估计法。即按坏账的比例，判断不可回收的坏账损失的数额。当然，如果一个企业的应收项目多年未清理，账面找不到处理坏账的数额，也就无法推算出坏账损失率，在这种情况下就不能采用这种方法。确定坏账损失比率时，还应该分析其特殊原因造成的坏账损失，这部分坏账损失产生的坏账比率有其特殊性，不能直接作为未来预计损失的依据。

（2）账龄分析法。即按应收账款拖欠时间的长短，分析判断可收回的金额和坏账。一般来说，应收账款账龄越长，坏账损失的可能性就越大。因此，可将应收账款按账龄长短分成几组,按组估计坏账损失的可能性,进而计算坏账损失的金额。

(二)建立回款风险机制,创造回款实现条件

**1. 建立货款回收风险处理机制**

加强货款回收的风险管理首先应严格按企业应收账款的评估结果区分"未收款""拖欠款"和"呆坏账"。

未收款的处理:当月货款未能于规定期限内回收者,财务部门应将明细列表交销售公司核准;销售公司经理应在未收款回收期限内负责催收。

拖欠款的处理:未收款未能如期收回而转为拖欠款者,销售经理应在未收款转为拖欠款后几日内将未能回收的原因及对策以书面形式提交企业分管经理核批;货款列为拖欠款后,营销管理部门应于30日内监督有关部门解决,并将执行情况向企业分管经理汇报。

呆坏账的处理:呆坏账的处理主要由销售部负责,对需要采取法律程序处理的由企业另以专案研究处理;进入法律程序处理之前,应按照呆坏账处理,处理后没有结果,且认为有依法处理的必要的,再移送公司依法处理。

呆坏账移送公司后,应将造成呆坏账的原因、责任人应承担的责任等调查清楚,提交公司营销决策层研究。

在回收货款过程中,若发现收款异样或即将出现呆坏账时,必须迅速作出收款异样报告,通知公司有关法律部门处理。若有知情不报或故意蒙骗的情况,应当追究当事人的责任。尤其应该强调的是销售人员离职或调职,必须办理移交手续,其中结账清单要由有关部门共同会签,直属主管应负责实地监交。若移交不清,接交人可拒绝接受呆账(须于交接日期起规定时间内提出书面报告),否则就应承担移交后的责任。

**2. 创造回款实现的良好条件**

做好回款工作,除了加强回款工作的管理以外,还要善于创造回款实现的良好条件,即通过自我努力达到回款环境的改善,从而促进回款工作的开展。创造回款实现的良好条件,主要体现在以下几个方面:

(1)提高销货与服务质量。实践证明,企业所面临的许多回款难题,与其销货与服务水平密切相关。产品性能不稳定,质量不过关,或售后服务落后,均会导致客户的不满,从而使回款任务难以完成。企业必须努力改变这种局面,关键是把现代营销的基本理念贯穿于销售工作的各个环节,彻底摒弃传统的销售观念。在具体的销售工作中,要努力向客户提供一流的产品、一流的服务,公平交易,诚实无欺。只有这样,才能赢得客户的尊重,为回款工作打下良好的基础。

(2)重视客户资信调查。市场交易并非不存在风险,为了尽量降低交易风险,销售人员有必要先对客户的资信状况作出评估。市场上有一类客户,虽然购货的能力很有限,却又故意装出很有钱的样子,向其供货的销售人员一不小心便会落入买家圈套,最后就会面临一个"要钱没有,要命一条"的尴尬处境。对客户实施资信评估,一方面能自觉回避一些信用不佳的客户,另一方面也便于为一些客户设定一个信用额度,从而确保货款的安全回收。

(3)加强回款技能培训。回款是一项技术性很强的工作,不少营销人员推销有术、要款无方,即使是一些经验丰富的销售人员也难免会在回款工作中表现出某种程度的怯弱。为了推动回款工作的开展,企业要加强对销售人员的回款技能培训。首先要培养回款的信心,要让每一个销售人员明白,回款是正当的商业行为,没有必要在回款时心存歉意。其次,要

培养各种催款技巧,诸如用情催款、以利催款、意志催款、关系催款等。当然,在选择各种催款方式时,要善于结合时间、地点和环境条件,并作出灵活的安排。

(4) 回款工作制度化。为了确保回款工作的正常开展,企业应努力实现回款工作制度化。所谓回款工作制度化就是企业要对回款工作的各个环节,诸如目标设定、激励制度、评估和指导、回款技能培训、回款工作配合等方面作出明确的规定,以便使回款工作有章可依、有规可循。显然,回款工作制度化是创设良好回款条件的可靠保证。

(三) 企业自行追账策略

1. 自行追账的基本方法

(1) 函电追账。企业自身的追账员通过电话、传真、信函等方式向债务人发送付款通知。

(2) 面访追账。企业自身的追账员通过上门访问,直接与债务人交涉还款问题,了解拖欠原因。

(3) "IT"追账。企业利用电子邮件向债务人发送追讨函,或与其交流意见。

2. 自行追账的特点

(1) 函电追账方式简便、易行,企业可以委派内部人员独立操作,无需经过仲裁或司法程序,可以省去一定的时间和费用;但力度较小,不易引起重视。

(2) 面访追账属于比较正规、有力的追讨方式,但耗时多,费用高,异地追账不宜采用。

(3) "IT"追账速度快,费用低,可以双向交流。企业用电子邮件将付款通知书发给债务人,债务人转发给自己的分销商,分销商加注意见后再转发给这家企业。电子追账是未来追账的优先选择。

(4) 及时解决债务纠纷,避免长期拖欠的产生。

(5) 气氛比较友好,有利于双方今后合作关系的发展。

3. 自行追账的几种辅助方法

(1) 采用对销售商和购买商都有利的现金折扣。如果一个销售商借款的年利率为12%,那么向他提供2%的现金折扣和等待为期60天的延期付款成本相等。

(2) 向债务人收取惩罚利息。拖欠货款在其超过最后付款日的时间会发生非计划性的利息支出,将这些额外成本转给债务人负担是合理的。实际中使用的利息率应带有惩罚性。

(3) 对已发生拖欠的客户停止供货。如果一个客户不能支付前一次货款,企业还继续为其供货,等于表明企业宽恕客户的拖欠行为,自愿承担所有的损失。

(4) 取消信用额度。如果客户不能按照合同履行付款责任,企业应及时改变或取消其原有的信用额度。

(5) 处理客户开出的空头支票。客户付款的支票遭银行拒付时,应引起企业的特别注意。千万不要把遭拒付的支票退回给客户,在债务诉讼中,它将成为对债务人还款能力指控的有力证据。

4. 自行追账的特殊策略

(1) 长期、大型客户。追账经理或财务经理上门追账;优先解决争议和问题;在非恶性拖欠情况下可以保障继续发货。

(2) 一般客户。一般收账程序;根据其信用限额,欠款超过规定天数停止发货。

(3) 高风险客户。立即停止供货;严密监控并追讨。

### （四）委托专业机构追账

债务纠纷发生后，企业将逾期账款追收的权利交给专业收账机构，由其代理完成向债务人的追收工作。目前，国际上的欠款追收大都是依靠各国收账机构相互代理、协助完成的，比例达60%以上。

1. 专业机构追账的基本方法

（1）专业追账员追账。专业追账机构接受企业的委托后，首先要对该债务进行调查核实，制定相关的追讨策略；然后由追账员与债务人直接接触、商洽，并通过多种途径向其施加压力。

（2）律师协助非诉讼追账。律师作为法律顾问参与追账，负责与债务人律师的交涉和重要文件的起草工作。

（3）诉讼追账。追账机构可以协助企业采取法律行动，一般由追账机构的长期签约律师受理案件，这些律师有着良好的信誉和丰富的工作经验，而且部分律师可以免收或事后收取调查费。

（4）申请执行仲裁裁决。追账机构可以协助企业向法院申请执行仲裁裁决。

2. 专业机构追账的特点

（1）追收力度大。专业机构大都采用自身的专业追账员或代理机构在债务人当地进行追讨，无论是从追收形式和效果上，还是从对债务人的心理压力上，都远远高于企业自行追讨的力度。

（2）处理案件专业化。专业机构在处理债务问题方面具有相当丰富的经验和知识，对于每一个拖欠案件，都会制定一套包含多种手段的追讨方案，包括对案件的分析评估，与债务人的直接接触、协商，通过多种途径施加各种压力：律师协助追讨、代理诉讼、申请执行仲裁裁决。

（3）节约追账成本。在自行追讨无法取得实际效果时，如果直接诉诸法律，一般费用较高，程序复杂而且漫长，即使胜诉也不易执行，因此企业较少采用。而专业追账机构一般采取"不成功，不收取佣金"的政策，最大限度地为企业承担追账风险，减小损失。

（4）缩短追讨时间。企业自行追讨时，由于不熟悉债务人当地的法律和有关商业惯例，往往费时费力却收效甚微。而专业追账机构一般委托债务人当地的追账员或追账代理进行追讨，他们熟悉当地的法律法规，与债务人没有语言文化的障碍，便于沟通和协调，能够提高追讨效率，较快收回欠款。

3. 专业机构追账步骤

（1）选择资信状况良好的追账机构，详细了解追账机构的注册背景、注册资本、行业资格和追账网络。

（2）向追账机构提供案情介绍，包括债务人的名称、地址、目前经营状况、债务的金额、时间及案情经过。

（3）听取追账机构对案件的分析评估及处理建议。追账机构根据企业提供的案情介绍，运用债务分析技术对案件进行分析评估，并向企业解释分析结果，提供适合该案件的追讨建议。如果企业对债务人的现状不了解，或欠款金额较大时，可以先期委托追账机构做一次债务人偿债能力的专项调查。

（4）协商佣金比例。追账机构根据债务的金额、时间、地点及综合评价结果核算佣金比例，与企业协商确定佣金比例。

（5）办理委托手续。委托双方签署《商账追收委托协议》和《授权委托书》，企业预付一定的立案服务费。

（6）向追账机构提交债权文件。企业向追账机构提交有关债权的证明文件：合同、发票、提单、往来函电、债务人签署的付款协议等。

（7）接受追账公司的进展报告，及时给予配合。随着追讨过程的进展，追账机构定期向企业汇报进展并征求意见，企业及时做出追讨指示。委托双方保持沟通，积极配合，适当调整追讨策略，以实现成功收款的目的。

（8）结算。追回欠款后，委托双方应及时结算。还款直接汇到追账机构账户的，追账机构扣留佣金，余款应在10个工作日之内向企业汇出；还款直接汇到企业账户的，企业应在10个工作日之内将佣金向追账机构汇出。

（9）结案。追回欠款后，或由双方同意终止委托协议，追账机构应向企业提交正式的结案报告。

（五）仲裁与诉讼

1. 仲裁

当债务纠纷发生后，债权债务双方根据债务纠纷发生前或者债务纠纷发生后双方所达成的书面协议，自愿将争议交给双方都同意的仲裁机构，由仲裁机构根据双方协议的授权审理争议，并作出对双方均有约束力的裁决。仲裁不具有诉讼的属性，但是，它也是解决经济纠纷的重要手段。

2. 诉讼

债务纠纷发生后，债权人或债务人中的一方向法院提出诉讼请求，由法院根据诉讼程序和有关法律规定审理案件，并作出对双方具有法律强制执行力的判决。

## 第四节 客户的筛选与开发

### 一、客户的筛选

对客户的管理是一种动态的管理，这是因为，企业所面对的客户是不断发展变化的，一个盈利的客户可以在很短的时间内变得没有利用价值，而一个非盈利的客户可以转变为企业利润的主要来源，因此企业应该不断地对客户进行选择，实现动态管理。

企业营销人员在每年年末要对手中掌握的客户进行筛选，保留重要客户（大客户），淘汰无利润、无发展潜力的客户。在筛选时从客户数据库中调出客户的基本资料及其与本企业交易状况的历史数据，甚至可将竞争对手情况一并记入。这些资料非常重要，是营销人员寻找合适客户的信息来源。

筛选客户时，可以从4个方面来衡量客户，作为筛选的依据：

（1）客户全年购买额。将1~12月份的交易额予以统计。

（2）收益性。即该客户毛利润额的大小。

（3）安全性。营销人员要了解货款能否足额回收。如果客户当年的货款没有结清，哪怕他发誓下一年购买量是当年的几倍、几十倍，都应坚持要他结清货款。

（4）未来性。营销人员要了解客户对产品的购买频率、付款情况等。

针对以上 4 种衡量指标逐一打分（假设每个指标满分为 10 分），并给予不同的衡量指标不同的权重，最后计算出每个客户的期望值，分值越小的客户对企业的价值越小。对客户做如此筛选后，就会发现有一些客户犹如仓库中的呆滞品或残次品，因此要给予特别处理，甚至"丢弃"，而另一些客户将成为企业利润的主要来源。

## 二、新客户的开发

企业的销售离不开新客户的开发，企业要想获得发展就必须积极开发新客户，同时适时淘汰信用较差的客户。任何行业的销售都必须持续不断地开拓新市场，若不持续进行市场开拓，企业每年将会失去 30%～40% 的客户，要想维持足够的客户量就必须不断地开发新客户。企业的成长与客户开发的数量相关，若仅维持与老客户的关系，业绩的成长将非常缓慢。即使优秀的销售人员也不能说他已经百分之百地控制了所辖区域的客户群，因此必须用更多的时间去开发新的客户，不管是制造业、贸易业还是服务业都一样，必须积极进行新客户的开发。

（一）寻找潜在客户

开发新客户就是把潜在的客户变为真正的客户，让潜在客户产生购买行为，为企业带来利益，这是开发新客户的本质。那么企业应该在什么地方寻找自己的潜在客户？什么样的客户才能成为企业的潜在客户？一般来说企业应该从以下几个渠道中去寻找自己的潜在客户：

（1）新的顾客。企业要经常努力去开发新顾客，不管拥有多少好的潜在客户，如果不能增加新的顾客名单的话，销售活动就会停顿下来。

（2）以往有交易的客户，但现在没有往来者。从交易的成本与复杂度的角度来讲，对曾经有过交易的客户加以促销诱导，胜过寻找新的客户。老客户目前已不再向自己购物，他们有些可能是因为忽略维护而伤害到了彼此的感情，或因小小的误会而发怒，或是太久没联系而忘记了。因此，企业必须调查这些客户交易中止的原因并提供相应的对策，使其能恢复与本企业的交易。

（3）因某些理由而不愿购买的人。这些客户可能是具有购买欲望，并且很有购买力的人，这些人一般已经对企业有了一定程度的了解，因此要使这些人产生购买行为并不是很难的事情，企业需要的是让自己的营销人员再对其进行拜访，或者为其提供更多的售前服务，让其对本企业的产品和服务产生购买欲望。

（4）现在的客户。当促使现在的客户增加使用量，或是有了产品的新使用方法，或是开发了新产品与新概念时，要把现有的客户也当成潜在客户。这些现有的客户也是企业潜在客户一个重要来源。现有客户通过"再购买""介绍客户""增加采购量"来扩大对企业的贡献。

（二）追加销售

追加销售（Up Selling）是指向客户销售某一种特定产品或服务的升级品、附加品，或者其他用以加强其原有功能或者用途的产品或服务。这里的特定产品或服务必须具有可延展性，追加的销售标的与原产品或者服务相关甚至相同，有补充、加强或者升级的作用。

追加销售基于客户终生价值(Life Time Value)理念。从长远来看,一个客户的价值是他终生购买量的折现价值,企业要留住客户,并不断实现他们的产品购买。大多数消费品都面临一个问题,就是客户在多品牌选择面前往往会有一种品牌转换的习惯。所以要实现销售增加,必须保持沟通,并不断建立品牌转换壁垒,使客户不愿意或者不能转换购买选择。

企业的产品策略会根据客户需求而不断升级,这些产品与原有产品有很大的相关度,企业运用向上销售策略向客户销售这些升级或者附加产品。

### 三、交叉销售在客户开发中的应用

交叉销售是指向一位客户销售多种相关的服务或产品,这位客户必须是企业能够追踪并了解的单位客户,而这里所谓的"相关"产生的原因很多,如因为销售场地相关,因为品牌相关,因为服务提供商相关,等等。交叉销售的实质就是发现客户的多种需求,并提供这些需求满足的解决方案,从横向角度开发产品市场。例如,一个高尔夫俱乐部会员卡的购买者,可能也是一辆轿车的购买者,并且同时是一位健康服务购买者。如果了解这个客户的消费属性和兴趣爱好,高尔夫俱乐部就可以有更多的客户参考因素来判断这样一个事实:在为其会员提供运动服务的同时,也可以向其提供购车服务以及健康服务,从而扩大企业所销售产品的范围,成功地实现营销目标。

交叉销售建立在双赢原则基础之上,也就是说对企业和客户都有好处,客户因得到更多更好的符合其需求的服务而获益,企业也因销售增长而获益。例如微软旗下的 MSN.com 网站2001年9月6日与迪斯尼下属的 ESPN.com 网站签订交叉销售协议,MSN 将向 ESPN 提供技术,后者则以内容作为回报。此次交易进一步表明微软与媒体公司合作时采取的是以技术换内容的战略。

协议规定,ESPN 的主页将安置 MSN 的品牌及其相关服务,如 Hotmail、搜索引擎、聊天和购物;以后,ESPN 还将把微软的 Windows Media 技术集成于其视频流媒体服务中,并支持微软的"Passport"认证服务。ESPN 目前采用的是微软竞争对手 Real Networks 的流媒体技术。作为回报,MSN 获取在其体育频道刊载 ESPN 内容的独家许可权,并可将该频道安置在其主页首选位置。上述交易可作为该网站将来与媒体公司进行合作的标准模式。

交叉销售在银行业和保险业的营销中也发挥着明显的作用,因为这些行业的产品具有特殊性,消费者在购买这种服务的同时必须向企业提交有关资料,他们的数据是主营业务的天然副产品。这些数据如果只是用来占据数据库,那是天大的浪费。如果把这些数据充分利用起来,至少需要做以下工作:

(1) 实行本企业的客户服务。
(2) 用来进行本企业的调研。
(3) 向其他企业提供有关的名单租赁服务。
(4) 进行本企业的新业务拓展和客户关系维护。

对于一个银行或者保险机构来说,客户购买服务的数量越多,留住客户的希望就越大。"如果客户在银行只有一个支票账户,银行留住客户的概率是1%;如果客户在银行只有一个存款账户,留住客户的概率是2%;如果客户同时拥有这两个账户,则银行留住客户的概率会增加到10%;如果客户享受3种服务,概率将会增大到18%;一旦银行让客户享受4种或者4种以上的服务,则银行留住客户的概率将会增大到100%。"现阶段,交叉销售的推广还存在较大的局限性。许多企业认为,让销售人员在销售主营产品的同时销售部分相关产品会给企业带来一定的风险,这种风险的主要体现就是会弱化企业主营产品,削减企业专业化带来的效益。此外,这种行为还会带来一种严重的潜在风险,即销售人员可能会运用自己所掌握的客户资源销售竞争对手的产品。这是很多企业不赞同自己的销售人员进行交叉销售的主要顾虑,因为很多企业认为客户资源是属于企业而不是属于销售人员个人的。因此在很多企业中,都对这种销售行为制定禁止性策略,最多允许销售人员在被问及的情况下提供一些相关产品的信息,也就是只能为客户的购买决策提供信息支持。

由此可以看出,作为销售技巧的交叉销售具有很大的局限性。如果把交叉销售仅仅看做是一种销售技巧,那么交叉销售的威力就会被大大低估。交叉销售不仅仅是在销售自己产品的同时提供相关产品的销售,它更多的是一种销售指导思想,在这种思想指导下,企业可以对自己所拥有的一切资源进行交叉,最终为客户提供一套整体解决方案,满足客户的整体化需求,从而巩固客户关系,使客户价值最大化,这才是交叉销售思想的根本。

## 第五节 客户保持与忠诚

客户管理的最终目标是通过客户关怀,为客户提供满意的产品和服务,满足客户的个性化需求,在与客户的良好互动关系中培养客户忠诚度。

### 一、客户保持管理

企业不仅要开拓市场、发展新客户,对老客户的维护尤为重要。客户保持对企业维持利润底线有着惊人的影响,能否有效地保持有价值的客户已成为企业成功的关键。实施客户关怀,妥善处理客户投诉,有效防止客户流失,是客户保持管理的主要内容。

(一)客户关怀

1. 客户关怀的目的

客户关怀(Customer Care)就是通过对客户行为的深入了解,主动把握客户的需求,通过持续的、差异化的服务手段为客户提供合适的服务或产品,最终实现客户忠诚度的提升。

客户关怀的目的是提高客户满意度与忠诚度。为了提高客户满意度和忠诚度,企业必须完整地掌握客户信息,准确把握客户需求,快速响应个性化需求,提供便捷的购买渠道、良好的售后服务与经常性的客户关怀。

国际上一些非常有权威的研究机构,经过深入的调查研究以后分别得出了这样一些结论:"把客户的满意度提高 5 个百分点,其结果是企业利润增加 1 倍";"一个非常满意的客户,其购买意愿比一个满意客户高出 6 倍";"2/3 的客户离开企业是因为企业对他们的关怀不够",等等。

2. 客户关怀的内容

客户关怀发展的领域开始只是服务领域。目前,客户关怀不断地向实体产品销售领域扩展,贯穿了市场营销的所有环节,主要包括以下部分:售前服务(向客户提供产品信息和服务建议等);产品质量(应符合有关标准,适合客户使用,保证安全可靠);服务质量(指在与企业接触的过程中客户的体验);售中服务(产品销售过程中客户所享受到的服务);售后服务(包括售后的查询和投诉,以及维护和修理)。

客户关怀活动包含在客户从购买前、购买中到购买后的客户体验的全过程中。售前服务的主要形式包括产品推广、展示会、广告宣传和知识讲座等。如上海交大昂立在售前服务方面做得很有特色,他们走的是一条知识营销的道路,在产品销售之前主要是在市场上向客户传授知识,在产品科普知识的推广上投入大量的人力和财力,这为他们的产品打开销路打下了良好的基础。

客户购买期间的客户关怀则与企业提供的产品或服务紧紧地联系在一起。包括订单的处理以及各种有关细节,都要与客户的期望相吻合,满足客户的需求。好的售中服务可以为客户提供各种便利,如与客户洽谈的环境和效率,手续的简化,以及尽可能地满足客户的要求等。售中服务体现为过程性,在客户购买产品的整个过程中,让客户去感受。客户感受到售中服务的优秀,则容易促成购买行为。

购买后的客户关怀则集中于高效地跟进和圆满完成产品的维护和修理等相关步骤。售后的跟进和提供有效的关怀,其目的是促使客户产生重复购买行为。这一环节集中体现在售后服务上,这也是客户常常关心的。向客户提供更优质、更全面周到的售后服务是企业争夺客户资源的重要手段,售后服务实行跟踪服务,从记住客户,到及时解除客户的后顾之忧,经常走访客户,征求意见,提供必要的特别服务。要把售后服务视为下一次销售工作的开始,积极促成再次购买,使产品销售在服务中得以延续。

3. 客户关怀的手段

客户关怀的手段是指企业与客户交流的手段,主要有主动电话营销、网站服务和呼叫中心等。

(1) 主动电话营销。主动电话营销是指企业充分利用数据库信息,挖掘潜在客户。企业通过电话主动拜访客户和推荐满足客户要求的产品,以达到充分了解客户、充分为客户着想的服务理念,同时也提高销售机会。

(2) 网站服务。通过网站和电子商务平台,企业可以提供及时且多样化的服务。网站应智能化,企业可以根据客户点击的网页、在网页上停留的时间等信息实时捕捉网页上客户要求服务的信息。企业将客户浏览网页的记录提供给服务人员,服务人员可通过不同的方式服务客户,包括电话、影像交谈,与客户共享服务软件等方式。同时,企业应利用文字、语音、影像等组合多媒体的实时功能与客户进行互动和网上交易。

(3) 呼叫中心。呼叫中心通过公开一个电话特服号码提供对客户的电话服务。呼叫中心可以帮助企业了解客户、服务客户和维系客户。

4. 客户关怀的评价

无论从客户角度还是从公司角度来看,客户关怀的程度是很难衡量与评价的,不同企业对客户关怀效果的评价的做法也存在差异。一般来说,公司可以从3个角度来评价客户关系的程度:

(1) 寻求特征。寻求特征是指客户在购买产品之前就能够决定的属性,如产品的包装、外形、规格、型号和价格等等。客户关怀首先应该满足客户的寻求特征。

(2) 体验特征。体验特征是指客户在购买产品后或消费过程中才能够察觉到的属性,如口味合适、礼貌待人、安排周到和值得信赖等等。

联想集团在其中央研究院和工业设计中心专门设立了客户体验中心,如果客户在购买前要了解产品,可以先到联想的"体验中心"来,通过切身的体验,提出相应的要求。同时,联想会根据客户的使用习惯和反应来定制联想产品的功能、特色及系统方案设计,这样把客户的需求准确及时地反映到产品端,并把产品第一时间送到客户端,使客户体验到联想为他们量身定做的技术和服务,给客户耳目一新的感觉。

(3) 信用特征。信用特征是指客户在购买了产品或者是消费了产品和服务后仍然无法评价的某些特征和属性(原因在于客户难以具备这方面的专业知识或技巧),因此必须要依赖提供该产品或服务的公司的职业信用和品牌影响力。

(二) 客户投诉处理

处理客户投诉是客户管理的重要内容。出现客户投诉并不可怕,而且可以说是不可避免的,问题的关键在于,如何正确地看待和处理客户的投诉。

1. 客户投诉的内容

因为销售各环节均有可能出现问题,所以客户投诉也可能涉及产品及服务等各方面,主要可以归纳为以下几个方面:

(1) 产品质量投诉。主要包括产品在质量上有缺陷、产品规格不符、产品技术规格超出允许误差、产品故障等。

(2) 购销合同投诉。主要包括产品数量、等级规格、交货时间、交货地点、结算方式、交易条件等与原购销合同规定不符。

(3) 货物运输投诉。主要包括货物在运输途中发生损坏、丢失和变质,因包装或装卸不当造成损失等。

(4) 服务投诉。主要包括对企业各类人员的服务质量、服务态度、服务方式、服务技巧等提出的批评与抱怨。

2. 处理客户投诉的原则

处理客户投诉的原则主要有以下几个方面:

(1) 有章可循。要有专门的制度和人员来管理客户投诉问题。另外要做好各种预防工作,对客户投诉防患于未然。为此需要经常不断地提高全体员工的素质和业务能力,树立全心全意为客户服务的思想,加强企业内外部的信息交流。

(2) 及时处理。对于客户投诉,各部门应通力合作,迅速作出反应,力争在最短的时间里全面解决问题,给客户一个圆满的答复。否则,拖延或推卸责任会进一步激怒投诉者,使事情进一步复杂化。

(3) 分清责任。不仅要分清造成客户投诉的责任部门和责任人,而且需要明确处理投诉的各部门、各类人员的具体责任与权限以及客户投诉得不到及时圆满解决的责任。

(4) 留档分析。对每一起客户投诉及其处理都要有详细的记录,包括投诉内容、处理过程、处理结果、客户满意程度等。通过记录,吸取教训,总结经验,为以后更好地处理客户投诉提供参考。

3. 客户投诉处理流程

一般来说,客户投诉处理流程包括以下几个步骤:

(1) 记录投诉内容。利用客户投诉记录表详细地记录客户投诉的全部内容,如投诉人、投诉时间、投诉对象、投诉要求等。

(2) 判定投诉是否成立。了解客户投诉的内容后,要判定客户投诉的理由是否充分,投诉要求是否合理。如果投诉不能成立,即可以婉转的方式答复客户,取得客户的谅解,消除误会。

(3) 确定投诉处理责任部门。根据客户投诉的内容,确定具体受理单位和受理负责人。如属运输问题,交储运部处理;属质量问题,则交质量管理部处理。

(4) 责任部门分析投诉原因。要查明客户投诉的具体原因及造成客户投诉的具体责任人。

(5) 提出处理方案。根据实际情况,参照客户的投诉要求,提出解决投诉的具体方案,如退货、换货、维修、折价、赔偿等。

(6) 提交主管领导批示。对于客户投诉问题,领导应予以高度重视,主管领导应对投诉的处理方案一一过目,及时作出批示。根据实际情况,采取一切可能的措施,挽回已经出现的损失。

(7) 实施处理方案,处罚直接责任人,通知客户,并尽快地收集客户的反馈意见。对直接责任者和部门主管要按照有关规定进行处罚,依据投诉所造成的损失大小,扣罚责任人一定比例的绩效工资或奖金;同时,对不及时处理问题造成延误的责任人也要进行追究。

(8) 总结评价。对投诉处理过程进行总结与综合评价,吸取经验教训,提出改进对策,不断完善企业的经营管理和业务运作,以提高客户服务质量和服务水平,降低投诉率。

4. 客户投诉处理的方法

通常,投诉处理的方法很多,下面对其中的几种进行分析。

(1) 鼓励客户投诉。在有机会倾诉他们的委屈和愤怒之后,客户往往会感觉好多了。重要的是营销人员让客户充分地诉说委屈而不要打断他。打断只会增加已有的愤怒和敌意,并且使问题更难处理。一旦愤怒和敌意存在了,说服劝导更难,几乎不可能找到对双方皆公平的解决方法。此外,营销人员还必须同样宽容、开诚布公地对待那些很少表明他们的愤怒,较少冲动但也许有着同样深的敌意的客户。

(2) 获得和判断事实真相。因为很容易受竭力为自己索赔讨个说法的客户的影响,营销人员必须谨慎地确定有关的事实信息。用户总是强调那些支持其观点的情况,所以营销人员应在全面、客观认识情况的基础上找出令人满意的解决方法。

当事实不能揭示问题的真相,或客户和企业都有错时,最困难的情况出现了。在这种情况下,需要使客户了解获得一个公平的解决方法的困难。然而,无论如何,目标仍然是使客户投诉得到公平的处理。

(3) 提供解决方法。在倾听客户意见,并从客户的立场出发考察每一种因素之后,营销人员有责任采取行动和提出公平合理的最终解决办法。所以,一些企业规定了解决问题是营销人员的责任,另一些企业则规定当实际解决方案由总部的理赔部门作出时,营销人员应调查问题和提出备选方案。允许营销人员作出处理决定的企业认为,因为营销人员最接近客户,所以他们最适合以恰当的方式做出公平的、令人满意的结论。运用第二种方法的企业认为,如果解决方案来源于管理层而非营销人员,客户可能更易于接受。

如果不考虑企业的政策,客户非常看重企业对投诉的及时反应。营销人员应该避免去指责运输部门、安装人员或企业中的其他人员,不满意的客户不会欣赏企业内部人员的互相推卸责任。营销人员有责任解决问题而不作任何对企业形象有消极影响的评论,因为拖延和推卸责任使客户感到困惑、为难,营销人员应该尽一切可能加速反应或从企业得到行动方案。处理投诉的时间如果拖延得太长,企业将失去留住客户的机会。

当得到快速和公平的对待,大多数客户会表示理解和满意。营销人员务必使客户理解企业提出的解决办法是公平合理的,有时需要做一些解释和说服工作。对企业和客户都公平合理的方案确实是对双方都有利的,更能赢得好的商誉。为了使客户认识方案的合理性,有时需要大量细致的说服解释,介绍企业的决策过程和如此决定的原因。在任何情况下,营销人员都不应该一味迎合客户以至于使客户和企业发生利益冲突。仅仅迎合客户并不能建立稳定友谊,反而可能导致客户失去对营销人员和企业的忠诚。任何涉及最终决策的问题应该在企业和营销人员之间处理,而无须客户的直接参与。已经决定的行动应由营销人员以一种果断、有说服力的方式传达给客户。

(4) 公平解决索赔。为了帮助企业提出一个公平合理的解决办法,营销人员必须获得下列信息:客户索赔的金额、客户索赔的频率、客户账户的规模、客户的重要程度、所采取的行动对此客户和其他客户可能的影响程度、营销人员在处理其他索赔时的经验以及特定的索赔信息。在检查了所提供的信息之后,企业可采取以下解决方案:一是产品完全免费退换;二是产品完全退换,客户只支付劳动力和运输费用;三是产品完全退换,由客户和企业共同承担相关费用;四是产品完全退换,由客户按折扣价格支付;五是客户承担维修费用;六是产品送往企业的工厂后再做决定;七是客户向第三方索赔。

(5) 建议销售。建议销售(Suggestion Selling)这种客户服务形式经常被忽视,这是一种建议客户购买与主要产品相关的其他产品或服务的过程。只有当营销人员感到附加产品项目能够提高客户的满意水平时才进行建议销售。也许有些营销人员会认为建议销售不是一种服务,而是对客户的打扰。然而,只要能恰当地运用,它将有助于发展与大多数客户的关系。建议的内容主要有:建议相关的产品项目和建议较好的产品项目。

(6) 建立商誉。销售过程中的最终推动力,尤其是售后服务,应该是以良好的商誉为导向的。商誉(Goodwill)是客户对营销人员、企业及其产品的一种积极的感情和态度。满意的客户信赖企业及其产品,对之有强烈的好感。一旦客户对企业及其产品失去信任,他们的好感也随之消失。

良好的商誉不仅有助于达成初次交易,也能促进重复购买。商誉有助于客户在众多的有着相似质量和档次的竞争性产品中选择该企业的产品,也有助于吸引新的客户并提供参照意见。积极的口碑胜过其他任何东西,也是企业所能做的最好的广告。

5. 有效处理客户投诉的要点

处理客户投诉要注意以下 6 点:

(1) 虚心接受投诉。冷静地接受投诉,并且抓住投诉的重点,同时明了客户的要求到底是什么。

(2) 追究原因。仔细调查原因,掌握客户心理。诚恳地向客户道歉,并且提出令客户满意的解决方法。

(3) 采取适当的应急措施。应根据客户投诉的重要程度,采取不同的处理方法。为了不让同样的错误再度发生,应当断然地采取应变措施。

(4) 改正缺点。以客户的不满为参考找出差距,甚至可以成立委员会来追查投诉原因,以期达到改善的目的。

(5) 建立客户投诉管理体系。要建立反应迅速、处理得当的客户投诉管理体系。如一些企业的客户(投诉)管理中心。

(6) 后续服务的实施。为了恢复企业的信用与名誉,除了赔偿客户精神上和物质上的损失之外,更要加强对客户的后续服务,使客户恢复原有的信心。

6. 客户索赔的处理

当客户提出投诉并要求索赔时,企业内部必须细心应对,避免事态扩大,损害企业形象。再者,索赔事件若处理得当,不仅可消除企业危机,而且可得到客户长期的支持。处理方式如下:

(1) 面对客户时,应切记以诚恳、亲切的态度处理。

(2) 如明显是本企业问题,应首先迅速向客户致歉,并尽快处理;如原因不能确定,应迅速追查原因(应对本企业之产品具有信心),不可在调查阶段轻易地向客户妥协。

(3) 对投诉的处理,以不影响一般消费者对本企业的印象为标准,由客户中心或公关部致函道歉,并用完好的产品予以调换;如已没有同样产品,应给予货币补偿。若赔偿调查需要耗费较长时日,应向客户详细说明,取得谅解(应设法取得凭证)。在处理上应注意加强追踪。

(4) 责任不在本企业时,应由承办人召集有关人员,包括客户及各加工厂共同开会以查明责任所在,并确定应否赔偿以及赔偿的额度。

(5) 当赔偿事件发生时,应速将有关情况通报相关部门,并以最快的速度给予处理,以防类似事件再度发生。

(6) 发生客户索赔事件时应对客户给予补偿。如果是供货商的问题,应尽快索取补偿。

### (三) 预防客户流失

据有关调查数据显示,在自然状态下,一个企业的客户年流失率约为10%~25%。西方营销学者认为,一个公司如果将其客户流失率降低5%,利润就能增加25%~85%。

1. 客户流失的形成过程

如果已经成为企业的客户,说明以前他是认可该企业产品的,积累了一定的购买经验,有一定的使用感受。通常情况下,客户在下一次购买产品时,首先会与上一次购买进行比较。如果产品性能还可以,服务也不错,即使价格高一点,客户也会重复购买。但是,客户如果第一次购买后发现产品性能与宣传不一致,使用过程中出现问题得不到解决,或者投诉无结果,客户就会抛弃以前的企业,而去选择其竞争对手性能更好、服务更好的产品。客户流失主要集中在售后服务出现问题之后,抱怨、投诉均得不到满意的解决时,如图13-6所示。由此可见,企业重视售后服务、客户抱怨和投诉,就能在很大程度上减少客户流失。

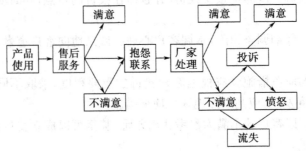

**图13-6 客户流失的形成过程**

### 2. 客户流失的原因分析

企业客户流失的原因可能有很多,从客户价值和客户满意的角度来看,主要有以下几种:

(1)主动放弃的客户。由于企业产品技术含量提高,升级换代,目标客户群体发生改变,从而主动放弃部分原来的客户。比如,某酒厂以前生产普通白酒,客户定位在低收入消费者,而引进先进生产工艺后生产的特制醇酿,口感和味道均有提高,因而提高价格,走向中高端市场,放弃以前的低端客户。

(2)主动离开的客户。由于对企业的产品和服务质量感到不满,并通过直接或间接的抱怨仍没有得到解决的客户,会转而投向竞争对手。这些客户的离开,对企业造成的负面影响最大。

(3)被挖走的客户。竞争对手采取优惠、特价、折扣等措施,将原先属于本企业的客户挖走。在这里,竞争对手是通过向客户提供特殊的、经正常业务途径无法获得的物质利益的手段来实现的。

(4)被吸引的客户。竞争对手推出功能和质量更高的产品和服务,从而将本企业的客户吸引过去。

(5)被迫离开的客户。由于客户经济情况发生变化,或发生地域上的迁徙等等,将会被迫和企业断绝交易关系。这样的客户流失是不可避免的,应该在弹性流失范围之内。

(6)其他原因离开的客户。除上述几种情况外,还有很多导致客户流失的原因。例如,由于企业员工跳槽而带走的客户;由于企业对市场监控不力,市场出现混乱,客户经营企业的产品时不能获利而导致的客户流失等等。

对客户流失原因进行分析是企业制定防范措施的依据,根据以上分析,如果只存在"主动放弃的客户""被迫离开的客户"和"被挖走的客户",则可得出企业所提供的产品和服务并没有让客户感到不满,发生客户流失现象主要与客户自身的客观原因以及竞争对手采取的不正当手段有关,企业的客户流失基本在正常范围之内。而如果存在"主动离开的客户""被吸引的客户",以及其他原因导致的客户流失,则说明企业的客户流失情况严重,而且客户流失是由企业自身原因所造成的,应采取有效措施加以防范。

### 3. 防范客户流失的策略

(1)实施全面质量管理。关系营销的中心内容就是最大限度地达成客户满意,为客户创造最大价值而提供高质量的产品和服务是创造价值和达成客户满意的前提。而实施全面质量管理,有效控制影响质量的各个环节、因素,是创造优质产品和服务的关键。

(2)重视客户抱怨管理。客户抱怨是客户对企业产品和服务不满的反映,它表明企业经营管理中存在缺陷。很多企业对客户抱怨持敌视态度,对这部分客户的抱怨行为感到厌恶和不满,认为他们会有损企业的声誉,其实这种看法是不对的。尽管客户抱怨确实会对企业产生一定的负面影响,但另一方面,也是最重要的一方面,客户抱怨是推动企业发展的动力,也是企业创新的信息来源。比如在多个行业都具有显赫地位的日本松下公司,其创始人松下幸之助在创业之初,偶然间听到几个客户抱怨说,"现在的电源插座都是单孔的,使用起来很不方便,如果能做成多孔的,可以一次插几个电器就好了。"松下幸之助从这个抱怨中得到启发,马上组织力量进行开发生产,推出了"三通"插座,投入市场后,取得了巨大成功,几乎垄断了这个产品的市场,也为松下公司的进一步发展积累了丰厚的资金。

(3) 建立内部客户体制,提升员工满意度。詹姆斯·赫斯特在他关于服务利润链的模型中,认识到企业提供给客户的服务质量是对负责提供服务的员工的满意度的函数。也就是说,员工满意度的增加会导致员工提供给客户的服务质量的增加,最终会导致客户满意度的增加。20世纪70年代,日本企业的崛起,很重要的原因就是由于日本企业采用人性化的管理,极大限度地提升了员工的满意度,激励员工努力工作,为客户提供高质量的产品和服务。

(4) 建立以客户为中心的组织机构。拥有忠诚客户的巨大经济效益让许多企业深刻地认识到,与客户互动的最终目标并不是交易,建立持久忠诚的客户关系才是最终目的。在这种观念下,不能仅仅把营销部门看成是唯一的对客户负责的部门,而企业的其他部门则各行其是。关系营销要求每一个部门、每一个员工都应以客户为中心,所有的工作都应建立在让客户满意的基础上,为客户增加价值,以客户满意为中心,加强客户体验,创造完美的客户体验,让客户达到长期满意。

(5) 建立客户关怀的评价体系。客户关怀的正确评价对于防范客户流失有着重要的作用,只有及时地对客户关系的牢固程度作出衡量,才有可能在制定防范措施时有的放矢。尽管对客户关系评价的做法各有特点,但在方法上仍然具有相似性,都是采用一系列可能影响客户满意度的指标来进行衡量,然后对每一项指标进行得分加总,最后得出结论,看看客户在多大程度上信任企业,在多大程度上对他们的需求作出了合适的反应,客户和企业又有着多少共同利益。通过评价,可以分辨客户关系中最牢固的部分和最薄弱的部分,还可以分辨出最容易接纳的客户关系和有待加强的客户关系。

## 二、客户满意度的评估

1. 客户满意是客户忠诚的前提

客户满意是客户对企业和员工提供的产品和服务的直接性综合评价,是客户对客户关怀的认可,不断强化的客户满意是客户信任的基础。

在卖方市场环境下,企业只要生产出产品就能卖出去,企业管理的目标是如何低成本生产出产品。后来,市场出现了竞争,企业生产出来的产品如果卖不出去就无法实现资本循环。为了实现从商品向货币的转换,"以销售额为中心"逐步成为企业管理的核心。随着市场竞争日益激烈,企业发现虽然销售额提高了,但由于生产成本和销售费用越来越高,利润反而下降了。因此,企业转而追求利润的绝对值,通过在生产和营销部门的各个环节上最大限度地削减生产成本和压缩销售费用来实现利润最大化。但成本是由各种资源构成的,相对而言它是一个常量,不可能无限制地降低。当企业对利润的渴求无法或很难再从削减成本中获得时,自然就将目光转向客户,并企图通过客户需求满足来维护其利润。为此,企业开始从内部挖潜转向争取客户,进入了"以客户为中心"的管理。由于需求构成了市场,也构成了企业的获利潜力,而在市场上需求运动的最佳状态是满意,因此客户满意就是企业效益的源泉,这样客户满意度就成为客户服务的中心和基本观念。

从企业的角度来说,客户服务的目标并不仅仅使客户满意,使客户感到满意只是营销管理的第一步。美国维斯化学品公司总裁威廉·泰勒认为:"我们的兴趣不仅仅在于让客户获得满意感,我们要挖掘那些被客户认为能增进我们之间关系的有价值的东西。"在企业与客户建立长期的伙伴关系的过程中,企业向客户提供超过其期望的"客户价值",使客户在每一次的购买过程和购后体验中都能获得满意。每一次的满意都会增强客户对企业的信任,从而使企业能够获得长期的盈利与发展。因此我们说客户满意仅仅只是迈上了客户服务的第一个台阶。

对于企业来说,如果客户对企业的产品和服务感到满意,往往会重复其购买行为,从而增加企业的盈利,同时他们也会将自己的消费感受通过口碑传播给其他客户,扩大产品的知名度,提高企业的形象。客户满意只是客户忠诚的前提,客户忠诚才是结果;客户满意是对某一产品、某项服务的肯定评价,即使客户对某企业满意也只是基于他们所接受的产品和服务令他们满意。如果某一次的产品和服务不完善,他们对该企业也就不满意了。也就是说,客户满意是一个感性评价指标。客户忠诚是客户对该品牌产品以及拥有该品牌企业的忠诚度,他们可以理性地面对品牌企业的成功与不利。美国贝恩公司的调查显示,在声称对产品和企业满意甚至十分满意的客户中,有65%～85%的客户会转向其他产品,只有30%～40%的客户会再次购买相同的产品或相同产品的不同型号。

同时,根据研究报告,满意本身也有不同的层次:

满足——产品和服务可以接受或容忍;

愉快——产品和服务可以给客户带来积极的体验;

解脱——产品和服务能给客户解决麻烦;

新奇——产品和服务能给客户带来新鲜、兴奋的感觉;

惊喜——产品和服务超过了预期。

因此在客户服务时,针对不同的客户采取不同的方式来服务,效果是很不一样的。

2. 客户满意度的评估

企业可以借助调查问卷每半年或一年进行一次客户满意度调查。根据企业的规模确定问卷发放量,以重要性为权重计算出满意度综合得分。为使调查更有效,问卷设计应做到:使被调查者容易得到答案;使之容易回答;便于统计处理;问卷不宜太长,问题不应重复,最适合的长度是 20～30 个问题。

客户对服务质量的满意度是一种非财务的评估方法,它是营销绩效非财务衡量的一个重要内容。研究人员发现,有 5 个因素在衡量服务质量方面起着关键作用:

(1) 有形资产。有形设施、装备、工作人员及交通设施。

(2) 可信赖感。令消费者信任的、提供已承诺的服务的能力。

(3) 责任感。帮助客户并且提供及时、便捷服务的意愿。

(4) 保证。雇员所掌握的知识和所具有的教养,以及他们赢得客户信任和向客户表现其信心的能力。

(5) 感情。让客户感受到企业给予他们的照顾和关注。

为了有效地衡量服务质量,研究人员将以上这些决定因素再做进一步细分。

(1) 责任感。责任感是指雇员乐于向客户提供服务的意愿,它包括:与客户接触的职员的知识和技能;企业经营人员所具备的知识和技能;机构(如证券交易所)的研究水平。

(2) 可接近性。包括便捷利用服务的程度以及易于接触性举措。具体有:通过打电话可以容易地获得服务(比如,电话不占线和电话接通后不让客户等候太长时间);为了接受服务而等候的时间不太长(比如在银行);合适的、方便的经营时间的安排;服务设施所处地点的适当安排。

(3) 礼节。包括与服务接触的雇员的礼貌,尊重别人及对客户的友善态度。具体有:考虑到保护客户的财产(比如,在客户家中,不能因雇员所穿的鞋而弄脏客户的地毯);与客户交往接触的公关人员的整洁的仪表。

(4) 交流。指用客户能够听懂的语言来向客户传达信息,也指企业要对不同的客户使用不同的语言表达方式,让各层次的客户都满意——提高与受过高等教育的客户交流时的措辞及谈话水平;同时,雇员讲话要清晰、简洁。具体包括:讲解企业的服务;客户为得到服务而急需支付的费用;说明服务与费用之间的交易细节;向客户说明企业能解决合作中出现的问题。

(5) 信赖感。指企业值得信赖的程度,令人感受到企业的诚实度,它能使客户对该企业产生兴趣。有助于客户信赖企业的因素有:企业名称、企业信誉、与客户接触的雇员的自身特点、企业与客户交往过程中的销售努力程度。

(6) 保障。使客户免遭危险、风险及不使客户有任何疑惑。它包括:人身安全(我会被自动取款机欺骗吗);金融证券(公司关注我的股权证明在哪里吗);保密度(我与企业的交易是我个人的私事,应当保密)。

(7) 理解/了解客户。是指努力了解客户的需求。包括:了解客户的特殊要求;表示对每个客户的关注;熟悉经常光顾的客户。

(8) 有形资产。包括有形服务;实物投资;雇员的外表;提供服务的工具设备;享用服务设施的其他客户。

另外,员工满意度与客户满意度有很大的关系。研究结果表明,员工满意度提高5%,会连带使客户满意度提升1.3%,同时也使企业业绩提高0.5%。也就是说,重视提高员工满意度,最终可以给企业带来收益。内部员工满意度反映了企业的士气、向心力和团队精神,是外部客户满意的动力。企业可以建立内部员工满意度指标体系,并定期开展员工满意度调查。员工满意度调查至少应每年进行一次。定期调查可以对比出改进效果,从而提高工作业绩。

### 三、客户忠诚管理

如果说客户满意是一种价值判断的话,那么客户忠诚则是客户满意的行为化。客户忠诚是指客户对某一企业、某一品牌的产品或服务认同和信赖,它是客户满意的不断强化的结果。与客户满意倾向于感性认识不同,客户忠诚是客户在理性分析基础上的肯定、认同和信赖。

(一) 客户忠诚的层次

一般来说,客户忠诚可以分为3个层次:

(1) 认知忠诚。它直接基于产品和服务而形成,因为这种产品服务正好满足其个性化需求,这种信任居于基础层面,它可能会因为志趣、环境等的变化而转移。

(2) 情感忠诚。在使用产品和服务之后获得的持久满意,它可能形成对产品和服务的偏好。

(3) 行为忠诚。只有在企业提供的产品和服务成为客户不可或缺的需要和享受时行为信任才会形成,其表现是长期关系的维持和重复购买,以及对企业和产品的重点关注,并且在这种关注中寻找巩固信任的信息或者求证不信任的信息以防受欺。

老客户是对企业、产品、服务有信任感而多次重复购买产品或接受服务的群体。企业为了提高市场占有率和实现销售额的不断增长,都或多或少地把寻找新客户作为营销管理的重点,而忽视了老客户的作用。事实上,这是一个误区。丹尼尔·查米奇(Daniel Charmich)教授曾经用漏桶来形象地比喻企业的这种行为。他在教授市场营销学时,在黑板上画了一只桶,然后在桶的底部画了许多洞,并给这些洞标上名字——粗鲁、劣质服务、未经过训练的员工、质量低劣、选择性差等,他把桶中流出的水比作客户。他指出,企业为了保住原有的营业额,必须从桶顶不断注入"新客户"来补充流失的客户,这是一个昂贵的没有尽头的过程。因此,越来越多的企业开始通过提高服务质量来维系老客户,因为堵住漏洞带来的远不是"客户数量",而是"客户质量"的提高。

(二)客户忠诚度的衡量标准

由于企业的具体经营情况有很大的不同,因此,不同企业在设计客户忠诚度的量化考核标准时可以从自身各个方面加以考虑,根据实际情况选择合适的因素,并赋予不同的权值来得出一个综合评价得分。客户忠诚度的衡量标准主要有:

(1)客户重复购买率。考核期间,客户对某种产品重复购买的次数越多,说明对这一产品的忠诚度越高;反之,则越低。对于经营多种产品的企业来说,重复购买本企业品牌的不同产品,也是一种对企业的高忠诚度的表现。

(2)客户对本企业产品品牌的关注程度。一般来说,对企业的商品和品牌予以关注的次数越多,表明忠诚度越高。关注程度和购买次数并不完全相同,比如某种品牌的专卖店,客户经常光顾,但是并不一定每次都购买。

(3)客户需求满足率。指一定时间内客户购买某商品的数量占其对该类产品或服务全部需求的比例,这个比例越高,表明客户的忠诚度越高。

(4)客户对产品价格的敏感程度。敏感程度越低,忠诚度越高。客户对产品价格的敏感程度可以通过侧面来了解,比如企业在价格调整以后,客户购买量的变化等等。但需要注意的是,忠诚客户对商品价格的不敏感,并不意味着企业可以利用单独的调价行为来谋取额外利益,企业要结合产品的供求状况、对于人们的必需程度等综合考虑。

(5)客户对竞争产品的态度。人们对某一品牌的态度的变化,大多是通过与竞争产品的比较而产生的,客户对竞争者表现出越来越多的偏好,表明忠诚度下降。

(6)客户对产品的认同度。如果客户经常向身边的人推荐该产品,或者在间接的评价中表示认同,则表明忠诚度较高。

(7)客户购买时的挑选时间。客户在挑选产品的时候,时间越短,表明忠诚度越高。

(8)客户对产品质量事故的承受力。客户忠诚度越高,对出现的质量事故也就越宽容。

企业设计适合自身情况的指标体系,采用相应的客户忠诚度解决方案,可以提高客户"回头率",增加单位客户销售额,同时减少客户流失率。

企业有一种流行的做法,希望通过折扣或回馈来招揽客户、留住客户,并把这种活动称为"忠诚营销"。这实质上是一种客户贿赂,对于培养客户忠诚没有任何作用,它只能在特定时间、场合和环境下,对暂时的营销目的起作用。据美国食品营销协会报告,瑞士的客户转移率最低(7%),英国最高(24%),但是,低转移率的瑞士却是客户忠诚营销活动参与率最低的(15%),而高转移率的英国的客户忠诚营销参与率是最高的(83%)。在没有参加这种活动的客户中,有12.7%的人认为这些活动太浪费时间,为获得这些折扣不值得;有35.5%的客户说如果没有这些活动,他们仍然会购买同样多的东西;有87.5%的客户声称如果没有这些活动,他们仍然会从这家商店购买商品。这也从一个侧面说明,客户贿赂实质上的最大受益者是企业的一般客户,他们是现实的获利者,而不会是企业的信任者,企业在这种活动中得不偿失。

但企业为了一定的市场目的而采用折扣或回馈等方式招揽客户却是十分有效的,也是可取的,如清仓、快速收回投资、季节性转型、避免延时导致损失(如水产品、鲜果等)、通过关键的活动赢得竞争优势等等。不过长期运用这种策略则会引起价格战,导致多方受损,如彩电业。为了赢得竞争,企业还是应当通过独特性来提高客户价值,获得客户忠诚。

在促进客户忠诚的因素中,个性化的产品和及时性服务是两个决定性因素。个性化的产品能增强客户的认知体验,从而培养客户的认知忠诚;个性化的产品和及时性服务能使客户产生依赖,进而培养情感忠诚;只有个性化的产品和及时性服务都能适应客户的需求变化时,客户才会有行为忠诚;客户不可能自发地忠诚企业,客户忠诚需要企业以实际行动来培养。

### (三)客户忠诚度策略

企业应想方设法提高客户忠诚度,要做到:

(1)要完整地认识整个客户生命周期,从技术上提供与客户沟通的统一平台,提高员工与客户接触的效率和客户反馈率,建立多样化的沟通渠道和灵活高效的激励机制,形成一个完整的反馈流,从而既能为消费者提供完全一致的高品质服务,使消费者在意想不到的时刻感受来自产品提供商的点到点、面对面的关怀,同时还可以实时掌握市场动态,迅速开发出新的市场。

(2)增加客户忠诚度的重要手段是提供个性化的产品和服务。企业只有以客户为中心,为客户提供最合适的服务,或根据客户的不同需求而提供不同内容的产品,客户再次光顾的可能性才会大大增加。除了在产品本身的因素上努力外,还可以采用卓有成效的消费累积奖励方案,让消费者在选择购买产品之后将免费成为注册用户,以后每次购买商品将实时赢得累积奖励,长期中奖将为消费者带来较大节省,从而留住高价值客户并吸引新客户。有针对性的服务对维持客户的忠诚度有极大帮助。作为全球最大、访问人数最多和利润最高的网上书店——亚马逊公司,面对越来越多的竞争者能够保持长盛不衰的法宝之一就在于此。当客户在亚马逊购买图书以后,其销售系统会记录下其购买和浏览过的书目。当客户再次进入该书店时,系统识别出其身份后就会根据客户的喜好推荐有关书目。客户去该书店的次数越多,系统对其了解也就越多,也就能更好地为其服务。据悉,CRM在亚马逊书店的成功实施为其赢得了65%的回头客。

### (四)提高大客户忠诚度的策略

大客户往往关系着庞大的生意,因而对企业非常重要。企业必须密切关注大客户的动态,调动大客户的积极性。可以从以下10个方面着手,做好大客户的工作。

(1)优先向大客户供货

大客户对产品的需求量非常大,企业要优先满足大客户对产品的数量及系列化的要求,优先为大客户供货。特别是对于在销售上有淡旺季的产品,企业要随时了解大客户的销售和存货情况,及时与大客户共同商讨,预测市场的发展趋势,确定合理的库存量及客户在销售旺季的需求量等,以便在销售旺季到来之前与生产运输等部门做好协调工作,保证大客户的货源充足,避免出现缺货现象而引起大客户的不满。

(2) 向大客户开展关系营销

企业营销人员应充分调动大客户中的一切与销售相关的因素,甚至包括最基层的营业人员和推销人员。许多营销人员往往错误地认为只要处理好与客户的中上层主管的关系就可以了,而忽视了基层的营业人员和推销人员的工作。须知,中上层的主管人员掌握着产品进货、货款支付等大权,处理好与他们的关系固然十分重要,但产品销售到客户的手中,要经过基层工作人员,如仓库保管员、营业员、销售人员等多个环节,因此与他们也都密切相关。企业应及时组织对客户的基层人员进行相关培训,或督促管理人员做好这方面的工作。

(3) 向大客户及时供应新产品

企业应及时向大客户供应企业研制并生产的新产品,特别是新产品的试销应首先在大客户那里进行。这是因为,若大客户能在销售新产品过程中获得良好的销售业绩,则提前确定了大客户在自己的市场内对该产品销售的影响力。而且,对于企业来说,从大客户对新产品的销售中收集到的客户及客户的意见和建议一般具有良好的代表性和时效性,便于生产企业作出决策。在新产品试销或正式上市之前,企业应提前做好与大客户的前期协调和准备工作,确保新产品的试销和上市能够顺利进行。

(4) 关注大客户的动态

大客户是生产企业市场营销的重要一环,企业必须密切关注大客户的一切公关及促销活动、商业动态,并及时给予支持和协助,利用一切机会加强与客户之间的感情交流。

(5) 安排企业领导访问大客户

企业有关部门应为企业的领导,如营销部门的主管提供准确的信息,协助安排合理的日程,以使其有目的、有计划地访问大客户,联络与大客户的感情,并显示对大客户的尊重和重视。

(6) 与大客户联合设计促销方案

每个大客户都有不同的情况,如区域不同、经营策略不同、销售的专业化的程度不同等等。为使每一个大客户的销售业绩都能够得到稳步提高,企业有关部门应该协调营销人员、市场营销策划部门根据大客户的不同情况与大客户共同设计促销方案,使大客户感受到其被高度重视,而且通过这种方式,也可达到实现更大的销售量的目的。

(7) 经常性地征求大客户的意见

企业应经常征求大客户的意见,特别是对市场营销人员的意见,及时调整市场营销人员。市场营销人员是企业的代表,其工作的好坏是决定企业与大客户关系的一个至关重要的因素。因此,企业对负责处理与大客户之间业务的市场营销人员的工作不但要有效地协助,而且还要进行监督和考核,并依据大客户的意见,及时调整并安排适当的人选。

(8) 及时、准确地与大客户相互传递信息

大客户对市场具有强大的影响力,甚至控制力,其销售状况事实上是市场状况的"晴雨表"。因此,企业要对大客户的有关销售信息进行及时、准确的收集、汇总、整理、分析,并及时通报生产、产品研发、运输、市场营销策划等部门,以便针对市场变化及时调整。此外,企业还应及时向大客户通报自己所掌握的行业信息和市场信息等,帮助大客户改进工作。

(9) 为大客户制定特别的奖励政策

企业应针对大客户的特点,采取特别的奖励政策,如各种折扣、合作促销计划、销售竞

赛、返利等,以此有效地刺激客户的销售积极性和主动性。

(10) 组织大客户与企业之间的业务洽谈会

每隔一段时间组织一次高层主管与大客户之间的业务洽谈会,听取客户对企业产品、服务、营销、产品开发等方面的意见和建议,客户对未来市场发展趋势的看法,并对企业以后的发展计划进行研讨等等。这种业务洽谈会对企业做出明智的决策非常有利,而且也是与大客户之间联络感情的良好时机。

大客户管理工作涉及生产企业许多部门,要求各部门之间协调配合,进行非常细致的工作。大客户管理工作的成功与否,对企业的销售业绩有着举足轻重的影响。因此,企业必须充分调动一切积极因素,深入地做好各项工作,更好地为大客户服务。牢牢抓住大客户,才能增强企业对竞争对手的对抗能力,才能在激烈的竞争中立于不败之地。

**专论 13-1 管理大客户即管理未来**

很多营销者都知道"二八规则",即 20% 的客户可以带来 80% 的收入。从"二八规则"出发营销者会想方设法扩大对这 20% 的客户的影响力。这样做比把注意力平均分散于所有的客户更容易也更值得。

今天,争夺大客户已经成为不少行业的一个重要特点,电信、银行、保险等行业莫不如此。在很大程度上,大客户管理就是对未来的管理。大客户迁就品质一般、价格偏离的产品和服务的时代早就一去不复返了。企业要拓展关系、建立信任、提高客户认识、为客户创造价值,更重要的是和大客户共同管理未来。

有效的大客户管理所带来的回报十分显著,而且这种回报不仅仅是金钱方面的。它能够为企业提供竞争优势,它是树立更高客户忠诚度的关键,也是企业获得高收益的手段。它能够将竞争降到最低限度,能够帮助企业正确地投入时间、金钱及资源。当可持续竞争优势越来越难获得的时候,以客户为中心的企业整合也就是一种竞争优势。

**大客户管理的动态规则**

什么是大客户?是规模大的客户吗?是一定不能失去的客户吗?是能够给我们带来最大利润的客户吗?是我们希望员工给予尽可能关照的客户吗?是让我们付出额外努力,同时得到额外收益的客户吗?是能将我们的企业引向期望的方向的客户吗?事实上这些定义都部分正确,但也都有潜在的局限性。

就像生活中的许多事情一样,正确答案要视情况而定——要看我们所在的市场,我们的期望,我们成功的程度,竞争对手的活动,此外还有很多其他因素。

当然,我们可以在此提出大客户的一些标准:

他们占据了企业利润的很大一部分;

他们对企业目标的实现有着至关重要的影响;

他们的离去将严重地影响企业的业绩;

他们与企业的关系长期且稳定;

他们对企业未来业务的拓展有着巨大的潜力;

企业在他们身上花费了大部分时间。

但是只是指出这些标准是不够的,应该特别强调的是有关什么是大客户的规则——只有一个,那就是企业来制定规则。企业的大客户管理应该是完全动态的。去年的最大客户未必是明年的最大客户。原来的中小客户如果做得成功也会成为大客户。在快速变化的市场上,营销人员的工作就是挑选优胜者。

建立长久关系

大客户是企业为自己的未来正确地投入时间、金钱及资源的客户。既然大客户是笔投资,那么就意味着企业要为自身的努力寻求一定的收益,这是大客户管理的显著特色。同时,大客户管理不是短期销售的驱动力。大客户管理的核心是建立关系,而这需要时间。为此,大客户管理根本不应被视为一项销售计划,而应被看做是一项与企业整体有关的计划。企业中的每个人都要理解为什么大客户管理如此重要,以及他们如何能最好的服务于这些客户。

大客户管理离不开两点:一是拓展客户关系以增进了解;二是根据这种了解调整企业活动以获取竞争优势。

很多人对传统营销,也就是对4P,提出了批评,认为它太注重短期,太注重策略,太注重"交易"本身,因此,应该用关系营销来代替传统营销。从本质上说,关系营销通过关注供应商与客户之间的关系,将整个企业面向客户进行调整。这与大客户管理的目标非常相似。大客户管理强调以共同利益为目标和客户结成伙伴关系。这种伙伴关系的构建须遵循3个黄金法则:着眼于长期;寻求双赢方案;信任比金钱更重要。归根结底,大客户管理不是你为客户去做事情,而是你和客户一起做事情。

一言以蔽之,大客户管理就是要建立长久维持的良好的客户关系,因为这种关系是企业最有价值的财产。这份财产会在将来为企业也为大客户带来源源不断的红利。

管理"大客户管理"

大客户管理是一个苛刻的命题。它不是一项"销售活动",而是个严肃的、跨部门的管理流程,需要来自公司上层的严格管理。大客户管理需要有计划,有明确的目标和结果,需要寻求企业资源与市场机会之间的适当平衡。

在技能上,大客户管理要掌握的技能与能力惊人地广泛:除了具备销售人员的基本能力,如了解产品与市场、了解客户、自我组织与时间管理、独立的自我激励等之外,还必须能够进行战略策划、管理变革与创新、做好项目管理、精确分析和监控、帮助客户开发自身市场等。没有一个人可以全知全能,为此,企业可以建立专门的大客户服务团队,团队成员彼此互补,互相促进,具备跨职能部门的执行能力,同大客户之间建立方便和有效的联系,确保为大客户提供及时而周到的服务。

在系统和程序上,企业财务人员和信息技术人员将全力支持大客户服务团队。对企业而言,要实施"全面"的大客户管理不是件容易的事。如果没有合适的运营程序和系统,那么交货时间的影响、对灵活性的要求以及一些"定制"产品的结果,都可能使一个企业从盈利走向亏损。企业应运用客户关系管理系统为相关部门和人员提供客户信息的实时分享,以保障部门间的工作衔接,构建良好的交流平台。还应为客户反馈提供多种渠道,促进企业与客户持续的双向沟通。

在制度规范上,不少企业推行"首问负责制",解决前后台的脱节现象。企业与客户之间的关系,是由企业所属的各个部门和人员,通过不同的事件与方式,在不同的时间、地点与客户的不同部门和人员的接触来形成、发展和维护的,是一种涉及全员的非常具体而又复杂的关系。在一个团结的企业里,客户服务并不只是某一个部门的事,它是一种组织承诺,而且客户正是通过每一次的接触在验证着企业的这种承诺。

如果实施大客户管理的目的是建立一个以客户为中心的企业,打破部门观念,根据客户的满意程度来衡量业绩,按照大客户的需要来进行企业决策,那么企业还必须实行组织上的转变,使每个部门及每个员工集中力量向同一方向前进。

这种转变的实质是构建客户驱动型组织。传统的垂直组织结构把工作划分为职能和部门,然后再划分岗位和任务。这种组织结构对客户的需求变化不能灵敏反应,不能尽快了解客户的变化并做出应对。客户驱动型组织应当是一种水平结构,它是从客户的角度建立的,由几个核心业务流程构成,如产品开发生产及客户服务。

在资源上,企业必须把有限的企业资源向大客户倾斜,提供客户需要的各种附加利益,以使客户的购买得到预期回报,实现利益最大化。在产品特征相近的情况下提供附加利益还可以使企业形成区别于竞争者的优势,使客户感到企业时刻为他们的利益着想,使企业逐步赢得客户的好感并加深信任。对企业而言,它所做的不仅仅是接受订单。客户希望企业能在自己身上花费很多时间,能和他们一起准备促销活动、调整产品种类、分析销售数据,甚至实施产品种类管理。

曾经有一位母亲向她即将开始独立生活的儿子提出一个很好的建议,她说:"永远买好鞋和好床,因为你有半生在鞋上度过,其余半生在床上度过。"这句话折射出一个正确的原则:永远都不要在最重要的东西上打折扣。凡是追求可持续发展的企业,都必须郑重承诺:永远都不会在重要的大客户身上打折扣。因为对大客户打折扣就是对企业的未来安全打折扣。(胡泳)

(摘自《成功营销》2005.5)

### 案例 13-1 通用汽车信用卡的推出

1992 年 9 月,通用汽车公司和 Household 银行共同推出了万事达卡的通用汽车信用卡,持该卡的人可以在消费时获得相当于消费额 5% 的优惠券,这个优惠券可以用来购买或租赁通用汽车公司新的汽车或卡车。

随着通用汽车公司市场的繁荣,Household 银行从中获取了巨大的收益:新增账户 800 万个,从而使 Household 银行在信用卡发行商中的排名从第十位上升到第五位;为了能够获得通用汽车公司折扣机会,每张通用汽车信用卡的年平均消费额上升到 5 200 美元,是全国平均水平的 25 倍;通用汽车信用卡应收账款的回笼率超过 70%;因为累加优惠额度需要花费一定的时间,使得人们不大愿意转到另一个信用卡上,从而降低了波动率,甚至延期支付率也降低,因为一旦信用卡账户过期,就不能再继续享受折扣。

目前,这种银企之间的联手行为已经司空见惯,很多企业都在从事着这种跨行业的合作,而且消费者本身也从这种合作中获取了很多好处,使消费者在消费过程中获得了更多的满足,节约了时间和精力。

然而正是这种已经司空见惯的企业行为却给营销管理带来了很大的启示:客户对企业的贡献是不同的,但客户贡献的大小是可以改变的。一张普通信用卡的年平均消费额为 2 080 美元,而 Household 银行通过与通用汽车公司联手,为其发行的信用卡增添了一个新的功能,从而提高了客户使用本卡进行消费的积极性,使得每张通用汽车信用卡的年平均消费额为 5 200 美元,大大超过了当时的全国平均水平。因此,这一措施的一个有效结果就是该银行卡的客户贡献率得到了大大提高,从而在很大程度上增加了平均销售额,这是对以前销售瓶颈的突破。

同时,通过联手,该银行还给自己的客户设置了一个比较高的退出壁垒。因为不使用该银行发行的信用卡直接面临的是不能享受通用汽车公司所提供的购买折扣,这一机会成本制约着许多人的决策,因此该银行获得了70%的应收账款回笼率以及较低的波动率。这实质上就是让自己的客户更加忠诚于自己的产品,因此对于突破销售瓶颈也是有利的。

另外,在收入一定的条件下,客户用于消费的金额是有限度的,它不会无限制地扩张。企业应该争取的是在这个有限的购买总额中占取一个比较大的比例。正如上述例子中所看到的那样,客户用信用卡进行支付的总额是确定的,而使用什么信用卡进行支付却是不确定的,而该银行通过与通用汽车公司联手,让客户更多地使用自己的产品进行支付,从而提高了该银行在客户购买总额中所占的比重,这就是客户份额(Share of Customer)的提高。

当然,我们不能忽视在这一联手行为中通用汽车公司所获得的利益,从根本上来说这一行为是一个双赢策略,这种策略选择彻底改变了以前对企业间关系的看法。企业间所具有的是一种竞合的关系,有竞争的一面,更有合作的一面,它们之间没有不可调和的利益冲突,它们可以具有共同的目标,因此能够成为很好的合作伙伴。

(摘自任锡源,李先国:《交叉销售》,中国社会科学出版社,2004)

## 复习思考题

1. 企业应如何界定客户?客户是如何分类的?
2. 企业客户管理主要应包括哪些内容?
3. 如何进行客户分析?
4. 什么是客户关系管理?如何正确理解?
5. 客户关系管理系统实施的基本模式有哪几种?
6. 客户信用管理的目标是什么?
7. 如何开展客户资信调查?
8. 简述"5C"分析的主要内容。
9. 如何加强客户应收账款管理?
10. 如何进行客户的筛选与开发?
11. 什么是交叉销售?举例说明交叉销售在客户开发中的应用。
12. 如何处理客户投诉?
13. 怎样进行客户满意度的评估?
14. 阅读专论13-1,阐述提高大客户忠诚度的策略有哪些。
15. 阅读案例13-1,简述银企合作实现双赢有何启迪。

# 第14章 服务营销策略

**本章要点**

- ☐ 服务业的分类
- ☐ 服务营销的特点
- ☐ 逆服务特征营销策略
- ☐ 服务质量的5种差距
- ☐ 关系营销在服务业中的应用
- ☐ 服务的基本特征
- ☐ 服务营销组合策略
- ☐ 服务质量的含义
- ☐ 标准跟进与蓝图技巧

## 第一节 服务业的形成与分类

### 一、服务业的形成

由于人们富裕程度的提高,闲暇时间的增多,以及产品复杂程度的加深,人们越来越需要服务,服务行业即服务业也就逐渐形成并迅速崛起。

经济学家一般都将目前的产业区分为三大门类,即第一产业、第二产业和第三产业。第一产业包括农业、林业及渔业,第二产业包括制造业及建筑业,第三产业包括服务业及营销性产业,这种分类方式表明服务已成为正当的产业活动。

服务业虽然形成于第一、二产业之后,但服务业在世界经济中以一种更快的速度发展着,达到国际贸易总额的1/4,全球服务业的增长率几乎是制造业增长率的2倍,全球经济将越来越受服务经济支配。服务经济成为新世纪重要的时代特征。

### 二、服务业的分类

(一)按照服务工具的不同来划分

根据提供服务工具的不同可以划分为以设备为基础的服务和以人为基础的服务。

以设备为基础的服务又可以分为以自动化设备为主的服务和由人监控的设备所提供的服务两种方式。如自动洗车设备、银行的自动取款机以及设在路边的投币取物的自动零售设备等,均为以自动化设备为主的服务,而电影院则是通过由人监控的设备来提供服务的。

以人员为基础的服务主要是通过人的技能向消费者提供服务。如律师提供的法律服务、教授提供的教育服务、修理工提供的修理服务等。

将以设备为基础的服务和以人员为基础的服务区分开来有助于营销者设计具体的服务营销策略。但是随着科学技术的不断发展和人们对服务心理要求的不断变化,以设备为基础的服务和以人员为基础的服务近年来发生了许多交叉性的变化和联系。例如,以前修理汽车是一项以人的经验、技能为主的服务,可现在汽车的修理在很大程度上首先依靠计算机的诊断和分析。教育在以前是一项纯粹以人的技能为基础的服务,可现在电视机、计算机、幻灯机等教学设备已成为教学活动中不可缺少的一部分。

(二)按照服务接受对象的不同来划分

根据服务接受对象的不同可划分为以人为对象的服务和以物为对象的服务。

一位护士护理一位心脏病病人,这是以人为对象的服务。而一位园林工人护理公园里的花草则是以物为对象的服务。服务对象的不同,营销策略的设计也不同。一般来说,以人为对象的服务往往需要经过直接的流通渠道,例如医生给病人看病、律师给人办案、理发师给顾客理发,这些都需要面对面的交流。但是,以物为对象的服务在渠道的选择上比较灵活。例如汽车修理工给一位顾客修理汽车,顾客则没有必要在现场,他可将汽车送到汽车修理处,待汽车修好后再来取。

以人或以物为对象的服务还可以进一步划分为"有形活动的服务"和"无形活动的服务",如表14-1所示。

表14-1 服务业的特征

| 服务特征 | 服务对象 ||
|---|---|---|
| | 人 | 物 |
| | 直接服务于消费者身体 | 直接服务于东西或其他有形体 |
| 有形活动 | 医疗保健<br>公共交通<br>美容院<br>诊所<br>餐馆<br>理发厅 | 货物运输<br>工业设备维修<br>门卫<br>洗衣、干衣店<br>修剪草坪<br>兽医 |
| | 直接服务于消费者的精神世界 | 直接服务于无形资产 |
| 无形活动 | 教育<br>广播<br>信息服务<br>电影院<br>博物馆 | 银行<br>法律咨询<br>会计师事务所<br>文秘<br>保险 |

(三)按照服务是否营利来划分

根据服务的营利性可划分为以营利为基础的服务和以非营利为基础的服务。

一般来说,提供服务的公司都是以营利为目的的。这样的公司在市场竞争中非常注重市场营销策略的设计和执行,因为只有这样才能使公司在竞争中取胜,达到获得利润的目的。但也有一些提供服务的单位是非营利的组织,如各国的中、小学教育和公立大学教育。再如许多国家的医疗卫生组织(医院、卫生所等)、教会等。这些非营利的组织主要是为社会提供各种必要的服务,并没有向国家纳税的义务。

(四)按照顾客在服务中的参与程度来划分

根据顾客对服务推广的参与程度可以将服务分为高接触性服务、中接触性服务和低接触性服务。

所谓高接触性服务是指顾客在服务推广的过程中参与全部的活动,如电影院、娱乐场所、公共交通、学校等部门所提供的服务。中接触性服务如银行、律师、房地产经纪人等所提供的服务,顾客只是部分地或在局部时间内参与其中的活动。低接触性服务是指在服务推广的过程中顾客与服务的提供者接触甚少,他们的交往大都是通过仪器设备进行的,如信息服务业、邮电业等所提供的服务。

这一分类方案表明,企业应针对顾客参与程度的不同而制定相应的策略。特别是高接触性的服务会因顾客需求的多样化而对企业营销提出更高的要求。

(五)按照服务产生的时间不同来划分

根据服务产生的时间顺序,可划分为传统服务业和新兴服务业两大类。

传统服务业主要包括餐饮业、修理业、理发业、旅馆业、医疗卫生业等;新兴服务业则主要包括咨询服务业、旅游业、娱乐业、广告业、信息服务业、邮电业等。对不同的国家和地区来说,传统服务业和新兴服务业往往有着不同的内容,因而这种划分是相对而言的。

服务业作为社会经济生活中的一个部分变得越来越重要,它不仅为社会创造了极大的价值,而且还为社会创造了丰富的就业机会。此外,随着经济的不断发展,新的服务行业也在不断地产生,像家政服务业(保姆、家庭清洁工等)就是一个最好的例子。

## 第二节 服务的基本特征

服务是一方能够向另一方提供的基本上是无形的任何活动或利益,并且不导致任何所有权的产生,它的生产可能与某种有形产品联系在一起,也可能毫无联系。各类服务业之间虽然存在着巨大的差异,但所提供的服务却都具有显著的共性特征,即无形性、无一致性、无分割性、无存货性和缺乏所有权。

### 一、无形性,即不可感知性

不可感知性可从两个不同的层次来理解。首先,它是指若与有形的消费品或产业用品比较,服务的特质及组成服务的元素往往是无形无质的,让人不能触摸或凭肉眼看不见其存在。此外,它还指服务不仅其特质无形无质,甚至使用服务后的利益也很难被察觉,或是要等一段时间后享用服务的人才能感觉到利益的存在。因此,服务消费是一种不能用五官感触到的特殊消费。当你买一种实物商品时,你可以用自己的感官去判断产品的质量和价值。比如说,当你购买一辆汽车时,你可以通过眼睛审视车的外形设计,驾着车试试其性能,并根据它的质量来判断其价格是否合理。与此相反,如果你乘飞机到某地去旅行,在你乘上飞机之前,除了一张飞机票,你无法感受到任何东西,因此也就不能判断这次飞行的质量或其价格是否合理。

### 二、无一致性,即差异性

无一致性是指服务质量取决于服务的人员以及时间、地点和方式,很难统一界定。区别于那些实行机械化和自动化生产的第一产业与第二产业,服务行业是以人为中心的产业,由于人类个性的存在,使得对于服务的质量检验很难采用统一的标准。一方面,由于服务人员自身因素(如心理状态)的影响,即使由同一服务人员所提供的服务也可能会有不同的水准,一个人在体力和心情都很好的情况下会提供质量较高的服务,否则,服务质量则可能下降。另一方面,由于顾客直接参与服务的生产和消费过程,顾客本身的因素(如知识水平、兴趣和爱好等)也直接影响服务的质量和效果。差异性使顾客对企业及其提供的服务产生"形象混淆",因为,对于同一个企业,通过两家不同的分店所提供的服务,也可能会出现一家分店的服务水平显著优于另一家分店的情形。前一分店的顾客确实会认为该企业的服务质量很好,而另一分店的顾客则可能对企业的低劣服务予以投诉。这种"企业形象"或者企业的"服务形象"缺乏一致性,将对服务的推广产生严重的负面影响,是企业制定服务营销策略要着力考虑的问题。

### 三、无分割性,即不可分离性

有形的产业用品或消费品在从生产、流通到最终消费的过程中,往往要经过一系列的中间环节,生产与消费的过程具有一定的时间间隔。而服务则与之不同,它具有不可分离性的特征,即服务的生产过程与消费过程同时进行。也就是说,服务人员提供服务时,也正是顾客消费服务的时刻,二者在时间和空间上不可分离。由于服务本身不是一个具体的物品,而是一系列的活动或者说是过程,所以在服务的过程中消费者和生产者必须直接发生联系,生产的过程也就是消费的过程。服务的这种特征表明,顾客只有而且必须加入到服务的生产过程中才能最终消费到服务。

### 四、无存货性,即不可储存性

基于服务的不可感知形态以及服务的生产与消费同时进行,使得服务不可能像有形的商品一样被储存起来,以备未来出售。尽管提供服务的各种设备可能会提前准备好,但生产出来的服务如不即时消费掉,就会造成损失(如车船的空位等),不过,这种损失不像有形产品的损失那样明显,它仅表现为机会的丧失和折旧的发生。因此,无存货性的特征要求服务企业必须解决由缺乏库存所引致的产品供求不平衡问题,如何制定分销策略来选择分销渠道和分销商,以及如何设计生产过程和有效地灵活处理被动的服务需求等。

服务是一种在特定时间内的需要。一个厂家可以先生产一个产品(如汽车),然后储存在仓库里等待销售和消费。服务却不可能储存起来等待消费。当消费者购买服务时,服务即产生,而当没有消费者购买服务时,服务的提供者只好坐待顾客。这种服务业上的无存货性并非表示服务业不产生存货成本,只是服务业的存货成本与制造业的存货成本不同而已。制造业的存货成本发生在储存产品的花费上,而服务业的存货成本则主要发生在无顾客上,后者叫做闲置生产力成本,指的是一个人或公司有提供服务的能力和时间,却没有顾客。比方说,假如一个医生一天的收入为500元,然而一周之内他只有3天有病人,另外2天没有病人,这2天损失的1 000元的收入应算作这个医生的存货成本。由于一种服务与另一种服务之间常常存在着许多差异,因而存货成本也不尽相同。

### 五、缺乏所有权

缺乏所有权是指在服务的生产和消费过程中不涉及任何东西的所有权转移。既然服务是无形的又不可储存,一般来说,服务在交易完成后便消失了,消费者并没有实质性地拥有服务。以银行取款为例,通过银行的服务,顾客拿到了钱,但这并没有引起任何所有权的转移,因为这些钱本来就是顾客自己的,只不过是让银行帮忙保管一段时间而已。缺乏所有权会使消费者在购买服务时感受到较大的风险,如何克服此种消费心理,促进服务销售,是市场营销管理人员所要面对的问题。一些服务企业逐渐采用会员制的方法维持企业与顾客的关系,当顾客成为企业的会员后,他们可享受某些特殊优惠,让他们从心理上感觉到就某种意义而言他们确实拥有企业所提供的服务。

## 第三节　服务营销策略

### 一、服务营销的兴起与特点

（一）服务营销的兴起

服务营销活动的兴起是服务业发展及其市场竞争加剧的结果。随着服务业的发展,一方面,在服务市场上,由于竞争的加剧,消费者的市场需求变得越来越复杂,企业必须不断地预测和了解这些新的需求并努力加以满足。同时,科学技术水平的日益提高,也使得企业能够较为容易地创造出各种新的服务来满足市场需要。另一方面,随着企业所提供服务的增多,企业同消费者之间接触范围不断扩大,企业之间的竞争性也日益增强。加之,与有形产品相比,服务产品还有其独特之处,使得企业传统的营销职能已不能满足企业发展的需要,服务营销活动因此应运而生。

西方学者大体上是从 20 世纪 60 年代开始研究服务营销问题的。1966 年,美国的瑞斯麦尔(Rathmall)首先对无形的服务同有形的实体产品进行了区分,并提出要以非传统的方法研究服务营销问题。1972 年,威尔逊(Wilson)出版了欧洲第一本关于服务营销的专著;紧接着,1974 年瑞斯麦尔出版了美国第一本服务营销专著。20 世纪 70 年代中后期之后,美国及北欧又有一批市场营销学者陆续出版了一系列研究服务营销理论的著作,服务营销理论研究有了突破性进展。

20 世纪 80 年代后期以来,在传统的"4P'S"营销组合基础上,学者们进一步提出了服务营销的新的"3P'S",即"人"(People)、"有形展示"(Physical Evidence)和"服务过程管理"(Process Management),从而增加为"7P'S"组合。并围绕与"7P'S"有关的问题进行了跨学科的多样化研究,提出了内部市场营销、服务文化及服务的设计和市场定位等重要的理论概念和研究成果,标志着服务营销学已进入了新的发展时期。

（二）服务营销的特点

与有形产品相比,服务产品具有不同于有形产品的种种特征,这就使得服务营销具有若干不同于有形产品营销的种种特点:

(1) 服务营销具有比有形产品营销更复杂的营销组合因素。有形产品营销中运用"4P'S"原则可以使企业获得成功,但服务营销活动中仅运用"4P'S"并不完全适合服务业的运作特征。因为"4P'S"忽略了"人员"(People)、"有形展示"(Physical Evidence)和"服务过程管理"(Process Management)这 3 个服务营销中非常重要的营销要素。

(2) 服务营销是内部营销和外部营销的统一。与有形产品的市场营销不同,有形产品的市场营销主要是企业对客户的外部营销,有形产品生产企业的一线员工不担负营销功能,而只担负生产功能。而在服务企业中,由于员工成为产品的核心部分,并直接决定着顾客的满足程度。因此,服务市场营销在做好企业与顾客的外部营销的同时,也要把一线员工当作内部"顾客"来看待,对一线员工的态度和行为进行研究,并对一线员工进行内部营销,包括工作设计、员工招聘、员工培训、相互沟通及激励等。服务企业的内部营销与外部营销相比,内部营销甚至比外部营销还要重要。成功的内部营销是成功的外部营销的前提。

（3）服务消费者对服务营销过程的作用更直接。服务生产与消费的不可分离性决定了服务产品的消费与服务产品的提供是同时进行的,也就是服务的消费者要直接参与服务的生产过程,具有服务生产劳动对象的属性。与有形产品的市场营销过程相比,服务消费者的作用更直接、更重要。因此,在服务营销过程中,服务营销者必须注意揣摩服务消费者的心理喜好,区别不同类型消费者对同一服务的需求差异及特性;尽可能地把每个顾客作为一个细分市场,有针对性地开展"定制营销"活动,即运用先进的科学技术和管理方式,将现代化大生产所要求的规模经营与各个顾客对同一类服务的不同需要结合起来,同时兼顾批量生产和个别要求,既使单位服务产品的成本降低,又使服务能更好地满足目标市场每一个顾客的要求,使消费者的满足度最大化。

（4）服务营销工作的稳定性更差。服务的差异性导致同一服务人员提供的同种服务因其精力和心情状态等不同而有较大差异,同时消费者对服务本身的要求也参差不齐,这就使得服务营销工作的稳定性差、不确定性因素增长。服务营销必须因时、因地、因服务提供者和消费者的变化而变化,这不仅要求企业要认真选聘服务提供者,加强职工培训,不断提高其素质,而且还要求企业完善规章制度,规范营销管理行为,以制度和规范管理保证服务提供者的服务质量,同时争取消费者对企业营销工作的理解和支持。

（5）服务供需管理难度更大。由于大多数服务的无形性以及生产与消费的同步性,使服务具有不可运输和不可储存的特征,使服务供需管理不可能像有形货物那样采取时空转移的办法解决产品供需在时间和空间上分布不平衡的问题。因此,如何调节供需矛盾、实现供需平衡,如何调节服务需求、保持服务供需平衡,便成为服务营销管理中的一大难题,需要服务营销者采取若干不同于有形产品营销的特殊的供需管理办法。比如,采取时间及价格差异调节的办法、开发非峰期需求和互补服务的办法以及设立预订制度等办法调节服务需求;采取提高消费者参与度、增加兼职雇员、提高服务效率或增加替代性服务等办法调节服务供给,实现服务供需平衡。

（6）服务营销过程中消费者的风险感更强。服务的所有权缺位特征决定了在服务的生产和消费过程中不涉及任何实体的所有权转移,消费者在接受完服务之后,并未"实质性"地拥有某种所有权。比如,旅客在豪华星级酒店住宿一星期之后,他并没有得到酒店给他的有形实物的所有权。这种所有权缺位往往会使消费者在购买服务时有风险感,服务消费之后仍有"一无所得"的消费心理感应。克服和消除消费者的这种心理,是服务营销工作中的一项极其重要的任务。

## 二、服务营销组合策略

传统的市场营销组合结构对于服务业的实用性,最近几年来一直受到服务市场营销学者们的批评。有人认为服务市场营销组合应该采取新的方式,另外的学者则认为市场营销组合的传统观念在服务业中应该全部舍弃。而越来越多的证据显示：市场营销组合的层面和范围不适应于服务业市场营销。现有的证据足以说明有必要重新调整市场营销组合以适应服务市场营销。有学者将服务业市场营销组合修改和扩充为 7 个要素,即产品(Product)、定价(Price)、地点或渠道(Place)、促销(Promotion)、人(People)、有形展示(Physical Evidence)、过程(Process)。

(1) 产品。服务产品所必须考虑的是提供服务的范围、服务质量、服务水平、品牌、保证以及售后服务等。服务产品这些要素组合的差异相当大,如一家供应数样菜色的小餐馆和一家供应各色大餐的五星级大饭店的要素组合就存在着明显差异。

(2) 定价。价格方面要考虑的包括价格水平、折让和佣金、付款方式和信用。在区别一项服务和另一项服务时,价格是一种识别方式,顾客可从一项服务的价格感受到其价值的高低。而价格与质量间的相互关系,也是服务定价的重要考虑因素。

(3) 地点或渠道。提供服务者的所在地及其地缘的可达性都是市场营销服务和市场营销效益的重要因素。地缘的可达性不仅是指实物上的,还包括传导和接触的其他方式。所以分销渠道的类型及其涵盖的地区范围都与服务可达性密切相关。

(4) 促销。促销包括广告、人员推销、销售促进、宣传、公关等各种市场营销沟通方式。

(5) 人。在服务企业担任生产或操作性角色的人,在顾客看来其实就是服务产品的一部分,其贡献也和其他销售人员相同。大多数服务企业的特点是操作人员可能担任服务表现和服务销售的双重任务,因此,市场营销管理者必须和作业管理者协调合作。企业工作人员的任务极为重要,尤其是那些经营"高接触度"的服务业务的企业,所以,市场营销管理者还必须重视雇用人员的甄选、训练、激励和控制。此外,对某些服务而言,顾客与顾客间的关系也应引起重视。因为,某顾客对一项服务产品质量的认知,很可能要受到其他顾客的影响,如一个旅行团中的特殊成员结构或者一家餐厅的其他顾客的行为都可能影响顾客所得到的服务产品。

(6) 有形展示。有形展示会影响消费者和顾客对于一家服务企业的评价。有形展示包含的要素有:实体环境(装潢、颜色、陈设、声音)、服务提供时所需用的装备实物(如汽车租赁公司所需要的汽车)以及其他实体性线索。如航空公司所使用的标识、干洗店为洗好的衣物加上的包装等。有形展示最重要的作用是帮助顾客识别。

(7) 过程。人的行为在服务企业很重要,而过程也同样重要,即服务的传送过程。表情愉悦、专注和关切的工作人员,可以减轻必须排队等待服务的顾客的不耐烦感,还可以平息技术上出问题时顾客的怨言或不满。整个系统的运作政策和程序方法的采用、服务供应中的机械化程度、员工决断权的适用范围、顾客参与服务操作过程的程度、咨询与服务的流动等,都是市场营销管理者需特别关注的事项。服务业营销组合各个要素的内涵详见表 14-2。

表 14-2 服务业营销组合要素及内涵(7P'S)

| 要素 | 内涵 |
| --- | --- |
| 1. 产品(Product) | 1. 领域;2. 质量;3. 水准;4. 品牌名称;5. 服务项目;6. 保证;7. 售后服务 |
| 2. 定价(Price) | 1. 水准;2. 折扣(包括折让及佣金);3. 付款条件;4. 顾客的认知价值;5. 质量/定价;6. 差异化 |

续表 14-2

| 要　素 | 内　涵 |
| --- | --- |
| 3. 地点或渠道<br>（Place） | 1. 所在地；2. 可及性；3. 分销渠道；4. 分销领域 |
| 4. 促销<br>（Promotion） | 1. 广告；2. 人员推销；3. 销售促进；4. 宣传；5. 公关 |
| 5. 人<br>（People） | 1. 人力配备：(1) 训练；(2) 选用；(3) 投入；(4) 激励；(5) 外观；(6) 人际行为；2. 态度；3. 其他顾客：(1) 行为；(2) 参与程度；(3) 顾客/顾客之接触度 |
| 6. 有形展示<br>（Physical Evidence） | 1. 环境：(1) 装潢；(2) 色彩；(3) 陈设；(4) 噪音水准；2. 装备实物；3. 实体性线索 |
| 7. 过程<br>（Process） | 1. 政策；2. 手续；3. 器械化；4. 顾客参与度；5. 顾客取向；6. 活动流程 |

### 三、逆服务特征营销策略

由于大多数的服务产品具有无形性、无分割性、无存货性、无一致性和缺乏所有权等特点，这就给企业有效地推销服务产品带来了一系列难题，如服务供需平衡的困难、服务质量管理的困难、服务信誉和专利保护的困难、文化适应及人员管理的困难、服务定价及信息反馈的困难等。在服务营销活动中，企业必须采取适合于服务产品自身特点的服务营销策略。"逆服务特征营销"是服务营销的重要策略。所谓逆服务特征营销是指根据服务自身的特性，从相反的角度思考并实施服务营销的一种方法。

（一）无形变有形

无形变有形是逆服务特征营销策略的最重要的方法。大多数服务具有无形性特征，而服务消费者的购买行为又往往是通过可以感知的有形物体所提供的信息作出的。因此，企业应当借助服务过程中的各种有形要素，把看不见摸不着的服务产品尽可能地实体化、有形化，让消费者充分感知到服务产品的存在以及享用服务产品可能获得的利益，以达到有效地推销服务产品的目的。

"无形变有形"主要通过以下三方面来实现：

（1）服务产品的有形化。即通过服务设施等硬件技术，如自动对讲、自动洗车、自动售货、自动取款等技术来实现服务自动化和规范化，保证服务行为的前后一致性和服务质量的始终如一。通过能显示服务的某种证据，如各种票券、牌卡等代表消费者可能得到的服务利益，区分服务质量，变无形服务为有形服务，增强消费者对服务的感知能力。改善企业形象标识和服务产品包装，使产品的功能更为明显和突出，以建立有形的、赏心悦目的产品形象等。

（2）服务环境的有形化。服务环境是企业提供服务和消费者享受服务的具体场所和气氛，它虽不构成服务产品的核心内容，但它能给企业带来"先入为主"的效应，是服务产品存在的必不可少的条件。一个功能齐备、高雅、清洁、明亮、和谐的环境，会增强消费者享用服务的信心和对企业产品的信赖度，产生良好的促销效果。因此，努力营造企业的服务环境，用有形的服务环境体现无形的服务品质，是刺激和扩大对无形产品需求的一项重要举措。

（3）服务提供者的"有形化"。服务提供者是指直接与消费者接触的企业员工，其所具备的服务素质和性格、言行及与消费者接触的方式、方法、态度等如何,会直接影响到企业服务营销目标的实现。为了保证服务目标的有效性,企业应对服务员工进行服务标准化培训,让他们了解企业所提供的服务内容和要求,掌握进行服务的必备技术与技巧,以保证他们所提供的服务与企业的服务目标相一致。此外,服务员工的礼仪、衣着及言行举止等有形的东西也会影响消费者对服务质量的期望与判断,影响企业服务营销活动的成败。总之,企业应学会利用组成服务的有形要素突出服务的特色,尽可能地使无形服务转化为有形展示,让消费者更好地把握和判断服务的特征,更直观地体验服务为其带来的利益,以增加消费者的"服务消费剩余"。

### (二) 不可分离变为可分离

大多数服务具有生产和消费不可分离的特征,使得服务产品与服务提供者和服务的消费者直接相连,服务提供者和消费者往往需要有物理上的接近,即在同一时间、同一地点才能完成服务营销过程。冲破这种时空的限制,将不可分离的服务变为可分离的服务,主要做法有:

(1) 使无形服务有形化。比如,图书、唱片、软盘等使某些无形服务活动有自己的物质载体;自动售货机、自动取款机等使由人提供的服务变为由"物"提供。这种无形服务的有形化,使某些服务的可分离成为可能,从而为服务业的发展和服务营销活动提供了更广阔的空间。

(2) 服务传递手段的创新。比如,计算机系统、数据库等的发展,使信息咨询等一系列服务有了新的传递手段,使许多服务的提供和消费不需要主体之间的物理接近便可进行。又如,银行信用卡的使用,使得银行服务同服务提供者在某种程度上也分离开来,持卡顾客不仅可以在非银行机构享用有关服务,而且可以在更广阔的范围内乃至全球接受服务。

(3) 分散服务地点。企业可以通过服务网点的扩张,在目标市场设置不同规模的分支服务机构的办法来扩大营销空间,使不可分离的服务相对地分离,以扩大企业的市场占有率和市场竞争力。

### (三) 不可储存变为可储存

由于服务的不可储存性,服务营销过程中需要运用价差调节、发展替代服务、提高服务效率、吸引顾客参与及各种促销方式调节服务供需关系,尽可能地实现二者之间的均衡。此外,服务营销专家也正试图通过服务的有形化和可储存化活动,比如借助唱片、软盘、书刊等使某些服务活动物体化,或生产高技术密集度的有形货物增加服务含量,使一部分不可储存的服务在一定程度上变为可以储存,从而更有效地调节服务供需在时空上的矛盾,提高服务营销的质量和水平。

### (四) 非一致性变为一致性

服务的差异性特征使服务产品难以标准化生产,服务质量控制的难度也比有形产品大。服务营销管理在注重服务特殊化,注意满足不同服务消费者特殊的需求与爱好的同时,更应探寻某些顾客群体的需求共性。比如同一年龄段的顾客群体或处于同一社会阶层的顾客群体等对服务的需求共性,并据此来规划企业的服务营销活动,以达到规模经营的目的。同时,企业可以通过完善规章制度、规范管理等实现服务产品的工业化生产和标准化提供。这种在服务需求的差异性中寻找服务需求的共同性,变服务供给的非一致性为服务供给的一致性,不仅可以有效地扩大企业的经营规模,还可以降低企业经营成本,提高企业经营效益。

#### （五）缺乏所有权变为享有某种所有权

加强与消费者的联系与沟通，克服消费者在接受服务过程中没有"实质性"地拥有所有权的消费心理感应，让消费者在服务购买和消费过程中享有某种所有权，也是扩大服务营销的重要手段。比如，企业通过实行会员制、赠送礼品、发放回头客优惠卡和信用卡等办法，使消费者享有某种所有权。实践证明，这也是一种促进服务营销的重要策略。以恒生银行的恒生信用卡为例，虽然信用卡本身并没有什么价值，但该卡代表着银行为顾客提供的各种服务，不仅"一卡在手便可世界通行"（使用该卡的顾客可以在世界各地 24 小时使用恒生及汇丰银行集团的"环球通"自动柜员机网络所提供的服务），而且一卡在手还可享有其他一系列服务，如使用该卡签账购买的商品如果在 30 天内遭损坏、遗失或被窃，可获最高达 3 万港元的赔款；持卡人可获全球 24 小时包括医疗、旅游及法律援助、信用卡报失、补发新卡和紧急现金贷款等服务。

## 第四节　服务质量管理

### 一、服务质量的含义及其评价标准

#### （一）服务质量的含义

服务产品的质量水平并不完全由服务提供者所决定，而是在很大程度上取决于买卖双方在服务交易过程中相互作用的质量，同顾客在获得服务产品时的感受有很大关系，可以说是一个相对主观的范畴。

服务质量一般包括技术质量和职能质量两个方面的内容。

技术质量是指服务过程的产出，即顾客从服务过程中所得到的东西。对此，顾客容易感知，也便于评价。职能质量则是指服务推广的过程，即服务人员在向顾客提供服务与顾客打交道的过程。在这个过程中，服务人员的行为、态度、穿着等都将直接影响到顾客对服务质量的感知。所以，顾客对服务质量的感知不仅包括顾客在服务过程中所得到的东西，还要考虑他们是如何得到这些东西的，即服务质量的职能层面。显然，职能质量更多地取决于顾客的主观感受，难以评价。比如某服务企业在顾客心目中的形象较好，顾客就会谅解服务过程中的个别失误；如果原有形象不佳，则任何细微的失误都会造成很坏的影响。为此，为了提高服务质量，许多服务企业都十分注重企业形象的塑造。

#### （二）服务质量的评价标准

按照顾客认可的相对重要性由高到低排列，判断和评价服务质量的标准有以下 5 个方面：

（1）可靠性。指服务提供者准确无误地完成所承诺的服务。可靠的服务行动是顾客认可的最重要的质量指标，意味着服务以标准规范的方式，无差错地准时完成。

（2）有形性。有形性是指有形的设施、设备、人员和沟通材料的外表。有形的环境条件是服务人员对顾客更细致的照顾和关心的有形表现。对这方面的评价（如洁净）可延伸至包括其他正在接受服务的顾客的行动（如旅馆中隔壁房间喧哗的客人）。

（3）响应性。指帮助顾客并迅速提供服务的愿望。让顾客等待，特别是无原因的等待，会对质量感知造成不必要的消极影响。出现服务失败时,迅速解决问题会给质量感知带来积极的影响。在误点的航班上提供补充饮料可以将旅客潜在的不良感受转化为美好的回忆。

(4) 保证性。指员工所具有的知识、礼节以及表达出自信与可信的能力。保证性包括以下特征:① 完成服务的能力;② 对顾客的礼貌和尊敬;③ 与顾客有效的沟通;④ 将顾客最关心的事放在心上的态度。

(5) 移情性。指设身处地地为顾客着想和对顾客给予特别的关注。移情性包括接近顾客的能力、敏感性和有效地理解顾客需求等方面。

顾客从这5个方面将预期的服务和接受到的服务相比较,最终形成自己对服务质量的判断。期望与感知之间的差距是服务质量的量度。从满意度看,既可能是正面的也可能是负面的。

## 二、服务质量差距分析

在服务产品提供的过程中,由于涉及多个主体自身的复杂性,往往难以充分表达和有效贯彻实施,造成服务产品传递过程中的种种差距,最终影响服务质量。影响服务质量的差距,如图14-1所示,主要有以下5种。

差距1:顾客的期望与管理者对顾客的期望的认知之间的差距

服务企业的管理者并非总能理解顾客需要什么样的服务,什么样的服务水平是必要的,以及顾客期望企业以什么样的途径提供服务等等。因此,产生了顾客的期望与管理者对顾客期望的认知之间的差距。影响这一差距大小的因素主要有市场调查的广度与深度,企业与顾客沟通的效率以及企业管理层次设置等方面。

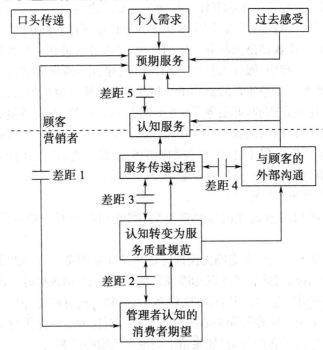

图14-1 服务质量差距分析示意图

差距2：管理者对顾客期望的认知与服务质量标准之间的差距

企业管理者试图满足甚至超越顾客的期望往往非常困难,因为受到多种因素的限制,如资源有限、短期行为、管理失当等。这些因素使管理者对顾客期望的认知无法充分落实到所制定的具体的服务质量标准上,从而引起管理者对顾客期望的认知和服务质量标准之间的差距。具体影响因素包括企业质量管理工作、企业目标设置及任务标准化等方面。

差距3：服务质量标准与实际传递服务之间的差距

在企业员工向顾客传递服务时,他所遵循的服务质量标准并不能完全体现在他所实际提供的服务上,由此产生了服务质量标准和实际传递服务的差距。影响这一差距大小的因素有企业员工之间相互协作的程度以及员工对工作任务的胜任等方面。

差距4：实际传递服务与顾客感受之间的差距

顾客感受到的服务与员工实际提供的服务并不等同,这是因为顾客的感受受事先对服务抱有的期望的影响,而顾客期望的形成与企业的广告宣传等外部沟通关系密切。若企业的宣传有夸大的倾向,顾客期望会过高,其预期的服务水平也会偏离实际。但如果顾客对企业的服务情况根本缺乏了解,则难以正确把握实际传递的服务水平。影响实际传递服务与顾客感受的差距主要包括企业部门内部或不同部门之间的横向沟通以及企业对外宣传失实等方面的因素。

差距5：顾客期望与实际获得服务之间的差距

服务质量的高低取决于服务传达过程中自然产生的4种差距。差距越小,表明传达越充分;与顾客期望的差距越小,服务质量也就越高。但差距一般总是存在的,在某些情况下还很大。这4种差距在服务传递过程中渐次产生并逐渐累加,最终将体现为第五种差距,即顾客期望与实际获得服务的差距,也就是服务质量的高低。

### 三、提高服务质量与实施服务质量控制

企业改善和提高服务质量是一项长期的工作,必须首先明确企业对服务质量的规定和执行贯穿于整个服务传递系统的设计和运作过程的始终,不能仅依赖于事后的检查。其次,顾客对服务质量的评价是一种感知的过程,并习惯于通过服务传递系统中服务人员的表现及其与顾客之间的互动关系来评价。因此,在提高服务质量或对服务质量实施控制的工作中,员工的素质、技能的表现至关重要。

(一)提高服务质量的方法

1. 标准跟进

企业提高服务质量的一种简捷的途径就是向竞争者学习。标准跟进就是鼓励企业向竞争者学习的一种方法。具体来说,它是指企业将自己的产品、服务和市场营销过程等同市场上的竞争对手,尤其是最好的竞争对手的标准相比较,在比较和检验的过程中寻找自身的差距,从而提高自身的水平。许多宾馆服务企业由于面临严重的竞争压力,纷纷采取向竞争者学习的办法,扭转被动局面。但此方法,也使企业出现服务趋同化的倾向。

2. 蓝图技巧

企业要想提供较高水平的服务质量,并提高顾客的满意度,还必须理解影响顾客对服务认识的各种因素。蓝图技巧为企业有效地分析和理解这些因素提供了便利,它是指通过分解组织系统和机构,鉴别顾客同服务人员的接触点,并从这些接触点出发来改进企业服务质

量的一种战略。它借助流程图的方法来分析服务传递过程的各个方面,包括从前台服务到后勤服务的全过程。蓝图技巧的步骤主要有:

(1) 将服务所包含的各项内容以流程图的方式画出来,使得服务过程能够清楚、客观地展现出来。

(2) 将那些容易导致服务失败的环节找出来。

(3) 确定执行标准和规范,并使这些标准和规范体现出企业的服务质量标准。

(4) 找出顾客能够看得见的判断服务水平的证据,将每一个证据都视为企业与顾客的服务接触点。

### (二) 实施服务质量控制

(1) 精心挑选优秀的员工并进行培训。企业不惜代价培训员工,提高服务第一线员工的素质,是任何服务企业实施质量控制最核心的措施。

(2) 在企业内将服务实施过程程序化、标准化,尽量减少人为因素造成的质量差距。

(3) 通过顾客建议和投诉系统,及时发现和纠正顾客抱怨及质量较差的服务。

(4) 管理好顾客的期望,并确保顾客的期望能得以实现。期望作为比较评估的标准,既反映顾客相信会在服务中发生什么,也反映顾客想要在服务中得到什么。因此,任何对顾客的过分承诺,造成顾客的过高期望不能实现,势必最终影响服务质量。

## 第五节 关系营销在服务业中的应用

### 一、关系营销的含义及层次

#### (一) 关系营销的含义

传统的市场营销理论认为:企业营销实质上是企业利用内部可控制因素,指市场营销组合。对外部不可控制因素,指外部环境做出积极的动态反应,进而促进产品销售的过程。企业制定并实施有效的市场营销组合策略并运用得当,产品销售就有保证。然而,随着社会经济条件的发展,特别是市场竞争日益激烈和各种营销手段的广泛应用,许多经过精心策划的市场营销组合计划却无法付诸实施,难以达到预期的目标。于是,20 世纪 80 年代之后,西方企业界和学术界一批颇具发展眼光的人大胆地突破传统的市场营销框架的桎梏,积极寻求和创新适应当代市场竞争要求的营销新理论和新方法,至 20 世纪 90 年代初,关系营销的理论便应运而生。

所谓关系营销,是指以系统论为基本指导思想,将企业置身于社会经济大环境中来考察企业的市场营销活动,认为企业营销是一个与顾客、竞争者、供应商、经销商、政府机构和社会组织发生互动作用的过程,正确处理好与这些个人和组织的关系是企业市场营销工作在新形势下的重心,是企业营销成败的关键。

关系营销将致力于建立并发展企业与顾客、竞争者、供应商、分销商等之间长期的经济、技术和社会的纽带关系并形成关系网络。于是,市场营销功能也就发生了变化,即从过去追求利润最大化,转变为使各方面网络成员利益最大化,并通过减少每次交易的成本和时间,把顾客的购买行为转变为惯例性行为,培养顾客的忠诚,从而取得企业长期稳定发展。

在企业关系网络中,企业与顾客关系是各种关系的焦点和核心,需要花大力气做好。

关系营销作为一种新的营销思想,在一定程度上反映了世界经济发展变化的新特点。这种思想的应用和推广,对于我国企业,特别是服务营销业,会发挥一定的指导作用。

(二)企业与顾客关系的3个层次

企业与顾客的关系可以由低到高划分为3个层次:

1. 财务层次

财务层次也被称为频率营销或保持性营销。在这一层次中,营销主要使用价格刺激来鼓励顾客与企业之间进行更多的交易。如银行可能以提高利率来得到更大的更持久的储蓄客户,旅馆连锁店可以向常客提供免费或优惠旅行的服务等。价格是市场营销组合策略中最易模仿的要素,它本身并不都具有持久的竞争优势。因此,企业营销人员欲建立最强的顾客关系,必须寻求对顾客更具有重要性且又使竞争者难以模仿的方法才能达到目的。

2. 社交层次

社交层次在建立关系方面要优于第一层次。一方面它并不忽视价格的重要性,但它更重视企业与顾客之间的社会关系,即在强调现有关系基础上建立企业与顾客的社会性联系,把顾客变为关系顾客,即成为企业的朋友。

对于企业来说,顾客可以是不知名的,但关系顾客的名字必须知道,顾客被当做整体的一部分来接受服务,而关系顾客则作为某一细分群体,在个人基础上被服务。顾客是统计资料,他们的需要反映在计算机打印出的报表中。而关系顾客则是以自身形态存在,有关他们的个人资料,如背景、所需服务、特殊要求等均收集在数据库中。顾客可以由他恰好碰到的任何人来服务,而关系顾客则要由专门配给他们的服务人员来提供服务。

社交关系在通常情况下也不能克服高价和劣质服务,但能在顾客缺少转换交易伙伴的强烈动因的情况下和顾客保持良好的关系。一旦顾客要转向竞争对手时,它使企业能有机会作出反应和采取必要的措施。在人寿保险业务中,一项研究表明:推销员与顾客之间良好的关系对将来是否保持交易具有十分积极的影响。在人寿保险推荐中,关系营销行为包括:寻找并确定关系顾客,重新确定他们的需要,提供个人间的联系,如赠送贺卡、礼物等,信任关系顾客,也让顾客信任你,以此表明企业合作的积极负责的服务态度。

3. 结构性层次

企业和顾客之间除了要建立财务性、社交性的联系外,还要通过建立结构性联系来进一步巩固关系,发展关系。

结构性联系要求提供这样的服务,即它对关系顾客具有一种特殊的价值,并且这种特殊的价值不能通过其他渠道获得。

结构性关系一般以技术或经济为基础,并能为顾客提高效率和产出。这种关系一般被设计成一种稳定的传送系统,而不是仅仅依靠人与人之间的关系来维持。

结构性关系将提高顾客转向竞争者的机会成本,当面临困难,以价格竞争时,结构性关系能为扩大现有的社会联系提供一个非价格动力。

结构性关系较早应用于生产资料类市场。事实上,在消费者服务市场中的应用也有较大的潜力。

## 二、服务企业营销关系网络的建立

服务企业在建立营销关系网络时主要有3种途径:

（1）服务企业在向客户提供服务产品的基础上提供附加的经济利益。服务企业向经常使用和购买本企业服务的用户或顾客提供额外的利益，如航空公司向经常乘坐本公司班机的旅客提供奖励，饭店向老顾客提供更多的服务和奖励，零售商向经常光顾的消费者提供额外的利益等等，从而使企业与顾客之间建立起某种关系。然而，这种方法通常也很容易被竞争者模仿，难以形成永久的差异。

（2）服务企业在提供附加的经济利益基础上向顾客提供附加的社会利益。企业的营销人员在工作中要不断增强对消费者所应承担的社会责任，通过更好地了解消费者个人的需要和欲望，使企业提供的产品或服务个性化和人性化，更好地满足消费者个人的需要和要求，使消费者成为企业忠实的顾客。如对消费者的选择表示赞赏，向消费者提出使用更好的产品和服务的建议，不回避产品使用中的问题，勇于承担责任并通过有效的方法解决等等。

（3）服务企业在提供附加的经济利益和社会利益的同时，建立企业与顾客或客户之间的结构性纽带。企业可以通过向顾客或客户提供更多的服务来建立结构性的关系，如帮助网络中的成员特别是一些较小的成员提高其管理水平，合理地确定其进货时间和存货水平，改善商品的陈列；向网络中的成员提供有关市场的研究报告，帮助培训销售人员；建立用户档案，及时向用户提供有关服务产品的各种信息等。

服务企业的营销网络一旦建立，为了保持良好的营销关系和保证这种关系不断地发展，企业主要应加强3个方面的工作：

（1）保证服务质量。服务质量是建立营销关系的基础。如果不能保证服务质量，服务质量不能满足客户的要求，或是服务质量随时间推移有所下降，即使建立起了某种营销关系，这种关系也是脆弱的，很难维持下去，因为它损害了客户的利益，损害了网络中各成员的利益，从而损害了网络的整体利益和效益。所以企业要建立良好的营销关系，就应保证并不断地提高服务质量，使营销关系建立在坚实的基础上。

（2）要加强服务工作。加强服务可以说是营销关系的强化剂，及时了解和帮助客户解决在接受服务过程中遇到的问题，赢得客户对服务的满意和对企业的信任。

（3）制定合理的价格水平。企业不能见利忘"义"，在保证企业盈利的条件下，要兼顾客户的利益，兼顾网络中各成员的利益，使得在企业营销关系网络中的每一个成员都能互惠互利，取得共同的发展。"互惠互利"可以说是企业进行关系营销的核心，只有这样，客户的利益才能得到满足，才能成为企业的"忠实"顾客，企业的关系营销网络才能真正发挥作用。

### 三、服务企业顾客关系培养策略

（一）一对一营销

现代社会，由于人们物质生活的富足和受教育程度的提高，导致大众化消费正逐步为个性化消费所取代。一对一营销方式也就应运而生。

所谓一对一营销是指企业通过与每一位顾客一对一沟通，明确把握每一位顾客的特殊要求，并为其提供与众不同的产品或服务的营销方式。顾客的特殊要求可能是顾客主动提出的，也可能是企业从各种渠道收集得到的。

一对一营销在实物商品营销领域，也被称为定制营销，如著名的戴尔电脑公司推出个人电脑直接按照顾客的特殊要求，在生产线上直接组装出符合这种特殊要求的个人电脑。

一对一营销同样适用于服务营销领域，即一对一服务。如金融业、医疗及保险业等行

业,推行一对一营销都能收到较好的效果。一对一营销与其他营销方式相比有以下特点:

(1) 企业由追求市场占有率转变为追求顾客占有率。传统的做法是企业主要利用效率高的大众媒体进行广告宣传、促销,以吸引新的消费对象,提高市场占有率;一对一营销则着重提高顾客占有率,即着眼于保持老顾客,致力于谋求顾客的满意、忠诚和持久。

(2) 企业由注重产品(或服务)差别化转向注重顾客差别化。企业可以利用电脑记录下每一位顾客的相关资料,设定完善的顾客资料库,并通过资料分析,结合企业实际,判断出每一位顾客的价值,界定每一位顾客的重要程度,以保持发展与每一位顾客的良好关系。

(3) 企业与每一位顾客建立起一种学习型关系。所谓学习型关系就是每当与顾客打一次交道,企业就会从顾客那里学到许多东西,长了见识,就能主动进行服务,使顾客更满意。

一对一营销在服务业中的运作要求有以下几点:

(1) 畅通有效的顾客交流通道。只要顾客有与企业建立联系的欲望,就能很方便地找到这种联系的通道,如 800 免费电话、咨询热线等。

(2) 尽量采用双向沟通的方式,如人员主动上门访问、问卷调查、电话访谈等。

(3) 建立和完善有效的电脑管理系统,建立顾客数据库,对顾客的消费行为进行经常性的系统的统计分析,从而发现和确认顾客需求的差异性。

(4) 在企业内部要营造一对一营销氛围,让全体员工明确顾客的重要性,鼓励每位员工主动热情地与顾客进行沟通交流。

总之,一对一营销可以帮助企业发现并留住顾客,与顾客建立良好的、持久的互动关系。

(二) 服务扩大化策略

服务扩大化要求把额外服务和所提供的服务结合起来,以此和竞争对手相区别,使原有服务更富有吸引力。当然,扩大的额外服务必须是对顾客有价值的,并且这些服务不易让竞争对手模仿。但事实上这是很难做到的,如在旅馆业,为客人免费提供早点等扩大服务项目很快就被广为模仿,以至成为一种标准。因此,采取服务扩大化策略需要因时、因地、因人而异,常换常新,才能取得较好的效果。

(三) 会员制营销策略

会员制营销也称为俱乐部营销。俱乐部会员可以因其购买自动成为会员,如某家超市规定一次购买达到 200 元即可自动入会。也有的通过支付一定的会费即可成为会员。无论是哪一种方式,只要是会员,便可享受到非会员顾客不能享受到的利益,这便是会员制营销能取得成功的关键。

美国辛辛那提有一家发展较快的银行,规定凡存款额达到 1 万美元的储户都可成为该行俱乐部的会员,并享受 26 项以上的好处,如开支票、汇票不收手续费,免费参加各类讲座等。

会员制营销对于客户关系的培养具有稳定性的效果,顾客一旦成为会员,就会有一种归属感。只要企业对于会员的利益设计得当,并让顾客感到是确有价值的,会员制的作用就是显而易见的。

**案例 14-1 从麦当劳看服务营销**

麦当劳是全球著名的跨国企业,它所从事的快餐业是个服务性强、劳动力密集型的产业。迄今为止,麦当劳的"金色拱门"已遍及全球 119 个国家和地区,店铺数超过 26 800 家,成为无可争议的国际品牌。究其成功的原因则主要是麦当劳深谙服务业营销之道。

### 一、麦当劳的服务营销之道

1954年以前,麦当劳充其量是美国许多快餐公司中营运状况比较好的一个。1955年克罗克的加盟改写了麦当劳的历史:他于1955年在芝加哥东北部开设了第一家真正意义上的现代麦当劳连锁店。由于一开始克罗克就打算将其作为未来加盟店的样板,所以他创建了一套极为严格的服务营销制度。

**(一)严格的QSCV标准**

以QSCV(Quality——汉堡包质优味美,营养全面;Service——服务快捷,热情周到;Cleanness——店堂清洁卫生,环境宜人;Value——价格合理、优质方便)为核心的统一营运系统,该系统规定每家麦当劳加盟店的汉堡包品种、质量、价格都必须一致,甚至店面装修与服务方式完全一致。所有麦当劳快餐店使用的调味品、肉和蔬菜的品质都由总公司(特许经营总部)统一规定标准,制作工艺也完全一样。麦当劳的这种管理就克服了服务的无形性,有效地提高了服务质量。这种营销模式的结果就是使每一位消费者都知道他能在麦当劳得到什么样的服务与期望。

**(二)规范的内部员工沟通**

服务公司必须对内部员工进行培养和激励,使其通力合作,以便使顾客感到满意。麦当劳公司多年来一直致力于加强与员工的沟通,形成了3个方面的内部管理特色:① 全面培训。麦当劳每年都花巨资培训各地的员工,使他们具有统一的企业文化概念。其在中国每年的培训费高达一千多万元人民币。麦当劳的培训体系是在职培训与脱产培训相结合。② 360度评估。麦当劳的360度评估是针对部门主管进行的。这一做法主要是防止他们只知道自己的感觉而忽略周围人的看法,因此将调查表分给主管的上级、下级、左右平级的人员,然后有关部门将内容汇总,再与市场平均值对比以总结出这位主管什么地方需要加强。通过360度评估可以督促主管不断改进、不断进步,这也为主管提供了一个新的开始。③ 继承人安排。麦当劳要求每位管理人员都要计划好自己的继承人,为此专门成立一个"调查行动小组",每个月对继承人的优缺点、计划完成情况进行讨论。麦当劳通过高效的内部管理,克服了服务的可变性。

**(三)"共赢"的发展战略**

麦当劳总部对各个加盟店、供应商提供支持。尽管麦当劳的特许经营财务管理是建立在资产所有权与经营权分离的基础之上,但在资金情况允许的情况下,必要时麦当劳还为其新加盟店提供一部分融资。在其各加盟店开业之前和正常经营期间,麦当劳派大量员工为他们的实际操作进行培训,指导并提出改正意见。在采购方面,总部始终坚持不收回扣的原则。麦当劳旗下的所有加盟店都能享受到集体采购所得到的物品价格方面的优惠。正因为麦当劳经营的共赢原则,使得它与各供应商和加盟店建立了良好的关系,从而有效地保证供给。

**(四)灵活的促销手段**

麦当劳作为一家世界快餐界的巨头,在促销方面也独树一帜。有两个例子很能说明麦当劳促销的灵活性,一则是为了克服服务的易逝性,麦当劳公司推出了"麦克马芬蛋"的早餐服务,培植了非高峰需求。另一个例子是麦当劳于1998年7月开始在中国的深圳、南京等6

个城市相继推出了麦辣鸡翅,矛头直指肯德基的香辣鸡翅,价格不多不少也是7元1对。

（五）严格的服务标准

麦当劳是一个标准化的企业:在全世界的每一个店铺的产品和服务都是一样的。你在巴黎麦当劳店里吃的汉堡与在北京麦当劳店里吃的汉堡口味是一样的,这就是麦当劳的魅力之一。麦当劳有一本厚达385页的《麦当劳手册》,保证运营的标准化。产品标准化是麦当劳标准化体系的重要内容,例如麦当劳规定:汉堡肉饼的肉质脂肪含量应该在17%～20.5%之间,并且必须由83%的牛肩肉与17%的上好的五花肉混制而成;可口可乐的温度保持在4℃,因为此时口感最好;面包厚度必须是17厘米,里面的气泡保持5厘米,因为在这个标准下面包口味最佳;汉堡包出炉后的保质期是10分钟,法式炸薯条是7分钟;咖啡冲好后是30分钟,超时仍未售出,则要倒进垃圾箱。麦当劳良好的服务已经成了麦当劳的标志,使麦当劳的形象比其他任何快餐店都更突出、更鲜明,人们一见到麦当劳就有了一种如归的感觉。不仅餐厅环境幽雅舒适,而且全体员工实行快捷、友善和可靠的服务。按麦当劳标准,顾客柜台排队时间不超过2分钟,服务员必须在1分钟之内将顾客所要食品送至顾客手中。比如在北京麦当劳餐厅最快的只需30～40秒。

（六）严格的检查监督制度

为了使各加盟店都能够达到令消费者满意的服务与标准化,麦当劳公司建立了严格的检查监督制度。麦当劳体系有3种检查制度:一是常规性月度考评;二是公司总部的检查;三是抽查。

## 二、麦当劳的启示

从上述麦当劳的服务营销中,可以看到服务与实体产品相比主要有4个特点:

（一）无形性

即服务在被购买之前是看不见、摸不着、尝不到、嗅不出的,因此消费者在购买前就不能像购买实体产品那样确切地知道它的质量,从而增加了不确定性。

（二）紧密性

一般来说服务的产生和消费是同时进行的。如吃汉堡包的同时就是消费的同时,就餐结束时,生产和消费都停止。因为服务的产生与消费紧密相连,所以消费者对由谁来提供服务就十分关心,这就要求服务企业必须创造出一种价值偏好来吸引消费者。

（三）可变性

服务具有极大的可变性,因为服务取决于由谁来提供以及在何时何地提供。由于服务质量的变动性很大,就要求服务企业必须进行质量控制。

（四）易逝性

服务是不能储存的,因此具有易逝性。这就给服务企业的管理带来了难度,因为需求和供给可能不平衡。如午餐时间麦当劳内许多顾客找不到座位,而在非高峰期,就餐人数又不足。故对服务企业而言,如何解决供给与需求的矛盾就成为关键。

由于服务具有上述特点,借鉴麦当劳的成功经验,服务营销必须实行以下三大策略:

（一）建立差别形象

由于服务革新容易被他人模仿,服务公司必须要建立差别形象,故服务提供者的一个重要任务就是寻求服务质量的标志或证据。从消费者能感觉到的地方,如人员、设备、宣传材料和价格等处入手,化无形为有形。一般而言,可以从3个方面使自己的服务有别于他人,即通过人、物质环境和程序。如麦当劳员工统一的着装和亲切的态度,餐厅内幽雅清洁的环境,生产产品标准化的程序。

### (二) 管理服务质量

使服务公司有别于他人的主要方法之一是一贯地提供比竞争者更高的服务质量。其中的关键是满足或超过目标顾客对服务质量的期望。常用方法为规定高标准,如麦当劳严格的质量和服务标准。除此以外,可通过建立使顾客变不满意为满意的系统及使顾客满意、使员工满意的系统来提高服务质量。

### (三) 管理生产率

服务企业是高度劳动密集型行业,提高生产率可迅速降低成本。提高生产率有以下几种方法:① 使员工工作更加熟练,如麦当劳通过各种培训提高员工的工作效率;② 通过增加设备和标准化生产实现"服务工业化",如麦当劳采用装配线方法使汉堡包生产工业化;③ 鼓励顾客以自己的劳动代替公司的劳动;④ 在某种程度上降低服务质量来增加服务数量。(魏清,李莉)

(摘自《技术经济与管理研究》,2005.3)

## 复习思考题

1. 服务业一般是如何分类的?
2. 服务的基本特征有哪些?
3. 服务营销与有形产品的营销有哪些不同?
4. 何谓逆服务特征营销策略?
5. 服务质量中的技术质量和职能质量有何不同?
6. 简述服务质量形成过程中的5种差距。
7. 提高服务质量的方法有哪些?
8. 何谓关系营销?企业与顾客的关系可划分为哪3个层次?
9. 试联系实际,说明一对一营销在服务业中应用的重要意义。
10. 阅读案例14-1,从麦当劳的服务营销中我们可以得到哪些启示?

# 第15章 网络营销

**本章要点**

- 网络营销的概念
- 基于企业网站的网络营销方式
- 数据库营销
- 网络营销服务
- 无站点网络营销方式
- 网络营销的实现过程
- 搜索引擎营销

## 第一节 网络营销概述

网络营销是伴随着计算机网络技术的产生而发展起来的一种全新的、极具竞争力的营销方式。与传统营销相比,网络营销可使生产者和消费者一对一的互动沟通,为消费者个性化需求提供了极大的满足,迎合了现代营销观念的宗旨。在网络营销环境中,市场调查、广告促销、经销代理等传统营销手法将与网络相结合,并充分运用网上的各种资源,形成以最低成本投入获得最大市场销量的新型营销模式。

### 一、网络营销的产生与发展

国际互联网,前身是美国国防部于1969年建成的阿帕网,目的是把美国各大院校中互不兼容的电脑连接起来,用于军事研究。1974年,计算机网络已拥有100多个站点。进入80年代后,阿帕网的性质逐渐从军事科研网转变为民用商业网,规模迅速扩大,应用领域迅速拓展,并很快发展成为全球最大的计算机网络系统。据统计,2000年全球使用因特网的人数已经突破了4亿人,主要增长地区为欧洲、亚洲、拉丁美洲以及南美地区。而2005年则达到11.7亿人。国际互联网正迅速渗透到社会政治、经济、文化的各个领域,进入人们的日常生活,并带来社会经济、人们生活方式的重大变革。人类已经开始步入网络化社会,愈来愈多的企业认识到国际互联网对企业经营发展的作用,纷纷抢占这一科技制高点,并将之视为取得未来竞争优势的主要途径。预计到2010年,网络贸易额占全球贸易总额的42%。网络蕴含着无限商机,网络营销将成为21世纪企业营销的主流。

### 二、网络营销的含义

网络营销是依托网络工具和网上资源开展的市场营销活动,是将传统的营销原理和互联网特有的互动能力相结合的营销方式,它既包括在网上针对网络虚拟市场开展的营销活动,也包括在网下以传统手段开展的服务于网络虚拟市场的营销活动。

(1) 网络营销不单纯是网络技术,而是一种新型的市场营销方式;网络营销不单纯是网上销售,而是企业现有营销体系的有力补充和完善。网络营销首先是用互联网替代了报刊、邮件、电话、电视等中介媒体,其实质是利用互联网对产品的售前、售中、售后各环节进行跟踪服务,它自始至终贯穿于企业经营全过程,包括寻找新客户、服务老客户,是企业以现代营销理论为基础,利用互联网技术和功能,最大限度地满足客户需求,以开拓市场、增加盈利为目标的经营过程。

(2) 网络营销只是电子商务的基础。电子商务是利用互联网进行的各种商务活动的总和,全程性的电子商务必须解决与电子支付相关的技术、安全和法律问题,同时也要有高效、低成本的配送系统的支撑。这些问题在中国是阻碍电子商务发展的瓶颈问题,在具备这些条件之前,网络营销可以率先开展,并给企业带来效益。国际上实施网络营销有许多成功的范例,一些知名的企业都建有自己的网站,这些网站以各具特色的站点结构和功能设置、鲜明的主体立意和网页创意开展网络营销活动,给企业带来了巨大的财富。

(3) 网络营销是借助于国际互联网完成一系列营销环节,达到营销目标的过程。网络具有快速、高效、低成本的特点,在互联网上信息资源共享,进入障碍为零。作为一种新的媒体,网络具有一对一的互动特性,这是对传统媒体面对大量"受众"特征的突破。从营销的角度讲,网络上生产者和消费者一对一的互动沟通,了解顾客的要求、愿望及改进意见,将工业时代大规模生产、大规模营销改为为小群体甚至一对一营销,给消费者提供了极大的满足,迎合了现代营销观念的宗旨。同时,它的革命性在于缩短了整个经济的中间环节,降低了交易成本,节约了社会资源。网络技术克服了横在生产者和消费者之间的时间、空间障碍,弱化了存在于两者之间的各种中间环节和渠道。

### 三、网络营销的特点

随着互联网络技术发展的成熟以及网络成本的逐步低廉,互联网络像一种"万能胶"将企业、团体、组织以及个人跨时空联结在一起,使得他们之间信息的交换变得唾手可得。市场营销中最重要也是最本质的是组织和个人之间进行信息传播和交换,如果没有信息交换,交易也就是无本之源。正因为如此,互联网络具有营销所要求的某些特性:

(1) 跨时空。营销的最终目的是占有市场份额,由于互联网络可以超越时间约束和空间限制进行信息交换,因此使得脱离时空限制达成交易成为可能,企业能有更多的时间和更大的空间进行营销,可 24 小时随时随地提供全球性营销服务。

(2) 多媒体。互联网络被设计成可以传输多种媒体的信息,如文字、声音、图像等信息,使得为达成交易进行的信息交换可以以多种形式存在和交换,可以充分发挥营销人员的创造性和能动性。

(3) 交互式。互联网络可以展示商品目录、资料库提供有关商品信息的查询,可以和顾客做互动双向沟通,可以收集市场情报,可以进行产品测试与消费者满意调查等,是产品设计、商品信息提供和服务的最佳工具。

(4) 拟人化。互联网络上的促销不仅是一对一的、理性的、消费者主导的、非强迫性的、循序渐进式的,而且是一种低成本与人性化的促销,避免了推销员强势推销的干扰,并通过信息提供与交互式交谈,与消费者建立长期良好的关系。

(5) 成长性。互联网络使用者数量快速成长并遍及全球,使用者多为年轻人、中产阶级、高学历者。由于这部分群体购买力强而且具有很强的市场影响力,因此是一项极具开发潜力的市场渠道。

（6）整合性。互联网络上的营销可由商品信息到收款、售后服务一气呵成，因此也是一种全程的营销渠道。另一方面，企业可以借助互联网络将不同的传播营销活动进行统一设计规划和协调实施，以统一的传播资讯向消费者传达信息，避免不同传播中不一致性产生的消极影响。

（7）超前性。互联网络是一种功能最强大的营销工具，它同时兼具渠道、促销、电子交易、互动顾客服务以及市场信息分析与提供的多种功能。

（8）高效性。电脑可储存大量的信息，替消费者查询，可传送的信息数量与精确度远远超过其他媒体，并能应市场需求，及时更新产品或调整价格，因此能及时有效地了解并满足顾客的需求。

（9）经济性。通过互联网络进行信息交换，代替以前的实物交换，一方面可以减少印刷与邮递成本，可以实现无店面销售，免交租金，节约水电与人工成本，另一方面可以减少由于迂回多次交换造成的损耗。

（10）技术性。网络营销是建立在高技术作为支撑的互联网络的基础上的，企业实施网络营销必须有一定的技术投入和技术支持，改变传统的组织形态，提升信息管理部门的功能，引进懂营销与电脑技术的复合型人才，这样才具备市场竞争优势。

## 四、网络营销与传统营销的关系

（一）网络营销对传统营销策略的影响

（1）对传统产品品牌策略的影响。首先，是对传统的标准化产品的影响。通过互联网，厂商可以迅速获得关于产品概念和广告效果测试的反馈信息，也可以测试顾客的认同水平，从而更加容易地对消费者行为方式和偏好进行跟踪，对不同的消费者提供不同的商品。怎样才能更有效地满足各种个性化的需求，是每个上网公司面临的一大挑战。其次，适应品牌的全球化管理。对上网公司的一个主要挑战是如何对全球品牌和共同的名称或标志识别进行管理。是实行统一形象品牌策略还是实行有本地特点区域品牌策略，以及如何加强区域管理，是上网公司面临的现实问题。

（2）对定价策略的影响。相对于目前的各种媒体来说，互联网先进和快速的网络浏览，使变化不定且存在差异的价格水平趋于一致。这对于执行差别化定价策略的公司来说不能不说是一个严重问题。

（3）对传统营销渠道的影响。通过互联网，生产商可与最终用户直接联系，中间商的重要性因此而有所降低。这造成两种后果：一是由跨国公司所建立的传统的国际分销网络对小竞争者造成的进入障碍将明显降低；二是对于目前直接通过互联网进行产品销售的生产商来说，原先其售后服务工作是由各分销商承担，但随着他们代理销售利润的消失，分销商将很有可能不再承担这些工作。

（4）对传统广告障碍的消除。首先，相对于传统媒体来说，由于网络空间具有无限扩展性，因此在网络上做广告可以较少地受到空间篇幅的局限，尽可能地将必要的信息一一罗列。其次，迅速提高的广告效率也为网上企业创造了便利条件。

（二）网络营销对传统营销方式的影响

随着网络技术迅速向宽带化、智能化、个人化方向发展，用户可以在更广阔的领域内实现声、图、像、文一体化的多维信息共享和人机互动功能。它将导致大众市场的终结，并逐步体现市场的个性化，最终应以每一个用户的需求来组织生产和销售。

另外，网络营销的企业竞争是一种以顾客为焦点的竞争形态，如何与散布在全球各地的顾客群保持紧密的关系并能掌握顾客的特性，再经由对顾客的教育与企业形象的塑造，建立顾客对于虚拟企业与网络营销的信任感，是网络营销成功的关键。

（三）网络营销与传统营销的整合

网络营销作为新的营销理念和策略，凭借互联网特性对传统经营方式产生了巨大的影响，但这并不是说网络营销将完全取代传统营销，网络营销与传统营销是一个整合的过程。

（1）互联网作为新兴的虚拟市场，它覆盖的群体只是整个市场中某一部分群体，许多群体由于各种原因还不能或者不愿意使用互联网，如老年人或落后的国家和地区，因此传统的营销策略和手段还可以覆盖这部分群体。

（2）互联网作为一种有效的渠道有着自己的特点和优势，但对于许多消费者来说，由于个人生活方式不愿意接受或者使用新的沟通方式和营销渠道，如许多消费者不愿意在网上购物，而习惯在商场上一边购物一边休闲。

（3）互联网作为一种有效的沟通方式，可以方便企业与用户之间直接双向沟通，但消费者有着自己的个人偏好和习惯，愿意选择传统方式进行沟通，如报纸有网上电子版本后，并没有影响原来的纸张印刷出版业务，而是起到了相互促进的作用。

（4）互联网只是一种工具，营销面对有灵性的人，因此传统的一些以人为主的营销策略所具有的独特的亲和力是网络营销无法替代的。随着技术的发展，互联网将逐步克服上述不足，在很长一段时间内网络营销与传统营销将处于相互影响和相互促进的局面。

网络营销与传统营销是相互促进和补充的，企业在进行营销时应根据企业的经营目标和细分市场，整合网络营销和传统营销策略，以最低成本达到最佳的营销目标。网络营销与传统营销的整合，就是利用整合营销策略实现以消费者为中心的传播统一、双向沟通，实现企业的营销目标。

（四）互联网对市场营销的作用

互联网对市场营销的作用，可以通过对 4P'S（产品/服务、价格、分销、促销）结合发挥重要作用。利用互联网，传统的 4P'S 营销组合可以更好地与以顾客为中心的 4Cs（顾客、成本、方便、沟通）相结合。

（1）产品和服务以顾客为中心。由于互联网络具有很好的互动性和引导性，用户通过互联网络在企业的引导下对产品或服务进行选择或提出具体要求，企业可以根据顾客的选择和要求及时进行生产并及时提供服务，使得顾客跨时空获得其所要求的产品和服务；另一方面，企业还可以及时了解顾客需求，并根据顾客要求及时组织生产和销售，提供企业的生产效益和营销效率。如美国 PC 销售公司 Dell 公司，在 1995 年还是亏损的，但在 1996 年，通过互联网销售电脑，业绩得到 100% 的增长。由于顾客通过互联网，可以在公司设计的主页上进行选择和组合电脑，公司的生产部门马上根据要求组织生产，并通过邮政公司寄送，因此公司可以实现零库存生产，特别是在电脑部件价格急剧下降的年代，零库存不但可以降低库存成本，还可以避免因高价进货带来的损失。

（2）以顾客能接受的成本定价。传统的以生产成本为基准的定价在以市场为导向的营销中是必须摒弃的。新型的价格应是以顾客能接受的成本来定价，并依据该成本来组织生产和销售。企业以顾客为中心定价，必须测定市场中顾客的需求以及对价格认同的标准，否则以顾客接受成本来定价是空中楼阁。企业在互联网上则可以很容易地实现，顾客可以通过互联网提出接受的成本，企业根据顾客的成本提供柔性的产品设计和生产方案供用户选择，直到顾客认同确认后再组织生产和销售。所有这一切都是顾客在公司的服务器程序的导引下完成的，不需要专门的服务人员，因此成本也极其低廉。目前，美国的通用汽车公司允许顾客在互联网上，通过公司的有关导引系统自己设计和组装满足自己需要的汽车。用户首先确定接受价格的标准，然后系统根据价格的限定从中显示满足要求式样的汽车。用户还可以进行适当的修改，公司最终生产的产品恰好能满足顾客对价格和性能的要求。

（3）产品的分销以方便顾客为主。网络营销是一对一的分销渠道，是跨时空进行销售的，顾客可以随时随地利用互联网络订货和购买产品。以法国钢铁制造商犹齐诺—洛林公司为例，该公司因为采用了电子邮件和世界范围的订货系统，从而把加工时间从15天缩短到24小时。目前，该公司正在使用互联网络，以提供比对手更好、更快的服务。该公司通过内部网与汽车制造商建立联系，从而能在对方提出需求后及时把钢材送到对方的生产线上。

（4）从紧迫式促销转向加强与顾客沟通和联系。传统的促销是企业为主体，通过一定的媒体或工具对顾客进行紧迫式的促销，加强顾客对公司和产品的接受度和忠诚度，顾客是被动接受的，企业缺乏与顾客的沟通和联系，同时公司的促销成本很高。互联网上的营销是一对一和交互式的，顾客可以参与到公司的营销活动中来，因此互联网更能加强与顾客的沟通和联系，更能了解顾客的需求，更易引起顾客的认同。美国的雅虎（Yahoo！）公司开发了一种能在互联网上对信息分类检索的工具，由于该产品具有很强的交互性，用户可以将自己认为重要的分类信息提供给雅虎公司，雅虎公司马上将该分类信息加入产品中供其他用户使用，因此不用做宣传其产品就广为人知，在短短2年内公司的股票市值达几十亿美元，增长几百倍之多。

## 第二节 网络营销的运作

### 一、网络营销的基本方式

按是否拥有自己的网站来划分，企业的网络营销又可以分为两类：无站点网络营销和基于企业网站的网络营销。

（一）无站点网络营销方式

顾名思义，无站点网络营销就是企业没有建立自己的网站，而是利用互联网上的资源开展初步的网络营销活动。因为一个对互联网一无所知的企业经营管理人员，不可能在一夜之间作出开展电子商务的决定，通过互联网的逐步了解，企业才可能逐步走向网上经营之路。对于大多数传统行业来说，这个阶段显得更为必要。

（1）免费发布供求信息。在互联网上，有许多网站为企业发布供求信息提供平台，一般可以根据企业产品或服务的特征免费发布相关类别的信息，有时这种简单的方式也会取到意想不到的效果。例如，可以在阿里巴巴全球贸易网（http://www.alibaba.com）发布。不过各网站的信息反馈效果不同，企业应有针对性地选择这类网站。

(2) 直接向潜在客户发送信息。互联网是一个信息的海洋,人们只能根据自己的需要查询内容。作为营销工具之一,可以利用互联网上的信息寻找潜在客户,然后,有针对性地向潜在客户发送信息,达到宣传的目的。

(3) 网上拍卖。网上拍卖是电子商务领域比较成功的一种商业模式,在国内已经有多家网站经营网上拍卖,如淘宝、易趣等。这种方式比较简单,只要在网站进行注册,然后按照提示,很容易就可以发布产品买卖信息。不过,网上拍卖的成交率和价格水平等评价指标现在还没有统计数字,而且经历的过程较长,最后的结果又具有较大的不可预测性。无论如何,作为一种全新的商务模式,值得做一些尝试,即使成交量不高,也可以达到一定的宣传效果。

(4) 加入专业经贸信息网。这种方式在某些方面类似于第 1 种方式的"免费发布供求信息",不同之处在于一些专业网站可以提供更多的服务,例如可以提供固定的网页。经过专业分类的信息网,为客户查询供应商信息提供了方便,有助于网站访问者发现供应商的信息,不过这种服务有时是需要支付一定费用的。

(5) 加入行业信息网。行业信息网是一个行业的门户网站,由于汇集了整个行业的资源,为供应商和客户了解行业信息提供了很大方便,形成了一个网上虚拟的专业市场。如果企业所在的行业已经建立了这样的专业信息网,加入行业信息网是网络营销必要手段,即使已经建立了自己的网站,仍有必要加入行业信息网。

(二) 基于企业网站的网络营销方式

基于企业网站的网络营销实施的基础是:信息网、金融支付网和配送服务(物流)网。企业实施网络营销要涉及以下几个方面:建立网站、推广网站、网络营销过程的实现安排。

1. 在网上建立站点

在网上建立企业站点的目的是创建一个与顾客沟通供求信息的界面。建立站点主要包括选择 ISP、网页设计和制作。

(1) 选择 ISP。ISP,即互联网服务供应商,可分为 IAP 和 ICP 两种类型。IAP 只向用户提供拨号上网服务,其规模小、局域性强、服务有限。IAP 一般没有自己的骨干网络和信息源,向用户提供的信息服务非常有限,用户将其视作一个上网的接入点。ICP 能为用户提供全方位的服务,有较大区域的联网能力,可以提供专线、拨号上网、各类信息服务和用户培训服务,拥有具有自己特色的信息源。对于网络营销企业来说,主要是在后者进行选择。

选择 ISP 时,主要考虑其所能提供的资源和服务水平。例如 Web 设计伙伴、联合软件、电子业务及市场拓展建议等等,最好还能够自动为公司注册域名。一个好的 ISP 可以在很多方面为公司提供帮助。

(2) 网页设计与制作。网络上的企业是由网页组成的,这些网页的存在位置称为网站。除了虚拟外,网上企业也可以与现实世界中的企业一样具有一定的组织结构。网上企业可以按照职能或业务划分,设立各个相关的部门或分部。顾客在网上访问该企业时,如同在访问现实世界中的企业。通过访问企业的网页,顾客会形成对该网上企业的基本印象,包括对企业素质、服务质量、能提供的顾客价值等方面的判断,甚至对该虚拟企业的幕后操纵人也会形成某种判断。因此,网页设计与组织是构造网上企业形象、赢得顾客和创造企业收益的重要保证。网页设计和制作可以考虑以下原则:

① 有助于树立鲜明的企业形象。主要通过网页整体设计风格和网页的内容两个方面

来体现。企业的网页上还应该有体现本企业理念和风貌的企业标志,该标志可以由图、文和声音等多媒体所组成。企业标志图片不宜过大,以免影响下载速度;位置应显著,以便于记忆。而且,每个页面都可以包含有企业标志。

② 对访问者具有激励性和鼓动性。网页应考虑顾客心理和行为方面的因素,一个良好的网页应该能够吸引顾客的注意,能够引起其兴趣,促使其作出行动等。

③ 易于导航。可以通过综合运用菜单、按钮、图标、突出闪现文本等工具和技巧,并恰当安排其位置,尽量使本企业网站的内容能够迅捷地被访问。对于内容和页面庞大的站点,可以考虑建立站内导游图。主页中显示要求访问互动性的内容链接。

④ 方便下载。全部网页设计完毕后,企业应该首先自己对其进行模拟下载实验,确定顾客可接受的下载等候时间,并作出相应的改进和完善。站点的硬件配置应该恰当,可以根据预期访问者流量选择相应的配置。

精美、有创造性且符合国际惯例的网页能给顾客留下深刻印象,并吸引潜在客户。制作时避免出现华而不实的内容,要充分了解不同国家、不同地区的操作习惯。

企业在网络的主页上传达有关信息内容,包括产品名称、规格、等级、价格、服务等。网页可使企业的信息通过文字、声音、图片、视频短片文件展示,甚至可将产品的 360 度翻转的三维虚拟影像以多媒体的方式通过互联网呈现在顾客的电脑屏幕上,使顾客或中间商通过网络直接选购商品,以实现顾客足不出户即可购买的愿望。企业可以通过网络进行商品展示,包括表现商品不同特性的文字、图片展示等;实现商品订购,罗列订单、删改订单、发送订单;实现顾客确认,包括顾客确认、送货方式的选择等。这是传统的宣传手段做不到的。

2. 推广公司网址

企业网站推广的方式很多,除了通过传统的传播媒介推广企业网址之外,还有一种行之有效的方法是通过国际互联网来推广企业站点。概括起来有以下几种:

(1) 搜索引擎注册。国际互联网上有成千上万的网络站点和信息资源,而且新的站点正在以几何级数增长。全球的网民和各种机构都希望在上网时能够方便迅速地找到自己所需要的站点和内容,为此,以网络导航为主要功能的搜索引擎应运而生。借助于搜索引擎,浏览者可以比较方便地找到自己所需要的内容,也是人们发现新网站的主要手段,像 yahoo、Google、搜狐、搜索客等都是导航台,它们的网站功能相似,都是把众多的网站分门别类地放到一个网站里,以便浏览者查询。

(2) 网络广告。常见的网络广告有标志广告(BANNER)、文本广告、电子邮件广告、分类广告等多种形式,其中标志广告是最常用的,因此有时网络广告也等同于标志广告。标志广告通常以 GIF、JPG 等格式建立图像文件,插入在网页中来表现广告内容,同时还可以使用 JAVA 等语言使其产生交互性,用户点击标志广告后通过超级链接到达广告所要宣传的页面。

(3) 使用电子邮件宣传网址。电子邮件是一种效果较好的网上营销工具,据统计,其反馈率在 5%～15%,远远高于标志广告的回应率。利用电子邮件并不是随意向潜在客户发送产品信息,其基本思路是:通过为顾客提供某些有价值的信息,如时事新闻、最新产品信息、免费报告以及为顾客定制的其他个性化服务,吸引顾客参与,从而收集顾客的电子邮件地址(邮件列表),在发送定制信息的同时对企业的网站、产品或服务进行宣传。

(4) 实现交换链接。实现交换链接的方法是寻找与自己的站点有互补性、相关性或潜在客户的站点,向其提出与本企业站点进行交换链接的要求,并在自己的网站上为合作伙伴的站点设立链接。通常有图片链接和文本链接两种形式。由于文本链接占用字节少且不影响网页整体效果而被广泛采用。

(5) 交换广告。交换广告通常需要企业加入专业的广告交换网,从而与其他成员建立交换标志广告,而不是自行寻找相关网站直接交换双方的标志广告。交换广告一般是免费的。

在为数众多的广告交换组织中,网盟(http//www.webunion.com)是最具规模与专业性的中文标志广告交换服务网,全球有上万家中文网站加入网盟。

## 二、网络营销的实现过程

网络营销的实现过程主要包括商务单证处理、在线支付的实现、商品配送、顾客联系与服务等方面。

(一) 商务单证处理

企业网络营销的最终目的是通过销售获得利润。虽然现代市场营销思想提出,企业的赢利途径是顾客满意度。但是,顾客满意总是以所销售的产品或服务为载体的。企业营销网站首先应该便于顾客进行购买。为了做到这一点,就要设计和使用方便有效的单证处理体制。

从广泛意义上说,顾客单证处理可以有多种渠道或形式。例如,传统上传递单证的渠道有邮递和传真等。尽管从技术上来说,网络营销企业也可以通过这种渠道获得和传递商务单证,但是这样有违网络营销的本意——快捷与互动性。

理想的情况是,通过网络营销渠道获得的商务单证都可以通过网络本身实现迅速有效的传递和处理。为此,在设计企业网页时,需要同时设计各种商务单证表格。这些表格是通过屏幕设计的结构和内容来完成的。顾客与公司间的交易性互动是通过顾客填写各种表格开始的,表格的内容则通过电子邮件以报文的方式来传送。一个完整的交易订单处理过程通常包括以下几个阶段:

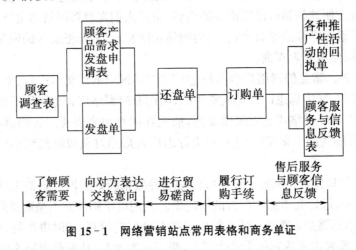

图15-1 网络营销站点常用表格和商务单证

(二) 在线支付的实现

在国际互联网上进行支付,本质上是传统支付方式的变种或模拟。其不同点在于,在线支付一切都是数字的,一切与支付有关的记录都被虚拟为一串串不同的比特符。这使所有不同的在线支付方式在本质上都是相同的,所不同的是运行的软件环境。

在线支付包括以下几种手段:信用卡、电子支票、数字现金、电子数据交换。

在使用信用卡在线支付时,消费者向网络营销企业提供自己的卡号,企业首先通过银行对其进行验证,顾客在购物时会收到银行有关该笔支付的单据或凭证。使用信用卡时,买卖双方都涉及安全问题。为此,顾客在使用信用卡支付时,在传输过程中一般应该加密,以免被所谓"网上黑客"中途截获。

"电子支票"在外表上几乎拥有传统的纸张支票的所有特征。它的功能也是通知银行进行转账,而且与纸张支票一样,也是先将这个转账通知给收款人,然后收款人将支票传递到银行获得资金。当然,"电子支票"可以通过网络直接传输进行交付,也可以使用电子邮件。无论采用哪种方式,银行都可以实现在线结算,使用"电子支票"可以通过银行的公共密钥加密自己的账号,以防欺诈。

"数字现金"则适用于小数额支付场合。在数字现金系统中,货币只是一串串比特符,实际上是一种代币。银行在将代币发到用户的计算机以前,在每"张"代币上都要加盖上自己的"印章"。当用户花费这些电子现金时,只要将相应数目的代币传输给卖主,卖主再将代币发送到银行加以确认,就可以实现一次支付过程。数字现金也可以支持使用遮蔽式签名和匿名获取现金。

"电子数据交换"(EDI)在20世纪60年代就开始使用,但一般是大公司及其合作伙伴在私有网络(被称为增值网——VAN)上使用。这些VAN所拥有的安全性当然是国际互联网所不能及的。但是,在VAN上使用EDI不适于虚拟组织或经常变更合作伙伴的情况,因此,EDI服务提供商正在将国际互联网上的业务进行集成和整合。

开放式EDI使得大大小小的业务都可以在国际互联网上进行操作。此外,EDI不仅用于支付系统,还可以用来处理诸如订购、交货信息、盘存等与资金转移无关的信息。金融EDI(FEDI)则是专门进行支付的系统。

(三)商品配送体系安排

如果说网络营销在沟通和获取订单方面为企业提供了一种全新的媒介,使信息和金融网络在很大程度上获得整合,那么,顾客所购买商品的配送却并未能够完全超越物理渠道,即货物总是通过某个有形的渠道传递给顾客。换言之,网络营销的有效性还要取决于企业对物流系统的有效组织。

网络营销的有形物品,无论其用途或形状如何,都需要通过现实世界的物流系统进行传递。准确、迅速、优质的商品配送体系是网络营销企业获得竞争优势的必要条件。最理想的状态是,当顾客通过在线订购并支付货款后,可以立即收到所采购的物品。

为了实现有效的商品配送,网络营销企业可以选择以下几种基本的物流配送体制方式:① 自营配送网络;② 利用分销中介机构;③ 与其他在线企业联合组建物品配送网络。

自营配送网络的好处是,企业对商品物流过程享有更多的控制。但是,由于自营配送网络往往要涉及巨大的投资,而且企业本身在物流管理方面往往缺乏必要的经验和效率,导致自营配送体制成本较高。为了解决这个问题,与专业性的中间商合作就是一个不错的选择。通过与中间商建立商品配送方面的合作关系,企业可以集中力量处理网络营销核心业务,即获取顾客订单。

### （四）网络营销数据库

从本质上说网络营销是一种直复营销。因为，顾客对于企业的发盘都是直接回复的。因此，建立数据库是非常有必要的。从技术上来说，数据库既是整个信息系统的基础，也是进行定量分析的基础。目前，各类网站开发工具大都提供了相应的数据库功能。企业在线站点应该充分利用这些数据库功能分类保存有用的商务信息，不仅为各种类型的经营分析提供支持，而且还是提供顾客服务的依据。

网络营销站点设立的数据库通常为顾客数据库、产品数据库以及从其他网点收集的相关产品供求信息数据库。顾客数据库是网络营销过程中最重要的数据库，其存储的内容除了通常的数据库内容外，还包括一些与网络有关的信息。产品数据库主要存储的内容有相关产品、配套产品、相关用户网址等信息。从其他网点收集的相关产品供求信息数据库保存其他一些大型商业站点中存储的与企业相关的供求信息。从技术上来说，以上3种数据库都属于在线数据库。

## 三、数据库营销及其应用

### （一）数据库营销的特点及作用

数据库营销并不是一种新的营销方式，它在西方已有十几年的发展历史了。20世纪80年代中期，西方发达国家市场经济体制发育得已比较成熟，市场基本特点是供给大于需求，形成了买方市场，企业之间的竞争日趋激烈，企业短期利益减少。竞争的结果是，追求利润最大化的经营目标逐渐被以追求适当利润和较高市场占有率的经营目标所替代，以顾客需求为导向的营销观念已被大部分企业所接受。这样，在实践中就提出了一个如何加强顾客管理，及时了解和反馈顾客需求，以便稳定和提高市场占有率的问题。随着信息科技的迅猛发展，尤其是电脑技术的发展，数据库强大的数据处理能力逐步被应用到顾客关系营销管理中。企业通过顾客数据库及时掌握现有顾客群的需求变化，再把信息反馈到决策层，以便决策层作出正确的生产或投资决策。数据库营销就这样诞生了。

1. 数据库营销的定义

数据库营销是数据库与市场营销有机结合而形成的一种新型的营销方式。它通过市场调查，收集、积累消费者和其他同类企业的大量信息，经过分析、加工和处理，预测消费者购买某种产品的概率以及本企业的市场占有率，据此选择、确定企业的目标市场及正确的营销策略，在合适的时间、地点，以合理的价格、销售渠道、促销方式把产品销售给顾客，达到企业预期的经营目标。

2. 数据库营销的特点

（1）数据库营销的本质是提供了一个关于市场行情和顾客信息的数据库，它主要在于强调运用市场营销策略的目的性和结果，即加强现有顾客的品牌忠诚度和发现潜在顾客。

（2）顾客数据库是顾客与营销部门之间沟通的桥梁，营销部门通过顾客数据库才能开展有目的的营销策划活动。

（3）企业的现有顾客和潜在顾客(指还没有对本企业树立品牌忠诚的那部分顾客)的基本资料都被储存在营销数据库里，这些基本资料包括：① 顾客身份和联系方式；② 顾客的需要(品种、款式、颜色等)及特征(人口和心理方面的信息)，对于集团性消费者还包括其行业类型及其主管部门方面的决策信息；③ 顾客对企业营销计划的反应；④ 顾客与企业的竞争对手的交易情况。

（4）企业定期通过电话、调查问卷、信件、销售人员等营销媒介和渠道及时了解顾客需求变化及产品改进建议，并迅速反馈给市场营销政策的制定者。

（5）数据库营销能够代替许多市场调研工作，并且能迅速获得比较充分的顾客信息，顾客也能对企业的产品有充分的了解，基本上解决了企业与顾客之间信息不对称问题，在一定程度上减少了市场交易成本。

3. 数据库营销的作用

数据库营销的作用主要表现在以下几个方面：

（1）使产品及服务的设计、市场营销目标定位更加准确。

（2）加强现有顾客对本企业产品品牌的依赖和信任。

（3）有效地识别潜在顾客。

（4）比传统的销售方式成本要低，这是因为顾客数据库能够减少许多重复性的市场调研工作。

（5）增强生产经营与市场销售之间的联系，使经营决策更加科学。

（二）实施数据库营销的步骤

（1）广泛收集有价值的顾客信息。这些顾客信息主要包括：顾客的姓名、年龄、职业、家庭地址、电话号码等；顾客的偏好及行为方式（心理学和行为学方面的数据）；公司与顾客之间的业务交易，如订单、退货、投诉、服务咨询等；顾客购买了什么产品，其购买频率和购买量如何，最后一次购买的时间及从何处购买等方面的信息。收集信息时要注意避免信息的非结构化问题，否则信息杂乱无章，将会影响信息高效率的组织和输入。

（2）建立顾客数据库。在充分掌握顾客信息的基础上，必须以最有效的方式保存这些信息。要有效地组织和利用这些信息，就要建立顾客数据库。顾客数据库要能用来分析顾客提供的数据信息并能够在此基础上产生更多的决策信息；能够直接接受订货、开展直接邮购、评估市场营销的成功程度；还要具有一定的需求预测功能等等。然而我国有些国有企业建立的顾客数据库不是为营销而设计的，它们大部分是在处理各种订单（如接订单、交付货物单、开具发票等）。它们仅记录了顾客的付款金额和付款原因，而不能帮助企业预测顾客以后的需求变化。当然，有些著名的企业这方面做得比较成功，如总部设在香港的真维斯制衣有限公司，每个顾客在其下属连锁店里购买的衣裤的品种、规格、颜色等都被输入计算机，然后发送到总部，公司总部根据这些购买信息定期地进行汇总分析，较好地掌握了市场需求特点和变化，从而满足了顾客的多样化需求。

（3）数据库的分析与处理。及时掌握顾客需求变化，并尽快输入顾客数据库。对数据库中的需求信息要定期进行汇总分析，找出顾客需求变化的趋势，以便企业调整经营方向，及时抓住市场商机。

（4）在掌握顾客需求特点的基础上寻找潜在客户。有目的地运用市场营销手段，或者是加强顾客的品牌忠诚，或者是刺激顾客需求，挖掘潜在顾客。根据消费心理学有关规律，顾客在购买企业某一品牌产品之后，总会有意识地与其他企业同类产品在价格、性能等方面进行比较，以评估自己买的产品是否物美价廉。顾客强烈需要自己购买的品牌得到大家的认可，以取得心理平衡。因此，企业在产品顺利地卖出之后，还要继续对本企业产品进行宣传，塑造名牌形象，满足顾客心理消费，以加强顾客对本企业产品的依赖和信任。

### （三）网络数据库营销的独特功效

与传统的数据库营销相比，网络数据库营销的独特价值主要表现在 3 个方面：动态更新、顾客主动加入、改善顾客关系。

(1) 动态更新。在传统的数据库营销中，无论是获取新的顾客资料还是对顾客反应的跟踪都需要较长的时间，而且反馈率通常较低，收集到的反馈信息还需要烦琐的人工录入，因而数据库的更新效率很低，更新周期比较长，同时也造成了过期、无效数据记录比例较高，数据库维护成本相应也比较大。网络数据库营销具有数据量大、易于修改、能实现动态数据更新、便于远程维护等多种优点，还可以实现顾客资料的自我更新。网络数据库的动态更新功能不仅节约了大量的时间和资金，同时也更加精确地实现了营销定位，从而有助于改善营销效果。

(2) 顾客主动加入。仅靠现有顾客资料的数据库是不够的，除了对现有资料不断更新维护之外，还需要不断挖掘潜在顾客的资料，这项工作也是数据库营销策略的重要内容。在没有借助互联网的情况下，寻找潜在顾客的信息一般比较难，要花很大代价，比如利用有奖销售或者免费使用等机会要求顾客填写某种包含有用信息的表格，不仅需要投入大量资金和人力，而且又受地理区域的限制，覆盖的范围非常有限。

在网络营销环境中，顾客数据的增加要方便得多，而且往往是顾客自愿加入网站的数据库。最新的调查表明，为了获得个性化服务或获得有价值的信息，有超过 50% 的顾客愿意提供自己的部分个人信息，这对于网络营销人员来说无疑是一个好消息。请求顾客加入数据库的通常的做法是在网站设置一些表格，在要求顾客注册为会员时填写。但是，网上的信息很丰富，对顾客资源的争夺也很激烈，顾客的要求是很挑剔的，并非什么样的表单都能引起顾客的注意和兴趣，顾客希望得到真正的价值，但肯定不希望对个人利益造成损害。因此，企业需要从顾客的实际利益出发，合理地利用顾客的主动性来丰富和扩大顾客数据库。在某种意义上，邮件列表可以认为是一种简单的数据库营销，数据库营销同样要遵循自愿加入、自由退出的原则。

(3) 改善顾客关系。顾客服务是一个企业能留住顾客的重要手段，在电子商务领域，顾客服务同样是取得成功的最重要因素。一个优秀的顾客数据库是网络营销取得成功的重要保证。在互联网上，顾客希望得到更多个性化的服务，比如，顾客定制的信息接收方式和接收时间，顾客的兴趣爱好、购物习惯等等都是网络数据库的重要内容，根据顾客个人需求提供针对性的服务是网络数据库营销的基本职能。因此，网络数据库营销是改善顾客关系最有效的工具。

网络数据库由于其种种独特功能而在网络营销中占据重要地位，网络数据库营销通常不是孤立的，应当从网站规划阶段开始考虑，列为网络营销的重要内容。另外，数据库营销与个性化营销、一对一营销有着密切的关系，顾客数据库资料是顾客服务和顾客关系管理的重要基础。

# 第三节 搜索引擎营销

## 一、搜索引擎营销的基本概念

搜索引擎营销是指根据用户使用搜索引擎的方式,利用用户检索信息的机会,尽可能将营销信息传递给目标用户。用户检索所使用的关键字反映出用户对该问题(产品)的关注,这种关注是搜索引擎之所以被应用于网络营销的根本原因。

在其他因素相对稳定的情况下,用户对于搜索引擎的使用方式无疑对于搜索引擎营销效果具有直接影响,这种影响不仅表现在对于传统的搜索引擎优化与排名方面,同时也表现在对关键词广告和竞价广告等付费搜索引擎营销模式方面。

搜索引擎是用户使用最多的网络服务之一,仅次于电子邮箱。搜索引擎对于网络营销很有价值,尤其对于用户发现新网站来说,搜索引擎是第一工具。但是,如果仅仅了解这些,对于了解用户使用搜索引擎的方式对网络营销效果产生的影响还远远不够,还需要对用户使用搜索引擎的方式做更多的研究。

美国搜索引擎营销专业服务商 iProspect 发布的一项调查结果表明:75%以上的用户使用搜索引擎,56.6%的用户只看搜索结果前2页的内容,大约16%的用户只看搜索结果的前几条内容,只有23%的用户会查看第2页的内容,查看前3页的用户数量下降到10.3%,愿意查看3页以上内容的用户只有8.7%。用户使用搜索引擎的这些特点告诉我们,网站在搜索引擎排名靠前非常重要,最好能出现在搜索结果的第一页的前几位。这项结论其实在几年前就已经成为常识,尽管没有具体的数字来证实。也正因为如此,在搜索引擎营销研究中,搜索引擎优化(SEO)被投入了很多注意力。由于一些网站仅仅靠搜索引擎优化并不能保证获得足够的用户,因此关键词广告和竞价广告等付费搜索引擎营销方式获得了不少企业的关注,用户使用搜索引擎的方式对此又有哪些影响呢?

2004年2月初,荷兰一家网络分析公司 OneStat.com 发布了一项调查,用户使用搜索引擎检索时通常使用2~3个关键词的组合而不是只用一个关键词。根据对200万个网络用户在过去2个月内使用搜索引擎的检索习惯的监测,OneStat发现,有将近33%的用户使用2个关键词组合进行检索,26%的用户同时使用3个关键词,只用1个关键词的用户比例仅为9%,使用4~7个关键词的组合进行检索的用户总共为21%。OneStat 的这项研究发现,用户在使用搜索引擎检索时更加老练,这可以从最近一年来使用关键词组合的数量变化来说明。从2003年4月到2004年2月,OneStat 同样内容的两次调查中,使用1个关键词进行检索的用户比例下降了5.7%,而使用2个关键词和3个关键词组合的用户比例分别增长了3.4个百分点和1.3个百分点。

这一调查结果说明,有必要对常用的主要搜索引擎给予关注,认真研究其特点,尽量让自己的网站在主要搜索引擎的表现都比较好,这样被用户发现的机会要更大一些。

## 二、搜索引擎的登录与排名

### (一)搜索引擎的主要类型

将网站提交到主要的搜索引擎是早期搜索引擎营销的主要内容和方法。目前有3种类型的搜索引擎。

1. 分类目录式搜索引擎

其实这类搜索引擎不是真正意义上的搜索引擎,而只是将网页系统地分类。企业可以通过一些描述和关键词来找到其网页应该出现在哪个分目录下,登记自己的网页。企业不进行登记,其网页永远也不会在它们任何一个分目录下出现。它们没有使用专门的"检索软件"定期地在互联网上搜寻新增站点和页面,归入数据库。这类分目录的典型代表是Yahoo!。

2. 检索式搜索引擎

用"检索软件"的搜索引擎,它们也存在很大的差异。依据软件的复杂程度,以下是这类搜索引擎的一些区别:

(1) 检索您递交的网页(并不是整个网站)。

(2) 在某一站点涵盖的每个页面中的每个词。

(3) 在互联网上每时每刻通过链接从一个页面跳到另一个页面搜寻新增网页递交企业的网页地址,检索软件会自动地访问并收集任何需要的内容。

每一个搜索引擎都有各自标准,搜索结果排序有差异,所以怎样递交企业的网页将彻底地影响网站的排名。此外,企业的排名今天是首位,明天可能不是了,因为许多搜索引擎频繁地改变它们的算法。

3. 元搜索引擎

这类搜索引擎同时向多个搜索引擎发送搜寻请求,对输入的查询关键词在各个搜索引擎所得的反馈结果排序进行整合。所以企业要在这类搜索引擎中提高排名,就必须在所关联的所有搜索引擎中登记,通常所涉及的是前两类搜索引擎。这类搜索引擎自己没有数据库,所以没必要注册登记。

### (二)向不同的搜索引擎递交企业网页的方法

(1) 免费递交服务。这类服务有Add Me和Submit It等,输入相关信息,选好所要递交的搜索引擎,一切工作随后自动运行。问题是每个搜索引擎的要求不一,如"Yahoo!"对站点描述的字节控制在25个字,而其他可能允许200个字以上。另外可以使用不同的站点名称最大限度地宣传企业网站,但这类免费服务送出的信息全部统一。还有对分目录的选择不精确(手工可以做到)。所有这些缺陷对企业的排名毫无影响。优点是节约了大量时间。

(2) 亲自去各搜索站点手工登记。到目前为止,免费登记网页的最佳方法就是去各个搜索引擎站点手工登记。充分理解递交表单的含义和规则,一字一句地输入企业网站的关键词、网页描述、附加信息内容、联系信息等。也可选择多个目录进行登记,提高被发现的几率以吸引访问者。缺点是耗时,而且没有专业人士辅导,没有技巧,排名上不去也就不奇怪了。

(3) 付费的递交服务。这些有偿的递交服务也有区别:首先,有些比较便宜,递交的手段类似于前面提到的免费服务。如果条件允许,最好还是多花些钱购买好的服务,手工登记到最主要的搜索引擎,这样对排名有很大好处。其次,利用专业递交公司。这类服务通常费用不便宜(600~900美元),但效果最佳。他们评估企业的站点,帮助设计关键词和内容,设计递交方案。当然,服务的结果是为企业带来巨大的访问量。

(4) 搜索引擎递交软件。与前面的免费服务差不多。各搜索引擎的要求不一样,在为提高排名满足某一搜索引擎要求的同时,也影响了在其他搜索引擎中的得分。当然,目前有些软件改良颇多,从经济角度讲,排名效果最好。效果好的最主要原因是这些软件出自上面提到的递交专家之手。

## 三、搜索引擎优化

搜索引擎优化,是针对各种搜索引擎的检索特点,让网页设计适合搜索引擎的检索原则,从而获得搜索引擎收录并在排名中靠前的各种行为。

企业网站应该方便搜索引擎检索信息,为此要注意以下几个方面的问题:

(1) 为每一个网页设置一个相关的标题。网页标题中的关键字在搜索引擎排名中具有较高的权重。各个网页标题设计原则有:尽量体现网页中的核心词汇,这些词汇应有较大的被检索的可能,而不是冷僻词汇。

(2) 尽量使用静态网页。在网页设计中,纯粹的 html 格式的网页通常被称为静态网页。静态网页能使用户搜索的结果和搜索引擎反馈的结果相一致。完全使用静态网页不太可能,对于一些重要的、内容相对固定的网页使用静态网页,如网站介绍、用户帮助、网站地图等。

(3) 页面以文字信息为主。目前搜索引擎技术通常是基于网页中的文字信息进行检索的。为了获得被搜索引擎检索的机会,尽可能使用文字信息而不是图片或多媒体。

(4) 重视外部网站链接的数量和质量。企业网站被其他高质量的网站链接非常重要。

## 四、关键字广告

关键字广告是充分利用搜索引擎资源开展网络营销的一种手段,属于付费搜索引擎营销的主要形式之一。

### (一) 关键字广告的类型

关键字广告(Keyword)是一种文字链接型网络广告,通过对文字进行超级链接,让感兴趣的网民点击进入企业网站、网页或其他相关网页,实现广告目的。链接的关键字既可以是关键词,也可以是语句。目前,关键字广告主要有5种:

(1) 企业关键字。即网页中凡涉及企业名称、产品或服务品牌,都以超级链接方式链接到公司相关的主页或网站。这种形式是网络广告的早期形式,目前很少有人采用。

(2) 公众关键字。即将网页中出现的公众感兴趣的关键字链接到企业(产品)相关网站或主页,如目前的"非典"、"伊拉克"等,当然更多的主要还是影视明星、体育明星、歌星、社会名流等公众人物。这种形式的关键字广告,目前我国的广告主几乎没有采用过。但如果企业经营与这些关键字相关,并与企业的整体营销活动相结合,那么公众关键字就具有较好的补缺作用。例如,有公司或产品形象代言人的企业,就可以用形象代言人的姓名作为关键字。

(3) 语句广告。即以一句能够引起网民注意的话语链接到公司相关网站或主页,吸引网民点击进入浏览。这种关键字广告是目前广告主最常用的。

(4) 搜索关键字。即企业预先向搜索引擎网站购买与企业、产品和服务相关的关键字，在网民使用搜索引擎，用到企业所购买的关键字搜索其所想找的信息时，与企业网站或网页超级链接的相关信息就出现在搜索结果页面突出位置的一种关键字广告形式。

(5) 竞价排名广告。这种形式的广告是企业注册属于自己的"产品关键字"，这些"产品关键字"可以是产品或服务的具体名称，也可以是与产品或服务相关的关键词。当潜在客户通过搜索引擎寻找相应产品信息时，企业网站或网页信息出现在搜索引擎的搜索结果页面或合作网站页面醒目位置的一种广告形式。由于搜索结果的排名或在页面中出现的位置是根据客户出价的多少进行排列，故称为竞价排名广告。这种广告按点击次数收费，企业可以根据实际出价自由选择竞价广告所在的页面位置。因而企业能够将自己的广告链接更加有的放矢地发布到某一页面，而只有对该内容感兴趣的网民才会点击进入，因此广告的针对性很强。

(二) 关键字广告的优势

(1) 有助于提升公司网站在搜索引擎网站中的排名。企业通过在非搜索引擎网站，主要是综合或专业型的门户网站，购买与企业、产品及服务相关的企业关键字、公共关键字链接，或指定位置放置语句广告链接，这些链接指向企业的网站或相关网页，利用综合或专业门户网站本身的"网页排名"优势，实现提升企业网站在搜索结果中的排名位置这一目的。

(2) 有更好的针对性和目标性。只有当网民使用了企业购买的关键字时，企业相关信息才会出现在搜索结果页面的显著位置，而使用这些关键字的浏览者往往是对这些信息感兴趣的人，因此，关键字广告具有很强的针对性和目的性。

(3) 有较为明确的效果。以"网页排名"作为其基本搜索规则的新一代搜索引擎，号称其搜索结果只以纯技术规则作为排名依据，没有"人为"干扰因素的影响，搜索结果的排名是网民选择的结果。这比什么机构来评定广告效果都更有说服力。企业相关信息能够排在搜索结果的前列，意味着有更高的点击率，而这本身又是一种吸引力，吸引更多的网民作出趋同选择，从而有助于提升企业在网络社会中的形象。

(4) 成本较低，容易控制成本预算。像企业或公众关键字，只有在网页中出现，才链接到企业网站或网页，或者像竞价广告是按点击次数计费，并且企业可以根据实际情况自由定价，因此，关键字广告的成本较低，并容易控制。

关键字广告有着如此出众的优势，特别适合经济实力有限的中小企业。

(三) 关键字广告的发布策略

为保证面向搜索引擎的关键字的广告效果，企业可采取以下策略：

(1) 选择合适的门户网站或搜索引擎网站。首先是一般市场占有率较高的综合型门户网站，因为它们通常有较高的排名加分，即同样一个关键字链接，它比其他网站在搜索结果中的排名更靠前。当然，有些专业性较强的产品，如IT产品，其关键字可能在综合型门户网站中出现的概率较低，这时可考虑同时也在一些专业型网站，如天极、小熊在线等网站中购买关键字。如果是购买搜索关键字，一般搜索引擎的使用率是首先要考虑的因素；如果企业主要面向国内或华人聚集区，则可考虑中文搜索引擎。

(2) 选择合理的关键字。这意味着给你的网站带来极具针对性的访问。合理的关键字，是指与企业网站内容相关并被网民经常使用的关键字。如果企业购买的关键字与企业网站内容相关性不高,搜索引擎会将你的排名靠后,甚至不纳入排名范围;如果是搜索关键字,当浏览者满怀希望和喜悦点击进入你的网站,结果网站内容与关键字相去太远,会影响企业形象和声誉。其次,应选用经常使用的关键字,以提高针对性访问的点击率。例如,一家网上花店,除选择"花店"作为关键字外,还可以将网民经常使用的花、鲜花、卖花店、鲜花礼品、鲜花速递、鲜花批发、鲜花礼仪、鲜花快递、鲜花种子、鲜花行情、鲜花批发、鲜花网站、鲜花商店、电子鲜花等作为关键字。

(3) 选择恰当的发布时间。关键字广告的发布也要考虑时机和时间,这对广告效果有非常大的影响。时机选择,即选择一个切入点,这时的关键字出现的频率极高,有助于广告效果的提升。如2003年的"非典"就是一个在当时出现频率最高的词。如果有企业开发研制与"非典"有关的产品或服务,选其作为关键字链接,无疑将大大提高广告效果。时间的选择则是确定在网站全天24小时中的什么时间段发布广告。据中国互联网络信息中心2003年1月发布的统计报告,目前我国网民每天上网的时间主要集中在20:00～21:00和22:00～23:00,分别有81.8%和52.2%的上网者,其次是在14:00～15:00和18:00～19:00,分别有45.1%和45.9%的上网者。显然,这4个时段是企业发布广告首先应考虑的时段。

## 第四节 网络营销服务

现代顾客需要的是个性化的服务,网络为顾客服务提供了全新概念的工具:全天候即时、互动。这些性质迎合了现代顾客个性化的需求特征,所以越来越多的企业将网络顾客整合到企业的营销计划中,使得网络营销界渐渐兴起一轮顾客服务的浪潮。实际上,网络是建立"一对一"顾客关系的优秀工具,所以这种浪潮的出现势在必行。

### 一、网络营销服务的特征

(一)顾客对网络营销服务的需求

服务是企业围绕顾客需求提供的功效和礼仪,网络营销服务借助互联网技术可以更好地适应顾客的个性化需求发展需要,满足顾客更高层次的需求,提高顾客满意程度,培养顾客对企业的忠诚。网络营销服务的本质也就是让顾客满意,顾客是否满意是衡量网络营销服务质量的唯一标准。顾客满意就是要满足顾客的需求,顾客的需求一般是多样性的,如果企业能够提供满足顾客各种需求的服务,顾客的满意程度就高。网络营销服务利用互联网的特性可以更好地满足顾客的各种需求。概括起来,主要有以下几个方面:

(1) 产品信息了解。网络时代,顾客需求呈现出个性化和差异化特征,顾客为满足自己个性化的需求,需要全面、详细了解产品和服务信息,寻求最能满足自己个性化需求的产品和服务。

(2) 解决问题。顾客在购买产品或服务后,可能面临许多问题,需要企业提供服务解决这些问题。顾客面临的问题主要是产品安装、调试、试用和故障排除,以及有关产品的系统知识等。在企业网络营销站点上,许多企业的站点提供技术支持和产品服务,以及常见的问题释疑(FAQ)。有的还建设有顾客虚拟社区,顾客可以通过互联网向其他顾客寻求帮助。

(3) 接触企业人员。对于有些难以解决的问题,或者顾客难以通过网络营销站点获得解决方法的问题,顾客也希望企业能提供直接支援和服务。这时,顾客需要与企业人员进行直接接触,向企业人员寻求意见,得到直接答复或者反馈顾客的意见。与顾客进行接触的企业人员,在解决顾客问题时,可以通过互联网获取企业对技术和产品服务的支持。

(4) 了解全过程。顾客为满足个性化需求,不仅仅是通过掌握信息来进行选择产品和服务,还要求直接参与产品的设计、制造、运送的整个过程。个性化服务是一种企业与顾客之间的双向互动。企业要实现个性化服务,就需要改造企业的业务流程,将企业业务流程改造成按照顾客需求来进行产品的设计、制造、改进、销售、配送和服务。顾客了解和参与整个过程意味着企业与顾客需要建立一种"一对一"的关系。互联网可以帮助企业更好地改造业务流程以适应对顾客的"一对一"营销服务。

上述几个层次的需求之间是一种相互促进的作用。只有低层次需求满足后才可能促进更高层次的需求,顾客的需求越得到满足,企业与顾客的关系也就越密切。

(二) 网络营销服务的分类

网络营销服务可以简单地划分为网上产品服务营销和网上服务产品营销。网上产品服务营销主要是指依附于一定有形产品的附加服务。服务是产品营销的一个有机组成部分。网上服务产品营销是指无形产品,是可以直接通过互联网进行传输和消费的服务产品的营销活动。对于服务产品营销除了关注服务销售过程的服务外,还要针对服务产品的特点开展营销活动。根据网络营销交易的时间间隔,可以将服务划分为销售前的服务、销售中的服务和销售后的服务。不同阶段的服务内容有较大差异。

(三) 网络营销服务的基本特征

网络营销服务具备一般服务的基本特征,但其内涵却发生了很大变化,具体体现在以下几个方面:

(1) 增强顾客对服务的感性认识。服务的最大局限在于服务的无形和不可触摸性,因此在进行服务营销时,经常需要对服务进行有形化,通过一些有形方式表现出来,以增强顾客的体验和感受。

(2) 突破时空不可分离性。服务的最大特点是生产和消费的同时性,因此服务往往受到时间和空间的限制。顾客为寻求服务,往往需要花费大量时间去等待和奔波。基于互联网的远程服务则可以突破服务的时空限制。如现在的远程医疗、远程教育、远程培训、远程订票等等,这些服务通过互联网都可以实现消费方和供给方的空间分离。

(3) 提供更高层次的服务。传统服务的不可分离性使得顾客寻求服务受到限制,互联网的出现突破了传统服务的限制。顾客可以通过互联网获得更高层次的服务,顾客不仅可以了解信息,还可以直接参与整个过程,最大限度地满足顾客的个人需求。

(4) 顾客寻求服务的主动性增强。顾客通过互联网可以直接向企业提出要求,企业必须针对顾客的要求提供特定的一对一服务。而且企业也可以借助互联网低成本来满足顾客一对一服务的需求。当然,企业必须改变业务流程和管理方式,实现柔性化服务。

(5) 服务成本效益提高。一方面,企业通过互联网实现远程服务,扩大服务市场范围,创造了新的市场机会;另一方面,企业通过互联网提供服务,可以增强企业与顾客之间的关系,培养顾客忠诚度,减少企业的营销成本费用。因此,许多企业将网络营销服务作为企业在市场竞争中的重要手段。

## 二、网上产品服务的内容

### （一）网上售前服务

未来的市场营销将从以交易为重心演变为以关系为重心，市场营销目标转变为在达成交易的同时还要维系与顾客的关系，更好地为顾客提供全方位的服务。根据顾客与企业发生关系的阶段，可以分为销售前、销售中和销售后3个阶段。网络营销产品服务相应地也划分为网上售前服务、网上售中服务和网上售后服务。

从交易双方的需求可以看出，企业网络营销售前服务主要是提供信息服务。企业提供售前服务的方式主要有两种，一种是通过自己网站宣传和介绍产品信息，这种方式要求企业的网站必须有一定的知名度，否则很难吸引顾客注意；另一种方式是通过网上虚拟市场提供商品信息，企业可以免费在上面发布产品信息广告，提供产品样品。除了提供产品信息外，还应该提供产品相关信息，包括产品性能介绍和同类产品比较信息。为方便顾客购买，还应该介绍产品如何购买的信息、产品包含哪些服务、产品使用说明等等。总之，提供的信息要让准备购买的顾客胸有成竹，顾客在购买后可以放心使用。

### （二）网上售中服务

网上售中服务主要是指销售过程中的服务。这类服务是指产品的买卖关系已经确定，等待产品送到指定地点的过程中的服务，如了解订单执行情况、产品运输情况等等。在传统营销部门中，有30%~40%的资源是用于应对顾客对销售执行情况的查询和询问，这些服务不但浪费时间，而且非常琐碎，难以给用户满意的回答。特别是一些跨地区的销售，顾客要求服务的比例更高，而网上销售的一个特点是突破传统市场对地理位置的依赖和分割，因此网上销售的售中服务非常重要。为此，在设计销售网站时，应考虑在提供网上订货功能的同时，还要提供订单执行查询功能，方便顾客及时了解订单执行情况。

如美国的联邦快递（http://www.FedEx.com），它通过其高效的邮件快递系统将邮件在递送中的中间环节信息都输送到计算机的数据库，客户可以直接通过互联网从网上查找邮件的最新动态。客户可以在两天内去网上查看包裹到了哪一站，在什么时间采取什么步骤，投递不成的原因，在什么时间会采取下一步措施，直至收件人安全地收到包裹为止。客户不用打电话去问任何人，上述服务信息都可在网上获得，既让客户免于为查邮件而奔波查询，同时公司又大大减少了邮件查询方面的开支，实现企业与顾客的共同增值。

### （三）网上售后服务

**1. 网上售后服务的内涵**

网上售后服务就是借助互联网直接沟通的优势，并以便捷方式使客户对产品帮助、技术支持和使用维护等方面的需求得到满足。网上售后服务有两类，一类是基本的网上产品支持和技术服务；另一类是企业为满足顾客的附加需求提供的增值服务。

由于分工的日益专业化，使得一个产品的生产需要多个企业配合，因此产品的支持和技术也相对比较复杂。提供网上产品支持和技术服务，可以方便客户通过网站直接找到相应的企业或者专家寻求帮助，减少不必要的中间环节。如美国的波音公司通过其网站公布其零件供应商的联系方式，同时将有关技术资料放到网站，方便各地飞机维修人员及时索取最新资料和寻求技术帮助。

## 2. 网上售后服务的特点

网上售后服务的特点主要是：

（1）便捷性。网上的服务是 24 小时开放的，用户可以随时随地上网寻求支持和服务，而且不用等待。

（2）灵活性。由于网上的服务是综合了许多技术人员知识、经验和以往客户出现问题的解决办法，因此用户可以根据自己需要从网上寻求相应帮助，同时可以学习其他人的解决办法。

（3）低廉性。网上售后服务的自动化和开放性，使得企业可以减少售后服务和技术支持人员，大大减少了不必要的管理费用和服务费用。

（4）直接性。客户通过上网可以直接寻求服务，避免了通过传统方式经过多个中间环节才能得以处理。

## （四）产品服务网站的设计

在企业的网络营销站点中，网上产品服务是网站的重要组成部分。有的企业建设网站的主要目的是提供网上产品服务，提升企业的服务水平。为满足网络营销中顾客不同层次的需求，一个比较完善的网站应具有下列功能：

（1）提供产品分类信息和技术资料，方便客户获取所需的产品和技术资料。

（2）提供产品相关知识和链接，方便客户深入了解产品，从其他网站获取帮助。

（3）FAQ，即常见问题解答，帮助客户直接从网上寻找问题的答案。

（4）网上虚拟社区（BBS 和 Chat），提供给客户发表评论和相互交流学习的园地。

（5）客户邮件列表，客户可以自由登记和了解网站最新动态，企业及时发布消息。

上述功能是一些基本功能，一方面企业可以向客户发布信息，另一方面企业也可以从客户那里接收到反馈信息，同时企业与客户还可以直接进行沟通。为满足顾客一些特定需求，网站还可以提供一些特定服务，如上面介绍的联邦快递公司提供的网上包裹查询服务。下面分别介绍如何设计网站实现上述功能。

## 1. 产品信息和相关知识方面的设计

客户上网查询产品，是想全面了解产品各方面的信息，因此在设计提供产品信息时遵循的标准是：客户看到这些产品信息后就不用再通过其他方式来了解产品信息。需要注意的是，很多企业提供的服务往往是针对特定群体的，并不是针对网上所有公众，因此为了保守商业秘密，可以用路径保护的方法让企业和客户都有安全感。

对于一些复杂产品，客户在选择和购买后使用时需要了解大量与产品有关的知识和信息，以减少对产品的陌生感。特别是一些高新技术产品，企业在详细介绍产品各方面信息的同时，还需要介绍一些相关的知识，帮助客户更好地使用产品。

## 2. FAQ 的设计

FAQ(Frequently Asked Questions)即常见问题解答。如 Microsoft 公司的网站中有非常详尽的"KnowledgeBase"（知识库），对于客户提出的一般性问题，在网站中几乎都有解答。同时，还提供了一套有效的检索系统，让人们在数量巨大的文档中快捷地查找到所需要的东西。设计一个容易使用的 FAQ 需要注意：

（1）保证 FAQ 的效用。要经常更新，回答客户提出的一些热点问题，了解并掌握客户关心的一些问题是什么。

（2）保证 FAQ 简单易用。首先提供搜索功能，客户通过输入关键字就可以直接找到有关问题的答案;其次是采用分层目录式的结构来组织问题;第三是将客户最经常问的问题放到前面;第四是对于一些复杂问题,可以在问题之间加上链接。

(3) 注意 FAQ 的内容和格式。

3. 网上虚拟社区的设计

顾客购买产品后,一个重要环节就是购买后的评价和体验,对于一些不满之处采取一定的措施和行动进行平衡。企业设计网上虚拟社区就是让客户在购买后既可以发表对产品的评论,提出针对产品的一些经验,也可以与一些使用该产品的其他客户进行交流。营造一个与企业的服务或产品相关的网上社区,不但可以让客户自由参与,同时还可以吸引更多的潜在客户参与。

4. 客户邮件列表

电子邮件是最便宜的沟通方式,用户一般比较反感滥发的电子邮件,但对与自己相关的电子邮件还是非常感兴趣的。企业建立电子邮件列表,可以让客户自由地登记注册,然后定期向客户发布企业的最新信息,加强与客户的联系。

### 三、网上个性化服务策略

(一) 网上个性化服务的含义

个性化服务(Customized Service),也叫定制服务,就是按照顾客特别是一般消费者的要求提供特定服务。

个性化服务包括 3 个方面:服务时空的个性化,在人们希望的时间和希望的地点得到服务;服务方式的个性化,能根据个人爱好或特色来进行服务;服务内容个性化,不再是千篇一律,千人一面,而是各取所需,各得其所。互联网可以在上述 3 个方面向用户提供个性化的服务。

伴随个性化服务,会出现相应的问题。首先是隐私问题,个人提交的需求、信息提供者掌握的个人偏好和倾向,都是一笔巨大的财富。大多数人不愿公开自己的"绝对隐私"。因此,企业在提供个性化服务时,必须注意保护用户的一些隐私信息,更不能将这些隐私信息公开或者出卖。侵犯用户的隐私信息,不但招致用户的反对,而且可能导致用户的抗诉甚至报复。其次,提供的个性化服务要是用户真正需要的。另外,个性化服务还涉及许多技术问题,用户需要做到不论何时何地都可以接收信息,而且接收的信息是用户需要和选择的。

(二) 网上个性化的信息服务

网站是一种影响面广、受众数量巨大的市场营销工具,伴随着受众范围和数量的"无限"增大,受众在语言、文化背景、消费水平、经济环境和意识形态,直至每个消费者具体的需求水平等方面存在的差异就变成一个非常突出的问题了。于是,怎样充分发挥互联网在动态交互方面的优势,尽量满足不同消费者的不同需求,就成为定制服务产生的市场动因。

1. 网上个性化的信息服务方式

目前网上提供的定制服务,一般是网站经营者根据受众在需求上存在的差异,将信息或服务化整为零或提供定时定量服务,让受众根据自己的喜好去选择和组配,从而使网站在为大多数受众服务的同时,变成能够一对一地满足受众特殊需求的市场营销工具。个性化服务,改变了信息服务"我提供什么,用户接受什么"的传统方式,变成了"用户需要什么,我提供什么"的个性化方式。信息的个性化服务,主要有以下一些方案:

(1) 页面定制。Web 定制使预订者获得自己选择的多媒体信息,只需标准的 Web 浏览器。许多网站都推出了个性化页面服务,如"雅虎"推出了"我的雅虎"(中文网址是 http://cn.my.yahoo.com),可让用户定制个性化主页。用户根据自己的喜好定制显示结构和显示内容,定制的内容包括新闻、政治、财经、体育等多个栏目,还提供了搜索引擎、股市行情、天气预报、常去的网址导航等。用户定制以后,个人信息被服务器保存下来,以后访问"我的雅虎",用户看到的就是自己定制的内容。现在,国内"网易"已推出了类似的服务(http://my.163.com),瀛海威也推出了个性化空间(www.your.com.cn)。

(2) 电子邮件定制方案。目前中报联与上海热线正在合作推出产业新闻邮件定制服务、专用客户机软件,如股票软件等可以传送广泛的待售品和多媒体信息,客户机不需要保持与国际互联网的永久链接。但目前电子邮件定制信息只能定制文本方式的信息(随着越来越多的用户安装了支持 MIME 的软件包,多媒体电子邮件越来越普遍了)。

(3) 需要客户端软件支持的定制服务。如 Quote.com 的股票报价服务,还可以结合 MicroQuest 公司的客户端软件包对投资组合进行评估。而 http://www.PointCast.com 则更为典型,它通过运行在读者计算机上特制的软件包来接收新闻信息,这种软件以类似屏幕保护的形式出现在计算机上,而接收哪些信息是需要读者事先选择和定制的。这种方式与上述方式最大的不同在于信息并不是驻留在服务器端的,而是通过网络实时推送到客户端,传输速度更快,让你察觉不出下载的时间。但客户端软件方式对计算机配置有较高的要求,在信息流动过程中可以借用客户端计算机的空间和系统资源,但是让客户下载是一件麻烦事。

2. 网上个性化信息服务应注意的问题

网上个性化服务是一种非常有效的网络营销策略,但网上个性化服务是一个系统性工作,它需要从方式、内容、技术和资金上进行系统规划和配合,否则个性化服务是很难实现的。对于一般网站提供个性化服务要注意下面几个问题:

(1) 个性化服务是众多网站经营手段中的一种,是否适合于自己的网站应用,应用在网站的哪个环节上,是需要具体情况具体分析的。

(2) 应用个性化服务首先要做的是细分市场,细分目标群体,同时确定不同群体的需求特点。这几个方面的因素决定着个性化服务的具体方式,也决定着个性化服务的信息内容是什么。

(3) 市场细分的程度越高,需要投入到个性化服务中的成本也会相应提高,而且对网站的技术要求也更高,网站经营者要量力而行。

(三) 网上个性化服务的意义

按照营销的理论,目标市场是需要细分的,细分的目的是把握目标市场的需求特点,从而使按需提供的产品和服务能为客户广泛接受。因此,细分的程度越高,就越能够准确地掌握客户的需求。

对于网站经营者来说,吸引大量的网民,是网站能否成功的关键。而在网站的交互过程中,网民是处于主动地位的,网民不去访问你的网站,网站中的信息或服务不被网民应用,网站就失去了存在的意义。由于个性化的定制服务在满足网民需求方面可以达到相当的深度,所以,只要网站经营者对目标群体有准确的细分和定位,对他们的需求有全面准确的总结和概括,应用定制服务这一营销方式就可以有效地吸引网民。

另外，在网站个性化服务中，电脑系统可以跟踪记录用户的操作习惯、常去的站点和网页类型、选择倾向、需求信息以及需求与需求之间的隐性关联，据此更有针对性地提供用户所希望的信息，形成良性循环，使人们的生活离不开网络。而信息服务提供者也有利可图，系统在对用户信息进行分析综合后，可以抽象出一类特定的人，然后有针对性地发送个性化、目的性很强的广告；也可将这些信息进行提炼加工，用来指导生产商的生产；生产商据此可以将目标市场细化，生产出更多更具个性化的产品，并实现规模化生产和个人化产品/价格销售。这些信息还可卖给广告商，因为准确而具体的信息将为广告商节省一大笔市场调研费，从而使广告成本降低。总之，个性化服务对个人、对信息提供者都有益处。

**专论15-1 搜索引擎营销——21世纪企业的财富之门**

美国PEW互联网公司在2005年12月21日公布的一项调查显示，过去两年使用网上搜索引擎的美国人激增，越来越多的美国人的生活已经离不开Google和Yahoo。调查称，2005年9月，美国每天有6 000万人在搜索引擎的帮助下上网冲浪，与2004年6月的3 800万人相比，人数增加55%，占美国网民总数的41%。这一上升势头直逼电子邮件使用率。电子邮件在美国网民上网目的中居首位，每天有52%的美国网民在收发电子邮件。PEW公司的李·雷尼说，大多数美国人已经把互联网当成大型图书馆，他们越来越依赖搜索引擎的帮助，去寻找有关感兴趣的人物、想做的交易、想与之打交道的组织等一切信息。对美国网民10月份上网情况的统计表明，目前Goose的使用人数排在第一位，单独访客达8 980万人，Yahoo为6 800万人，排在第三的Microsoft MSN为4 970万人。上海艾瑞市场咨询公司的最新研究显示，2007年我国搜索引擎市场规模将达33亿多元。

根据中国互联网络信息中心（CNNIC）发布的《第13次中国互联网络发展状况统计报告》，在中国大陆地区7 950万网民中，有3 267万网民为商业决策相关人士，而有多达69.6%的人把搜索引擎作为在互联网上获得信息的最主要的方式。

也就是说，搜索引擎是2 273万商业决策相关人士在互联网上获得商业信息的最主要的方式。

**一、搜索引擎营销：企业网络营销的重要平台**

搜索引擎营销是网络营销方法体系的重要内容之一，已成为企业网站推广的首要方法。所谓搜索引擎营销，就是根据用户使用搜索引擎的方式，利用用户检索信息的机会尽可能将营销信息传递给目标用户。或者说，企业利用这种被用户检索的机会实现信息传递的目的，就是搜索引擎营销。

搜索引擎营销可分为4个目标层次：第一个目标是搜索引擎营销的存在层，其目标是在主要的搜索引擎/分类目录中获得被收录的机会；第二个目标称为表现层，目标是在被搜索引擎收录的基础上尽可能获得好的排名；第三个目标则直接表现为网站访问量方面，也就是通过搜索结果点击率的增加来提高网站访问量，称为关注层；第四个目标为转化层，即通过访问量的增加转化为企业最终实现收益的提高，是各种搜索引擎方法所实现效果的集中体现，在搜索引擎营销中属于战略层次的目标，可操作性和可控制性比前3个层次要差一些。搜索引擎营销具有6个特点：① 其方法与企业网站密不可分；② 传递的信息只发挥向导作用；③ 是用户主导的网络营销方式；④ 可以实现较高程度的定位；⑤ 其效果表现为网站访问量的增加而不是直接销售；⑥ 需要适应网络服务环境的发展变化。

## 二、搜索营销策略：广撒网才能多钓鱼

利用搜索引擎提升网络品牌的基本方法包括：尽可能增加网页被搜索引擎收录的数量；通过网站优化设计提高网页在搜索引擎检索结果中的效果（包括重要关键词检索的排名位置和标题、摘要信息对用户的吸引力等），获得比竞争者更有利的地位；利用关键词竞价广告提高网站搜索引擎可见度；利用搜索引擎固定位置排名方式进行品牌宣传；多品牌、多产品系列的分散化网络品牌策略等。这些方法实质上都是为了增加网站在搜索引擎的可见度，因此如何提高网站搜索引擎可见度成为搜索引擎提升网络品牌的必由之路。企业搜索引擎营销策略的选择主要有：

（一）让自己的网站出现在搜索引擎搜索结果的前10名，是获得良好效果的关键

市场调查显示，85%的访问者会在搜索引擎的第一页（前10名）选择自己所需要的网站，而当企业的网站出现在搜索结果的第三页（前30名）之后，被访问的机会不超过4%。这也正是众多企业虽然建立了网站并且在各大搜索引擎进行了登陆，但依然没有获得收益的最根本原因。所以，不管企业选择哪一个搜索引擎进行推广，取胜的关键是：一定要让自己的网站出现在该搜索引擎搜索结果的前10名。

（二）搜索引擎的选择

不同的搜索引擎，无论是市场占有率还是企业推广的投入，都有很大的差别，所以，如果企业的推广资金有限或者希望前期尝试后再进一步大规模投入，那么，选择具有最高投资收益比的搜索引擎就尤为重要。

（1）各大搜索引擎市场占有率（意味着推广效果）比较。此调查结果从一定程度上显示出目前中文搜索引擎的人气。更旺的人气意味着更多的访问者，这是评价搜索引擎投放效果的主要指标，这个指标之于搜索引擎的意义相当于发行量之于报纸、收视率之于电视一样重要。业内公认的中文搜索引擎的风向标Google和百度以绝对优势胜出。

（2）三大搜索引擎推广投资收益比较。① Google。推广形式：Google目前最主流的推广形式是通过搜索引擎优化，使企业网站获得Google正式搜索前10名，从而具有近乎100%的机会被访问者点击。预算：9 000元（按照企业指定关键词优化难易程度略有波动）。效果：市场占有率40.13%，也就是说企业只要在Google一个搜索引擎获得前10名的排名，就有几乎100%的机会使40.13%的目标客户访问自己的网站。② 百度。推广形式：竞价排名，即按照单次点击价格预付费，单次点击价格较高者排在前列。预算：市场占有率39.80%，投入资金不确定，但部分案例显示投资高于Google的3倍，单次点击价格至少0.3元，此价格会因为同行竞价而显著提高。而恶意点击的问题，也使得投入金额具有更高的不确定性。③ 新浪。推广形式：购买固定排名，根据关键字热度不同，购买搜索结果首页第一名、第二名、第三名所需费用也分别不同。以开关行业为例，获得前3名的排名，为12 000元/年。

鉴于新浪搜索引擎在中国搜索引擎市场占有率仅为5.19%，由此得出，企业投资新浪搜索引擎的投资收益率远不如Google。

上述分析显示，在目前几种主要的搜索引擎推广模式中，通过搜索引擎优化获得Google搜索引擎搜索结果前10名的排名，在网站的推广预算上，可以取得更好地推广效果，是企业在网络时代，实现低成本高收益推广的最佳选择。

美国著名的网络营销专家Tom Dahm在一篇研究报告中指出，搜索引擎营销的四大成

功因素是：

（1）评测。营销效果评测是一个成功的搜索引擎营销战略的基础。要想成为一个出色的搜索引擎营销商，必须首先要学会不厌其烦地对广告活动的每个方面保持紧密的跟踪。

不过根据 SEMPO 去年的一项市场调研表明：许多用户甚至连最基本的营销效果都没有做过评估。据报告显示：有超过 30% 的用户并没有对访问量的销售转化比例进行跟踪。此外，约有 40% 的用户从来不计算他们的投资回报率。

这样高的数据不能不令人吃惊。这无疑说明了占相当数量的竞价排名广告用户根本不知道他们的投资是否物有所值。而且广告价格也是水涨船高，去年平均涨幅达到 26%。

但事实上，对于哪些广告能够争取到客户，而哪些广告只会使自己白白浪费钱财，如果广告客户能够在这一点上做到了如指掌，那么在搜索引擎营销这个大战场上，就有机会成为大赢家。

（2）灵活性。搜索引擎营销战略的成功根本取决于客户对关键词的选择。抱着务实的态度认真挑选关键词，再加上一个良好的营销战略，我们完全有望取得最佳的投资回报。

不要只把目标放在有限的几个关键词上。可以想到的是，你把火力集中在这几个词上，别人也会把目标锁定在这几个词上。大家都在抢这几个词的位置，白热化竞争足以导致价位飙升。即使最后能够拿下这个词，其广告价位也一定不菲。所以，与其和别人打破头地去争这几个词的广告位置，还不如先回过头来认真修改一下对关键词的定位，避其锋芒，攻其不备。

倘若留心观察一下网站的参照纪录（Referrer Log），你会很惊讶地发现，可能前 5 名主要关键词带给网站的访问量加起来还不到网站总访问量的一半。换言之，你的大部分访问量都来自那些平时毫不起眼的小关键词所带给你的。所谓涓涓细流汇成海，这些看似每月微不足道的访问流量汇聚起来的参照纪录，带给你的却是比 5 个主要关键词加起来还要多的访问量。

要想取得成功的搜索引擎营销战略，首先必须要将眼光放远，将目标放在较大范围内的关键词上。既要考虑到那些"重头"关键词，也要考虑到一些"小角色"的关键词。Overture 和 Google 均能允许用户很方便地增加关键词。与其为一两个竞争过热的"大"关键词绞尽脑汁，还不如退而求其次，在那些"小"关键词上下工夫。此外，通过搜索引擎提供的广告工具我们可以随时跟踪每个关键词对客户访问量的销售转化比例，进而了解和掌握每个关键词的工作性能，并对效果不好的关键词进行修正。

（3）求知欲。即使我们已经做得很好了，也应该问问自己，还有没有办法让这些关键词发挥更好的效果？如果对广告内容稍微做一下调整会怎么样？是不是还能有什么意外发现呢？

优化你的创意可以说是搜索引擎营销战略的一个核心部分。曾经有一个广告，只是稍微改了改广告的内容，结果广告的点击量翻了一番。

和其他的广告形式相比，改变搜索引擎广告的创意其实并不是一件难事。因为它们归根到底只是一些文本类型的广告，它并不要求你有电视广告制作人或画家那样的创意和文采。

对不同的广告创意进行 AB Test，看看哪组广告的性能最佳。Google 可以允许用户同时运行多个广告并对宣传效果进行跟踪调整，使广告达到最佳绩效。你不妨一试，看看究竟会发生什么。这样的努力非但不会对客户的投资造成任何损失,反而能够推动搜索引擎营销迈向更高的辉煌。

(4) 恒心。搜索引擎营销战略的成功取决于客户的后继工作。要开展搜索引擎营销广告活动并不难,遗憾的是,有许多客户在其广告活动开展后的几个星期之后就开始放松对广告的监控力度。

对待搜索引擎广告活动可不能抱着一劳永逸的态度。倘若我们能够坚持不懈地对广告的性能进行跟踪管理,并与竞争对手并肩前进,一定能够从广告活动中获取更多意想不到的收益。

除此之外,搜索引擎也会不断地开发出一些新的工具来帮助广告用户,用户可以充分利用这些工具来发挥搜索引擎营销的作用。

### 三、搜索引擎优化:钓鱼不忘撒诱饵

搜索引擎优化,就是针对各种搜索引擎的检查规则,让网页设计适合搜索引擎的检索,从而获得搜索引擎收录并在排名中靠前的各种行为。一个搜索引擎友好的网站,应该方便搜索引擎检索信息,并且返回的检索信息对用户有吸引力,这样才能达到搜索引擎营销的目的。

这里有必要提出的是,在实施搜索引擎优化方案时,如果采用不合理的方式,如被搜索引擎视为作弊的手段,则有可能造成网站被搜索引擎惩罚,轻则被视为低质量网页而在用户检索时发挥不了任何优势,重则网站被搜索引擎彻底清除。如果网站出现了这种结果,那么将严重影响企业的品牌形象,对整个网络营销策略也将是严重的打击。

美国搜索引擎优化专家 Jennifer Hormwitz 总结 2006 年的搜索引擎优化(SEO)时提出,2005 年如果你还没有投入于搜索引擎营销,现在立即投入还不算太晚。同时,Jennifer 提出一些"SEO 有所为有所不为"的建议,新竞争力网络营销管理顾问以 Jennifer 的建议为基础,归纳出"搜索引擎优化(SEO)五要五不要"。

搜索引擎优化(SEO)五要:① 要按照搜索引擎给网站管理员的建站指南行事,不要自作聪明去"引导"搜索引擎抓取网站信息(例如 Google 向网站管理员提供的信息)。② 要始终坚守用户导向的规范的网站优化思想原则,不过度使用任何伎俩。③ 为网站增加与关键词有关的丰富内容,因为"搜索引擎营销的核心思想是基于网站文字内容的推广",并牢记:原创和高质量网站内容最重要。④ 要听取那些愿意与你分享搜索引擎优化专业知识的专家提供搜索引擎优化建议,而不是那些对你隐藏其"技术"和"秘诀"的 SEO,因为搜索引擎优化实际上一点也不神秘,甚至可以说没有什么技术含量,只要了解规范的搜索引擎优化的基本原则和方法,每个人都可以成为搜索引擎优化高手。当然,搜索引擎优化重要的是实践经验,委托专业的服务商效率更高,效果更有保证。⑤ 要经常提醒自己,牢记 Google 写给"搜索引擎优化服务商"的信息:没有人能担保你在 Google 上排名第一!尤其是有人向你承诺"保证在 Google 排名第一"时,更要保持高度警惕。

搜索引擎优化(SEO)五不要:① 不要在网页中夹带隐藏文本,尤其是隐藏于不可见的 CSS 层,时刻记着,网页内容是给用户看的,不是为搜索引擎检索准备的,用户不可见的信息更容易引起搜索引擎的警惕;② 不要在网站内设置那些违反"Google 网站管理员指南"的网站链接,否则你的网站很可能会被搜索引擎永久性删除;③ 不要过度运用内部链接和锚文本链接,这对搜索引擎优化没有多大意义,反而可能让来到网站的访问者直接走掉;④ 不要

大量复制拷贝其他网站内容,这样不仅侵犯他人的著作权,也影响自己网站的形象,而且搜索引擎对原始内容与偷窃内容的判断更加准确,会采取合理的手段避免让内容偷窃者获利;

⑤ 不要自己随意对网站进行"搜索引擎优化",除非你确信自己100%明确搜索引擎优化专业知识和优化步骤及优化技巧,并且有大量时间去投入,否则还是委托专业网站优化公司彻底优化网站,以免浪费时间和影响成效。

搜索引擎优化"五要五不要"当然不是搜索引擎优化思想和搜索引擎优化方法的全部内容,不过这些基本原则为实施网站的搜索引擎优化提供了基本思路,无论是自行对网站进行优化,还是委托服务商实施搜索引擎优化,你都可以参考搜索引擎优化"五要五不要"中的相关条款。(苏华,郑小丽)

(摘自《市场营销导刊》2006.2)

## 复习思考题

1. 什么是网络营销?开展网络营销的优势有哪些?
2. 简述网络营销的主要特点。
3. 无站点网络营销的基本方式有哪些?
4. 网络营销的实现过程主要包括哪几个方面?
5. 什么是数据库营销?实施数据库营销有哪些步骤?
6. 网络客户服务有何特点?
7. 简述关键字广告的类型与优势。
8. 搜索引擎有几种类型?何谓搜索引擎营销?
9. 阅读专论15-1,为什么说搜索引擎是企业网络营销的重要平台?

# 第 16 章　全球市场营销

**本章要点**

- □ 全球市场营销概念
- □ 全球市场营销环境分析
- □ 全球市场营销的进入战略
- □ 本土化营销策略
- □ 全球市场营销理念
- □ 全球市场营销的战略定位
- □ 一体化营销策略
- □ 全球品牌营销策略

## 第一节　全球市场营销概述

更快捷的通信、交通和资金流通使得世界正在快速变小。一个国家设计的产品，在其他国家被热情地接受。你喝的饮料可能是美国的可口可乐，你用的香皂可能是英国的力士，你的皮包里的袖珍计算器可能是日本的卡西欧。在一个国家开发的产品，如中国皮具、诺基亚移动电话、麦当劳汉堡包、日本寿司、德国宝马车，在大多数国家受到了欢迎。一位中国台湾地区的商人在中国大陆穿着意大利西装，在韩国餐馆会见美国朋友，然后回到宾馆，打开法国白兰地，并收看香港泛亚卫星电视，这样的情形已毫不奇怪。现代全球营销发展很快，新法规、新惯例、新业务、新操作迫使人们站在更高的角度来思考问题。

### 一、全球市场营销的概念及战略形态

（一）全球市场营销的提出及内涵

进入 20 世纪 90 年代以后，企业营销者特别是跨国企业的营销决策人员所面临的最重要的战略问题之一便是全球化。来自于企业外部或内部的各种动因无不驱使其迈向全球。事实上，对于如家用电器、药品、汽车、娱乐、金融、出版、旅游服务业等这样的全球性产业来说，即使企业拥有最大的国内市场，也无法长期生存。在激烈的全球性优胜劣汰的竞争中，每个产业最终只能剩下 3~5 家经营者。因此企业必须放眼全球，占据世界所有重要市场。全球市场营销的应运而生，为企业迈向全球开辟了一个新的途径。

1983 年西奥多·莱维特发表了题为《市场全球化》的一篇学术论文。他认为自 20 世纪 60 年代以来，世界经济、社会与技术的发展已使得全球在众多方面具有越来越多的共同性。就消费者的兴趣及其对商品的偏好而言，由于需求的相似性，已在全球形成统一的市场。这样，全球性企业就可以生产全球标准化产品，并获取规模效益，使产品的价格降低。从而能在竞争中占据更多的比较优势，这事实上就是全球营销的雏形。后来学术界和工商企业界围绕着各国之间文化趋同性的程度，以及跨国公司能否采取全球化标准化营销等方面展开讨论。一些学者还将日本企业在国际市场上的成功归因于其采取了全球营销战略，包括建

立全球分销网络和全球品牌,这又极大地推动了全球营销的推广。当今世界瞬息万变,面对激烈的全球竞争,企业必须具有全球营销的视角,更为有效地开展自己的经营活动。

1983年西奥多·莱维特提出市场营销学发展史上又一个里程碑式的概念——全球市场营销(Global Marketing)。全球市场营销是指企业在全球范围内选择目标市场,将其资源和要素(包括人力、物力、财力、技术、产品、服务、管理、信息等)配置于全球市场的机遇和挑战之中,使其满足消费者需求及其价值认可的一种商务活动过程。狭义的全球市场营销是指企业生产和销售某一产品或服务,在全球市场的范围内,制定出一个单一的标准化的营销策略,以同时满足全球范围内不同市场的需要,企业因此而获得其全球范围内的规模经济以提高产品或企业竞争力。

全球营销内涵极其丰富,不仅涉及需求和竞争两大营销基本问题,而且强调要基于全球视角来思考解决它们的营销战略与策略。就营销而言的全球视角,是指看待市场机会、配置营销资源和构建竞争优势的全球视角。唯其如此,在市场全球化、竞争全球化的时代背景下,企业才能够生存和发展。制定全球营销策略的关键在于设计和发展适用于不同市场、不同地域的统一营销策略。

全球营销是基于企业开展营销活动时将世界市场视为一个整体(而非若干独立的国别市场的叠加),统一规划与协调,以便获得全球性竞争优势的一种营销方式。所以,全球营销在很大程度上是一种经营哲学。全球营销的核心在于"全球协调"与"营销一体化"。也就是说,开展全球营销的企业在评估营销优势与劣势、机会与威胁及制定全球营销策略时,不以国界为限,而是立足全球。全球运作、全球协调与全球竞争是全球营销的三大特征。为此,经营者必须建立一套全新的战略思维,包括全球竞争优势、全球竞争者分析、全球市场占有率、全球产品系列、全球资源分布等。

(二) 全球市场营销战略形态的演变

就跨国公司而言,其全球市场营销战略的制定和演变主要由跨国公司全球市场营销环境、公司经营视角及公司和管理者对营销的认识等因素决定的。由于跨国公司海外经营比例越来越大,涉入国际市场的程度越来越深,海外经营的重要性之于公司的整体利益的重要性日益增强,这使得跨国公司的高层决策者和营销管理者观察问题的视角发生了巨大的变化,从而在不同时期和不同市场背景下制定了不同的全球市场营销战略。全球市场营销战略主要经历了以下几种形态:

(1) 出口营销。这是跨国经营企业争取母国以外市场机会的第一个阶段和最基本形态。这一阶段的营销者将目标市场定在母国以外,依靠母国的生产设施为这些外国市场提供产品,重点是尽可能扩大利用母国的产品和经验。

(2) 国际营销。国际营销是企业寻找与本国相似的国外市场,这对企业而言是从内向型向外向型转变的一个重大突破。这种营销以自我条件为参考标准,可以说是本土中心主义的延伸。实施国际营销战略的跨国经营企业比出口营销者走得远一些,他们更加关心目标市场国家的市场环境。国际营销战略比出口营销战略可以调动的资源要多得多,例如,为了获得更大的竞争优势,国际营销者可能从母国以外的地区为目标市场提供产品。国际营销最典型、最常见的组织特征是在企业的组织构架中专设一个处理国外事务的国际部门,在企业运作中将原有的营销策略和产品延伸到国外,由企业专门派人在国外负责海外部门的重要职务,控制国外市场。一般来说,这种营销战略也倾向于少依靠中间商或中介机构,而是更直接地在目标市场国家设立自己的代表处或分支机构，以更加有力地协调市场营销活动。由于有自己的子公司，国际营销者在利用母国的产品和竞争优势时可以创造更大的内部化组织。

(3) 跨国经营。跨国营销的概念始于1974年。它与国际营销的区别在于，它已经开始重视到各个国外市场的差异性，基本上把各国市场视为独立的个体，以"多元中心主义"为导向，配合各个不同国家的特色而采取因地制宜、以修改产品为主的营销战略。随着跨国营销业务的成长和繁荣，企业成为真正的跨国公司，他们在很多国家直接投资并对世界上任何可利用的地方作出决策。

实施国际营销战略的跨国公司在致力于利用母国产品和经验的过程中，越来越对目标市场的差异和独特条件有所了解，部分跨国公司转向"多国营销"战略，他们为自己设定了新的目标：使公司的市场营销策略适应目标市场的独特环境。各子公司均致力于发展适合于目标市场的营销知识和技能，并保留于各子公司。因此，多国营销更倾向于使产品和服务适应当地市场，保持更大的灵活性。

(4) 全球营销。在20世纪的最后10年中，跨国公司营销战略中出现了一种新形态——全球市场营销，而且随着时间的推移，国际营销、多国营销和全球营销之间的界限和区分逐步缩小，e-Marketing无须再选择"着眼全球，地方做起"，或者"着眼地方，全球做起"，而只能是"着眼全球和全球做起"。越来越多的公司在追求这种战略，研究者也认为这种新形态代表了跨国公司营销战略变化的趋势。

全球营销是基于上述3种营销之上的，它把世界当做一个统一的市场，致力于开发某些有着共同需求及信息的基本产品，以满足全球各个市场的需求。全球营销的最独特优势在于它可以利用经济转移、系统转移、规模经济、资源共享即全球策略的杠杆作用。跨国公司如果在其所有的国家内使用几乎同样的营销策略，就成为全球公司，它们创造出了全球品牌。国际营销、跨国营销和全球营销之间的简单比较如表16-1所示。

表16-1　主要营销形态的比较

| 营销形态 | 市场区域 | 需求满足 | 产品提供 | 广告策略 |
| --- | --- | --- | --- | --- |
| 国际营销 | 不多的国家 | 相似需求 | 相似或不同 | 不同 |
| 跨国营销 | 较多的国家 | 不同需求 | 不同 | 不同 |
| 全球营销 | 大多数国家 | 同样需求 | 相同 | 相同 |

全球营销战略代表一种管理理念，并不意味着要进入全球所有国家市场，他们的决策、计划和行动实施是放在全球角度去考虑和进行的，目标是通过在世界各地开展活动，尽量扩大本公司的市场，增加利润，提升公司股票的价值。

全球市场营销后一个发展趋势是全球网络化营销。一般的全球营销战略还是倾向于全球资源的集中和统一使用，强调标准化的策略和低成本优势；而在全球网络化营销阶段，则是通过相互连接的全球信息网络把各个子公司在各市场创造性的营销经验和技能通过组织内的传递机制进行有效传递，从而成为整个公司共享的资源，同时跨国公司利用现代信息网络资源开展营销活动，企业能将产品说明、顾客意见、广告、公共关系、顾客服务等各种营销活动整合在一起，进行一对一的双向互动沟通，真正达到营销组合所追求的综合效果。这是营销战略在网络时代的一种新的升华,更本质地体现了具有时代特征的新营销理念和运作。这种扩展了的营销观念被通用电气(GE)公司总裁韦尔奇称为"无边界营销"(Boundless Marketing)。

## 二、全球营销产生的驱动力

全球营销指企业在全球范围寻找目标市场,整合资源,构建竞争优势,为全球范围的目标消费者群设计、传递价值,然后进行全球型的组织管理、协调和实施的过程。如果把整个社会经济生态系统划分为内外两大部分,可以清晰地辨识出推动全球营销产生的外部和内部驱动力。外部驱动力主要是自由贸易、区域市场、产业分工、技术发展、全球消费者需求趋同和全球竞争;内部驱动力主要是全球营销带给企业的众多利益。

(一)推动全球营销产生的外部驱动力

(1)自由贸易、区域市场与产业分工。倡导全球自由贸易,尽力打破一切阻碍商品、服务、资本、技术、人力在国家间流动的有形壁垒,不仅极大地促进了以比较优势为基础的全球贸易的增长,而且使以资本、技术为载体的跨国投资也日渐活跃。世界贸易组织、世界银行、国际货币基金组织等国际性机构已经成为促进全球自由贸易和形成全球市场的助推器,也是降低世界经济和金融波动的稳定剂。

由地缘相近、文化类同的国家所组成的一体化区域市场,比如欧盟、北美自由贸易区等,不仅撤销了阻碍贸易、投资、人员等在区域国家间流动的各种壁垒,甚至在欧盟区还执行了象征更高一体化程度的单一货币体制。

全球产业分工呈现出新的格局,不仅有传统的美国、欧洲、日本间的"世界三角区"内的水平分工,而且还有发达国家与发展中国家之间的垂直分工。这直接导致了许多新兴市场的形成,比如中国和印度市场,同时,这些新兴市场又成为全球产业的重要生产基地。世界经济也因产业分工格局的改变而日渐融合。

(2)技术发展的推动力。技术发展对全球营销的推动力主要表现在3个方面:一是全球型媒体的形成;二是交通技术的进步;三是通信技术的发展。

互联网、CNN、MTV等全球型媒体的形成,被称之为世界范围内的传播革命,成为推动全球营销发展的重要力量。世界各地的文化、价值等通过全球媒体被广为传播,真正形成了包容不同文化的地球村,进而潜移默化地影响着全球消费者的生活方式。企业现在可以通过全球型媒体,设计、传播全球型广告,在世界范围内传递企业和产品的定位。

全球营销需要通过全球资源的配置实现,这势必使企业组织结构也呈现全球地理分散的特征,协调与沟通的成本及难度随之加大。但是,交通和通信技术的飞速发展,如便捷的商务旅行、电视电话会议、电子邮件、传真等,提供了解决全球型企业内部协调和沟通的方案。

(3)全球消费者需求趋同。全球消费者需求呈现趋同的特征,奠定了企业开展全球营销的基础。比如,全球青年人看同样的好莱坞大片、欣赏NBA比赛、与F1一起疯狂、喝可口可乐、泡吧、吃比萨饼等。有许多原因导致全球消费者需求趋同。首先,人类文化的共性,如对自由、独立生活的向往和追求,是需求趋同的文化基础;其次,全球媒体的出现,构建起文化地球村,在世界各地消费者心灵之间架起了相互沟通的桥梁,为需求趋同创造了心理基础;最后,交通技术的发展,极大地促进了消费者在全球的流动,或商务,或旅游,创造了需求趋同的市场基础。

(4) 全球竞争。全球竞争本土化、本土竞争全球化是无可争辩的现实，面对现实，企业别无他法，只有参与进去，通过全球营销的方式应对全球竞争。全球竞争的现实给企业也造成了很大的压力。化解压力的最好办法就是通过全球营销优化全球资源配置，获得更大的成本优势和质量优势。

### (二) 推动全球营销产生的内部驱动力

通过全球营销，企业可以获得众多利益，这就成了推动全球营销产生的内部驱动力，主要表现在以下三方面：

(1) 经验分享。开展全球营销的企业，可以在不同市场间分享以往积累的经验，如管理经验、产品开发经验、广告诉求方式等。在企业内部不断分享各种经验，有助于将经验转化为企业的核心竞争能力，提升企业的整体竞争优势。

(2) 规模经济。相对于其他企业，开展全球营销的企业有更多获得规模经济的机会。由于有全球巨大市场的支撑，企业价值链的众多环节，比如研发、生产、物流、营销等，均能以大规模方式运作，从而产生规模经济效益。

(3) 全球资源的利用。为了在全球市场竞争中获得优势，开展全球营销的企业不只从规模经济效益角度，还需从竞争优势角度设计企业价值链。得天独厚的全球营销模式，允许企业将价值链不同活动环节配置到全球最有利的区域，并通过总部的管理协调，整合各个环节的优势，最终形成全球型企业价值链的整体竞争优势。

## 三、经济全球化与全球市场营销理念

### (一) 经济全球化的概念

经济全球化是一种新的国际关系体系的发展，指各国经济越来越相互关联、相互渗透、相互影响、相互依存的趋势。生产国际化、经济全球化、市场一体化，资本、商品服务、技术、信息等超越国界，在全球范围内大规模流动，实现世界资源的优化配置。经济全球化的核心是各国经济的开放度增加，相互依存关系加深和进一步推动经济一体化，是货物、服务、生产要素更加自由跨界移动。经济全球化是由企业实施的在全球范围内进行生产经营的一种微观经济行为，这种微观经济在各国政府的开放市场、放松管制、鼓励竞争等宏观经济政策措施的协调和促进下越来越具有活力。经济全球化主要包括市场、资本流动、贸易和信息的一体化，经济全球化将成为21世纪发展的主导力量。

### (二) 在经济全球化条件下，应树立的全球市场营销理念

(1) 全球市场理念。全球市场理念首先要求企业经营者从战略高度把握住全球市场，淡化国内市场与国际市场的界限，在全球范围内寻找自己生存和发展的机会，将企业资源配置于全球市场的机遇与挑战之中；其次，在全球瞄准几个重点市场，以重点市场辐射周边市场，不局限于某个市场的利多利少；第三，全球市场不仅是地理概念，而且是一种多维的市场概念，如市场需求的多元化，市场竞争不只是原有市场的瓜分，更注重市场的创新、开拓，市场营销不仅是产品和服务的营销，而且是企业各要素的营销等等，都是多维全球市场的反映。全球市场理念是经济全球化的客观要求，企业必须以全球市场理念来指导自己的营销活动。例如，空中客车公司早已不是法国公司，而是欧洲公司，因为它已把营销触角伸向了各国市场。

(2) 要素营销理念。传统意义上的营销主要是指产品和服务的营销,而全球市场营销是企业要素(包括资本、技术、产品、服务、信息、管理等)的整体营销。在经济全球化过程中,各国企业在全球市场竞争中的方式日益复杂多样,仅靠产品、服务营销的单一模式很难在全球竞争中取胜,企业必须把产品、服务要素与投资、技术、信息、管理等要素结合起来,实施要素的全球整体营销,才能使企业的全球市场营销更具有生命力。20世纪跨国公司在全球营销中的成功经验已证明这一点,跨国公司是随着他们在世界各地的资本输出、技术输出、管理输出的规模不断扩大带动了产品、服务在全球市场的营销而日益发展壮大起来的。所以,我国的企业经营者应改变传统的营销观念,树立要素营销理念。

(3) 创新理念。21世纪是知识经济(或称新经济)的时代,其主要特征之一就是不断创新。为适应时代发展的要求,企业应以创新观念来指导全球市场营销。这里的创新包括观念创新、市场创新、技术创新、产品创新、服务创新、人才创新、组织创新、制度创新、管理创新、营销创新等方面的内容。观念创新是先导,海尔从一个亏损的小企业发展成为一个跨国企业集团,其重要的因素之一就是他们成功地创造了一系列超前观念和方法,如品牌是市场的版图、OEC管理法、海尔的国际化和国际化的海尔……正是这些观念和方法引导海尔一步步走向辉煌。市场创新,就要从全球市场角度出发,不仅要通过市场细分发现新的目标市场,而且要从动态发展的市场中去探求新的市场,更要以高新技术去创造新的需求、新的市场。用海尔人的话来说:"市场创新不是去抢现有'蛋糕',而是去做新的'蛋糕'。"技术创新就是要把知识经济时代的高科技技术应用到企业的产品开发、生产、营销中去,技术创新是企业实施全球市场营销的源泉。但技术创新并不是要求每个企业都要自己去研制新技术、开发新产品,而是要从企业实际出发,充分利用全球市场营销中资源全球配置的机会,以多种形式实现企业和技术创新。人才创新首先是人的观念创新,其次要培养复合型人才。全球市场营销不同于国内营销,它必须既有熟练的外语交流技能,又具备营销、管理、生产、经济、社会、地理、人文、信息技术等方面的专业知识和技能,这种复合型人才是企业全球市场营销的根本保证。组织制度和管理的创新在很大程度上要求企业按经济规律办事,同国际市场接轨,以精简、高效、规范、灵活为宗旨适应全球市场中不断变化的要求。营销创新就是要求企业在营销策略和方法上的创新,在传统的产品策略、价格策略、渠道策略、促销策略的基础上进一步开创新的营销,如柔性营销、网络营销、绿色营销以及定制营销等。随着全球市场营销的进一步发展,一些新的营销策略和方法将不断涌现。

(4) 品牌观念。品牌是企业全球市场营销的法宝。买商品认名牌,将成为21世纪的一种普遍消费心理。过去的20世纪是诸侯争霸、优胜劣汰的"战国时代",经过十余年的市场竞争,全球品牌产品将确立企业、产品和服务的全球市场地位。众所周知,跨国公司与著名品牌之间有着密切的联系,品牌竞争是跨国公司全球竞争的最显著的表现形式。成功的品牌,尤其是全球名牌象征着巨大的持久的竞争优势。跨国公司在全球进行资源配置,输出资本、技术、管理的同时,最突出的特征就是实行品牌输出,并以品牌为核心制定全球营销策略。跨国公司在全球的公关宣传活动也无不以品牌为主要的传递信息。对实施全球市场营销的企业来说,品牌是沟通企业与消费者的最主要的信息,也是所有信息的象征代表。

(5) 风险意识。全球市场营销给企业带来了更多、更广的市场机遇,但同时也给企业带来了更大、更复杂的市场风险。全球市场风险大的原因在于:第一,全球市场营销是企业各要素的营销,比起把单一的产品服务要素投入市场所产生的风险要大得多,因为除了产品、服务之外,其他各要素都要面临市场风险;第二,全球市场环境更加复杂,不同国家和地区,不同民族的经济环境、政治环境、法律环境、社会环境和自然环境有着很大的差异,企业在全球市场营销中要把握好这些差异,有着很大的难度;第三,全球市场营销所面临的不确定性因素很多,全球市场环境、消费者的需求、竞争与合作伙伴的情况、企业自身因素和营销行为等都处于一个动态的变化过程,其中任何一个因素的变动都会直接或间接地影响企业的全球市场营销;第四,全球营销的策略、方案、措施更加多样,尤其是面对复杂多变的市场环境采取新的营销策略方案、措施将带来更多的不确定性。以上这些原因加大了企业全球市场营销风险,应当引起企业的足够重视,必须深入分析全球或营销环境的基本特征。

## 第二节　全球市场营销环境分析

任何一个公司或企业在决定进入全球市场之前,都必须透彻地了解当今全球市场营销环境,只有这样才能制定出正确的营销方案。营销环境是影响企业经营行为的外在力量,企业必须善于利用环境提供的机会,还要能规避环境造成的威胁,其生存和发展才有保障。全球市场营销环境由具有不同经济、政治法律、社会文化特征的国家及地区市场营销环境构成,较单一国家市场营销环境更复杂和更具有不确定性。为此,要确保全球市场营销的成功。

### 一、全球经济环境分析

世界各国由于经济环境的不同,导致市场运行的基础条件、市场规模、需求结构等方面存在差异。全球营销企业在确定目标市场、设计营销方案时,需要考虑不同国家间的这种差异。对具备相同经济环境的国家,可以采取类似的营销策略,否则,需要差异化的营销策略与之适应。

(一)经济体制

各国经济体制不尽相同,大体有 3 种经济体制,分别是计划经济体制、市场经济体制、计划与市场相结合的经济体制。目前,大多数国家采取的是计划与市场相结合的经济体制,只是计划与市场在经济体制中的比重不一,所涉及的行业不同。在市场经济体制中,具体组织形式和经济调控程度不尽相同。全球市场营销首先要对东道国经济体制予以充分了解,才能制定相应的营销战略。

(二)经济结构

经济结构与经济发展水平密切相关,直接决定了一国的产品和服务需求结构、需求水平、收入水平和就业水平。世界各国的经济结构大体分为 4 类:

(1)传统型经济结构。主要特点是以自给自足的农业经济为主,绝大多数人口从事简单农业,交换也仅限于多余农产品的物物交换。国民购买力低下,几乎不能提供全球营销机会。

(2)原料输出型经济结构。主要特点是自然资源十分丰富,资源开采业非常发达,但其他产业十分落后,他们的收入主要来自出口天然资源。例如中东大多数国家形成了石油输出型经济结构。这种经济结构的国家是各类采掘设备、工具、原料加工设备、交通运输设备及各种日用消费品的大好市场。

（3）新兴工业化经济结构。具备这类经济结构的国家，加工制造业很发达，国民收入随着经济增长而不断攀升。他们提供了原材料、燃料、先进技术设备和中高档消费品的巨大市场，同时也出口大量质优价廉的加工制成品，如目前的中国、东南亚诸国、巴西、墨西哥等。

（4）成熟工业经济结构。发达国家大都属于这种经济结构类型。他们是全球技术、服务、高科技产品、资本（如投资基金）等的重要输出国，同时也是各类中高档消费品、原材料和能源的消费大国。这类国家和地区如北美、西欧、日本、澳大利亚等。

（三）市场规模

市场规模主要由人口数量和月收入水平决定。就总人口而言，一般来说人口与需求总量成正比，总人口数量越多则总需求量越大。此外，人口增长率、人口的区域分布、人口的年龄结构、人口的性别结构及家庭数目等因素，也对需求产生不同程度的影响。收入水平制约着市场规模，因此收入是衡量一个国家总体经济实力和购买力的重要指标，个人可支配收入、个人可自由支配的收入则与商品购买力呈正比。非生活必需品的市场规模要结合收入水平来测量，人均收入水平越高的国家，非生活必需品的市场规模也越大。

（四）基础结构

目标市场国家能源供应、通信设施、交通运输及商业基础设施构成了该国的基础结构。基础结构状况的好坏，直接影响企业在该国的营销成本。在基础结构条件完善的国家市场中开展经营，不仅可以降低营销成本，也有助于营销活动顺利展开。

（五）外汇管理

东道国的汇率及外汇进出口管制对全球营销影响极大。一个国家对另一个国家货币的比率定得过低，则该国必须为进口支付更多的本国货币，对依赖原料进口的国家会造成困难；反之，若货币升值，则通常给某些商品的出口带来困难。此外，一个国家对外汇管制的程度也会影响全球营销的发展。

（六）科技水平

科技水平高的发达国家，产业结构正在进行重大调整，集中发展技术密集型产业，技术性不强的产品往往大量进口，为发展中国家提供了一个市场机会。相对而言，发展中国家往往由于科技水平不高，需要进口先进的技术设备。了解全球技术进步状况，有利于针对不同国家发挥本国企业的相对优势。

## 二、全球政治法律环境分析

稳定、友好、可测性高的世界政治格局及各国政治环境，将促进全球营销的开展；由国际公约、惯例及各国的涉外法规所构成的全球政治法律环境，不仅约束着企业的全球营销行为，也提供了解决国际商务纠纷的法律途径。

（一）全球政治环境

1. 世界政治总体形势与格局

和平与发展是当今世界政治的主旋律，世界政治格局呈现多极化的特征，这些都为全球营销创造了良好的全球政治环境。但我们也要看到，全球恐怖活动、民族矛盾、宗教冲突、经济竞争、局部战争等都是导致全球政治环境不稳定的因素，对此必须给予高度重视。

2. 国别政治环境

可以从以下方面来认识国别政治环境：

(1) 政治体制。一个国家的政治主张和经济政策取决于其采取的政治体制。政治体制是影响企业在东道国开展营销活动的重要政治因素。如东道国是一党制还是多党制，是君主制还是共和制。政治体制的差异，会决定一个国家的政治主张和经济政策的差异。

(2) 行政体制。行政体制涉及行政结构和效率，包括政府对经济的控制和干预，以及政府对国际贸易、国际投资的态度等。不同的国家在行政体制上差别很大，企业应据此作出是否进入该国以及如何开展营销活动等的决策。

(3) 政治的稳定性。一个国家政治稳定，必然伴随持续稳定的经济政策，有利于企业开展全球营销。不稳定的政治是企业在东道国可能面临的最大政治风险。可以从政权更迭频率、民族与宗教冲突程度以及暴动、罢工、骚乱事件发生的多寡来判断一国政治是否稳定。

(4) 国际关系。可以从两个角度来理解国际关系对全球营销的影响：首先，企业所属国与东道国双边关系的好坏，将直接影响企业在东道国市场营销的成败；其次，东道国与其他国家关系的好坏，将间接影响企业的全球营销行为。

(二) 全球法律环境

(1) 世界各国的法律体系大都分属三大体系。一是普通法系；二是民法法系；三是伊斯兰法法系。各国法律的制定和实施受制于其所属的法律体系。

(2) 国际公约与国际惯例。国际公约是双边或多边之间缔结的确定、变更或终止其间权利与义务的协议，一国只有依照法定程序参加并接受某一国际公约，该条约才对该国具有法律约束力。国际惯例是在长期国际经济贸易活动中形成的习惯做法和先例。这二者都具备法律约束力，全球营销企业应当依照国际公约与国际惯例行事。

(3) 解决国际商务纠纷的法律途径。全球营销企业应熟知解决国际商务纠纷的法律途径，一般可以通过协商、调停、仲裁和诉讼4种方式解决纠纷。除协商只涉及当事者双方外，其他3种方式都有第三方国际组织或机构的介入。

(4) 涉外法律法规。全球营销行为必然受到东道国法律的约束。企业在全面了解东道国法律制度的基础上，应着重了解涉及市场竞争与消费者权益两方面的法律和法规，它们涵盖了产品、价格、渠道和促销等内容。东道国的涉外法律法规主要有3个方面：一是基本法律，如外资法、商标法、反倾销法等；二是关税政策，包括税种的设置以及关税的征收形式；三是进口限制或非关税壁垒等。

## 三、全球社会文化环境分析

人们的消费行为、需求偏好和交往习惯深受社会文化背景的影响，全球营销方案应适应东道国的社会文化和风俗习惯，即便是采用标准化模式，也需根据不同国家的社会文化特征，对方案进行适当调整。分析全球社会文化环境可以从以下几方面入手：

(一) 社会结构

社会结构确立了人们的社会角色和社会关系形态，可以从亲属群体和社会群体两方面来认识社会结构。构成亲属群体的基本单位是家庭，不同国家家庭规模不一，导致以家庭为单位的购买行为不同。通过对所进入国家的家庭结构、家庭生命周期等的研究，探求以家庭为购买单位的营销问题，对从事全球营销企业有很大帮助。社会群体包括除家庭外的各种社会组织,如各种社团、行会、部族等,属于同一社会群体的消费者大都具有类似的消费喜好。所以,从事全球营销的企业还应对各种社会组织、行会等共同利益群体高度重视,因为在营销活动中,这些利益群体会对该企业能否顺利在东道国及其社区顺利经营,往往有着举足轻重的作用。

(二) 语言文字

语言是人类交流沟通的载体,反映了一种文化的实质。与语言文字密切相关的广告语言、产品说明、品牌名称等全球营销方案,特别需要与东道国实际情况相适应,否则会阻碍营销顺利展开,也难以达到营销目标。语言文字也是进行市场调查、商务谈判的重要载体,对东道国语言文字的熟悉程度将直接影响市场调查与商务谈判能否顺利进行。

(三) 价值观

价值观是人们对事物的态度和评估标准。价值观念是文化的核心,深深影响着人们的消费行为。信奉节俭价值观的消费者喜欢物美价廉的商品;追求生活享受的消费者更多地购买高档次商品。西方国家消费者因快餐的方便、省时对其情有独钟;而发展中国家消费者却视其为时尚的就餐形式。价值观念还与宗教、道德、政治制度、经济发展水平等相关,并可以通过它们间接地影响人们的消费行为。

(四) 宗教信仰

宗教信仰是一种重要的意识形态。一方面,它要求企业在具有不同宗教信仰的国家开展营销活动时不得触犯当地的宗教信仰戒律;另一方面,宗教信仰组织本身就是集团购买者,又是教徒购买者的重要影响者。以适应宗教信仰的方式开展全球营销的企业,可以获得教徒购买群体的青睐。

(五) 商业习惯

全球营销需要与各国具有不同商业习惯的组织、人士建立合作关系,因此,需要熟知并适应不同的商业习惯,否则,在合作的过程中难免会产生隔阂。比如,与中东人做生意,需要先花大量时间与他们培养感情,而西方人认为这是在浪费时间,直入主题才是西方人喜欢的行事方式。

## 四、全球区域市场分析

区域市场是指由多个国家基于不同性质的契约,所组成的一体化程度不一的统一市场。可以从3个方面认识区域市场的全球营销意义:一是区域内国家的企业,可以享受到区域市场提供的各种优惠;二是区域外国家的企业,以投资方式进入区域市场将有利于克服各种形式的贸易壁垒;三是随着区域市场的形成,区域内的市场规模进一步扩大。

(一) 全球区域市场的类别

根据国家间合作的形式,区域市场可以分为:

(1) 自由贸易区。这是一体化程度最低的区域市场形式,区域内成员国间消除了各种形式的贸易壁垒,商品和劳务可以在区域内国家间自由流动,但成员国各自保持独立的国内经济政策,对区域外第三国的关税也保持独立。

(2) 关税同盟。合作程度高于自由贸易区的区域市场,即不仅在成员国间消除了各种贸易壁垒,商品和劳务可以在区域内国家间自由流动,而且各成员国对非成员国设置相同的贸易壁垒。

(3) 共同市场。在关税同盟的基础上,共同市场的一体化程度又更进了一步,不仅商品和劳务可以在区域内自由流动,而且生产要素,如资本、劳动力等,也可以自由流动;除了各成员国设置对非成员国统一的贸易壁垒,相互间还协调各自的国内经济政策,并保持汇率稳定。共同市场意味着一个相对统一的经济形成。

(4) 经济同盟。经济同盟的一体化程度最高,一体化领域从商品贸易扩展到生产、分配甚至整个国民经济。成员国间彼此协调各种经济政策,甚至采用统一的货币。

(二)全球主要区域经济组织

(1) 欧洲联盟。欧盟的前身是欧洲共同体。1992年,欧共体12个成员国签署了《欧洲联盟条约》,正式宣告欧盟成立。经若干次扩充,目前形成了横跨东西欧28国、面积400多万平方千米、人口5.1亿、GDP约达10万亿欧元的欧盟区。欧盟区的主要特点:一是欧盟区是仅次于美国的全球第二大经济体;二是欧盟区市场规模庞大;三是欧盟区对进口非欧盟国家的产品设置了较多限制;四是欧盟区一体化程度相当高。1999年1月1日,欧元在第一批成员国中正式流通,标志着正式走向货币一体化的欧盟时代到来。

(2) 北美自由贸易区。美国、加拿大、墨西哥三国于1993年达成经贸合作一揽子协议,标志着北美自由贸易区正式成立。三国政府旨在通过建立自由贸易区,推动区域内贸易和投资的发展,促进经济增长。北美自由贸易区主要有3个特点:一是市场容量大,是全球最大的市场;二是高中低档各类商品均有市场;三是开放程度较欧盟高,是企业全球营销的主要目标市场。

(3) 东南亚国家联盟。1967年由印度尼西亚、菲律宾、马来西亚、新加坡和泰国5个国家共同发表《曼谷宣言》,正式成立东南亚国家联盟,后经扩展,东盟成员国发展至10个。东盟的目标是在区域内逐步取消各种形式的贸易壁垒,以促进区域内部贸易和经济增长。东盟各国经济发展水平不一,联盟一体化程度远不及欧盟和北美自由贸易区,区域内各国间的贸易水平也较低,要达到东盟设定的贸易和经济增长目标还需进一步加强合作与交流。不过,东盟仍然是企业全球营销争夺的重要市场。

(4) 亚太经济合作组织。是由包括中国、日本、韩国、美国、加拿大、澳大利亚、墨西哥等国家和地区组成的经济合作组织,其目的是建立环太平洋自由贸易投资区,通过在成员国间实行贸易自由化,促进各成员国经济发展。

## 第三节 全球市场营销战略

全球市场营销战略是企业对全球市场营销的总体设计和长远规划,是企业进行全球市场营销的灵魂。企业经营者要站在全球市场高度,根据全球市场营销环境和企业未来发展方向,确定企业的营销战略目标和战略定位,并进一步分析全球市场营销的成功机会、风险系数和企业本身各要素的优势与劣势,在此基础上选择进入国际市场的最佳途径,拟定全球市场营销战略方案。

### 一、全球市场营销的战略定位

企业的全球市场营销战略定位分为4类(亦称EPRG体系),即E——本国中心主义

(Ethnocentrism);P——多中心主义(Polycentrism);R——地区中心主义(Regiocentrism);G——全球中心主义(Egocentrism)。4 种战略定位所对应的营销思想和方法如表 16-2 所示。

表 16-2 EPRG 体系和营销方法

|   | E<br>本国中心主义 | P<br>多中心主义 | R<br>地区中心主义 | G<br>全球中心主义 |
| --- | --- | --- | --- | --- |
| 市场 | 外国市场属次要地位,用以推销剩余产品 | 各国市场相互独立 | 各地区视为一个市场 | 全球视为一个市场 |
| 需求 | 外国的市场需求与本国相同 | 不同市场对应不同需求 | 在同一地区有相同需求 | 全球的需求相同 |
| 策略 | 与国内市场相同 | 各市场不同,营销组合应大改动 | 地区范围内标准化 | 全球营销 |

从表 16-2 中不难看出,本国中心主义的国际营销方法属于市场扩展式;多中心主义属于市场叠加式;地区中心主义则为地区性营销一体化的方法;只有全球中心主义采取了全球市场营销的方法,即将各国市场视为一体,在全球范围内寻找需求共性和营销机遇,实现全球市场营销一体化。可见,全球市场营销与全球中心主义的战略定位是一致的。

## 二、全球市场营销的进入战略

全球市场营销的进入战略就是如何进入全球目标市场的总体设计和规划。制定合理、有效的市场进入战略的前提是企业要在全球市场营销环境、全球市场机会与风险、企业能力和要素情况、全球市场细分和目标市场的确定、进入全球目标市场的预计目标 6 个方面进行认真、仔细的分析研究,以减少市场进入的盲目性,降低企业全球市场营销的风险。全球市场进入方式从大的方面来说有贸易进入、契约式进入和股权式进入 3 种。

(一)贸易进入

通过向对象国出口商品而进入全球市场的方式,称为贸易式进入。根据是否选择中间商和所选择中间商的不同,贸易式进入可分为间接出口和直接出口两种。长期以来,出口一直被作为企业进入国际市场的重要方式。

1. 间接出口

企业通过本国中介商出口商品即为间接出口。具体方式有通过出口经销商、出口代理商、联营出口等。

间接出口的优点是:企业利用原有生产能力和组织方式,实施简便易行;充分利用中介商的信息、经验和国际营销渠道,迅速进入国际市场;投入资金少,节省了国际市场调研、渠道建立等许多营销费用;灵活性大,当国际国内市场变化或企业实力改变时,企业可迅速调整国际市场进入策略;风险小。间接出口的缺点是:商品需要经过国界才能进入全球市场,面临着较多的障碍和壁垒;严重依赖出口中介商,不利于企业自身全球营销经验的积累;缺乏全球市场信息,企业产品难以及时适应全球市场变化。

2. 直接出口

企业通过国外中介商(经销商或代理商),或企业自己设立国外销售机构,在目标市场销售产品。具体形式有:直接卖给最终用户或通过国外代理商、通过国外经销商、在国外设立办事处或销售子公司卖给最终用户。

直接出口的优点是:企业利用原有的生产能力和生产组织形式,实施简便易行;比间接出口获利大;可以获得更多的市场信息,准确掌握国际市场需求变化;就近提供各种服务,有利于品牌营销活动的控制,提高全球营销水平;根据企业资源、经验和全球市场变化的情况,可灵活选择国际市场进入方式。直接出口的缺点是:容易遇到对象国贸易壁垒的阻碍;适用面较窄,如直接出口企业必须在出口产品方面具有竞争优势,才能打开市场;如果选择国外中介商,则出口业务易为国外中介商所控制,如果自己设立国外销售机构,则需要一批熟悉国际营销的专才,这些问题一般都不易解决。

(二) 契约式进入

契约式进入是指企业与对象国法人签订非股权性质的契约,将自己的无形资产使用权授予对象国法人,允许其制造、销售本企业产品,或提供服务、设备、技术支持等,以获得报酬并进入国际市场。常用的契约式进入方式有:许可证贸易、特许经营、管理合同、合同生产。

1. 许可证贸易

企业(许可方)与对象法人(被许可方)签订合同,允许其在合同期限内使用许可方的无形资产,并获得被许可方支付的报酬。

许可证贸易的优点是:确保无形资产受专利等法规和合同的保护;绕开对象国对商品进口的贸易壁垒和投资限制;是开拓对象国市场的试探性行动,有助于提高许可方在对象国市场的知名度;容易博得对象国的好感,以利于进一步扩大经营;可以带动附属交易,常被用来掩护产品出口;可规避投资风险和政治风险。许可证贸易的缺点是:收取的无形资产使用费一般较低,企业获益不多;有可能培养潜在的竞争对手;企业在对象国的经营计划、执行和控制难以达到理想效果。

2. 特许经营

特许经营指特许人将工业产权及整个经营体系特许给对象国独立的公司或个人使用,被特许人必须按照特许人的政策和方法经营,并支付费用。

特许经营的优点是:向对象国低成本快速扩张;标准化营销,容易扩大市场影响;被许可人能发挥经营积极性,创出业绩;风险小。特许经营的缺点是:特许利益有限;难以对被特许人全面有效地管理和控制;适用面较窄。

3. 管理合同

管理合同指企业与对象国法人签订合同,由该企业负责对方的全部业务管理,并以此进入对象国市场。管理方仅拥有经营管理权,而没有所有权,获得报酬的方式通常是费用总付、按利润额或销售额的一定比例提取、按具体服务支付费用等。

管理合同的优点是:不需要投入资金,基本无风险;容易了解对象国经营环境和市场需求情况,为进一步扩展业务奠定基础;作为提供管理技术的附加条件,管理方可以出口有关产品或设备,获得一定程度的补偿。管理合同的缺点是:占用大量优秀管理和技术人才,有可能培植今后的竞争对手,获利极少。

4. 合同生产

合同生产是企业为了开拓对象国市场,与当地企业签订订货合同,一方面向其提供技术援助或机器设备;另一方面要求对方按合同规定的质量、数量、时间生产本企业所需要的产品或零部件。

合同生产的优点是：充分利用了当地的生产能力和优势资源,减少了大量生产资金的投入;能够迅速组织生产,快速进入对象国市场;风险较小;避免了大量地进入国际市场的障碍。合同生产的缺点是：为确保产品符合要求,可能要提供技术援助或管理支持;有可能培养未来竞争对手。

### (三) 股权式进入

国际化经营企业通过直接投资而拥有对象国某企业全部或部分股权,以达到对该国企业既有所有权,又有经营管理权,从而进入全球市场的方式,即为股权式进入。它是国际化经营企业进行全球营销的高级形态,能获得较大利益,因而被发达国家和跨国公司广泛采用。

股权即所有权,是支配企业的关键。因此股权式进入方式的核心是选择股权参与度,即国际化经营企业在对外直接投资企业中拥有的股权比例,比例越高,对所投资的公司的控制力就越强。若拥有全部股权,即为独资企业;若部分占有股权,即为合资企业。

#### 1. 合资

合资是指与目标国家的企业联合投资,共同经营、共同分享股权及管理权,共担风险。联合投资方式可以是外国公司收购当地公司的部分股权,或当地公司购买外国公司在当地的部分股权,也可以是双方共同出资建立一个新的企业,共享资源,共同分配利润。

合资进入模式的好处是：合资进入由于有当地人参与了股权经营管理,因此在当地所遇到的心理障碍和政治障碍要比独资进入小,更容易被东道国所接受;投资者可以利用合作伙伴的专门技能和当地的分销网络,从而有利于开拓国际市场;由于当地资产的参与,合资企业可以规避东道国政府没收、征用外资的风险,而且还可以分享东道国政府对当地合作伙伴的某些优惠政策。这种模式的弊端是：由于股权及管理权的分散,合作双方在投资决策、市场营销和财务控制等方面容易发生争端,这将有碍于进行跨国经营的公司执行全球统一协调战略;合资企业难以保护双方的技术秘密和商业秘密,拥有先进技术或营销技巧的国际营销者的这些无形资产有可能无偿地流失到合作伙伴手里,将其培养成为未来的竞争对手。

#### 2. 独资

独资是指企业独自到目标国家去投资建厂进行产销活动。在这样的投资企业中,投资者独自享有经营利润和承担经营风险,拥有完全的管理权与控制权。其组建方式可以是收买当地的公司,也可以是直接建新厂。

独资进入模式的好处是：企业可以完全控制整个管理与销售,经营利益完全归其支配,内部的矛盾和冲突比较少;独资进入可以保护全球营销企业的技术秘密和商业秘密,从而保持在东道国市场上的竞争力;企业可以独享在东道国的营销成果,可以独立支配所得利润,从而可以避开合资进入所必须面对的利益分配问题。独资进入模式的主要缺陷是：投入资金多,因为得不到像合资伙伴那样的当地合作者的帮助,在利用当地原材料、人力资源和销售网络方面不如合资企业那样便利,而且市场规模的扩大容易受到限制;可能遇到较大的政治与经济风险,如货币贬值、外汇管制、政府没收等。

## 三、全球营销的目标市场战略

公司在决定进入新的地域以寻求市场扩张之前,应该先确定自己全球营销的目标与战略。全球营销目标市场战略能够帮助企业更好地理解消费者需求,以更为精确的方式开展营销活动,提高营销的效率和效果。全球营销所面临的环境因素较之国内营销更为复杂,在全球多元政治、经济、文化环境中开展营销活动,其风险很大,为此,需要从战略层面思考如何提高全球营销精确性,即借助于全球营销目标市场营销战略。

(一) 全球市场细分

1. 全球市场细分标准

全球市场细分是实施全球营销目标市场战略的第一步,其有效性依赖于细分变量的正确选择以及细分后市场的评估。这些标准包括人口统计、价值观、行为特征和利益期望。美国全球营销专家沃伦·克伊根认为,人口统计细分的依据是人口的一些可测特征,如年龄、性别、收入、受教育程度和职业等。有关结婚人数、家庭结构、儿童人数、妇女地位的变化以及人们收入和生活水平的变化等的人口统计结论,使得全球市场细分越来越重要。按心理细分是指将人们按照生活态度、价值取向和生活方式的差异来进行分组的过程。如美国贝克斯白环球公司(BSB)进行的一项"全球扫描行动"计划,通过将从各国获得的数据进行组合得出了 5 个全球性的价值观因素细分市场:奋斗者(Strivers)、成功者(Achievers)、受压力者(Pressured)、保守者(Traditionals)和适应者(Adapters)。全球市场细分的变量主要有人口因素、心理因素和地理因素等,特别是对全球市场进行地理细分非常方便、快捷,符合全球营销者的习惯。采用地理细分便于营销者从地理的角度考虑目标市场的发展战略,便于按区域向目标市场组织货物储运、品牌推广、维修服务等营销活动,便于将目标市场的选择和发展战略与世界经济的区域集团化趋势有机地联系起来。

2. 全球市场细分方式

全球市场细分有 3 种方式可供选择。

(1) 全球性市场细分。此方式要求细分标准必须跨越国界,重在找出不同国家的消费者在需求上的共性,避免地域或文化方面的差异。比如按人口统计标准来细分国际市场,这些标准可以是年龄、性别、收入、家庭人口,也可以是家庭发展的各个阶段。这种细分法易于突破社会文化差异的限制,充分反映各国市场的共性。再如心理细分法,这种细分以全球目标市场的使用行为、价值、兴趣、生活方式、个人观念等心理变量作为划分标准。由于它强调了个体消费者的消费偏好,因而更易于摆脱各国的社会差异。这一方法常常和人口统计细分法综合使用,可更加具体地反映潜在购买者的兴趣、价值观念和其他个人信息的数据资料。世界各国消费者需要一种标准化产品来满足他们的需求的情况是很普遍的。如家电,各国消费者都承认并接受标准化的单放机、收音机、电视机等,他们认为三菱公司比通用电器公司和飞利浦电器公司做得好,原因是三菱电器实现了产品全球标准化。

(2) 国别性市场细分。这一方式强调不同国家之间文化上的差异,市场细分主要以地理位置和国籍为基准,即把世界市场看成是由许多不同国家的市场组成的,这出现于各种力量要求采取一种非标准化的情形之下。比如,人们认为联合利华公司比宝洁公司做得好,原因是前者给它的当地分公司以很大的自主权;再如依拉维特是一家传统的跨国公司,它集中力量于不同市场的差别,适应不同的偏好而生产一系列经过改进了的产品。

(3) 混合型市场细分。这种方式是前两种细分方法的结合型,某一国别市场可个别化,而另一些国别市场则可组合成一个共同的细分市场。如中国是一个规模巨大的潜在市场,而北美、西欧及日本三极市场上出现了一个新的顾客群,他们具有相似的受教育程度、收入水平、生活方式和休闲追求等,企业可将这 3 个细分市场看作一个共同市场。在电信行业,各国都要求对设备做一些调整,不过供应商坚持对关键部件实行标准化,人们普遍认为爱立信公司比日本电气公司(全球战略)和IT公司(因地制宜的国别战略)做得好。

在国际市场细分方面,究竟是全球化还是国别化,抑或是全球与国别相结合的地区化,表面上看似乎是矛盾的,但实际并非如此。有学者曾形象地把欧洲、美国、亚洲和日本的市场比作一辆车上的4个轮子,要使车子转动就需要一条好的链子把4个轮子连接起来,这就是全球化,而每个轮子本身就是国别化或地区化。这一比喻生动地描述了几种细分方式的内在联系。

(二)全球目标市场确定

在全球市场细分的基础上,企业要决定为之服务的目标市场,以及在目标市场上采用何种营销策略。评价全球目标市场机会的3个标准与在单个国家中的评价是相同的。这3个标准是:

(1)目标市场现有规模及发展潜力标准。这是指细分市场现有的规模是否已大到能给企业提供获利的机会。这个细分市场若现在不够大或进入后不容易获利,那么这个市场的发展潜力是否足够大,使其在企业的长期战略方面有吸引力呢?

(2)竞争态势标准。评价细分市场时,要考虑到该市场中产品的竞争激烈程度。例如富士胶卷在美国经过近20年的努力,占有的市场份额仍不足10%,这是因为柯达胶卷作为彩卷业的巨无霸,已牢牢控制了美国市场。美国的超市、连锁店和游乐园都与柯达有协议,保证仅售柯达胶卷。而且在美国市场上,富士还面临着柯尼卡与宝丽来的竞争,空前的激烈竞争使得富士不得不将注意力转向欧洲市场,那里柯达占有40%的彩卷市场。经过10年的努力,富士现已拥有了25%的欧洲市场。因此,在选择目标市场时应尽量回避存在激烈竞争的市场。

(3)和谐性与可行性标准。在选择目标市场时还应考虑进入这一特定的细分市场是否同公司的整体目标、已有的竞争优势和已有资源相协调;进入这一市场肯定要在广告、分销和其他营销活动上花费大量投入,那么资源投入与最终赢利相比是否对称;进入这一市场存在的障碍有多大,克服这一障碍是否行得通。这就是所要考虑的可行性标准。

(三)全球目标市场战略的选择

确定目标市场后,营销者下一步必须选择适当的目标市场战略。基本的目标市场战略有4种,即全球性完全无差异战略、营销组合无差异战略、竞争定位无差异战略、差异市场战略。

(1)全球性完全无差异战略。就是在世界各国采取相同的营销组合和相同的竞争定位。瑞夫龙国际公司(Revlon International)宣布欲将瑞夫龙变成一个全球知名的品牌,其总裁保罗·布洛克宣布:"瑞夫龙在北美所有产品的广告,不论是化妆品、护肤品、护发品还是其他产品,都将推广到全世界范围。"他们采用的就是目标市场完全无差异战略,瑞夫龙在这种战略的指导下,正意图开发东欧新兴的巨大消费者市场。

(2)全球性营销组合无差异战略。就是在世界各国采用相同的营销组合和不同的竞争定位。美国通用汽车公司采用了该战略。公司在世界各国的营销组合大体相同,但竞争定位不同,在美国定位为"市场领先者",在欧洲为"市场跟随者",在日本为"市场补缺者"。

(3)全球性竞争定位无差异战略。就是在世界各国保持相同的市场定位,而营销组合却不完全相同。意大利贝内通制衣公司在世界60余个国家拥有4 000家服装零售商店,并在各国的成衣市场上都树立了领先者形象,但它在各国的营销组合却不完全相同。其产品是在贝内通风格的基础上,结合各国不同的消费者偏好和流行而设计的,因此各具特色。

(4) 全球性差异市场战略。就是在世界各国采取不同的营销组合和不同的市场定位。联合利华就是以香水市场的两极为目标来实施全球性差异战略的。

### 四、全球市场竞争战略

(一) 全球市场竞争战略的含义

全球市场竞争战略是指企业站在全球市场的战略高度,为创造相对于竞争对手的战略优势而进行的营销规划。竞争战略是企业全球市场营销战略的重要组成部分,其核心是创造竞争战略优势,即创造强于对手的具有独特性和持久性的战略优势。

在全球市场营销中,评判竞争战略优势的标准是该战略为用户创造的价值大小。用户是否购买企业的产品或服务是根据他们认为从产品或服务中能得到的价值大小来决定的。因此,企业取得竞争的优势是通过创造比竞争者更多的价值来实现的。例如,海尔的一种独特设计的酒柜在美国市场上比同类产品的价格高出许多,但仍受到美国消费者的青睐,其根本原因是消费者认为买海尔的产品值得,这是消费者对海尔的一种价值认可,也是海尔与同行业在市场竞争中的优势所在。所以,企业只有努力创造竞争战略优势,才能在全球市场竞争中生存和发展。

(二) 创造竞争优势的一般战略

(1) 地理优势。所谓地理优势是指企业在全球市场营销中所占的地理位置比竞争对手好,即占了天时、地利、人和中的地利优势。例如营销网点设置在交通便利、客流量集中、购买力水平较高的区域;在国外投资建厂生产,利用该厂的地理优势向周围市场进行营销辐射等都是位置领先战略的具体应用。

(2) 质量优势。所谓质量优势是指以比竞争者质量高的产品和服务质量来满足消费者的要求。对消费者来说,质量优势就意味着在同样的价格支付情况下能够得到更多的使用价值。国内企业要参与全球市场竞争,首先需要解决的问题是与国际质量标准 ISO 9000 系列及国际环境标准接轨,取得进入全球市场的通行证,在此基础上,根据市场变化和用户的需求不断改进和提高产品质量。

(3) 技术优势。所谓技术优势是指以高新技术武装企业的生产和营销要素,从而形成企业的竞争优势。21 世纪是新经济时代,是新知识、新技术不断涌现的时代,把新知识、新技术融合于企业的各项要素之中是企业竞争优势的源泉所在。跨国公司能够走遍全球,成为全球市场营销中的主力军,正是因为他们拥有先进技术的竞争优势。

(4) 成本优势。所谓成本优势是指企业通过先进技术和管理等手段,形成高效率的规模生产和营销,而实现其总成本低于竞争者。成本优势战略是竞争战略的基础,总成本水平的降低不仅为企业扩大了利润空间和降价空间,同时也给竞争对手造成更大的竞争风险。例如,IBM 曾在生产打印机方面拥有低成本优势,后来日本企业采用了同样的技术降低了生产成本,同时还增强了新的可靠性,从而取得了竞争优势。IBM 公司为了夺回这一优势在北卡罗来纳建了一个自动化的生产打印机的工厂,并改进产品和工艺设计,使打印机的零部件减少了一半之多,大大降低了打印机的成本。但日本企业并不甘休,采用现代化电子集成技术、感光技术、新材料、新工艺等手段,不仅大幅度降低了产品成本,而且在产品的性能、打印质量等技术指标方面取得了突破性进展,最终迫使 IBM 退出打印机行业并卖掉了在北卡罗来纳州的工厂。

(5) 特色优势。所谓特色优势是指全球市场上使本企业的产品在品种、质量、规模、功能、品牌形象、式样、色彩、包装、服务、促销等一个或几个方面有显著特色,从而与竞争者的同类产品有明显差异。特色优势战略是一种灵活多变而又有效的市场竞争战略,也是一种攻防结合的竞争战略,它既可避开与竞争对手的直接冲突,排除企业产品与竞争对手产品的可比性,又可增加产品对消费者的吸引力,使企业可以相对自由地提高市场效益。

(三) 创造竞争优势的组合战略

随着新经济时代的到来,经济全球化和高新技术的迅速发展,上述竞争优势很容易被竞争对手效仿并赶超这种优势。如国内几家大型家电企业,在定位、质量、技术、成本等方面竞争优势几乎趋于类同,相对来说也就无优势可言了。当这些单一竞争优势在逐渐减弱时,企业应改变其竞争战略,创造竞争优势的组合战略。竞争优势的组合战略主要包括以下 3 个方面:

(1) 优势要素的组合战略。我们知道,全球市场营销是企业要素的营销,但对一个企业来说,其要素——资本、技术、产品、服务、信息、管理等相对竞争者来说,不可能每一项都具有优势,只能是其中 1 项、2 项或几项优势,在这种情况下,企业就应集中几项优势要素开展与对手的竞争。例如,外商在大举进入中国市场时,多数采用的是把资本、技术、管理、品牌优势组合起来,在中国投资建厂(或合资、独资、合营),同时投入先进技术和高效的管理方法,在中国进行生产、销售,从而占领中国市场。例如在医药行业,14 家大企业中,外方控股的就有 13 家,著名的西安"杨森"外方控股 52％,天津"中美史克"外方控股 55％,原国产品牌全部转让给了外商,药品都冠以外商的品牌。据资料统计,医药市场畅销的 50 种药品中,有 40 种是合资企业生产的"洋"药。

(2) 优势要素与市场需求变化因素的组合战略。市场竞争是以满足消费者需求及价值认同为前提的,而市场需求是一个动态发展变化的过程,消费者的求新、求异、文化和心理需求、价值认同等随着时间的变化一般都从低层次向高层次发展变化,只有把优势要素与市场需求变化因素结合起来,才能形成持久的竞争优势。例如,日本的松下电器在中国和东南亚市场的竞争中,把自己的技术、质量优势与市场需求变化结合起来,在核心技术和成本基本不变的情况下,不断推出新款式、新功能的家电产品以满足消费者随着购买力提高而形成的求新、求异的需求变化,从而使松下电器在中国和东南亚市场一直保持较高的市场占有率。

(3) 进攻与退守相结合的战略。在与竞争对手优势相当的情况下,采用进攻战略往往会造成两败俱伤的局面,而以弱势与对方的优势竞争更是不明智的,在多数情况下,为继续保持这种处于弱势的市场占有率需要付出很大代价,得不偿失。在这种情况下,应该有所为,有所不为,放下弱势包袱,集中优势力量,以退为进。对企业来说,这种战略就是企业要素与竞争环境因素的结构调整。

## 第四节 全球市场营销策略

### 一、全球市场营销组合策略

企业在确定全球市场进入方式后,便需要确定适应国外市场的营销组合方案。营销组合方案有两种极端的形式:一是公司使用全球范围内标准化的营销组合,产品、广告、分销渠道和营销组合的其他因素都标准化,这样成本可以降到最低限度;二是制定适应各国情况的特定营销组合,根据各个目标市场的特点调整市场份额。

(一)全球产品策略

基础市场营销学所涉及的一系列产品策略,同样可以运用到全球营销过程中。然而,全球营销是跨越国界的营销活动,其全球产品策略也就明显地带有全球营销特征。

1. 产品进入全球市场的基本策略

(1) 直接延伸。直接延伸是把产品直接推入国外市场,不加任何改动。最高管理当局指示营销人员"就拿这种产品去寻找顾客"。那么,首先应当弄清楚外国消费者是否使用这种产品。一些企业采用直接推广的方法在照相机、家用电器、机床等产品上获得成功。

(2) 产品适应。产品适应是改良国内产品,使之适应全球不同市场营销环境。一个企业可以生产地区型产品,或者生产某一国家型产品,还可以生产一个城市形式的产品,最后,企业可以生产不同零售商形式的产品。一项对企业修改计划的研究表明,企业对80%的出口产品都要做一项或若干项修改。不管企业是否愿意,一些东道国要求做这种修改。如法国不允许用小孩做广告;德国不能用"最好"这个词宣传产品等。

(3) 产品创新。产品创新是指生产某种新产品。一个新产品的发明可以有两种形式:后向创新和前向创新。后向创新是指产品的翻新,是把以前的某种产品形式加以适当的改变,正好适应某国现在的需求。前向创新是指创造一个全新的产品以满足另一个国家的需求。在发展中国家,对低价的高蛋白食品有极大需求。一些食品公司,像雀巢公司,对发展中国家营养需求状况进行调查,生产出一些食品新品种,并且大做广告,吸引消费者试用和购买这些新产品。

2. 全球新产品推广策略

企业开发新产品后,采取怎样的方式在全球市场推广,取决于企业如何判断全球市场的性质。有两种基于不同判断的推广策略:

(1) 瀑布式推广策略。瀑布式推广策略的理论基础是国际产品贸易周期理论,认为全球不同市场接受新产品在时间上有先后顺序,所以应先在发达国家推广新产品,待产品步入成熟期后再向发展中国家推广,最后向欠发达国家市场推广。

(2) 喷淋式推广策略。喷淋式推广策略认为市场机会经常在全球范围同时出现,所以应在全球不同市场同步推广新产品。

在全球竞争的形势下,全球企业不应只立足于一地市场的做法、消费者偏好或依国别来寻求国际市场,而必须运用一种一体化方式来同时探索和协调发达国家、欠发达国家和发展中国家的消费需求。如派克笔就以高档笔的象征同时进入世界各个国家,因为任何一个国家都会有一批收入较高、追求生活品位的人存在。

其次,在全球市场中,采用产品适应性与调整战略虽仍是企业从事全球市场营销的一种有效方式,但这类战略通常使企业难以对全球市场机会做出及时反应。企业为全球一致的市场导入某种新产品,就必须采用将新产品同时打入发达国家、发展中国家的方法。

### (二) 全球价格策略

**1. 影响全球营销定价的因素**

影响全球营销定价的因素主要有:

(1) 经营成本。除了一般管理和生产成本外,产品全球营销成本还包括关税和其他税收、中间商成本、运费、保险费以及营销业务费等。

(2) 国外法规。针对国外产品的销售,各国有很多限制性法规,包括关税和非关税壁垒、反倾销法、价格控制法、产品安全法等国外法规,对产品定价有诸多影响。

(3) 经济周期与通货膨胀。国外市场经济周期的变动会导致不同产品价格的升降。同时,全球营销需要结合对产品成本有影响的各国通货膨胀率,为产品制定能够抵补通胀影响的产品价格。

(4) 汇率变动。全球金融市场的汇率受多种因素影响而自由浮动。在实行浮动汇率的情况下,选择某种货币为产品计价往往会因汇率波动导致不同的销售收入。

**2. 全球产品定价方法**

成本是产品价格的底线,市场需求决定了产品价格上限。而由于竞争的影响,导致产品价格在上下限之间波动,这就产生了3种基本定价方法:一是基于成本的定价方法;二是基于需求的定价方法;三是基于竞争的定价方法。全球市场营销也参照这3类方法为产品制定基本价格。

**3. 全球产品定价策略**

全球企业在向海外销售产品时,面临几种特定的定价问题,它们必须处理价格陡升现象、转移价格、倾销价格和灰色市场等问题。

(1) 价格陡升。当公司销售产品时,面临价格陡升问题。这主要是由于产品从出厂价加上了运费成本、关税、进口商差价、批发商和零售商差价。根据这些增加的成本,再加上货币波动风险,制造商利润不变,产品在国外市场价格往往要卖到国内市场价格的2～5倍。

(2) 转移价格。当在全球不同国家设有子公司时,常常需要在母公司与子公司之间及子公司与子公司之间转移零部件和产品。而不同国家采取不同的外汇控制政策,制定针对进出口货物的不同关税,对企业所得税征税也不尽相同。为此,企业可以采取转移定价策略,以规避外汇管制风险,合理地逃避关税和所得税,使企业整体收益最大化。如果总公司向子公司索价太高,结果就要支付更高的关税,尽管它可能在外国支付的所得税较少。如果售价太低,公司就会被指控为倾销。转移价格战略常用方法如下:

产品由A国转移到B国时,如B国采用从价税且关税高,则采取较低的转移价格,以减少应纳的关税。

当某国所得税较高时,进入该国的产品价格定高,转出该国的产品价格定低以少纳所得税。

当某国出现高通胀时,也采用高进低出的转移价格,避免资金在该国大量沉淀。

在外汇管制国家,高进低出的转移价格,既可以避免利润汇出的麻烦,又可少纳所得税。

转移价格战略利于企业整体利益的最大化,但易于损害某些国家民族利益。

(3) 倾销价格。企业用低于国内市场的价格在国外销售同一产品的做法被称为倾销。如果倾销指控成立,就会被征收反倾销税。各国政府都在严防舞弊现象发生,常常迫使企业以正常交易价格,即与其他竞争者相同或相似的产品价格销售。

(4) 灰色市场。许多全球企业受到灰色市场或平行进口问题的困扰。灰色市场是指同样的产品在不同的地区售出不同的价格。在低售价国家的经销商把它们运往高售价国家出售,这样就能获利更多。例如,由于运输费用和关税低,美能达公司向中国香港经销商出售照相机的价格低于销往德国的价格。中国香港经销商销售照相机的毛利比德国经销商的毛利低,因为后者在大宗交易中往往加价很高。结果,美能达照相机在中国香港的零售价是174美元,而在德国的零售价是270美元。一些中国香港批发商注意到这个差价,就将美能达照相机运销给德国经销商,售价比美能达公司支付给德国分销商的价格还要低。德国分销商无法销售库存货,只能向美能达公司退货。

企业往往发现一些经销商的购买量超过他们在本国的销售量。他们为了从利润差价中获利,将商品转运到其他国家,与那里已有的批发商竞争。全球企业试图通过控制批发商,或者向成本较低的批发商提高价格等办法以防止出现灰色市场。

(三) 全球分销渠道策略

分销渠道不仅帮助企业将产品和服务送达消费者,而且还承担了众多营销职能,如信息收集、促进销售等。企业不仅通过分销渠道销售产品,而且应该对分销渠道开展营销活动。企业开展全球营销跨越国界转移产品更需要高效率的全球分销渠道的支持。

1. 影响全球分销渠道设计和选择的因素

由于全球分销渠道跨越具有不同社会文化背景和经济发展水平的国家,影响设计和选择的因素就较国内分销渠道更为复杂。企业应全面综合考察这些影响因素,设计、选择与之相适应并与企业发展目标和所经营产品相匹配的分销渠道。这些影响因素可以概括为"11Cs":顾客(Customer)、文化(Culture)、竞争(Competition)、企业(Corporation)、产品(Commodity)、资金(Capital)、成本(Cost)、覆盖率(Coverage)、控制(Control)、连续性(Continuity)和沟通(Communication)。

2. 全球分销渠道的类型及渠道成员

全球企业对于将产品送至最终消费者的分销问题,必须有一个整体渠道的观点。从卖方至最终买方之间有3个主要环节:第一个环节是卖方的总部机构,它管理整个渠道,也是渠道的一个组成部分。第二个环节是国与国之间的渠道,它负责将货物运至国外市场边境之前的各种活动。第3个环节是国外市场内部的渠道,它负责将进口货物从入境处送达最终消费者手中。然而有许多厂商认为,只要把产品运离工厂,全部工作即告完毕。其实,他们应当更多地关心其产品在国外市场内部如何流转的情况。

全球分销渠道的长度、宽度与广度设计与国内分销渠道基本类似,可参照国内分销渠道设计的一般做法。

全球分销渠道成员除了有生产商和用户外,还由国内中间商和国外中间商构成。国内中间商包括进出口贸易公司、国内批发公司和国内代理商等,国外中间商包括国外进口中间商、国内进口代理商和兼营进口中间商等。

各个国家内的分销渠道状况是很不相同的,各国市场里经营进口商品所涉及的中间商数目和类型有显著的差异。日本的销售渠道是全世界最复杂的分销系统,而非洲的某些国家的销售渠道则相对比较简单。

在美国,大规模的连锁商店占主要地位,但在其他国家,大多数情况是由众多的、各自独立的小零售商店经营着商品的零售。虽然大规模连锁能大大降低成本,但由于居民生活水平有待提高,故在许多国家,尤其是发展中国家,批发商和小零售商除了买卖商品外,还承担着将大包装商品拆零销售的重要职能。正是这种职能,使得那些阻碍着发展中国家大规模零售商业扩大和发展的分销渠道得以持久存在。

3. 分销渠道管理

全球分销渠道管理同样包括三方面的内容:一是分销渠道中间商的选择;二是制定和实施针对渠道成员的激励措施;三是评估渠道成员工作业绩,适时调整渠道。具体做法类似一般渠道管理策略。

4. 全球物流管理

全球物流管理是指对各类物质、信息在全球分销体系中的流动进行管理,其实质是为全球营销提供后勤支持。有效的全球物流管理不仅能够降低全球营销成本,也能够提高为消费者服务的水平,更能为企业带来全球竞争优势。全球物流管理涉及的主要内容有:全球订单管理、全球库存管理、全球仓储管理和全球运输管理等。

(四) 全球促销策略

通过设计和实施有效的全球促销策略,能够促使全球消费者认识企业、理解全球提供物的价值,帮助全球营销企业实现其营销目标。全球促销策略由人员促销、广告、营业推广和公共关系4种主要策略构成。通过全球促销策略的实施,实现企业与消费者之间的有效沟通。

1. 人员促销

在全球市场上,人员促销方式因其选择性强、灵活性高,能传递复杂信息,有效激发购买欲望和及时反馈信息等优点,成为不可或缺的促销手段。

全球人员促销策略主要涉及以下两大方面内容:

(1) 全球人员促销组织形式。企业一般可以采取地区型、产品型或顾客型等促销组织形式,也可以采用上述三者的结合形式开展全球人员促销活动。

(2) 全球促销人员的管理。全球促销人员管理主要涉及三方面内容:一是促销人员的选择,选择熟悉多国文化、语言、习俗以及具备国际推销经验的本国或者他国人员,将有利于全球人员促销的顺利展开;二是促销人员的培训,要针对全球营销的特点,有针对性地就语言、习俗、文化、产品等内容开展培训是提高全球促销人员素质的基本途径,对营销人员的培训,集中在适应性和技能性两方面;三是促销人员的激励,除对促销人员进行精神激励外,在物质上采用的激励方式有固定薪金加奖励、佣金制以及固定薪金与佣金混合制。

2. 广告

在全球营销活动中,企业进入全球市场初期,广告通常是促销的先导,它可以帮助产品实现预期定位,也有助于树立全球营销企业的形象。

(1) 广告的限制因素。在全球市场上进行广告活动有诸多限制因素,需要认真分析、择善而行。一是不同国家的法律限制,不同国家对广告有不同法规,须遵守这些国家的广告法及有关法规,比如有的国家允许采用比较广告形式,有的国家就不允许。二是媒体限制,不同国家或地区广告媒体的可利用性、质量、覆盖面及成本不同,须根据媒体情况做出适当选择。如在中国台湾地区和韩国,香烟广告只允许刊登在杂志上;马来西亚香烟广告只可以刊登在报纸和杂志上;而日本、菲律宾对于香烟广告没有任何限制;中国香港、新加坡,任何形式的香烟广告和促销活动都是被禁止的。三是社会文化限制,不同国家或地区的居民有自己的价值准则和审美观、宗教信仰,须认真进行分析,使广告真正契合当地消费者的需求动机和文化背景。

（2）广告决策的内容。全球广告决策内容需要解决 5 个方面的问题(5M)：任务(Mission),广告目标是什么;资金(Money),可以用来支配的广告费用有多少;信息(Message),应该通过广告传递怎样的信息;媒体(Media),通过何种媒体来传播广告信息;衡量(Measurement),如何来评估广告效果。

（3）广告标准化及差异化。广告的标准化是指在不同的目标市场,同一产品使用同一广告,这种选择突出了全球市场基本需求的一致性,它能节约广告费用,但是针对性不强。广告的差异化则充分关注全球市场需求的差异性,使同一产品在不同目标市场使用不同的广告,其针对性强,但广告成本较高。

（4）广告管理。在全球市场营销中,广告管理方式有集中管理、分散管理、集中管理与分散管理相结合 3 种方式。集中管理有利于总公司控制成本;分散管理使得广告决策权分散到国外各子公司,有利于开展差异化广告促销;集中与分散管理相结合,则试图按目标市场的具体情况,分别采取集中或分散的管理方式,形成对全球广告的有效管理。

### 3. 营业推广

全球营销营业推广策略一般有 3 类：一是针对促销人员的营业推广;二是直接针对消费者的营业推广;三是针对中间商的营业推广。基础营销学中的营业推广方式从理论上讲都可以应用于全球市场。营业推广的手段非常丰富,但在实施过程中需要针对不同国家的环境特征,如法律法规的限制、消费者的需求、文化习俗、行为习惯等,适当作出调整。同时,在全球市场营销中,博览会、交易会、巡展等形式对促销具有十分重要的作用。

### 4. 公共关系

在全球市场上,公共关系促销的作用日益加强,它有利于树立企业在全球范围的良好形象。特别是进入一些封闭性较强的市场,公共关系好坏直接影响到能否顺利进入市场,并且在进入该市场后能否取得较好的效益。

全球公共关系促销应特别重视以下几方面工作：一是通过新闻媒体的宣传和报道,帮助企业树立良好的社会形象;二是通过保持与各国政府或地方政府的良好关系,争取各级政府对企业的支持和帮助;三是通过赞助卫生、文体、环保和教育等公益事业,树立起企业在全球各国市场承担"社会责任"的良好形象和声誉;四是通过各领域或者名人为企业进行正面宣传,影响公众和舆论对企业的看法,进而扩大企业知名度和影响力;五是建立多条沟通渠道,广泛收集公众意见,及时消除相互之间的误解和矛盾,处理公关危机。

## 二、一体化营销策略

### （一）一体化营销的概念

一体化营销是指企业把全球范围内不同市场的共同需求看成单一的市场,以标准化的产品、服务来满足这个单一市场的需求,从而获得规模经济效益,提高企业竞争力的活动。

随着科技的进步,交通通信的发展,各国之间交往日益频繁,同时引发了各种产品、服务在不同国家之间的扩散、传播。A国流行的产品、服务很快传到B国市场,刺激了B国消费者对这种产品、服务的需求。这种产品、服务信息的相同化扩散,客观上将不同国家的市场连接起来,构成全球范围内对这种产品或服务产生需求的"单一市场"。更进一步地说,企业可将不同地域、不同国家之间相似的细分市场看作单一的整体市场,向其提供标准化的产品或服务,那么在一国市场畅销的产品或服务同样也会在全球市场畅销。例如,可口可乐饮料、麦当劳快餐、好莱坞电影等的消费者遍及全球。全球一体化营销策略淡化了国别色彩,是一种全球性的企业行为,但也不是简单的跨国销售和单纯的产品、服务标准化,而是涵盖了企业全球运作、全球协调、全球竞争等方面的全部经营内容,它既是企业在全球范围内扩张市场的需要,也是在全球范围内寻求比较优势的需要。

(二) 全球一体化营销策略的实施

(1) 要求企业营销人员将重点放在全球上,界定各国市场存在的相同特征,寻找不同地域、不同国别的消费者的共同需求,这种共同需求是构成全球范围内"单一市场"的重要因素。当然,并不是所有的产品或服务都存在全球范围内的"单一市场"。一般来说,全球一体化营销策略集中表现在以下几种产品或服务市场:

① 在全球市场上有相似的消费需求的商品。例如家电、饮料、汽车、化妆品、农产品、生活用品等。

② 本地生产具有优势的高档消费品。某些高档消费品的声誉是建立在原产地具有生产优势的基础上的,若不在原产地制造,其魅力就会大减。例如,中国的茅台酒和五粮液、法国的香槟、苏格兰花呢、瑞士手表等。

③ 生产技术标准化程度高、价格竞争激烈的商品。这类商品如果进行标准化、大批量生产,就会大大降低产品成本,提高商品的市场竞争力。例如,家电产品、个人电脑等。

④ 资金、技术密集型产品。这类产品由于资金投入大,研究开发成本高,因此必须以标准化的规模经营效益来补偿初期的巨额投入。

(2) 要求企业将整个过程全部实施标准化,以统一的品牌、统一的产品及服务标准、统一的包装设计、统一的相对价格、统一的广告及其他促销策略把产品和服务推向全球市场。例如,可口可乐饮料、柯达胶卷以及肯德基、麦当劳快餐等都是以统一的标准化的形象出现在全球各地市场上,并深受广大消费者的喜爱。

(3) 要求企业建立全球协调和一体化的营销网络。全球一体化营销是一个由点到面逐步扩展的过程。作为进入全球市场的顺序,一般经过以下发展路径:以某地区为试验市场→依赖外地力量在外地建立经销公司→在国内经销、生产→面向全球。在这一发展过程中,建立全球协调和一体化的营销网络对于全球企业的市场发展与布局及其运作体系起着至关重要的作用,它能及时收集全球市场信息并向市场反馈公司的决策信息,及时协调不同地域、不同国别市场上本公司产品、服务的营销行为,使之适应当地的营销环境和消费需求。这里需要指出的是,全球一体化营销并不是一切标准化,企业可对核心产品及其生产技术实行标准化,而并不要求对产品全部实行标准化。

(三) 全球一体化营销策略的优点

(1) 成本费用下降。产品、服务标准化的最显著的成果是成本费用下降,它可节省生产技术发展成本、采购成本、生产成本、存货成本、促销成本。另外,标准化为全球性的规模生产和营销打下了基础,从而使企业取得规模经济效益。

(2) 质量提高。通过产品、服务的标准化,减少遍及全球的产品种类,使得企业的各种资源能集中于少数产品及服务项目上,从而有利于产品和服务质量的提高。

(3) 增强消费者对产品和服务的信任度。某种产品或服务的全球一体化营销意味着全球市场上任何地方的消费者都能很容易找到这种产品或服务,因而有助于提高该产品或服务在全球市场的知名度并刺激消费者对该产品或服务的喜爱程度。

### 三、本土化营销策略

(一) 本土化营销的概念

全球市场营销过程也是一个本土化营销的过程。所谓本土化营销是指在全球营销过程中,把本企业视作当地企业,使企业的各项营销活动与当地的营销环境相适应的营销模式。在全球化进程中,全球市场营销在各国市场发挥着日益重要的作用。但是,由于国家、民族、地区的观念已在人们心目中根深蒂固。为了巩固本国、本地市场份额,当地政府、企业都存在着不同程度的市场保护和拒外思想。因此,实施全球市场营销的企业为了在各国、各地区的市场立足,通过实施本土化营销策略,努力改变企业形象,逐步与当地社会、政府、企业、消费者建立融洽的关系,在当地的子公司中任用当地员工(即雇员本地化),沿袭当地的传统文化,适应当地的营销环境,从而赢得当地市场份额。

(二) 驱使企业本土化营销的动因

(1) 全球性公司经营面临着不同文化环境,包括风俗习惯、语言沟通、行为方式、心理思维、法律制度等,全球公司必须适应这种文化差异,否则会处处碰壁。

(2) 尽管经济一体化程度越来越高,世界各国消费者需求的相似性越来越大,但在不同文化背景下的消费者需求仍然存在着显著的差异。如在需求层次上,发达国家与发展中国家的消费者差异明显,即使是对同一产品需求也同样如此。全球性公司面对这种差异性需求,必须提供相应的产品与服务。

(3) 由于自然、地理条件的不同以及经济发展水平的巨大差异,全球性公司实现标准化的产品分销非常困难,只能根据当地的环境条件选择适宜的分销策略。

(4) 世界上不同国家的价值观差异正在变大,种族意识和民族主义情绪正在普遍增强。正如奈斯比特所言:"我们的生活方式越统一,我们对内心深处价值观——宗教、语言、艺术和文化的执著也就越坚定。由于我们的外部世界正变得更加相似,我们将更加重视内部孕育的传统习惯。"正是由于这种民族主义的高涨,从而掀起了一股股"反全球化"的浪潮。全球性公司如果不能很好地理解和适应这种情绪,将会面临巨大的生存危机。

(三) 本土化营销策略的实施

(1) 市场本土化。实施全球营销的企业按照东道主市场需求进行产品开发、生产和销售。例如闻名世界的意大利家具制造业,其厂商为了在中国打开销路,对中国市场进行分析研究,力求在家具的款式、造型、规格、色彩等各方面尽量适合中国人的生活需要和习惯,并设计、生产、销售符合中国消费水平的家具。又如海尔集团在洛杉矶的设计中心,根据美国人消费特点专门设计了一款透明的酒柜,线条优美,造型清雅,最别致的是,柜中放酒瓶的隔板换成了十多根钢条,色彩和谐的钢条被处理成与酒瓶一致的曲线,酒瓶放上去,就像美女睡在舒适的床上,实用而又别具风情。这种曲线小酒柜很快风靡全美市场,现已占据了美国酒柜市场90％的份额，而且价格比同类产品整整高出1倍。美国著名杂志《AM》（家电制造商）就海尔的这款酒柜撰文惊叹："酒柜原来可以这样美！"

（2）员工本土化。在实施本土化营销过程中，企业的理念、生产技术、企业文化、营销策略等都要通过企业员工才能发挥作用。实施全球市场营销的企业应当建立以能力为本的人才选拔机制，积极推进当地人才的培养和录用。随着当地员工的不断成熟，企业应逐步将当地人员安排在一些重要岗位，充分发挥他们熟悉本地市场营销环境的特点，并在使用过程中有计划地培训提高。美国摩托罗拉公司一位副总裁曾经说过："在中国发展业务，我们非常缺乏经验，必须要靠大批熟悉中华民族文化传统，又了解摩托罗拉的产品、科技和企业文化的当地优秀人才。"摩托罗拉公司除了一般员工都聘用中国当地人员之外，一些中、高级管理层的岗位也聘用中方人员。例如，早在1995年，公司内一位中国员工就被任命为摩托罗拉（中国）电子有限公司的首席代表。海尔在实施员工本土化营销策略方面也积累了很多成功经验，例如，从1996年到2000年的5年时间里，海尔相继在东南亚地区建立了5个工厂，在这些工厂中，除了一些关键技术、管理岗位外，都实现了雇员本地化，其产品畅销东南亚各国，有些产品甚至供不应求。

（3）企业文化本土化。每个实施全球市场营销的企业都有自己多年积累提炼而成的富有特色的企业文化，但为了适应全球市场的需要，企业应立足于当地的新的市场营销环境，把企业文化与当地的社会文化相融合，创造出更富有生命力的新的企业文化。在全球市场营销过程中，采用企业文化本土化营销策略使企业成功的例子很多。例如，美国的"宝洁"进入中国市场后，生产了富有中国文化内涵的"飘柔"、"海飞丝"、"潘婷"等品牌的洗发用品，占据了中国3/4的洗发用品市场。

### 四、全球品牌营销策略

（一）全球品牌营销的概念

美国著名广告专家莱特·瑞特指出：在未来30年市场营销发展中，拥有市场比拥有工厂重要，而拥有市场的最佳途径就是先拥有具有市场优势的品牌。进入21世纪的全球市场竞争，一个很重要的方面就是品牌竞争，品牌已成为企业财富所有权的象征。全球性企业要在全球竞争中立于不败之地，必须适应新世纪品牌竞争时代的要求，开展品牌营销，创出企业的全球名牌。

所谓全球品牌营销是指实施全球市场营销的企业在创本国名牌的基础上，对该种品牌的产品或服务采用相应的市场定位和营销方式，使之成为全球名牌的活动。作为一种全球品牌，与国内或地区品牌相类似，是消费者对一种产品的信念或感觉。如果说产品是一种客观的、物质的实体或服务，那么，品牌就是附加在产品之上的一种概念，是消费者将信任和价值联系在一起时的一种感觉。因此，全球品牌不是自然存在的，而是靠营销者创造出来的。

（二）全球品牌策略

品牌竞争是企业全球性竞争的最显著的表现形式。成功的品牌，尤其是国际名牌，是代表着巨大的、持久的竞争优势，全球公司在向各国输出资本和技术的同时，最突出的特征就是实行品牌输出，也就是以品牌为核心来制定营销策略，开拓全球市场。

采取何种品牌策略，是全球营销企业面临的一大问题。有3种策略可以选择：一是全球统一品牌策略；二是单一品牌调整策略；三是不同品牌策略。采用全球统一品牌策略可以获得规模经济效益,并节省营销费用,还易于形成统一的全球形象。如果品牌很难被翻译成当地语言,或者需要赋予品牌更为浓厚的当地文化色彩时,就要适当调整品牌,这就是单一品牌调整策略,比如"Sprit"牌汽水,在中国市场是以"雪碧"为名推广的。为全球不同市场推出不同品牌的产品,则是不同品牌策略,此策略可以为企业获得本土化的极大优势,但同时又会增加企业的营销成本,也不利于形成全球统一形象。

### (三) 全球品牌营销的实施

#### 1. 创全球品牌

目前,我国企业的品牌营销状况令人担忧,在全球前 50 位的驰名商标中没有一个是中国的。另据不完全统计,我国每年出口 1 600 多亿美元的商品中,标有我国自己品牌的商品仅占 1/3 左右,有 1/3 的商品没有品牌,有 1/3 的商品用的是外商的品牌。创全球品牌,首先要树立强烈的品牌意识,重视品牌,保护品牌,以优质保品牌、以科技促品牌等都是品牌意识的具体体现;其次要设计开发适销全球市场的产品,满足全球众多消费者的爱好与需求,只有开发出受大众欢迎的产品,适合更多消费者的需求,才能提高知名度,扩大市场占有率,逐步成为全球品牌;第三,以名牌为龙头组建品牌联合舰队,扩大名牌企业的资产规模、经营规模和竞争实力,形成品牌规模产业和规模效益,从而提高全球品牌的竞争力;第四,靠"洋品牌",靠洋品牌是创全球品牌的必要补充,它体现了经济全球化过程的"双赢"或"多赢"理念。因为不是所有企业都能自立地创出全球品牌,全球品牌的形成也不是一朝一夕的事情,既然有现成的全球"洋品牌"为什么不去靠呢?从本质上来说,创品牌也好,靠"洋品牌"也好,都是为了自身经济实力的提高。

#### 2. 全球品牌的市场定位

全球品牌在每个市场上的定位方法应该是相同的,当某种品牌在某地市场具有一种高价形象,则在全球各市场都采用类似的高价定位,以此类推。例如,"万宝路"是一种全球品牌,万宝路的"男子汉"人物形象标志着一种粗犷的独立、自由与空间,迎合了都市消费者在这方面普遍存在的愿望而精心设计出的形象,因而它在全世界都被定位成一种都市品牌。

#### 3. 全球品牌的营销方式

全球品牌在世界的每一个市场都以相同的方式进行营销,因为品牌是消费者对其产品的一种信念或感觉。如果同一品牌在全球各地采取不同的营销方式,就很可能在消费者心目中产生信念或感觉的错乱,从而降低消费者对这种品牌的认知和信任度。例如麦当劳快餐,在全球的各连锁店都采取相同的营销方式:统一服务标记、统一餐厅、统一原料与工艺、统一品种式样、统一相对价格。这种统一的营销形象加深了消费者对麦当劳的印象,每当消费者进入麦当劳快餐厅,其熟悉的形象如同回到家里一样。全球品牌的相同营销方式并不是说绝对的一致性,为符合当地消费者和竞争的要求,营销方式也应做适当的调整,但这种调整主要在营销方法组合上进行调整,并适当地综合运用广告、公共关系、营业推广、人员促销等多种方式开展全球品牌营销。

### 案例 16-1 联想的国际营销策略

#### 一、背景分析

联想集团成立于 1984 年 11 月,由中科院计算所投资 20 万元人民币、11 名科技人员创办。创业之初,主要搞计算机维修、培训和其他技术服务;后来开发形成"联想"汉字系统软件这一产品。从 1988 年起,该公司便制定和实施了开拓海外市场的发展策略。到 1991 年,公司已发展成为一个全球性的跨国公司,并于 1994 年在香港上市,是香港恒生指数成分股。联想公司除了包括北京联想和香港联想两大部分外,还在国外设有欧洲区、美洲区,包括美国、英国、荷兰、法国、德国、西班牙、奥地利等地的分公司。2002 年度,联想电脑的市场份额达 27.3%,从 1996 年以来连续 7 年位居国内市场销量第一。2004 年联想的市场份额虽比 2002 年有所下滑,但仍然以 24.59% 的份额雄踞榜首。2002 年第二季度,联想台式电脑销量首次进入全球前五,其中消费电脑世界排名第三。至 2003 年 3 月底,联想集团已连续 12 个季度获得亚太市场(除日本外)第一。迄今为止,联想已经发展成为一家在信息产业内多元化发展的大型企业集团,年度经营额达 10 亿元人民币,累计盈利超过 8 000 万元。从 11 名员工、20 万元人民币贷款起家,历经十余年时间,联想公司不仅享誉中国市场,而且还走出国门,成为一个年出口创汇超过 5 000 万美元,拥有 20 多个海外分公司,累计盈利近亿元的跨国横向经营计算机集团。

**二、联想国际营销之路**

联想公司进军海外市场的第一步,是在香港寻找合作伙伴,建立一个合资经营的计算机销售公司。联想选择了拥有国际市场上销售经验和一定渠道关系的香港导远公司作为合作伙伴,开始了其国际营销之路。1988 年初,建立了香港联想公司之后,联想将产品销售和开发设置在香港。联想在国际市场的竞争中采取"高质低价"策略。这种"高质低价"策略在实施之初,使联想公司在销售 286 产品时蒙受了较大的损失。但在联想推出 386、486 机型的时候,由于已经建立的良好品牌形象,将原来 286 的客户通路带至了 386、486 机型的销售中,因此销路良好,利润丰厚,很快弥补了先前的亏损。

针对拓展海外市场的需要,联想随后又采取了一系列行动。

1995——联想向斐济、拉脱维亚、前苏联地区及东南亚等国出口近千台微机。

1997——联想集团与日本东芝公司签订大屏幕投影仪代理协议。

1998——联想集团与 IBM 签订软件领域全面合作协议——与世界第二大软件厂商 CA 公司签订了合作协议。

2000——联想排名全球科技百强第八,股市行情一路看好。

2001——2001 年 6 月 11 日,与美国在线时代华纳合资。

2002——2002 年 3 月 21 日,联想收购汉普国际。

2003——2003 年 4 月 28 日,联想集团在北京正式对外宣布启用集团新标识"Lenovo 联想",以"Lenovo"代替原有的英文标识"Legend",并已在全球范围内注册。2003 年 8 月 28 日,英特尔公司与联想集团共同宣布在北京成立"联想—英特尔未来技术研究中心"。

2004——2004 年 3 月 26 日,联想作为第一家中国企业成为国际奥委会全球合作伙伴。联想集团将为 2006 年都灵冬季奥运会和 2008 年北京奥运会独家提供台式电脑、笔记本、服务器、打印机等计算技术设备以及资金和技术上的支持。2004 年 12 月 8 日,联想集团与美国商业巨人 IBM 共同签署了双方酝酿达 13 个月之久的转让协议:联想将斥资 12.5 亿美元购入 IBM 的全部 PC 业务,同时包括收入其 5 亿美元的净负债,实际投资 17.5 亿美元。收购完成之后,占全球 PC 市场份额第九位的联想一跃升至第三位,仅次于戴尔和惠普,年收入规模约 120 亿美元,进入世界 500 强企业。

### 三、营销策略分析

从联想的发展中我们可以看到一些联想的特点,见下表。

| 产　　品 | 整机及服务器、手机等产品 |
|---|---|
| 质量与品牌 | 较好,中国名牌 |
| 规　　模 | 中国第一 |
| 成　　本 | 库存期 22.7 天,响应期 4 天 |
| 服　　务 | 分销式服务,较好的售后服务网络 |
| 市　　场 | 主要在国内,适量国际化 |
| 优　　势 | 成本领先和差异化 |
| 其　　他 | 未完全开放和成熟的巨大中国市场;中国政府作为民族工业的代表扶持 |

从战略层面上看,联想首先是服务于国内市场的,但国际化是其不得不走的路。在竞争日益激烈的超竞争环境中,联想的优势已经不如前几年那么明显了。国内品牌的崛起和国际品牌的冲击都迫使联想要寻找新的利润源,它不得不不断地自己打破自己的竞争优势而创建新的竞争优势。联想找准了个人及商务用户对微机的需求,并将主要目标锁定中低端客户群,从而通过"高质低价"的成本领先策略以及优质售后服务的差异化策略占领市场。

从联想收购 IBM 一事中我们也可以看到,联想其实将自己定位于计算机制造商。IBM 越来越朝着服务提供商的高端市场发展,将其设备制造部分卖给了联想。制造设备对 IBM 而言是一块低利润的业务,对这一业务的放弃使得 IBM 能够专注于其核心业务并获得更高的利润。但我们也不能因此说联想是傻子,捡了别人不要的东西。因各自的定位不同,两者需要不同的资源。IBM 认识到服务是未来的趋势,因而放弃了生产;而联想在国际上的这种中低端定位也符合其自身情况,能使其在国际市场上占有一席之地。这样的定位既避开了与 IBM 这样强势竞争者的直接竞争,同时又可以与其成为合作伙伴。虽然现在说来,联想的前途未卜,但这次收购对双方而言应是一次互利的合作。

联想公司已成功地开辟了海外市场,如何继续开发广阔的国际市场,在策略的角度可以从以下几方面着手:

1. 产品策略,不断创新

创新是信息时代企业生命的源泉,没有创新的企业将失去竞争优势。目前,联想集团不断加大对研发技术的投入和研发体系的建立,已成立了以联想研究院为龙头的二级研发体系。2002 年 11 月,权威机构全球高性能计算机 TOP 500 排行榜再次公布,联想深腾 1 800 万亿次服务器排名全球第 43 位,成为首家正式进入排行榜前 100 名的中国企业。2003 年,联想成功研发出深腾 6800 高性能计算机,在全球超级计算机 500 强中位居第 14 位。但仅仅看到过去是不够的,联想还应不断加大研发力度,在产品的创新过程中逐渐将自己的中低端形象加以改变,在创新中逐渐培养自己的核心竞争力,以科技来塑造一个高端的品牌形象,从而为自己创造更大的利润空间。

2. 价格策略,随时降价

由于联想走的是低价路线,又有一定的品质与成本优势,联想可以采用的一个方法就是"随时降价"策略。这个方法是借鉴了宏碁的营销策略,即缩短调价时间,持续小幅调降,把利益回馈给消费者。这样的策略可以使联想比之国际大厂商的一段时间之后大幅下调更占据主动地位。

3. 渠道，优化供应链

到2004年底，联想供应链给人的印象是采购、生产、分销及物流统一进行。上游是国际、国内统一供应商；中间是北京、上海、深圳惠阳3个生产厂；下游则是联想引以为傲的面对消费者和中小企业的庞大渠道网络及一部分直供的商业客户。这种研发与销售在外、生产在内的渠道模式使联想能够为顾客提供更高的让渡价值。一方面优秀的研发设计能力能够给顾客带来更多的利益，另一方面内地的成本优势使顾客能够以更低的价格得到产品。联想对其供应链的预期是到2006年能够整合出一条国际供应链。既然定位于中低端市场，联想便可凭借其低端产品的良好形象努力拓展海外市场的分销渠道。如，联想QDI主板已经进入欧洲多年，品牌形象良好。所以在今后一段时间里，联想便可利用QDI品牌发展更多的海外产品线。为了实现在海外的业务拓展，联想应加强对海外渠道的建设，在海外发展更多的合作伙伴或分销商，并加强在市场方面的推广力度。

4. 促销，利用"事件营销"来扩大自身的知名度

联想不会也不可能有可口可乐这样雄厚的资金投入大量的广告来宣传自己，一个可行的方法就是用不断翻新的新闻事件，使用潜移默化的方式达到自己的宣传目的。但媒体不可能宣传一成不变的东西，这就需要企业有所创新。如技术上的、管理方面的、产品外形的标新立异等等。新闻报道的力量有时产生的效益会比广告更有效。如，联想此次成为国际奥委会全球合作伙伴便是其迈向国际市场的一个很好的台阶。虽然现在不能断言奥运会能够像当年成就三星那样成就联想，但我们可以肯定，联想确实想借奥运会这样的体育营销事件将自己的产品推向全世界，并逐渐摆脱其中低端品牌的形象，同戴尔、惠普等争夺高端市场的大"蛋糕"。

5. 总结

联想是目前国内能同国外同行企业相抗衡的电脑品牌，始终追求他们那至高无上的目标——"人类失去联想，世界将会怎样？"2001年，联想便已提出未来的联想将是"高科技的联想、服务的联想、国际化的联想"。

联想在国际市场上是成功的，这种成功应归功于其正确的经营策略。在其资金实力不足的时候，联想采取了适合自己的合资策略。寻求实力相当的合作伙伴，这样既不会有受制于人的感觉，又能互相合作、取长补短。其渠道的管理使厂商对消费者在产品及服务等方面都能够快速做出响应。与IBM等高端产品的差别定位给了联想足够的发展空间，而在全球范围内注册自己的品牌让消费者认知等都是联想成功必不可少的要素。（陈隽）

(摘自《营销与流通》2006.7)

## 复习思考题

1. 如何理解全球市场营销的内涵？
2. 全球市场营销经历了哪几种战略形态？
3. 简述全球市场营销的主要理念。
4. 简述全球经济环境分析的主要内容。
5. 全球市场营销的进入战略有哪些？

6. 如何进行全球市场细分?
7. 简述创造竞争优势的组合战略。
8. 简述全球市场营销组合策略。
9. 简述全球一体化营销策略的优点。
10. 如何推行本土化营销策略?
11. 阅读案例16-1,简述联想集团的国际营销策略。

# 第17章 市场营销管理行动

**本章要点**

- 市场营销计划的内容
- 市场营销组织设计目标及效果
- 市场营销控制
- 市场营销组织在企业中的地位
- 市场营销执行
- 市场营销审计

## 第一节 市场营销计划

营销活动涉及什么人在什么地方、什么时候、怎么做的问题。营销需要制订有效的营销计划。营销计划是企业战略管理的最终体现,好的营销计划可以使企业的目标有条不紊地顺利实现。在现代市场经济条件下,企业必须致力于建立先进的计划系统,以加强市场营销。企业营销管理最重要的任务之一就是编制营销计划。

### 一、市场营销计划概述

（一）市场营销计划的概念

计划是拟订未来的工作方向和方法,把未知的未来纳入管理,使人们在面对未来时成竹在胸。古人云:"凡事预则立,不预则废。"企业营销管理最重要的任务之一就是编制营销计划。

营销计划(Marketing Planning)是有关某一具体产品品牌或市场如何进行市场营销活动的总体安排和要求,它通常以正式文件形式出现。如果企业同时生产和经营若干不同的产品或品牌,一般应分别为每种产品、品牌或市场制订不同的市场营销计划。市场营销计划工作过程从财务目标开始,进入营销审计阶段,然后制定3~5年的营销目标和战略规划。

营销计划是企业从事营销活动的指导。在国外企业中,编制详尽、完整、合理的营销计划已成为企业经营管理活动的惯例。但在国内,真正的营销计划还不多,大多数企业在制定营销决策时都没有经过科学的步骤和采用科学的方法。

（二）市场营销计划的重要性

一般来说,市场营销计划的重要性表现在以下4个方面:

（1）有助于避免经营上的盲目性。企业管理者在市场营销计划中规定了计划期内的经营目标,明确了经营方向,从而可以减少或避免经营上的盲目性,使企业的市场营销活动能够更加顺利地开展。

（2）能够取得较好的经济效益。市场营销计划规定了计划期间经营所需资源,企业可以预先测算成本和费用开支,从而有利于节约使用资源和取得较好的经济效益。

（3）有利于协调企业内部各部门之间的关系。市场营销计划明确了计划期的目标和策略，各个部门都按照计划要求安排自己的工作，从而有利于协调和沟通企业内部各部门、各环节之间的关系，如销售部门与生产、财务、人事等部门的关系，销售部门内部、广告、促销、运输、储存等环节的关系。

（4）分工明确，各司其职。市场营销计划规定了具体经营策略，可以使各级工作人员心中有数，明确自己的目标、责任和工作方法；主管人员可以摆脱正常业务指挥，致力于长期战略计划研究。

（三）市场营销计划的编制原则

营销计划不宜过长，但个别辅助计划可以长一些，例如广告或促销计划可以具体些。关于个别产品的销售计划、产品结构或服务应当写得非常详细。营销计划必须简明扼要，其关键部分是怎样实现公司的营销目标。编制营销计划的具体原则是：

（1）年度营销计划由公司财务部门与营销部门联合制订。
（2）营销部门按年度计划自行制订月营销计划。
（3）市场营销计划以年度为单位，由企划部门、财务部门、营销部门联合制订。
（4）营销部门负责按月落实公司的营销计划。
（5）在计划控制阶段，营销部门必须按要求出具书面报告。

## 二、市场营销计划的内容

营销计划是在组织目标、技能、资源及其各种变化市场机会之间建立与保持一种可行的适应性的管理过程。战略计划的目标就是塑造和不断调整公司业务与产品，以期获得目标利润和发展。

每位营销管理人员都应懂得如何制订一项营销计划，而且不同企业不同产品的营销计划、样式和内容可能会有较大差异。营销计划包括的内容，将随着最高管理层想从它的经理处得到多少详细细节的不同而不同。企业营销计划的内容一般包括以下8个方面，如图17-1所示。

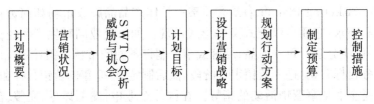

图17-1　营销计划的构成

1. 计划概要

市场营销计划的概要是向管理者提供计划简要的核心内容和主要目标，便于企业领导者很快掌握整个计划的核心内容。该项内容无须太细致复杂，因为具体目标与内容在计划的其他部分会有更加具体的描述。

例如，某电信增值业务公司2005年的营销计划概要如下所述。2005年，增值业务在保证营销投入的前提下应实现收入和利润指标有大幅度增长：销售收入目标为1 200万元，较去年增长15%；利润目标为295万，增长18%。业务增长主要通过开拓彩信彩铃等新业务实现。营销预算为60万元，同比增加15%，增加的预算部分主要用于彩信与彩铃业务。

2. 营销状况

在内容概要之后,营销计划的第一主要内容是提供当前营销状况简要而明确的分析。这一部分,营销计划应提供有关市场、产品、竞争、分销及宏观环境等方面的背景数据资料。

(1) 宏观环境情况。这一部分内容应描述具有广泛意义的与该产品线相关的宏观环境发展趋势与相关数据,包括人文、经济、自然、技术、政治和文化,它们都与企业营销的前途有着某种联系。

(2) 市场情况。这部分提供的是目标市场的具体数据,包括市场规模与增长率,不同地区市场销售情况和增长潜力,还包括顾客方面的分析,如消费者和用户需求、观念和购买行为等方面的动态和趋势。

(3) 产品情况。关于产品情况应列出近几年产品的具体数据,应主要采用定量分析法。主要指标有行业销售额、本公司的市场份额、单位产品平均价格、可变成本、边际收益、销售量(额)、总边际收益、间接费用、广告与促销费用、人员与分销费用、调研与管理费用、营业净利润率等。

(4) 竞争情况。明确主要竞争对手是谁,包括其规模、目标、市场占有率、产品质量、市场营销策略等,以准确了解竞争者的行为和意图。

(5) 分销情况。列出企业在各分销渠道上的销售数量以及每个渠道上变化的重要性。注意到分销商和经销商力量上的变化以及激发他们所必要的价格和贸易条件。

例如,某电视机公司在营销计划中列出:当地彩电市场规模约1亿元,预计未来还会以10%的速度增长,但购买台数可能稳中有降,主要是因为城市家庭拥有量已经很高,而新购买者倾向于购买单价较高的29英寸以上的等离子或液晶数字式彩电。然后,可采用表格式列出过去几年该企业主要产品的数量、价格和收益情况,附上简单的分析说明。对竞争者的分析则侧重他们的销售规模、市场占有率、目标市场、营销策略等。最后还要就企业面临的未来宏观环境趋势等的变化做一简单阐述。

3. 分析优势和劣势、机会和威胁

营销计划中的第二个主要内容是对市场营销中所面临的优势和劣势、机会和威胁进行分析。

(1) 优势/劣势(S/W分析)。优势和劣势是企业的内部因素,与此对应的是作为外部因素的机会和威胁。企业的优势是指企业能够成功运用的战略如高质量的产品;而企业的劣势是指企业需要改进的不足之处,如公关宣传不力。

例如,上面提到的电视机厂商的优势有:品牌有知名度和给人以高质量的形象;经销商在销售方面有丰富的知识和受过良好训练。劣势有:公司对广告和促销的预算只占销售收入的5%,而某些主要的竞争者在这方面的预算却是本公司的2倍;公司品牌在质量上没有提供真正可感的特性,但在价格上却高于其他公司品牌,从而丧失了有价格意识的购买者。

(2) 机会/威胁(O/T分析)。根据上述营销现状的资料,经理应当认清企业所面临的主要机会和威胁。机会和威胁是指能够对企业前途产生重要影响的外部因素。把这些机遇和威胁记录下来,以便采取某些可行的措施。

例如,该电视机公司的机会是:部分高收入消费者对大屏幕等离子、液晶、全频道、数字式彩电的需要为企业产品的更新换代提供机会;部分20世纪90年代初购买彩电的家庭正在考虑更换或增添第二台性能更好的彩电;随着电视频道的增加,电视节目丰富,卫星转播开通和供电状况改善,偏远地区的居民也能方便地收看电视。威胁是:其数字电视机质量不稳定,售后服务的标准不一以及零售商不及时结账等问题。

一个市场机会能否成为企业的营销机会,还要看它是否符合企业的目标和资源,如图17-2所示。每个企业都在自己的任务和业务范围内追求一系列的目标,如利润水平、销售水平、销售增长水平、市场占有率和声誉等等。有些市场机会不符合上述目标,因而不能成为企业的营销机会。譬如,有些机会在短期内能提高利润率,但会造成不良影响,破坏企业的声誉,那是绝对不可取的。还有些市场机会虽然符合企业的目标,但企业缺少成功所必需的资源,如在资金、技术、设备、分销渠道等方面力所不及,那也是不可贸然取之的。但如果能以合理的代价取得所必需的资源,也可能取得成功。成功的企业应当能扬长避短,发挥优势,比竞争者享有差别利益,并且能得到购买者的偏爱。

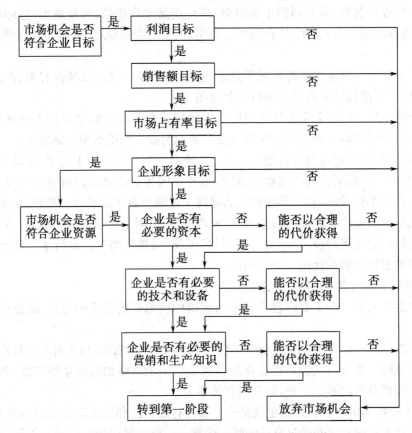

图17-2 根据企业的目标和资源评估市场机会

**4. 计划目标**

对机会和威胁、优势和劣势分析的目的就是确定营销要解决的主要问题,即拟订营销目标。目标是营销计划的核心和制定营销策略的基础,一般分为两大类:财务目标和营销目标。

(1)财务目标。每一个企业都在追求一定的财务目标,投资者们将会寻找一个基本的、长期的投资回报率,而且希望知道他们在本年度所获得的利润。例如,该电视机公司的财务目标是:销售收入1 500万元,利润150万元,两者比去年增长10%。

(2)营销目标。财务目标必须转化为营销目标。营销目标包括销售额、市场占有率、目标利润率及有关广告效果、分销网点、定价等。例如,该电视机公司的营销目标是:销售数字式彩电共 10 000 台,当地市场占有率达到 50%。

目标体系应该具有一定的标准:① 每个目标应有一个既明确又能测量的形式,并且有一个应该完成的规定期限;② 各个目标应该具有内部的统一性;③ 各类目标的叙述应该有层次性,如果有可能,目标应该从高到低非常清楚地排列;④ 这些目标是可以达到的,但是,它们又具有足够的挑战性,能激发员工的最大的努力。

5. 设计营销战略

营销人员应针对上面的分析,设计一个营销战略方案,即提出一个主要营销或战略,或称"竞争计划"。

营销战略是企业用以实现目标的基本手段,由目标市场、营销定位、产品组合和营销预算水平等方面构成主体决策内容。

营销计划的中心是整合营销活动。整合营销活动中最基本的工具是产品,包括产品质量、设计、品牌和包装。企业还提供与产品有关的各种服务,如租赁、送货、培训等。

整合营销的另一个重要工具是价格,即顾客要得到某个产品所必须付出的钱。企业必须制定批发价、零售价、折扣和信用条件。产品价格应该同供应物的认知价值相称,否则购买者就会转向竞争者购买产品。

另一个整合营销工具是渠道,它是指公司为使目标顾客能接近和得到其产品而进行各种活动。企业必须识别、吸收和联系各种中间商和营销服务设施,以便更有效地将产品和服务提供给目标市场。

最后一个整合营销工具是传播,它是公司将其产品告知目标顾客并说服其购买而进行的各种活动。因此,企业必须雇用、培训和激励销售人员。还需制订传播与促销计划,包括广告、销售促进、公共关系、直接营销和网上营销。

6. 规划行动方案

营销战略表明了企业为实现营销目标而明确的总体思路与措施。而行动方案则是开展营销活动的具体手段与途径,是实现营销战略与目标的根本保证。

简单地说,营销计划中的行动方案就是要解决以下问题:将要做什么?什么时候去做?由谁去做?将会有多少成本产生?行动方案的具体内容是什么?(实际上是为实现计划而必须采取的具体措施)。如上例,3 月,某电视机制造商在报纸上做广告,在该月购买该公司产品的任何人都可得到免费的上门访问。由消费者促销经理筹备,预计成本为 5 万元。5 月,公司参加在北京的消费者电子贸易展览会。由经销商促销主任筹备,预计成本为 2 万元。7 月,发动销售竞争活动。对在推销产品上有最高增加率的 3 位经销商,给予去云南度假的奖励。销售部负责这项活动,计划成本为 15 万元。9 月,在报纸广告上宣布,在 9 月的第 3 个星期参加本公司展示会的消费者,有机会抽奖,最高奖为 8 台电视机。销售部负责这项活动,计划成本为 3 万元。

7. 制定预算

根据行动方案应该编制相应的预算方案,其表现形式为损益报表,即列出一张实质性的预计损益表(Profit-and-Loss Statement)。收入方为预估的实物销售量和平均实现价格,两者相乘得出预计的销售收入;支出方包括生产、销售、分销、广告等费用项目;收入与支出之差就是预计利润。

预算确定后应报请上级审核批准。预算有可能被增删修改。一旦批准后,该预算就是制订计划和对材料采购、生产调度、人力补充、营销活动安排的基础。

8. 控制措施

控制措施是市场营销计划的最后一部分,主要说明如何对计划的执行过程和进度进行管理。通常,目标或者预算按月或按季度来制订。最高管理层每期都要审查这些计划的执行结果,并且找出那些没有达到预期目标的部门。这些部门负责人必须说明原因,以及他们正在采取什么行动来改进工作,以争取实现预期的目标。

有些企业在"控制措施"这部分中还包括权变计划。权变计划概述管理者在遇到特殊不利情况时应该采取的步骤,例如价格战和罢工。权变计划的目的是鼓励管理者对可能发生的某些困难做事先考虑。

### 三、市场营销计划的编制

市场营销计划的编制一般采取滚动式的计划与修改方法,是比较实用的。滚动式的计划方法,是指每次修订或者调整计划时均将计划期顺序向前推进一次。习惯上叫做"走一步,向前看几步"。

例如,某企业在 2005 年底,根据企业的战略目标和当时的市场预测,编制了一个 2006~2010 年的 5 年营销计划。到了 2006 年底,就要根据当年计划的实际完成情况和客观条件的变化,对原先制订的 5 年计划进行必要的调整。同时,在此基础上编制 2007~2011 年的 5 年计划。同样,到了 2007 年底,再继续编制 2008~2012 年的 5 年计划,以此类推,如图 17-3 所示。

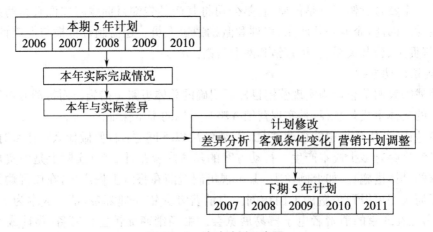

**图 17-3 滚动计划示意图**

在年度计划的控制与执行中,也可以按季度分季控制与向前滚动。例如,在 2002 年计划中,第一季度的计划指标一般比较具体,后 3 个季度的计划指标则可以粗略一些。到一季度末,再根据第一季度的计划实施结果和市场条件的变化情况对原先制订的 2002 年后 3 个季度的计划做出相应的调整,同时整个计划向前推进到 2003 年第一季度。以此类推。

这样,企业在任何时候,都既有一个包括 4 个季度的年度计划,又有一个包括多个年度的长期战略计划。如此滚动下去,既可以使企业的长期计划逐步完善,更好地发挥对短期计划的指导作用,又可以使企业的营销活动较好地纳入短期计划中去实施,保证企业长期战略计划的实现。

## 第二节 市场营销组织

市场营销组织是企业为了制订和实施市场营销计划,实现市场营销目标而建立起来的部门或机构。没有市场营销组织,再好的市场营销计划都难以贯彻和落实。市场营销计划需要组织系统地贯彻实施,市场营销组织的构成、设置及运行机制应当符合市场环境的要求,具有动态性、适应性和系统性等特性。

### 一、市场营销组织在企业中的地位

20世纪初,西方国家先后完成了工业革命,从而极大地推动了生产力的发展和产品供给的增加,致使卖主之间的竞争日益激烈,越来越多的企业日益重视和加强市场营销研究、推销和促销工作。在此背景下,一些大的公司开始设置市场营销研究部门。例如,美国柯蒂斯出版公司(Curtis Publishing Company)在1911年首先设置了市场营销部门,接着美国橡胶公司(U.S. Rubber)和斯威夫特公司(Swift Company)也分别于1916年和1917年设置了市场营销研究部门。开始时这些公司只是把市场营销研究部门作为销售部门的附属物,其工作任务是给销售部门提供信息,以利于销售部门把产品推销出去。后来,市场营销研究部门又接受了一些新的任务,如销售分析、市场营销管理等。再后来,一些大公司为了适应客观形势,开始组建专门的市场营销部门,把营销研究、广告、顾客服务等市场营销职能都合并在市场营销部门。

市场营销组织在企业中的地位经历了一个演变过程。最初,大家认为市场营销部门与生产部门、财务部门和人事部门同等重要,它们各自承担自己的职能和彼此之间互相制衡(如图17-4(a)所示);后来,由于市场需求不振,一些企业认为市场营销工作应比其他部门工作更为重要,从而需要承担更多的职能(如图17-4(b)所示)。

少数"市场营销狂热者"走得更远。他们认为市场营销是企业的中心职能,其他都是支持职能(如图17-4(c)所示),因为没有顾客就没有企业,但这种观点遭到了其他部门的强烈反对,他们不认为自己是为市场营销服务的。第二次世界大战结束后,美国把庞大的军事工业转为民用工业,加之技术进步和生产效率迅速提高,产品产量日益增加,卖主之间的竞争更加激烈,从而使企业认识到要求得生存和发展,就必须以顾客为中心而不能仅仅重视推销和促销(如图17-4(d)所示)。后来,一些企业认为要正确判断和有效满足顾客需要,市场营销仍应处于中心地位(如图17-4(e)所示),因为企业各个部门常常在利益上发生冲突,从而影响顾客需要的满足。例如,生产部门追求产量而忽视质量,财务部门追求资金回收和账目平衡而减少在服务上的投资,采购部门为了降低原材料成本而忽视质量等。建立以市场营销部门为中心的企业管理体制,就能够在最大限度上满足顾客需要和协调好各部门之间的关系。

### 二、市场营销组织设计的目标与原则

(一)市场营销组织设计的目标

市场营销组织的目标大体有以下3个方面:

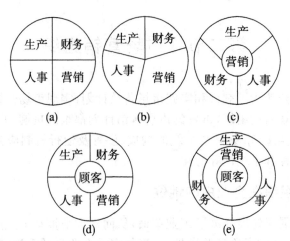

图 17-4 市场营销组织地位的演变

(1) 对市场需求做出快速反应。市场营销组织应当不断适应外部环境,并对市场变化做出积极反应。把握市场变化的途径是多种多样的,如市场营销研究部门、企业销售人员以及其他商业研究机构都能为企业提供各种市场信息。了解到市场信息后,企业的反应则涉及整个市场营销活动,从新产品开发到价格确定乃至包装都要做相应的调整。

(2) 发挥营销组织的整合效能。企业内部存在着许多专业化部门,为避免这些部门之间的矛盾和冲突,市场营销组织要充分发挥其协调和控制的职能并确定各自的权利和责任,从而发挥市场营销组织的整合效能,实现企业整体利益和目标的最大化。

(3) 代表并维护消费者利益。企业一旦奉行市场营销观念,就要把消费者利益放在第一位。这里,主要由市场营销组织承担这项职责。虽然有的企业利用市场营销研究人员的民意测验等来反映消费者的呼声,但仅此是不够的,还必须在管理的最高层面上设置维护消费者利益的市场营销组织,以确保消费者的利益不受到侵害。

企业市场营销组织的上述目标归根结底是帮助企业实现整个市场营销任务,协调、指导企业获得最佳市场营销成果。

(二) 市场营销组织设计的基本原则

市场营销组织是企业内部涉及市场营销活动的各个职位及其结构。市场营销组织是营销管理的重要保证。在不同的企业,市场营销组织的称谓各不相同,并且市场营销组织承担的职能也各不一样。

市场营销组织的设置同其他组织部门一样,除遵循组织设置的一些基本原则外,还需要遵循与企业战略目标和企业实际情况相符合的原则。

(1) 专业分工原则。一般来说,企业规模越大,专业要求越高,分工也越细。营销中有关市场调研、产品研发、广告和促销、公共关系和销售等基本营销职能也应分属于不同的专业部门,并由专业人员担当相应职责。按专业分工原则,营销组织工作分工的主要任务是进行岗位分析和岗位描述。任何岗位要根据其基本活动而设定,并给予明确的对等责权。

(2) 市场与顾客导向原则。这是市场营销组织设计最重要的原则。若某营销组织能真正以顾客需求和市场为驱动力,那么,在营销组织体系和运行机制下,各职能部门和人员真正做到时刻以市场为导向,高度关注和重视顾客关系,提高顾客满意度和忠诚度,以此构建企业的竞争优势,这是企业生存和发展的根本保证。

(3) 动态适应性原则。动态适应性是较为理想的营销组织应具备的基本特点之一。企业营销组织设计首先应能够根据营销环境和营销目标、策略的变化,适应需要,迅速调整自己,并和企业的总体战略发展相适应。

(4) 责权利对等原则。这是组织设计的一个基本原则,在营销组织设计中尤为重要。因为营销人员直接面向市场,面对顾客。如果营销人员有责无权或权力范围很小,不仅影响营销人员的工作积极性和创造性,而且会使营销人员面对顾客的特定要求无法及时得到解决,从而造成顾客抱怨甚至使顾客流失。如果营销人员有权无责,就会造成权力滥用,造成营销组织内部无序和混乱。对营销组织而言更重要的是要有与责权对等的利益。

## 三、市场营销组织形式

市场营销部门内部的组织形式也在不断地演化,但都必须有适应市场营销活动的4个基本方面:职能的、地理区域的、产品和顾客市场的。这就形成了4种基本的市场营销组织模式:职能型组织、地区型组织、产品或品牌型组织和市场管理型组织。另外,还有产品管理与市场管理组织和事业部型组织,它为从事多角化经营的企业所采用。

(一) 职能型组织

职能型组织是最古老也是最常见的市场营销组织形式。它是指在市场营销部门内部分设不同的职能部门,如广告部、销售部、市场调研部等,不同职能部门分别担负不同的工作,市场营销经理负责协调各专业职能部门的工作。

职能型组织形式的优点是分工明确,易于管理。缺点是没有一个职能部门对某一种具体产品或市场负责,并且各职能部门都为了获得更多的预算和更加有力的地位而竞争,致使营销经理经常陷于难以调解的纠纷之中。一般来说,职能型组织比较适宜于企业只有一种或少数几种产品,或者企业产品市场营销方式大体相同的情况。如图17-5所示。

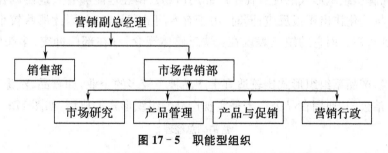

图 17-5 职能型组织

(二) 地区型组织

地区型组织是营销组织经常采用的一种组织形式。它是指市场营销部门内部分设不同的地区经理。地区经理不仅负责产品推销,而且负责该地区的市场调研、广告方案和营销计划的制订等,市场营销经理负责协调各地区经理的工作。正是由于各地区的市场环境不同,许多公司按照地区来组织其营销结构,如国际大公司联合利华、IBM等,国内多数大公司也采用这一形式。

地区型组织形式的优点是考核方便,易于密切销售经理与当地业界的关系。缺点是易于造成销售经理过于追求短期利益而影响企业整体计划的执行,并且造成开支过大。一般来说,该组织形式比较适宜于市场地区比较分散和市场范围较广泛的企业,如图17-6所示。

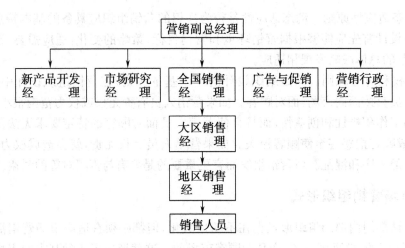

图 17-6 地区型组织

（三）产品或品牌型组织

产品或品牌型组织是按照产品或品牌建立市场营销组织，基本形式是产品管理部门由一名产品主管经理负责，下设几个产品大类经理，在产品大类经理之下再设各个具体的产品经理。产品管理组织于1927年最先出现于宝洁公司，就是后来升任宝洁公司总经理的麦克埃·罗伊首先提出了这种思路并成为佳美肥皂的产品经理，他的工作取得了成功。这种组织形式并没有取代职能型管理组织，只是增加了一个管理组织或管理层次。

产品和品牌经理主要承担以下任务：制定产品的长期经营和竞争战略；制订年度营销计划和开展市场研究；制定广告促销方案；对推销人员和经销商进行激励；提出产品改进建议，适应不断变化的市场需求。

产品或品牌型组织形式的优点在于产品的市场营销经理能够有效地协调各种市场营销职能，并对市场变化作出积极反应；同时，由于有专门的产品经理，因此那些较小品牌的产品可能不会受到忽视。而它的缺点表现在：缺乏整体观念；存在部门冲突；多头领导，权责划分不清。

一般来说，产品型组织形式比较适宜于产品种类较多的企业，如食品、洗涤品、化妆品和化学品等，宝洁公司、通用食品公司等是实现产品型组织形式的典型，如图17-7所示。

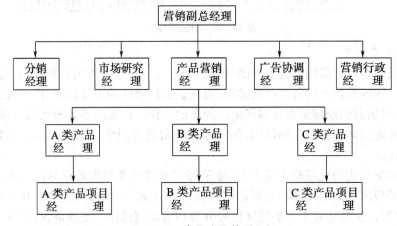

图 17-7 产品或品牌型组织

### (四) 市场管理型组织

市场管理型组织指按照一定标准将顾客分为若干类别,为不同类别的顾客分别设立营销管理组织。公司的产品往往卖给不同顾客,如计算机设备,既卖给单个消费者,也卖给企业与政府。当客户可以按不同购买行为或产品偏好分为不同用户或市场类别的时候,设立市场管理组织是颇为理想的。这种组织形式是把公司的组织机构集中在一起使主要市场成为公司各部门为之服务的中心,由各市场经理来协调。

市场管理型组织的基本形态如图17-8所示。一名市场主管经理管理几名市场经理。市场经理开展工作所需要的职能性服务由其他职能性组织提供并保证。其职责是负责制订所辖市场的长期计划和年度计划,分析市场动向及企业应该为市场提供什么新产品等。市场管理型组织的优点在于:市场营销活动可以按照满足各类不同顾客的需求来组织和安排,这有利于企业加强销售和市场开拓。其缺点是权责不清和多头领导,这与产品型组织类似。

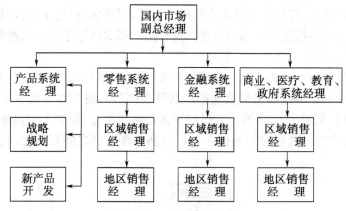

图17-8 市场管理型组织

在西方国家,越来越多的企业采用这种组织形式,认为这是实现"市场导向"的有效方法。如施乐公司已把地理区域的销售模式改为按顾客行业销售,施乐的这种新营销组织结构分4个组:全国性客户经理、主要客户经理、客户代表和营销代表。

### (五) 产品管理与市场管理组织

在产品多样化和市场多样化的时代,有许多企业既生产多种产品,又向多个市场投放,这时它们就需要选择一种恰当的组织机构,以利于企业的生存和发展。如果它们的产品经理能够熟知具有高度差异性的各个市场,就可以采用产品经营组织;如果它们有了解在其主管市场上的具有高度差异性的产品的市场经理,也可以采用市场经营组织。它们还可以把市场经营和产品经营结合起来,就构成了矩阵型结构,如图17-9所示。比较典型的例子是美国杜邦公司,该公司是按矩阵结构设置营销机构的先锋。它的纺织纤维部门里,既有为人造丝、醋酸纤维、尼龙、涤纶纤维等配备的相互独立的产品经理,又有为男装、女装、家庭装饰、工业用户安排的彼此分离的市场经理。产品经理需要制订其所管辖的纺织纤维品种的销售计划和赢利计划,并且努力提高赢利水平,开辟这些产品的新用途。这其中需要有市场经理的协助,提供各个市场上的销售量预测,才能够使产品经理制订出切实可行的计划。另一方面,市场经理有责任负责发展杜邦纤维现有的和潜在的赢利市场。他们以长远的眼光看待市场需求,对适合市场的产品更为关注,而不是注重推出特种纤维。为准备市场计划,他们要同产品经理联系,对计划价格和各种材料的供应量有所了解。市场经理和产品经理的最终销售额的预测总数应当是相同的。

|  |  | 市场经理 | | | |
|---|---|---|---|---|---|
|  |  | 男装 | 女装 | 家用装饰 | 工业用户 |
| 产品经理 | 人造丝 |  |  |  |  |
|  | 醋酸纤维 |  |  |  |  |
|  | 尼龙 |  |  |  |  |
|  | 涤纶 |  |  |  |  |

图 17-9 产品管理与市场管理组织

矩阵型组织能加强企业内部门间的协作,能集中各种专业人员的知识技能又不增加编制,组建方便,适应性强,有利于提高工作效率。但是,双重领导、过于分权、稳定性差和管理成本较高的缺陷又多少抵消了一部分效率。这种组织形式适用于多角化经营的公司。

(六)事业部型组织

随着产品品种的增加和企业经营规模的扩大,为适应这种状况,企业常常将各产品部门升格为独立的事业部。事业部组织就是把产品管理部门升格为独立的事业部,下设若干职能部门和服务部门,如图 17-10 所示。这些事业部各自独立,组织上也自成体系,设有自己的职能部门,由此产生了营销职能如何在公司总部与事业部之间划分的问题。一般有以下几种选择:

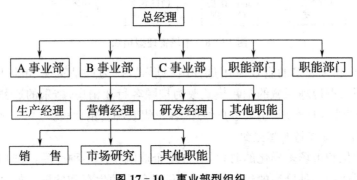

图 17-10 事业部型组织

(1) 公司总部不再设市场营销部门,市场营销职能完全由各事业部负责。

(2) 公司总部设立规模较小的市场营销部门和只承担较少的市场营销职能,各事业部分设自己的市场营销部门和承担主要市场营销职能。

(3) 公司总部设立规模较大的市场营销部门,为各事业部提供各种市场营销服务,如组织公司的广告、公关活动,提供市场研究、政府咨询、人员培训等服务。

(4) 公司总部设立强大的市场营销部门,直接参与各事业部的营销规模工作,并控制他们的经营活动。

总之,一个公司要想取得理想的市场业绩,不仅需要出色的营销部门,还需要企业确立真正以顾客和市场驱动的营销理念,构建顾客导向与竞争导向的企业组织形式;公司的所有部门和员工都高度重视顾客关系,都承担着一定的营销责任。

## 第三节 市场营销执行

制订完整可行的市场营销计划仅仅是进行营销活动的开始,是实现营销目标的前提条件,而有效地执行营销计划并实施有效的控制工作才是实现市场营销目标的根本保证。

### 一、市场营销执行的含义及存在的问题

(一)市场营销执行的含义

市场营销执行是将营销计划转化为行动和任务的过程,并保证这种任务的完成,以实现市场营销计划所制订的目标。无论多么完美的营销战略计划,如果执行不力,仍然导致无法实现营销目标,甚至导致彻底失败的结局。分析市场营销环境、制订市场营销战略和市场营销计划,是解决企业市场营销活动应该"做什么"和"为什么要这样做"的问题;而市场营销执行则是要解决"由谁去做","在什么时候做"和"怎样做"的问题。战略是用来指导执行的,例如,当最高层定出结束某一处于生命周期中衰退期的产品的战略目标时,随之而来就需要执行诸如削减该产品的营销费用,改变推销人员的推销重点,提高该产品售价,撤销该产品的广告宣传并把力量投入到其他产品上等一系列工作。另一方面,执行也可以对战略产生影响,比如充分考虑执行某一战略中可能遇到的风险与阻力,也必然对选择何种战略发生作用。

市场营销执行是一个艰巨而复杂的过程。美国的一项研究表明,90%的被调查计划人员认为,他们制定的战略和战术之所以没有成功,是因为没有得到有效的执行。管理人员常常难以诊断市场营销工作执行中的问题,市场营销失败的原因可能是由于战略战术本身有问题,也可能是由于正确的战略战术没有得到有效的执行。

(二)市场营销执行中存在的问题

企业在实施市场营销战略和市场营销计划过程中为什么会出现问题?正确的市场营销战略为什么不能带来出色的业绩?这主要是由以下几方面原因造成的:

(1)计划脱离实际。如果市场营销计划脱离企业实际,那么市场营销计划就难以执行。企业的市场营销战略和市场营销计划通常是由上层的专业计划人员制订的,而执行则要依靠市场营销管理人员。专业计划人员不了解计划执行过程中的具体问题,而且这两类人员之间往往缺少必要的沟通和协调,导致市场营销计划与企业实际不相符,致使计划难以落实。具体表现在以下几方面:① 企业的专业计划人员只考虑总体战略而忽视执行中的细节,使计划过于笼统和流于形式;② 专业计划人员往往不了解执行过程中的具体问题,所定计划脱离实际;③ 专业计划人员和市场营销管理人员之间缺少充分的交流和沟通,致使市场管理人员在执行过程中经常遇到困难,因为他们并不完全理解需要他们去执行的战略;④ 脱离实际的战略导致计划人员和市场营销管理人员相互对立和不信任。

当前,西方国家越来越多的企业认识到:为保证营销计划的落实,不能光靠专业计划人员为市场营销人员制订计划,而应让计划人员协助市场营销人员制订计划,因为市场营销人员比计划人员更了解实际,让他们参与企业的计划管理过程会更有利于市场营销执行。

（2）缺乏具体明确的执行方案。专业计划人员制订市场营销计划，往往只考虑总体战略而忽视执行中的细节，致使计划过于笼统而难以执行。有些战略计划之所以失败，是因为计划人员没有制定明确而具体的执行方案。企业的高层决策者和管理人员不能有丝毫"想当然"的心理；相反，他们必须制定详尽的实施方案，规定和协调各部门的活动，编制详细周密的项目时间表，明确各部门经理应负的责任。只有这样，企业市场营销执行才有保障。

（3）营销人员追求短期利益。市场营销战略和计划通常着眼于企业长期目标，涉及今后3～5年的经营活动。而对市场营销战略和计划执行者——市场营销人员的考核和评估标准则主要依据短期工作绩效，如销售量、市场占有率和利润率等指标。因此，市场营销人员往往选择短期行为。如某公司的长期产品开发战略半途而废，原因就是市场营销人员追求眼前利益而置新产品开发战略于不顾，将公司的主要资源都投入现有的成熟产品中。

（4）企业因循守旧的惰性。企业新的战略如果不符合企业传统和习惯，往往就会遭到抵制。新旧战略差异越大，执行新战略遇到的阻力就越大。因此，要想执行与旧战略截然不同的新战略，常常需要打破企业传统的组织机构和供销关系。

## 二、市场营销执行的过程

市场营销执行过程包括以下主要步骤：

（一）制定行动方案

为了有效实施市场营销战略和计划，必须制定详细的行动方案。这个方案应该明确市场营销战略实施的关键性决策和任务，并将执行这些决策和任务的责任落实到个人或小组。另外，还应包含具体的时间表，定出行动的确切时间。

（二）建立组织结构

企业的正式组织在市场营销执行过程中有决定性的作用，组织将战略实施的任务分配给具体的部门和人员，规定明确的职权界限和信息沟通渠道，协调企业内部的各项决策和行动。具有不同战略的企业需要建立不同的组织结构，也就是说，组织结构必须同企业战略相一致，必须同企业本身的特点和环境相适应。组织结构具有两大职能：一是提供明确的分工，将全部工作分解成管理的几个部分，再将它们分配给各有关部门和人员；二是发挥协调作用，通过正式的组织沟通网络，协调各部门和人员的行动。

（三）设计评估和报酬制度

为了实施市场营销战略和计划，必须设计相应的评估和报酬制度，这些制度直接关系到战略实施的成败。就企业对管理人员工作的评估和报酬制度而言，如果以短期的经营利润为标准，则管理人员的行为必然趋于短期化，他们就不会有为实现长期战略目标而努力的积极性。

（四）开发人力资源

市场营销战略最终是由企业内部工作人员来执行的，因此，人力资源开发至关重要，涉及人员考核、选拔、安置、培训和激励等问题。在考核选拔管理人员时，要注意将适当的工作分配给适当的人，做到人尽其才；为了激励员工的积极性，必须建立完善的工资、福利和奖惩制度。此外，企业还必须决定行政管理人员、业务管理人员和一线工人之间的比例。应当指出的是，不同战略要求具有不同性格和能力的管理者。"拓展型"战略要求具有创业和冒险精神和有魄力的人员去完成；"维持型"战略要求管理人员具备组织和管理方面的才能；"紧缩型"战略则需要精打细算的管理者来执行。

（五）建设企业文化

企业文化是指一个企业内部全体人员共同持有和遵循的价值标准、基本信念和行为准则。企业文化对企业经营思想和领导风格、职工工作态度和作风等均起着决定性作用。与企业文化相连的是企业管理风格。有些管理者的管理风格属于"专权型"，他们发号施令，独揽大权，严格控制，坚持采用正式的信息沟通，不能容忍非正式的组织和活动。另一种管理风格是"参与型"的，他们主张授权给下属，负责协调各部门的工作，鼓励下属的主动精神和非正式的交流与沟通。

企业文化和管理风格一旦形成，就具有相对稳定性和连续性，不易改变。因此，企业战略通常是适应企业文化和管理风格要求来制定的，不宜轻易改变企业原有的文化和风格。

## 三、市场营销执行的技能

一个优秀的市场营销方案只有得到有效执行才能收到预期的效果。有效的市场营销执行必须善于运用一系列技能。这些技能主要有以下几种：

（一）诊断技能

当营销计划的执行结果未达到预期目的时，就需要对计划和执行之间的内在关系进行诊断：究竟是计划不当造成的，还是执行不当造成的？计划方面存在的具体问题是什么，执行方面存在的具体问题是什么？如何解决？如发现了销售率低的现象，那么还需要进一步诊断这一问题是因为战略不当，还是因为实施有误造成的。为了完成认识和诊断问题的工作，可以采取许多不同的方法和措施。

（二）分配技能

分配技能表现营销经理为各种职能、政策和计划分配时间、费用和人员的能力。如，工业用品公司所面临的按地理区域分配推销人员的难题。举办一次展销会需要多少费用、多少时间、多少人，在租赁场地、传播信息、对外联系等细节方面的费用、时间和人员等如何分配。从不同实施层面看，营销职能层可能会产生需要确定商业展览费用问题，营销政策层又可能要对边际产品给予的质量保证程度伤脑筋，这些都是各种不同分配技能的体现。

（三）调控技能

调控技能包括建立和管理一个控制系统，以便对营销活动的结果及时间进行反馈。控制有4种类型：年度计划控制、利润控制、效率控制和战略控制。

（四）组织技能

组织技能是指为完成营销计划而建立一个有效工作组织的技能。组织技能涉及确定营销人员之间的关系结构，以利于实现企业的各项目标。管理在系统中建立的集中化和正规化程度，以及熟悉非正式营销组织，是制定有效的执行程序的重要前提。各种执行活动的有效性，会受到正式组织和非正式组织交互作用的重要影响。

（五）互动技能

互动技能是指营销人员通过影响他人来完成工作任务的能力。作为营销人员，为了能够有效地执行预期战略，应当不仅可以发动组织自身的成员，还可以动员那些与本企业目标并不完全一致的，诸如营销调研公司、广告代理商、经销商、批发商、代理商等外部人员。互动技能能够体现在处理同一个分销渠道内产生的各种问题上。

### (六)评价实施技能

市场营销人员还需要运用监控技能来评价营销活动结果。良好的营销执行必然获得良好的市场业绩,然而良好的市场业绩却不一定意味着良好的营销执行,也许是产品或战略自身特殊的效果所致。所以,如何评价一个企业营销执行的有效性呢?必须对下列问题作出肯定回答:

(1) 是否有明确的营销主题和强有力的营销领导,以及可以促进和激发优异业绩的企业文化?

(2) 企业营销功能的细分是否健全?是否对分销、定价和广告等推销功能都进行了有效的管理?

(3) 企业的营销计划是否完整?是否对各顾客群都集中进行营销活动?

(4) 营销管理部门和推销人员等其他有关营销人员、企业内其他的职能部门、顾客和零售商之间的相互关系是否融洽?

(5) 管理部门为了及时了解自身的行动情况和现有顾客及潜在客户的信息,采取了哪些措施?

(6) 管理部门是否合理地分配时间、费用、人员给不同的营销工作?

(7) 管理部门开展营销工作和处理与顾客间相互关系时的组织状况如何?

营销战略和营销实施对于营销结果的影响不可能完全区别开来,为了促使企业业绩的全面提高,必须在营销战略和营销实施两方面都给予足够的重视。

## 第四节 市场营销控制

### 一、市场营销控制及其必要性

控制是一个管理过程,其目的是确保企业按照管理意图或预期目标运行。市场营销控制是指市场营销经理经常检查市场营销计划执行情况,以确保市场营销计划全面落实。

市场营销控制的必要性表现在以下3个方面:

(1) 计划与实施过程中遇到的现实并不总能保持一致。首先,计划通常是建立在事先对众多不确定因素的某种假定基础之上的,在实施过程中难免会遇到各种意外事件;其次,计划与环境之间的相互作用往往也是难以预计的,从而计划本身就存在问题。

(2) 控制有助于及早发现问题和避免可能的事故。例如,控制产品或地区市场的获利性,可使企业保持较高的获利水平;严格筛选新产品,可避免新产品开发失误招致巨额损失;实行质量控制,可确保产品性能可靠,使用安全,从而避免顾客购买后产生不满情绪。

(3) 控制还有一种监督和激励作用。如果推销人员或产品经理发现市场营销经理非常关注产品销售的获利性,他们的报酬和前途也主要取决于利润而不是销售量,那么,他们的工作将会更积极,并更符合营销目标任务的要求。

### 二、市场营销控制程序

一个有效的市场营销控制包括以下7个步骤:

（一）确定控制对象

控制范围广和内容多，可获得较多信息，但会增加控制费用。因此，在确定控制范围、内容和额度时，管理者应当注意使控制成本小于控制活动所能够带来的效益或可避免的损失。企业最常见的控制是销售收入、销售成本和销售利润，但对市场调查、推销人员工作、消费者服务、新产品开发、广告等营销活动也应通过控制加以评价。

（二）设置控制目标

设置控制目标是将控制与计划联结起来的主要环节。如果在计划中已经认真地设立了目标，这里只要借用过来就行了。

（三）建立衡量尺度

在多数情况下企业营销目标就决定了控制衡量尺度，如目标销售收入、利润率、市场占有率、销售增长率等。但也有一些问题比较复杂，如销售人员工作效率可用一年内新增加的客户数目及平均访问频率来衡量，广告效果可以用记住广告内容的人数占全部广告接触人数的百分比来衡量。由于大多数企业都有若干管理目标，因此，在大多数情况下营销控制的衡量尺度也会有多种。

（四）确立控制标准

控制标准是指以某种衡量尺度来表示控制对象的预期活动范围或可接受的活动范围，即对衡量尺度加以定量化。如规定每个推销人员全年应增加 30 个新客户、某项新产品在投入市场 6 个月之内应使市场占有率达到 30％等。

确立标准可参考其他企业，并尽可能吸收企业内部多方面的参与意见，以使其更切合实际和受到各方面承认；另外还要考虑产品、地区和竞争情况不同所造成的差别，如考察推销员工作效率就要考虑其辖区内的市场潜力、产品竞争力、广告强度等，不能要求每个人都创造同样的销售额或利润额。

一般来说，企业经常采用的控制标准有两个：一是按现在可接受的水平设立；二是用以激励营销人员的工作达到更高水平。

（五）比较实绩与标准

在将控制标准与实际执行结果进行比较时，需要决定比较的频率，即多长时间进行一次比较，这取决于控制对象是否经常变动。如果实绩与控制标准一致，则控制过程到此结束；如果不一致，则需要进行下一步骤。

（六）分析偏差原因

产生偏差可能有两种情况：一是实施过程中的问题，这种偏差比较容易分析；二是计划本身的问题，确认这种偏差一般比较困难。

（七）采取改进措施

如果在制订计划的同时制定了应急计划，则改进就能更快。不过，在多数情况下并没有这类预定措施，这就必须根据实际情况迅速制定补救措施，或适当调整某些营销计划目标。

### 三、市场营销控制类型

由于企业内外环境因素的变化，在营销计划实施过程中不可避免地会出现意外情况，营销部门为了实现营销目标，必须对各项营销活动进行连续有效的监督与控制。发现问题及时采取行动，或调整营销计划，或修正执行偏差。

企业常用的市场营销控制包括年度计划控制、获利性控制、效率控制和战略控制。营销控制实际上并不是一个单一的过程，4种控制的实施部门、目的和方法都有所不同，如表17-1所示。

表 17-1　营销控制种类

| 控制种类 | 主要负责人 | 控制目的 | 方 法 |
| --- | --- | --- | --- |
| 1. 年度计划控制 | 高层管理部门、中层管理部门 | 检查计划目标是否实现 | 销售分析，市场份额分析，销售费用分析，财务分析，顾客态度分析 |
| 2. 获利性控制 | 营销监察人员 | 检查公司在哪些地方盈利，哪些地方亏损 | 产品，地区，顾客群，销售渠道，订货多少等盈利情况 |
| 3. 效率控制 | 直线和职能管理部、营销监察人员 | 评价和提高经费开支以及营销开支的效果 | 销售队伍、广告、促销和分配等效率 |
| 4. 战略控制 | 高层管理部门、营销审计人员 | 检查公司是否在市场、产品和渠道等方面正在寻求最佳机会 | 营销有效性评价手段，营销审计 |

### （一）年度计划控制

开展年度计划控制是为了保证企业达到在其年度计划中所规定的销售额、利润额和其他指标。进行年度计划控制的核心是目标管理，图17-11中列出年度计划控制所包含的4个阶段。

图 17-11　年度计划控制过程

首先，管理部门应当在年度计划中规定各个月或者季度的目标，作为评价的出发点；其次，管理部门应当密切注视它在市场上的业绩；第三，管理部门应当弄清楚任何严重偏离目标的原因；第四，管理部门应当为弥补目标和业绩之间的差距而采取必要的纠正措施，在某些情况下需要改变计划，甚至可能改变目标。

组织的所有层次都可应用这一控制模式。最高管理层规定一年的销售和利润目标，各个较低管理层再把这些目标经过精心安排，转化为自身的具体目标。因此，每个产品经理就有责任完成规定的销售和成本目标，每个地区经理和每个推销人员也有责任完成规定的特定目标。在一定阶段，最高管理层审查结果，并且确定哪里存在缺陷并找出缺陷产生的原因。

年度计划控制包括5项主要内容：销售分析、市场份额分析、营销费用—销售额分析、财务分析以及顾客态度追踪分析。

#### 1. 销售分析

销售分析就是衡量和评估实际销售额与计划销售额之间的差距。主要分析方法有两种：

（1）销售差异分析。它是用以衡量在销售目标执行中形成缺口的不同要素所起的相应作用。假设年度计划要求在第一季度销售4 000台电视机,按每台10 000元计算,即销售额为4 000万元。但在季末却只销了3 000台,而且是每台是8 000元,即销售额为2 400万元。销售绩效差异为1 600万元,即为预期销售额的40%。问题是,绩效的降低有多少归因于价格下降?有多少归因于销售量下降?下列计算回答这一问题:

由于价格下降造成的差额=(10 000−8 000)×3 000=600万元　　37.5%

由于销售量下降造成的差额=(4 000−3 000)×1 000=$\frac{1\,000\,万元}{1\,600\,万元}$　$\frac{62.5\%}{100.0\%}$

几乎有2/3的销售差额是由于没有实现销售量目标所造成的。公司应该对其预定的销售量目标为何没有实现加以仔细的调查研究。

(2) 微观销售分析。它是考察特定产品、销售地区等未能完成预期销售份额的问题。如：某公司在3个地区有销售业务,预计销售量分别是1 500个单位、500个单位和2 000个单位,合计4 000个单位。实际销量分别是1 400个、525个和1 075个单位。因此,一区有7%没有完成,二区超额5%,三区则有46%没有完成。由此可以看出,三区的差额是未达到总销量的主要障碍。销售副总经理应仔细调查三区的情况,分析造成业绩之差的原因。诸如：该区的推销代表游手好闲或者个人存在问题;该区出现了强大的竞争对手;该区的国民生产总值呈现下降趋势。

### 2. 市场份额分析

企业的销售额并不能表明企业相对于竞争者的绩效如何。因此,管理者需要追踪其市场占有率。如果企业的市场占有率提高了,就意味着企业比竞争对手跑得快;如果市场占有率下降了,意味着该企业落后于竞争者。衡量市场占有率的第一步是明确使用何种度量方法。有4种不同的度量方法可供选择。

(1) 总体市场占有率。用本企业销售额在全行业销售额中所占比重表示。分析总体市场占有率有两个方面的决策：一是要决定使用销售量(实物量)还是使用销售金额(价值量);二是要确定行业的范围,如一家生产高档机械表的企业将生产各种手表的企业都包括在本行业内,其市场占有率自然很低。

(2) 区域市场占有率。该指标是指企业在某一区域内的销售额占全行业该地区销售额的百分比。一家企业可能在有限地区的市场占有率高达100%,但总体市场占有率却不高,甚至很低。多数企业总是首先努力取得局部市场上的最大占有率,再进入新的地区市场。

(3) 相对市场占有率(相对于3个最大竞争者)。即以企业销售额相对于最大的3个竞争者的销售额总和的百分比来表示的市场占有率。如某企业有30%的市场占有率,其最大的3个竞争者的市场占有率分别为20%、10%、10%,则该企业的相对市场占有率是75%$\left(\frac{30}{40}\times100\%\right)$。实力比较雄厚的企业相对市场占有率,一般在33%以上。

(4) 相对市场占有率(相对于市场主导者)。它是指本企业销售额占行业内领先竞争对手销售额的百分比。相对市场占有率大于1,表示本公司是行业的领先者;等于1,表示本公司与最大竞争对手平分秋色;小于1,表示本公司在行业内不处于领先地位,但若相对市场占有率不断上升,表示本公司正不断接近领先的竞争对手。

一般来说,市场占有率比销售额更能反映企业在市场竞争中的地位,但也要注意有时市场占有率下降并不一定意味着公司竞争地位下降。例如,新企业加入本行业、企业放弃某些获利较低的产品等,都会造成产品市场占有率下降。

在了解企业市场占有率之后,还需正确解释市场占有率变动的原因。企业可以从产品大类、顾客类型、地区以及其他方面来考察市场占有率的变动情况。一种有效的分析方法,是从顾客渗透率 $C_P$、顾客忠诚度 $C_L$、顾客选择性 $C_S$ 以及价格选择性 $P_S$ 4个因素分析。所谓顾客渗透率,是指从本企业购买某产品的顾客占该产品所有顾客的百分比。所谓顾客忠诚度,是指顾客从本企业所购产品占其所购同种产品总量的百分比。所谓顾客选择性,是指本企业一般顾客的购买量相当于其他企业一般顾客购买量的百分比。所谓价格选择性,是指本企业平均价格同所有其他企业平均价格的百分比。这样,全部市场占有率 $T_{MS}$ 就可表述为:

$$T_{MS} = C_P C_L C_S P_S$$

**3. 营销费用—销售额分析**

年度计划控制要求保证公司在实现其销售目标时没有过多的支出。这里要看的关键百分比是营销费用对销售额之比。例如,在某公司中,此比例为30%,它包括5个费用与销售之比:销售队伍费用对销售额之比(15%);广告费用与销售额之比(5%);促销费用与销售额之比(6%);营销调研费用与销售额之比(1%);销售管理费用与销售额之比(3%)。营销管理者监控各项费用开始比率,设定一个正常波动控制区间对每个比率在各个时期的波动进行追踪,当波动超出正常范围时应及时寻找原因。

**4. 财务分析**

营销费用与销售额之比应当放在总体财务构架中分析,以判断公司的总体财务状况是亏还是盈,公司主要盈利的是哪些产品、哪些地区等。财务分析的具体指标有:

$$资本净值报酬率 = \frac{净利润}{资本净值} = 资产报酬 \times 财务杠杆率$$

$$资产报酬率 = \frac{净利润}{总资产} = 净利率 \times 资产周转率$$

$$净利率 = \frac{净利润}{净销售额}$$

$$资产周转率 = \frac{净销售额}{总资产}$$

$$财务杠杆率 = \frac{总资产}{资本净值}$$

管理部门应当利用财务分析来判别影响公司净值报酬率的各种因素。要提高资本净值报酬率就要提高净利润与总资产之比,或提高总资产与资本净值之比。应分析资产构成并改善资产管理。

**5. 顾客态度追踪分析**

前面的方法主要以财务和数量化分析为特征,但为了尽早察觉市场销售可能发生的变化,具有远见和高度警惕性的企业还建立了跟踪顾客、中间商及市场营销有关人员态度的系统,这个系统的方法有以下3种:

(1)顾客投诉和建议制度。即通过设立意见簿、建议卡等以鼓励顾客反馈意见,了解顾客对本企业产品和服务的意见。

(2)典型户调查。即通过与某些顾客建立长期固定联系,定期通过电话或邮寄意见征求表以征求他们的意见和建议。

（3）随机调查。即公司定期通过随机抽样方法了解顾客对企业产品或服务的满意程度。

（二）获利性控制

获利性控制就是通过对财务报表和数据的一系列处理，把所获利润分摊到诸如产品、地区、渠道、顾客等各个因素上，从而衡量每个因素对企业最终盈利的贡献大小和盈利水平。这种分析将帮助企业决定哪些产品或市场应该扩展，哪些应该缩减以至放弃等，因此极具实用价值。

例如，假定某企业分别在A、B、C 3个城市销售产品，根据资料可编制各城市经营情况的损益平衡表（见表17-2）。

表17-2 某企业各城市经营损益表

单位：万元

| 项　目 | A城 | B城 | C城 | 总额 |
| --- | --- | --- | --- | --- |
| 销售收入 | 3 000 | 2 500 | 2 000 | 7 500 |
| 销售成本 | 2 000 | 1 700 | 1 400 | 5 100 |
| 毛　利 | 1 000 | 800 | 600 | 2 400 |
| 推销费用 | 100 | 250 | 250 | 600 |
| 广告费用 | 500 | 400 | 100 | 1 000 |
| 运输费用 | 100 | 300 | 150 | 550 |
| 总费用 | 700 | 950 | 500 | 2 150 |
| 净　利 | 300 | －150 | 100 | 250 |

从表17-2可知：A城不仅销量最大，而且为企业贡献利润最多；C城虽然总销售收入低于B城，但由于费用低，特别是广告费和运输费大大低于B城，故也为企业贡献了可观的利润；B城的运输费用和人员推销费用较高，前者可能是由于距离较远或交通不便引起的，后者则说明促销效率低或B城市场潜力客观上较C城小，或者企业在B城的促销策略有问题，或者负责B城销售工作的人员不得力等。

（三）效率控制

效率控制是指企业使用一系列指标对营销各方面的工作进行日常监督和检查。一般来说，企业应从以下几个方面对营销效率进行控制。

（1）推销员工作效率控制。评价推销员工作效率的具体指标有：① 每位推销员每天平均访问客户次数；② 每次推销访问的平均收益；③ 每次推销访问的平均成本；④ 每百次推销访问获得订单数量；⑤ 每期的新增客户数和失去的客户数。

对上述资料的分析，可使企业发现一些有意义的问题：如每次访问的成本是否过高？每百次推销访问的成功率是否太低？如果访问成功率太低，应考虑是推销人员推销不力，还是选择的推销对象不当，或许应减少访问对象，增加对购买潜力大的目标顾客的访问次数。

（2）广告效率控制。评价广告效率的具体指标有：① 各种广告媒体接触每位目标顾客的相对成本；② 注意、收看或阅读广告受众占全部受众的百分比；③ 目标顾客在收看广告前后态度的变化；④ 目标顾客对广告内容与形式的看法；⑤ 消费者受广告刺激增加对产品询问的次数。

（3）促销效率控制。评价促销效率的具体指标有：① 按优惠办法售出的产品占销售量的百分比；② 赠券收回的百分比；③ 每单位销售额的商品陈列成本；④ 现场展示或表演引起顾客询问的次数。

（4）分销效率控制。分销效率控制主要是对企业存货水平、仓库位置及运输方式进行分析和改进，以达到最佳配置并寻找最佳运输方式和途径。

效率控制的目的在于提高人员推销、广告、促销和分销等市场营销活动的效率。市场营销经理必须关注若干关键比率，这些比率表明上述市场营销职能执行的有效性，显示出应该如何采取措施以改进执行情况。

（四）战略控制

由于市场营销环境变化非常快，企业制定的目标、战略、方案往往失去作用。因此，在企业市场营销战略实施过程中必然会出现战略控制问题。战略控制是指市场营销管理者采取一系列行动，使实际市场营销工作与原计划尽可能一致，在控制中通过不断评审和信息反馈，对战略不断修正。市场营销战略的控制既重要又难以准确。因为企业战略的成功是总体性和全局性的，战略控制注意的是控制未来，是未发生的事件。战略控制必须根据最新的情况重新评价计划和进展，因而难度也较大。

企业在进行战略控制时，可以运用市场营销审计这一重要工具。各个企业都有财务会计审计，在一定期间客观地对审核的财务会计资料或事项进行考察、询问、检查、分析，最后根据所获得的数据按专业标准进行判断，作出结论，并提出报告。由于市场营销审计尚未建立一套规范的控制系统，有些企业往往只是在遇到危急情况时才开展这一工作，其目的是解决一些临时性的问题。目前，国内已有一些企业开始运用市场营销审计进行战略控制。

# 第五节　市场营销审计

## 一、市场营销审计的含义及发展

市场营销审计是对企业或业务单位的市场营销环境、目标、战略和整体营销效果所做的全面的、系统的、独立的和定期的检查，以确定存在的问题和机会，提出行动计划，提高企业的营销业绩。市场营销审计是市场营销控制的重要工具，属于最高级别的市场营销控制，即战略控制。

市场营销审计实际上是在一定时期对企业全部市场营销业务进行总体效果评价，其主要特点是不限于评价某些问题，而是对全部活动进行评价。市场营销审计的目的是确保企业战略、目标、政策和策略与市场营销环境和企业内部资源变化相一致。由于现代企业面对的营销环境变化极为频繁，企业原有的战略和目标经常很快就因环境变化而过时，因此，每个企业都必须建立一种"营销审计"制度，定期对企业经营的方向性问题做出评价和判断，及时发现问题和机会，以提供给企业最高决策部门作为参考。

第二次世界大战后，发达资本主义国家产品日新月异，需求更趋向个性化、多样化，市场竞争日益激烈,企业市场营销也出现危机。企业为了提高经济效益,必须对市场营销活动加强检查、分析和控制,逐步展开市场营销审计。进入20世纪70年代以后,美国许多工商企业,尤其是一些跨国公司,日益从单纯关注利润和效率发展到全面检查经营战略、年度计划和市场营销组织,高瞻远瞩地改善企业经营管理和更有效地扩大经济效果。它们对市场营销活动的检查范围逐步扩大,包括用户导向、市场营销组织、市场营销信息、战略控制以及作业效率等;同时,制定了检查的具体要求,确定了检查标准并采用计分办法加以评核。从那时起,市场营销审计开始成熟并逐步发展,越来越多的企业把它当作加强市场营销管理的一个有效工具。

## 二、市场营销审计的特征

市场营销审计有以下4个基本特征:

(1) 全面性。即市场营销审计涉及企业市场营销的各主要方面,而不仅是少数发生问题的部分。后者称之为职能性审计。职能性审计也很有用,但有时可能导致推断的片面性。如某项产品销售额急剧下降,可能并不是因为推销员推销不力,而是因为广告宣传不力。综合性的营销审计通常能更有效地确定市场营销过程的问题所在。

(2) 系统性。即市场营销审计包括一套完整有序的诊断步骤,涉及企业的营销环境、内部市场营销系统和具体的营销活动,并要分别提出短期和长期的改进措施,以提高企业的整体营销效率。

(3) 独立性。即市场营销审计要请企业之外富有经验的咨询部门和专家顾问参加,或主要由他们进行。这不仅有利于借助他们对大量同类型企业咨询指导的经验,而且能够保证营销审计的客观性和独立性。

(4) 定期进行。早期的市场营销审计只是在企业遇到困难或危机时才进行,目的仅限于解决一些临时性问题,但往往为时已晚。由于不会有"好到无需做任何改进的市场营销工作",因此,无论企业是处在顺境还是逆境,定期进行市场营销审计都是十分必要的。

## 三、市场营销审计的内容

市场营销审计不只是审查出了问题的地方,而是全面审计,具体包括以下6个方面的内容:

(一) 市场营销环境审计

企业市场营销必须审时度势,因此就需要对市场营销环境进行分析,并在分析人口、经济、生态、技术、政治、文化等环境因素的基础上制定市场营销战略。企业对市场营销环境分析是否正确,需要经过市场营销审计的检验,并且由于市场营销环境是不断变化的,从而也需要经过市场营销审计来修订原来制定的市场营销战略。

市场营销环境审计具体包括以下内容:

1. 宏观环境审计

主要包括:

(1) 人口环境。在人口统计方面有哪些对本企业构成机会或威胁的发展倾向?本企业已经采取了哪些措施来回答这些倾向?

(2) 经济环境。收入、价格、储蓄等方面有哪些主要变化将对企业造成影响?本企业采取了什么措施?

(3) 自然环境。企业所需自然资源或能源在获取成本和易获得性方面前景怎样?企业在环境污染和环境保护中扮演什么角色,准备采取什么步骤?

(4) 技术环境。在产品技术和工艺过程方面发生了哪些重要改变?本企业在其中处于什么地位?目前产品有哪些换代或替代可能?

(5) 政治法律环境。有哪些法律可能影响企业的营销战略和技术?

(6) 文化环境。消费者的价值观念、生活习惯发生了哪些足以影响企业营销策略的变化?进一步的变化趋势是什么?

2. 目标环境审计

主要包括:

(1) 市场。本企业市场的规模、地区分布、获利性、增长潜力如何?有哪些主要的细分市场?

(2) 顾客。本企业现有和潜在顾客对本企业及竞争对手在商誉、产品质量、提供服务、定价等方面的评价如何?不同顾客群都怎样做出他们的购买决策?

(3) 竞争对手。谁是主要的竞争对手?它们的目标、战略是什么?它们有何长处和短处?它们的规模及市场占有率怎样?存在哪些影响未来竞争及产品替代的趋向?

(4) 经销商。企业依靠哪些分销渠道将产品送达顾客?不同分销渠道的效益和增长潜力怎样?

(5) 供应商。生产所需关键原材料来自哪些供应商?供应商的销售方式可能发生什么变化?

(6) 储运机构。运送服务费用和易获得性怎样?仓储服务费用和易获得性怎样?

(7) 公众舆论。公众舆论为企业带来什么机会或威胁?企业在有效处理与各类舆论工具的关系方面将采取哪些措施?

(二) 市场营销战略审计

市场营销战略审计主要是考察企业营销战略、目标与当前及预期环境变化相适应的程度,具体包括以下内容:

(1) 任务。市场营销任务是否得到明确阐述并切实可行?

(2) 目标。目标是否通过指标形式得到明确表达并切实指导营销计划?营销目标是否充分利用了本企业的竞争优势、资源和机会?

(3) 战略。达到目标的战略核心是什么?是否有足够的资源保证?资源是否以最佳的组合分配到各产品、地区和细分市场上?在主要的营销组合因素如产品、服务、推销、广告和分销渠道上,资源是否得到了最优分配?

(三) 市场营销组织审计

市场营销组织审计主要是评价市场营销组织在执行市场营销战略方面的组织保证程度和对市场营销环境的应变能力,具体包括以下内容:

(1) 组织结构。市场营销部门对企业影响消费者满意程度的各项活动有充分的权威和责任吗?按照职能、产品、最终用户和地区结构组织市场营销是最好的选择吗?

(2) 职能部门效率和部门之间关系。市场营销与销售部门之间有良好的信息交流和工作关系吗?产品管理系统工作是否有效?产品经理仅负责销售量还是也制订利润计划?市场营销与制造、研究开发、财务等部门之间有什么需要引起注意的问题？

（四）市场营销系统审计

**市场营销系统审计**主要包括：

（1）信息系统。市场情报系统是否能够准确、及时和有效地提供与顾客、分销商、竞争对手和各类大众传播媒介有关的信息？企业决策者是否充分利用了市场调查？

（2）计划系统。计划系统工作是否有效？市场预测的结论是否得到充分利用？销售定额是否适当？

（3）新产品开发系统。企业能很好地鼓励、采纳和评价有关新产品开发的设想吗？企业在决定向某种新设想投资之前，是否做了充分的调查和商业分析？企业在推广某种新产品之前是否做了充分的产品或市场实验？

（4）控制系统。控制过程能否确保年度计划目标的实现？是否定期分析了各产品、市场、地区和分销渠道的获利性？定期审查了市场营销成本吗？

（五）市场营销效率审计

**市场营销效率审计**主要包括：

（1）获利性分析。企业在不同产品、市场、地区和渠道中的获利性怎样？企业应进入、扩展、收缩或撤离哪些细分市场？短期或长期利润或损失怎样？

（2）成本/效益分析。市场营销费用支出情况及其效益怎样？哪些营销活动的成本过高？可采取哪些降低成本的措施？

（六）市场营销组合要素审计

**市场营销组合要素审计**主要包括：

（1）产品审计。现有产品种类是否适合顾客需要？现有产品组合是否需要做出调整？应增加、扩大或淘汰哪些品种？现有产品的质量、外观、式样、品牌等是否需要调整？

（2）定价审计。定价目标、政策、策略和过程是什么？应在怎样的程度上根据成本、需求或竞争状态定价？消费者认为企业定价与其产品提供的利益是否相符？企业是否充分利用了定价的促销作用？

（3）渠道审计。分销的目标和策略是什么？是否有充分的市场覆盖率和足够的服务？现有分销渠道的工作是否有成效？需要调整吗？

（4）推广审计。企业的广告目标是什么？预算怎样做？实际支出是否适当？广告制作效果怎样？顾客和公众的看法如何？广告媒体及广告人员是否适当？其他推广方式是否得到充分有效的利用？推销部门的规模、组织方式是否胜任或适合公司的销售任务？推销人员的能力、素质、努力程度是否足够？推销人员的工作是否得到了足够的报偿和激励？本企业推销力量与竞争对手相比怎样？

总之，市场营销审计是一项颇为庞大的工程，需要花费相当的时间、人力和资金。但其带来的好处也是巨大的，它能够保证企业不犯大错误或不在错误的道路上走得太远；能够为一些陷入困境的企业带来希望和使那些卓有成效的企业更上一层楼。

**案例 17-1** "惠普科技，成就梦想"营销战略计划

惠普公司在全球拥有400多个分公司，80多个产品。企业组织结构按产品类别分工，再根据职能划分部门，如市场、销售、服务、研究开发等。80多个主要产品就有80多个销售总

经理,80多个生产厂长,80多个市场总经理,80多个财务总经理。1999年,44岁的卡莉·菲奥莉娜出任惠普CEO,她开始了惠普的改革,决心按照客户种类和需求把组织结构改造为全面客户体验的服务模式。经过两个多月,卡莉将惠普销售部门按不同客户重新划分成全球客户、大客户、中小客户等部门;把从事技术研发和生产的部门重组成3个大的部门,即与计算资源与计算设备相关的计算系统部,与图像处理及打印相关的图像及打印系统部,与信息终端相关的消费类电子产品部。改革后,每一位销售人员所代表的都是惠普公司全线的产品和服务,在客户从选购到安装、调试、培训、使用,再到升级、发展整个过程中都有专人与客户保持互动关系。

组织结构调整完善后,卡莉开始进行另一项大动作。2001年9月4日,惠普对外宣布并购康柏。备受世界关注和争议的购并案历时8个月后,2002年5月6日,HPQ新代码在纽约证券交易所正式挂牌交易,开始了新惠普时代。合并后的新惠普成为全球最大的计算机和打印机制造商,同时也是全球第三大技术服务供应商。新惠普在2002年的营业额达到817亿美元,仅次于蓝色巨人IBM的900亿美元。

经过一年多的惠普—康柏整合,新惠普计划投资4.5亿美元作为全球推广总费用,全面展开"惠普科技,成就梦想"营销计划,塑造新惠普"科技巨人"的形象。红色的康柏+蓝色的惠普=新惠普,两者的完美结合将是创新、客户体验和速度。

并购完成前惠普就着手准备这项计划,整个广告的策划过程花了近1年时间。惠普聘请专业公司对竞争对手的广告支出进行跟踪调查,发现惠普在广告上支出与竞争对手相仿。2000年1月至2002年6月间,惠普公司在广告上花费7.23亿美元,戴尔电脑5.62亿美元。IBM公司8.72亿美元。惠普全球品牌和联络部门高级副总裁约翰逊称,她的团队访问了数百位普通人、公司客户、雇员和行业分析师,想了解他们怎么看待惠普。结果是,许多客户仅仅把惠普视为一家打印机公司,还有许多人不了解惠普。实际上,惠普科技全球领先,服务于广大顾客和中小企业,其技术应用于100多个股票交易所、95%的证券交易和2/3的信用卡交易。看来,新惠普塑造形象势在必行了。增加品牌广告投入将有利于达到这个目的,使竞争的天平向自己这一边倾斜。

惠普公司的广告力图用"客户+惠普"的创意模式,表达惠普给人类各行各业带来的生命力、动感、艺术感、创造性等各种各样的美妙体验。广告总主题为"一切皆有可能"及"客户+惠普=惠普科技,成就梦想"。2003年6月开始,"客户+惠普"营销活动是铺天盖地:"宝马F1车队+惠普"、"梦工厂+惠普"、"芬兰鸟类研究所+惠普"、"亚马逊+惠普"、"联邦快递+惠普"……从平面媒体、广告牌、电视到网络媒体,展开全球网络攻势。但在一系列广告中,看不到惠普的具体产品,而是以客户为主题的一系列有趣故事。惠普科技如何帮助宝马F1车队超过法拉利;如何帮助梦工厂缔造新一代动画《怪侠史莱克》中的小金人,捧回奥斯卡最佳动画片奖;如何帮助芬兰的鸟类观察者记录珍稀鸟类的GPS位置;如何帮助亚马逊实现在线零售;如何帮助联邦快递将货物在第二天快速、准确送达……

惠普让客户的形象占据广告画面大部分位置,自己则退居一隅,新惠普CEO卡莉·菲奥莉娜的解释是:借助惠普科技,实现梦想!惠普为众多著名客户成功提供解决方案,新广告以惠普客户的第一手经验为主打,强调惠普科技为日常生活带来的影响是随处可见。"客户+惠普"的加法算式强调了惠普与客户的紧密合作,与客户共进共荣;成就了客户,也就成就了自己,使一个全新的惠普形象脱颖而出。"客户+惠普"为很多企业成就了梦想,也打造了新惠普"科技巨人"的新形象。

惠普新广告先在美国展开,第一则平面媒体广告刊登在美国两大强势媒体《华尔街日报》和《纽约时报》上,且都使用了极其少有的 16 个连续整版;电视广告选择了在收视率领先的 CNBC 上播出;随后,纽约著名的时代广场上也竖起了醒目的户外广告牌。全球其他国家的广告活动也陆续展开。从用户反馈来看,一系列广告活动取得了很好的效果,新惠普市场地位和影响力得到了空前的提高。惠普不仅成为欧洲、中东及非洲最大的 IT 供应商,而且其 PC 服务器出货量超过了其后九大厂商的总和。事实印证了"1+1>2",新惠普比合并前两个公司单纯相加更好。

2003 年 5 月 6 日,在加州圣何塞市举行的惠普与康柏合并一周年庆祝会上,新惠普推出了一项新战略——"动成长企业"战略,主要瞄准惠普最大客户群,强调在多变的商业环境中协助企业寻找更可靠灵活且具有最高 IT 投资回报率的方案,包括服务、软件、解决方案及一套参考性架构,让企业以科技系统适应新的商业环境。新惠普表示,现已取得 P&G、诺基亚、阿尔卡特等大客户,并争取到思科、SAP、甲骨文等公司加入"动成长企业"战略行列。"动成长企业"战略是"惠普科技,成就梦想"宣传计划的跟进战略,在未来的时间里,惠普还将推出一系列的新战略。

(摘自彭强:惠普"疯狂",成功营销,2003)

## 复习思考题

1. 什么是市场营销计划?制订市场营销计划有什么重要性?
2. 简述市场营销计划的内容。
3. 简述市场营销计划的编制程序。如何编制滚动计划?
4. 简述市场营销组织的概念及在企业中的地位。
5. 市场营销组织的形式有哪些?
6. 简述市场营销部门和其他部门之间的冲突和协调。
7. 简述市场营销执行的含义、过程及技能。
8. 简述市场营销控制的程序和类型。
9. 简述市场营销审计的含义、特征及内容。
10. 阅读案例 17-1,简要说明市场营销计划的主要内容,并请指出惠普公司的组织结构调整对于营销战略计划执行起到了何种作用?怎样对"惠普科技,成就梦想"这一营销战略计划执行过程进行控制以保证实现预期效果?

# 第18章　市场营销的新领域

**本章要点**

- □ 知识营销的概念及特点
- □ 关系营销的含义及特征
- □ 关系营销的实施策略
- □ 绿色营销的内外部影响因素
- □ 文化营销的功能及实施策略
- □ 体验营销的内容
- □ 微营销的概念及优点
- □ 知识营销的实施策略
- □ 关系营销的模型及核心内容
- □ 绿色营销与传统营销的区别
- □ 文化营销的概念及层次
- □ 体验营销的含义及特点
- □ 水平营销的含义及实施
- □ 大数据营销的含义及特点

20世纪80年代以来，随着市场环境急剧变化和营销实践迅速发展，市场营销理论也呈现出蓬勃发展之势。跟踪研究市场营销理论的创新发展领域，并加以系统整合和创造性应用，是企业营销创新的内在要求。21世纪是创新的世纪，市场营销创新有着广阔的前景。市场创新、产品创新、观念创新、方法创新、理论创新，这是一项长期的战略任务。

## 第一节　知识营销

知识营销作为一种新的营销方式，是在知识经济的市场环境下应运而生的，是营销创新的一项重要内容。许多企业通过知识营销赢得顾客，为自己创出一片新天地。比如，长沙友谊集团创办友谊顾问学校，免费为消费者举行了十多期有关消费者权益、商品知识、购买技巧等知识讲座，场场火爆，由此引来如潮的顾客踊跃购买。"贝因美"是中国母亲熟悉的名字，1992年公司创立时，就确立了长远目标——建立中国最大的婴幼儿食品王国。为了达到该目标，它们以知识营销为指导方针，建立起独特的知识营销体系，即通过育婴工程传播育婴知识。通过育婴工程提升"贝因美"品牌形象。在消费者心目中树立起可信赖的品牌形象（育婴专家）和领导地位，与"亨氏"、"雀巢"等国际大品牌，在市场上形成角逐之势。那么，知识营销有什么魅力会受到人们如此青睐呢？主要是知识营销有其独特的优势和特点。

### 一、知识营销的概念和特点

知识营销是知识经济的产物，其营销的产品是知识营销活动的核心，是围绕对知识的传播、知识的运用、知识的增值而开展的。所以，营销者应是知识的传播者。随着新技术的不断涌现，新产品层出不穷。而消费者对产品专业知识的增长速度相对较慢，知识营销就担负起让消费者理解知识产品而购买产品，更好满足消费者需求的重任，同时，也肩负着探测和发现消费者需求，即创造需求的任务。

（一）知识营销的含义

对知识营销的理解，往往仁者见仁，智者见智。有人从知识营销是知识经济发展的产物这一视角来看，认为知识营销就是创新营销、合作营销、学习营销、绿色营销、网络营销、全球营销。正是这种观点，使他们将知识营销的涵盖面无限扩大，一直扩展到绿色营销、网络营销、互动营销、全球营销等多个方面。当然，置身于知识经济这样一个时代大背景下，企业的营销观念肯定要与新时代所特有的种种属性相一致，所以，从广义的角度来看，知识经济时代的营销——知识营销，确实应该囊括这些。但是，如果仅从营销创新的角度来看，知识营销的重点则应该仅限在"知识"二字上。企业为了在新的环境下拨开层层迷雾，抓住影响企业营销成功的本质问题，找到打开商战成功大门的金钥匙，就应该紧紧地围绕着知识开展营销活动，这便是知识营销所研究的重中之重。所以，从这个层面上去看，知识营销就是商家通过深入浅出地向消费大众传播新产品所包含的科学技术知识及其对人们生活的影响，使消费者不仅知其然，而且知其所以然，进而萌发对新产品需求的一种促销行为。它以知识产品的科普宣传为突破口，培育和创造新市场，通过指导消费者正确使用不断出现的高新技术产品，来启动消费者的营销革命，对于促进高科技含量产品销售具有决定性的重要作用。

由此可见，知识营销实际上既是知识经济时代的一种竞争手段，又是一种适用于高科技和企业技术创新的有效的市场竞争手段。同时，它也是一种以创新产品为对象，以知识、技术为媒体的营销理念和方式。知识营销往往以品牌为基石，不断向市场推出科技创新产品，并以科技知识为媒体强化创新产品的认知、使用、维护的全过程。在这一过程中，企业在一项技术创新产品问世之初，先以创新产品的科学知识宣传和普及为突破口，逐步强化消费者对产品的认知，迅速形成消费热点，以避免高科技产品的市场风险。一旦产品进入消费者手中，便协助和指导消费者掌握使用产品所需的知识和技能，并强化使用、维护全过程的技术服务。进入21世纪后，营销者们面对的是市场环境从未有过的快速变化：大规模市场被分割成一个个小的细分市场，有的甚至被细分为一些市场碎片，进而成为个性化的市场；新技术，特别是因特网技术的发展，改变了消费者的购买行为，一些购买活动足不出户就可完成；零售商所建立的一整套完善的信息管理系统，不仅使其本身的工作效率大大提高，而且在与制造商的博弈中，占据了有利的地位。如此种种，对营销技术提出了新的挑战。

所以，不难看出，企业正是通过知识营销建立起了一个全方位、全过程的立体防卫系统，从而使企业在推销产品的同时，向社会传播与产品有关的知识、技能，使公众不但从直接的物品的使用中受益，还能从企业那儿受到文化、知识的熏陶。因此，正是知识营销所提倡的掌握科学方法的观念，引导企业创造出一种"信科学，学科学，用科学"的社会氛围，从而使消费者与企业一同经历技术进步，并通过向顾客传播知识和技能，变潜在的消费群体为现实的顾客，来提高产品的市场占有率，以便获得丰厚的利润。

（二）知识营销的特点

知识营销是新经济——知识经济的产物，其营销模式是建立在知识和科技高度繁荣和发达的基础上。因此，相对传统的营销模式，其营销特点表现为：

1. 以产品"知识"为核心，用"知识"推动营销

知识营销是创造、使用、储存、提升并转化知识和智力的一种全新的营销理念，它把信息技术、市场预测、营销决策等体现人的素质和智力资源的主要环节统一起来，共同为企业服务，以取得最好的经济效益。知识营销以知识拉动需求，培育、创造市场。企业要满足目标

顾客的需求,关键是让顾客了解产品知识,对产品产生偏爱和兴趣。随着科学技术的不断发展,产品生命周期缩短,消费者接受新产品信息的"滞后性"表现明显,因此,宣传产品概念、使用、维护、保养等知识就成为营销的主要任务。企业通过有效的宣传方式,避免因盲目购买造成损失,在向消费者传授知识,提供全方位服务的同时,也对塑造品牌个性,树立企业形象,起着积极的促进作用。

2. 以科技为先导,信息为纽带

科学技术的大量运用,给营销活动提供了良好的研究手段。企业通过市场研究、市场预测、市场分析,在掌握大量信息的基础上,为自己确立正确的目标市场,并制定有效的营销策略。目前,随着互联网络和电子交易、电子支付手段的普及,企业可以较低的成本开拓更为广阔的市场。消费者可以在网上购物,享受便利带来的购物乐趣。随着信息技术的推广应用,新的营销形式层出不穷,电视营销、邮购营销、网络互动营销等相继出现,使企业开展概念促销、零库存流通、外定内制等营销活动,缩小了与消费者的心理距离。有针对性的一对一营销的效果更为明显。

3. 重视产品感情因素,突出产品文化价值

在知识经济时代,人们的消费观念已经产生了巨大的变化,对产品的认识不仅停留在产品质量、性能、款式、特点上,更多的是重视产品的附加利益,比如,产品品位、个性、尊贵、地位等情感因素上。企业为能在激烈的市场上赢得顾客,就得迎合消费者心理,向消费者传达与产品有关的知识内容,让消费者在享受产品给自己带来物质利益的同时,也感受到产品所带来的情感和文化价值。

4. 营销活动具有可持续性

知识经济时代的消费活动必然是可持续的,这是时代所赋予它的特征。知识营销时代由于消费者营销观念的转变,对产品的要求更人性化,因此,产品的生产、包装、使用和回收都必须考虑到人类的身心健康、生态平衡和环境保护。这样,营销活动就必须建立在满足需求、社会进步、环境保护和企业盈利有机统一的基础上,朝着可持续发展的方向努力。所以,知识营销更重视可持续发展。

5. 不断创新是核心

知识营销的出现,实际上是营销活动的一次创新。就知识营销本身而言,要求企业必须不断创新。从营销观念、产品一直到营销方式,都需要企业不断寻找新的灵感,与消费者进行"心的沟通",真正做到企业、社会和消费者利益的和谐统一。比如,比尔·盖茨看到拥有3亿台电视机的中国市场,带着他的"维纳斯计划"微笑着来到中国,在中国开展了一场计算机网络知识革命,为微软创造了巨大的潜在市场。美国杜邦公司是执世界化学工业牛耳的大企业。最近,宣布放弃成功经营65年的"生产优势产品,创造美好生活"的企业宣传思想,重新将企业定位在以可持续发展为核心的创造科学奇迹上。全力以赴向科学领域进军,以保持产品和企业的领先的地位。柯达公司实施大的"传统与未来之间"的技术创新方案,开发出数字成像技术,成为广大消费者可信赖的朋友,并引导市场走向未来。耐克公司,作为世界上最大的体育用品经营企业,其工作重心主要放在设计与销售,而制造和生产则充分利用外部资源。UT斯达康公司生产的低辐射小灵通,就迎合了消费者追求健康、绿色、环保的需求。

以知识为纽带实现产品的内在价值,使消费者与企业之间的交流更畅通,更能详细的了

解产品、了解企业发展,在满足消费者需求的同时,也能不断激发企业追求创新的斗志。

**二、知识营销策略**

知识营销的核心是知识,如何将知识转化为消费者可享用的资料,并能为企业带来利益,是知识营销的核心内容;恰当的营销策略,是知识营销成功的关键。传统的营销组合是4PS组合,知识营销组合是在 4PS 的基础上增加了 2K 而成为"4PS+2K"。其营销重点是2K,即相关知识(Related Knowledge)和顾客间知识的传递(Knowledge Spreading)。这里的相关知识是指与产品相关的科普知识,即包括产品功能、用途、使用等方面的知识,也包括与产品相连的前续和后续科普知识。

知识营销的策略点在 2K,即相关知识(Related Knowledge)和顾客间知识的传递(Knowledge Spreading)。相关知识的传播是以不断建立新产品概念为基础。实施知识营销策略主要有如下几个方面:

第一,应增强知识营销观念。知识作为营销的核心,知识的使用功能、延伸功能和附加功能等相关知识必须是消费者现实的需要或潜在的需要,营销管理人员运用一定的营销策略,经过系统而规范的专业传播,既达到知识接受者的要求又能使知识发挥它的价值。

第二,应及时推出新产品、传授新知识、引导新概念。还你一个健康的丈夫,是保健型香烟——金延安的广告,抽烟对身体有害是人人皆知的,可香烟对瘾君子有挡不住的诱惑,延安烟厂开发的保健型香烟,既满足了烟民"过把瘾"的需求,又具有一定的保健作用。

第三,宣传产品性概念,适应飞速发展的知识经济。新产品概念一旦形成,组织有效的宣传形式是非常关键的,知识经济时代,信息的高速发展,新产品、新思路层出不穷,消费者对周围产品应接不暇。企业应利用公益事业,多与公众沟通,树立良好形象,并加强服务意识,提供一流服务。

第四,加强与顾客的联系,与顾客建立长期合作的关系。知识经济时代,科学飞速发展,新产品层出不穷,消费者往往喜新厌旧,常常见异思迁,因此,稳住顾客,给顾客情感投资,让顾客长期惠顾,既可减少企业推广宣传费,又能保持相对较高的市场份额,有利于树立良好信誉。

# 第二节 关 系 营 销

1984 年,科特勒提出了"大市场营销"概念,指出当企业在国际市场营销中面临各种贸易壁垒和舆论障碍时,要打开封闭的市场除了需要运用产品、价格、分销及促销四大营销策略外,还必须有效运用政治权力和公共关系这两种营销工具。这种策略思想直接启发了关系营销概念的提出。在关系营销产生和发展过程中,更大量得益于信息技术浪潮的驱动,以及对系统论、协同学的役使原理和传播学的交换理论等的借鉴,进而对传统营销理念加以拓展。

20 世纪 80 年代后期以来,关系营销得到了迅速的发展。最初,关系营销理论关注的焦点是如何维系和改善同现有顾客之间关系,后来又提出要与不同的顾客建立不同类型的关系。直到今天,人们对关系营销的讨论和关系营销的实践,已从单纯的顾客关系扩展到了企业与供应商、中间商、竞争者、政府、社区等的关系。这样,关系营销的市场范围就从顾客市场扩展到了供应商市场、内部市场、竞争者市场、分销商市场、影响者市场、招聘市场等,从而大大地扩展了传统市场营销的含义和范围。

## 一、关系营销的含义与特征

所谓关系营销,是把营销活动看成是一个企业与消费者、供应商、分销商、竞争者、政府机构及其他公众发生互动作用的过程,其核心是建立和发展与这些公众的良好关系。如表18-1所示,关系营销的本质特征可以概括为以下几个方面:

表18-1 交易营销与关系营销的比较

| 交易营销 | 关系营销 |
| --- | --- |
| 关注一次性交易 | 关注长期保持顾客 |
| 较少强调顾客服务 | 高度重视顾客服务 |
| 有限的顾客承诺 | 充分的顾客承诺 |
| 适度的顾客联系 | 密切的顾客联系 |
| 质量是生产部门所关心的 | 质量是所有部门所关心的 |

### (一)双向沟通

在关系营销中,沟通应该是双向而非单向的。只有广泛的信息交流和信息共享,才可能使企业赢得各个利益相关者的支持与合作。

### (二)合作双赢

一般而言,关系有两种基本状态,即独立与合作。只有通过合作才能实现协同,因此合作是"双赢"的基础。即关系营销旨在通过合作增加关系各方的利益,而不是通过损害其中一方或多方的利益来增加其他各方的利益。当然,合作双赢的关系能否得到稳定的发展,情感因素也起着重要作用。因此关系营销不只是要实现物质利益的互惠,还必须让参与各方能从关系中获得情感的需求满足。

### (三)控制

关系营销要求建立专门的部门,用以跟踪顾客、分销商、供应商及营销系统中其他参与者的态度,由此了解关系的动态变化,及时采取措施消除关系中的不稳定因素和不利于关系各方利益共同增长因素。此外,通过有效的信息反馈,也有利于企业及时改进产品和服务,更好地满足市场的需求。

由此可见,关系营销是企业与顾客、企业与企业间的双向的信息交流,是企业与顾客、企业与企业间的以合作协同为基础的战略过程,是关系双方以利互惠为目标的营销活动。

## 二、关系营销的市场模型

关系营销的市场模型概括了关系营销的市场活动范围。在"关系营销"概念里,一个企业必须处理好与下面6个子市场的关系,如图18-1所示。

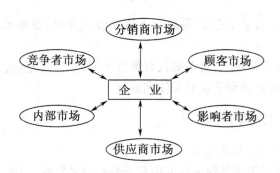

**图 18-1 关系营销的六个子市场**

（一）供应商市场

企业都不能独自解决自己生产所需的所有资源。在现实的资源交换过程中,资源的构成是多方面的,至少包含了人、财、物、技术、信息等方面。其中,与供应商的关系决定了企业所能获得的资源数量、质量及获得的速度。企业与供应商必须结成紧密的合作网络,进行必要的资源交换。另外,公司在市场上的声誉也是部分地来自于供应商所形成的关系。

（二）内部市场

员工是企业的内部市场。企业要想让外部顾客满意,首先得让内部员工满意。因为只有工作满意的员工才可能以更高的效率和效益为外部顾客提供更加优质的服务,并最终让外部顾客感到满意。内部市场不只是企业营销部门的营销人员和直接为外部顾客提供服务的其他服务人员,它包括所有的企业员工。因为在为顾客创造价值的生产过程中,任何一个环节的低效率或低质量都会影响最终的顾客价值。

（三）竞争者市场

在竞争者市场上,企业营销活动的主要目的是争取与那些拥有与自己具有互补性资源竞争者的协作,实现知识的转移、资源的共享和更有效的利用。例如,在一些技术密集型行业,越来越多的企业与其竞争者进行了研究与开发合作,这种方式的战略联盟可以分担巨额的产品开发费用和风险。种种迹象表明,现代竞争已发展为"协作竞争",在竞争中实现"双赢"的结果才是最理想的战略选择。

（四）分销商市场

在分销商市场上,零售商和批发商的支持对于产品的成功至关重要。由于市场竞争的不断加剧,零售商和批发商的实力日益强大,特别是零售商正在成为供应—销售链的主导,他们在很大程度上控制着其货架上产品的定价。因此,企业必须采取积极的营销策略来协调分销商对资源的合理分配。

（五）顾客市场

顾客是企业存在和发展的基础,市场竞争的实质是对顾客的争夺。企业在争取新顾客的同时,还必须重视留住顾客,培育和发展顾客忠诚度。研究表明,争取一位新顾客所需花的费用往往是留住一位老顾客所花费用的6倍。企业可以通过数据库营销、俱乐部营销等多种形式,更好地满足顾客需求,增加顾客信任。

（六）影响者市场

金融机构、新闻媒体、政府、社区,以及诸如消费者权益保护组织、环保组织等多种多样的公共事业团体,对于企业的生存和发展都会产生重要的影响。企业应该把它们作为一个市场来对待，并通过积极有效的公共关系等沟通手段来改善、保持及加强与影响者市场的关系。

在上述无论哪一个子市场上，关系都具有重要作用，甚至成为企业市场营销活动成败的关键。所以，关系营销日益受到企业的关注和重视。

### 三、关系营销的核心内容

（一）关系营销的中心：顾客忠诚

发现市场需求—满足需求并保证顾客满意—营造顾客忠诚，构成了关系营销的三部曲。在关系营销中，如何获得顾客忠诚是营销的核心问题。

1. 顾客需求满足与否的衡量标准是顾客满意程度。满意的顾客会给企业带来有形的利益（如重复购买该企业产品）和无形财富（如宣传企业形象）。有营销学者提出了导致顾客全面满意的七个因素及其相互间的关系：欲望、感知绩效、期望、欲望一致、期望一致、属性满意、信息满意；欲望和感知绩效生成欲望一致，期望和感知绩效生成期望一致，然后生成属性满意和信息满意，最后导致全面满意。

2. 期望和欲望与感知绩效的差异程度是产生满意感的来源。企业可采取提供满意的产品和服务、提供附加利益、提供信息通道等方法来取得顾客满意。

3. 顾客维系。维系原有顾客，减少顾客的叛离，要比争取新顾客更为有效。维系顾客不仅仅需要维持顾客的满意程度，还必须分析顾客产生满意程度的最终原因，从而有针对性地采取措施来维系顾客。

（二）关系营销的梯度推进

白瑞和帕拉苏拉曼归纳了三种创造顾客价值的关系营销层次，即一级关系营销、二级关系营销和三级关系营销。

1. 一级关系营销。一级关系营销在顾客市场中经常被称作频繁市场营销或频率市场营销。这是最低层次的关系营销，它维持顾客关系的主要手段是利用价格刺激增加目标市场顾客的财务利益。随着企业营销观念从交易导向转变为以发展顾客关系为中心，一些促使顾客重复购买并保持顾客忠诚的战略计划应运而生，频繁市场营销计划即是其中的一例。所谓频繁市场营销计划，是指对那些频繁购买以及按稳定数量进行购买的顾客给予财务奖励的营销计划。

2. 二级关系营销。关系营销的第二种方法是既增加目标顾客的财务利益，也增加他们的社会利益。在这种情况下，营销在建立关系方面优于价格刺激，公司人员可以通过了解单个顾客的需要和愿望，并使服务个性化和人格化，来增加公司与顾客的社会联系。因为二级关系营销把人与人之间的营销和企业与人之间的营销结合起来。其主要表现形式是建立顾客组织，以某种方式将顾客纳入到企业的特定组织中，使企业与顾客保持更为紧密的联系，实现对顾客的有效沟通和控制。

3. 三级关系营销。与顾客建立结构性的纽带关系，同时附加财务利益和社会利益。结构性联系要求提供服务对关系客户有价值，但不能通过其他来源得到。这些服务通常以技术为基础，并被设计成一个传送系统，而不是仅仅依靠个人的建立关系的行为，从而为客户提高效率和产出。良好的结构性关系将提高客户转向竞争者的机会成本，同时也将增加客户脱离竞争者而转向本企业的利益。

### （三）关系营销的作用方程

企业面临着同行业竞争对手的威胁，同时在外部环境中还有潜在进入者和替代品的威胁以及供应商和顾客讨价还价的较量。企业营销的最终目标是使本企业在产业内部处于最佳状态，能够抗击或改变这五种作用力。双方的影响力可用下列三个作用方程表示：

1. "营销方的作用力"小于"被营销方的作用力"
2. "营销方的作用力"等于"被营销方的作用力"
3. "营销方的作用力"大于"被营销方的作用力"

引起作用力不等的原因是市场结构状态的不同和占有信息量的不对称。在竞争中，营销作用力强的一方起主导作用，当双方力量势均力敌时，往往采取谈判方式来影响、改变关系双方作用力的大小，从而使交易得以顺利进行。

### 四、关系营销的实施策略

#### （一）关系营销的组织设计

为了对内协调部门之间、员工之间的关系，对外向公众发布消息、处理意见等，通过有效的关系营销活动，使得企业目标能顺利实现，企业必须根据正规性原则、适应性原则、针对性原则、整体性原则、协调性原则和效益性原则建立企业关系管理机构。该机构除协调内外部关系外，还将负担着收集信息资料、参与企业的决策的责任。

#### （二）关系营销的资源配置

面对当代的顾客、变革和外部竞争，企业的全体人员必须通过有效的资源配置和利用，同心协力地实现企业的经营目标。企业资源配置主要包括人力资源和信息资源。人力资源配置主要是通过部门间的人员转化、内部提升和跨业务单元的论坛和会议等进行。信息资源共享方式主要是：利用计算机网络、制定政策或提供帮助消减信息超载，建立知识库、回复网络或组建虚拟小组等。

#### （三）关系营销的效率提升

与外部企业建立合作关系，必然会与之分享某些利益，增强对手实力；另一方面，企业各个部门之间也存在着不同利益，这两方面形成了关系协调的障碍。具体的原因包括：利益不对称、担心失去自主权和控制权、片面的激励体系；担心损害分权。

关系各方环境的差异会影响关系的建立以及双方的交流。跨文化间的人们在交流时，必须克服文化所带来的障碍。对于具有不同企业文化的企业来说，文化的整合对于双方能否真正协调运作有重要的影响。

## 第三节 绿 色 营 销

企业的经营活动不能脱离社会环境而进行，随着社会营销观念的提出，市场营销理论的发展思想中，关注社会和环境的成分越来越多，绿色营销观念随之产生。

### 一、绿色营销与传统营销的区别

绿色营销是指企业在营销活动中，谋求消费者利益、企业利益与环境利益的协调，既要充分满足消费者的需求,实现企业利润目标,也要充分注意自然生态平衡。实施绿色营销的企业,对产品的创意、设计和生产,以及定价与促销的策划和实施,都要以保护生态环境为前提,力求减少和避免环境污染,保护和节约自然资源,维护人类社会的长远利益,实现经济与市场可持续发展。

绿色营销是在传统营销的基础上发展起来的,具有传统营销的一般特点,但它又是在特定的观念指导下进行的。它与传统的市场营销和社会营销皆有许多不同之处。

1. 绿色营销以绿色消费为前提

根据马斯洛的需求层次理论,消费需求是由低层次不断向高层次发展,是不可逆转的客观规律,绿色消费是较高层次的消费观念。人们的温饱等生理需要基本满足后,便会产生提高生活综合质量的要求,以及产生对清洁环境与绿色产品的需要。

2. 绿色营销以绿色观念为指导

绿色营销以满足绿色需求为中心,为消费者提供能有效防止资源浪费、环境污染及损害健康的产品。绿色营销所追求的是人类的长远利益与可持续发展,重视协调企业经营与自然环境的关系,力求实现人类行为与自然环境的融合发展。

3. 绿色营销以绿色法制为法律保障

绿色营销是着眼于社会层面的新观念,所要实现的是人类社会的协调持续发展。在竞争性的市场上,必须有完善的政治与经济管理体制,制定并实施环境保护与绿色营销的方针、政策,制约各方面的短期行为,维护全社会的长远利益。

4. 绿色营销以绿色科技为物质前提

技术进步是产业变革和进化的决定因素,新兴产业的形成必然要求技术进步;但技术进步如背离绿色观念,其结果有可能加快环境污染的进程。只有以绿色科技促进绿色产品的发展,促进节约能源和资源可再生、无公害的绿色产品的开发,才是绿色营销的物质保证。

## 二、绿色营销计划制定应考虑的因素

企业在制定绿色营销计划时要受到各种因素的制约,主要有外在绿色营销因素和内在绿色营销因素。

1. 绿色营销外在影响因素

外在绿色营销因素是指企业外的有关单位,具体来说主要有以下几方面:

(1) 付费消费者(Paying Customers)。消费者的需求是企业营销活动的起点,因此,在绿色营销活动中,其起点就是要了解消费者的绿化程度及对绿色产品和服务的需求程度。

(2) 供应商(Providers)。供应商的绿化程度、本企业对绿色原材料的需求状况及本企业与供应商的联系紧密程度直接关系到绿色营销的"输入"状态。输入是系统转化的前提。对未来的产出具有一定的决定性。

(3) 问题(Problems)。企业需经常了解和掌握绿色营销过程中存在的系列问题,如竞争对手的动态等,这对绿色营销是关键的。识别问题是解决问题的前提,问题的难易程度以及复杂程度决定了绿色营销的不同内容。

(4) 预测(Prediction)。这要求企业收集各方信息,利用明智判断来预测未来的环保发展方向及其对企业绿色营销行为的影响。

(5) 伙伴(Partners)。企业应加强与对环境具有重要影响的组织的伙伴关系。这对绿色营销的顺利实施极其有益。在绿色营销过程中最重要的是战略伙伴的寻找。

（6）政府（Politicians）。政府官员可通过系列政策和立法对企业的营销活动施加影响进行调控。企业在绿色营销过程中对此不能忽视。

2. 绿色营销内部影响因素

（1）产品（Product）。绿色产品应是在生产、使用和抛弃时皆具安全与无污染性的产品。产品所使用的原材料和包装物应是有利于环保的，多是一般营销理论中产品概念的拓展。

（2）价格（Price）。绿色价格反映了绿色成本，但同时亦应考虑消费者的接受程度，在给绿色产品定价时要考虑到它的社会利益。

（3）分销（Place）。应选择绿色程度较深的渠道来铺货，并在分销过程中将维持统一的绿色形象。

（4）促销（Promotion）。利用绿色媒体和各种其他媒介，来沟通企业的绿色信息，促进绿色销售。

（5）人员（People）。要在企业中培养出一个绿色营销者队伍，他们有强烈的绿色理念，深入了解有关环保的各项事宜，并明确企业在绿色营销中的环保努力方向和具体措施，以及本人在绿色营销中应承担的责任等。

（6）过程（Processes）。企业应严控原材料、能源和消耗过程以及废弃物的产生和处理过程，并制定和实施监测评估环境表现的政策，对整个绿色营销活动过程进行监管。

3. 绿色营销内外因素的结合

企业绿色营销能否成功，关键取决于绿色营销内外因素的巧妙结合和协同作用，包括：

（1）满足消费者的绿色消费需求。

（2）产品生产及使用过程的安全无污染。

（3）社会对绿色营销的接受和支持。

（4）企业从可持续性发展的战略高度来组织和实施绿色营销。

## 三、绿色营销发展的新特点

绿色营销对于社会、国家还是企业、个人都有其重要意义。绿色营销将呈现出一种迅速发展的趋势并将成为新世纪营销的主流。

1. 绿色营销发展为跨世纪全球市场营销新动向中的热点

跨世纪市场营销新动向（包括信息营销、绿色营销、政治营销、关系营销、网络营销、整合营销等）。

据经济学家预言，环保问题将成为影响市场供求关系的重要因素，成为21世纪市场营销中的一项重要议题。而以环保为主题的绿色营销在未来市场营销中地位也将日益突出，并为企业带来许多机会利益。

2. 绿色营销日益为政府和社会各界所拥护及支持

绿色营销对于政府和社会公众具有多方面的益处，例如，有利于政府环保工作负担的减轻，有利于政府环保政策的实施和可持续发展战略目标的实现，有利于社会公众生存环境质量及生活品质的提升等。这一系列原因皆使绿色营销受政府和公众的欢迎，并转而以不同的方式影响和支持这一营销方式。

### 3. 绿色营销逐渐被提升到企业长远发展的战略高度

对大多数实施绿色营销的企业而言,绿色营销是其企业具体发展战略的部分,企业视绿色营销为一种新机遇,以此来开拓市场,吸引消费者,打败竞争对手,寻求企业的长足发展。此外,企业各方面都参与了绿色营销,包括企业理念,企业生产、财务等部门,企业组织的设置,都为配合绿色营销而做相应的调整。同时,绿色营销的实施有利于提高企业形象,有利于企业融资,有利于企业吸引优秀人才等。

### 4. 绿色营销与消费者互动作用增强

绿色营销不是独自努力就能成功的,它亦依赖于与消费者的互动作用。

首先,绿色营销要以消费者的绿色意识转化为绿色消费行为为前提,否则,绿色营销只能是一种说法,是空的。

其次,绿色营销因其大量的绿色投入而使价格偏高,这亦需要消费者的理解与接受。再次,绿色营销初期的绿色投资巨大,有时企业本身往往不能承受,这时需消费者投入一定的绿色观念,与企业共同进行早期投资。

例如,美国的绿色电力工程,在工程启动时,支持该项目的消费者们做了大量的投入,一方面,消费者促进了绿色营销,另一方面绿色营销亦促进了消费者消费模式的改变,这两者一直处于互动过程中。

### 5. 绿色营销过程中将面临更多的市场差异化

这种差异化主要由各国各地区市场的绿色产品标准差异而引起的。近年来,为了达到环保的目的,各国各地区都采取了一些单方面的行动,对一些重要商品制订有利于自己的环保标准,限制进出口,这引起了双边和多边贸易的摩擦。

例如,美国 EPA 于 1994 年规定了美国九大城市汽油新环保标准,规定汽油中有害物质的含量必须低于一定水平,并规定,美国本土生产的汽油可以逐步达到有关标准,而进口汽油必须在 1995 年 1 月 1 日前达标,否则禁止进口。委内瑞拉是向美国出口汽油最多的国家,因而亦是这一规定的最大受害者。委内瑞拉认为美国这一作法明显带有歧视性,便上诉到世界贸易组织。这场纠纷在当时引起了世界各国的密切关注。

### 6. 绿色营销将受到越来越多的管制

由于绿色营销作为一种新的市场行为,在其初发阶段,各方面的立法和监管尚未成熟,市场秩序尚未建立。许多企业趁机利用"绿色"烟幕来做动作,为自己树立一种所谓的绿色形象,而事实上换汤不换药,营销的本身运作仍未"绿化"。

所以,现在有些国家已对"Green Claim"作种种限制,包括企业必须有实际行动,否则不能在公众面前鼓吹自己的绿色形象,在做绿色形象宣传时必须用具体的事例,而不能用"绿色"或"环保"及"生态"两字泛泛而指等。

此外,绿色标志的实施亦是对绿色营销行为的"真实化"。绿色标志是对产品的"绿色"性能的公证性质的一种鉴定,它较之企业声称实施的绿色更有说服力。绿色标志不仅要求最大限度地把污染消除在生产过程中,亦重视产品在消费过程中对环保的影响程度,这对绿色营销企业而言显然并非易事。

### 7. 在国际贸易中绿色壁垒将更多地取代传统的非关税壁垒

环保作为一种服务于各国贸易保护的一种有力武器,正逐渐成为国际贸易谈判中举足轻重的一条具体措施,进而发展成为一种新的非关税壁垒——绿色贸易壁垒。各国可以利用绿色贸易壁垒来保护本国工业不受免税进口商品的冲击。

例如,在北美自由贸易区的形成过程中,要求只有符合环保条件大致相同的贸易伙伴才能互相进入对方市场。而环保水平较低的墨西哥为此付出了高昂的代价。由于目前全世界普遍关税水平的降低,传统的非关税壁垒的活动余地明显减少,因而环保名义将被人们更多采用于国际贸易保护中。各国正纷纷采用更加隐蔽的环境管制措施,设置种种绿色壁垒来抵制外国商品的进口。

环保措施作为一种新兴的非关税壁垒,将以其隐蔽性强、技术要求高、灵活多变等特点日益受贸易保护主义者青睐,这同时增强了绿色营销在国际市场营销中的地位。

## 第四节 文 化 营 销

随着市场竞争的日趋激烈,企业的营销实践及相关的营销理论研究也在不断地推进。营销制度创新速度日益加快,新型营销技术与策略日新月异,其中文化营销脱颖而出,成为企业商战利器之一,为企业开创了广阔的商机。

### 一、文化营销的概念和内涵

所谓文化营销,是指企业营销活动中,有意识地通过发现、培养或创造某种核心价值观念,并且针对企业面临的目标市场的文化环境采取一系列的文化适应和沟通策略,以实现企业经营目标的一种营销方式。

文化营销目前尚未形成较为完备的理论形态,仍须在市场实践中不断发展与完善。文化营销的实质性内涵在于核心价值观念的培养和塑造,以文化为媒介,通过策略的调试达成与顾客及社会公众全新的利益共同体关系,进而达到顾客满意的目的。具体含义包括四个方面:

(1)企业须借助于或适应于不同特色环境文化开展营销活动。
(2)企业在制定市场营销战略时,必须综合运用文化因素实施文化营销战略。
(3)文化因素须渗透到市场营销组合中,制定出具有文化特色的市场营销组合。
(4)全面构筑企业文化,建立企业形象认同和品牌忠诚。

### 二、文化营销的层次性

文化营销可从以下几个层面渐次推进和展开:

(一)产品或服务层面

从文化营销的视角看,产品或服务是文化价值观的实体化或载体,这一层面上的文化营销是推出能提高人类生活质量、推动人类物质文明发展的产品或服务,引导一种新的、健康的消费观念和消费方式。如,"肯德基"的产品和服务就体现了一种新的餐饮消费文化。

(二)品牌文化层面

品牌有无优势,并不主要取决于产品的技术物理差异,而在于品牌是否具有丰富的个性和文化内涵。品牌的背后,是消费者的文化认同和价值选择,因此,品牌层次的文化营销具有更大的增值张力和增值空间。比如海尔的"真诚到永远",就迎合了受众对真诚、诚信这一传统价值观的珍视,并在市场实践中充分体现了其品牌深刻文化蕴藉的魅力。

### (三) 企业文化层面

所谓企业文化,就是指导和约束企业整体行为、员工行为及企业风格的价值理念。企业文化包括如下几个层次,如图18-2所示。

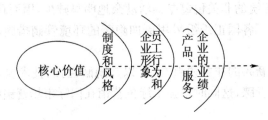

图 18-2　企业文化的四个层次

企业文化层面的文化营销指在营销过程中,将企业的产品或服务文化、企业及员工的行为文化、组织的机制和制度文化特别是企业的精神、价值观、伦理等理念文化通过整合有效地传达给公众,诉诸受众的认知。以企业理念文化为核心,促进顾客及利益相关者对整个企业产生深刻的理解和认同感。独特的文化沟通和渗透传播方式,将会产生独特的市场营销效果,构筑起竞争对手难以模仿或轻易跨越的无形高墙,这是文化营销对于企业核心能力的突出贡献所在。如诺基亚的"科技以人为本",就体现了诺基亚尊重、重视人的价值的鲜明企业理念,使公众产生了深刻共鸣和认同。

文化营销在三个层面的渐次推进和展开过程,如图18-3所示,是物质因素不断被超越,而文化内涵的比例及文化价值的作用在营销中不断扩大的过程。产品及企业价值定位和文化个性是文化营销的基础。当然,随着社会主流文化的变迁,文化定位的表现形态也将是一个动态调适的过程,但文化价值理念的定位则是相对比较稳定的。

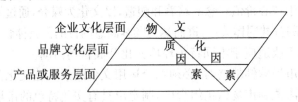

图 18-3　文化营销的层次性

## 三、文化营销的功能

文化营销是以传统营销为基础形成和发展起来的,但比传统营销具有更为丰富的人文理念和道德内涵,其目的是营造企业新型文化价值链,以文化亲和力将各种利益关系群体紧密维系在一起,发挥协同效应,以增强企业整体竞争优势。

一般来说,文化营销具有以下三个方面的功能:

1. 使企业文化建设的目的性更加明确

企业文化建设使组织成员感受到的不仅仅是氛围,而是个人与企业价值的融合和提升,其结果必然是组织团队的凝聚和提升。组织的价值理念与公众进行沟通,又是使组织文化价值、企业目标及社会价值有机地统一起来的过程。因此,文化营销的重要功能,就是利用文化的亲和力在企业内部构筑共同愿景,进而通过内部文化的扩散,使企业与顾客之间也建立和分享共同愿景。通过共同愿景的导向功能、沟通功能、凝聚功能和反馈功能,使企业与其顾客群乃至利益相关者组成一个良性互动的系统,从而提高企业的市场竞争能力。

2. 通过对目标市场文化环境的了解和把握,增强企业的文化适应能力

不同的目标市场有着不同的文化特点,企业必须认真加以研究、分析和甄别,寻找与目标市场进行文化沟通的最佳切入点,才有可能找到正确的定位及营销策略。针对不同目标市场文化的渗透方式将产生营销策略差异,这将使企业的竞争优势更加突出,促使无序的企业间的外部竞争转变为企业间的内部文化的竞争,促使企业资源的有效和合理利用。在国际市场营销实践中,跨文化营销沟通(Cross cultural marketing communication)更是成为决定营销成败的关键因素。美国管理学家戴维·A·利克斯曾说过:"大凡跨国经营的成败,几乎都是仅仅因为忽略了文化差异的基本或微妙的理解和体会而导致的结果。"可以说,文化适应是进入目标市场的先决条件。

3. 促使企业积极主动地运用文化策略

把握目标市场的文化差异,实施有针对性的文化沟通策略,将使企业营销同企业市场文化建设有机结合。因为文化有其变动性,不同时代、不同发展阶段,文化也有不同的含义。在社会文化环境日新月异的今天,人们的传统观念和消费行为正在不断经受着一波又一波的文化冲击,消费者价值观念的个性化发展趋势日渐显著。组织价值观与市场现实的不协调就是文化障碍,企业必须树立创新进取的精神,这也是员工自觉学习、接受新知识和不断创新的内在动力。在变化不定的环境中,只有具有这种革新进取价值观的组织才能做到长远发展,契合时代的脉搏,如何利用文化变迁寻找营销机会,成为当代企业面临的重大研究课题。因此,实施文化营销策略能够增强企业的文化和创新意识。

### 四、文化营销策略实施

(一) 了解并适应文化环境

在营销活动中,企业首先应认真细致地考察、调研目标市场的文化环境因素,以便逾越无形的文化壁垒,有的放矢地开展营销活动。如果对目标市场的文化因素处理不当,就可能导致企业与顾客之间的沟通纽带断裂,构成对企业的威胁。相反,如应用得当,则转化为企业商机。因此,企业营销部门及营销人员应全面认真分析目标市场特有的文化特征及文化背景,因势利导,利用文化魅力创造消费需求。

(二) 设计企业文化营销战略

文化营销战略步骤的关键是进行文化价值定位。在企业核心价值理念的基础上,根据目标市场的特点,还应该就产品、品牌乃至企业形象进行延伸定位和描述,以期在企业员工及分销渠道中建立共同的文化主张和价值理念,并与目标受众进行心灵层次的沟通。企业还应该重视如下几点与此相关的工作:

首先,企业在制定营销战略目标时,必须建立文化子目标。如企业以提高市场占有率或获取较高投资收益为总体战略目标时,子目标应包含扩大企业文化影响或企业品牌文化的顾客感召力等。

其次,企业细分市场时应巧用文化变量。但随着知识经济时代的来临,知识的生产、使用与分配成为经济基础,知识作为第一生产要素成为经济增长的首要源泉,消费者知识素质及收入水平明显提高,因此以文化变量来细分市场将成为营销战略策划的一个新动向。尤

其是对于知识产品而言,文化变量成为主要细分依据,如计算机软件等高科技产品、书籍等文化产品,等等。企业可运用文化变量中的消费者受教育水平、价值取向、产品的知识含量等因素来细分市场。

第三,将文化定位贯穿于产品定位、设计、生产、包装、经营等环节中,创造全方位、高品位的品牌形象和文化氛围,并力求服务的文化创新,以文化亲和力启动市场营销。

最后,还要重视传统文化的吸收和创造性运用,突出文化的民族特点和历史内涵,这将给企业的市场营销带来新的活力和优势。如"红豆"服装的成功,就在于它成功地将王维的千古名句中的文化内蕴,移植到企业产品品牌的文化内涵之中。

（三）沟通与促销组合：文化渗透的主战场

企业应充分利用广告、公共关系、销售促进或人员推销等促销与沟通手段向目标顾客传播企业及产品的文化信息,促销与沟通手段要与企业及产品的文化定位相协调。力争在企业与顾客间建立相互理解、信任与忠诚的情感模式,以打动顾客。

（四）不断强化企业文化建设,提供文化营销的可持续支撑

企业文化建设是一个动态发展、持续学习的建设过程。强化以共同价值观为核心的企业文化,要求企业始终明确经营理念,培育企业精神,增强凝聚力,塑造良好的企业形象,特别是要构筑"以顾客为中心"的企业文化。从企业形象设计的CI战略到满足顾客需求的CS战略成为文化营销的关键策略环节,两者相辅相成才能实现塑造全新企业文化的目标。

# 第五节 体验营销

2001年12月,美国著名未来科学家阿文尔·托夫勒预言:服务经济的下一步是走向体验经济,人们会创造越来越多的跟体验有关的经济活动,商家将靠提供体验服务取胜。毫无疑问,人们的消费需求和欲望也随着体验经济的渐进发展而发生新的变化,人们更加期待某些不同寻常的产品或经历,并乐于体会由此产生的心灵感受。因此,面对新的消费心理和需求,企业应洞察先机,积极开展体验营销,提供能满足消费者体验方面需求的产品和服务,争得市场竞争中的优势地位。

## 一、体验营销的含义

体验营销是指企业以满足消费者的体验需求为中心展开的一切营销活动,它从消费者的感官、情感、思考、行动、关联等五个方面重新定义、设计营销理念。体验营销更清楚地掌握消费者的所有消费行为,更加关注消费者在购物前、中、后的全部体验,超越他们的预先设想。体验营销主要研究如何根据消费者的期望,利用现代技术、艺术、大自然以及社会文化传统等各种手段来丰富产品的体验内涵,以更好地满足人们的娱乐体验、情感体验、超脱体验及审美等体验需求,在给人们心灵带来震撼和满足的同时实现产品销售的目的。现在很多著名公司都在自觉地运用体验营销,比如麦当劳、星巴克等,这种现象并非历史巧合,而是人们需求层次不断提高和企业竞争不断升级所导致的一种趋势。

## 二、体验营销的特点

1. 消费者的主动参与

消费者的主动参与是体验营销区别于商品营销和服务营销的一个显著特征。离开了消费者的主动性,体验是难以产生的,而且消费者参与程度的高低也直接影响体验的产出。譬如采摘体验中,积极的采摘者总是会获取较丰富的体验,而一个心不在焉的参与者往往体验较少。

2. 以体验需求为中心

在现代社会,人们已不满足于单纯地购买产品,而更着重于购买产品过程中所产生的满足。因此,企业在提高产品本身的使用价值时,更应该开展各种沟通活动,增强顾客的体验需求,从而使顾客物质上和精神上得到双重满足。体验营销要求企业切实站在消费者的立场,从消费者的感觉、情感、思考、行动及关联五个方面进行产品和服务的设计思考,提供可以满足不同体验诉求的产品和服务。

3. 认为消费者是"双性体"

体验营销认为消费者同时受感情和理性的支配,消费者因理智和因情感因素而做出购买的几率是一样的,是集感性和理性于一体的"双性体"。这也是体验式营销的基本出发点。

## 三、体验营销的内容

1. 研究消费背景

一个产品或服务的价值往往不容易在购买时立即得到肯定,而常常在顾客购物前、中、后的体验中逐步得到认可,此时顾客的整体体验就成为增加顾客满意度和品牌忠诚度的关键因素。因此,营销人员应通过各种手段和途径来创造两种综合的效应以增加消费体验,营造出与目标顾客需要相一致的心理属性,而且还要注意社会文化因素,考虑消费者所表达的内在价值观念、消费文化和生活意义等。也就是说,企业应注重与顾客之间的沟通,发掘他们的心理需要,站在顾客的角度,审视自己的产品和服务提供的价值,挖掘潜在的营销机会。

2. 制定体验主题

体验营销是一个包含严格的计划、组织、实施和控制的完整管理过程。体验营销要首先设定一个"主题",也就是说:体验营销必须从一个主题出发,并且所有服务都围绕这个主题,或者其至少应设有一个"主题道具"(如一些主题公园、游乐园或以某主题为导向设计的一场活动等),以便顾客能身同亲受,引起共鸣。同时,树立具有特色的主题也是建立差异化竞争优势的需要。

3. 设计营销事件

顾客体验本质上是一个持续性的过程,企业不能任其自然,让顾客体验随机、自发地形成。企业着力塑造的顾客体验应该是经过精心设计和规划的,应具有稳定性和可预测性,顾客在购买前能够知道将得到什么样的体验。从企业竞争的角度看,企业要提供的顾客体验应该是与众不同的,对顾客有价值的。设计营销事件和刺激必须建立在目标顾客在体验上的消费习惯和体验营销的要求的基础上,同时自始至终不能偏离体验主题。这需要根据不同的地区特征和消费者终端环境,展现不同的体验诉求,充分把握好不同顾客群的需求和期望,激发进而满足顾客的体验需求。

#### 4. 调动顾客参与

体验工具包括交流（或沟通）、产品展示、空间环境、电子媒介等。要充分利用企业资源，将各种工具进行全方位的组合运用，让消费者充分暴露在企业提供的氛围中，主动参与到设计的事件中来，从而完成"体验"生产和消费过程。人们的需求和欲望是多方面、多层次、随着时间和环境的变化而变化的，因此体验需求也具有多样性。企业要善于寻找和开发适合自己的营销方法和工具，不断推陈出新，调动顾客参与体验的主动性。

#### 5. 考虑企业的体验营销战略

体验是非常复杂的心理感受，没有两种体验是完全相同的，人们只能通过一些标准，来将体验大致分为几类不同的体验形式。比如，有的学者将其划分为：娱乐体验、情感体验、超脱体验和审美体验。企业营销人员应着重探讨市场营销战略，考虑企业的资源、能力及历史特点等，确定企业的目标顾客，以及将要提供的体验类型，还应考虑如何才能更好地提供体验价值，给顾客永久的新奇感受，为企业创造竞争优势。周密、细致的营销战略既有利于企业各种具体营销策略的配合，在短期内迅速提高企业的竞争力，也有利于企业的长期发展。

柏拉图曾经说过，美是由视觉和听觉产生的快感。迪士尼乐园深谙此道。迪斯尼乐园的内容、建筑以及地理分布基本一致，同时也会因所在地区的特点有所不同，但唯一不变的是其美妙的环境。迪斯尼乐园为了塑造令人难忘的快乐环境可谓煞费苦心，"细节是魔鬼"也许是对它最好的注释。进入乐园你首先会受到米老鼠、唐老鸭等迪斯尼明星的欢迎，他们会主动向你招手、和你拍照，顿时你就会感到气氛变得非常亲切、愉快。漫步乐园到处洋溢着快乐的笑脸，动听的音乐始终围绕着你，时不时地就有一个充满创意的雕塑在等待着你，跳跳虎和维尼小熊偶尔会从你身边经过，而只有在电影中才会看到的美丽花车就行驶在你的身边。在乐园地面上你看不到任何饮料罐与包装纸，就连卫生间都永远是芬芳四溢、宽敞明亮、一尘不染的。为了排除破坏环境的因素，迪斯尼毫不吝啬、甚至不惜血本。例如在东京的迪斯尼乐园，他们为了营造"梦与魔幻王国"的氛围，专门将乐园旁的火车站改装成海水似的蓝色外观，让你一出来就感受到迪士尼乐园的奇妙与神奇。为避免园外出现与迪斯尼无关的建筑，他们甚至收买了周边的土地，拆除了超高建筑，这样入园后，除了蓝天白云你绝看不到任何一点外在的干扰物。

### 四、体验营销的策略

体验营销策略是指"4P＋6E"的营销策略组合。体验营销的目的是依靠客户参与事件来生产和让渡体验，所以营销组合应紧紧围绕体验的生产和消费来建立。

#### 1. "4P组合"

它是从企业角度进行的体验营销策略分析，具体指由产品（Product）、价格（Price）、地点（Place）和促销（Promotion）4种体验构成的营销策略组合。

（1）体验产品。产品是体验营销中最基本的要素。体验产品的设计应该以顾客为中心，根据顾客的不同体验开发相对应的体验产品。顾客购买的是符合其体验需求、具有高度体验价值的产品。

（2）体验价格。价格在顾客购物过程中起着重要的作用，如果顾客认为价格合理，他们就会采取购买行为。体验经济时代，聪明的商家应该学会在产品价格中融入体验的成分。体验价格应按顾客心理和需求确定。

(3) 体验地点。体验地点的选择也会影响体验的效果。如果顾客距离体验场所很近,那么他们光顾的次数肯定会增加。

(4) 体验促销。体验促销就是企业诱导消费者消费、利用消费体验推动消费者认知产品,最终促进产品销售的营销手段。促销能够勾起顾客潜意识里的欲望,进而提高顾客体验价值。

2. "6E组合"

它是从顾客视角进行的体验营销策略分析,具体是指体验(Experience)、情境(Environment)、事件(Event)、浸入(Engaging)、印象(Effect)和延展(Expand)6种营销策略。

(1) 体验。体验就是人们响应某些刺激的个别事件。体验涉及顾客的感官、情感、情绪等感性因素,也会包括知识、智力、思考等理性因素,同时也包括身体的一些活动。体验通常是诱发的,营销人员必须积极采用体验营销工具。

(2) 情境。情境是企业为顾客搭建的一个舞台,给顾客提供的一个外部环境。顾客以此舞台才能参与到企业产品的生产和消费过程中。情境对顾客体验的生成有极大地促进作用。

(3) 事件。如果说情境是为顾客提供的舞台,那么事件就是企业编写的剧本,也就是为顾客设定参与的程序。体验营销贵在顾客参与。有些设定了严格的参与程序,如网络游戏;而另一些则设定了比较宽松的程序,如到山梨县当果农采摘葡萄。对于后者,企业要注意协调顾客之间的关系。

(4) 浸入。体验营销的目的是让消费者通过参与体验过程,为体验产品付费。为此,就必须让消费者真正进入企业所设定的角色。而这种角色必须能够吸引顾客,让顾客在参与过程中真正融入"剧本",并从心理上认同该产品或企业。《哈利·波特》影片不仅营造了一种逼真的氛围(情境),设定了诱人的剧本(事件),而且使观众在观看时,完全进入了状态,这就是成功的"浸入"。

(5) 印象。印象所要达到的目的就是要让顾客记住企业,记住产品,进而产生重复购买,成为忠诚顾客。为此,就要给顾客制造印象深刻的体验,并且将印象制作成实实在在可以保存的实物。

(6) 延展。延展不仅是要让更多的顾客购买某种产品,还包括让顾客购买企业的其他产品,让产品延展到其他地区。病毒营销正是企图通过消费者的口碑相传实现产品的低成本传播。

## 第六节 水平营销

### 一、水平营销的含义

在今天网络化、全球化的竞争市场上,越来越多的企业开始感受到营销的尴尬,痛心于企业孱弱的盈利能力。一方面,传统的广告促销等营销组合已经无法有效激发消费者的消费诉求;另一方面,企业之间的竞争在每个传统的营销层面上刀刃互现,价格战、成本战等恶性竞争已经将企业竞争推向危险的境地。无论是在传统的日化行业,还是在新兴的数字电子行业,企业的有机增长已经越来越困难。那么,陷于新的营销困境和买方市场的现代企业又将如何生存与发展呢?对于这场全球范围的市场变化,菲利浦·科特勒提出了新的营销思维——水平营销。

水平营销(Lateral Marketing)就是横向思考,它跨越原有的产品和市场,通过原创性的理念和产品开发激发出新的市场和利润增长点的营销思维方式。传统的营销方式被科特勒称为纵向营销。

例如,日本伊仓产业公司原是一家从中国进口中药的贸易公司,然而在西药称霸的时代,中药的销路并不好,药品大量积压在仓库。后来,该公司将中药和日本人习惯的茶饮联系起来,决定在东京中央区开办一家把中药与茶结合起来的新行业。结果,这个"汉方吃茶店"的生意十分好。中药和茶并无本质上的关联,但伊仓产业公司跳出中药的营销领域,开创了新的市场。

在这个"知识可以被无限复制"的时代,很显然,遵循常规的创新和水平营销并不处于同一量级。"比知识更重要",在这个时代尤其如此。回到营销的本质来看,营销的目的就是满足需要,最终效果是为社会提供更高的生活标准。而传统的纵向营销已经将市场需求推向饱和的极致,这时候尤其需要跳脱常规的营销框架,开发新的潜在需求和市场。基于这个市场趋势,科特勒提供的有力工具就是水平营销。

水平营销首先是创造性的思考,科特勒称之为"跳出盒子的思考"。它不同于纵向营销的逻辑思维,本质上是一种基于直觉的创造。这种思维的基本步骤是:

(1) 首先选择一个焦点,即我们想关注的东西。
(2) 然后进行横向置换以产生刺激,也就是形成一种空白,一种逻辑思维的中断。
(3) 最后建立一种连接,即思考连接该空白的方法。

例如,聚焦于人们所使用的有线的固定电话,将"有线"和"固定"置换成"无线"和"移动",这时候就产生了"无线移动电话"这一刺激。这个刺激对于市场是有价值的,但在实现过程中就产生了逻辑思维的中断,此时通过引入数字转换等高端科技,便创造出了可随身携带的电话——手机,这就成功地建立了连接。

由此可见,水平营销是一个工作过程,当它被应用于现有的产品和服务时,能够产生涵盖目前未涵盖的需求、用途、情境或目标市场的创新性的新产品或新服务,因此,它是一个为创造新的类别或市场提供了很大的可能性的过程。也就是说,水平营销是一种营销模式的创新,是一个通过对既定市场、现有产品、营销组合进行本质的改变以达到创造出新市场、新产品的过程。不过,水平营销并不否定传统的纵向营销。科特勒认为,水平营销只是纵向营销的有益补充。水平营销的思考能够激发无限的可能性,但这些可能性最终需要在纵向营销的框架内进行分析和落实。为了产生新颖的产品构思,它可能会利用那些被淘汰了的需求、目标、用途、情境和属性,其目的就是将市场视为一个非固定的模型,并抱着获取新市场的目的来对市场进行重组。

## 二、水平营销与传统营销的区别

传统的纵向营销是在某一特定市场内部的调整,而水平营销则是通过对产品做适当改动,来产生新用途、新情境、新目标市场,以开创新类别从而重组市场,它是一种重组已知信息,通过更富探索性、可能性、诱导性的创新思维,从微观过渡到宏观。二者的具体区别表现为以下几个方面：

1. 基础不同

传统营销要求企业必须首先界定市场，利用市场定义来创造竞争优势。也就是说，其任务首先是确定自己要成为一家什么样的公司，然后再进行创新。所以，其创新的基础是市场需要、客户群、产品的用途或功能。水平营销则是基于拓展产品的需求、用途、目标或情境来努力开拓市场。它意味着在必要的情况下随时对自己的任务进行重新定义，先确定当前要提供什么东西，然后再进行创新。因此，其创新基础是被忽视的市场需要、客户群、产品的用途或功能，通过改变产品以增加需要、用途、情境或目标市场，来对产品进行重组。

2. 运作原理不同

传统营销是分析性的，以逻辑和序列的思维为基础，通过淘汰法进行选择，是一个确定性的过程；而水平营销具有启发性，方式不甚明显，可以利用那些与产品无关的种类或产品，不淘汰任何可能导致新概念的选择。传统营销是垂直方向的，即沿着一个固定的方向前进，它遵循基本的营销过程，排除那些处于潜在市场定义之外的概念；水平营销过程则产生新的方向，它会无意中跳跃到其他产品或类别上，以捕捉可能的点子或产生变化。正如著名作家爱德华·德·波诺（Edward de Bono）所言，水平营销就是"一组通过对储存在大脑中的概念进行敏锐的重新组合来利用信息的过程"。

3. 达到的效果不同

传统营销创新在企业发展初期可以使其市场发展壮大，促使特定市场的潜在顾客转化为现实顾客，有利于产品在特定市场实现最大程度的渗透，并且为扩大特定市场提供思路；其后，它也可以使得企业在特定的市场中找到新的定位。然而，从长远来看，传统营销所产生的创新以及新增销售额并不高，而且同类厮杀的现象严重。相比之下，水平营销则能创造出新的市场、产品类别或子类别来重组市场，并且能够照顾到现有产品无法顾及的目标客户或产品用途，产生一种或多种效果，实现高增长性。它有时能在不降低其他产品销售额的情况下赢得销售额，否则将会抢走多个类别的销售额，给企业的选择带来较高的风险。这也是企业实施水平营销所面临的主要困难之一。

4. 销售量的来源不同

传统营销的创新产品销售量来源主要有两个方面：在产品生命周期的较早阶段来自现有购买者和被新产品吸引的潜在客户；在产品生命周期的较晚阶段来自争夺同类竞争性产品的市场份额，或将产品的潜在用途转变为真实用途。水平营销的创新产品销售量也有两个来源：当创新产品不是作为明显的替代品出现，并且激活了潜在需求时，其销售量来自产品本身；若是替代性产品，则会在广泛的竞争范围内影响到多种竞争性产品的市场份额。

5. 适合的时机不同

传统营销创新适合于一个市场或一种产品生命周期的早期阶段或成长阶段，它能够使用低风险策略和低端资源，通过分割市场来保护市场。因为传统营销创新产生于现有类别，所以更容易被顾客理解和接受，这样就不必花很多力气进行消费者教育，而且产品的试用也更早。水平营销则适合于一个市场或一种产品生命周期的成熟阶段。它能够使用高风险策略、高端资源或利用替代品从外围进攻市场。因为水平营销人员在向先行者、早期接受者、首批大量接受者和后期大量接受者传播创新产品时，必须放慢脚步，在教育、沟通及销售上要付出更多的努力。

#### 6. 负责的部门不同

负责传统营销创新的部门是营销部门；负责水平营销的则不一定是营销部门，还有可能是创意代理机构、企业家、研发部门和工程师等。

总之，传统的纵向营销创新的成功率很高，但在成熟、细分的市场上，其新增销售额却很低，通常情况下，这种创新的成效不大；相反，水平营销创新的成功率也许低很多，然而一旦成功，其获得的销售额将极其可观。

### 三、水平营销的实施

水平营销是一个过程，虽然它属于一种跳跃性思维，但也是有法可依的。关于应用创造性研究的结果，科特勒指出了水平营销的六种横向置换的创新技巧，并分别应用到市场层面、产品层面和营销组合层面上。这六种技巧分别是替代、反转、组合、夸张、去除和换序。

#### 1. 市场层面

由于市场是需求、目标、时间、地点、情境和体验等多维度的结合体，所以在市场层面运用水平营销的一个简单技巧是改变其中的一个维度，此时替代品就成为最有效、最简单的方法。具体做法就是，以市场的维度替代另一个即将被淘汰或已被淘汰的维度，例如，红牛饮料在满足解渴的需求之外，引进了补充能量的需求，这个改变需求的做法也使红牛饮料开拓了广大的市场。又如改变目标，原来乐队伴奏是职业歌手的专利，而卡拉OK则通过改变目标，使得人们都能享受音乐伴奏。还有一些战争主题俱乐部，通过模拟战争演习，将各种战争场面和武器玩具置于各种战场体验之中。

在市场层面上运用另外五种技巧相对困难，建议在积累了一定的"替代"经验后再使用。例如，对电力销售可以反转"目标"，提出"由顾客生产并向电力公司销售的电能"这一创意，目前许多欧洲国家正在开发太阳能电池板，这种电池板除了能为家庭提供足够的能源外，剩余部分还能卖给能源分销公司。

又如置换"时间"维度。餐馆吃饭一般是不限时的，但如果进行情境反转，那么可否实现限时收费的餐馆经营？市场上已有先例。在日本的一些餐馆中，每张餐桌上放一个大钟，计算顾客的就餐时间。如果顾客在规定时间内吃完饭，餐馆便给予优惠。更有趣的是，纽约市中心开设了一家"沙漏"餐厅，当顾客坐定后，服务员即把桌子上的一个沙漏翻过来，约1小时后，沙漏基本漏完，这时顾客也就该离座了。

市场层面的置换还可以进行目标组合。例如，创造一种父母与孩子共享的香槟，采取大小瓶共装的形式，大瓶装的是给父母的真香槟，而小瓶装的是不含酒精但能起泡的苹果汁制成的"假香槟"。还可以进行功能夸张或功能去除，如不用削的铅笔和不会跑的车，它们分别用于纸铅笔和汽车模拟装置。还可以做功能换序，如推出由读者写的书，这种故事接龙式的书在出版前就可以创造成千上万的读者。通过"改变维度"这一方法进行横向置换后，将获得一个新的产品或服务，但为填补这一空白，必须一步一步地跟踪消费过程，因为在连接产品和新的维度时，购买和消费过程会使企业明确哪些因素是缺乏的，哪些因素应该去除和保留，这样才能提高水平营销在市场层面上的有效性。

#### 2. 产品层面

科特勒参考市场层面的维度划分，主张对现有产品进行分解。分解后产品的主要层面包括：有形的产品或服务、包装、品牌特征、使用或购买。然后，利用六种技巧，通过横向置换去除或改变其中的某个部分。这种改变如果是选择自然限制元素,即用来识别产品时不可或缺而为了创新又不得不从产品中去除的元素作为突破,置换后的产品就是全新的类别;如果选择其他非必不可少的元素作为突破口,则会有更多创造产品亚类别的机会。

替代也是产品层面较为有效而被广泛使用的置换方式,它是指去除或改变产品的一个或几个元素,或是模仿其他产品的某些方面。例如,通过电池改变手表的机械构造,而产生款式多样的电子手表;在包装上改变牛奶用玻璃、塑料包装的做法,代之以纸盒,而产生利乐无菌纸盒包装牛奶等。

组合是指把一个或几个元素添加到产品或服务中,其余则保持不变。例如,在原始的自行车上装充电电池,从而产生了电动自行车,一进入市场就大受欢迎。

反转是指对产品或服务的一个或几个元素进行反向或否定思考。例如,一家著名的包子铺因高峰时食客过多应接不暇而销售冷冻包子,从而增加了盈利空间。

去除是指去掉产品的一个或几个因素。例如,家用电话去除电话线而形成无绳电话,为不用冲洗照片而发明一分钟成像相机等。

夸张就是扩大或缩小产品或服务的一个或几个因素,也包括对产品的完美化。

换序是指改变产品或服务的元素的排列顺序。

当然,要使产品层面的横向置换所形成的新类别或亚类别有意义,水平营销人员还必须掌握相关的营销技巧。主要包括:为新的产品寻找一个可能的情境,也就是适合新产品消费的场景或喜欢它的目标人群;提供新产品的积极因素,即对新产品进行有效定位和宣传;想象购买过程,即为消费者设计最方便的购买和消费方式。

3. 营销组合层面

在市场层面和产品层面不改变的情况下,通过对营销组合因素的改变,往往能够催生创新性的商业战略。这种水平营销应用直接,更讲究策略,偏重短期效应,相对于原创性的新概念、新产品的开发,能更快速地生成新点子。

该层面的创新可以在定价、分销和沟通等领域产生可观的效应,而最直接的创新做法就是替代,即"拿其他产品的营销组合为我所用"。例如,在定价领域,电力、煤气或自来水公司可以通过自动取款机进行收费,这时的营销组合创新就对自动取款机提取现金的功能做了颠覆——利用自动取款机付账。在分销领域,可把鲜花放入自动售货机,拓宽其分销渠道。在沟通上,一些公司把附有广告和产品说明的 CD 放入杂志中,而不是通过常规的电视节目来宣传自己的产品。

其余的横向置换技巧主要是以寻求新的营销组合战略为目的,即寻求新的定价、分销或沟通策略。通过反转传统的顾客向商铺付钱的情境,也能产生像典当行这类新的付款方式;而通过去除销售渠道的做法,则产生了直销——这是戴尔公司赖以成功的创新;通过去除广告,从不做广告的星巴克给顾客创造出喝咖啡的情景和体验,依靠顾客的口碑获得成功。

水平营销的思考对于企业的营销部门无疑是重要的。正是在这个意义上,科特勒说,"伟大的产品是营销部门创造的"。但水平营销不仅仅是一个思考框架。创意大师兼大文豪歌德说过,"人的能量是无限的"。科特勒也注意到了水平营销的主体性。在创意营销的时代,人是企业创造力的最重要来源。为此,企业的营销部门乃至整个组织是否拥有一批充满创意、富有想象力的人员,直接影响企业的创造力,而对员工进行水平思维的培训则是企业创造力的放大器。同时,企业还要特别鼓励员工的创造性思维,并善于提炼出组织中各层次员工的创新且付诸实施,这样才可能获得真正而持久的竞争优势。我们希望水平营销过程能创造新的类别,重新界定业务,进而拓展企业的战略目标。

# 第七节 "微时代"的新营销

互联网的飞速发展不仅带动了网络营销这一营销模式,更推动了社会化媒体的全面发展,微博和微信等社交平台几乎成了当前最能代表信息科技发展水平和时代潮流的媒介载体,其用户数量也呈现出滚雪球式的增长模式。在这种全新的"微时代"社会化媒体环境中,信息的传播速度更快,传播的内容也更加具有冲击力和震撼力,企业必须努力让消费者在交互过程中感受到企业的营销理念,主动去感知产品和服务等信息。各种全新的"微时代"营销概念应运而生。

## 一、微营销及其优点

互联网技术的不断升级加快了整体市场变化的节奏,传统意义上粗放式的市场营销推广方式已经很难满足消费者愈加精细化和多样化的需求,正是在这种环境条件下,微营销这一以网络技术为基础的精准营销模式应运而生。

所谓微营销,就是建立在移动互联网这一主要沟通平台,配合已有的传统网络媒体和大众传播媒体,建立、转化和强化顾客关系,从而实现客户价值的一系列过程。微营销是当前互联时代一种低成本、高性价比的新型营销手段,包括微信营销、微博营销等。

与传统的营销方式相比,这种新型的微营销方式更主张借助于"虚拟"社区与"现实"生活的互动,通过构建一个涵盖产品、服务、渠道、品牌、促销、广告等营销内容的更"轻"、更高效的营销链条,实现各类营销资源的整合和最优配置,最终达到以小搏大、以巧取胜的营销效果。

在微营销模式下,企业和商家提供产品、服务或品牌信息,用户则在网络平台订阅所需的信息,在这种双向互动过程中,实现点对点营销。微营销具有以下优点:

1. 高便利性

显然,移动终端的便利性使得微营销具有先天的竞争优势,随着各种智能手机、大屏手机功能的进一步升级,以及操作界面更加简易化和人性化,用户几乎可以随时随地获取各种所需要的信息,这为企业和商家开展微营销提供了极佳的便利条件。

2. 高可达性

可达性反映了微营销信息资源到达消费者的程度。事实上,高度集中的用户群体是实现有效营销推广的基础性资源和渠道,微营销借助点对点的信息交互保证了信息能够完整无误地传达给移动终端的消费者。而先前粗放式的邮件信息传递则往往由于各种原因被过滤和拦截,使得营销效果大打折扣。

3. 高曝光率

曝光率是衡量信息发布效果的一个重要指标,也是评价广告效率的重要指标。相比微博营销,微信营销具有更高的曝光率效果,这是由其即时通信工具的属性决定的,它可以凭借铃声、通知中心信息停驻等多种提醒方式提醒用户未阅读的信息,保证较高的信息曝光率。

#### 4. 高交互性

由于微营销是建立在用户群体主动交换基础上的,也就是说,诸如公众账号的粉丝都是用户主动订阅而来,因此商家在进行微营销时与客户的交互过程不仅仅是信息的交互,更是种情感的交互。这种互动过程往往能够为企业提供更好的营销效果。

### 二、社会化媒体营销

微营销主要建立在当前最具潮流的"微平台"基础之上,尤其是用户越来越多的微信平台,而社会化媒体营销(social media marketing,SMM)则是范围更宽的网络平台营销模式。社会化媒体营销(又叫做社会媒体营销、社交媒体营销)就是利用社会化网络、在线社区、博客、百科或者其他互联网协作平台和媒体来传播和发布资讯,从而形成营销、销售、公共关系处理和客户关系服务维护及开拓的一种方式。当前的社会化媒体营销工具包括论坛、微博、You Tube、SNS 社区等,因此某种意义上,微营销是一种更特殊、更有针对性的社会化媒体营销。

#### (一)社会化媒体营销的特点

近年来,国内社会化媒体层出不穷,其产品和服务的形式也逐渐多样化,开始进入一个发展的黄金时期。社会化媒体营销与传统的媒体营销相比具有普遍的线上特性和优势,而与普通网络媒体营销相比,同样具有一些独特的属性。

1. 社会化媒体可以实现更准确的目标客户定向。例如,用户乐于公开发布和分享的信息内容往往反映了其真实的偏好、消费理念、购买习惯等信息。

2. 社会化媒体的互动属性能够有效拉近商家与用户之间的心理距离,实现进一步的情感沟通。例如,企业微博可以作为一个特定的形象实现与个体用户的交流和互动。

3. 社会化媒体的大数据特性能够帮助企业以较低的成本监控市场舆论,实现市场调查和数据挖掘。

4. 社会化媒体能够凭借互动性实现成本的进一步降低,即让更多的用户成为企业的代言人,借助用户力量实现"零成本"宣传。

当然,社会化媒体营销的体系依然有待完善,在自主信息时代,这一营销模式要走向成熟就必须关注以下几点:

(1)如何让目标客户触手可及并参与讨论。
(2)传播和发布对目标客户有价值的信息。
(3)让消费者与企业品牌或产品产生联系。
(4)与目标客户形成互动,并让目标客户感觉到产品中有他的一份功劳。

#### (二)社会化媒体营销的评估

对于社会化媒体营销传播的效果,可以通过如下量化指标来评估。

1. 曝光次数。指总体发布量、阅读数量(点击数量)、转载数量、回复数量等常规内容数据。

2. 广告当量。总结统计出每次营销活动中,加精华、加置顶等内容的总量可以折合成多少对应的传播网站对外报价的费用,可得出此次营销活动的附加价值。

3. 单人点击成本(CPC)。计算每次营销活动的平均 CPC 值,将其与 IT 行业常规平均 4~5 元的 CPC 值进行对比,即可评估此次营销活动效果。

4. 转化率。在一次营销活动中，对比前后用户的使用、关注、参与的数据，例如线上活动的注册人数、参与人数、网站 PV/UV 值（即平均一个独立访问者所浏览的页面访问量）、销售量等，即可得出转化率数据。

5. 第三方数据。在一次营销活动实施前后，对比谷歌趋势、百度指数等数据，或者委托第三方调研公司、调查品牌或者产品的知名度及美誉度变化情况。

企业在选择社会化媒体营销时，必须以战略性的眼光去审视这一营销模式，根据企业的市场定位和目标客户群特征选择最合适的社会化媒体平台，并建立完善的、系统化的社会化媒体营销体系，以充分实现其实践价值。

### 三、大数据营销及其特点

移动互联时代的快速发展将营销传播推向一个崭新的舞台，社会化媒体工具被广泛运用于营销过程，无论是在媒体渠道、体验内容上，还是在沟通方式上都实现了全面的创新。另一方面，在虚拟与现实不断交互的同时，也形成了建立在大数据基础上的营销模式，即大数据营销（big data marketing）。

大数据营销是基于互联网多平台提供的大量数据，依托大数据分析和处理技术，应用于互联网广告行业的营销方式。具体来讲，大数据营销是指通过互联网获取大量的行为数据，首先帮助广告主找出目标受众，在此基础上对广告投放的内容、时间、形式等进行预判与调配，并最终完成广告投放营销的过程。大数据营销具有如下特点。

1. 多平台化数据获取

大数据的数据来源渠道通常是多样化的，多平台化的数据收集能够更加准确全面地描述和预测网民行为。这种多平台获取的路径一般包括互联网、移动互联网、广电网、智能电视，未来可能还包括户外智能屏等。

2. 强调时效性

在互联网络时代，市场需求的变化节奏进一步加快，网民的消费行为和购买方式极易在较短时间内改变，因而在网民需求最高点及时进行市场营销活动尤为重要。全球领先的大数据营销企业 AdTime 对此提出了时间营销策略，即通过技术手段充分了解网民的需求，并及时、准确响应每一个网民当前的需求，让他在决定购买的"黄金时间"内及时接收到商品广告。

3. 个性化营销

以往的营销活动通常以媒体为导向，通过选择知名度高、浏览量大的媒体进行投放。而在移动互联网时代，广告主需要完全以受众为导向进行广告营销，因为依托于大数据技术可以让他们准确地洞察到目标受众身处何方，关注着什么位置的什么屏幕。大数据技术可以做到当不同用户关注同一媒体的相同界面时，广告内容有所不同，从而实现了对网民的个性化营销。

4. 性价比和关联性高

与传统广告"一半的广告费被浪费掉"相比，大数据营销能够最大限度地让广告主的投放做到有的放矢，并可根据实时性的效果反馈，及时调整投放策略。而且，由于大数据在采集过程中可快速得知目标受众关注的内容，以及可知晓网民身在何处，这些有价信息可让广告的投放过程产生前所未有的关联性，即网民所看到的上一条广告可与下一条广告进行深度互动。

需要指出的是,大数据营销的实现需要借助大量的数据处理和运算,它对数据的获取、处理、计算、分析等过程都有较高的要求。因此某种意义上,大数据营销是一种技术性营销,通过对海量数据的技术性处理来完成营销过程,帮助企业制定更有针对性、更准确,也更适合当前市场状况的营销策略。

## 四、云营销

云营销(cloud marketing)是互联网技术的发展和社交网络兴起催生的又一新型营销模式。在互联网的平台上,每一个用户都可以成为一个微型媒体,这种碎片化的媒体分布可以通过个人博客、微博、空间主页、群组等多样化的形式展现出来,并实现信息的发布、传播和交互等。与此同时,一些其他性质的网络应用平台、网站,甚至是游戏等都能实现互动传播功能。这些碎片化的媒体集合,顾名思义,就形成了"云媒体"。

云营销,就是依靠云软件、搜索引擎以及社会化媒体,通过网络把多个成本较低的计算实体,云整合成一个具有强大营销能力的完美系统云平台。云营销的核心理念就是通过不断提高"云"的覆盖能力,以及"云"之间的逻辑计算能力,达到系统营销的结果。它可以减少用户的经济负担,最终使用户简化到家里仅依靠一台终端,就可以得到近乎无限数量的优质客户,享受云营销带来的强大经济利益。

云营销是在不断的技术革新中产生的一个新的承载在云平台之上的营销模式,它能够利用云本身的特点消除营销技术门槛、降低用户使用成本,提高效率。同时,云营销所拥有的云计算超大规模、虚拟化、可靠安全、成本较低等特点,使得营销更加准确、便捷、低成本、实效化,不仅如此,云营销还能够帮助企业创造各种新式的服务或产品。

### 案例 18-1　红蜻蜓:走过四季都是情

我国的文化营销理论尚在完善与传播中,大多数企业对此处于一种不自觉的状态。极少数企业明确提出并进行系统、有效的实施,红蜻蜓企业作为文化营销的先行者,已成功地挖掘到了文化营销的第一桶金。

1. 理念与企业

(1) 精神理念:从距离中寻找接近,体现了红蜻蜓努力接近市场、消费者、文化、社会的精神,集团每年投入巨资用于文化事业与公益事业,用智慧、行动架起一座座连心桥,使红蜻蜓的文化活动延伸到各个领域,深入每一位消费者心中。

(2) 哲学理念:红蜻蜓坚持不盲从、不跟风、不张扬的平常心态,胜不骄,败不馁,踏实奋进。在红蜻蜓开始打文化牌的时候,曾受到一些同行的质疑甚至讥讽,认为投巨资于无形的文化是不务正业,但红蜻蜓坚持不懈,终于打造出文化品牌,并将文化力转化为生产力。红蜻蜓要求员工要善于不断了解自我、清醒反思,从而在工作中做到扬长避短。红蜻蜓极重视创造亲和的企业氛围和市场环境,主张与强势或国外企业联袂整合资源,达到共同发展、自然发展。

(3) 经营理念:经营企业就是经营人生,商道即人道。

(4) 品牌理念:文化、自然、亲和。

(5) 广告理念:红蜻蜓,走过四季都是情。

(6) 远景理念：把红蜻蜓打造成一个能提供永久社会就业机会的企业。

2. 品牌与文化

红蜻蜓的品牌方程式是：潜心实践＋艺术性(商品的精神意识)＋商品自身属性×文化底蕴(企业原动力)＝品牌。文化催生了红蜻蜓的品牌亲和力，提升了红蜻蜓的品牌形象力，增强了红蜻蜓产品设计力，打造了红蜻蜓的核心竞争力，使红蜻蜓成为名副其实地为社会创造物质精品与精神精品的企业，在一无厂房、二无稳定市场的创业初期，作为个体小企业的红蜻蜓独辟蹊径地提出实施"品牌开路，文化兴企"的战略，凭借传统文化的强劲托力逆风而起，继而脱颖而出。

(1) 泛文化——逆风而起(1995—1999年)

1995年，大多数企业是在产品经营、交易、生产环节上去赢利，红蜻蜓却明确提出了打造文化品牌的响亮口号。以文化创品牌，以品牌促发展，参与、策划、支持大量社会文化公益活动。如投入20万元和温州电视台合办"红蜻蜓之旅"栏目，在温州创下企业与媒体合办文化栏目的先河。随后"红蜻蜓奖学金"、"红蜻蜓美食文化"、"红蜻蜓文化家园"、"红蜻蜓少儿节目"、"红蜻蜓明星足球赛"、"红蜻蜓杯山水画比赛"等电视栏目与文化公益活动源源而出。而一年一度的"红蜻蜓·红五月"大型文化系列活动，是红蜻蜓企业文化的一大看点，也是红蜻蜓品牌的一张名片。

不断诚信于社会，以实际行动捐资助教、济困扶贫是红蜻蜓反哺社会的重要途径，如2002年6月，为身患重病的贫困学生捐款数十万元，帮助他们重燃生命之火；8月12日，又为希望工程一举捐款560万元，并发动红蜻蜓专卖店网络的10 000多名营销员工一起参与这项光辉的事业，受到社会各界的一致好评，从而获得广泛关注，品牌知名度、美誉度得到迅速提升。

(2) 鞋文化——顺风而行(1999—2001年)

在这一阶段，红蜻蜓在对文化的系统研究中，具体找到了鞋文化这个载体，随即连创三个全国第一：

1999年10月，为了弘扬中华鞋履文化，成立全国第一家专门的鞋文化研究机构——红蜻蜓鞋文化研究中心，对博大精深的中华鞋文化进行研究。展示中华鞋的发展历史，总结鞋与文化、语言、民俗、历史之间的联系。

2001年5月，红蜻蜓斥巨资建成了中国第一家中华鞋文化展馆。展馆收集了300多件上至先秦下迄民国，不同时期不同民族的代表性鞋履。展馆四壁的鞋与民俗、鞋与小说、鞋与民间美术、鞋与文学等图片生动逼真，与实物相映成趣。

2001年5月，红蜻蜓集团在北京钓鱼台国宾馆举行隆重的我国第一部《中国鞋履文化辞典》首发式。全书分总类篇、鞋类篇、文化篇等，约84.6万字，它不仅填补了民俗文化专项辞书的空白，同时也显示出了红蜻蜓集团对先进文化的追求和浓厚的文化底蕴。

(3) 企业文化——乘风而上(2002年至今)

随着红蜻蜓在经营、管理、人才、产品等方面的渐趋成熟与规范，开始全面进行企业文化的梳理、整合、提升与传播。

3. 广告与自然

创业伊始，红蜻蜓做的广告仿佛是公益广告，看不到产品，听不到公司全称，只有那充满诗意的、清新的画，悦耳的诗一样的字句。后来人们才意识到诗句是红蜻蜓的广告语，而红蜻蜓则是一家与文化有着千丝万缕关系的鞋业公司。

红蜻蜓的广告语别具新意:走过四季都是情！它体现了红蜻蜓自创业以来寻求人与自然、企业与社会、商品与文化的交融。红蜻蜓在创新一种产品,也是在创新一种生活。

关于红蜻蜓选舒畅为形象代言人,也是一段故事。那是钱金波出差到北京,有一次在一家餐馆里吃饭,忽然发现对面一位十二三岁的小女孩特别天真清纯,在她纯净如水的眼眸之中透露出一种天然去雕饰的美,俨然是红蜻蜓的化身。随即与舒畅签约,使其成为红蜻蜓的形象使者。在各大品牌纷纷用大明星作为自己的代言人时,红蜻蜓却聘请了当时并不知名的北京小女孩作为自己的形象使者,但舒畅那青春无邪、令人充满美好遐思的形象迅速得到各界的好评,大家也由此牢牢记住了红蜻蜓这个优秀的文化品牌。

4. 绿色与网络,红蜻蜓将销售网络命名为绿草地,这是源于其低成本扩张的特征。意即绿草地无需太多的呵护,只要有阳光和春雨,它就能茁壮成长,为了保证营销网络的快速扩张,红蜻蜓坚持"利险共担,共同发展"的开店理念,并提出"零库存,零风险"口号。已在全国设立了 47 个配货中心,2 600 多家专卖店。

为了加强网络竞争力,红蜻蜓着重突出三个方面的工作:一是做好市场终端维护;二是做好仓库、办公室场所管理、减少库存;三是以代理商的产品信息为基准实施产品设计突破。强调网络的市场占有率、文化服务特色和代理商盈利能力。

(摘自杨明刚:《市场营销 100——个案与点析》,华东理工大学出版社,2004)

## 复习思考题

1. 知识营销的概念及特点是什么？如何实施知识营销策略？
2. 什么是关系营销？关系营销的特征及其核心内容是什么？
3. 简述绿色营销与传统营销的区别,绿色营销的内外部影响因素。
4. 简述文化营销的概念、层次、功能及实施策略。
5. 什么是体验营销？体验营销特点及内容有哪些？
6. 什么是水平营销？简述水平营销与传统营销的区别。
7. 微营销的概念及其优点,大数据营销及其特点。
8. 阅读案例 18-1,如何理解红蜻蜓的品牌文化体系？红蜻蜓鞋文化的基本内容表现在哪些方面？红蜻蜓是怎样将文化力转化为新型的生产力的？

# 主要参考文献

[1] 菲利普·科特勒,凯文·莱恩·凯勒. 营销管理. 12版. 上海：上海人民出版社,2006.
[2] 乔尼·约翰逊. 全球营销. 3版. 北京：中国财政经济出版社,2004.
[3] 吴健安. 市场营销学. 2版. 北京：高等教育出版社,2004.
[4] 郭国庆. 市场营销学通论. 6版. 北京：中国人民大学出版社,2014.
[5] 钱增泉. 市场营销学. 修订版. 南京：东南大学出版社,2007.
[6] 梁东,刘建堤. 市场营销学. 北京：清华大学出版社,2006.
[7] 李先国. 销售管理. 北京：中国人民大学出版社,2004.
[8] 甘碧群,盛和鸣. 市场学通论. 武汉：武汉大学出版社,1987.
[9] 李先国. 营销师. 北京：中央广播电视大学出版社,2006.
[10] 卢泰宏,杨晓燕. 互联网营销教程. 广州：广东经济出版社,2000.
[11] 白长虹,范秀成. 市场学. 3版. 天津：南开大学出版社,2007.
[12] 吕一林. 现代市场营销学. 北京：清华大学出版社,2004.
[13] 张圣贤. 市场营销原理与实务. 合肥：中国科学技术大学出版社,2003.
[14] 殷博益. 市场营销学. 2版. 南京：东南大学出版社,2012.
[15] 连漪. 市场营销学——理论与实务. 3版. 北京：北京理工大学出版社,2016.